Streikrecht i. S. des Art. 6 Nr. 4 ESC und deutsches Arbeitskampfrecht

Zivilrechtliche Schriften

Beiträge zum Wirtschafts-, Bank- und Arbeitsrecht

Herausgegeben von Arnd Arnold und Hartmut Oetker

Begründet von Peter Kreutz und Dieter Reuter

Band 64

PL ACADEMIC RESEARCH

Matthias Dumke

Streikrecht i. S. des Art. 6 Nr. 4 ESC und deutsches Arbeitskampfrecht

Vorgaben, Vereinbarkeit und Umsetzung

PL ACADEMIC RESEARCH

Bibliografische Information der Deutschen Nationalbibliothek
Die Deutsche Nationalbibliothek verzeichnet diese Publikation in der Deutschen Nationalbibliografie; detaillierte bibliografische Daten sind im Internet über http://dnb.d-nb.de abrufbar.

Zugl.: Kiel, Univ., Diss., 2012

D 8
ISSN 0941-147X
ISBN 978-3-631-62864-5

www.peterlang.de

Vorwort

Die vorliegende Untersuchung ist während meiner Tätigkeit als wissenschaftlicher Mitarbeiter am Lehrstuhl für Bürgerliches Recht, Arbeitsrecht und Wirtschaftsrecht bei Univ.-Prof. Dr. *Hartmut Oetker* entstanden und wurde von der Rechtswissenschaftlichen Fakultät der Christian-Albrechts-Universität zu Kiel im Wintersemester 2011/2012 als Dissertation angenommen. Für die Veröffentlichung konnten Gesetzesänderungen sowie Rechtsprechung und Literatur bis Anfang Oktober 2012 berücksichtigt werden.

Meinem Doktorvater Univ.-Prof. Dr. *Hartmut Oetker* danke ich für die hervorragende Betreuung meiner Arbeit sowie für den wissenschaftlichen Freiraum, den er mir neben meiner Tätigkeit als wissenschaftlicher Mitarbeiter am Lehrstuhl zur Anfertigung der Arbeit belassen hat. Für die Erstellung des Zweitgutachtens danke ich Frau Univ.-Prof. Dr. *Kerstin Odendahl.* Den Herausgebern der Zivilrechtlichen Schriften, Herrn Univ.-Prof. Dr. *Arnd Arnold* und Herrn Univ.-Prof. Dr. *Hartmut Oetker* danke ich für die freundliche Aufnahme in die Schriftenreihe.

Herzlich möchte ich mich bei Frau Univ.-Prof. Dr. *Claudia Schubert* bedanken, die mich neben Ihrer Tätigkeit als Habilitandin am Lehrstuhl von Herrn Univ.-Prof. Dr. *Hartmut Oetker* bei der Anfertigung meiner Dissertationsschrift stets durch wertvolle Anregungen unterstützt hat.

Der größte Dank gilt schließlich meinen Eltern. Sie haben mich während meiner gesamten Ausbildung in jeder erdenklichen Weise gefördert. Ihnen ist diese Arbeit gewidmet.

Kiel, im November 2012 Matthias Dumke

Abkürzungsverzeichnis[1]

a. A.	andere Ansicht
a. a. O.	am angegebenen Ort
a. o.	and others
ABGB-Österreich	Allgemeines Bürgerliches Gesetzbuch (Österreich)
ABl.	Amtsblatt der Europäischen Gemeinschaft für Kohle und Stahl, der Europäischen Gemeinschaften oder der Europäischen Union
AE	Annuaire Europen (Zeitschrift)
AEUV	Vertrag über die Arbeitsweise der Europäischen Union
Anm.	Anmerkung
AP	Nachschlagewerk des Bundesarbeitsgerichts (Arbeitsrechtliche Praxis)
Appl.	Application Number (Beschwerde-Nummer für Urteile des Europäischen Gerichtshofs für Menschenrechte)
AR-Blattei	Arbeitsrecht-Blattei
ArbG	Arbeitsgericht
ArbGeg	Das Arbeitsrecht der Gegenwart, seit 1999 Jahrbuch des Arbeitsrechts (Zeitschrift)
ArbGG	Arbeitsgerichtsgesetz
ARS	Arbeitsrechts-Sammlung. Entscheidungen des Reichsarbeitsgerichts, der Landesarbeitsgerichte und Arbeitsgerichte
Art.	Artikel
ASP	Arbeit und Sozialpolitik (Zeitschrift)
Aufl.	Auflage
AuR	Arbeit und Recht (Zeitschrift)

1 Dokumente des Europarates (AS/, CE/, CM/) können über die Homepage desselben heruntergeladen werden (http://www.coe.int/t/cm/ArchivesInfo_en.asp#TopOfPage).
Die *conclusions* ab dem Berichtszeitraum XII (1991) können auf der Homepage des Europäischen Ausschusses für Soziale Rechte heruntergeladen werden (http://www.coe.int/t/dghl/monitoring/socialcharter/Conclusions/ConclusionsYear_en.asp).
Teils sind die *conclusions* in einem Berichtszeitrum in mehreren Bänden erschienen. Diese sind fortlaufend paginiert. Gleichwohl ist in diesen Fällen der jeweilige Band angegeben, um die Auffindbarkeit des Zitates zu erleichtern.
Urteile des Europäischen Gerichtshofs für Menschenrechte sind mit Application Number zitiert und können mittels dieser auf der Homepage des Gerichts herunterladen werden (http://cmiskp.echr.coe.int/tkp197/search.asp?skin=hudoc-en).
Sämtliche Internetadressen sind auf dem Stand des 31.10.2012.

AVR .... Archiv des Völkerrechts (Zeitschrift)

AÜG .... Gesetz zur Regelung der gewerbsmäßige Arbeitnehmerüberlassung (Arbeitnehmerüberlassungsgesetz)

AöR .... Archiv des öffentlichen Rechts (Zeitschrift)

BAG .... Bundesarbeitsgericht

BArbBl .... Bundesarbeitsblatt (Zeitschrift)

BB .... Betriebs-Berater (Zeitschrift)

BbesG .... Beamtenbesoldungsgesetz

BBG .... Bundesbeamtengesetz

BDG .... Bundesdisziplinargesetz

BeamtStG .... Gesetz zur Regelung des Statusrechts der Beamtinnen und Beamten in den Ländern (Beamtenstatusgesetz)

BeamtVG .... Gesetz über die Versorgung der Beamten und Richter des Bundes (Beamtenversorgungsgesetz)

Beil. .... Beilage

BetrVG .... Betriebsverfassungsgesetz

BGB .... Bürgerliches Gesetzbuch

BGBl .... Bundesgesetzblatt

BGH .... Bundesgerichtshof

Bl. .... Blatt/Blätter

BPersVG .... Bundespersonalvertretungsgesetz

BR .... Bundesrat

BR-Drucks. ...... Bundesratsdrucksache

BSG .... Bundessozialgericht

BSHG .... Bundessozialhilfegesetz

BT-Drucks. .... Bundestagsdrucksache

BVerfG .... Bundesverfassungsgericht

BVerfGG .... Gesetz über das Bundesverfassungsgericht

BVerwG .... Bundesverwaltungsgericht

bzw. .... beziehungsweise

CETS .... Council of Europe Treaty Series

CFE-CGC .... Confdration franaise de l'encadrement – Confdration generale des cadres

CLLPJ .... Comparative Labor Law & Policy Journal (Zeitschrift)

DA .... Der Arbeitgeber (Zeitschrift)

dass. .... dasselbe

DB .... Der Betrieb (Zeitschrift)

ders. .... derselbe

dies. .... dieselbe(n)

Doc.	Document
DRdA	Das Recht der Arbeit (Zeitschrift)
DÖV	Die öffentliche Verwaltung (Zeitschrift)
DöD	Der öffentliche Dienst (Zeitschrift)
E	Sammlung der Entscheidungen des Bundesverfassungsgerichts, Sammlung der Entscheidungen des Bundesverwaltungsgerichts, Entscheidungen des Bundessozialgerichts
EG	Europäische Gemeinschaft
EGMR	Europäischer Gerichtshof für Menschenrechte
EGMRVerfO	Verfahrensordnung des Europäischen Gerichtshofs für Menschenrechte
EGV	Vertrag zur Gründung der Europäischen Gemeinschaft
Einl.	Einleitung
EMRK	Konvention zum Schutze der Menschenrechte und Grundfreiheiten
ERS	Satzung des Europarats
ESC	Europäische Sozialcharta (Übersicht aller die Europäische Sozialcharta betreffenden Verträge: http://conventions.coe.int/Treaty/Commun/ListeTraites.asp?MA=4&CM=7&CL=GER)
ESC-E	Entwurf einer Europäische Sozialcharta (allgemein für sämtliche Entwürfe)
ESC-R	Europäische Sozialcharta (revidierte Fassung)
ESC-ZP (1988)	Additional Protocol to the European Social Charter (Zusatzprotokoll zur Europäischen Sozialcharta)
ESC-ZP (1991)	Protocol amending the European Social Charter (Zusatzprotokoll zur Änderung der Europäischen Sozialcharta)
ESC-ZP (1995)	Additional Protocol to the European Social Charter Providing for a System of Collective Complaints (Zusatzprotokoll zur Europäischen Sozialcharta über Kollektivbeschwerden)
EU	Europäische Union
EuG	Gericht der Europäischen Union
EuGH	Gerichtshof der Europäischen Gemeinschaften
EuGHVerfO	Verfahrensordnung des Gerichtshofs
EuGRZ	Europäische Grundrechte-Zeitschrift
EuGöD	Gericht für den öffentlichen Dienst der Europäischen Union
EuR	Europarecht (Zeitschrift)

Eurostat	Statistisches Amt der Europäischen Union
EUV	Vertrag über die Europäische Union
EuZA	Europäische Zeitschrift für Arbeitsrecht
EuZW	Europäische Zeitschrift für Wirtschaftsrecht
EWG	Europäische Wirtschaftsgemeinschaft
EZA	Entscheidungssammlung zum Arbeitsrecht
f.	folgend
ff.	folgende
Fn.	Fußnote(n)
FS	Festschrift
GAV	Gesetz über Arbeitsverträge (Belgien)
GdL	Gewerkschaft der Lokomotivführer
gem.	gemäß
GewO	Gewerbeordnung
GG	Grundgesetz
GG-E	Entwurf eines Grundgesetzes
GMH	Gewerkschaftliche Monatshefte (Zeitschrift)
GS	Großer Senat, Gedächtnisschrift
GYIL	German Yearbook of International Law (Zeitschrift)
HandwO	Handwerksordnung
HessLVerf	Verfassung des Landes Hessen
Hrsg.	Herausgeber
i. Br.	im Breisgau
i. d.	in der
i. e. S.	im engeren Sinne
i. R.	im Rahmen
i. S.	im Sinne
i. V.	in Verbindung
ICJ	Reports International Court of Justice. Reports of Judgments, Advisory Opinions and Orders (Entscheidungssammlung des Internationalen Gerichtshofes)
IGH	Internationaler Gerichtshof
ILO	International Labour Organization (Internationale Arbeitsorganisation), International Labour Office (Internationales Arbeitsamt, Sekretariat der Internationalen Arbeitsorganisation)
ILR	International Labour Review (Zeitschrift)
insbes.	insbesondere
JBl	Juristische Blätter (Zeitschrift)

JherJ .... Jherings Jahrbücher für die Dogmatik des bürgerlichen Rechts (Zeitschrift)
JIJK .... Journal der internationalen Juristen-Kommission (Zeitschrift)
JIR .... Jahrbuch für Internationales Recht (Zeitschrift)
JSK .... Schriftenreihe Juristische Studiengesellschaft Karlsruhe (Zeitschrift)
juris .... Juris. Das Rechtsportal (http://www.juris.de)
JZ .... JuristenZeitung
JöR .... Jahrbuch des öffentlichen Rechts der Gegenwart. Neue Folge (Zeitschrift)
Kap. .... Kapitel
KritV .... Kritische Vierteljahresschrift für Gesetzgebung und Rechtswissenschaft
KSchG .... Kündigungsschutzgesetz
LAG .... Landesarbeitsgericht
LAGE .... Entscheidungen der Landesarbeitsgericht (Entscheidungssammlung)
LDG .... Landesdisziplinargesetz
lit. .... Buchstabe (lat.: littera)
LKV .... Landes- und Kommunalverwaltung (Zeitschrift)
m. w. N. .... mit weiteren Nachweisen
m. z. N. .... mit zahlreichen Nachweisen
MPEPIL .... The Max Planck Encyclopedia of Public International Law
N. N. .... Nomen nominandum (unbekannter Verfasser)
NdsVBl. .... Niedersächsische Verwaltungsblätter (Zeitschrift)
NJW .... Neue Juristische Wochenschrift (Zeitschrift)
NJW-RR .... Neue Juristische Wochenschrift Rechtsprechungs-Report (Zeitschrift)
n. v. .... nicht (amtlich) veröffentlicht
NLMR .... Newsletter Menschenrechte (des Österreichischen Instituts für Menschenrechte)
No. .... Numero
No. R Chs .... Recommendations on the application of the European Social Charter (individuelle Empfehlungen des Ministerkomitees betreffend die Anwendung der Europäischen Sozialcharta)
Nr. .... Nummer(n)
NRW .... Nordrhein-Westfalen

NSDAP	Nationalsozialistische Deutsche Arbeiterpartei
NVwZ	Neue Zeitschrift für Verwaltungsrecht
NZA	Neue Zeitschrift für Arbeitsrecht
NZA-RR	Neue Zeitschrift für Arbeitsrecht Rechtsprechungs-Report)
OR	Official Report of Debates of the Consultative Assembly (Sitzungsprotokolle der Beratenden Versammlung)
p.	page (Seite)
ParteiG	Parteiengesetz
PersR	Der Personalrat (Zeitschrift)
PostG	Postgesetz
RabelsZ	Rabels Zeitschrift für ausländisches und internationales Privatrecht
RAG	Reichsarbeitsgericht
RdA	Recht der Arbeit (Zeitschrift)
Rdde	Rivista di diritto europeo (Zeitschrift)
RECSR	Rules of the European Committee of Social Rights (Geschäftsordnung des Europäischen Komitees für Soziale Rechte)
RG	Reichsgericht
RiA	Das Recht im Amt (Zeitschrift)
Rn.	Randnummer(n)
Rspr.	Rechtsprechung
S.	Satz, Seite(n)
SE	Societas Europaea
SF	Sozialer Fortschritt (Zeitschrift)
SGB	Sozialgesetzbuch
Slg.	Sammlung der Rechtsprechung des Gerichtshofes und des Gerichts der Europäischen Union
SozSich	Soziale Sicherheit (Zeitschrift)
St	Entscheidungen des Bundesgerichtshofs in Strafsachen
st.	ständige
TOP	Tagesordnungspunkt
TULR[C]A	Trade Union and Labour Relations (Consolidation) Act
TVG	Tarifvertragsgesetz
u. a.	unter anderem, und andere
unstr.	unstreitig
UNTS	United Nations Treaty Series
v.	vom, von

v. d. H.	vor der Höhe
verb.	verbundene
VersR	Versicherungsrecht (Zeitschrift)
VerwArch	Verwaltungsarchiv. Zeitschrift für Verwaltungsrecht und Verwaltungsgerichtsbarkeit
vgl.	vergleiche
Vol.	Volume
WM	Wertpapier-Mitteilungen (Zeitschrift)
WVRK	Wiener Übereinkunft über das Recht der Verträge (Wiener Vertragsrechtskonvention)
Z	Entscheidungen des Bundesgerichtshofs in Zivilsachen, Entscheidungen des Reichsgerichtshofs in Zivilsachen
z. B.	zum Beispiel
ZAS	Zeitschrift für Arbeits- und Sozialrecht
ZaöRV	Zeitschrift für ausländisches öffentliches Recht und Völkerrecht
ZBR	Zeitschrift für Beamtenrecht
ZESAR	Zeitschrift für europäisches Sozial- und Arbeitsrecht
ZfA	Zeitschrift für Arbeitsrecht
ZG	Zeitschrift für Gesetzgebung
ZGB-Schweiz	Schweizerisches Zivilgesetzbuch
ZHR	Zeitschrift für das gesamte Handelsrecht und Wirtschaftsrecht
ZIAS	Zeitschrift für ausländisches und internationales Arbeits- und Sozialrecht
Ziff.	Ziffer
ZIP	Zeitschrift für Wirtschaftsrecht
zit.	zitiert
ZNR	Zeitschrift für Neuere Rechtsgeschichte
ZSR	Zeitschrift für Sozialreform
ZTR	Zeitschrift für Tarifrecht, ab 1996 Zeitschrift für Tarif-, Arbeits- und Sozialrecht des öffentlichen Dienstes

Inhaltsverzeichnis

§ 1 Einleitung und Gang der Untersuchung

Am 18. Oktober 2011 wurde das fünfzigjährige Jubiläum der Unterzeichnung der Europäischen Sozialcharta gefeiert. Das Ministerkomitee des Europarates verabschiedete aus diesem Anlass folgende Erklärung:

> The Committee of Ministers of the Council of Europe,
>
> Considering the European Social Charter, opened for signature in Turin on 18 October 1961 and revised in Strasbourg on 3 May 1996 „the Charter“;
>
> Reaffirming that all human rights are universal, indivisible and interdependent and interrelated;
>
> Stressing its attachment to human dignity and the protection of all human rights;
>
> Emphasising that human rights must be enjoyed without discrimination;
>
> Reiterating its determination to build cohesive societies by ensuring fair access to social rights, fighting exclusion and protecting vulnerable groups;
>
> Underlining the particular relevance of social rights and their guarantee in times of economic difficulties, in particular for individuals belonging to vulnerable groups;
>
> On the occasion of the 50th anniversary of the Charter,
>
> 1. Solemnly reaffirms the paramount role of the Charter in guaranteeing and promoting social rights on our continent;
>
> 2. Welcomes the great number of ratifications since the Second Summit of Heads of States and Governments where it was decided to promote and make full use of the Charter, and calls on all those member states that have not yet ratified the Revised European Social Charter to consider doing so;
>
> 3. Recognises the contribution of the collective complaints mechanism in furthering the implementation of social rights, and calls on those members states not having done so to consider accepting the system of collective complaints;
>
> 4. Expresses its resolve to secure the effectiveness of the Social Charter through an appropriate and efficient reporting system and, where applicable, the collective complaints procedure;
>
> 5. Welcomes the numerous examples of measures taken by States Parties to implement and respect the Charter, and calls on governments to take account, in an appropriate manner, of all the various observations made in the conclusions of the European Committee of Social Rights and in the reports of the Governmental Committee;
>
> 6. Affirms its determination to support States Parties in bringing their domestic situation into conformity with the Charter and to ensure the expertise and independence of the European Committee of Social Rights;
>
> 7. Invites member states and the relevant bodies of the Council of Europe to increase their effort to raise awareness of the Charter at national level amongst legal

practitioners, academics and social partners as well as to inform the public at large of their rights.[1]

Das Ministerkomitee unterstreicht in dieser Erklärung die Bedeutung und die Notwendigkeit der sozialen und wirtschaftlichen Rechte und hebt den bisher erreichten sozialen Fortschritt hervor. Gleichzeitig betont es, dass die Gewährleistungen der Europäischen Sozialcharta bislang noch nicht vollständig in den Rechtsordnungen sämtlicher Vertragsparteien verwirklicht sind. Das Ministerkomitee fordert sie deshalb eindringlich auf, die Umsetzung weiter voranzutreiben. Dies verdeutlicht den Stellenwert, den die Europäische Sozialcharta in den Augen des Ministerkomitees hat und welche Aktualität sie nach wie vor besitzt.

Die Europäische Sozialcharta vom 18. Oktober 1961 trat am 26. Februar 1965 in Kraft und sollte als „Schwesterkonvention" die Europäische Menschenrechtskonvention um soziale und wirtschaftliche Rechte ergänzen. Dementsprechend enthält sie nicht ausschließlich arbeitsrechtliche, sondern auch sozial- und familienpolitische Gewährleistungen. Die Europäische Sozialcharta war daher nicht ausschließlich Gegenstand arbeitsrechtlicher Untersuchungen. Dennoch ist zu konstatieren, dass eine bestimmte Norm von herausragendem wissenschaftlichen und tatsächlichen Interesse war und nach wie vor ist. Dabei handelt es sich um Art. 6 Nr. 4 ESC. Zunächst wenig aussagekräftig besagt dessen Wortlaut lediglich, dass „das Recht der Arbeitnehmer und der Arbeitgeber auf kollektive Maßnahmen einschließlich des Streikrechts im Falle von Interessenkonflikten" durch die Vertragsparteien anerkannt ist. Gleichwohl ist durch die Europäische Sozialcharta in der Bundesrepublik Deutschland eine lebhafte Diskussion ausgelöst worden und insbesondere in den Jahren nach ihrem Inkrafttreten wurden die möglichen Auswirkungen auf das deutsche Arbeitskampfrecht untersucht. Angesichts der Vielzahl an Veröffentlichungen kann der Eindruck entstehen, die Problematik sei wissenschaftlich umfassend und abschließend diskutiert. Die wiederkehrend erörterten inhaltlichen Kernprobleme lauten, ob der nichtgewerkschaftliche Streik geschützt ist, ob anderes als tariflich Regelbares erstreikt werden darf und ob Art. 6 Nr. 4 ESC den Beamten[2] ein Streikrecht einräumt. Die Vereinbarkeit des Streikverbotes des Betriebsrates gem. § 74 Abs. 2 Halbs. 1 BetrVG mit der Europäischen Sozialcharta hat dagegen bislang kaum Beachtung gefunden. Über diese Streitfragen herrscht bis heute keine Einigkeit. Das zeigen nicht zuletzt aktuelle Veröffentlichungen

---

1 Declaration of the Committee of Ministers on the 50th anniversary of the European Social Charter v. 12.10.2011 (https://wcd.coe.int/ViewDoc.jsp?Ref=Decl(12.10.2011)).

2 Die nachfolgend verwendeten männlichen Formen beziehen stets die weiblichen Formen mit ein. Auf die Verwendung beider Geschlechtsformen wird lediglich mit Blick auf die bessere Lesbarkeit des Textes verzichtet.

und Stellungnahmen zum Thema[3] sowie die Berücksichtigung in entsprechenden Entscheidungen des Bundesarbeitsgerichts.[4] „Die Thematik ist höchst aktuell."[5]

Trotz der umfangreichen Literatur und den Stellungnahmen in der Rechtsprechung bietet sich eine zusammenfassende Darstellung der mit der Europäischen Sozialcharta verbundenen Probleme an. Dies gilt umso mehr, als dass das Ministerkomitee des Europarates in einer *recommendation* vom 4. Februar 1998 „der Regierung Deutschlands [empfohlen hat], in angemessener Weise die negative Schlussfolgerung des Europäischen Ausschusses für Soziale Rechte zu berücksichtigen."[6] Aus der Sicht des Ministerkomitees des Europarates verhält sich die Bundesrepublik Deutschland seit mehr als zehn Jahren völkerrechtswidrig. Berücksichtigt man die in Bezug genommenen *conclusions* des Europäischen Ausschusses für Soziale Rechte sind es sogar mehr als vierzig Jahre. Darin wird bereits seit dem ersten Berichtszyklus aus dem Jahr 1969 die deutsche Rechtspraxis hinsichtlich des Verbots nichtgewerkschaftlicher und nicht tarifbezogener Streiks sowie das pauschale Streikverbot für Beamte kritisiert.[7] Die Bedeutung der *recommendations* und *conclusions* für die nationale Rechtsordnung ist jedoch umstritten. Gesetzes- oder Rechtsprechungsänderungen in Deutschland erfolgten bislang jedenfalls nicht.[8] Insgesamt lässt sich in Rechtsprechung und Literatur sowie in den Äußerungen des Gesetzgebers eine bemerkenswerte Zurückhaltung gegenüber dieser Kritik ausmachen.[9] Die dahinterstehende Intention ist anscheinend, an den tradierten Grundsätzen des deutschen Arbeitskampfrechts festzuhalten. Es gilt zu überprüfen, ob diese Auffassung gerechtfertigt ist. Das Ziel der vorliegenden Arbeit ist es deshalb, etwaige Divergenzen zwischen dem nationalen Recht und den Gewährleistungen der

---

3 *Czycholl/Frieling,* ZESAR 2011, 322 ff; *De Schutter,* in: Krause/Scheinin, International Protection, 425 (425 ff.); *Franzen,* EuZA 2010, 453 (455); *ders.,* ArbGeg 47 (2010), 119 (124 f.); *Fütterer,* EuZA 2011, 505 (511 ff.); *Lörcher,* AuR 2011, 107 ff.; *Picker,* ZfA 2010, 499 (595 ff.).

4 BAG v. 10.12.2002, AP Nr. 162 zu Art. 9 GG Arbeitskampf; v. 19.6.2007, AP Nr. 173 zu Art. 9 GG Arbeitkskampf mit Anm. *Wank.*

5 *Eichenhofer,* Editorial ZESAR 2011, I; vgl. allgemein zur künftigen Bedeutung der Europäischen Sozialcharta *De Schutter,* in: Krause/Scheinin, International Protection, 425 (442): „It can safely be asserted that, within the next few years, [...] the importance of the European Social Charter will continue to grow."

6 Committee of Ministers, Recommendation No. R ChS (98) 2 v. 4.2.1998 (deutsche Übersetzung AuR 1998, 156 [156]).

7 conclusions I, S. 38 f. und zuletzt conclusions XIX-3, S. 104 ff., dazu *Lörcher,* AuR 2011, 107 (114 f.).

8 Vgl. die Stellungnahme BT-Drucks. 13/11415 v. 3.9.1998, S. 17.

9 Vgl. *Picker,* ZfA 2010, 499 (596 f.).

Europäischen Sozialcharta aufzuzeigen. Sodann können mögliche Auswirkungen auf das deutsche Streikrecht dargelegt werden.

Der Gang der Untersuchung ist dadurch gleichsam vorgegeben. Zunächst sind die in Art. 6 Nr. 4 ESC enthaltenen Gewährleistungen zu ermitteln. Es ist zu untersuchen, welcher Arbeitnehmerbegriff der Norm zugrundeliegt. Dabei liegt das besondere Augenmerk aus dem genannten Grund auf dem Begriff des Beamten. Darüber hinaus ist festzustellen, welchen Inhalt „Gesamtarbeitsverträge" haben können und unter welchen Voraussetzungen sie erkämpft werden dürfen. Von Bedeutung hierfür ist, ob es sich bei dem Streikrecht i. S. des Art. 6 Nr. 4 ESC um ein Kollektivrecht handelt oder um ein Individualrecht, das lediglich kollektiv ausgeübt wird. Dies hat Konsequenzen für die Frage, ob sich neben Gewerkschaften noch andere Arbeitnehmergruppen auf dieses Recht berufen können. Schließlich gilt es, die Grenzen der Rechtswirkung des Art. 6 Nr. 4 ESC aufzuzeigen. Die Europäische Sozialcharta lässt Einschränkungen der Rechte unter den Voraussetzungen des Art. 31 Abs. 1 ESC i. V. mit dem Anhang zu Art. 6 Nr. 4 ESC zu, die folglich zu bestimmen sind. Hinsichtlich sämtlicher Fragestellungen ist ebenfalls zu beantworten, welche Bedeutung die *conclusions* des Europäischen Ausschusses für Soziale Rechte sowie die *recommendations* des Ministerkomitees haben (dazu § 2).

Nachdem feststeht, welchen Inhalt Art. 6 Nr. 4 ESC hat, kann überprüft werden, welche Auswirkungen sich dadurch zeitigen. Dazu wiederum muss zunächst geklärt werden, ob und gegebenenfalls wie die Europäische Sozialcharta als völkerrechtlicher Vertrag im Recht der Bundesrepublik Deutschland anzuwenden ist. Neben einer unmittelbaren Anwendbarkeit der Europäischen Sozialcharta im Ganzen oder nur des Art. 6 Nr. 4 ESC im Speziellen kommt eine mittelbare Anwendbarkeit in Betracht. Diese führt dazu, dass die völkervertraglichen Verpflichtungen der Bundesrepublik Deutschland bei der Auslegung des nationalen Verfassungs- und Gesetzesrechts zu beachten sind. Hierbei muss denn auch die Besonderheit Berücksichtigung finden, dass das deutsche Arbeitskampfrecht in weiten Teilen nicht kodifiziert ist. Es handelt sich um Richterrecht, das im Wesentlichen auf Art. 9 Abs. 3 S. 1 GG fußt. Somit kann Art. 6 Nr. 4 ESC im Wege mittelbarer Auslegung zu einer Rechtsprechungsänderung zwingen (dazu § 3).

Stehen Inhalt und Anwendbarkeit des Art. 6 Nr. 4 ESC fest, kann untersucht werden, ob dessen Vorgaben mit dem nationalen Verfassungs- und einfachen Gesetzesrecht zu vereinbaren sind. Hierzu sind die Grundzüge des geltenden deutschen Arbeitskampfrechts darzustellen, damit im Anschluss mittels ein Vergleich beider Rechtskreise angestellt werden kann (dazu § 4).

Unter Berücksichtigung möglicher Unterschiede soll abschließend ein Vorschlag unterbreitet werden, wie die Gewährleistungen des Art. 6 Nr. 4 ESC unter Beachtung seiner Anwendbarkeit im deutschen Arbeitskampfrecht umgesetzt werden können. Dieser Problemkreis ist wie angedeutet bisher nur unzureichend beantwortet worden. Immerhin steht der Tarifvertrag als Gestaltungsmittel gem. § 2 TVG nur Gewerkschaften zur Verfügung. Sofern Art. 6 Nr. 4 ESC jedoch auch nichtgewerkschaftlichen Koalitionen das Recht auf Kollektivverhandlungen und das Recht auf kollektive Maßnahmen einschließlich des Streikrechts gewährleistet, muss ein Weg aufgezeigt werden, wie diese Rechte im deutschen Recht zu verwirklichen sind. Als Alternative zum Tarifvertrag kommen Koalitionsvereinbarungen in Betracht. Desweiteren ist zu prüfen, welche Rechtswirkung diese Vereinbarungen haben oder haben können. Damit hängt die Frage zusammen, welche Gruppen solche Vereinbarungen abschließen können. Eine Lösung hierfür kann im Gesellschaftsrecht oder im Stellvertretungsrecht gefunden werden.

Abschließend ist die Möglichkeit einer Verfassungsbeschwerde für die Fälle aufzuzeigen, in denen ein Gericht im konkreten Rechtsstreit die Gewährleistungen des Art. 6 Nr. 4 ESC und dessen Auswirkungen unzureichend berücksichtigt. Eine Urteilsverfassungsbeschwerde kann nur mit der Behauptung erhoben werden, dass verfassungsspezifisches Recht verletzt worden ist. Demgegenüber stellt Art. 6 Nr. 4 ESC Völkervertragsrecht dar und ist deshalb grundsätzlich nicht Prüfungsmaßstab des Bundesverfassungsgerichts (dazu § 5). Die Bearbeitung schließt mit einer Zusammenfassung der Ergebnisse (§ 6).

§ 2 Inhalt der Europäischen Sozialcharta und Vorgaben für das Arbeitskampfrecht

A. Die Europäische Sozialcharta im Überblick

Die Europäische Sozialcharta ist ein auf Initiative des Europarates geschaffener völkerrechtlicher Vertrag. Er wurde am 18. Oktober 1961 von den meisten seiner damaligen Mitgliedsstaaten[1] in Turin unterzeichnet. Die Europäische Sozialcharta trat gem. Art. 35 Nr. 2 ESC nach Hinterlegung der fünften Ratifikationsurkunde am 26. Februar 1965 in Kraft. Bis heute haben 27 Staaten die Europäische Sozialcharta ratifiziert und fünf weitere haben sie unterzeichnet.[2]

I. Entstehungsgeschichte

Die Entstehungsgeschichte ist wiederholt dargestellt worden. [3] Sie soll dennoch skizziert werden, um den Rahmen für die Ausführungen zu Art. 6 Nr. 4 ESC zu schaffen.

1. Vorbereitung

Während der Arbeiten an der Konvention zum Schutze der Menschenrechte und Grundfreiheiten (Europäische Menschenrechtskonvention)[4] in den Jahren 1948 bis 1950 erkannte man, dass die Vorstellungen der Mitgliedsstaaten im Bereich der sozialen und wirtschaftlichen Rechte im Gegensatz zu den politischen und

---

1 Belgien, Dänemark, Deutschland, Frankreich, Griechenland, Irland, Italien, Luxemburg, Niederlande, Norwegen, Schweden, Türkei und Großbritannien.

2 Der Stand der Ratifikation sowie eine Übersicht, welche Artikel die einzelnen Vertragsstaaten gem. Art. 20 ESC angenommen haben, können auf der Homepage des Europarates (http://conventions.coe.int/Treaty/Commun/ChercheSig.asp?NT=035&CL=GER und http://www.coe.int/t/dghl/monitoring/socialcharter/CountryFactsheets/CountryTable_en.asp) eingesehen werden.

3 *Cottier,* Bestimmungen, S. 36 ff.; *Gaus,* Gewährleistungen, S. 53 f.; *Hackstein,* Streikrecht, S. 1 ff.; *Harris/Darcy,* European Social Charter, S. 1 ff.; *Heyde,* AuR 1962, 70 (70 f.); *Khol,* JBl 1965, 75 (76 f.); *Kraft,* ZSR 1960, 285 (285 ff.); *Kunzmann,* AVR 10 (1962/1963), 273 (291 ff.); *Mitscherlich,* Arbeitskampfrecht, S. 18 ff.; *Neubeck,* Sozialcharta, S. 51 ff.; *Papadatos,* JIJK 7 (1966/2), 237 (241 ff.); *Pischel,* Bedeutung, S. 1 ff; *Tennfjord,* AE IX (1961), 71 (71 ff.); *Witter,* Aspekte, S. 42 ff.; zuletzt *De Schutter,* in: Krause/Scheinin, International Protection, 425 (426 ff.).

4 Konvention Nr. 005 des Europarats; BGBl 1952 II S. 685, 953; BGBl 2002 II S. 1054 (Neufassung).

bürgerlichen Rechten sehr unterschiedlich waren.[5] Aus diesem Grund sollte zunächst ein ausschließlich Letztere betreffendes Abkommen geschlossen werden, um in der Folge über die sozialen und wirtschaftlichen Rechte beraten zu können.[6] Es bestand indes von vornherein Konsens, dass ein Pendant zur Europäischen Menschenrechtskonvention geschaffen werden müsse,[7] zumal bereits die Satzung des Europarates den sozialen und wirtschaftlichen Fortschritt in der Präambel sowie in Art. 1 lit. a und b als erstrebenswertes Ziel bezeichnet.[8]

Nachdem die Europäische Menschenrechtskonvention am 4. November 1950 in Rom unterzeichnet worden war, sollten die bereits eingeleiteten sozialpolitischen Einzelmaßnahmen[9] des Europarates fortgeführt und koordiniert werden.[10] In Übereinstimmung mit einer von der Beratenden Versammlung am 7. Dezember 1951 angenommenen Empfehlung[11] hatte das Ministerkomitee das Generalsekretariat zu diesem Zweck ein umfassendes Programm ausarbeiten lassen.[12] Darin schlug das Generalsekretariat unter anderem die Erarbeitung einer Europäischen Sozialcharta mit diesem Namen vor.[13] Am 20. Mai 1954 kündigte das Ministerkomitee daraufhin die Ausarbeitung der Charta an.[14]

---

5 *Mitscherlich,* Arbeitskampfrecht, S. 18; *Harris/Darcy,* European Social Charter, S. 2 f.; *Papadatos,* JIJK 7 (1966/2), 237 (243); *Schregle,* RdA 1950, 403 (404). Zum weiteren zeitlichen Kontext vgl. *Wiese,* JfIR 16 (1973), 328 (329 ff.). Wesentlich für den Begriff des sozialen Rechts ist, dass es nicht um eine Freiheitsgewährung durch ein Unterlassen des Staates geht, sondern um ein Tätigwerden desselben, vgl. ausführlich zum Begriff und zur historischen Entwicklung sozialer Rechte *Neubeck,* Sozialcharta, S. 29 ff.

6 *Lörcher,* in: Däubler, Arbeitskampfrecht, § 10 Rn. 20; *Schregle,* RdA 1950, 403 (404); *Schubert,* AöR 137 (2012), 92 (101).

7 *De Schutter,* in: Krause/Scheinin, International Protection, 425 (425); *Hackstein,* Streikrecht, S. 1; *Heyde,* AuR 1962, 70 (70); *Kraft,* ZSR 1960, 285 (286); *Mitscherlich,* Arbeitskampfrecht, S. 18; *Rieber,* Europäische Sozial-Charta, S. 2; *Rieble,* RdA 2005, 200 (204); kritisch *Martinek,* FS Adamovich, 388 (394).

8 *Harris/Darcy,* European Social Charter, S. 2; *Knopp,* RdA 1965, 4 (4); *Witter,* Aspekte, S. 42.

9 Umfassend *Schregle,* Europäische Sozialpolitik, S. 37 ff.; *ders.,* SF 1952, 221 (221 ff., insbes. 222). Es sollte z. B. durch den Europäischen Kodex der Sozialen Sicherheit die Gesetzgebung im Bereich des Sozialversicherungsrechts abgestimmt und ferner das Flüchtlingsproblem gelöst sowie Vollbeschäftigung erreicht werden, vgl. *N. N.,* RdA 1950, 401.

10 *Heyde,* AuR 1962, 70 (70); *Mitscherlich,* Arbeitskampfrecht, S. 18.

11 Parliamentary Assembly (Common Policy of Member States in Social Matters. Adoption of the Draft Recommendation), 34. Sitzung (7.12.1951) §§ 5, 8.

12 Committee of Ministers (Request for an Opinion), Doc. 140 (11.5.1953), §§ 4, 14 ff.; *Hackstein,* Streikrecht, S. 1; *Harris/Darcy,* European Social Charter, S. 3; *Heyde,* AuR 1962, 70 (70); *Schregle,* Europäische Sozialpolitik, S. 44 f.; zur Willensbildung im Europarat allgemein und speziell zur Europäischen Sozialcharta, vgl. *P. Fischer,* in: Gerda, Willensbildung, S. 1 ff. bzw. S. 23 f.

13 Committee of Ministers (Request for an Opinion), Doc. 140 (11.5.1953), § 4.

14 Committee of Ministers (Communication), Doc. 238 (20.5.1954), §§ 45 f.; *Kunzmann,* AVR 10 (1962/1963), 273 (291); *Mitscherlich,* Arbeitskampfrecht, S. 18; *Witter,* Aspekte, S. 43.

2. Erster Entwurf des Ministerkomitees

Bereits am 28. Mai 1954 hatte das Ministerkomitee ein aus hochrangigen Regierungsvertretern bestehendes Sozialkomitee eingerichtet, dessen Aufgabe die Erarbeitung der Europäischen Sozialcharta sein sollte.[15] Im Oktober 1954 begannen die Beratungen, die bis April 1956 andauerten.[16] Das Sozialkomitee untersuchte Gesetzgebung und Praxis der einzelnen Mitgliedsstaaten eingehend und erstellte aus dem Katalog der Gemeinsamkeiten einen ersten Entwurf.[17] Dieser sah eine deklaratorische Charta mit nur grundlegenden Rechten vor.[18] Insbesondere an dieser Unverbindlichkeit störte sich das Ministerkomitee und ließ den Entwurf daher noch einmal vom Sozialkomitee überarbeiten.[19]

3. Entwürfe der Beratenden Versammlung

Um ihre Auffassungen dem Ministerkomitee zur Kenntnis zu bringen, beauftragte die Beratende Versammlung zeitgleich im Jahr 1954 ihren Ausschuss für soziale Fragen, einen von den Arbeiten des Ministerkomitees unabhängigen Entwurf zu erarbeiten.[20] Bereits am 22. September 1954 legte der Ausschuss einen vorläufigen[21] und am 26. Oktober 1955 nach geringfügiger Überarbeitung[22] einen endgültigen[23] Entwurf vor. Im Gegensatz zum 1958 fertiggestellten Entwurf des Ministerkomitees[24] sah dieser Entwurf sehr weitreichende wirtschaftliche und soziale Rechte vor, wie beispielsweise die Gewinnbeteiligung der Arbeitnehmer an der Leitung und am Gewinn des Unternehmens oder

15 Committee of Ministers (Communication), Doc. 238 (20.5.1954), § 14; *Cottier,* Bestimmungen, S. 37; *Kunzmann,* AVR 10 (1962/1963), 273 (291); *Mitscherlich,* Arbeitskampfrecht, S. 18; *Neubeck,* Sozialcharta, S. 57.

16 *Kunzmann,* AVR 10 (1962/1963), 273 (291).

17 Governmental Social Committee, CE/Soc (56) 7 (27.4.1956), englische Fassung verschollen; *Cottier,* Bestimmungen, S. 39; *Harris/Darcy,* European Social Charter, S. 4; *Mitscherlich,* Arbeitskampfrecht, S. 20.

18 *Cottier,* Bestimmungen, S. 39; *Khol,* JBl 1965, 75 (77); *Mitscherlich,* Arbeitskampfrecht, S. 20; *Tennfjord,* AE IX (1961), 71 (74).

19 Committee of Ministers, Resolution 56 (25) v. 15.12.1956; *Cottier,* Bestimmungen, S. 39 f.; *Harris/Darcy,* European Social Charter, S. 4; *Heyde,* AuR 1962, 70 (70 f.); zu diesem Entwurf sogleich S. 12 ff.

20 *Heyde,* AuR 1962, 70 (70); *Kunzmann,* AVR 10 (1962/1963), 273 (291); *N. N.,* Die Sozialpolitik des Europarates, RdA 1956, 25 (25).

21 Consultative Assembly (Report of the Committee of Social Questions), Doc. 312 (22.9.1954).

22 Consultative Assembly (Committee of Social Questions, Preparation of a Draft European Social Charter), AS/Soc (6) 25 (19.3.1955).

23 Consultative Assembly (Draft Recommendation of the Committee of Social Questions), Doc. 403 (26.10.1955).

24 Dazu sogleich S. 12 f.

eine „dynamische“ Entlohnung.[25] Die Einhaltung und Durchführung der Charta in den einzelnen Vertragsstaaten solllte durch einen mit erheblichen Kompetenzen ausgestatteten und paritätisch aus Vertretern der Arbeitnehmer, der Arbeitgeber sowie der Öffentlichkeit besetzten Wirtschafts- und Sozialrat überwacht werden.[26] Der Entwurf sollte die Europäische Menschenrechtskonvention umfassend ergänzen.[27] Er lehnte sich daher im Wesentlichen einem Entwurf der Vereinten Nationen über wirtschaftliche, soziale und kulturelle Rechte an, der seinerseits ein Abkommen über bürgerliche und politische Rechte ergänzen sollte. [28]

Allerdings war der Entwurf des Ausschusses für soziale Fragen innerhalb der Beratenden Versammlung stark umstritten und insbesondere von deren Ausschuss für wirtschaftliche Fragen kritisiert worden.[29] Daraufhin beauftragte die Beratende Versammlung beide Ausschüsse, gemeinsam unter Berücksichtigung der Arbeiten des Sozialkomitees[30] einen zweiten Entwurf zu erarbeiten.[31] Dieser gewährte weniger Rechte und sah anstelle des Sozialrates einen Sachverständigenausschuss und die periodische Einberufung einer Konferenz vor, um die Durchführung des Abkommens zu überwachen.[32] Der Entwurf wurde am

---

25 *N. N.,* Die Sozialpolitik des Europarates, RdA 1956, 25 (25); *Khol,* JBl 1965, 75 (77); *Kraft,* ZSR 1960, 285 (286); *Papadatos,* JIJK 7 (1966/2), 237 (244).

26 *Cottier,* Bestimmungen, S. 37 f.; Internationale Juristen-Kommission, Die Europäische Sozialcharta, 1 (1 f.); *Khol,* JBl 1965, 75 (77); *Kraft,* ZSR 1960, 285 (286); *Mitscherlich,* Arbeitskampfrecht, S. 18; *Neubeck,* Sozialcharta, S. 58; *Papadatos,* JIJK 7 (1966/2), 237 (244); *Sproedt,* Koalitionsfreiheit und Streikrecht, S. 6.

27 *Kunzmann,* AVR 10 (1962/1963), 273 (291).

28 *Papadatos,* JIJK 7 (1966/2), 237 (241). Dabei handelt es sich um die am 16.12.1966 abgeschlossenen und am 23.3.1976 bzw. 3.1.1976 in Kraft getretenen Internationalen Pakte über bürgerliche und politische Rechte (BGBl 1973 II S. 1534) sowie über wirtschaftliche, soziale und kulturelle Rechte (BGBl 1973 II S. 1570) der Vereinten Nationen. Der Stand der Ratifikation kann auf der Homepage der Vereinten Nationen (http://treaties.un.org/Home.aspx?lang=en) eingesehen werden.

29 Consultative Assembly (Communication by the Committee of Economic Questions), Doc. 407 (17.10.1955); *Heyde,* AuR 1962, 70 (70); *Kunzmann,* AVR 10 (1962/1963), 273 (291); *N. N.,* Die Sozialpolitik des Europarates, RdA 1956, 25 (25); *N. N.,* Europäische Sozialcharta, RdA 1957, 225 (225); *Pischel,* Bedeutung, S. 1.

30 Consultative Assembly (Draft order by the Committee of Economic Questions), Doc. 430 (17.10.1955); Consultative Assembly (Draft order by the Committee of Social Questions), Doc. 445 (21.10.1955); *Heyde,* AuR 1962, 70 (70); *Kunzmann,* AVR 10 (1962/1963), 273 (292); *Sproedt,* Koalitionsfreiheit und Streikrecht, S. 6.

31 Consultative Assembly (Report of the Committee of Social Questions), Doc. 488 (14.4.1956); *Mitscherlich,* Arbeitskampfrecht, S. 19.

32 Art. 16 ff. ESC-E (Consultative Assembly, Doc. 488 [14.4.1956], S. 12 ff.); *Cottier,* Bestimmungen, S. 38; *Kunzmann,* AVR 10 (1962/1963), 273 (292); *Sproedt,* Koalitionsfreiheit und Streikrecht, S. 7.

14. April 1956 der Beratenden Versammlung vorgelegt.[33] Er war ebenfalls stark umstritten, weil unter anderem erneut die Schaffung eines Europäischen Wirtschafts- und Sozialrates gefordert wurde.[34] Der Ausschuss für allgemeine Angelegenheiten wurde sodann hinzugezogen und damit betraut, einen Kompromiss zu erarbeiten.[35] Ein solcher Vorschlag wurde am 27. September 1956 vorgelegt.[36] Allerdings war man sich nach wie vor uneins im Hinblick auf die Gewährung bestimmter sozialer Rechte und die Überwachung der innerstaatlichen Anwendung.[37] Die Überwachung sollte nunmehr gem. Teil II Art. 2 ff. ESC-E einem europäischen Sozialkommissar und einer europäischen Sozialkammer übertragen werden, die ähnlich dem vorgeschlagenen Wirtschafts- und Sozialrat paritätisch besetzt sein sollte.[38] Auch an diesem Entwurf wurde innerhalb der Beratenden Versammlung Kritik geäußert. Er wurde daher von ihr ebenso wenig angenommen wie die beiden vorhergehenden.[39] Der Entwurf wurde dem Ministerkomitee lediglich mit der Empfehlung übersandt, diese Vorarbeiten bei künftigen Beratungen zu berücksichtigen.[40] Darüber hinaus riet die Beratende Versammlung dazu, internationale Sozial- und Wirtschaftsorganisationen zu konsultieren. Dazu zählte sie insbesondere die International Labour Organization sowie Vertreter von Arbeitnehmern und Arbeitgebern mit konsultativem Status.[41]

---

33 Consultative Assembly (Report of the Committee of Social Questions), Doc. 488 (14.4.1956).

34 *N. N.*, Europäische Sozialcharta, RdA 1957, 225 (225).

35 Consultative Assembly (Direction to Committee on General Affairs), Opinion 89 (20.4.1956); *Cottier,* Bestimmungen, S. 37 f.; *Mitscherlich,* Arbeitskampfrecht, S. 19; *Sproedt,* Koalitionsfreiheit und Streikrecht, S. 6 f.

36 Consultative Assembly (Report by the Committee of Economic Questions), Doc. 536 (27.9.1956).

37 *Kunzmann,* AVR 10 (1962/1963), S. 273 (292); *Sproedt,* Koalitionsfreiheit und Streikrecht, S. 7.

38 *Cottier,* Bestimmungen, S. 38; *Kraft,* ZSR 1960, 285 (286); *Neubeck,* Sozialcharta, S. 58; ausführlich zum vorgeschlagenen Verfahren *N. N.*, Bericht in RdA 1957, 225 (226).

39 *Heyde,* AuR 1962, 70 (70); *Kunzmann,* AVR 10 (1962/1963), 273 (292); *Mitscherlich,* Arbeitskampfrecht, S. 19 f.; *Papadatos,* JIJK 7 (1966/2), 237 (243 f.); *Sproedt,* Koalitionsfreiheit und Streikrecht, S. 7.

40 Consultative Assembly (Recommendation 104 [1956] concerning a European Convention on Social and Economic Rights), S. 2; dies. (Motion for a Resolution), Doc. 753 (26.10.1956); dies. (Draft Resolution), Doc. 761 (12.12.1957); *Khol,* JBl 1965, 75 (77); *Kunzmann,* AVR 10 (1962/1963), 273 (292); *Mitscherlich,* Arbeitskampfrecht, S. 20; *Pischel,* Bedeutung, S. 1; *Sproedt,* Koalitionsfreiheit und Streikrecht, S. 7.

41 Consultative Assembly (Recommendation 104 [1956] concerning a European Convention on Social and Economic Rights), S. 2; *Heyde,* AuR 1962, 70 (70).

4. Zweiter Entwurf des Ministerkomitees

Das Sozialkomitee war vom Ministerkomitee angewiesen worden, seinen ersten Entwurf vom 27. April 1956 zu überarbeiten.[42] Das Sozialkomitee konsultierte daraufhin Vertreter internationaler Arbeitnehmer- und Arbeitgeberorganisationen sowie der International Labour Organization.[43] Der endgültige Entwurf wurde im Februar 1958 vorgelegt.[44]

Dieser Entwurf diente als Grundlage einer im Dezember 1958 tagenden Dreiparteien-Konferenz in Straßburg. Sie wurde entsprechend dem am 23. November 1951 zwischen dem Europarat und der International Labour Organization getroffenen „General Agreement" auf Bitten des Rates von der International Labour Organization einberufen.[45] Es nahmen aus jedem Mitgliedsstaat des Europarates zwei Regierungsvertreter sowie je ein Arbeitnehmer- und ein Arbeitgebervertreter teil.[46] Die Konferenz sollte den Entwurf kommentieren und gegebenenfalls Änderungen vorschlagen sowie abschließend eine Stellungnahme gegenüber dem Ministerkomitee abgeben.[47] Die Konferenz empfahl neben einigen anderen Ergänzungen insbesondere, das Streikrecht zu kodifizieren.[48] Das Ministerkomitee leitete diese Ergebnisse[49] an die Beratende Versammlung weiter.[50] Deren abschließende Stellungnahme vom 19. Januar 1960 berücksichtigte einige Vorschläge der Konferenz und erarbeitete einen entsprechenden Entwurf.[51] Nachdem dieser zurück an den Sozialausschuss geleitet wurde, schloss dieser sich in Teilen den gemachten Vorschläge an.[52] Dennoch wurde die zu

42 Dazu oben S. 9.

43 *Cottier,* Bestimmungen, S. 40.

44 Abgedruckt in Committee of Ministers (Draft European Social Charter), Doc. 927 (12.1.1959); *Harris/Darcy,* European Social Charter, S. 4 f.; *Mitscherlich,* Arbeitskampfrecht, S. 20.

45 *Cottier,* Bestimmungen, S. 40; *Mitscherlich,* Arbeitskampfrecht, S. 20; *Hackstein,* Streikrecht, S. 2 f.; *Khol,* JBl 1965, 75 (77); *Neubeck,* Sozialcharta, S. 59 f.; *Papadatos,* JIJK 7 (1966/2), 237 (243); *Rieber,* Europäische Sozial-Charta, S. 2; *Wiechec,* RdA 1958, 457 (457).

46 *Neubeck,* Sozialcharta, S. 59 f.

47 Zum Ablauf *Wiechec,* RdA 1959, 179 f.

48 Vgl. die Stellungnahmen von *Strasser, Van Rhijn, Eggermann, Ulsaker, Fennema* sowie des Generalsekretariats, abgedruckt in CE/Soc/Tr.Pr. (70) 15 (20.5.1970), S. 65 ff.; *Cottier,* Bestimmungen, S. 41; *Wiechec,* RdA 1959, 179 (180).

49 Committee of Ministers (Draft European Social Charter), Doc. 927 (12.1.1959); Consultative Assembly (Communication), Doc. 942 (20.1.1959).

50 Committee of Ministers (Report), Doc. 975 (19.4.1959); Secretary-General (Request for an Opinion), Doc. 976 (17.4.1959).

51 Consultative Assembly (Opinion on the draft European Social Charter), Doc. 1035 (12.9.1959); *Sproedt,* Koalitionsfreiheit und Streikrecht, S. 7.

52 Committee of Ministers (Report), Doc. 1114 (10.4.1960) §§ 41 ff.

unterzeichnende Fassung insbesondere im Hinblick auf die Effektivität für die Vertragsstaaten gemäßigt.[53]

Der Entwurf wurde schließlich als Europäische Sozialcharta am 18. Oktober 1961 in Turin unter anderem von der deutschen Bundesregierung unterzeichnet.[54] Sie trat am 26. Februar 1965 gem. Art. 35 Abs. 2 ESC am dreißigsten Tage nach Hinterlegung der fünften Ratifikationsurkunde in Kraft.

5. Zusatzprotokolle, Änderung und Revision der Europäischen Sozialcharta

Im Jahr 1988 wurde die Europäische Sozialcharta durch das Zusatzprotokoll vom 5. Mai 1988 ergänzt.[55] Dadurch sollten einige weitere soziale Rechte gewährleistet und die Entwicklung der bestehenden Rechte weiter vorangetrieben werden.[56] Im Einzelnen handelt es sich um das Recht des Arbeitnehmers auf Chancengleichheit und Gleichbehandlung in Beschäftigung und Beruf ohne Diskriminierung aufgrund des Geschlechts, das Recht der Arbeitnehmer auf Information und Anhörung im Betrieb, das Recht der Arbeitnehmer auf Beteiligung an der Festlegung und Verbesserung der Arbeitsbedingungen und des Betriebsklimas sowie das Recht älterer Menschen auf sozialen Schutz.[57] Das Zusatzprotokoll trat am 4. September 1992 gem. Art. 10 Abs. 2 ESC-ZP (1988) nach der dritten Ratifikation in Kraft.[58]

Ein weiteres Zusatzprotokoll zur Änderung der Europäischen Sozialcharta liegt seit dem 21. Oktober 1991 zur Unterzeichnung auf.[59] Dieses Protokoll muss gem. Art. 8 ESC-ZP (1991) von allen Vertragsparteien der Europäischen Sozialcharta ratifiziert werden, da die ursprüngliche Fassung nicht ergänzt, sondern geändert werden soll. Dies ist bislang nicht geschehen.[60] Das Protokoll

---

53 Zu alledem *Cottier,* Bestimmungen, S. 41; *Hackstein,* Streikrecht, S. 3; *Khol,* JBl 1965, 75 (77); *Mitscherlich,* Arbeitskampfrecht, S. 20 f.; vgl. die Stellungnahmen des Sozialkomitees Governmental Social Committee, CE/Soc (59) 7 (28.9.1959) sowie der Beratenden Versammlung Consultative Assembly, AS/Soc (13) 22 (30.10.1961).

54 Zum Ratifikationsstand oben Fn. 2.

55 Additional Protocol of 1988 extending the social and economic rights of the 1961 Charter (CETS No. 128), http://conventions.coe.int/Treaty/Commun/QueVoulezVous.asp?NT=128&CL=ENG.

56 Dazu *De Schutter,* in: Krause/Scheinin, International Protection, 425 (426 ff.).

57 Explanatory Report http://conventions.coe.int/Treaty/en/Reports/Html/128.htm.

58 Ratifikationsstand: http://conventions.coe.int/Treaty/Commun/ChercheSig.asp?NT=128&CL=ENG.

59 Amending Protocol of 1991 reforming the supervisory mechanism (CETS No. 142), http://conventions.coe.int/Treaty/Commun/QueVoulezVous.asp?NT=142&CL=ENG.

60 Ratifikationsstand: http://conventions.coe.int/Treaty/Commun/ChercheSig.asp?NT=142&CL=ENG.

sieht weitreichende Veränderungen des Überwachungsverfahrens gem. Art. 21 ff. ESC vor.[61] Obwohl es bislang nicht in Kraft getreten ist, werden dennoch diejenigen Bestimmungen auf Beschluss des Ministerkomitees bereits heute angewandt, soweit sie nicht der bisherigen Fassung widersprechen.[62]

Seit dem 9. November 1995 lag ein weiteres Zusatzprotokoll zur Unterzeichnung auf. Es ist am 1. Juli 1998 gem. Art. 14 Abs. 1 ESC-ZP (1995) nach der fünften Ratifikation in Kraft getreten.[63] Durch dieses Protokoll wurde wegen der Kritik am bestehenden Berichtsverfahren[64] ein weiteres geschaffen, das es den Sozialpartnern und anderen nichtstaatlichen Organisationen gestattet, Beschwerden über eine in ihren Augen unzureichende Anwendung der Europäischen Sozialcharta durch eine Vertrasstaaten vorzubringen.[65] Diese sind schriftlich gegenüber dem Generalsekretariat gem. Art. 4 f. ESC-ZP (1995) zu erklären, das diese an den Europäischen Ausschuss für Soziale Rechte weiterleitet. Das weitere Verfahren ist in den Art. 6 ff. ESC-ZP (1995) geregelt. Es kann gem. Art. 9 Abs. 1 ESC-ZP (1995) in eine *recommendation* des Ministerkomitees an den betreffenden Vertragsstaat münden. Dieser hat freilich die Möglichkeit, im nächsten Länderbericht gem. Art. 10 ESC-ZP (1995) hierzu eine Stellungnahme abzugeben.[66]

Schließlich lag seit dem 3. Mai 1996 eine revidierte Fassung der Europäischen Sozialcharta zur Unterzeichnung auf. Sie ist als eigenständiges Vertragswerk konzipiert und stellt eine Zusammenfassung sämtlicher Rechte der ursprünglichen Fassung und deren Zusatzprotokolle dar. Sie trat nach der dritten Ratifikation gem. Art. K Abs. 2 ESC-R am 1. Juli 1999 in Kraft.[67]

---

61 Explanatory Report http://conventions.coe.int/Treaty/en/Reports/Html/142.htm.

62 Vgl. Summary http://conventions.coe.int/Treaty/en/Summaries/Html/142.htm sowie Committee of Ministers, 467th meeting v. 9.12.1991, CM/Del/Concl(91)467,11.4 (S. 50 f.); *Europarat,* Leitfaden, S. 19 mit Fn. 1; *Giegerich,* in: Merten/Papier, HandbGrRte IV/1, § 148 Rn 97; *Lörcher,* FS Gnade, 689 (696); *Schorkopf,* in: Grote/Marauhn, Konkordanzkommentar, Kap. 30 Rn. 93 mit Fn. 263.

63 Additional Protocol of 1995 providing for a system of collective complaints (CETS No. 158), http://conventions.coe.int/Treaty/Commun/QueVoulezVous.asp?NT=158&CL=ENG.

64 *Grillberger,* NLMR 2002, 121 (122); *Lörcher,* FS Gnade, 689 (691 f.); *Martinek,* FS Adamovich, 388 (397); *Neubeck,* Sozialcharta, S. 89; *Öhlinger,* in: Matscher, Grundrechte, 335 (340 ff., 346 ff.).

65 Explanatory Report http://conventions.coe.int/Treaty/en/Reports/Html/158.htm.

66 Zur Bedeutung des Verfahrens unten S. 52 ff.

67 Ratifikationsstand: http://conventions.coe.int/Treaty/Commun/QueVoulezVous.asp?NT=163&CL=GER.

6. Möglichkeit teilweiser Annahme

Eine Besonderheit der Europäischen Sozialcharta ist im Gegensatz zu vielen anderen völkerrechtlichen Verträgen die Möglichkeit der Vertragsstaaten, sie nur teilweise anzunehmen.[68] Die genauen Voraussetzungen sind in Art. 20 ESC geregelt. Einerseits muss zwar gem. Art. 20 Abs. 1 lit. b ESC ein bestimmter Stamm an Rechten jedenfalls übernommen werden, andererseits steht es den Vertragsparteien offen, bestimmte Rechte auszuklammern, um sie gegebenenfalls später anzuerkennen.[69] Jeder Vertragsstaat kann zudem gem. Art. 20 Abs. 3 ESC nachträglich weitere Rechte oder nummerierte Absätze des Teils II ESC übernehmen. Durch diese Flexibilität ist die Europäische Sozialcharta sehr attraktiv. Sie kann von den Signatarstaaten etwa auch dann ratifiziert werden, wenn sich aus rechtlichen oder politischen Gründen nicht alle Rechte in die jeweilige Rechtsordnung einfügen lassen.[70] Art. 20 ESC spiegelt folglich das Bestreben des Ministerrates wider, möglichst viele Mitgliedsstaaten für die Europäische Sozialcharta zu gewinnen, um den sozialen Fortschritt allmählich zu ermöglichen.[71]

7. Inkrafttreten der Europäischen Sozialcharta in der Bundesrepublik Deutschland

Die Ratifizierung gelang in Deutschland recht zügig, nachdem geprüft worden war, welche Bestimmungen aus der Europäischen Sozialcharta neben dem obligatorischen Teil übernommen werden sollten.[72] Eine umfassende Beratung

---

68 *Cottier,* Bestimmungen, S. 49 ff.; *Heyde,* AuR 1962, 70 (73); *Khol,* JBl 1965, 75 (78); *Knopp,* RdA 1965, 4 (5); *Schlotfeldt,* DA 1961, 682 (683); *Stein/v. Buttlar,* Völkerrecht, Rn. 1053.

69 *Kunzmann,* AVR 10 (1962/1963), S. 273 (295); *Papadatos,* JIJK 7 (1966/2), 237 (260); *Pischel,* Bedeutung, S. 4; *Schlotfeldt,* DA 1961, 682 (683); *Wiese,* JfIR 16 (1973), 328 (335).

70 *Khol,* JBl 1965, 75 (78); *Papadatos,* JIJK 7 (1966/2), 237 (244).

71 *Giegerich,* ZaöRV 55 (1995), 713 (738); *Heyde,* AuR 1962, 70 (73); *Isele,* Sozialcharta, S. 11 f.; *Knopp,* RdA 1965, 4 (5); *Mitscherlich,* Arbeitskampfrecht, S. 23 f.; kritisch *Wiese,* JfIR 16 (1973), 328 (337); vgl. zu Art. 20 ESC auch unten S. 96 und 153 f.

72 *Mitscherlich,* Arbeitskampfrecht, S. 22; *Thomas,* BArbBl 1965, 223 (223). Vgl. außerdem die Berichte *N. N.,* Unterzeichnung der Europäischen Sozialcharta, RdA 1962, 147 (147); *N. N.,* Europäisches Parlament mahnt an Ratifizierung der Europäischen Sozialcharta, RdA 1963, 321 (321); *N. N.,* Die Europäische Sozialcharta vom Bundeskabinett verabschiedet, RdA 1964, 140 (140); *N. N.,* Europäische Sozialcharta vom Bundesrat verabschiedet, RdA 1964, 170 (170 f.); *N. N.,* Ratifizierungsgesetz zur Europäischen Sozialcharta am 18. Oktober 1961 vom Bundestag verabschiedet, RdA 1964, 325 (325); *N. N.,* Europäische Sozialcharta, RdA 1965, 139 (139 f.).

fand nicht statt.[73] Die Bundesregierung hatte einen Gesetzesentwurf zur Europäischen Sozialcharta eingebracht.[74] Gem. Art. 59 Abs. 2 S. 1 GG bedurfte die Europäische Sozialcharta als völkerrechtlicher Vertrag der Zustimmung des Bundesrates. Auf seiner 267. Sitzung vom 20. März 1964 beschloss dieser, gegen den Entwurf keine Einwände gem. Art. 76 Abs. 2 GG zu erheben.[75] Der Entwurf wurde sodann an den Ausschuss für Arbeit des Deutschen Bundestages überwiesen und von diesem beraten.[76] Den Gesetzesentwurf nahm der Bundestag antragsgemäß an.[77] Der Bundesrat stimmte dem Entwurf auf seiner 272. Sitzung am 10. Juli 1964 gem. Art. 84 Abs. 1 GG bei Stimmenthaltung Hessens zu.[78] Das Gesetz zur Europäischen Sozialcharta wurde daraufhin am 19. September 1964 verkündet.[79]

Die Ratifikation als völkerrechtlich verbindliche Erklärung gegenüber den anderen Parteien, den Vertrag als bindend anzusehen,[80] erfolgte am 27. Januar 1965, als der Ständige Vertreter der Bundesrepublik Deutschland, Botschafter *Felician Prill*, die entsprechende Urkunde beim Europarat hinterlegte.[81] Deutschland hat von allen fünf ursprünglichen Vertragsparteien die Verpflichtungen aus der Charta am umfangreichsten übernommen.[82] Die Europäische Sozialcharta trat schließlich am 26. Februar 1965 in der Bundesrepublik Deutschland in Kraft[83] und gilt in dieser Form bis heute.[84]

Die Zusatzprotokolle und das Änderungsprotokoll der Europäischen Sozialcharta sind von der Bundesrepublik Deutschland zwar teilweise unterzeichnet, allerdings ist keines dieser Vertragswerke bislang ratifiziert worden.[85] Die revidierte Fassung hat die Bundesregierung am 29. Juni 2007 unter-

---

73 *Kissel,* Arbeitskampfrecht, § 20 Rn. 21 bezeichnet diesen Umstand „angesichts der inhaltlichen Bedeutung der ESC für das gesamte Arbeitsleben geradezu bestürzend".

74 BT-Drucks. 4/2217 v. 25.3.1964.

75 BR-Drucks. 92/64 v. 20.3.1964; BR-Sitzungsprotokoll der 267. Sitzung v. 20.3.1964, S. 39; zur Stimmenthaltung Hessens wegen des Aussperrungsverbots gem. Art. 29 Abs. 5 HessL-Verf vgl. statt aller *Isele,* Sozialcharta, S. 18 ff.

76 BT-Sitzungsprotokoll der IV/125. Sitzung v. 30.4.1964, TOP 56 (S. 6111); Schriftlicher Bericht des Ausschusses für Arbeit, BT-Drucks. 4/2389 v. 16.6.1964.

77 BT-Sitzungsprotokoll der IV/132. Sitzung v. 24.6.1964, TOP 51 (S. 6500).

78 BR-Drucks. 346/64 v. 10.7.1964; BR-Sitzungsprotokoll der 272. Sitzung v. 10.7.1964, S. 157.

79 BGBl 1964 II, S. 1261.

80 Vgl. *Butzer/Haas,* in: Schmidt-Bleibtreu/Hofmann/Hopfauf, Art. 59 GG Rn. 39.

81 BGBl 1965 II, S. 1122; Bericht abgedruckt in RdA 1965, 139 (139 f.); *Thomas,* BArbBl 1965, 223 (223).

82 *Thomas,* BArbBl 1965, 223 (223).

83 BGBl 1965 II, S. 1122.

84 Zu den Zusatzprotokollen und der revidierten Fassung oben S. 13 f.

85 Zum Ratifikationsstand der jeweiligen Verträge oben S. 13 f.

zeichnet,[86] aber bislang ebenfalls nicht ratifiziert.[87] Bemerkenswert ist diesbezüglich, dass seit 1998 geprüft wird, ob diese ratifiziert werden soll.[88]

Art. 6 Nr. 4 ESC ist in den Protokollen und in der revidierten Fassung unverändert enthalten.[89] Daher wird in dieser Arbeit auf diese, derzeit in der Bundesrepublik Deutschland gültige Fassung Bezug genommen.[90]

8. Bewertung

Während der Beratungen zeigte sich in jedem Stadium, dass in den Mitgliedsstaaten unterschiedliche Vorstellungen darüber bestanden, welche wirtschaftlichen Rechte und Pflichten gewährt werden sollten.[91] Einerseits sprechen die Vielzahl an Entwürfen und die intensive Mitarbeit vieler Organisationen daran sowie der Zeitraum von circa acht Jahren für eine große Sorgfalt. Andererseits ist diese vermeintliche Akribie in nicht unerheblichem Maße Ausdruck für die Notwendigkeit, einen konsensfähigen Vertrag zu entwerfen.[92] Dies war insbesondere die Prämisse des Ministerkomitees und erklärt dessen letztlich eher zurückhaltende Entwürfe. Demgegenüber versuchten die Beratende Versammlung und ihre Ausschüsse, den sozialen und wirtschaftlichen Fortschritt durch weitgehende Rechte zu forcieren. Diese Vorschläge fanden jedoch nicht einmal innerhalb dieses Gremiums ihre Zustimmung, so dass die Umsetzung durch die Mitgliedsstaaten utopisch gewesen wäre.[93] Arbeits- und Sozialrecht

---

86 Pressemitteilung 472 des Europarates v. 2.7.2007 (https://wcd.coe.int/ViewDoc.jsp?id=1326877) und Pressemitteilung des Bundesministeriums für Arbeit und Soziales v. 30.5.2007 (nicht mehr online verfügbar), wonach „[im] Dialog mit dem Überwachungsgremium des Europarates zur Anwendung der Europäischen Sozialcharta mit Blick auf dessen Auslegungspraxis [. . .] die Voraussetzungen für eine spätere Ratifikation der ESC-R geschaffen werden“ sollen.

87 Vgl. dazu *Lörcher,* in: Däubler, Arbeitskampfrecht, § 10 Rn. 20; *Rieble,* RdA 2005, 200 (203); zu den Neuerungen ausführlich Europarat, Leitfaden, S. 13 ff.

88 Vgl. zur ablehnenden Haltung gegenüber den Protokollen BT-Drucks. 8/11415 v. 3.9.1998, S. 9 ff.

89 *Czycholl/Frieling,* ZESAR 2011, 322 (322 f.).

90 Zur mittelbaren Bedeutung der *conclusions* beruhend auf Eingaben gemäß dem Zusatzprotokoll über Kollektivbeschwerden unten S. 52 ff.

91 *Harris/Darcy,* European Social Charter, S. 6 f.; *Heyde,* AuR 1962, 70 (71); *Khol,* JBl 1965, 75 (77); *Mitscherlich,* Arbeitskampfrecht, S. 21; *Witter,* Aspekte, S. 44.

92 *Hackstein,* Streikrecht, S. 4; *Henkelmann,* SozSich 1962, 11 (12 f.); *Kraft,* ZSR 1960, 285 (286); *Neubeck,* Sozialcharta, S. 61; *Tennfjord,* AE IX (1961), 71 (76).

93 *Henkelmann,* SozSich 1959, 91 (93, zum Entwurf der Straßburger Konferenz); *ders.,* SozSich 1962, 11 (12); *Wiese,* JfIR 16 (1973), 328 (350 ff.). Zur Frage, welche Vorschläge in der endgültigen Fassung stärker berücksichtigt wurden vgl. *Khol,* JBl 1965, 75 (77); *Mitscherlich,* Arbeitskampfrecht, S. 21; *Papadatos,* JIJK 7 (1966/2), 237 (243 f.); *Sproedt,* Koalitionsfreiheit und Streikrecht, S. 9, 61.

stellen eine vielschichtige Materie dar, die aufgrund teils stark divergierender Wertvorstellungen und finanziellen Möglichkeiten in den Mitgliedsstaaten ganz unterschiedlich ausgestaltet ist.[94] Dennoch trat das Bemühen um sozialen Fortschritt und soziale Gerechtigkeit während des gesamten Entstehungsprozesses deutlich zutage.[95] Dies zeigt sich etwa daran, dass sich das Ministerkomitee mit dem Entwurf einer rein deklaratorischen Erklärung nicht einverstanden zeigte.[96] Insgesamt lässt sich festhalten, dass insbesondere die arbeitsrechtlichen Bestimmungen relativ präzise gefasst worden sind.[97]

In Deutschland verfolgte man die Arbeiten an der Europäischen Sozialcharta mit Interesse und kommentierte die verschiedenen Entwürfe.[98] So äußerte sich unter anderem die *Bundesvereinigung der Deutschen Arbeitgeberverbände* positiv zur geplanten Ratifizierung und bedauerte sogar, dass einige Artikel der Europäischen Sozialcharta davon nicht umfasst sein sollten.[99] Insgesamt wurde jedoch kaum Bedarf gesehen, die bestehenden deutschen Gesetze zu ändern, da man den Inhalt der Europäischen Sozialcharta als in Deutschland bereits verwirklicht betrachtete.[100] So herrschte denn bei der Ratifikation auch allgemein die Vorstellung vor, dass die Vertragsstaaten einen bereits erreichten Standard in der Europäischen Sozialcharta festgehalten und somit lediglich Bestehendes geregelt hätten,[101] so dass die Verabschiedung der Europäischen Sozialcharta in dieser Form teils als verpasste Chance gesehen wurde.[102] Freilich wollte man

94 *Khol,* JBl 1965, 75 (79).

95 *Kraft,* ZSR 1960, 285 (287).

96 Dazu oben S. 9 sowie *Heyde,* AuR 1962, 70 (71).

97 *Kahliq/Churchill,* in: Langford, Social Rights Jurisprudence, 428 (430).

98 *Heyde,* AuR 1962, 70 (75); vgl. die Berichte bei *Auerbach,* RdA 1954, 339 (340); *Schregle,* RdA 1950, 403 (405); *Henkelmann,* SozSich 1959, 91 ff.; *Wiechec,* RdA 1958, 457 (457); *N. N.,* Sozialpolitik des Europarates, RdA 1956, 25 f.; *N. N.,* Europäische Sozialcharta, RdA 1957, 225 ff.; *N. N.,* RdA 1961, 479 (479); *N. N.,* Die Europäische Sozial-Charta, RdA 1962, 24 (24). Zur Rezeption in der ausländischen Presse *Harris/Darcy,* European Social Charter, S. 7 Fn. 32 und *Neubeck,* Sozialcharta, S. 61, Fn. 151 mit Hinweis auf die französische Le Monde v. 16.9.1961 (S. 14, Spalte 4) und die britische The Times v. 18.9.1961 (S. 14, Spalte 4).

99 RdA 1963, 417; vgl. auch *Heise,* SozSich 1963, 329 (331).

100 *Heise,* SozSich 1963, 329 (330); *Heyde,* AuR 1962, 70 (71); *Knopp,* RdA 1965, 4 (5); *Schlotfeldt,* DA 1961, 682 (684).

101 *Isele,* Sozialcharta, S. 12; *Mitscherlich,* Arbeitskampfrecht, S. 38; *G. Müller,* AuR 1972, 1 (3); *Neubeck,* Sozialcharta, S. 61; *Wiese,* JfIR 16 (1973), 328 (333); vgl. auch die Denkschrift der Bundesregierung, BT-Drucks. 4/2117 v. 25.3.1964, S. 31 hinsichtlich Art. 6 Nr. 4 ESC.

102 Z. B. der italienische Abgeordnete *Lodovico Montini* während der 21. Sitzung der 13. Ordentlichen Sitzung der Beratenden Versammlung v. 16.1.1962, OR 677 (682), der gleichwohl den Europarat als auch die Vertragsstaaten aufforderte, die Europäische Sozialcharta weiterzuentwickeln. Überwiegend positiv bewerteten in derselben Sitzung die Abgeordneten *Adolf Molter* (Belgien), *Auguste Pinton* (Frankreich), *Carlo Repossi* (Italien) sowie

den status quo nicht ewig manifestieren. Das ergibt sich aus der Präambel der Charta. Durch die Europäische Sozialcharta sollte eine Entwicklung eingeleitet und der erreichte Standard stetig weiter angehoben werden.[103]

Einige der während der Entstehung formulierten Ideen sind dessen ungeachtet zumindest in Deutschland umgesetzt worden. Zu nennen ist die Mitbestimmung im Unternehmen und im Betrieb, die in den verschiedenen Mitbestimmungsgesetzen geregelt ist. Außerdem wird derzeit über die Gewinnbeteiligung der Mitarbeiter eines Unternehmens genauso diskutiert wie über die Einführung eines Mindestlohns.[104] Dies verdeutlicht, dass die Europäische Sozialcharta nur im Ergebnis ein von Kompromissen geprägtes Werk gewesen ist. Dem Anspruch, den Beginn eines Prozesses mit dem Ziel eines einheitlichen europäischen Arbeits- und Sozialrechts zu markieren, ist die Charta damit durchaus gerecht geworden.[105] Dabei kann offenbleiben, ob sie der Motor für die beschriebene Entwicklung in Deutschland war und ist.[106] Es wurden jedenfalls Themen und Ideen beraten, die noch und gerade fünfzig Jahre nach Inkrafttreten von gesellschaftlicher, politischer und sozialer Bedeutung sind.

II. Aufbau und Inhalt der Europäischen Sozialcharta

Wie die Entstehungsgeschichte sind Aufbau und Inhalt bereits zuvor analysiert worden.[107] Die Europäische Sozialcharta gliedert sich in fünf Teile nebst Präambel und Anhang. Die Präambel besteht aus vier Absätzen, in denen die Erwägungen der Vertragsparteien benannt werden und spiegelt die ursprünglichen Beweggründe wider. Sie umreißt außerdem die Ziele, die durch die Charta erreicht werden sollen. Teil I zählt die insgesamt 19 im sich anschließenden Teil II ausformulierten Rechte auf. An diese dort genannten Rechte erachten sich die Vertragsparteien laut des Einleitungssatzes nach Maßgabe des Teils III gebun-

Elinor Hubert, Hans Schütz und *Helene Weber* (alle Deutschland) die durch die Europäische Sozialcharta erreichten und zu erreichenden sozialen Ziele und Fortschritte.

103 Internationale Juristen-Kommission, Die Europäische Sozialcharta, S. 1 (8); *Thomas,* BArbBl 1965, 223 (224).

104 Jüngst etwa *Forkel,* BB 2011, 1209 ff.; *Waltermann,* NJW 2010, 801 ff.

105 *Heyde,* AuR 1962, 70 (74); *Knopp,* RdA 1965, 4 (5); ähnlich der Ausblick der Internationalen Juristen-Kommission, Die Europäische Sozialcharta, S. 1 (8).

106 Skeptisch *Zuleeg,* ZaöRV 35 (1975), 341 (356).

107 *Cottier,* Bestimmungen, S. 42 ff.; *Hackstein,* Streikrecht, S. 6 ff.; *Harris/Darcy,* European Social Charter, S. 8 ff.; *Heyde,* AuR 1962, 70 (71 ff.); *Isele,* Sozialcharta, S. 10 ff.; *Khol,* JBl 1965, 75 (77 ff.); *Kunzmann,* AVR 10 (1962/1963), 273 (292 ff.); *Mitscherlich,* Arbeitskampfrecht, S. 23 ff.; *Papadatos,* JIJK 7 (1966/2), 237 (244 ff.); *Pischel,* Bedeutung, S. 3 ff.; *Rieber,* Europäische Sozial-Charta, S. 4 ff.; *Wiese,* JfIR 16 (1973), 328 (331 ff.).

den. Dieser Teil besteht lediglich aus Art. 20 ESC und dort sind im Detail diejenigen Voraussetzungen für die bereits angesprochene Möglichkeit der Vertragsparteien geregelt, die Europäische Sozialcharta nur teilweise zu ratifizieren. Zu beachten ist, dass Teil I Programmsätze enthält, an die alle Vertragsstaaten unabhängig von der Ratifizierung des entsprechenden Artikels in Teil II gebunden sind.[108]

Teil IV regelt in den Art. 21 ff. ESC das Überwachungsverfahren.[109] Es ist unter anderem in Art. 21 ESC die Pflicht der Vertragsparteien normiert, dem Europarat regelmäßig alle zwei Jahre Bericht über die Anwendung der Europäischen Sozialcharta zu erstatten. Das Verfahren besteht im Wesentlichen aus zwei Schritten. Zunächst werden die Berichte durch den Europäischen Ausschuss für Soziale Rechte[110] gem. Art. 24 f. ESC geprüft. Die Ergebnisse dieser Prüfung stellen die *conclusions* (Schlussfolgerungen) dar. Kommt das Ministerkomitee aufgrund der Länderberichte beziehungsweise der *conclusions* zu dem Ergebnis, dass ein Vertragsstaat gegen die übernommenen Pflichten aus der Charta verstößt, kann es gem. Art. 29 ESC eine *recommendation* (individuelle Empfehlung) aussprechen, damit dieser Staat den festgestellten Missstand beheben kann. An die Auffassung des Europäischen Ausschusses für Soziale Rechte ist das Ministerkomitee dabei nicht gebunden. Es existiert, anders als für die Europäische Menschenrechtskonvention in Form des Europäischen Gerichtshofs für Menschenrechte, kein verbindlich entscheidendes Gericht, vor dem Verletzungen der Europäischen Sozialcharta geltend gemacht werden können. Eine Empfehlung auszusprechen ist daher die einzige Möglichkeit, den verletzenden Vertragsstaat völkerrechtlich zu sanktionieren.[111]

---

108 *Fabricius,* FS Viefhues, 41 (44); *Papadatos,* JIJK 7 (1966/2), 237 (245 f.).

109 Vgl. etwa *De Schutter,* in: Krause/Scheinin, International Protection, 425 (428 ff.); *Kahliq/Churchill,* in: Langford, Social Rights Jurisprudence, 428 (430 ff.).

110 Entgegen Art. 25 ESC und Art. C ESC-R trägt der „Ausschuss unabhängiger Experten" heute die Bezeichnung „Europäischer Ausschuss für Soziale Rechte" („European Committee of Social Rights"), vgl. Präambel der RECSR sowie z. B. Committee of Ministers, 1055th meeting v. 27.4.2009, CM/Del/Dec(2009)1055,4.7 (S. 18); 509th meeting v. 24.3.1994, CM/Del/Dec(94)509,4.2 (S. 21); 751st meeting v. 9.5.2001, CM/Del/Dec(2001)751,4.2 (S. 16) und die Homepage http://www.coe.int/t/dghl/monitoring/socialcharter/ECSR/ECSRdefault_en.asp. Dementsprechend wird im Folgenden einheitlich diese Bezeichnung verwendet; zur Legitimation unten S. 47 f.

111 Die Verbindlichkeit der *conclusions* sowie der *recommendations* für den Vertragsstaat ist umstritten, ausführlich dazu unten S. 42 ff. Mittlerweile haben die *conclusions* einen beträchtlichen Umfang erreicht. Dabei ist allerdings zu berücksichtigen, dass häufig auf vorherige Zyklen verwiesen wird (vgl. nur conclusions XIX-3, S. 22 [Verweis auf *conclusions* betreffend einen anderen Vertragsstaat] sowie S. 25, 78, 150 und conclusions 2002, S. 66 [Verweis auf frühere Ausführungen]). Aufgrund der Stofffülle hat das Ministerkomitee eine Änderung des Berichtssystems beschlossen. Die Gewährleistungen der Europäischen Sozialcharta wurden in vier thematische Gruppen eingeteilt. Die Ver-

Teil V enthält Schlussvorschriften, etwa gem. Art. 35 ESC Regelungen zum Inkrafttreten und gem. Art. 36 ESC zum Anwendungsbereich. Daneben finden sich Artikel, die die Vertragstaaten berechtigen, die Rechte aus der Charta zeitweise auszusetzen oder einzuschränken sowie die Voraussetzungen gem. Art. 36 f. ESC zur Vertragsänderung und zur Kündigung. Der Anhang schließlich enthält Erläuterungen zu bestimmten Artikeln und Absätzen. Er ist gem. Art. 38 Abs. 1 ESC verbindlicher Bestandteil der Europäischen Sozialcharta.

B. Inhalt des Art. 6 Nr. 4 ESC

Der Inhalt der Europäischen Sozialcharta ist maßgeblich, um die Frage nach ihren Auswirkungen auf das Arbeitskampfrecht der Bundesrepublik Deutschland zu beantworten. In Art. 6 Nr. 4 ESC ist ausdrücklich das Arbeitskampfrecht in Form von „kollektive[n] Maßnahmen einschließlich des Streikrechts" angesprochen. Die Norm ist zunächst auszulegen, um ihren Inhalt mit den Gewährleistungen des nationalen Rechts vergleichen zu können.[112]

I. Auslegung der Europäischen Sozialcharta

Die Europäische Sozialcharta ist ein multilateraler völkerrechtlicher Vertrag. Diese sind wie Verträge im nationalen Recht auslegungsfähig und auslegungsbedürftig.[113] Gegenstand diverser Untersuchungen sind die dazu heranzuziehenden Methoden.[114] Der Vertrag muss autonom, das heißt aus sich selbst heraus, ausgelegt werden.[115] Das Ziel der Auslegung muss die einheitliche, harmonische Anwendung des Vertrages in allen Vertragsstaaten sein.[116] Die Europäi-

---

tragsstaaten müssen jährlich zu den Gewährleistungen nur einer dieser Gruppen Stellung nehmen. Daraus folgt, dass lediglich alle vier Jahre ein Bericht über jeden ratifizierten Artikel verfasst werden muss, vgl. Committee of Ministers, CM/Del/Dec(2006)963,4.2 v. 5.3.2006. Zudem gibt es nunmehr Übersichten (Factsheets), die die Anwendung aller ratifizierten Artikel in den Rechtsordnungen der Vertragsstaaten darstellen und so einen raschen Überblick ermöglichen (http://www.coe.int/t/dghl/monitoring/socialcharter/Conclusions/ConclusionsYear_en.asp, Menüpunkt „Country factsheets").

112 Dazu unten § 4, S. 211 ff.

113 *Fastenrath,* Lücken, S. 199.

114 Vgl. *Bernhardt,* Auslegung, S. 1 ff.; *Fastenrath,* Lücken, S. 176 ff, 199 ff.; *Hilf,* Auslegung, S. 1 ff.; *J. Ipsen,* Völkerrecht, § 11 Rn. 11 ff.; *Kropholler,* Einheitsrecht, S. 235 ff.; *Mössner,* AVR 15 (1971/1972), S. 273 ff.; *Stein/v. Buttlar,* Völkerrecht, Rn. 81 ff.

115 *Bernhardt,* Auslegung, S. 58 ff.; *Bleckmann,* in: Bleckmann, Europarecht, Rn. 539; *ders.,* Grundgesetz, S. 44 f.; *Kropholler,* Einheitsrecht, S. 265; *Nußberger,* Sozialstandards, S. 279 f.

116 *Hilf,* Auslegung, S. 145 f.; *Kropholler,* Einheitsrecht, S. 287 ff.

sche Sozialcharta als völkerrechtlicher Vertrag kann daher nicht ohne weiteres wie ein beliebiger Vertrag nach nationalem Recht anhand der nationalen Methoden ausgelegt werden.[117]

1. Gegenstand der Auslegung

Für die Auslegung verbindlich sind gem. Art. 38 Nr. 3 ESC ausschließlich der englische und der französische Text. Die Verbindlichkeit dieser Texte ist von der deutschen Rechtsprechung teilweise nur im Ansatz beachtet worden.[118] Es wurde versucht, die Europäische Sozialcharta wie ein deutsches Gesetz anhand der amtlichen deutschen Übersetzung auszulegen.[119] Teilweise wurden Grundsätze des deutschen Arbeitskampfrechts auf die Charta übertragen, um festzustellen, dass sich keine Unterschiede ergeben.[120] Die angeführte Argumentationskette ist somit zwangsläufig zirkelschlüssig, da von vornherein von der Prämisse ausgegangen wird, das deutsche Recht in Form von Art. 9 Abs. 3 S. 1 GG gewährleiste alle durch die Europäische Sozialcharta garantierten Rechte. Das Bundesarbeitsgericht hat dies jedoch erkannt und im Hinblick auf die Tarifbezogenheit von Arbeitskämpfen bemerkt, dass „die generalisierende Aussage, [diese] seien stets nur zur Durchsetzung tarifvertraglich regelbarer Ziele zulässig, im Hinblick auf Teil II Art. 6 Nr. 4 ESC einer erneuten Überprüfung [bedarf].“[121]

2. Objektiver und subjektiver Maßstab bei der Auslegung völkerrechtlicher Verträge

Wie bei sonstigen Verträgen kann die Auslegung eines völkerrechtlichen Vertrages entweder anhand eines subjektiven oder eines objektiven Maßstabs erfolgen.[122] Die subjektive Interpretation stellt maßgeblich auf den Parteiwillen zum Zeitpunkt des Vertragsschlusses ab und orientiert sich somit an der Auslegung sonstiger Verträge.[123] Dadurch ist sichergestellt, dass die Staaten

[117] Vgl. *Kropholler,* Einheitsrecht, S. 236; *Mitscherlich,* Arbeitskampfrecht, S. 34.

[118] ArbG Berlin v. 10.10.1974, AP Nr. 49 zu Art. 9 GG Arbeitskampf, I. 3. b) der Gründe (Bl. 6 f.); BAG v. 5.3.1985, AP Nr. 85 zu Art. 9 GG Arbeitskampf, II. 3. d) der Gründe (Bl. 4R f.); BAG v. 10.12.2002, AP Nr. 162 zu Art. 9 GG Arbeitskampf, B. I. 2. a) und 3. a) der Gründe (Bl. 6 f., 7R f.); vgl. allgemein *Hilf,* Auslegung, S. 118 ff.

[119] Vgl. *Dölle,* RabelsZ 26 (1961), 4 (31 f.).

[120] *Lörcher,* AuR 1991, 97 (98); *Witter,* Aspekte, S. 49; vgl. allgemein *Kropholler,* Einheitsrecht, S. 243 und *Bydlinski,* Methodenlehre, S. 384 („Heimwärtsstreben“).

[121] BAG v. 10.12.2002, AP Nr. 162 zu Art. 9 GG Arbeitskampf, B. I. 2. a) und 3. a) der Gründe (Bl. 6 f. und 7R f.); dazu ausführlich unten S. 280 ff. und 307 ff.

[122] Vgl. *J. Ipsen,* Völkerrecht, § 11 Rn. 4 f.; *Mitscherlich,* Arbeitskampfrecht, S. 31 ff. sowie allgemein *Bernhardt,* Auslegung, S. 15 ff.; *Bydlinski,* Methodenlehre, S. 428 ff.; *Wank,* Auslegung, S. 28 ff.; *Zippelius,* Methodenlehre, S. 17 ff.

[123] *J. Ipsen,* Völkerrecht, §11 Rn. 4; *Verdross,* Quellen, S. 69.

sich nicht weitergehend verpflichten, als ausdrücklich vereinbart worden ist.[124] Dies ist gleichzeitig ein Nachteil, denn Veränderungen der äußeren Umstände und Gegebenheiten sind nur eingeschränkt nachvollziehbar. Solche können ausnahmsweise dann berücksichtigt werden, wenn sie bei Vertragsschluss vorhersehbar und zumindest angedeutet worden sind.[125] Allenfalls durch späteres Verhalten, das heißt durch weitere Rechtssätze, Erklärungen oder die Art der Rechtsanwendung, können die Vertragsstaaten ein gewandeltes Verständnis ausdrücken.[126] Ein zusätzlicher Akt des Rechtsetzers ist nötig. Die Möglichkeit einer Auslegung durch den Rechtsanwender ist also erschwert. Außerdem führt es zu Problemen, wenn während den Beratungen zu einer Norm widersprüchliche Erklärungen abgegeben worden sind und unter Umständen ein divergierendes Begriffsverständnis vorlag. Schließlich gibt es in modernen Staaten nicht „den" Normgeber i. S. einer Einzelperson, sondern grundsätzlich eine Form der Versammlung.[127] Den Willen eines jeden Vertragsstaates eines völkerrechtlichen Vertrages zu ergründen, ist nahezu unmöglich.[128] Aufgrund dieser Unwägbarkeiten kann es de facto keine rein subjektive Auslegung geben.[129] Sie wird zu Recht in Reinform nicht mehr vertreten.[130]

Demgegenüber gehen die objektiv orientierten Ansätze von der objektiven Bedeutung des Vertragstextes aus. Ziel ist es, den vernünftigen Sinn des Vertrages zu ermitteln.[131] Der völkerrechtliche Vertrag wird wie ein Gesetz ausgelegt.[132] Im Kanon der Auslegungskriterien ist dabei freilich der Wille der vertragsschließenden Parteien ein wichtiges Kriterium, wenngleich es nicht im Vordergrund steht.[133] Bei objektiver Betrachtung ist es allerdings möglich, die Dynamik internationaler Beziehungen, wie bei Vertragsschluss noch unvorhersehbare oder übersehene Gegebenheiten und spätere Entwicklungen, zu berück-

---

124 *Däubler,* in: Agnelli, Arbeitskampf, 103 (106).

125 *Bleckmann,* EuR 1979, 239 (239).

126 *Bleckmann,* EuR 1979, 239 (241); *Däubler,* in: Agnelli, Arbeitskampf, 103 (107 f.); *Fastenrath,* Lücken, S. 187 f.

127 *Wank,* Auslegung, S. 28 f.

128 *Bydlinski,* Methodenlehre, S. 431 f.; *Dölle,* RabelsZ 26 (1961), 4 (28 f.); *Larenz,* Methodenlehre, S. 328 f.; so auch die Begründung, weshalb in der englischen Rechtsordnung die Verwertung der Materialien bei der Gesetzesauslegung grundsätzlich abgelehnt wird, vgl. *Dölle,* a. a. O., 4, (24 f. mit Fn. 74).

129 *Däubler,* in: Agnelli, Arbeitskampf, 103 (107).

130 *Fastenrath,* Lücken, S. 188; *J. Ipsen,* Völkerrecht, § 11 Rn. 5; *Mitscherlich,* Arbeitskampfrecht, S. 32 f.

131 *Bleckmann,* in: Bleckmann, Europarecht, Rn. 538; *ders.,* EuR 1979, 239 (239); *Fastenrath,* Lücken, S. 188; *Kropholler,* Einheitsrecht, S. 259; *J. Ipsen,* Völkerrecht, § 11 Rn. 5.

132 Vgl. *Däubler,* in: Agnelli, Arbeitskampf, 103 (109).

133 *Bleckmann,* EuR 1979, 239 (239); *Fastenrath,* Lücken, S. 189, 202; *Kropholler,* Einheitsrecht, S. 260.

sichtigen.[134] Folglich unterscheidet sich die objektive Theorie von der subjektiven entscheidend dadurch, dass sie der historischen Auslegung keine vorrangige Bedeutung beimisst.[135]

Indes besteht mittlerweile Einigkeit, dass nach dem Vertragstyp zu differenzieren ist.[136] Handelt es sich um einen Vertrag, der nur von relativ wenigen Vertragsstaaten ratifiziert wurde, ist dieser stärker subjektiv orientiert auszulegen. Mangels Interessen Dritter ist es gerechtfertigt und notwendig, der subjektiven Komponente, das heißt auch den *travaux préparatoires* je mehr Bedeutung beizumessen, desto weniger Vertragsparteien vorhanden sind.[137] Aufgrund der Vielzahl Beteiligter eher objektiv zu interpretieren ist dagegen ein multilateraler Vertrag. Dies gilt erst recht, wenn aufgrund des Vertrages organisatorische Strukturen gebildet worden sind, die dauernd bestehen sollen.[138] Um ihrem Anspruch langfristiger Gültigkeit genügen zu können, müssen sie zeitgemäß ausgelegt werden können.[139] Dies gilt jedenfalls dann, wenn der Vertrag nicht auf Bewahrung des Niedergelegten, sondern der Fokus auf eine Entwicklung – etwa einer internationalen Organisation – gerichtet ist.[140] Daher lässt sich auch der vom Europäischen Gerichtshof für Menschenrechte für die Auslegung der Europäischen Menschenrechtskonvention entwickelte Grundsatz auf die Europäische Sozialcharta übertragen, Verträge seien „in the light of present-day conditions" auszulegen.[141]

---

134 *Däubler,* in: Agnelli, Arbeitskampf, 103 (108); *Kropholler,* Einheitsrecht, S. 242, 259 f.; *Mitscherlich,* Arbeitskampfrecht, S. 32 f.; *Verdross/Simma,* Völkerrecht, § 782; allgemein bereits *Zweigert,* RabelsZ 15 (1949/50), 5 (6 f.).

135 Vgl. *Bleckmann,* EuR 1979, 239 (239); *Bydlinski,* Methodenlehre, S. 430; *Fastenrath,* Lücken, S. 188 sieht die subjektive Theorie daher als „Spielart der objektiven Auslegungslehre, die mit Hilfe von Fiktionen ihre positivistischen Grundlagen retten will".

136 *Bernhardt,* Auslegung, S. 23, *Bleckmann,* Grundgesetz, S. 44; *ders.,* EuR 1979, 239 (239); *ders.,* Völkerrecht, Rn. 370; *Dölle,* RabelsZ 26 (1961), 4 (30 f.); vgl. auch *J. Ipsen,* Völkerrecht, § 11 Rn. 15.

137 *Bleckmann,* Völkerrecht, Rn. 370.

138 *Bleckmann,* Grundgesetz, S. 44; *ders.,* Völkerrecht, Rn. 371.

139 *Bleckmann,* Völkerrecht, Rn. 370; *Fastenrath,* Lücken, S. 202 mit Fn. 792; *Mitscherlich,* Arbeitskampfrecht, S. 35; *Verdross/Simma,* Völkerrecht, § 782; *Wiebringhaus,* Rdde 1972, 169 (201).

140 *Dölle,* RabelsZ 26 (1961), 4 (30 f.); *Graf Vitzthum,* in: Graf Vitzthum, Völkerrecht, 1. Abschnitt Rn. 124; *Schubert,* AöR 137 (2012), 92 (102). Vgl. für EG bzw. EU *H. P. Ipsen,* Gemeinschaftsrecht, S. 131 f.; etwas anderes kann gelten, wenn es den Vertragsstaaten gerade um die Erhaltung eines erreichten Status bzw. das Festschreiben von Grundwerten geht wie z. B. das Folterverbot oder das Selbstbestimmungsrecht der Völker, vgl. *Fastenrath,* Lücken, S. 190, 193; *Herdegen,* Völkerrecht, § 3 Rn. 9.

141 Vgl. EGMR v. 25.4.1978, Appl. 5856/72 Rn. 31 (*Tyrer*); v. 9.10.1979, Appl. 6289/73 Rn. 26 (*Airey*); v. 12.11.2008, Appl. 34503/97 Rn. 68 (*Demir and Baykara*); *Kälin/Künzli,* Menschenrechtsschutz, S. 44; *Schubert,* AöR 137 (2012), 92 (99).

3. Anwendbarkeit der Art. 31 ff. WVRK

Heute ist die Wiener Übereinkunft über das Recht der Verträge[142] das für das Völkervertragsrecht wesentliche Abkommen.[143] Von Interesse sind die Art. 31 ff. WVRK, weil sie die Auslegung bi- und multilateraler Verträge betreffen. Zuvor existierten keine kodifizierten Regeln über die Auslegung völkerrechtlicher Verträge.[144] Die Art. 31 ff. WVRK könnten somit auf die Europäische Sozialcharta anzuwenden sein. Die Wiener Übereinkunft über das Recht der Verträge vom 23. Mai 1969 trat jedoch erst am 27. Januar 1980 und damit später als die Europäische Sozialcharta von 1961 in Kraft.[145] Art. 4 WVRK schließt explizit die Rückwirkung auf Verträge aus, die vor Inkrafttreten der Vertragsrechtskonvention geschlossen wurden.[146] Nach dem Wortlaut sind die Art. 31 ff. WVRK daher nicht anwendbar.[147]

Zur Anwendbarkeit der in Art. 31 ff. WVRK niedergelegten Regeln gelangt man gleichwohl, wenn man der Auffassung ist, durch sie seien lediglich bereits vorher geltendes Völkergewohnheitsrecht kodifiziert beziehungsweise präzisiert worden.[148] Dafür spricht insbesondere, dass Art. 3 lit. b WVRK Bezug auf das Völkergewohnheitsrecht nimmt.[149] Völkergewohnheitsrecht entsteht durch allgemeine internationale Übung durch die Völkerrechtssubjekte

---

142 v. 23.5.1969, UNTS Vol. 1155 S. 331; BGBl 1985 II, S. 927. Der Vertrag (engl. *Vienna Convention on the Law of Treaties*) seinerseits ist gem. Art. 85 WVRK gleichermaßen in chinesischer, englischer, französischer, russischer und spanischer Sprache verbindlich.

143 *Graf Vitzthum,* in: Graf Vitzthum, Völkerrecht, 1. Abschnitt Rn. 114; *J. Ipsen,* Völkerrecht, § 11 Rn. 6 ff.

144 *Bernhardt,* Auslegung, S. 28 f., 39 ff.; *Herdegen,* Völkerrecht, § 15 Rn. 4.

145 Der Ratifikationsstand kann unter http://treaties.un.org/Pages/showDetails.aspx?objid=080000028003902f eingesehen werden.

146 *Dopagne,* in: Corten/Klein, Vol. 1, Art. 4 WVRK (1969) Rn. 5; *Nußberger,* Sozialstandards, S. 273 f.; *Villiger,* Art. 4 WVRK Rn. 6.

147 Auf die revidierte Fassung der Europäischen Sozialcharta von 1996 findet die Wiener Vertragsrechtskonvention in ihrem Geltungsbereich ohne weiteres Anwendung.

148 IGH *Oil Platforms* (Islamic Republic of Iran v. United States of America), Urteil v. 16.12.1996, ICJ Reports 1996, 803 (812); EGMR v. 21.2.1975, Appl. 4451/70 Rn. 29 (*Golder*); *Bleckmann,* Grundgesetz, S. 49; *ders.,* Staats- und Völkerrechtslehre, S. 475; *Brötel,* Jura 1988, 343 (344) m. w N. aus dem älteren Schrifttum; *Dörr,* in: Dörr/Schmalenbach, Art. 31 WVRK Rn. 6 ff.; *Herdegen,* Völkerrecht, § 15 Rn. 4; *Matscher,* FS Mosler, 545 (548); *Miehsler,* FS Verdross, 547 (565); *Mitscherlich,* Arbeitskampfrecht, S. 32; *Stein/v. Buttlar,* Völkerrecht, Rn. 34; *Villiger,* Art. 31 WVRK Rn. 37, Art. 32 WVRK Rn. 13, Art. 33 WVRK Rn. 16, Art. 34 WVRK Rn. 12, Art. 35 WVRK Rn. 6; differenzierend *Klabbers,* in: Fitzmaurice/Olufemi/Merkouris, Treaty Interpretation, 17 (23 ff.); für die Zeit vor Inkrafttreten der Vertragsrechtskonvention bereits *Köck,* Vertragsinterpretation, S. 78 f. mit Fn. 4.

149 *Brötel,* Jura 1988, 343 (344); *Villiger,* Art. 3 WVRK Rn. 6.

getragen von einer entsprechenden Rechtsüberzeugung.[150] Bereits vor Inkrafttreten der Vertragsrechtskonvention wurden Verträge in der Weise ausgelegt wie es die Art. 31 ff. WVRK vorsehen.[151] Diese Normen wurden in der Einzelabstimmung ohne Gegenstimmen oder Enthaltungen angenommen.[152] Diese breite Zustimmung lässt darauf schließen, dass diese Regelungen von den Vertragsstaaten bereits als Völkergewohnheitsrecht angesehen wurden.[153] Daraus folgt, dass diese Regelungen unabhängig von ihrer Kodifikation in den Art. 31 ff. WVRK,[154] aber im Einklang mit Art. 3 lit. b WVRK gelten.[155] Aus diesem Grund gelten viele Bestimmungen der Vertragsrechtskonvention als Gewohnheitsrecht sogar gegenüber Staaten anwendbar, die sie nicht ratifiziert haben.[156] Indes hat der überwiegende Teil der Vertragsstaaten der Europäischen Sozialcharta die Vertragsrechtskonvention ratifiziert, so dass diese Regeln deswegen grundsätzlich für die Auslegung der Europäischen Sozialcharta angewandt werden können.[157] Gem. Art. 5 WVRK gelten einschlägige Auslegungsvorschriften für Gründungsverträge internationaler Organisationen sowie deren sonstiges Innenrecht als lex specialis unbeschadet neben den allgemeinen Regeln der Art. 31 ff. WVRK.[158] Außer der Europäischen Sozialcharta selbst ist insbesondere die Satzung des Europarates zu berücksichtigen. Die Europäische Sozialcharta ist somit grundsätzlich gem. Art. 31 Abs. 1 WVRK objektiv auszulegen.

---

150 *Fastenrath,* Lücken, S. 95 f.; *Herdegen,* Völkerrecht, § 16 Rn. 1; *Schweitzer,* Staatsrecht III, Rn. 243 ff.; *Graf Vitzthum,* in: Graf Vitzthum, Völkerrecht, 1. Abschnitt Rn. 131. Die Definition, die ein objektives und ein subjektives Merkmal enthält, findet sich in Art. 38 Abs. 1 lit. b IGH-Statut wieder und ist somit allgemein anerkannt.

151 IGH *The Territorial Dispute* (Libyan Arab Jamahiriya v. Chad), Urteil v. 3.2.1994, ICJ Reports 1994, 6 (21 f.); *Oil Platforms* (Islamic Republic of Iran v. United States of America), Urteil v. 16.12.1996, ICJ Reports 1996, 803 (812); *Kasikili/Sedudu Island* (Botswana v. Namibia), Urteil v. 13.12.1999, ICJ Reports 1999, 1045 (1059 f.); *Dörr,* in: Dörr/Schmalenbach, Art. 31 WVRK Rn. 6; *Sorel/Boré Eveno,* in: Corten/Klein, Vol. 1, Art. 31 WVRK (1969) Rn. 10 ff.; *Villiger,* Art. 31 WVRK Rn. 1 ff., 37.

152 *Brötel,* Jura 1988, 343 (344); *Villiger,* Art. 31 WVRK Rn. 37.

153 Ob sämtliche Bestimmungen der Vertragsrechtskonvention Völkergewohnheitsrecht kodifizieren, kann daher offenbleiben, vgl. *Miehsler,* FS Verdross, 547 (565).

154 *J. Ipsen,* Völkerrecht, § 11 Rn. 11.

155 *Brötel,* Jura 1988, 343 (344).

156 *J. Ipsen,* Völkerrecht, § 11 Rn.11; *Schlachter,* NZA 2011, 341 (346 f.); *Stein/v. Buttlar,* Völkerrecht, Rn. 35.

157 Die WVRK bislang weder ratifiziert noch unterzeichnet haben Island, Malta, Monaco, Rumänien, San Marino und die Türkei. Vgl. auch *Mitscherlich,* Arbeitskampfrecht, S. 32. Der Einfachheit halber wird im Folgenden nicht auf das Völkergewohnheitsrecht verwiesen, sondern es werden die Normen der Vertragsrechtskonvention zitiert. Gem. Art. 38 Abs. 1 lit. b IGH-Statut ist Völkergewohnheitsrecht ohnehin wie sonstiges Völkerrecht zwischen den Völkerrechtssubjekten anzuwenden.

158 *Villiger,* Art. 5 WVRK Rn. 7.

Die Norm enthält die allgemeine Auslegungsregel, dass ein Vertrag nach Treu und Glauben in Übereinstimmung mit der gewöhnlichen, seinen Bestimmungen in ihrem Zusammenhang zukommenden Bedeutung und im Lichte seines Zieles und Zweckes auszulegen ist. Hierzu sind gem. Art. 31 Abs. 2 WVRK die Präambel, etwaige Anlagen sowie die in lit. a und lit. b genannten Übereinkünfte und Urkunden zu untersuchen. Daraus ergibt sich, dass völkerrechtliche Verträge in der Regel objektiv anhand des Wortlauts unter besonderer Berücksichtigung des Zwecks auszulegen sind.[159] Es handelt sich somit um einen Kompromiss zwischen objektiver und subjektiver Interpretation.[160] gem. Art. 31 Abs. 3 WVRK sind zudem später getroffene Auslegungsvereinbarungen der Vertragsparteien (lit. a) und die tatsächliche Übung bei der Anwendung des Vertrages durch die Parteien (lit. b) ebenso zum Auslegungskriterium erklärt, wie jeder andere zwischen ihnen anwendbare Völkerrechtssatz (lit. c). Steht fest, dass die Vertragsparteien beabsichtigt haben, einem Ausdruck besondere Bedeutung beizulegen, ist dies gem. Art. 31 Abs. 4 WVRK zu berücksichtigen.[161]

4. Grammatikalische Auslegung

Ausgangspunkt für die Auslegung ist gem. Art. 31 Abs. 1 und 2 WVRK der Wortlaut des Vertragstextes.[162] Er bildet gleichzeitig und regelmäßig die Grenze, wobei die Zulässigkeit richterlicher Rechtsfortbildung unter gewissen Voraussetzungen allgemein anerkannt ist.[163] Anzumerken ist, dass es keine „eindeutigen" oder „klaren" Texte gibt. Vielmehr ist eine vermeintliche Eindeutigkeit bereits das Ergebnis einer Auslegung.[164]

Im Völkerrecht ist bei Anwendung der grammatikalischen Auslegung zu beachten, dass Verträge häufig mehrsprachig verfasst und dabei gleichermaßen verbindlich sind.[165] Diesen Fall regelt Art. 33 WVRK. Danach bilden die ver-

---

159 *Villiger,* Art. 5 WVRK Rn. 7; *J. Ipsen,* Völkerrecht, § 11 Rn. 5.

160 *Dörr,* in: Dörr/Schmalenbach, Art. 31 WVRK Rn. 23 ff.; *Sorel/Boré Eveno,* in: Corten/Klein, Vol. 1, Art. 31 WVRK (1969) Rn. 9, 29.

161 Dazu *Sorel/Boré Eveno,* in: Corten/Klein, Vol. 1, Art. 31 WVRK (1969) Rn. 48 ff.; *Villiger,* Art. 31 WVRK Rn. 15 ff., 26 f.

162 *Bernhardt,* Auslegung, S. 30; *Bleckmann,* Grundgesetz, S. 44 f.; *Herdegen,* Völkerrecht, § 15 Rn. 28; *J. Ipsen,* Völkerrecht, § 11 Rn. 12; *Kropholler,* Einheitsrecht, S. 264; *Sorel/Boré Eveno,* in: Corten/Klein, Vol. 1, Art. 31 WVRK (1969) Rn. 29, 48; *Villiger,* Art. 31 WVRK Rn. 9; vgl. für die Zeit vor Inkrafttreten der Vertragsrechtskonvention BGH v. 25.6.1969, Z 52, 216 (220) sowie allgemein zur Methodenlehre *Bydlinski,* Methodenlehre, S. 437 ff.; *Fastenrath,* Lücken, S. 176 ff.; *Larenz,* Methodenlehre, S. 320 ff.

163 *Bleckmann,* Grundgesetz, S. 45; *Larenz,* Methodenlehre, S. 413 ff.; *Wank,* Auslegung, S. 82 ff.

164 *Rüthers/Fischer/A. Birk,* Rechtstheorie, Rn. 732 f.; *Wank,* Auslegung, S. 81.

165 *Müller/Christensen,* Methodik II, Rn. 8 ff.

bindlichen Texte den Maßstab für die Auslegung völkerrechtlicher Verträge.[166] Art. 33 Abs. 3 WVRK stellt darüber hinaus in Übereinstimmung mit der völkerrechtlichen Lehre die Vermutung auf, dass die Ausdrücke in mehrsprachigen Verträgen in jedem verbindlichen Text dieselbe Bedeutung haben.[167] Dass grundsätzlich alle Texte gleich gewichtet werden müssen, folgt aus der Souveränität der vertragschließenden Staaten. Daher kann abstrakt kein Vorrang im Falle eines Bedeutungsunterschiedes festgestellt werden.[168] Solche Abweichungen lassen sich allerdings nicht völlig vermeiden. Die grammatikalische Auslegung muss also für jeden Text vorgenommen werden.[169] Die nationale und gegebenenfalls amtliche Übersetzung ist nur ein Hilfsmittel für den Rechtsanwender. Der verbindliche Text genießt stets den Vorrang.[170] Der Vertrag soll in jedem Vertragsstaat mit gleichem Inhalt gelten.[171]

Insbesondere wenn Unklarheiten bestehen weil einzelne Begriffe in einer Sprache eine andere Bedeutung als in einer anderen haben, wird die Notwendigkeit eines einheitlichen Maßstabs offensichtlich. Die gewünschte Einheitlichkeit wäre ansonsten gefährdet.[172] Eine Divergenz bereitet nur dann keine Schwierigkeiten, wenn der Gehalt des einen verbindlichen Textes vollständig in allen anderen verbindlichen Texten enthalten ist.[173] Gerade diesen Fall haben die Parteien geregelt, indem sie mehrere Texte für verbindlich erklärten.[174] Haben die Texte allerdings einen unterschiedlichen Bedeutungsgehalt, muss entschieden werden, welchem Text schlussendlich der Vorrang eingeräumt werden kann oder muss.[175] Der Hinweis auf die Verbindlichkeit nur des „führenden" oder „klarsten" Vertragstextes unter Zuhilfenahme der *travaux préparatoires*

---

166 *J. Ipsen,* Völkerrecht, § 11 Rn. 22; *Papaux/Samson,* in: Corten/Klein, Vol. 1, Art. 33 WVRK (1969) Rn. 45; *Villiger,* Art. 33 WVRK Rn. 4. Soweit sich inhaltlich keine Unterschiede ergeben wird in dieser Arbeit dennoch der deutsche Wortlaut herangezogen, um den Lesefluss zu erleichtern.

167 *Dörr,* in: Dörr/Schmalenbach, Art. 33 WVRK Rn. 19, 30; *J. Ipsen,* Völkerrecht, § 11 Rn. 22; *Villiger,* Art. 33 WVRK Rn. 5, 8.

168 *Dörr,* in: Dörr/Schmalenbach, Art. 33 WVRK Rn. 20; *J. Ipsen,* Völkerrecht, § 11 Rn. 22; *Papaux/Samson,* in: Corten/Klein, Vol. 1, Art. 33 WVRK (1969) Rn. 46; zur Auslegung des mehrsprachigen Wortlautes oben S. 27 ff.

169 *Däubler,* in: Agnelli, Arbeitskampf, 103 (111); zur Behandlung bei Divergenzen *Kropholler,* Einheitsrecht, S. 266 ff.

170 *J. Ipsen,* Völkerrecht, § 11 Rn. 23; *Mosler,* JSK 32/33 (1957), 1 (28 ff.).

171 *Hilf,* Auslegung, S. 145 f.

172 BGH v. 25.6.1969, Z 52, 216 (220); *Däubler,* in: Agnelli, Arbeitskampf, 103 (111).

173 *Papaux/Samson,* in: Corten/Klein, Vol. 1, Art. 33 WVRK (1969) Rn. 47; *Villiger,* Art. 33 WVRK Rn. 10.

174 *Dölle,* RabelsZ 26 (1961), 4 (5).

175 *Däubler,* in: Agnelli, Arbeitskampf, 103 (111); *Dölle,* RabelsZ 26 (1961), 4 (22 f., 27 ff.); *Villiger,* Art. 33 WVRK Rn. 11.

hilft bei der Auslegung der Europäischen Sozialcharta nicht.[176] Sowohl ihr Vertragstext als auch die Vorarbeiten sind in französischer und in englischer Sprache verfasst. Lassen sich nach einem Vergleich die verschiedenen Begriffe nicht in Einklang bringen, so ist gem. Art. 31 f. WVRK der gemeinsame Sinn zu ermitteln. Ist auch dies nicht möglich, muss diejenige Bedeutung gem. Art. 33 Abs. 4 WVRK gewählt werden, die am ehesten dem Ziel des Vertrages entspricht.[177] Eine allgemeine Regel, wonach stets die engere Textfassung zu wählen ist, um die Souveränität der Vertragsparteien zu schonen, hat in der Wiener Übereinkunft über das Recht der Verträge keinen Niederschlag gefunden.[178]

Schließlich wird teilweise vertreten, ein fremdsprachiger Rechtssatz dürfe innerstaatlich nicht angewendet werden, da der Rechtsunterworfene diese Sprache nicht zwangsläufig verstehe.[179] Diese Bedenken sind jedoch unbegründet. Zunächst ist selbst das durch innerstaatliches Zustimmungsgesetz transformierte Recht nach völkerrechtlichen Regeln auszulegen, da sich der ratifizierende Staat anderenfalls widersprüchlich verhielte.[180] Außerdem ist sogar das innerstaatliche Recht aufgrund des regelmäßig hohen Abstraktionsgrades der juristischen Fachsprache nicht stets für den Laien verständlich, so dass nötigenfalls qualifizierter Rechtsrat einzuholen ist.[181] Auch wenn man bei der Auslegung von der amtlichen Übersetzung des Vertragstextes in Form des innerstaatlichen Transformationsgesetzes ausgeht, bleibt der fremdsprachige Text völkerrechtlich verbindlich. Das anhand nationaler Auslegungsmethoden gefundene Ergebnis ist also auf die Vereinbarkeit hiermit zu prüfen. Die Übersetzung kann fehlerhaft sein. Auch nach dieser Sichtweise muss somit der verbindliche Text ausgelegt werden. Beharrte ein Staat auf dem Ergebnis der nationalen Auslegung, dann verhielte er sich völkerrechtswidrig. Durch den Abschluss des Vertrages hat er sich verpflichtet, diesen mit seinem verbindlichen Inhalt anzuwenden, der zwangsläufig nur anhand des verbindlichen Textes ermittelt werden kann.

a) Systematische Auslegung

Die systematische Auslegung berücksichtigt den Kontext, in dem eine betreffende Norm in dem Gesamtgefüge der Rechtsordnung oder des Vertrages

---

176 Vgl. *Dölle,* RabelsZ 26 (1961), 4 (22 f.); *Dörr,* in: Dörr/Schmalenbach, Art. 33 WVRK Rn. 32; *Müller/Christensen,* Methodik II, Rn. 16.

177 *Dörr,* in: Dörr/Schmalenbach, Art. 33 WVRK Rn. 34; *J. Ipsen,* Völkerrecht, § 11 Rn. 22; *Papaux/Samson,* in: Corten/Klein, Vol. 1, Art. 33 WVRK (1969) Rn. 75; *Verdross/Simma,* Völkerrecht, § 783; *Villiger,* Art. 33 WVRK Rn. 11.

178 *Verdross/Simma,* Völkerrecht, §785.

179 *Lörcher,* AuR 1991, 97 (98); *Ramm,* AuR 1967, 97 (98 f.); *ders.,* AuR 1971, 65 (73).

180 *Hilf,* Auslegung, S. 124 ff., 144 ff.; *J. Ipsen,* Völkerrecht, § 11 Rn. 23: „kann [...] innerstaatlich [...] rechtliche Bedeutung zukommen."

181 *Däubler,* in: Agnelli, Arbeitskampf, 103 (110).

steht.[182] Dies folgt aus Art. 31 Abs. 3 lit. c WVRK.[183] Zu berücksichtigen sind dabei etwaige Anhänge.[184] Da die Norm autonom auszulegen ist, sind Betrachtungen der eigenen nationalen Rechtsordnung abseits einer Rechtsvergleichung dagegen nur beschränkt zulässig.[185] Ein solcher kann allerdings hilfreich sein, denn verstehen sämtliche Vertragsparteien einen Rechtsbegriff in einer bestimmten Weise, ist dies ein Indiz dafür, dass dem Begriff im Sprachgebrauch des völkerrechtlichen Vertrages dieselbe Bedeutung zukommen soll.[186] Trifft dies lediglich auf einen Teil der Vertragsparteien zu, ist dagegen auf eine gegebenenfalls erkennbare Tendenz abzustellen.[187] Unzulässig – zumindest außerhalb des Rechts der Europäischen Union[188] – ist es aufgrund der Souveränität aller Vertragsstaaten, die Sichtweise der Mehrheit auch auf die Minderheit der Staaten zu übertragen.

b) Teleologische Auslegung

Die teleologische Auslegung[189] ist in Art. 31 Abs. 1 WVRK als allgemeine Auslegungsregel kodifiziert. Gem. Art. 31 Abs. 2 WVRK sind dafür neben der Präambel die Grundsatzartikel zu berücksichtigen, um durch eine Gesamtschau des Vertrages das Gesamtziel zu ermitteln.[190] Es ist zu beachten, dass der Regelungsgehalt einzelner Vorschriften von diesem Gesamtziel abweichen und ihr

---

182 *Müller/Christensen,* Methodik II, Rn. 43; *Rüthers/Fischer/A. Birk,* Rechtstheorie, Rn. 744 ff.; *Wank,* Auslegung, S. 55; *Zippelius,* Methodenlehre, S. 43.

183 *Dörr,* in: Dörr/Schmalenbach, Art. 33 WVRK Rn. 89; *J. Ipsen,* Völkerrecht, § 11 Rn. 13 f.; *Sands,* in: Corten/Klein, Vol. 1, Art. 39 WVRK (1969) Rn. 39 ff.

184 *Fastenrath,* Lücken, S. 183 f.

185 Näher *Kropholler,* Einheitsrecht, S. 271 ff.; *Mosler,* JSK 32/33 (1957), 1 (32). Eine Besonderheit gilt im Recht der Europäischen Union. Der Europäische Gerichtshof betreibt hier eine wertende Rechtsvergleichung mit dem Ziel, die gemeinsame Überlieferung der Mitgliedsstaaten aus deren Verfassungen sowie den gemeinsamen völkerrechtlichen Verpflichtungen zu extrahieren, vgl. etwa EuGH v. 14.5.1974, C-4/73 Rn. 12 f. (*Nold*); v. 18.6.1991, C-260/89 Rn. 41 (*ERT*); v. 22.10.2002, C-94/00 Rn. 23 (*Roquette Frères*); v. 12.6.2003, C-112/00 Rn. 71 (*Schmidberger*); *Bleckmann,* Europarecht, Rn. 604 ff.; *Fastenrath,* Lücken, S. 193; *Oppermann/Classen/Nettesheim,* Europarecht, § 9 Rn. 180; *Seifert,* KritVj 2009, 357 (366 f.); *Schweitzer/Hummer/Obwexer,* Europarecht, Rn. 244. Zu den gemeinsamen europäischen Verfassungstraditionen vgl. Art. 6 Abs. 3 EUV, Art. 340 Abs. 2 und 3 AEUV (ex Art. 288 EGV), dazu BVerfG v. 6.7.2010, E 126, 286 (305 f., 312 f. sowie das Sondervotum *Landau,* 318 [326 f.]).

186 *Däubler,* in: Agnelli, Arbeitskampf, 103 (112); vgl. unten zur Vertragsrechtsvergleichung S. 36 ff.

187 *Däubler,* in: Agnelli, Arbeitskampf, 103 (112).

188 Vgl. Nachweise in Fn. 187.

189 Dazu *Larenz,* Methodenlehre, S. 333.

190 *Bleckmann,* Grundgesetz, S. 45; *Dörr,* in: Dörr/Schmalenbach, Art. 31 WVRK Rn. 53; *Sorel/Boré Eveno,* in: Corten/Klein, Vol. 1, Art. 31 WVRK (1969) Rn. 38; *J. Ipsen,* Völkerrecht, § 11 Rn. 15 f.; *Villiger,* Art. 31 WVRK Rn. 15.

Zweck sich von diesem unterscheiden kann.[191] Jede Norm ist daher zunächst auf ihren spezifischen Zweck zu untersuchen, bevor dieses Ergebnis im Lichte des gesamten Vertrages betrachtet wird.[192] Unabhängig von der Wirkung der Europäischen Sozialcharta als völkerrechtlicher Vertrag in der Normhierarchie der Bundesrepublik Deutschland kann Art. 6 Nr. 4 ESC aufgrund unmittelbarer oder mittelbarer Anwendbarkeit Bedeutung für die Auslegung des deutschen Arbeitskampfrechts haben.[193]

c) Historische Auslegung

Art. 32 WVRK bestimmt, dass die *travaux préparatoires* ergänzend hinzugezogen werden können, wenn die Auslegung i. S. von Art. 31 WVRK zu keinem eindeutigen Ergebnis führt.[194] Es wurde bereits dargestellt, dass die historische Auslegung besondere Bedeutung erlangt, wenn ein Vertrag subjektiv ausgelegt wird oder es sich um einen Vertrag zwischen relativ wenigen Parteien handelt.[195] Allerdings ist auch bei objektiver Auslegung der historische Wille zu berücksichtigen.[196] Die Entstehungsgeschichte kann ein mittels anderer Kriterien gefundenes Ergebnis belegen.[197] Aus den *travaux préparatoires* kann demgegenüber hervorgehen, dass die Parteien ein bestimmtes Verständnis gerade nicht herbeiführen wollten.[198] Wie bereits ausgeführt, besteht zwischen den einzelnen Kriterien grundsätzlich kein allgemeingültiges Rangverhältnis.[199] Die Methoden lassen sich nicht stets trennscharf unterscheiden und voneinander abgrenzen. Indes ergibt sich aus dem Vorrang der objektiven Auslegung gem. Art. 31 Abs. 1 WVRK, dass ein Wertewandel das ursprünglich

---

191 *Fastenrath,* Lücken, S. 186; *Wiese,* JfIR 16 (1973), 328 (340).

192 *Bleckmann,* Grundgesetz, S. 45; *Villiger,* Art. 31 WVRK Rn. 15.

193 *Mitscherlich,* Arbeitskampfrecht, S. 29 f. sowie ausführlich unten S. 59 ff. und 191 ff.

194 Vgl. *J. Ipsen,* Völkerrecht, § 11 Rn. 18; *le Bouthillier,* in: Corten/Klein, Vol. 1, Art. 32 WVRK (1969) Rn. 10 ff.; *Merkouris,* in: Fitzmaurice/Olufemi/Merkouris, Treaty Interpretation, 75 (83 ff.); *Stein/v. Buttlar,* Völkerrecht, Rn. 84; *Villiger,* Art. 32 WVRK Rn. 2 f.

195 Dazu oben S. 22.

196 *Bleckmann,* Grundgesetz, S. 45 f.; *ders.,* EuR 1979, 239 (239); *Fastenrath,* Lücken, S. 189, 202; *Herdegen,* Völkerrecht, § 15 Rn. 28; *J. Ipsen,* Völkerrecht, § 11 Rn. 15; *Kropholler,* Einheitsrecht, S. 260; *Mitscherlich,* Arbeitskampfrecht, S. 32 f.

197 *Dörr,* in: Dörr/Schmalenbach, Art. 32 WVRK Rn. 2, 29 ff.; *le Bouthillier,* in: Corten/Klein, Vol. 1, Art. 32 WVRK (1969) Rn. 1, 10 ff.; *Villiger,* Art. 32 WVRK Rn. 8.

198 *Bernhardt,* Auslegung, S. 109 ff.; *Merkouris,* in: Fitzmaurice/Olufemi/Merkouris, Treaty Interpretation, 75 (85).

199 *Bydlinski,* Methodenlehre, S. 553 ff.; *Engisch,* Einführung, S. 146 ff.; *Larenz,* Methodenlehre, S. 343; *Looschelders/Roth,* Methodik, S. 192 ff.; *Mitscherlich,* Arbeitskampfrecht, S. 31; einschränkend *Koch/Rüßmann,* Begründungslehre, S. 176 ff.; *Rüthers/Fischer/A. Birk,* Rechtstheorie, Rn. 728 ff., die dem Zweck einer Norm eine hervorgehobene Bedeutung beimessen.

Gewollte relativieren kann.[200] Diese dynamische Komponente der Auslegung völkerrechtlicher Verträge kann also durchaus dazu führen, dass die Bedeutung der Entstehungsgeschichte in den Hintergrund tritt.[201] In Art. 31 Abs. 3 lit. b WVRK kommt dieser Gedanke ebenfalls zum Ausdruck.[202] Dies gilt umso mehr für das Arbeitsrecht, da es einerseits selten umfassend kodifiziert ist und andererseits insbesondere das kollektive Arbeitsrecht erhebliche wirtschaftliche Auswirkungen haben kann, was bei der Rechtsanwendung durch die Gerichte zu berücksichtigen ist. Dabei können Fragen auftreten, deren Vorhersehbarkeit bei Vertragsschluss den Vertragsstaaten zu unterstellen bloße Fiktion wäre.[203] Daraus ergibt sich, dass die Entstehungsgeschichte für die Auslegung im Grundsatz eine tendenziell untergeordnete Rolle einnimmt und bei objektiver Auslegung der in den Materialien und durch die Äußerungen während der Beratungen zum Ausdruck gekommene Wille keine absolute Grenze bildet.[204] Der Grund dafür ist gerade der mögliche Wertewandel, den die objektive Theorie im Wege ergänzender Vertragsauslegung ermöglicht, so dass das historische Kriterium in den Hintergrund gedrängt wird.[205] Abschließend ist darauf hinzuweisen, dass selbst unter Berufung auf gewandelte Werte eine beliebige Auslegung eines völkerrechtlichen Vertrages nicht möglich ist. Stets kann die Dynamik nur so weit reichen wie die tatsächlichen kulturellen und rechtlichen Entwicklungen in den Vertragsstaaten.[206]

Indes kann aus den oben dargestellten langwährenden und häufig diametralen Verhandlungen zu den verschiedenen Entwürfen der Europäischen Sozialcharta geschlossen werden, dass eine zu weitreichende objektive Auslegung unzulässig ist. Sie ist mit gewissen Änderungen, die jedoch nicht einheitlich

---

200 Für die Europäische Sozialcharta *Hackstein,* Streikrecht, S. 31; allgemein *Coing,* ZHR 125 (1963), 271 (279 ff.); *Fastenrath,* Lücken, S. 193; *Kälin/Künzli,* Menschenrechtsschutz, S. 44; *Villiger,* Art. 31 WVRK Rn. 23.

201 *Bleckmann,* in: Bleckmann, Europarecht, Rn. 538; *J. Ipsen,* Völkerrecht, § 11 Rn. 21; *Nußberger,* Sozialstandards, S. 281; *Stein/v. Buttlar,* Völkerrecht, Rn. 83. Daher konstatierte *Rens,* stellvertretender Generalsekretär der International Labour Organization, dass „die Sozial-Charta [. . .] in erster Linie ein dynamisches Instrument [ist], das bereits in sich selbst die Kriterien des Überholtwerdens trägt. Darum ist es auch wichtig, daß alle in ihr enthaltenen Möglichkeiten aus ihr geschöpft werden.", Zitat abgedruckt bei *Rieber,* Europäische Sozial-Charta, S. 8.

202 Vgl. *J. Ipsen,* Völkerrecht, § 11 Rn. 21; *Villiger,* Art. 31 WVRK Rn. 32.

203 Vgl. dazu oben S. 23.

204 Vgl. den Hinweis der insoweit zurückhaltenden Spruchpraxis der jeweiligen Ausschüsse der Menschenrechtsübereinkommen bei *Nußberger,* Sozialstandards, S. 281.

205 *Herdegen,* Völkerrecht, § 15 Rn. 28; *Stein/v. Buttlar,* Völkerrecht, Rn. 83.

206 Zum Vertragsrechtsvergleich unten S. 36 sowie *Fastenrath,* Lücken, S. 193, der auf die integrationsfreundliche Rechtsschöpfungspraxis des EuGH hinweist. Dem EuGH ist die sehr fortschrittliche Auslegung nur aufgrund seiner besonderen Stellung innerhalb der EU möglich, vgl. BVerfG v. 6.7.2010, E 126, 286 (303, 307).

ratifiziert worden sind, seit 1965 und damit seit fast fünfzig Jahren in Kraft. Die gesellschaftlichen Wertevorstellungen in den Vertragsstaaten können sich zwar in dieser Zeit verändert haben, jedoch würde der Parteiwille völlig verdrängt.[207] Zudem haben sich die eher zurückhaltenden Vorschläge des Ministerkomitees durchgesetzt.[208] Diese den Vertragsschluss begleitenden Umstände müssen bedacht werden,[209] was wiederum nicht zu einer restriktiven, „souveränitätsschonenden" Auslegung führen darf.[210] Eine solche geriete ihrerseits mit dem beschriebenen Ziel des „sozialen Fortschritts" in Konflikt.[211] Es wäre widersprüchlich, würde das Bewahren des bereits Erreichten als Fortschritt bezeichnet.[212] Im Zweifel ist der Parteiwille daher nicht restriktiv, sondern weit auszulegen.[213] Dies folgt allgemein aus Art. 31 Abs. 3 lit. b WVRK und ist ebenfalls etwa in Art. 18 Nr. 1 ESC angedeutet.

Zwar bezieht sich die Norm auf die Freizügigkeit der Arbeitnehmer in anderen Vertragsstaaten, aber wenn dort bestehende Vorschriften großzügig angewandt werden sollen, muss dies gleichermaßen in jedem Staat gelten. Jeder Arbeitnehmer soll seine Erwerbstätigkeit im Hoheitsgebiet eines anderen Vertragsstaats ausüben können. Daher muss ein einheitlicher Maßstab gelten. Es darf nicht vom Zufall abhängen, wie bestimmte Begriffe innerstaatlich definiert sind und wie weit daher die Anwendungsbereiche der einzelnen Rechte reichen. Demgemäß deutet Art. 18 Nr. 1 ESC zumindest an, dass die Regelungen der Europäischen Sozialcharta tendenziell weit ausgelegt werden sollen. Im Zweifel soll also eine für den geschützten Personenkreis günstige Auslegung stattfinden. Die Grenze dessen ist allerdings dort erreicht, wo eine dynamische Begriffsauslegung mit dem historischen Parteiwillen nicht mehr in Einklang zu bringen ist.[214] Dieser darf nicht übergangen werden, weil Anhaltspunkte dafür fehlen, dass die Europäische Sozialcharta ad hoc tiefgreifende Veränderungen der vertragsstaatlichen Rechtsordnungen herbeiführen wollte.[215] Dafür spricht insbe-

207 Zurückhaltend *Hackstein,* Streikrecht, S. 31, der in seiner Arbeit von 1973 die Entwicklungen schwer abschätzen konnte; allgemein *Nußberger,* Sozialstandards, S. 278 f.

208 Für Art. 6 Nr. 4 ESC unten S. 176 ff., 183 ff.

209 Vgl. *Bleckmann,* Grundgesetz, S. 46.

210 Ausführlich dazu *Bernhardt,* Auslegung, S. 143 ff., 155 f.; *Nußberger,* Sozialstandards, S. 276 f. Bei Verträgen zwischen wenigen Staaten kann dies anders zu beurteilen sein, vgl. *Graf Vitzthum,* in: Graf Vitzthum, Völkerrecht, 1. Abschnitt Rn. 124, 2. Spiegelstrich.

211 *Mitscherlich,* Arbeitskampfrecht, S. 35; anders *Däubler,* Streik, S. 183.

212 *Hackstein,* Streikrecht, S. 31.

213 IGH *Oil Platforms* (Islamic Republic of Iran v. United States of America), Urteil v. 16.12.1996, ICJ Reports 1996, 803 (812); *Bleckmann,* Grundgesetz, S. 47; *Kropholler,* Einheitsrecht, S. 242, 286; *Mitscherlich,* Arbeitskampfrecht, S. 35.

214 *J. Ipsen,* Völkerrecht, § 11 Rn. 16; *Stein/v. Buttlar,* Völkerrecht, Rn. 83.

215 *Gamillscheg,* Kollektives Arbeitsrecht I, S. 958; in diesem Sinne für die EMRK auch *Bleckmann,* Völkerrecht, Rn. 910.

sondere, dass sich die Parteien an vielen Stellen „verpflichten“[216], ein Recht zu verwirklichen. Verpflichtung ist im Kontext der Europäischen Sozialcharta so zu verstehen, als dass damit ein auf die Zukunft gerichtetes Versprechen gemeint ist. Damit ist also zum Ausdruck gebracht, dass die Parteien einige Rechte bei der Ratifikation der Europäischen Sozialcharta nicht notwendigerweise als bereits verwirklicht ansahen, sondern den beschriebenen Standard in Zukunft erreichen wollten.[217]

d) Effektivitätsgrundsatz

Neben diesen Umständen muss auch die Entwicklung beziehungsweise die Anwendung der Verträge in den Rechtsordnungen der Vertragsstaaten beachtet werden.[218] Dies kodifiziert Art. 31 Abs. 3 lit. b WVRK. Aus der kontinuierlichen Anwendung in einer bestimmten Art und Weise lässt sich ableiten, dass die Staaten den Vertrag dementsprechend verstehen. Gegebenenfalls perpetuieren sie dadurch die Begleitumstände des Vertragsschlusses oder lassen ein anderes Verständnis erkennen.[219] Allerdings ist stets das Effizienzgebot (*effet utile*) zu berücksichtigen. Es ist in Art. 31 Abs. 1 sowie Art. 33 Abs. 4 WVRK angedeutet[220] und besagt, dass die Auslegung einer Norm zu einer möglichst dauerhaften Förderung des Vertragszwecks führen muss.[221] Der *effet utile* stellt somit eine besondere Ausprägung der teleologischen Auslegung dar.[222] Unstreitig anerkannt ist dieser Grundsatz bei der Auslegung des Rechts der Europäischen Union.[223] Auch sonst findet das Effizienzgebot stets auf solche Verträge Anwendung, die auf eine dynamische Entwicklung gerichtet sind.[224] Teilweise werden von den Vertragsparteien durch diese Verträge verbindlich entscheidende Gerichte errichtet, um eine einheitliche Anwendung des jeweiligen Vertrages zu gewährleisten.[225] Abgesehen vom in den Art. 21 ff. ESC vorgesehenen Berichtsverfahren ist dies in der Europäischen Sozialcharta nicht geschehen.[226]

---

216 undertake, s’engagent.

217 *Isele,* Sozialcharta, S. 12; vgl. dazu unten S. 152 ff.

218 *Bleckmann,* Grundgesetz, S. 46; *J. Ipsen,* Völkerrecht, § 11 Rn. 16.

219 *Fastenrath,* Lücken, S. 190 f.

220 *Graf Vitzthum,* in: Graf Vitzthum, Völkerrecht, 1. Abschnitt Rn. 123.

221 *Herdegen,* Völkerrecht, § 15 Rn. 32; *J. Ipsen,* Völkerrecht, § 11 Rn. 16; *Seidl-Hohenveldern/Loibl,* Organisationen, Rn. 1602; *Stein/v. Buttlar,* Völkerrecht, Rn. 84; *Verdross/Simma,* Völkerrecht, § 780.

222 *Graf Vitzthum,* in: Graf Vitzthum, Völkerrecht, 1. Abschnitt Rn. 123.

223 EuGH v. 8.4.1976, C-48/75 Rn. 69/73, 74/75 (*Royer*); *Bleckmann,* in: Bleckmann, Europarecht, Rn. 559.

224 *Bleckmann,* DÖV 1996, 137 (140); *Herdegen,* Völkerrecht, § 15 Rn. 32; *Schubert,* AöR 137 (2012), 92 (101); *Verdross/Simma,* Völkerrecht, § 782.

225 Vgl. die Aufzählung der Abkommen bei *Herdegen,* Völkerrecht, § 15 Rn. 32.

226 Dazu unten S. 53 ff.

Die Anwendung des *effet utile* für die Auslegung der Europäischen Sozialcharta lässt sich dennoch unter Berücksichtigung ihres Zwecks begründen. Zum einen ist ihr Ziel der soziale Fortschritt für die Menschen in Europa. Diese Aussage in der Präambel zeigt, dass die Europäische Sozialcharta aus diesem Grund ausgearbeitet wurde, so dass bereits darin die beabsichtigte Weiterentwicklung der sozialen Rechte erkennbar ist.[227] Sie ist von Beginn an als Pendant zur Europäischen Menschenrechtskonvention konzipiert gewesen.[228] Diese ist indes mittels des Effizienzgebots auszulegen, damit die Grundrechte größtmöglich verwirklicht werden.[229] Gilt dies für eben jene Konvention, muss es in gleichem Maße für das Parallelwerk gelten, zumal der Europäische Gerichtshof für Menschenrechte die Europäische Sozialcharta häufig zur Auslegung der Europäischen Menschenrechtskonvention heranzieht und ihr somit erhebliches Gewicht beimisst.[230] Zum anderen haben die Mitglieder der Europäischen Union in der Präambel des Vertrages über die Europäische Union sowie in Art. 151 AEUV (ex Art. 136 EGV) die Europäische Sozialcharta erwähnt. Daher kann gem. Art. 31 Abs. 3 lit. b und c WVRK gefolgert werden, dass die Vertragsstaaten der Europäischen Union an einer Weiterentwicklung der in der Europäischen Sozialcharta niedergelegten Rechte interessiert sind. Sämtliche der mittlerweile 27 EU-Mitgliedsstaaten haben die Europäische Sozialcharta ratifiziert.[231] Gerade der *effet utile* soll sicherstellen, dass für jeden Staat und für jeden Bürger die gleichen Rechte und Pflichten bestehen. Aus dem Effizienzgebot leitet sich daher das Prinzip der Gegenseitigkeit ab, woraus sich wiederum das Gebot der Rechtsanwendungsgleichheit eines völkerrechtlichen Vertrages in jedem Vertragsstaat ergibt.[232] Daraus folgt die Vermutung, dass die Staaten im Zweifel eine Auslegung akzeptieren, die die Wirksamkeit und die Effektivität des Vertrages nicht infrage stellt.[233] Der *effet utile* ist als besondere Ausprägung der teleologischen Auslegung bei der Auslegung der Europäischen Sozialcharta anzuwenden.

---

227 Dazu bereits oben S. 27 ff.; vgl. außerdem die Einführung der conclusions I, S. 9: „In the judgment of the Committee some provisions of the Charter have a dynamic character: they impose an obligation to adopt over the years a course of conduct so as to achieve a development in a stated direction." Allgemein in diesem Sinne zur Auslegung von Menschenrechtsverträgen *Kälin/Künzli,* Menschenrechtsschutz, S. 44.

228 Dazu oben S. 7 ff.

229 *Bleckmann,* in: Bleckmann, Europarecht, Rn. 779; *ders.,* Völkerrecht, Rn. 908; *Dörr,* in: Dörr/Schmalenbach, Art. 31 WVRK Rn. 29; *Verdross/Simma,* Völkerrecht, § 782.

230 Näher dazu unten S. 73 ff.

231 Europarat, Leitfaden, S. 9 sowie unten S. 40.

232 *Kropholler,* Einheitsrecht, S. 287 f.

233 IGH *Interpretation of Peace Treaties with Bulgaria, Hungary and Romania* (second phase), Gutachten v. 18.7.1950, ICJ Reports 1950, 221 (229); *Hilf,* Auslegung, S. 59; *Seidl-Hohenveldern/Loibl,* Organisationen, Rn. 1609; *Verdross/Simma,* Völkerrecht, § 780.

Festzuhalten bleibt somit, dass die Europäische Sozialcharta objektiv anhand des Vertragstextes im Wesentlichen wie ein nationales Gesetz auszulegen ist.[234] Kodifiziert ist dieses mittlerweile in den Art. 31 ff. WVRK, die auf die später in Kraft getretene Europäische Sozialcharta jedenfalls als Gewohnheitsrecht anwendbar sind.

5. Besondere Auslegungskriterien

Im Völkerrecht existieren neben den eben genannten Auslegungskriterien noch weitere, deren Bedeutung teils stark umstritten ist. Für die Auslegung der Europäischen Sozialcharta bedeutsam ist, ob andere völkerrechtliche Verträge, die ähnliche Inhalte haben, herangezogen werden können. Hilfreich können insbesondere die Europäische Menschenrechtskonvention als Parallelwerk, die Übereinkommen Nr. 87 und 98 der International Labour Organization sowie die Verträge der Europäischen Union inklusive der in Art. 6 Abs. 1 EUV in Bezug genommenen Charta der Grundrechte der Europäischen Union sein. Diese sind jedoch nicht von denselben Parteien geschlossen worden. Sie können aber zu berücksichtigen sein, weil teilweise in den Vorarbeiten auf sie Bezug genommen wurde.[235]

a) Vertragsauslegung durch Vertragsrechtsvergleichung

aa) Grundsatz

Jeder völkerrechtliche Vertrag sieht sich mit einer bereits bestehenden Rechts- und Lebensordnung konfrontiert und steht somit im Kontext mit den nationalen Rechtsordnungen sowie der internationalen Vertragsrechtsordnung. Damit ist die Frage aufgeworfen, inwieweit sich diese gegenseitig beeinflussen und ob Erkenntnisse über die Auslegung des einen Vertrages bei der Auslegung eines anderen herangezogen werden können. Sie hat grundsätzlich aus dem Vertragstext selbst heraus zu erfolgen. Bereits der Einbeziehung des historischen Parteiwillens i. S. von Art. 32 WVRK in die Auslegung kann ein eindeutiger, objektiver Vertragstext entgegenstehen.[236] Bei verbleibenden Unklarheiten kann gegebenenfalls ergänzend auf außerhalb des Vertragstextes liegende Umstände zurückgegriffen werden. Das besagt die allgemeine Auslegungsregel in Art. 31 Abs. 3 lit. c WVRK. Demgemäß ist ein völkerrechtlicher Vertrag im Lichte jedes sonstigen zwischen den Vertragsparteien anwendbaren Völkerrechtssatzes auszulegen.[237]

---

234 Vgl. *Bleckmann*, Staats- und Völkerrechtslehre, S. 474 f. *ders.*, Völkerrecht, Rn. 910; *Klein/Schmahl*, in: Graf Vitzthum, Völkerrecht, 4. Abschnitt Rn. 123.

235 *Matscher*, FS Mosler, 545 (563 f.).

236 *Bernhardt*, Auslegung, S. 135.

237 *Villiger*, Art. 31 WVRK Rn. 25.

Bei der Auslegung der Europäischen Sozialcharta sind also diejenigen Konventionen ergänzend zu berücksichtigen, die zwischen allen Parteien gelten.[238] Die Regelung beruht auf einem dem Grundsatz von der Einheit der Rechtsordnung vergleichbaren Gedanken. Es wird vermutet, dass die Vertragsparteien sich in verschiedenen Verträgen nicht widersprüchlich verhalten wollen und die niedergelegten Regeln daher widerspruchsfrei sein sollen,[239] es sei denn, die Differenzierungsabsicht geht aus den jeweiligen Abkommen hervor.[240] Dabei handelt es sich freilich um eine idealtypische Vorstellung. Der Normbestand stammt weder vom selben Normgeber noch aus der selben Zeit. Moderne Rechtsordnungen sind auch durch den Einfluss des Völkerrechts sowie Änderungen in speziellen Rechtsgebieten nicht zwangsläufig widerspruchsfrei.[241] Dies kann auf Vertragsrechtsordnungen übertragen werden, die nicht minder von politischen Erwägungen und entsprechenden Kompromissen geprägt sind. Der Grundsatz kann somit lediglich als Anhaltspunkt herangezogen werden. Sind die Parteien also an verschiedene Abkommen gebunden, die denselben Lebenssachverhalt regeln, so können diese bei der jeweiligen Auslegung gem. Art. 31 Abs. 3 lit. c WVRK in der Weise herangezogen werden, dass sie sich „harmonisch ergänzen“[242].

Aus einer späteren Praxis kann sich ebenfalls eine bestimmte Auslegung ergeben, was gem. Art. 31 Abs. 3 lit. b WVRK zu berücksichtigen ist.[243] Beachtet werden müssen Art. 34 f. WVRK, die ein Verbot eines Vertrages zu Lasten von Drittstaaten aufstellen.[244] Daraus folgt, dass solche Verträge, die nicht von allen Vertragsparteien des auszulegenden Vertrages ratifiziert worden sind, nur unter den in Art. 35 WVRK genannten Voraussetzungen bei der Auslegung berücksichtigt werden dürfen.[245] Etwas anderes kann gelten, wenn in dem nicht ratifizierten Vertrag ähnlich der Vertragsrechtskonvention lediglich bestehendes Gewohnheitsrecht oder sonstige Rechtsgrundsätze i. S. des Art. 38 Abs. 1 lit. b und c IGH-Statut kodifiziert wurden. Ein Anhaltspunkt kann die Unterzeichnung des Vertrages sein, weil die jeweilige Vertragspartei damit zum Ausdruck bringt, das Abkommen später zu ratifizieren. Allerdings ist zu beachten, dass

---

238 *Matscher,* FS Mosler, 545 (560).

239 *Matscher,* FS Mosler, 545 (562 f.); *Villiger,* Art. 31 WVRK Rn. 25.

240 *Matscher,* FS Mosler, 545 (561 f.).

241 *Rüthers/Fischer/A. Birk,* Rechtstheorie, Rn. 145 ff., 278; *Sendler,* NJW 1998, 2875 (2875 ff.); *Wank,* Auslegung, S. 56.

242 *Matscher,* FS Mosler, 545 (561).

243 *J. Ipsen,* Völkerrecht, § 11 Rn. 14.

244 *David,* in: Corten/Klein, Vol. 1, Art. 34 WVRK (1969) Rn. 1; *Villiger,* Art. 34 WVRK Rn. 1, 3 ff.

245 *Villiger,* Art. 34 WVRK Rn. 5, Art. 35 WVRK Rn. 2; zu engen Ausnahmen *Matscher,* FS Mosler, 545 (545, 563 f.).

der Vertrag erst durch die Ratifikation für den Signatarstaat völkerrechtlich verbindlich wird. Der bloßen Unterzeichnung darf somit kein überhöhtes Gewicht bei der Auslegung zukommen.

bb) Europäische Menschenrechtskonvention

Dass die Europäische Menschenrechtskonvention indes herangezogen werden darf, ist deshalb naheliegend, weil die Europäische Sozialcharta deren Parallelwerk darstellt.[246] Beide sind Werke des Europarats, die zeitnah ausgearbeitet wurden und als geschlossene Konventionen der Ratifikation durch die Mitgliedsstaaten vorbehalten sind.[247] Obwohl nicht sämtliche Staaten, die die Europäische Menschenrechtskonvention ratifiziert haben, gleichfalls Vertragspartei der Europäischen Sozialcharta sind,[248] kommt eine wechselseitige Auslegung gem. Art. 31 Abs. 3 lit. c WVRK in Betracht. Zwar verfügt die Europäische Menschenrechtskonvention mit dem Europäischen Gerichtshof für Menschenrechte über ein verbindlich entscheidendes Gericht, dessen Urteilen in den Mitgliedsstaaten gem. Art. 46 EMRK erhebliche Bedeutung zukommt.[249] Seine Zuständigkeit erstreckt sich jedoch ausschließlich auf die Menschenrechtskonvention. Dass eine Auslegung i. S. des Art. 31 Abs. 3 lit. c WVRK dennoch möglich ist, bestätigt der Europäische Gerichtshof für Menschenrechte, indem er zur Begründung seiner Urteile teilweise ausdrücklich auf bestimmte Rechte der Europäischen Sozialcharta Bezug nimmt.[250] Gemäß dem Gerichtshof ist es deshalb zulässig, weil – entgegen der ursprünglichen Konzeption als einander ergänzende Werke[251] – „keine wasserdichte Trennwand“[252] zwischen den sozialen und wirtschaftlichen Rechten einerseits und den politischen und bürgerlichen Rechten andererseits besteht.[253] Der materielle Gehalt der Rechte beider Konventionen ist also durchaus unabhängig vom relativ schwach ausgepräg-

246 Dazu oben S. 7.

247 *Neubeck,* Sozialcharta, S. 137.

248 Dagegen sind sämtliche Vertragsparteien der Europäischen Sozialcharta auch Vertragspartei der Europäischen Menschenrechtskonvention.

249 *Gaus,* Gewährleistungen, S. 150 f.; *Khol,* JBl 1965, 75 (79); *M. Schröder,* Gesetzesbindung, S. 184 ff.; *Weiß,* EuZA 2010, 457 (461 f.).

250 Vgl. die Zusammenfassungen bei *Neubeck,* Sozialcharta, S. 132 ff. sowie jüngst EGMR v. 12.11.2008, Appl. 34503/97 Rn. 149 (*Demir and Baykara*); v. 21.4.2009, Appl. 68959/01 Rn. 24 (*Enerji Yapi-Yol Sen*); kritisch dazu *Schubert,* AöR 137 (2012), 92 (99 ff.); für die Berücksichtigung der Europäischen Sozialcharta durch den EGMR allgemein dessen ehemaliger Präsident *Ryssdal,* in: Matscher, Grundrechte, 1 (2).

251 Dazu oben S. 7.

252 EGMR v. 9.10.1979, Appl. 6289/73 Rn. 26 (*Airey*): „there is no water-tight division separating that sphere from the field covered by the Convention.“

253 Vgl. *Akandji-Kombé,* in: de Búrca/de Witte, Social Rights in Europe, 89 (91 ff.); *Kitz,* in: Mosler/Bernhardt, Koalitionsfreiheit, 1073 (1074); *Schlachter,* NZA 2011, 341 (345).

ten Überwachungsverfahren der Europäischen Sozialcharta vergleichbar.[254] Die Europäische Sozialcharta kann folglich zur Auslegung der Europäischen Menschenrechtskonvention herangezogen werden.[255] Wenn die beiden Werke also inhaltlich stark verknüpft sind, spricht vieles dafür, umgekehrt die Europäische Menschenrechtskonvention ebenfalls zur Auslegung der Europäischen Sozialcharta heranzuziehen.[256] Allerdings können die durch die Urteile des Europäischen Gerichtshofs für Menschenrechte gewonnenen Erkenntnisse zur Europäischen Menschenrechtskonvention nicht automatisch oder unreflektiert auf die Europäische Sozialcharta übertragen werden.[257] Indes können grundsätzliche Aussagen und Wertungen zumindest dort berücksichtigt werden, wo es inhaltliche Überschneidungen gibt.[258] Dies ist etwa bei Art. 6 Nr. 4 ESC und Art. 11 Abs. 1 EMRK sowie Art. 31 Abs. 1 und Art. 11 Abs. 2 EMRK der Fall.[259]

cc) Übereinkommen der International Labour Organization

Die International Labour Organization hatte nicht nur während der Dreiparteien-Konferenz großen Einfluss auf die Arbeiten an der Europäischen Sozialcharta.[260] Sie ist zudem am Überwachungsverfahren gem. Art. 26 ESC beteiligt.[261] Daraus folgt nicht, dass die relevanten Übereinkommen ohne weiteres gem.

---

[254] *Machacek,* in: Matscher, Grundrechte, 21 (46).

[255] Vgl. EGMR v. 30.6.1993, Appl. 16130/90 Rn. 35 (*Sigurdur A. Sigurjónsson*); v. 30.9.2003, Appl. 40892/98 Rn. 29 (*Koua Poirrez*); v. 11.12006, Appl. 52562/99 und 52620/99 Rn. 35 f., 71 (*Sørensen and Rasmussen*); *Akandji-Kombé,* in: de Búrca/de Witte, Social Rights in Europe, 89 (91 ff., 102 f.); *Giegerich,* in: Merten/Papier, HandbGrRte IV/1, § 148 Rn. 89; *Lörcher,* in: Däubler, Arbeitskampfrecht, § 10 Rn. 34; *Machacek,* in: Matscher, Grundrechte, 21 (65).

[256] A. A. *Schubert,* AöR 137 (2012), 92 (101), da sozialpolitische Fragen bei der Ausarbeitung der Europäischen Menschenrechtskonvention bewusst der Europäischen Sozialcharta vorbehalten worden seinen.

[257] *Golsong,* in: Mosler/Bernhardt/Hilf, Grundrechtsschutz, 5 (12 f.) mahnt Augenmaß bei der Auslegung an und weist zu Recht auf die entstehungsgeschichtlichen Unterschiede zwischen Europäischer Menschenrechtskonvention und Europäischer Sozialcharta hin. Beide Konventionen sind allerdings objektiv und gem. Art. 31 Abs. 3 lit. c WVRK gerade im Zusammenhang mit anderen Völkerrechtssätzen auszulegen und können daher wechselseitig berücksichtigt werden. Die Aufnahme einer Auslegungsregel in die jeweilige Konvention könnte Klarheit schaffen, vgl. *Machacek,* in: Matscher, Grundrechte, 21 (65).

[258] *Khol,* JBl 1965, 75 (79); *Schlachter,* NZA 2011, 341 (347); insoweit auch *Schubert,* AöR 137 (2012), 92 (101).

[259] Der EGMR hat seine Rechtsprechung zu den genannten Normen unter Berücksichtigung der Gewährleistungen der Europäischen Sozialcharta in jüngerer Zeit nicht unerheblich geändert, dazu unten S. 74.

[260] ILO, ILR LXXXIV (1961), 462 (475 ff.); *Eitel,* Ungleichbehandlung, S. 132; *Kitz,* in: Mosler/Bernhardt, Koalitionsfreiheit, 1073 (1085); *Schorkopf,* in: Grote/Marauhn, Konkordanzkommentar, Kap. 30 Rn. 104; dazu auch oben S. 12.

[261] *Schorkopf,* in: Grote/Marauhn, Konkordanzkommentar, Kap. 30 Rn. 104.

Art. 31 Abs. 3 lit. c WVRK herangezogen werden können.[262] Ähnlich dem in den Art. 21 ff. ESC geregelten Verfahren verfügt die International Labour Organization über Organe, die die Einhaltung der übernommenen Abkommen überwachen und Stellungnahmen dazu abgeben.

Die Spruchpraxis des Sachverständigenausschusses für die Anwendung von Übereinkommen und Empfehlungen sowie des Ausschusses für Vereinigungsfreiheit ist gerade im Hinblick auf das Streikrecht sehr ausführlich.[263] Hinsichtlich der Verbindlichkeit dieser Sprüche besteht allerdings analog der Diskussion um die Verbindlichkeit der *conclusions* und *recommendations* für die Vertragsstaaten der Europäischen Sozialcharta[264] Streit.[265] Eine Übertragung der von den Ausschüssen erarbeiteten Stellungnahmen auf das Recht der Europäischen Sozialcharta begegnet deswegen Bedenken. Wenn die Bedeutung der Auslegungsergebnisse selbst für das Übereinkommen, auf das sie sich beziehen, umstritten ist, können sie erst recht nicht ohne weiteres für den Inhalt eines anderen Vertrages übernommen werden. Dies gilt umso mehr, als dass International Labour Organization und Europarat verschiedene Organisationen sind. Die ILO-Übereinkommen und die Europäische Sozialcharta sind also von unterschiedlichen Normgebern geschaffen worden, so dass die Zulässigkeit einer wechselseitigen Auslegung einer besonderen Begründung bedarf. Im Gegensatz zum Verhältnis der Europäischen Menschenrechtskonvention und der Europäischen Sozialcharta haben sie jedoch keinen einander ergänzenden Charakter, so dass eine solche Begründung nicht gegeben werden kann. Die aus den ILO-Übereinkommen gewonnenen Erkenntnisse können daher lediglich unter gebotener Zurückhaltung für die Auslegung der Europäischen Sozialcharta fruchtbar gemacht werden. Keinesfalls muss diese derjenigen der ILO-Übereinkommen entsprechen. Zu beachten ist in diesem Zusammenhang allerdings, dass die International Labour Organization gem. Art. 26 ESC mit einem Vertreter beratend an den Verhandlungen des Europäischen Ausschusses für Soziale Rechte teilnehmen kann. Auf diesem Wege können deren Auffassungen somit in die Auslegung der Europäischen Sozialcharta mittelbar einfließen.

dd) Recht der Europäischen Union

Die Europäische Union ist ebenfalls vom Europarat zu unterscheiden. Sie stellt einen „Staatenverbund"[266] dar, denn anders als die Europäische Sozialcharta

---

[262] *Heyde,* AuR 1962, 70 (73); zum Recht auf Streik in den verschiedenen ILO-Abkommen ausführlich *N. Wagner,* Internationaler Schutz, S. 213 ff. und *Weiss/Seifert,*, GS Zachert, 130 ff.

[263] *Weiss/Seifert,*, GS Zachert, 130 (130 f.).

[264] Dazu unten S. 42 ff.

[265] Vgl. *Weiss/Seifert,*, GS Zachert, 130 (131).

[266] Zum Begriff BVerfG v. 12.10.1993, E 89, 155 (181); v. 30.6.2009, E 123, 267 (348).

handelt es sich beim Unionsrecht nicht (mehr) um Völkervertragsrecht, sondern um supranationales Recht. Es ist eine Rechtsordnung eigener Art geschaffen worden.[267] Zudem ist die Europäische Union aus den Europäischen Gemeinschaften und damit aus Organisationen hervorgegangen, deren Fokus auf wirtschaftlichen Interessen der Mitgliedsstaaten lag. Dennoch ist in Art. 151 Abs. 1 AEUV (ex Art. 136 EGV) sowie in der Präambel des EU-Vertrages nunmehr ausdrücklich Bezug auf die Europäische Sozialcharta genommen. Bereits 1974 hat der Europäische Gerichtshof klargestellt, dass bei der Auslegung des Gemeinschaftsrechts auch völkerrechtliche Verträge zu berücksichtigen seien, denen die Mitgliedsstaaten beigetreten sind.[268] Durch die stete Weiterentwicklung des Rechts der Europäischen Union hat die Europäische Sozialcharta immer stärker an Gewicht gewonnen.[269] Allerdings ist durch Art. 6 Abs. 1 EUV die Charta der Grundrechte der Europäischen Union unmittelbar geltendes Unionsrecht geworden. Der Europäische Gerichtshof wird künftig also primär auf diese zurückgreifen, so dass der direkte Einfluss der Europäischen Sozialcharta schwächer geworden ist.[270] Allerdings ist zu beachten, dass die Grundrechtecharta selbst sowohl an der Europäischen Menschenrechtskonvention als auch an der Europäischen Sozialcharta angelehnt wurde, so dass sie mittelbar auf die Auslegung einwirken kann.[271] Umgekehrt können also Unionsrecht und Rechtsprechung des Europäischen Gerichtshofes aufgrund dieser Wechselwirkung bei der Auslegung der Europäischen Sozialcharta herangezogen werden.[272]

ee) Menschenrechtsabkommen der Vereinten Nationen

Die Vereinten Nationen haben mit dem Internationalen Pakt über bürgerliche und politische Rechte[273] und dem Internationalen Pakt über wirtschaftliche, so-

---

[267] EuGH v. 15.7.1964, 6/64, Slg. 1964, 1251 (1269 ff., *Costa/ENEL*); *Oppermann/Classen/Nettesheim,* Europarecht, § 9 Rn. 12; *Seidl-Hohenveldern/Loibl,* Organisationen, Rn. 115; a. A. *Schweitzer,* Staatsrecht III, Rn. 44, 322 f., da die urspüngliche Rechtsnatur nicht verloren gegangen sei.

[268] EuGH v. 14.5.1974, C-4/73 Rn. 12 f. (*Nold*); v. 18.6.1991, C-260/89 Rn. 41 (*ERT*); v. 22.10.2002, C-94/00 Rn. 23 (*Roquette Frères*); v. 12.6.2003, C-112/00 Rn. 71 (*Schmidberger*).

[269] *Kohte,* NZS 2003, 364 (364); *Neubeck,* Sozialcharta, S. 287 ff.

[270] *Neubeck,* Sozialcharta, S. 318 f.

[271] *Neubeck,* Sozialcharta, S. 319; Ähnliches gilt im Verhältnis der Europäischen Menschenrechtskonvention zur Europäischen Sozialcharta, vgl. oben S. 38 f. sowie *Schlachter,* NZA 2011, 341 (347).

[272] Wenngleich der EuGH lediglich knapp Bezug darauf nimmt, vgl. v. 15.6.1978, C-149/77 Rn. 26/29 (*Defrenne*); v. 2.2.1988, C-24/86 Rn. 17 (*Blaizot*); dazu *Kohte/Doll,* ZESAR 2003, 393 (397 f.); *Müller/Christensen,* Methodik II, Rn. 182; *Schweitzer,* Staatsrecht III, Rn. 260 ff.; ähnlich *Däubler,* FS P. Hanau, 489 (494); ausführlich zu alledem *De Schutter,* in: de Búrca/de Witte, Social Rights in Europe, 111 (111 ff.).

[273] UNTS Vol. 999 S. 171; BGBl 1973 II S. 1543.

ziale und kulturelle Rechte[274] vom 19. Dezember 1966 ebenfalls zwei Menschenrechtsabkommen geschlossen. Beide traten nach der erforderlichen Zahl an Ratifikationen im Jahr 1976 in Kraft.[275] Durch diese Verträge sollten dem Einzelnen die in der Allgemeinen Erklärung der Menschenrechte unverbindlich niedergelegten Rechte völkerrechtlich verbindlich gewährleistet werden.[276] Vorliegend ist insbesondere Art. 22 Abs. 1 IPbürgR von Interesse, der das Vereinigungsrecht enthält und dort explizit das Recht des Einzelnen gewährleistet, „zum Schutz seiner Interessen Gewerkschaften zu bilden und ihnen beizutreten". Insoweit ist die Norm also mit Art. 11 EMRK oder auch Art. 5 und 6 ESC zu vergleichen. Ähnliches gilt für Art. 22 Abs. 2 IPbürgR, der Einschränkungen des Rechts in ähnlicher Weise wie Art. 11 Abs. 2 EMRK und Art. 31 Abs. 1 ESC zulässt.[277] Zudem ist durch die Art. 28 ff. IPbürgR ein dem Europäischen Ausschuss für Soziale Rechte vergleichbarer Ausschuss errichtet worden. In Art. 40 IPbürgR ist ebenfalls ein Berichtsverfahren vorgesehen, welches allerdings kein verbindliches gerichtliches Verfahren darstellt und die Ergebnisse des Ausschusses somit für die Vertragsstaaten unverbindlich sind.[278]

Allerdings stellt sich entsprechend dem zu den ILO-Übereinkommen Gesagten die Frage, ob die Pakte zur Auslegung der Europäischen Sozialcharta herangezogen werden dürfen.[279] Die Vereinten Nationen sind nicht mit den Staaten des Europarates identisch. So ist es denn zu erklären, dass die Pakte, deren hier relevante Inhalte meist hinter den Gewährleistungen der Europäischen Menschenrechtskonvention und der Europäischen Sozialcharta zurückbleiben,[280] soweit ersichtlich nicht zur Interpretation dieser Verträge herangezogen worden sind.

b) Bedeutung des Überwachungsverfahrens gem. Art. 21 ff. ESC für die Auslegung der Europäischen Sozialcharta

Um die Anwendung eines völkerrechtlichen Vertrages zu überwachen, können die Parteien eine übergeordnete Instanz einrichten, die verbindlich über Streitigkeiten entscheidet[281] oder diese Zuständigkeit an ein bestehendes Gericht wie

---

274 UNTS Vol. 993 S. 3; BGBl 1973 II S. 1570.

275 *Hailbronner/Kau,* in: Graf Vitzthum, Völkerrecht, 3. Abschnitt Rn. 233.

276 Ausführlich *Kälin/Künzli,* Menschenrechtsschutz, S. 46 ff.

277 *Schubert,* AöR 137 (2012), 92 (104).

278 *Hailbronner/Kau,* in: Graf Vitzthum, Völkerrecht, 3. Abschnitt Rn. 236; *Kälin/Künzli,* Menschenrechtsschutz, S. 239 f.

279 Dazu oben S. 39 ff.

280 Vgl. *Kälin/Künzli,* Menschenrechtsschutz, S. 56 f.; *Nußberger,* Sozialstandards, S. 86 f. mit Fn. 183

281 *Giro,* in: de Búrca/de Witte, Social Rights in Europe, 69 (70 f.); *Kropholler,* Einheitsrecht, S. 235 ff.

etwa den Internationalen Gerichtshof verweisen.[282] Beispiele sind der Gerichtshof der Europäischen Union gem. Art. 19 Abs. 1 S. 1 EUV (derzeit bestehend aus EuGH, EuG und dem bislang einzigen Fachgericht EuGöD) für die Verträge und Rechtsakte der Europäischen Union,[283] der Europäische Gerichtshof für Menschenrechte für die Europäische Menschenrechtskonvention und der Internationale Gerichtshof der Vereinten Nationen.

aa) Durchführung des Verfahrens gem. Art. 21 ff. ESC

Ein verbindlich entscheidendes Gericht besteht für die Europäische Sozialcharta nicht. Nichtsdestoweniger enthält sie in den Art. 21 ff. ESC ein umfangreiches Verfahren, um die Durchführung in den Vertragsstaaten sicherzustellen.[284] Es ist in der revidierten Fassung unverändert enthalten.[285] Das Verfahren gem. Art. 21 ff. ESC, das stark durch das Berichtssystem der ILO-Übereinkommen und der Europäischen Menschenrechtskonvention inspiriert wurde,[286] gliedert sich vereinfacht in drei Schritte.[287] Zunächst erstellen und übersenden die Vertragsstaaten in regelmäßigen Abständen gem. Art. 21-23 ESC einen Bericht darüber, inwieweit aus ihrer Sicht die Rechte der Europäischen Sozialcharta in der nationalen Rechtsordnung verwirklicht sind.[288] Anhand dieser Berichte prüft der Europäische Ausschuss für Soziale Rechte gem. Art. 24 f. ESC in juristischer

---

282 *Weiss/Seifert,*, GS Zachert, 130 (136 f.).

283 Für die Europäische Union bzw. ihre Vorläufer ist die Existenz eines verbindlich entscheidenden Gerichts von herausragender Bedeutung. Schließlich stellte der EuGH in der Entscheidung *Van-Gend-&-Loos* v. 5.2.1962, C-26/62 Rn. 3 fest, dass „[die] Europäische Wirtschaftsgemeinschaft [...] eine neue Rechtsordnung des Völkerrechts [darstellt], zu deren Gunsten die Staaten, wenn auch in begrenztem Rahmen, ihre Souveränitätsrecht eingeschränkt haben; eine Rechtsordnung, deren Rechtssubjekte nicht nur die Mitgliedsstaaten, sondern auch die Einzelnen sind. Das von der Gesetzgebung der Mitgliedsstaaten unabhängige Gemeinschaftsrecht soll daher den Einzelnen, ebenso wie es ihnen Pflichten auferlegt, auch Rechte verleihen."

284 *Alston,* in: de Búrca/de Witte, Social Rights in Europe, 45 (49 ff.); *Bepler,* FS Wißmann, 97 (106 f.); *Brillat,* in: de Búrca/de Witte, Social Rights in Europe, 31 (32 ff.); *Däubler,* AuR 1998, 144 (147 f.); dazu *De Schutter,* in: Krause/Scheinin, International Protection, 425 (430 ff.); *Fabricius,* FS Viefhues, 41 (46 ff.); *B. Karl,* in: Hummer, Österreich 2, 851 (862 ff.); *Kahliq/Churchill,* in: Langford, Social Rights Jurisprudence, 428 (430 ff.); *Neubeck,* Sozialcharta, S. 82 ff.; *Rieble,* RdA 2005, 200 (203 f.). Einen umfassenden Überblick über das case law zur Europäischen Sozialcharta bietet *Samuel,* case law.

285 Europarat, Leitfaden, S. 17 f.; zum zweiten Zusatzprotokoll der Europäischen Sozialcharta *Lörcher,* AuR 1996, 48 (48 ff., 53 f.) und oben S. 13 ff.

286 ILO, ILR LXXXIV (1961), 462 ff.; *Kohte/Doll,* ZESAR 2003, 393 (395); *Lörcher,* FS Gnade, 689 (690 f.); dazu im Überblick *Seifert,* KritVj 2009, 357 (365).

287 Skizziert bei Europarat, Leitfaden, S. 21; *B. Karl,* in: Hummer, Österreich 2, 851 (863 f.); *Kitz,* in: Mosler/Bernhardt, Koalitionsfreiheit, 1073 (1086 f.).

288 Europarat, Leitfaden, S. S. 19; *Neubeck,* Sozialcharta, S. 82 ff.; *Öhlinger,* in: Matscher, Grundrechte, S. 335 (342 ff.).

Hinsicht, ob die Bewertung der Vertragsstaaten zutreffend sind. Dabei berücksichtigt er nicht lediglich den Normenbestand, sondern auch die Rechtspraxis.[289] Die *conclusions* leitet er zusammen mit den Länderberichten und einer gem. Art. 26 ESC möglichen Stellungnahme der International Labour Organization gem. Art. 27 ESC an den Regierungssozialausschuss weiter. Nachdem die Beratende Versammlung ihrerseits gem. Art. 28 ESC Stellung genommen hat, bereitet der Regierungssozialausschuss die Entscheidung des Ministerkomitees vor. Dieses kann bei einem vermeintlichen Verstoß gegen die Europäische Sozialcharta gem. Art. 29 ESC eine *recommendation* an den betreffenden Staat richten.[290]

bb) Bedeutung der conclusions und recommendations

Die rechtliche Qualität und eine gegebenenfalls daraus folgende Verbindlichkeit der *conclusions* und *recommendations* werden seit jeher unterschiedlich beurteilt.[291] Es handelt sich dabei jedenfalls um eine politisch determinierte Entscheidung.[292] Diese am weitesten reichende Möglichkeit, einen Vertragsstaat zur Behebung eines Missstandes zu bewegen, wird teilweise als „schärfste Sanktion" der Europäischen Sozialcharta bezeichnet.[293] Die Bezeichnung kann zu Missverständnissen führen, da keine Zwangsmaßnahmen vorgesehen sind. Grundsätzlich können völkerrechtliche Rechtssätze aufgrund der Souveränität der Völkerrechtssubjekte nicht zwangsweise durchgesetzt werden.[294] Im Völkerrecht hat der Begriff der „Sanktion" keinen einheitlichen Inhalt, so dass nicht nur das gegebenenfalls zwangsweise Zufügen von rechtlichen oder wirtschaftlichen Nachteilen darunter zu subsumieren ist.[295] Völkerrecht dient insbesondere der Friedenssicherung.[296] Diesem Zweck widerspricht grundsätzlich die Andro-

289 *Grillberger,* NLMR 2002, 121 (121).

290 Dazu bereits im Überblick oben S. 19 ff.; kritisch aufgrund eines Missverhältnisses von Aufwand und Ergebnis des Verfahrens *Weiß,* EuZA 2010, 457 (461).

291 Aus jüngerer Zeit *Alston,* in: de Búrca/de Witte, Social Rights in Europe, 45 (60 ff.); *Lörcher,* in: Däubler, Arbeitskampfrecht, § 10 Rn. 27 f.; *Grillberger,* NLMR 2002, 121 (121 f.); *Rieble,* RdA 2005, 200 (204); *Ruth,* Right to Strike, S. 13 ff.; *Schlachter,* NZA 2011, 341 (345 ff.); *Wietfeld,* Stellung, S. 123 f.

292 *Kahliq/Churchill,* in: Langford, Social Rights Jurisprudence, 428 (431); zur Differenzierung zwischen rechtlicher und politischer Beurteilung durch den Europäischen Ausschuss für Soziale Rechte sowie das Ministerkomitee vgl. Art. 24 Abs. 2 und 27 Abs. 2 S. 2 ESC i. d. Fassung der Art. 2 und 4 ESC-ZP (1991); *Lörcher,* in: Däubler, Arbeitskampfrecht, § 10 Rn. 27 mit Fn. 80; *Kitz,* in: Mosler/ Bernhardt, Koalitionsfreiheit, 1073 (1087).

293 *Lörcher,* FS Gnade, 689 (692); *Neubeck,* Sozialcharta, S. 83, 121.

294 *Dahm/Delbrück/Wolfrum,* Völkerrecht I/1, S. 90.

295 *M. Schröder,* in: Graf Vitzthum, Völkerrecht, 7. Abschnitt Rn. 104; *Dahm/Delbrück/Wolfrum,* Völkerrecht I/1, S. 90.

296 *Dahm/Delbrück/Wolfrum,* Völkerrecht I/1, S. 90; *Delbrück,* FS Röling, 73 (79 ff.); *Herdegen,* Völkerrecht, § 4 Rn. 1 ff., insbes. Rn. 13 f.

hung beziehungsweise die Anwendung von Zwang. Der Begriff ist umfassender und meint jedes Mittel, das geeignet ist, völkerrechtswidriges Verhalten eines Völkerrechtssubjekts einzustellen.[297] Dazu zählen in letzter Konsequenz auch militärische Maßnahmen, wie die Art. 39 ff. UN-Charta zeigen. Derartige Reaktionsmöglichkeiten sieht die Europäische Sozialcharta freilich nicht vor.

Ein Berichtssystem kann dennoch der Durchsetzung von Völkerrecht dienen, da ein negativer Bericht die Aufmerksamkeit der anderen Vertragsstaaten und der Öffentlichkeit allgemein auf die Verletzungen durch einen Staat lenkt.[298] Daher sind sowohl *conclusions* als auch *recommendations* Sanktionen im völkerrechtlichen Sinne.[299] Der jeweilige Vertragsstaat befindet sich gegebenenfalls in einer Rechtfertigungssituation. Es handelt sich womöglich aus politischer,[300] nicht aber aus völkerrechtlicher Sicht um ein „‘zahnloses‘ Kontrollverfahren“[301]. Immerhin ist das Verfahren mit der Absicht geschaffen worden, eine effektive Durchsetzung der gewährleisteten Rechte sicherzustellen. Im Vergleich zu anderen völkerrechtlichen Verträgen ist dieses Verfahren vergleichsweise schwach, da die Europäische Sozialcharta insbesondere kein verbindlich entscheidendes Gericht konstituiert und auch sonst keine Mittel enthält, das Recht zwangsweise durchzusetzen.[302] Die Zuständigkeit der Organe für die Auslegung kann jedoch nicht bereits aus diesem Grund abgelehnt werden.[303] Zudem stellt die Aufnahme eines solchen Verfahrens ein erhebliches „Mehr“ im Vergleich zu bloßen politischen Absichtserklärungen dar. Gerade vor dem Hintergrund der langwierigen Diskussionen um eine Sozialkammer und deren Befugnisse im Rahmen der Beratungen,[304] ist die bloße Existenz ein Indiz dafür, dass die Europäische Sozialcharta größere Bedeutung haben soll. Schließlich soll sie sicherstellen, dass die geschützten Personen sich im Recht eines jeden Vertragsstaates auf die niedergelegten Rechte berufen können. Es geht also nicht darum, staatliche Eingriffe zu verhindern, sondern darum, die soziale Sicherheit zu gewährleisten. Eine gerichtliche Überwachung ist also nicht das einzige

---

297 *M. Schröder,* in: Graf Vitzthum, Völkerrecht, 7. Abschnitt Rn. 104.

298 *R. Birk,* MünchArbR², § 17 Rn. 96; *Dahm/Delbrück/Wolfrum,* Völkerrecht I/1, S. 93 f.; *Öhlinger,* in: Matscher, Grundrechte, 335 (345 mit Fn. 22); *Seidl-Hohenveldern/Loibl,* Organisationen, Rn. 1548.

299 *Öhlinger,* in: Matscher, Grundrechte, 335 (341); anders *Lörcher,* FS Gnade, 689 (696).

300 *Kahliq/Churchill,* in: Langford, Social Rights Jurisprudence, 428 (431); *Öhlinger,* in: Matscher, Grundrechte, 335 (336, 340, 345).

301 *Lörcher,* FS Gnade, 689 (689).

302 Vgl. *Bepler,* FS Wißmann, 97 (107); *Däubler,* AuR 1998, 144 (147 f.); *ders.,* in: Agnelli, Arbeitskampf, 103 (110); *Lörcher,* AuR 1991, 97 (99); *Rieble,* RdA 2005, 200 (203, Fn. 29); zu anderen Verträgen oben S. 34.

303 Anders für die Überwachung der ILO-Übereinkommen, vgl. *Weiss/Seifert,,* GS Zachert, 130 (137).

304 Zur Entstehungsgeschichte der Europäischen Sozialcharta oben S. 7 ff.

zweckmäßige Verfahren. Durch das vorgesehene kann somit wirksam überprüft werden, ob die Vertragsstaaten ihre durch Ratifikation der Europäischen Sozialcharta übernommenen völkerrechtlichen Verpflichtungen erfüllen.[305]

Unklar ist, ob aus dem Verfahren gem. Art. 21 ff. ESC die Interpretationshoheit des Europäischen Ausschusses für Soziale Rechte oder des Ministerkomitees folgt, das heißt die Zuständigkeit zur verbindlichen Auslegung der Europäischen Sozialcharta.[306] Grundsätzlich sind sämtliche Organe – und damit sowohl der Europäische Ausschuss für Soziale Rechte gem. Art. 25 ESC als auch das Ministerkomitee gem. Art. 10 Nr. i ERS – einer internationalen Organisation zur Auslegung des durch sie geschaffenen Rechts berufen, da diese für ihren Erlass ausschließlich zuständig waren.[307] Für den Europarat ergibt sich dies explizit aus Art. 16 ERS, wonach das Ministerkomitee sämtliche Fragen, die sich auf die Organisation und innere Angelegenheiten des Europarates beziehen, bindend regelt. Darüber hinaus spricht für die Interpretationshoheit allgemein, dass das Überwachungsverfahren durch die Europäische Sozialcharta vorgesehen ist und in einem eigens diesem gewidmeten Teil durch insgesamt neun Artikel ausführlich formuliert ist. Diesem Umstand muss Rechnung getragen werden. Dabei ist zwischen der Spruchpraxis des Europäischen Ausschusses für Soziale Rechte und den Empfehlungen des Ministerkomitees zu differenzieren.

(1) Bedeutung der Spruchpraxis des Europäischen Ausschusses für Soziale Rechte für die Auslegung der Europäischen Sozialcharta

(a) Zusammensetzung des Europäischen Ausschusses für Soziale Rechte

Der Europäische Ausschuss für Soziale Rechte ist gem. Art. 25 Abs. 1 ESC aus „Sachverständigen höchster Integrität und anerkannter Sachkenntnis in internationalen sozialen Fragen“ zusammengesetzt. Seine Mitglieder werden gem.

305 *Fabricius,* FS Viefhues, 41 (45 f., 49 f.).

306 Vgl. nur *Akandji-Kombé,* in: de Búrca/de Witte, Social Rights in Europe, 89 (91 ff.); *Bepler,* FS Wißmann, 97 (107); *Henssler,* ZfA 2010, 397 (402 f.); *Lembke,* Arbeitskampfbeteiligung, S. 76; *Schlachter,* NZA 2011, 341 (345 f.); *Seifert,* KritV 2009, 357 (363 ff.); *Wietfeld,* Stellung, S. 123 f.

307 *Seidl-Hohenveldern/Loibl,* Organisationen, Rn. 1600; *Verdross,* Quellen, S. 68; *J. Ipsen,* Völkerrecht, § 11 Rn. 1 ff.; *Weiss/Seifert,* GS Zachert, 130 (136); *Däubler,* in: Agnelli, Arbeitskampf, 103 (110) bezeichnet das Fehlen einer gerichtlichen Instanz als „segensreich“, da eine „autonome Fortentwicklung“ der Europäischen Sozialcharta ausgeschlossen sei. So pauschal ist der Einfluss von Rechtsprechung und Literatur nicht auszuschließen, da die Instanzen des Europarats einerseits mangels Vorlageverfahrens nicht zu allen Streitfragen im – innerstaatlichen – Streitfall Stellung nehmen können und andererseits nicht ausgeschlossen ist, dass sich die Instanzen an den vorgetragenen Argumenten orientieren. Die Auslegungsergebnisse müssen jedenfalls mittels eines anerkannten Methodenkanons gefunden werden. Dazu zählen auch die Regeln der Art. 31 ff. WVRK.

Art. 8 RECSR gewählt.[308] Eine methodengerechte Auslegung durch den Ausschuss ist dadurch hinreichend sichergestellt.[309] Anstelle der durch Art. 25 Abs. 1 ESC vorgesehenen sieben besteht er derzeit sogar aus 15 Mitgliedern, die aus verschiedenen Vertragsstaaten stammen.[310] Die Untersuchung ist also repräsentativer, da die Erfahrung mit der Rechtslage mehrerer Staaten eingebracht wird. Weniger Mitglieder müssen sich dagegen in proportional viele Rechtsordnungen einarbeiten. Dies wird erleichtert, wenn weitere im jeweiligen Recht ausgebildete Sachverständige Teil des Komitees sind.[311] Schließlich ist es im Sinne der Rechtssicherheit wünschenswert, wenn die Aufgabe der einheitlichen Auslegung von einer entsprechend kompetenten Instanz übernommen würde.[312]

Zu berücksichtigen ist das Änderungsprotokoll von 1991,[313] dessen Zweck in der *summary* wie folgt beschrieben wird:

> The Protocol confirms the political role of the Committee of Ministers and of the Parliamentary Assembly of the Council of Europe. It clarifies the respective functions of two principal organs of control, - i. e. the European Committee of Social Rights (restricted body composed of independent persons, which decides whether or not the situations in the countries concerned are in conformity with the Charter in law and in practice) and the Governmental Committee (body composed of representatives of each of the Parties, which prepares the Committee of Ministers' work) -, and reinforced the participation of social partners and non-governmental organisations.[314]

Ziel des Protokolls ist, die Effektivität des Verfahrens zu erhöhen, was durch diverse Änderungen erreicht werden soll.[315] Gem. Art. 8 ESC-ZP (1991) müs-

---

308 Die jeweilige Zusammensetzung des Europäischen Komitees für Soziale Rechte kann eingesehen werden unter http://www.coe.int/t/dghl/monitoring/socialcharter/ECSR/Members_en.asp.

309 *Alston,* in: de Búrca/de Witte, Social Rights in Europe, 45 (61); *Däubler,* AuR 1998, 144 (148); *De Schutter,* in: Krause/Scheinin, International Protection, 425 (437); *Kahliq/Churchill,* in: Langford, Social Rights Jurisprudence, 428 (433); *Ruth,* Right to Strike, S. 14; *Seifert,* KritVj 2009, 357 (365); kritisch *R. Birk,* MünchArbR^2, § 17 Rn. 96 und *Öhlinger,* in: Matscher, Grundrechte, 335 (351 f.), da die Begründungen des Ausschusses häufig sehr knapp gehalten sind; ähnlich *Bausback,* Bestandsschutz 1, S. 350 ff.; die Darstellung der *conclusions* ist dagegen stetig weiterentwickelt worden, vgl. *Akandji-Kombé,* in: de Búrca/de Witte, Social Rights in Europe, 89 (90) sowie *Brillat,* in: de Búrca/de Witte, Social Rights in Europe, 31 (36 f.).

310 Committee of Ministers, 509th meeting v. 24.3.1994, CM/Del/Dec(94)509,4.2 (S. 21); 751st meeting v. 9.5.2001, CM/Del/Dec(2001)751,4.2 (S. 16).

311 *Neubeck,* Sozialcharta, S. 86, Fn. 218.

312 Die Parteien haben indes ohnehin die Pflicht, den Vertrag so auszulegen, dass er in jedem Vertragsstaat inhaltlich in gleicher Weise zur Anwendung kommt, vgl. *Hilf,* Auslegung, S. 145 f. m. w. N. sowie oben S. 22 ff.

313 Dazu bereits oben S. 15 ff.

314 http://conventions.coe.int/Treaty/en/Summaries/Html/142.htm.

315 Explanatory Report to Protocol amending the European Social Charter, Rn. 27 (http://conventions.coe.int/Treaty/en/Reports/Html/142.htm); dazu Europarat, Leitfaden, S. 19;

sen sämtliche Vertragsstaaten ihre Zustimmung i. S. des Art. 7 ESC-ZP (1991) ausdrücken. Bis dato haben 21 Staaten das Änderungsprotokoll nicht einmal unterzeichnet.[316] Es ist nicht in Kraft getreten. Dennoch werden einige der neuen Regelungen angewandt.[317] Die Änderungen wurden auf verschiedenen Sitzungen des Ministerkomitees beschlossen. Der Sachverständigenausschuss wird seit 2001 als Europäischer Ausschuss für Soziale Rechte bezeichnet.[318] Zudem ist festgestellt worden, dass bei der Abstimmung über *recommendations* nur solche Vertragsstaaten stimmberechtigt sind, die die Europäische Sozialcharta bereits ratifiziert haben.[319] Eine weitere inhaltliche Änderung ist, dass entgegen dem Wortlaut des Art. 25 Abs. 1 ESC mittlerweile 15 Mitglieder dem Europäischen Ausschuss für Soziale Rechte angehören. In der Geschäftsordnung des Komitees ist dies in Art. 1 RECSR unter Bezugnahme auf die in verschiedenen Sitzungen des Ministerkomitees getroffenen Entscheidungen ausdrücklich festgehalten.[320] Die Vorschriften des Änderungsprotokolls werden heute diesbezüglich mit Ausnahme des Art. 3 ESC-ZP (1991) im Wesentlichen angewendet, als seien sie bereits in Kraft getreten.[321] Die Namensänderung und die Erhöhung der Mitgliederzahl ist auch ohne Ratifikation des Änderungsprotokolls gem. Art. 5, 31 Abs. 3 lit. a und b WVRK rechtlich legitimiert, weil die Vertragsstaaten sowohl die ursprüngliche als auch die revidierte Fassung der Europäischen Sozialcharta seit mehr als zehn Jahren unwidersprochen im Lichte des Änderungsprotokolls auslegen.[322] Dies ergibt sich aus dem Abstimmungsverhalten der Mitglieder des Europarates in den Sitzungen des Ministerkomitees.

(b) Fehlen einer legitimierenden Rechtsgrundlage

Das Verfahren gem. Art. 21 ff. ESC soll durch das Zusatzprotokoll von 1991 effektiver werden.[323] Daraus lässt sich die Interpretationshoheit des Europäischen

---

Lörcher, FS Gnade, 689 (693 ff.); *ders.,* in: Däubler, Arbeitskampfrecht, § 10 Rn. 27; *Neubeck,* Sozialcharta, S. 90 ff.

316 Dazu zählt auch die Bundesrepublik Deutschland; Ratifikationsstand: http://conventions.coe.int/Treaty/Commun/ChercheSig.asp?NT=142&CL=ENG.

317 *Hüfner/Sieberns/Weiß,* Menschenrechtsverletzungen, S. 349; *Schlachter,* NZA 2011, 341 (346).

318 Dazu oben Fn. 110.

319 Committee of Ministers, 492nd meeting v. 21.4.1993, CM/Del/Dec/Act(93)492,15 (S. 14).

320 Vgl. die oben in Fn. 315 zitierten decisions.

321 Annahme des Änderungsprotokolls in Committee of Ministers, 467th meeting v. 9.12.1991, CM/Del/Concl(91)467,11.4 (S. 50 f.); Europarat, Leitfaden, S. 19 mit Fn. 1; *De Schutter,* in: Krause/Scheinin, International Protection, 425 (425); *Giegerich,* in: Merten/Papier, HandbGrRte IV/1, § 148 Rn 97; *Lörcher,* FS Gnade, 689 (696); *Schorkopf,* in: Grote/Marauhn, Konkordanzkommentar, Kap. 30 Rn. 93 mit Fn. 263.

322 Vgl. zum Verhältnis von Art. 5 zu Art. 31 WVRK oben S. 26 f.

323 *Kohte/Doll,* ZESAR 2003, 393 (395); dazu oben S. 13.

Ausschusses für Soziale Rechte dennoch nicht ableiten.[324] Es ist zu berücksichtigen, dass jeder Staat als Völkerrechtssubjekt durch den Abschluss eines völkerrechtlichen Vertrages einen Teil seiner Souveränität auf eine internationale Organisation übertragen kann. Präzise bedeutet dies, dass der Staat seine Souveränität nicht teilweise aufgibt, sondern vielmehr, dass er die Organisation mit eigenen Kompetenzen ausstattet.[325] Der Staat unterwirft sich dennoch der Fremdbestimmung durch die jeweilige Institution. Deswegen ist eine entsprechende legitimierende Rechtsgrundlage notwendig. Der partielle Verzicht auf Ausübung der Souveränität kann nicht im bloßen Abschluss eines völkerrechtlichen Vertrages über bestimmte Gegenstände gesehen werden. Ein Anknüpfungspunkt, aus dem sich die allgemeine Wirkung der Entscheidungen der Spruchkörper der Europäischen Sozialcharta ergibt, ist weder dort noch in den Protokollen oder *decisions* des Ministerkomitees enthalten.

Für die Europäische Menschenrechtskonvention lässt sich aus Art. 46 Abs. 1 EMRK ableiten, dass die Urteile des Europäischen Gerichtshofs für Menschenrechte zumindest „Orientierungswirkung"[326] für die nationale Rechtsordnung haben.[327] Es bleibt dabei den Mitgliedsstaaten überlassen, die gegen sie ergangenen Urteile umzusetzen.[328] Ähnliches gilt gem. Art. 267 AEUV (ex Art. 234 EGV).[329] Vor dem Hintergrund der langwierigen Entstehungsgeschichte spricht das Fehlen einer vergleichbaren Vorschrift in der Europäischen Sozialcharta gegen die verbindliche Interpretation durch die *conclusions*. Der Spruchkörper soll eine bloß untergeordnete Rolle spielen. Es gab immerhin sehr weitgehende Vorschläge in den Entwürfen der Beratenden Versammlung, verbindlich entscheidende oder jedenfalls mit mehr Kompetenzen ausgestattete Instanzen zu errichten.[330] Wenn ein solches Organ jedoch in der endgültigen Fassung der Europäischen Sozialcharta nicht vorgesehen ist, lässt dies den Umkehrschluss zu, dass sich die Kompetenz in der Durchführung des Berichtsverfahrens mit abschließender Bewertung erschöpft. Insbesondere haben die *conclusions* nur vor-

---

324 *Löwisch/Rieble,* MünchArbR^2, § 242 Rn. 76.

325 BVerfG v. 18.10.1967, E 22, 293 (296); *Seidl-Hohenveldern/Loibl,* Organisationen, Rn. 107.

326 *Grabenwarter/Pabel,* Menschenrechtskonvention, § 16 Rn. 8 f.

327 *Cremer,* in: Grote/Marauhn, Konkordanzkommentar, Kap. 32 Rn. 56 ff., 69; *Däubler,* AuR 1998, 144 (147 f.); *Gaus,* Gewährleistungen, S. 150 f.; *Haß,* Urteile, S. 70 ff.; *Kohte/Doll,* ZESAR 2003, 393 (395); *Meyer-Ladewig,* Art. 46 EMRK Rn. 14 ff.; *Schlachter,* NZA 2011, 341 (347); *Schubert,* AöR 137 (2012), 92 (113); *Witter,* Aspekte, S. 78; zur „Berücksichtigung" der Urteile des Europäischen Gerichtshofs für Menschenrechte im nationalen Recht BVerfG v. 14.10.2004, E 111, 307 (323 ff.).

328 EGMR v. 17.2.2004, Appl. 39748/98 Rn. 47 (*Maestri*); v. 24.10.2002, Appl. 36732/97 Rn. 43 (*Pisano*); v. 13.6.2000, Appl. 39221/98, 41963/98 Rn. 249 (*Scozzari and Giunta*).

329 Vgl. *Bepler,* FS Wißmann, 93 (107).

330 Dazu oben S. 9 ff.

bereitenden Charakter für die Entscheidung des Ministerkomitees gem. Art. 29 ESC und damit lediglich interne Wirkung.[331] Dieses „kann" eine individuelle Empfehlung aussprechen, es muss dies also nicht. Wenn nämlich schon das Ministerkomitee nicht an die Rechtsauffassung des Europäischen Ausschusses für Soziale Rechte gebunden ist, dann kann es sich dabei nicht um eine verbindliche Auslegung mit Außenwirkung handeln.[332]

Anzumerken ist schließlich, dass die *conclusions* zwar ähnlich wissenschaftlichen Kommentaren gegliedert sind,[333] doch unterbleibt dabei die für sonstige Kommentare übliche Auseinandersetzung mit der einschlägigen Rechtsprechung und Literatur.[334] Der Europäische Ausschuss für Soziale Rechte stellt zu jedem Artikel in aller Kürze die seiner Meinung nach bestehenden Verstöße fest. Nur selten findet eine Kontroverse statt.[335] Folglich sind die Ergebnisse nur eingeschränkt einer Überprüfung zugänglich, ob der Europäische Ausschuss für Soziale Rechte etwa die nationale Rechtslage vollumfänglich berücksichtigt hat. Immerhin stützt er sich ausschließlich auf die Länderberichte, die die Staaten gem. Art. 21 ESC übersenden. Dies spricht jedoch weder für noch gegen die Interpretationshoheit, weil die Vertragsstaaten letztlich selbst für diese Berichte verantwortlich sind. Dass der Europäische Ausschuss für Soziale Rechte somit zur verbindlichen Auslegung der Europäischen Sozialcharta – immerhin bezeichnet er die Ergebnisse als *case law*[336] – berufen ist, lässt sich danach nicht feststellen.

(c) Mangelnde Repräsentation der Vertragsstaaten

Darüber hinaus ist trotz der Besetzung aus mehr als den durch Art. 25 Abs. 1 ESC vorgesehenen Mitgliedern nur eine begrenzte Repräsentation der Vertragsstaaten gegeben. Die Sachverständigen werden vom Ministerkomitee aus einer Liste der von den Parteien vorgeschlagenen Personen ausgewählt und ernannt.[337] Zwar sind die gewählten Mitglieder von Weisungen ihrer Regierungen unabhängig und zudem darf jedes Land nur eine Person entsenden. Dennoch werden nicht alle Länder repräsentiert, da einige Staaten zu Gruppen zusammen

331 *Seifert,* KritVj 2009, 357 (365 f.).

332 Vgl. *Seifert,* KritVj 2009, 357 (366).

333 *Nußberger,* Sozialstandards, S. 261.

334 *Nußberger,* Sozialstandards, S. 261; insbesondere in den früheren Überwachungszyklen haben die *conclusions* überwiegend beschreibenden Charakter, vgl. etwa conclusions XV-1, vol. 2, S. 432 ff.; die Darstellung ist jedoch ausführlicher und umfassender geworden, vgl. *Akandji-Kombé,* in: de Búrca/de Witte, Social Rights in Europe, 89 (90) sowie *Brillat,* in: de Búrca/de Witte, Social Rights in Europe, 31 (36 f.).

335 Vgl. etwa das Sondervotum *Zanettis,* conclusions IX, S. 132 ff.

336 conclusions XIII-4, S. 36.

337 *Fabricius,* FS Viefhues, 41 (46 f.); *Neubeck,* Sozialcharta, S. 85 f.

gefasst sind, die gemeinsam von einem Mitglied vertreten werden.[338] Es ist also nicht sichergestellt, dass sämtliche Interessen berücksichtigt werden. Dies ist jedoch beim Europäischen Gerichtshof für Menschenrechte nicht anders, denn er besteht gem. Art. 20 EMRK ebenfalls aus jeweils einem Richter je Mitgliedsstaat. Allerdings sind diese gem. Art. 25 Abs. 1 S. 2 EGMRVerfO auf derzeit vier Kammern mit je sieben Richtern verteilt, so dass niemals sämtliche Mitglieder bei einer Entscheidung vertreten sind. Selbst die Große Kammer setzt sich gem. Art. 24 Abs. 1 EGMRVerfO aus lediglich 17 Richtern und mindestens drei Ersatzrichtern zusammen. Gleiches gilt gem. Art. 19 Abs. 2 Unterabs. 2 EUV i. V. mit Art. 11a ff. EuGHVerfO für den Gerichtshof der Europäischen Union. Dass an den *conclusions* des Europäischen Ausschusses für Soziale Rechte also nicht stets ein Vertreter jedes Vertragsstaates mitwirkt, spricht daher weder für noch gegen die Verbindlichkeit der *conclusions.*

(d) Keine Verbindlichkeit durch spätere Übung i. S. des Art. 31 Abs. 3 lit. b WVRK

Bei den *conclusions* könnte es sich um spätere Übung i. S. des Art. 31 Abs. 3 lit. b WVRK und damit um eine authentische Interpretation der Europäischen Sozialcharta handeln.[339] Es ist allgemein anerkannt, dass die ständige Spruchpraxis der Organe einer internationalen Organisation eine spätere Übung darstellen kann.[340] Die Voraussetzungen ähneln denen der Entstehung des Gewohnheitsrechts. Es muss sich um eine beständige Spruchpraxis handeln, die von den Vertragsparteien unwidersprochen geblieben ist.[341] Im Unterschied zum ILO-Sachverständigenausschuss, der in der ILO-Verfassung nicht vorgesehen ist,[342] handelt es sich beim Europäischen Ausschuss für Soziale Rechte um ein durch das Recht der internationalen Organisation errichtetes Organ. Die Spruchpraxis weist zudem gerade im Hinblick auf die Auslegung des Art. 6 Nr. 4 ESC hohe Stringenz auf.[343] Gleichwohl ist nicht ausgeschlossen, dass sich aufgrund wechselnder Besetzungen abweichende Meinungen durchsetzen können.

Bestimmte Auslegungsergebnisse sind – etwa durch die Bundesrepublik Deutschland zum Beamtenstreik oder zum nichtgewerkschaftlichen Streik – nicht unwidersprochen geblieben. Ein ausdrücklicher Widerspruch für jeden Überwachungszyklus kann zudem nicht verlangt werden, so dass schlüssiges

---

338 *Neubeck,* Sozialcharta, S. 86.

339 Vgl. *Nußberger,* Sozialstandards, S. 234; *Villiger,* Art. 31 WVRK Rn. 23.

340 *Bernhardt,* Auslegung, S. 168 ff.; *W. Karl,* Vertrag, S. 173 f.; *Klein/Schmahl,* in: Graf Vitzthum, Völkerrecht, 4. Abschnitt Rn. 41; *ders.,* in: Bieber/Ress, Dynamik, 101 (101 ff.).

341 *E. Schneider,* Vereinbarkeit, S. 72; *Weiss/Seifert,* GS Zachert, 130 (138).

342 *Weiss/Seifert*, GS Zacher, 130 (134).

343 Vgl. dazu unten S. 63 ff.

Handeln ausreicht.[344] Die Vertragsstaaten durften berechtigterweise davon ausgehen, dass aus einer faktischen Bedeutung der Spruchpraxis des Europäischen Ausschusses für Soziale Rechte keine rechtliche Verbindlichkeit folgt. Das Verfahren dient zur Vorbereitung der Entscheidung des Ministerkomitees. Allenfalls dieses entfaltet Außenwirkung.[345] Damit fehlt es an einem allgemeinen Konsens und somit an einer für Art. 31 Abs. 3 lit. b WVRK wesentlichen Voraussetzung.[346] Die *conclusions* stellen keine spätere Übung i. S. des Art. 31 Abs. 3 lit. b WVRK dar.

(e) Fazit

Im Unterschied zu den genannten internationalen Gerichten fehlen Regelungen, aus denen sich die Verbindlichkeit ableiten lässt. Entscheidend ist, dass die *conclusions* lediglich die Grundlage für die Entscheidung des Ministerkomitees darstellen. Dies folgt aus Art. 27 Abs. 1 und 3, 28, 29 ESC. Dass der Europäische Ausschuss für Soziale Rechte eine verbindliche Auslegung vornehmen darf, kann daher nicht begründet werden.[347] Die *conclusions* selbst haben keine rechtliche Außenwirkung.[348] Es ist zu erinnern, dass die (faktische) Autorität der Auslegung des Europäischen Ausschusses für Soziale Rechte allerdings nicht zu vernachlässigen ist.[349] Daher sollte nur bei gewichtigen Gründen, etwa bei einer Änderung der Rechtslage, abgewichen werden.[350]

(f) Kollektivbeschwerden

Durch das zweite Zusatzprotokoll aus dem Jahr 1995 wurde ein Verfahren für Kollektivbeschwerden geschaffen.[351] Durch wen eine Beschwerde erhoben wer-

344 *Klein/Schmahl,* in: Graf Vitzthum, Völkerrecht, 4. Abschnitt Rn. 41.

345 Dazu unten S. 53 und 58.

346 Vgl. *W. Karl,* Vertrag, S. 188 ff.

347 A. A. *Schlachter,* NZA 2011, 341 (345 f.).

348 *Löwisch/Rieble,* MünchArbR^2, § 242 Rn. 76. Gleiches gilt für den Bericht des Unterausschusses des Ministerkomitees, der gem. Art. 27 Nr. 3, 29 ESC ebenfalls nur die Entscheidung des Ministerkomitees vorbereiten soll.

349 *Akandji-Kombé,* in: de Búrca/de Witte, Social Rights in Europe, 89 (89 ff.); *Kahliq/Churchill,* in: Langford, Social Rights Jurisprudence, 428 (428).

350 Vgl. auch IGH *Legal Consequences for States of the Continued Presence of South Africa in Namibia* (South West Africa) notwithstanding Security Council Resolution 276, Gutachten v. 21.6.1971, ICJ Reports 1971, 16 Rn. 19 ff.; *Czycholl/Frieling,* ZESAR 2011, 322 (326); *Klein/Schmahl,* in: Graf Vitzthum, Völkerrecht, 4. Abschnitt Rn. 42; *Kohte/Doll,* ZESAR 2003, 393 (395); *Lörcher,* in: Däubler, Arbeitskampfrecht, § 10 Rn. 27; *Mitscherlich,* Arbeitskampfrecht, S. 59 mit Fn. 165; *Ruth,* Right to Strike, S. 14 f.: *Seifert,* KritVj 2009, 357 (365); vgl. in Bezug auf den ILO-Sachverständigenausschuss ausführlich *E. Schneider,* Vereinbarkeit, S. 80 ff.

351 Dazu oben S. 13 ff. sowie *Cullen,* in: Ssenyonjo, Economic, Social and Cultural Rights, 519 (520 ff.); *De Schutter,* in: Krause/Scheinin, International Protection, 425 (433 ff.); *Grillber-*

den kann und wie nach ihrem Eingang zu verfahren ist, regeln die Art. 6 ff. ESC-ZP (1995).[352] Der Europäische Ausschuss für Soziale Rechte ist an diesem Verfahren beteiligt und prüft im Zuge dessen gem. Art. 7 Abs. 1 ESC-ZP (1995) die Zulässigkeit und gem. Art. 8 Abs. 1 ESC-ZP (1995) die Begründetheit der jeweiligen Beschwerde.[353] Schließlich verfasst er eine *conclusion.* Ist die Kollektivbeschwerde danach zulässig und begründet, nimmt das Ministerkomitee gem. Art. 9 Abs. 1 ESC-ZP (1995) mit einer Zweidrittelmehrheit eine an den Vertragsstaat gerichtete *recommendation* an.[354] Unabhängig von dem eben zur mangelnden Verbindlichkeit der *conclusions* Gesagten, können diese keinesfalls unmittelbare Wirkung gegen die Bundesrepublik Deutschland erlangen, da sie das entsprechende Protokoll nicht ratifiziert hat. Das Verfahren steht deutschen Organisationen somit nicht zur Verfügung.[355] Es fehlt auch in diesem Vertrag an einer Rechtsgrundlage, aus der sich eine allgemeine Verbindlichkeit der *conclusions* ableiten lässt.

Gleichwohl kommen auch durch die andere Staaten betreffende Verfahren *conclusions* zustande. Sie stellen das Ergebnis der Prüfung eines behaupteten Verstoßes dar. Dabei wird ebenso wie bei den Länderberichten geprüft, ob die nationale Rechtslage den Vorgaben der Europäischen Sozialcharta entspricht.[356] Somit bezieht sich die Auslegung zunächst ausschließlich auf deren Vorgaben und folglich kommt es diesbezüglich nicht darauf an, dass sich die *conclusions* oder *recommendations* an einen anderen Staat richten. Das so entstehende *case law* kann zu berücksichtigen sein.[357]

(2) Bedeutung der individuellen Empfehlungen des Ministerkomitees für die Auslegung der Europäischen Sozialcharta

Einer ausgesprochenen Empfehlung des Ministerkomitees kann eine solche Wirkung zukommen,[358] indem sie die *conclusions* des Europäischen Ausschusses für Soziale Rechte zur Begründung inkorporiert.[359] Es kann durch das Abstim-

---

ger, FS Cerny, 79 (82 ff.); *ders.,* NLMR 2002, 121 (121 ff.); *B. Karl,* in: Hummer, Österreich 2, 851 (864 ff.); *Kahliq/Churchill,* in: Langford, Social Rights Jurisprudence, 428 (432 f,); *dies.,* in: Baderin/McCorquodale, Rights in Action, 195 (195 ff.); *Öhlinger,* in: Matscher, Grundrechte, 335 (342 ff.).

352 *Grillberger,* NLMR 2002, 121 (123 f.)

353 *B. Karl,* in: Hummer, Österreich 2, 851 (865).

354 *B. Karl,* in: Hummer, Österreich 2, 851 (865 f.).

355 Zum Ratifikationsstand der Zusatz- und Änderungsprotokolle oben S. 13 ff.

356 Zum Verhältnis zu den im Rahmen des Berichtsverfahrenes ergangenen *conclusions* nur *Grillberger,* NLMR 2002, 121 (124).

357 Vgl. *Lörcher,* in: Däubler, Arbeitskampfrecht, § 10 Rn. 20 mit Fn. 59 die Verfahren, die Art. 6 Nr. 4 ESC zum Gegenstand haben.

358 Allgemein zu den Empfehlungen des Ministerkomitees *Jung,* FS Ress, 519 ff.

359 Vgl. etwa Committee of Ministers, Recommendation No. R ChS (98) 2 v. 4.2.1998 (deutsche Übersetzung AuR 1998, 156 [156]), worin das Ministerkomitee „der Regierung

mungsverhalten der Vertragsstaaten im Ministerkomitee („Estoppel-Prinzip“) sowie durch Art. 3 ERS zu einer (Selbst-)Bindung kommen.[360] Denkbar ist schließlich, dass die Ergebnisse als spätere Übung i. S. des Art. 31 Abs. 3 lit. b WVRK als authentische Auslegung verbindlich sind.[361]

(a) Grundsätzliche Unverbindlichkeit

Bereits aus dem Wortlaut ergibt sich, dass selbst die an die Vertragsstaaten gerichteten *recommendations* des Ministerkommitees lediglich fakultativen Charakter haben.[362] Eine „Empfehlung“ stellt gerade keine verbindliche Weisung dar, sondern einen Vorschlag oder Rat, in einem bestimmten Sinne zu handeln beziehungsweise einen Hinweis auf etwas Annehmbares, zu Bevorzugendes oder zu Berücksichtigendes.[363] Inhaltlich Entsprechendes gilt für die verbindlichen englischen[364] und französischen[365] Texte. Die Vorschläge, die das Ministerkomitee ausspricht, damit der Staat den festgestellten Verstoß gegen die Europäische Sozialcharta beheben kann, sind mangels entsprechender Rechtsgrundlage jedenfalls nicht unmittelbar verbindlich.[366] Die Verbindlichkeit sowohl der *conclusions* als auch der *recommendations* für die verbindliche Auslegung der Europäischen Sozialcharta hätte deutlicher zum Ausdruck gebracht werden müssen. Dies hätte etwa durch die Aufnahme einer Art. 46 Abs. 1 EMRK oder Art. 267 AEUV (ex Art. 234 EGV) entsprechenden Norm geschehen können.

(b) Verbindlichkeit aufgrund eines Verstoßes gegen das „Estoppel-Prinzip“

Bei der Auslegung der Europäischen Sozialcharta kann die Satzung des Europarates herangezogen werden, weil gem. Art. 5 WVRK das Innenrecht in-

---

Deutschlands [empfiehlt], in angemessener Weise die negative Schlussfolgerung des Europäischen Ausschusses für Soziale Rechte zu berücksichtigen“. Das Komitee nimmt also unmittelbar Bezug auf die conclusions. Dies verdeutlicht deren besonderen Stellenwert.

360 *Witter,* Aspekte, S. 79 ff.

361 Allgemein vgl. *Gaus,* Gewährleistungen, S. 152 ff.

362 *Seidl-Hohenveldern/Loibl,* Organisationen, Rn. 1548, die auf die Selbstbindung der Organe im Innenverhältnis der Organisation hinweisen.

363 Duden, Universalwörterbuch, Stichwort „Empfehlung“ (S. 510); *Paul,* Wörterbuch, Stichwort „empfehlen“ (S. 270); *Wahrig,* Stichwort „Empfehlung“ (S. 443). Die Bedeutung des „Befehlens“ hat das Wort verloren, vgl. *Paul,* a. a. O. und *Grimm/Grimm,* Wörterbuch, Stichwort „empfehlen“, „Empfehlung“ (S. 1264 f.).

364 Oxford English Dictionary (Vol. VIII), Stichwort „recommendation“ (S. 1201); Langenscheidt, Handwörterbuch Englisch, Stichworte „recommendation“ (S. 461) und „Empfehlung“ (S. 461).

365 Grand Robert (Tome 8), Stichwort „recommendation“ (S. 103); Langenscheidt, Handwörterbuch Französisch, Stichworte „recommendation“ (S. 595) und „Empfehlung“ (S. 968).

366 *Däubler,* in: Agnelli, Arbeitskampf, 103 (104 f.); *Nußberger,* Sozialstandards, S. 281.

ternationaler Organisationen bei der Auslegung völkerrechtlicher Verträge zu berücksichtigen ist.[367] Das in Art. 15 Abs. b, 20 Abs. a Nr. i ERS vorgesehene Abstimmungsverfahren erfährt in Art. 29 ESC eine Spezialregelung. Statt Einstimmigkeit genügt zum Erlass einer *recommendation* eine Zweidrittelmehrheit. Es ist also möglich, dass die Vertragsstaaten, die für den Ausspruch einer Empfehlung stimmen, an das Abstimmungsergebnis und dadurch gleichsam an den Inhalt gebunden sind. Daher gilt das Abstimmungsergebnis ebenso für diejenigen Vertragsstaaten, die gegen eine bestimmte Empfehlung gestimmt haben. Schließlich haben sie sich mit der Ratifikation der Europäischen Sozialcharta der leichter zu erreichenden Zweidrittelmehrheit gem. Art. 29 ESC freiwillig unterworfen und mussten daher damit rechnen, überstimmt zu werden. Sie mussten somit davon ausgehen, dass Empfehlungen gegen ihren Willen beschlossen werden können. Begründen ließe sich die Verbindlichkeit der individuellen Empfehlungen mit dem Verbot widersprüchlichen Verhaltens.[368] Im Völkerrecht wird jenes als „Estoppel-Prinzip" bezeichnet. Der Begriff stammt aus dem anglo-amerikanischen Rechtskreis und ist sachlich eng mit dem zivilrechtlichen Verbot des venire contra factum proprium verwandt.[369] Bei allen Ausprägungen des Gebots von Treu und Glauben geht es um das schützenswerte Vertrauen einer Partei auf die Erklärungen einer anderen Partei durch Abwägung im Einzelfall. Es soll verhindert werden, dass einer Partei aufgrund enttäuschten Vertrauens ein Nachteil entsteht.[370] Worin dieser Nachteil für die anderen Staaten bestehen soll, wenn ein anderer eine an ihn gerichtete individuelle Empfehlung nicht umsetzt, ist unklar.

Es kann als widersprüchlich angesehen werden, wenn im Ministerkomitee des Europarates eine Empfehlung beschlossen wird, aber diese anschließend innerstaatlich nicht umgesetzt wird, weil die Staaten entgegen ihrem Abstimmungsverhalten handeln.[371] Zu beachten ist dabei allerdings, dass der Grundsatz von Treu und Glauben lediglich das Verhältnis zwischen den Vertragsstaaten betrifft und daher auf die aus dem jeweiligen Vertrag resultierenden gegenseitigen Pflichten bezogen ist. Daher ist zu differenzieren zwischen der Völkervertragsebene und dem nationalen Recht. Völkerrechtlich besteht für die Vertragsstaaten die Möglichkeit, entweder für oder gegen den Ausspruch einer individuellen Empfehlung zu stimmen. Diese Entscheidungsfreiheit wird durch

---

367 Vgl. dazu oben S. 26 f.

368 Vgl. *Witter,* Aspekte, S. 80; allgemein *Herdegen,* Völkerrecht, § 17 Rn. 3.

369 Die Bedeutung des „Estoppel-Prinzips" und dessen genaue dogmatische Einordnung sind umstritten, vgl. *Herdegen,* Völkerrecht, § 17 Rn. 3; *Graf Vitzthum,* in: Graf Vitzthum, Völkerrecht, 1. Abschnitt Rn. 134, Fn. 327.

370 *Herdegen,* Völkerrecht, § 17 Rn. 2 f.; *Roth,* in: MünchKomm. BGB, §242 Rn. 46; *Graf Vitzthum,* in: Graf Vitzthum, Völkerrecht, 1. Abschnitt Rn. 134, Fn. 327.

371 *Jung,* FS Ress, 519 (524); *Witter,* Aspekte, S. 80.

den Vertrag selbst eingeräumt. Allein aus dem Abstimmungsverhalten kann sich daher grundsätzlich kein widersprüchliches Verhalten ergeben. Ausnahmsweise kann dies anders sein, wenn der jeweilige Staat dahingehend Vertrauen erweckt hat, stets in einer bestimmten Art und Weise zu stimmen und dies später nicht einhält. Ein Widerspruch zwischen völkerrechtlich übernommener Verpflichtung und fehlender oder mangelhafter innerstaatlicher Umsetzung und damit die Geltung einer individuellen Empfehlung betrifft dagegen ausschließlich das nationale Recht. Völkervertragswidrig würde der Vertragsstaat nur handeln, wenn die individuelle Empfehlung per se gem. Art. 29 ESC Relevanz hätte.[372] *Recommendations* sind allerdings gerade nicht bindend, was der Wortlaut von Art. 15 Abs. b ERS belegt.[373] Die Empfehlungen sollen gemäß des Zwecks des Art. 29 ESC gerade nicht verbindlich sein, sondern nur nachdrücklich auf den Missstand aufmerksam machen und dessen Behebung anmahnen. Als schwach ausgestaltete völkerrechtliche Sanktion wirkt sie letztlich ausschließlich politisch. Die Argumentation ist also zirkelschlüssig, da sie voraussetzt, dass eine Partei in Widerspruch zu einer sie völkerrechtlich verpflichtenden Erklärung handelt. Hieran wird deutlich, dass das „Estoppel-Prinzip" keine Antwort auf die Frage nach der Verbindlichkeit der individuellen Empfehlung zu geben vermag. Der Vertragsstaat, der eine Empfehlung missachtet, setzt sich in Widerspruch zur völkerrechtlichen Verpflichtung, die übernommenen Artikel aus der Europäischen Sozialcharta zu verwirklichen. Das zwischen den Staaten auf völkerrechtlicher Ebene anwendbare „Estoppel-Prinzip" betrifft diesen Fall jedoch nicht. Ein widersprüchliches Verhalten durch die Missachtung einer Empfehlung betrifft demnach nicht die völkerrechtliche Ebene.

Schließlich ist zu bedenken, dass eine dennoch auf diese Weise abgeleitete Verbindlichkeit zu einer Schwächung des Überwachungsverfahrens gem. Art. 21 ff. ESC führen kann. Führten die Vertragsstaaten durch ihr Abstimmungsverhalten eine (Selbst-) Bindung herbei, würden sie sich bei der Abstimmung unter Umständen enthalten, damit die erforderliche Zweidrittelmehrheit verfehlt wird. So könnten weniger *recommendations* ausgesprochen werden, was dem Zweck des Verfahrens widerspricht. Eine Verbindlichkeit der Empfehlungen aufgrund widersprüchlichen Verhaltens besteht daher nicht.[374]

(c) Verbindlichkeit wegen Verletzung einer Pflicht i. S. des Art. 3 ERS

Aus ähnlichen Gründen ist eine Verbindlichkeit aufgrund Art. 3 ERS abzulehnen. Die völkervertragliche Ebene ist von der innerstaatlichen Verbindlichkeit scharf zu trennen. In Art. 3 ERS sind die Aufgaben der Mitgliedsstaaten des

372 *Witter,* Aspekte, S. 80.
373 *Seidl-Hohenveldern/Loibl,* Organisationen, Rn. 1548; *Witter,* Aspekte, S. 80.
374 *Wittinger,* Europarat, S. 206.

Europarates normiert, wozu unter anderem zählt „collaborate sincerely and effectively in the realisation of the aim of the Council as specified in Chapter I"[375]. Das erste Kapitel besteht lediglich aus Art. 1 ERS, der die Aufgaben des Europarates allgemein aufzählt und ist damit naturgemäß unbestimmt. Als lex generalis muss sie daher hinter den speziellen Art. 21 ff. ESC zurücktreten.[376] Unter Berufung auf treuwidriges Verhalten kann man daher aus Art. 3 ERS ableiten, dass ein hartnäckiges Ignorieren der Empfehlungen ausnahmsweise unzulässig ist.[377] Dies setzt indes wiederum Treuwidrigkeit voraus, was ihrerseits bereits die Verbindlichkeit der Empfehlung per se verlangt. Dies ist nicht der Fall.[378]

Darüber hinaus gehen auch diejenigen Autoren, die eine Verletzung einer Mitgliedschaftspflicht etwa aus Art. 3 i. V. mit Art. 1 ERS annehmen, davon aus, dass nur dann eine Bindung eintritt, wenn sich der betroffene Staat nicht ernsthaft mit den Inhalten einer Empfehlung auseinandersetzt und aus zumindest nachvollziehbaren, das heißt aus „diskutablen Gründen"[379] davon abweicht. Dies betrifft jedoch die innerstaatliche Umsetzung. Vor dem Hintergrund, dass Art. 3 ERS eine allgemeine Norm ist und dass aus einer Gesamtschau des Binnenrechts keine Verbindlichkeit der *recommendations* abzuleiten ist, dürfen die Anforderungen an die Auseinandersetzung nicht allzu hoch sein. Anderenfalls käme man analog dem zum „Estoppel-Prinzip" Ausgeführten zu einer Verbindlichkeit der Empfehlungen. Dies zeigt auch der abschließende Hinweis auf den Wortsinn des Begriffs „Empfehlung".[380] Unabhängig von der Erwägung, den Akten internationaler Organisationen eine größere Bedeutung zu geben und so die Durchsetzung des Völkerrechts zu fördern, ist danach zu fragen, ob selbst ein mit „quasi-verbindliche[r] Kraft"[381] ausgestatter Akt unter den Wortlaut subsumiert werden kann. Aus diesem Grund geht das Ministerkomitee selbst davon aus, dass die Empfehlungen für die Mitgliedsstaaten nicht bindend sind.[382] Dies ist insoweit nicht verwunderlich,[383] als dass Wortlaut und Systematik sowohl der Europäischen Sozialcharta als auch der Satzung des Europarates gegen die Verbindlichkeit der *recommendations* sprechen und

375 In der amtlichen deutschen Übersetzung besteht Art. 3 ERS aus zwei Sätzen. Satz 2 lautet: „[Jedes Mitglied] verpflichtet sich, aufrichtig und tatkräftig an der Verfolgung des in Kapitel I gekennzeichneten Zieles mitzuarbeiten."

376 *Witter,* Aspekte, S. 82.

377 Vgl. *Dahm/Delbrück/Wolfrum,* Völkerrecht I/1, S. 71.

378 So auch *Dahm/Delbrück/Wolfrum,* Völkerrecht I/1, S. 71.

379 *Dahm/Delbrück/Wolfrum,* Völkerrecht I/1, S. 71.

380 Dazu oben Fn. 363, 364 und 365.

381 *Dahm/Delbrück/Wolfrum,* Völkerrecht I/1, S. 71.

382 http://www.coe.int/t/cm/aboutCM_en.asp#P78_2797, siebter Spiegelstrich (Adopting recommendations to member states).

383 So *Witter,* Aspekte, S. 84.

diese daher – auch unter Berufung auf *implied powers* – nicht abgeleitet werden kann.[384]

(d) Keine Verbindlichkeit durch spätere Übung i. S. des Art. 31 Abs. 3 lit. b WVRK

Analog der Diskussion um die Verbindlichkeit der *conclusions* als spätere Übung i. S. des Art. 31 Abs. 3 lit. b WVRK[385] können die durch das Ministerkomittee verabschiedeten *recommendations* für die Vertragsstaaten verbindlich sein. Es ist jedoch bereits oben herausgearbeitet worden, dass die *recommendations* grundsätzlich unverbindlichen Charakter haben.[386] Dies ergibt sich aus dem Wortlaut und vor allem aus dem Zweck des Art. 29 ESC. Diese Bestimmung würde durch die Annahme späterer Übung i. S. des Art. 31 Abs. 3 lit. b WVRK umgangen. Außerdem haben etwa die (ausgebliebenen) Reaktionen der Bundesregierung der Bundesrepublik Deutschland[387] sowie der Regierungen Großbritanniens[388] und Irlands[389] auf an sie adressierte *recommendations* jedenfalls konkludent gezeigt, dass Konsens weder über die Verbindlichkeit der *conclusions* noch der *recommendations* besteht. Somit stellen die *recommendations* keine spätere Übung i. S. des Art. 31 Abs. 3 lit. b WVRK dar.

cc) Ergebnis

Die Organe internationaler Organisationen sind grundsätzlich zur Auslegung des von ihnen geschaffenen Rechts berufen. Im Unterschied zum Europäischen Gerichtshof für Menschenrechte, der die Europäische Menschenrechtskonvention verbindlich auslegen kann, handelt es sich bei den in Art. 21 ff. ESC genannten Organen gerade nicht um ein verbindlich und endgültig entscheidendes Gericht, dessen Urteilen sich die Bundesrepublik Deutschland durch den Beitritt zur Europäischen Sozialcharta unterworfen hat.

Wenn die unmittelbare Verbindlichkeit der Auslegung durch die Organe des Europarates also abzulehnen ist, folgt daraus nicht, dass den *conclusions* und *recommendations* keine Bedeutung zukommt.[390] Wegen der hohen Autorität auf-

---

[384] Zur rechtlichen Relevanz als „soft law" trotz rechtlicher Unverbindlichkeit *Wittinger,* Europarat, S. 207 ff.

[385] Dazu oben S. 26 f. und 51.

[386] Dazu oben S. 53 ff.

[387] Committee of Ministers, Recommendation No. R ChS (98) 2 v. 4.2.1998.

[388] Trotz mehrerer *recommendations* sind keine Änderungen der Rechtslage betreffend den Kündigungsschutz bei rechtmäßigen Streiks ersichtlich, vgl. Committee of Ministers, Recommendation No. R ChS (93) 3 v. 7.9.1993; No. R ChS (97) 3 v. 15.1.1997 und No. R ChS (2005) 1 v. 4.5.2005; ausführlich unten S. 358 ff.

[389] Committee of Ministers, Recommendation No. R ChS (2001) 2 v. 7.2.2001.

[390] *Franzen,* ArbGeg 47 (2010), 119 (124 f.); *Lörcher,* in: Däubler, Arbeitskampfrecht, § 10 Rn. 28.

grund der besonderen Kompetenz, insbesondere des Europäischen Ausschusses für Soziale Rechte einerseits und des differenziert geregelten Überwachungsverfahrens gem. Art. 21 ff. ESC andererseits, sind die Rechtsansichten des Ausschusses und des Ministerkomitees bei der Auslegung der Europäischen Sozialcharta zu berücksichtigen. Darüber hinaus ist in Deutschland der Grundsatz der völkervertragsrechtsfreundlichen Auslegung zu beachten, der besagt, dass ein Staat einem durch ihn ratifizierten völkerrechtlichen Vertrag zu größtmöglicher Geltung verhelfen muss.[391] Dies betrifft jedoch die Frage nach der jeweiligen innerstaatlichen Ausgestaltung, die in den europäischen Staaten durchaus verschieden ist.[392] Der Grundsatz kann also nicht aus dem Völkerrecht selbst abgeleitet werden, sondern folgt aus der Unterordnung des nationalen Rechts im Rang.[393] Für die verbindliche Auslegung der Europäischen Sozialcharta kann dieser Grundsatz also nicht fruchtbar gemacht werden. Bedeutung erlangt er im Rahmen der Frage nach der innerstaatlichen Anwendbarkeit.[394]

II. Gegenstand des Art. 6 Nr. 4 ESC

Gemäß der Erklärung der Vertragsparteien in Teil I Nr. 6 ESC haben alle Arbeitnehmer und Arbeitgeber das Recht auf Kollektivverhandlungen. Die verbindlichen Texte nennen *the right to bargain collectively* beziehungsweise *le droit de négocier collectivement*. In Art. 6 ESC wird dieses Recht in der Überschrift und im Einleitungssatz wiederholt. Unabhängig von seinem genauen Inhalt ist damit der Gegenstand der Gewährleistung beschrieben. Davon zu unterscheiden ist das Mittel, durch das die Ausübung des Rechts gewährleistet sein soll, nämlich durch das Recht auf kollektive Maßnahmen einschließlich des Streikrechts.

Es ist daher dem Wortlaut des Art. 6 ESC folgend zu differenzieren zwischen dem Recht auf Kollektivverhandlungen einerseits und dem Recht, dieses mittels kollektiver Maßnahmen i. S. von Art. 6 Nr. 4 ESC vorbehaltlich der sich aus sonstigen Normen ergebenden Einschränkungen geltend zu machen. Die Norm gewährleistet somit zweierlei voneinander abzugrenzende Rechte.[395] Erst wenn geklärt ist, welche Inhalte überhaupt gemäß dem Recht auf Kollektivverhand-

---

391 BVerfG v. 14.10.2004, E 111, 307 (317 ff.); v. 31.3.1987, E 75, 1 (18 f.); *Bleckmann,* Völkerrecht, Rn. 951; *Herdegen,* Völkerrecht, § 22 Rn. 8; näher unten S. 191 ff.

392 Vgl. *Kunig,* in: Graf Vitzthum, Völkerrecht, 2. Abschnitt Rn. 33.

393 *Bleckmann,* DÖV 1979, 309 (312 f.); einschränkend *ders.,* DÖV 1996, 137 (139 f.); *Löwisch/Rieble,* MünchArbR², § 242 Rn. 76; *Vormbaum,* Schutz, S. 98.

394 Dazu unten ausführlich S. 155 ff.

395 Freilich liegt der Fokus vieler Untersuchungen allein auf dem Recht auf kollektive Maßnahmen, vgl. *Hackstein,* Streikrecht, S. 7 ff., 11 ff.; *Kissel,* Arbeitskampfrecht, § 20 Rn. 9; *Pischel,* Bedeutung, S. 43 ff.; *Sproedt,* Koalitionsfreiheit und Streikrecht, S. 63; *Wiese,* JfIR 16 (1973), 328 (340 ff.); anders *Mitscherlich,* Arbeitskampfrecht, S. 120 ff.

lungen verhandelt werden können, ist danach zu fragen, ob, von wem und auf welche Weise diese erzwungen werden können. Insoweit kann eine vorsichtige Parallele zu Art. 9 Abs. 3 S. 1 GG gezogen werden. Dort ist sowohl die Tarifautonomie als solche gewährleistet als auch die ihrer Verwirklichung dienende Arbeitskampffreiheit.[396]

1. Rechtscharakter des Art. 6 Nr. 4 ESC

Ursache für die Diskussion um Art. 6 Nr. 4 ESC ist neben der ausdrücklichen Nennung des Streikrechts der von den weiteren Rechten der Europäischen Sozialcharta abweichende Wortlaut, weil dort ein Recht „anerkannt" wird.[397] Daraus werden in Literatur und Rechtsprechung unterschiedliche Konsequenzen gezogen. Weitreichende Bedeutung hat der Wortlaut als Argument für eine unmittelbare Anwendung der Norm im nationalen Recht.[398] Gerade im Hinblick auf das Verhältnis zur Europäischen Menschenrechtskonvention als Parallelwerk kann sich aus der Formulierung darüber hinaus ergeben, dass es sich bei Art. 6 Nr. 4 ESC um ein subjektives Recht handelt. Die im Folgenden behandelte Vorfrage ist nicht mit der unmittelbaren oder nur mittelbaren Anwendbarkeit im nationalen Recht zu verwechseln.[399] An dieser Stelle geht es lediglich darum, zu überprüfen, ob die Europäische Sozialcharta dem Individuum durch Art. 6 Nr. 4 ESC ein subjektives Recht verleiht. Die unmittelbare Anwendbarkeit und Justiziabilität ist davon unabhängig.[400] Subjektive Rechte werden im Anschluss an die grundlegende Arbeit *Jellineks* als „die von der Rechtsordnung anerkannte und geschützte auf ein Gut oder Interesse gerichtete menschliche Willensmacht"[401] definiert. Er führt weiter aus, dass der „Schutz [des subjektiven Rechts] nicht identisch mit richterlichem Zwang [ist], sondern mit der Gesamtheit der nach Art und Intensität abgestuften Garantien, welche das Rechts-

---

396 Ausführlich dazu unten § 4, S. 211 ff.

397 *Mitscherlich,* Arbeitskampfrecht, S. 29 f.

398 Ausführlich S. 145 ff.

399 *Geiger,* Grundgesetz, S. 141 f., 159; *Schuler,* Internationales Sozialrecht, S. 379; *Sproedt,* Koalitionsfreiheit und Streikrecht, S. 66; *Witter,* Aspekte, S. 63; so aber *Lerche,* Zentralfragen, S. 83; *Rüthers,* in: Brox/Rüthers, Arbeitskampfrecht, Rn. 124 sowie die Denkschrift der Bundesregierung, BT-Drucks. 4/2117 v. 25.3.1964, S. 28; unklar bleibt die Differenzierung bei *Kutzki,* DöD 2011, 169 (170); *Mitscherlich,* Arbeitskampfrecht, S. 36, 37 f. mit Fn. 104; *Rieble,* RdA 2005, 200 (203 f.) und *Seiter,* Streik- und Aussperrungsrecht, S. 130 ff., die die Frage unter den Überschriften zur unmittelbaren Anwendbarkeit diskutieren.

400 Zur Frage der Verfassungsbeschwerde wegen Nichtberücksichtigung von Völkerrecht vgl. unten S. 365 ff.

401 *Jellinek,* System, S. 42; *ders.,* System^2, S. 44; dem folgend etwa *Brox/Walker,* BGB AT Rn. 617.

leben kennt"[402]. Diesem Ansatz folgend ist nach völkerrechtlicher Dogmatik[403] nicht Voraussetzung, dass für ein subjektives Recht eine unmittelbare nationale oder völkerrechtliche Durchsetzungsmöglichkeit besteht.[404] Jedoch konstatierte bereits *Jellinek*, dass „[irgend] eine Gewähr dafür, dass das prinzipiell von der Rechtsordnung Gewollte sich auch verwirkliche, [...] allerdings gegeben sein [müsse], weil eine bloss ideales Dasein führende Norm, die unfähig ist, die Wirklichkeit zu beherrschen, nicht den Namen einer Rechtsnorm beanspruchen kann."[405] Es kommt also auf Auswirkung der jeweiligen Norm an.

Es besteht Einigkeit, dass neben nationalen Gesetzen subjektive Rechte durch völkerrechtliche Verträge verliehen werden können.[406] Jeder Vertragsstaat ist verpflichtet, die ratifizierten Rechte zu achten und durch entsprechende innerstaatliche Akte umzusetzen beziehungsweise zu gewährleisten.[407] Legislative, Judikative und Exekutive sind also an die völkerrechtlichen Inhalte gebunden, so dass diese Bestimmungen nicht bedeutungslos sind.[408] Die subjektiven Rechte haben deshalb selbst bei nur mittelbarer Anwendbarkeit eine objektiv-rechtliche Bedeutung und sind bei der (völkerrechtsfreundlichen) Auslegung des nationalen Rechts zu berücksichtigen.[409] Darüber hinaus ist die tatsächliche politische und moralische Wirkung im zwischenstaatlichen Bereich nicht außer Acht zu lassen.[410] Aufgrund der verbleibenden Unzulänglichkeiten kann man diese Art der subjektiven Rechte „als unvollkommene Rechte bezeichnen."[411] Es ist demnach entscheidend, ob die jeweilige Rechtsnorm ausschließlich zwischen

---

402 *Jellinek*, System, S. 47, Fn. 1; *ders.*, System^2, S. 50, Fn 1; hierauf verweist *Sproedt*, Koalitionsfreiheit und Streikrecht, S. 66.

403 Zum deutschen verfassungsrechtlichen Verständnis vgl. *Sachs*, in: Sachs, Vor Art. 1 GG Rn. 39.

404 *Dahm/Delbrück/Wolfrum*, Völkerrecht I/2, S. 261; *Sproedt*, Koalitionsfreiheit und Streikrecht, S. 66 f.; *Witter*, Aspekte, S. 66 f.; a. A. *Lerche*, Zentralfragen, S. 83; *Rüthers*, in: Brox/Rüthers, Arbeitskampfrecht, Rn. 124; *ders./Fischer/A. Birk*, Rechtstheorie, Rn. 63; *Weiß*, EuZA 2010, 457 (461).

405 *Jellinek*, System, S. 333; *ders.*, System^2, S. 350.

406 IGH *LaGrand*, Urteil v. 27.6.2001, ICJ Reports 2001, 466 Rn 77; *Geiger*, Grundgesetz, S. 159; *Hailbronner/Kau*, in: Graf Vitzthum, Völkerrecht, 3. Abschnitt Rn. 14; *Schmidt-Aßmann*, in: Maunz/Dürig, Art. 19 Rn. 133.

407 *Geiger*, Grundgesetz, S. 142.

408 *Geiger*, Grundgesetz, S. 142: „leer" laufen.

409 *Schuler*, Internationales Sozialrecht, S. 380. Dagegen spricht nicht der von *Wengler*, Unanwendbarkeit, S. 10 angeführte Anhang zu Teil III ESC. Es ist scharf zwischen Anwendung und Bedeutung einer Völkerrechtsnorm zu differenzieren. Darüber hinaus stellt der Anhang selbst klar, dass es sich um „rechtliche Verpflichtungen" der Vertragsstaaten handelt. Diesen Verpflichtungen muss der Staat in geeigneter Weise nachkommen.

410 *Dahm/Delbrück/Wolfrum*, Völkerrecht I/2, S. 261 f.

411 *Dahm/Delbrück/Wolfrum*, Völkerrecht I/2, S. 261; vgl. bereits *Jellinek*, System, S. 334; *ders.*, System^2, S. 350: „Den unvollkommensten Schutz zeigt das Völkerrecht."

den Vertragsparteien Wirkung entfaltet oder ob sie den Einzelnen als Reflex des objektiven Rechts aufgrund der Verpflichtung zwischen den Staaten betrifft oder ob ihm tatsächlich eine Individualrechtsposition eingeräumt wird.[412] Dies ist durch Auslegung der entsprechenden Norm zu ermitteln.[413]

Es genügt nicht, dass der Begriff „Recht" in Art. 6 Nr. 4 ESC verwendet wird. Dies zeigt ein Vergleich mit den übrigen Artikeln der Europäischen Sozialcharta, die ebenfalls das Wort „Recht" gebrauchen, aber im jeweiligen Einleitungssatz klarstellen, dass es sich um bloße Staatenverpflichtungen handeln soll.[414] Außerdem hat das Wort in den verbindlichen englischen und französischen Texten nicht dieselbe Bedeutung wie in der deutschen Rechtssprache.[415] Somit stellen sie keine subjektiven Rechte, sondern bloße Rechtsreflexe dar. Schließlich ist es Zweck der Europäischen Sozialcharta, ihre Gewährleistungen in den Rechtsordnungen der Vertragsstaaten sicherzustellen. Folglich müssen diese als „Rechte" formuliert werden. Anders als beispielsweise in einem bi- oder multilateralen Handelsabkommen sollen nicht ausschließlich die gegenseitigen Rechte und Pflichten geregelt werden, so dass nicht die Interessen der anderen Vertragsstaaten, sondern die der Staatsangehörigen betroffen sind. Dies spricht für den Rechtscharakter des Art. 6 Nr. 4 ESC als subjektives Recht.

Besondere Bedeutung hat das Wort „anerkennen". Im Gegensatz zu Begriffen wie „verpflichten", „fördern" oder „sicherstellen" charakterisiert ein Anerkennen ein subjektives Recht. Es besteht ein wesentlicher Unterschied, weil nur etwas bereits Bestehendes „anerkannt" werden kann.[416] Demgegenüber meint „verpflichten", dass etwas durch einen weiteren Akt des jeweiligen Staates geschaffen werden muss.[417] Es kann sich demgemäß nur um eine objektive Staa-

---

412 *Dahm/Delbrück/Wolfrum,* Völkerrecht I/2, S. 260; *Witter,* Aspekte, S. 63.

413 *Dahm/Delbrück/Wolfrum,* Völkerrecht I/2, S. 260; *Geiger,* Grundgesetz, S. 159. Aufgrund der sachlichen Nähe mit der Frage nach der unmittelbaren Anwendbarkeit, die teilweise zu der genannten Vermischung führt (vgl. oben Fn. 399), kann auf die Darstellungen zur Anwendbarkeit (unten § 3, S. 145 ff.) verwiesen werden.

414 *Papadatos,* JIJK 7 (1966/2), 237 (265 mit Fn. 9); *Sproedt,* Koalitionsfreiheit und Streikrecht, S. 63; *Witter,* Aspekte, S. 64 sowie unten S. 155 ff.

415 *Hackstein,* Streikrecht, S. 19; vgl. zum Unterschied von legislation und case law *Sims,* English Law, S. 28 ff.; *Zweigert/Kötz,* Rechtsvergleichung, S. 177 f., 250 ff.

416 *Mitscherlich,* Arbeitskampfrecht, S. 38; *Sproedt,* Koalitionsfreiheit und Streikrecht, S. 63; *Tomandl,* Streik und Aussperrung, S. 100; *Ramm,* Koalitions- und Streikrecht, S. 100, 108 ff.; *Sproedt,* Koalitionsfreiheit und Streikrecht, S. 63; für die verbindlichen englischen und französischen Texte Oxford English Dictionary (Vol. VIII), Stichwort „recognize or recognise" (S. 1201); Langenscheidt, Handwörterbuch Englisch, Stichworte „recognise" (S. 461) und „anerkennen" (S. 693); Grand Robert (Tome 8), Stichwort „reconnaître" (S. 108 ff.); Langenscheidt, Handwörterbuch Französisch, Stichworte „reconnaître" (S. 596) und „anerkennen" (S. 818).

417 Vgl. Oxford English Dictionary (Vol. XVIII), Stichwort „untertake" (S. 1572); Langenscheidt, Handwörterbuch Englisch, Stichworte „undertake" (S. 604) und „verpflich-

tenverpflichtung handeln. Das betreffende Recht kann somit keinesfalls ein subjektives darstellen. Losgelöst von der Argumentation, ob Art. 6 Nr. 4 ESC unmittelbar oder mittelbar im innerstaatlichen Recht anwendbar ist,[418] beinhaltet die unterschiedliche Formulierung daher das entscheidende Argument für den Rechtscharakter des Art. 6 Nr. 4 ESC als subjektives Recht.[419]

Die Differenzierung zwischen subjektiven Rechten und lediglich objektiven Normen verdeutlicht schließlich Art. 1 EMRK. Danach sichern „[die] Hohen Vertragsparteien [...] allen ihrer Hoheitsgewalt unterstehenden Personen die in Abschnitt I bestimmten Rechte und Freiheiten zu." Durch diese Norm wird die Unterscheidung zwischen subjektiven Rechten einerseits und der innerstaatlichen Anwendbarkeit andererseits deutlich. Sie enthält zwar keine eigenen materiellen Gewährleistungen, denn diese sind in den Art. 2 bis 18 EMRK geregelt. Zunächst ergibt sich aus Art. 1 EMRK, dass die Staaten verpflichtet sind, dem geschützten Personenkreis die dort enthaltenen Rechte zu sichern.[420] Es handelt sich entsprechend dem oben Gesagten um subjektive Rechte, die den Einzelnen unmittelbar adressieren. Die Möglichkeit, sich vor dem Europäischen Gerichtshof für Menschenrechte oder den nationalen Gerichten zu berufen, ergibt sich allerdings unabhängig von dieser Verpflichtung aus Art. 13 und 34 EMRK.[421] Daher spricht es nicht gegen die Eigenschaft als subjektives Recht, dass ein Durchsetzungsmechanismus in der Europäischen Sozialcharta nicht vorgesehen ist.[422]

2. Recht auf Kollektivverhandlungen

a) Wortlaut

Gegenstand des Art. 6 ESC ist gemäß dessen Einleitungssatz zunächst ein Recht auf kollektive, das heißt gemeinschaftliche, gruppenweise geschlossene und umfassende[423] Verhandlungen.[424] Die neutrale deutsche amtliche Übersetzung ist insoweit deckungsgleich mit den ebenfalls offenen englischen und franzö-

ten" (S. 1490); Grand Robert (Tome 3), Stichwort „s'engager" (S. 986); Langenscheidt, Handwörterbuch Französisch, Stichworte „engager" (S. 268) und „sich zu etwas verpflichten" (S. 1481).

418 Ausführlich unten S. 155 ff.

419 *Sproedt,* Koalitionsfreiheit und Streikrecht, S. 63; a. A. *Hackstein,* Streikrecht, S. 19.

420 EGMR v. 22. 3.2001, Appl. 34044/96, 35532/97, 44801/98 Rn. 112 (*Streletz, Kessler and Krenz*); *Meyer-Ladewig,* Art 1 EMRK Rn 2; *Schädler,* in: Hannich, StPO, Art. 1 EMRK Rn. 1.

421 *Valerius,* in: Graf, StPO, Art. 1 EMRK Rn. 9.

422 Zum Berichtsverfahren ausführlich oben S. 42 ff.

423 Duden, Universalwörterbuch, Stichwort „kollektiv" (S. 1017); *Wahrig,* Wörterbuch, Stichwort „kollektiv" (S. 857).

424 *Czycholl/Frieling,* ZESAR 2011, 322 (325).

sischen Begriffen *bargain collectively* und *négociation collective*, wobei ersterer eine arbeitsrechtliche Tendenz hat.[425] Das ist nicht überraschend angesichts der Tatsache, dass Art. 6 ESC insgesamt und unabhängig von der genauen Bedeutung dieser Begriffe[426] das Verhältnis zwischen Arbeitgebern und Arbeitnehmern betrifft. Dennoch ergibt sich daraus kein ausschließlich tarif- oder arbeits(kampf)rechtlicher Inhalt, da der Begriff im europäischen Ausland wie zum Beispiel in Großbritannien umfassend verstanden wird.[427] Die Norm sagt zunächst lediglich aus, dass Verhandlungen nicht bloß auf individueller, sondern ebenfalls auf kollektiver Ebene durchführbar sein sollen.[428] Dies ist bereits durch die Überschrift des Art. 6 ESC belegt sowie dadurch klargestellt, dass die Begriffe in Teil I Nr. 6 ESC genannt sind.[429]

Eine inhaltliche Begrenzung des Verhandlungsgegenstands folgt allerdings daraus, dass als mögliche Verhandlungspartner in Art. 6 Nr. 1, Nr. 2 und Nr. 3 ESC „Arbeitnehmer"[430] und „Arbeitgeber"[431] beziehungsweise in Nr. 2 deren Organisationen[432] genannt werden.[433] Außerdem steht Art. 6 ESC in Zusammenhang mit Art. 5 ESC, der das „Vereinigungsrecht"[434] enthält. Auch dort ist nur von Arbeitnehmern und Arbeitgebern die Rede. Art. 5 ESC gewährleistet somit die Gründung von und den Beitritt zu Arbeitnehmer- und Arbeitgeberorganisationen. Durch den Ausdruck „zum Schutze ihrer wirtschaftlichen und

---

425 Der Begriff definiert in Großbritannien gem. TULR(C)A 1992, s 178 (1) Tarifverhandlungen und bezeichnet auch allgemein „a mode of fixing the terms of employment by means of bargaining power between an organized body of employees and en employer, or association of employers." (Oxford English Dictionary [Vol. III], Stichwort „collective bargaining" [S. 478]). Allerdings definiert TULR(C)A 1992 s 178 (2) nur die von diesem Gesetz erfassten Tarifvereinbarungen. Es sind demgemäß Vereinbarungen außerhalb dessen Anwendungsbereichs möglich, *Harth/Taggart,* in: Henssler/Braun, Arbeitsrecht in Europa, Großbritannien Rn. 104.

426 Dazu näher unten S. 76 ff.

427 *Fridman,* Law of employment, S. 12 f. („terms and conditions of employment"), S. 928 f. („trade dispute must be one connected with the employment, non-employment, terms of employment, or conditions of labour of any person.", „the recognition of a trade union", „the lawful dismissal of a workman" und weitere Beispiele) m. w. N.; *Gitter,* ZfA 1971, 127 (139).

428 ArbG Gelsenkirchen v. 13.3.1998, EzA Nr. 130 zu Art. 9 GG Arbeitskampf, 4. der Gründe (S. 3 ff.); *Gitter,* ZfA 1971, 127 (139); *Gumnior,* Sympathiestreik, S. 78; *Kahn-Freund,* FS Ganshof van der Meersch, 131 (145).

429 *Ramm,* Koalitions- und Streikrecht, S. 137.

430 workers, travailleurs.

431 employers, employeurs.

432 employers' organisations and worker's organisations, les organisations d'employeurs, d'une parte, et les organisations de travailleurs, d'autre part.

433 *Kahn-Freund,* FS Ganshof van der Meersch, 131 (145); näher unten S. 76 ff.

434 The right to organise, Droit syndical.

sozialen Interessen“[435] kann der Norm darüber hinaus eine Betätigungsfreiheit der Organisationen entnommen werden. Denn anders als durch innere und äußere Betätigung kann eine Vereinigung ihre Interessen nicht verfolgen.[436] So verstanden behandelt Art. 6 ESC eine besondere Ausprägung der Betätigungsfreiheit i. S. von Art. 5 ESC. Dieser hat damit nicht beliebige kollektiv geführte Verhandlungen im Blick, sondern nur solche zwischen den in Art. 5 und 6 ESC genannten Parteien. Das sind Arbeitnehmer, Arbeitgeber und deren jeweilige Organisationen.

Darüber hinaus setzt der Begriff des „Verhandelns“ voraus, dass eine Einigung über den Verhandlungsgegenstand möglich sein muss. Das wiederum bedeutet nicht zwangsläufig, dass es sich der deutschen Betrachtungsweise entsprechend[437] um einen arbeits- beziehungsweise tarifvertraglich regelbarer Gegenstand handeln muss.[438] Die Parteien können wie alle anderen Vertragsparteien auch andere Inhalte verhandeln und sich darüber verständigen. Indes stehen sich Arbeitnehmer und Arbeitgeber als solche als Verhandlungspartner nur auf dem Gebiet des Arbeitsrechts gegenüber. Gegenstand der Kollektivverhandlungen können somit nur Inhalte sein, die einen Bezug zum Arbeitsverhältnis haben.[439] Es muss sich gem. Art. 6 Nr. 4 ESC jedoch nicht um einen arbeits- oder tarifvertraglich regelbaren Gegenstand handeln.[440] Gegenstand können insbesondere das Recht auf gerechte Arbeitsbedingungen gem. Art. 2 ESC, das Recht auf gesunde und sichere Arbeitsbedingungen gem. Art. 3 ESC und das Recht auf ein gerechtes Arbeitsentgelt gem. Art. 4 ESC oder sogar die Kündigung oder Wiedereinstellung einzelner Arbeitnehmer sein.[441] Insoweit unterscheidet sich

---

435 for the protection of their economic and social interests, pour la protection de leurs intérêts économiques et sociaux.

436 *Kahn-Freund,* FS Ganshof van der Meersch, 131 (134).

437 Ganz h. M., vgl. nur *Dieterich,* in: ErfK, Art. 9 GG Rn. 114 und *Otto,* Arbeitskampf- und Schlichtungsrecht, § 5 Rn. 2, die allerdings auf die wegen der ESC bestehenden Bedenken hinweisen; ausführlich dazu unten S. 211 ff.

438 Vgl. conclusions IV, S. 50; conclusions XIII-4, S. 351; conclusions XVII-1, vol. 1, S. 205; conclusions XVIII-1, vol. 2, S. 820; *Ruth,* Right to Strike, S. 16 f.

439 conclusions XVI-1, vol. 1, S. 104; *Czycholl/Frieling,* ZESAR 2011, 322 (325); *Kahn-Freund,* FS Ganshof van der Meersch, 131 (152); *Świątkowski,* Charter of Social Rights, S. 227 f.

440 conclusions XIV-1, vol. 1, S. 226; addendum 2 to conclusions XV-1, S. 27; conclusions XVI-1, vol. 1, S. 104; conclusions XVI-1, vol. 2, S. 72: „all conflicts of interest and not just conflicts in connection with working conditions“; conclusions 2002, S. 146; conclusions XVIII-1, vol. 1, S. 134, 226, 398 f.; conclusions 2006, vol. 1, S. 47, 248; Committee of Ministers, Recommendation No. R ChS (98) 2 v. 4.2.1998 (deutsche Übersetzung AuR 1998, 156 [156]); dazu *Bepler,* FS Wißmann, 97 (104 ff.); zur Rechtswirkung der Empfehlung oben S. 53 ff.

441 conclusions I, S. 38; conclusions II, S. 28; conclusions IV, S. 50; conclusions VI, S. 40; conclusions XVI-2, vol. 2, S. 740; *Bausback,* Bestandsschutz 1, S. 350; *Czycholl/Frieling,*

Art. 6 Nr. 4 ESC teilweise von der Auslegung, die die überwiegende Ansicht im deutschen Recht zu Art. 9 Abs. 3 S. 1 GG annimmt.[442]

b) Systematik und Zweck

Für ein weites Verständnis des Verhandlungsgegenstandes spricht zudem die Systematik des Art. 6 ESC insgesamt. Im Einleitungssatz ist das Recht auf Kollektivverhandlungen genannt. Dessen wirksame Ausübung soll unter anderem gem. Art. 6 Nr. 1 ESC durch „gemeinsame Beratungen“[443] gewährleistet sein. Von dem Oberbegriff der Kollektivverhandlungen umfasst sind also auch solche Beratungen i. S. von Art. 6 Nr. 1 ESC.[444] Beratungen reichen von bloßen Gedankenaustauschen, Besprechungen bis hin zu Aussprachen und müssen daher nicht auf eine rechtlich verbindliche Einigung gerichtet sein.[445] Sie müssen also nicht mit dem Ziel geführt werden, eine Einigung durch Tarifvertrag zu erreichen.[446] Darüber hinaus nennen Art. 6 Nr. 2 ESC und Art. 6 Nr. 3 ESC ganz allgemein Beschäftigungsbedingungen[447] und Arbeitsstreitigkeiten[448]. Dies spricht für ein umfassendes Verständnis des Gegenstandes von Kollektivverhandlungen.[449]

Dagegen kann nicht angeführt werden, dass auf betrieblicher Ebene kein Arbeitskampf geführt werden darf und daher ein Widerspruch zwischen Art. 6 Nr. 1 und Nr. 4 ESC besteht. Daraus ließe sich nämlich ableiten, dass alle Beratungen i. S. von Nr. 1 mit Mitteln des Nr. 4 durchgesetzt werden können müssen. Allerdings handelt es sich bei dieser Betrachtungsweise um das deutsche Verständnis zum Verhältnis von Betriebsrat und Gewerkschaft. Gem. § 74 Abs. 2 S. 1 BetrVG besteht für den Betriebsrat ein Arbeitskampfverbot. Dieses ist Aus-

ZESAR 2011, 322 (325); *Däubler,* in: Agnelli, Arbeitskampf, 103 (122 ff.); *Fabricius,* Streik, S. 31; *Gomien/Harris/Zwack,* Law, S. 391 f.; *Löwisch/Rieble,* AR-Blattei SD, 170.1 Rn. 105; *Ramm,* AuR 1967, 97 (109); *ders.,* Koalitions- und Streikrecht, S. 137; *Świątkowski,* Charter of Social Rights, S. 228; Entsprechendes gilt für den Abschluss von Gesamtarbeitsverträgen gem. ILO-Übereinkommen Nr. 98, vgl. *Świątkowski,* FS R. Birk, 839 (843).

442 Ausführlich unten S. 211 ff.

443 joint consultation, la consultation paritaire.

444 *Mitscherlich,* Arbeitskampfrecht, S. 120 f.

445 *G. Müller,* DB 1984, 2692 (2692) folgert aus dem Wort „wirksam“, dass Kollektivverhandlungen stets auf eine Einigung gerichtet sein müssen, weil sie anderenfalls „sinnlos“ wären. Dass dies nicht der Fall ist, zeigt etwa ein Rechtsvergleich mit dem Recht Großbritanniens, dazu sogleich S. 69 ff.

446 conclusions IV, S. 50; *Czycholl/Frieling,* ZESAR 2011, 322 (325); *Gitter,* ZfA 1971, 127 (139); *Gumnior,* Sympathiestreik, S. 78, *Kohte/Doll,* ZESAR 2003, 393 (396); *Ramm,* AuR 1967, 97 (109); *Świątkowski,* Charter of Social Rights, S. 228; *Witter,* Aspekte, S. 50.

447 terms and conditions of employment, les conditions d’emploi.

448 labour disputes, conflits du travail.

449 conclusions XIV-1, vol. 1, S. 226; *Czycholl/Frieling,* ZESAR 2011, 322 (325).

fluss der aus Art. 9 Abs. 3 S. 1 GG abgeleiteten Privilegierung der Gewerkschaften gem. § 77 Abs. 3 S. 1 BetrVG.[450] In Deutschland ist also nicht jeder Interessenkonflikt bei „Beratungen" mittels „kollektiver Maßnahmen" durchsetzbar. Diese Art der betrieblichen Mitbestimmung durch einen nationalen Betriebsrat ist zum Beispiel in Großbritannien unbekannt.[451] Auch in Frankreich entspricht die Rechtslage nicht der deutschen. Gem. Art. L 431-1 Code du travail existieren zwar verschiedene *comités d'entreprise,* deren Aufgaben sich jedoch von denen des deutschen Betriebsrates unterscheiden.[452] Daraus erklärt sich auch, dass die Gewerkschaften, insbesondere in Großbritannien, Aufgaben wahrnehmen, die in Deutschland dem Betriebsrat vorbehalten sind.[453] Das Prinzip der betrieblichen und tariflichen Zweispurigkeit des kollektiven Arbeitsrechts ist ein deutsches Kennzeichen.[454] Es überrascht daher nicht, dass die Europäische Sozialcharta diese spezifisch deutsche Aufgabenverteilung nicht nachvollzogen hat.[455] Dies spricht ebenfalls dafür, dass der Begriff der „Beratungen" i. S. von Art. 6 Nr. 1 ESC weit zu verstehen ist und Kollektivvereinbarungen nicht auf tarifliche Inhalte begrenzt sind.[456]

Dieses Ergebnis wird schließlich belegt durch den Wortlaut des Teil I Nr. 6 ESC. Im Einleitungssatz des Teil I ESC erklären die Vertragsparteien, dass sie „gewillt [sind], mit allen zweckdienlichen Mitteln staatlicher und zwischenstaatlicher Art eine Politik zu verfolgen, die darauf abzielt, geeignete Voraussetzungen zu schaffen, damit die tatsächliche Ausübung der folgenden Rechte und Grundsätze gewährleistet ist".[457] Es geht den Parteien also in erster Linie

---

450 Vgl. *Richardi,* in: Richardi, § 77 Rn. 244 m. w. N. sowie unten S. 326 ff.

451 *Harth/Taggart,* in: Henssler/Braun, Arbeitsrecht in Europa, Großbritannien Rn. 81; *Kahn-Freund,* FS Ganshof van der Meersch, 131 (150).

452 *Welter/Caron,* in: Henssler/Braun, Arbeitsrecht in Europa, Frankreich Rn. 217 ff.

453 *Däubler,* in: Agnelli, Arbeitskampf, 103 (118); *Kahn-Freund,* FS Ganshof van der Meersch, 131 (149 f.). Zu weiteren Aufgaben, die in Deutschland der Betriebsrat z. B. gem. §§ 87, 95, 99, 102, 111, 112 BetrVG, § 17 KSchG wahrnimmt vgl. *Harth/Taggart,* in: Henssler/Braun, Arbeitsrecht in Europa, Großbritannien Rn. 90.

454 BVerfG v. 1.3.1979, E 50, 290 (371 f.); *v. Hoyningen-Huene,* Betriebsverfassungsrecht, § 5 Rn. 1; *Junker,* Arbeitsrecht, Rn. 642 sowie unten S. 111 ff., 326 ff.

455 *Däubler,* AuR 1998, 144 (146); *Ramm,* AuR 1971, 65 (76).

456 Darüber hinaus gilt Art. 6 Nr. 4 ESC nicht absolut. Das Streikrecht kann gem. Art. 31 ESC aufgrund dort näher bestimmten Voraussetzungen eingeschränkt werden oder es kann gem. Art. 6 Nr. 4, Halbs. 2 ESC ausgeschlossen sein aufgrund von Vereinbarungen aus geltenden Gesamtarbeitsverträgen, hierzu S. 115 ff.

457 The Contracting Parties accept as the aim of their policy, to be pursued by all appropriate means, both national and international in character, the attainment of conditions in which the following rights and principles may be effectively realised. Les Parties contractantes reconnaissent comme objectif d'une politique qu'elles poursuivront par tous les moyens utiles, sur les plans national et international, la réalisation de conditions propres à assurer l'exercice effectif des droits et principes suivants.

darum, die in Teil I Nr. 1 bis Nr. 19 ESC aufgezählten Rechte zu gewährleisten. Dort ist nur vom „Recht auf Kollektivverhandlungen" und nicht vom ausschließlich in Art. 6 Nr. 4 ESC genannten „Recht auf kollektive Maßnahmen" die Rede.[458] Diese Rechte sind in den jeweils korrespondierenden Artikeln 1 bis 19 des Teil II ESC wesentlich ausführlicher formuliert. Daraus folgt, dass Teil II ESC die in Teil I Nr. 1 bis 19 ESC genannten Rechte ausgestaltet. Die Regel lex specialis derogat legi generali könnte somit anzuwenden sein. Dieser zur systematisch-logischen Auslegung zählende Satz besagt, dass eine Norm, die dieselben Tatbestandsvoraussetzungen wie eine andere Norm und zusätzlich mindestens ein weiteres Merkmal enthält, im Verhältnis zu dieser für den geregelten Bereich spezieller und daher grundsätzlich vorrangig anzuwenden ist.[459] Entsprechend könnte daraus der Schluss gezogen werden, dass der ausführlichere Teil II ESC der speziellere ist und somit Teil I ESC verdrängt. Es kommt entscheidend darauf an, ob die speziellere Norm die allgemeine gänzlich verdrängen und damit absolut anwendbar sein soll oder ob sie diese lediglich einschränken oder gar ergänzen will.[460] Dies ergibt sich wiederum durch eine systematische Auslegung.[461] Die Formulierung in Teil I ESC ist wesentlich enger als die in Teil II ESC. Teil I ESC enthält im Grunde nichts anderes als die Überschriften des Teil II ESC, aber keinen Tatbestand und keine Rechtsfolge. Allerdings gibt Teil I ESC gerade dadurch den Inhalt der Rechte in Teil II ESC vor. Anderenfalls wäre Teil I ESC überflüssig. Dem Normgeber in Gestalt der Vertragsstaaten kann nicht unterstellt werden, dass sie inhaltsleere Bestimmungen schaffen wollten.

Mithin gilt der Grundsatz lex specialis im Verhältnis von Teil I zu Teil II ESC nicht. Die Vertragsparteien betonen in Teil I gerade die Rechte, die in Teil II ausgestaltet werden sollen. In Teil I Nr. 6 ESC ist jedoch nur die Rede von einem Recht auf Kollektivverhandlungen. Dieser Begriff ist, wie oben beschrieben, insoweit neutral, als dass er nicht zwangsläufig auf arbeitsvertraglich regelbare Inhalte oder vertragliche Einigungen gerichtet sein muss. Aus der Tatsache, dass der englische Text durch *collective actions* in Art. 6 Nr. 4 ESC einen arbeitskampfrechtlichen Bezug nahelegt, kann demgemäß nichts anderes gefolgert werden.

Kollektivverhandlungen i. S. von Art. 6 Nr. 4 ESC sind daher alle nicht notwendigerweise auf einen durch Arbeits- oder Tarifvertrag regelbaren Inhalt bezogenen Gespräche zwischen den durch Art. 6 ESC geschützten Parteien[462]

---

458 *Kahn-Freund,* FS Ganshof van der Meersch, 131 (145).

459 *Bydlinski,* Methodenlehre, S. 465; *Zippelius,* Methodenlehre, S. 31 f.

460 *Larenz,* Methodenlehre, S. 267 f.

461 *Larenz,* Methodenlehre, S. 268.

462 Dazu sogleich S. 76 ff.

mit dem Ziel einer Einigung durch eine kollektivrechtliche Vereinbarung.[463]

3. Rechtsnatur der Kollektivvereinbarungen i. S. des Art. 6 ESC

Art. 6 Nr. 4 Halbs. 2 ESC stellt das Recht auf kollektive Maßnahmen unter den Vorbehalt bestehender „Gesamtarbeitsverträge“. Diese Übersetzung legt eine dem deutschen Verständnis ähnliche Wirkung einer Abmachung in dem Sinne nahe, dass ein „Arbeitsvertrag“ für die „gesamte“ Belegschaft gilt. Die gem. Art. 38 Abs. 3 ESC verbindlichen Texte verwenden die Begriffe *collective agreements* sowie *conventions collectives,* die grundsätzlich nur die Bedeutung einer von einem Kollektiv abgeschlossenen Vereinbarung haben.[464] Dies ist schlüssig, weil die Kollektivverhandlungen i. S. des Art. 6 Nr. 4 ESC wie dargelegt mit einer Einigung enden sollen. Über die Rechtsnatur dieser Vereinbarungen ist damit noch nichts ausgesagt. Denkbar ist, dass Kollektivvereinbarungen entweder keine Verbindlichkeit besitzen oder aber Rechte und Pflichten für die Parteien entfalten. Dies wiederum kann obligatorisch oder zumindest teilweise normativ ausgestaltet sein.

Es ist somit zu differenzieren. Dem englischen Rechtskreis ist bereits ein schuldrechtlicher Vertrag nach deutschen Verständnis i. S. der §§ 241 ff., 320 ff. BGB fremd. *Collective agreements* sind regelmäßig unverbindliche Abmachungen i. S. eines *gentlemen agreement,* das keinerlei Rechte und Pflichten begründet.[465] Ansprüche können aus diesen Vereinbarungen also nicht hergeleitet werden. Sie sind gerichtlich nicht durchsetzbar.[466] In Frankreich etwa haben Tarifverträge dagegen eine der deutschen Rechtslage ähnliche Wirkung, weil sie neben dem schuldrechtlichen einen normativen Bestandteil besitzen.[467] Allerdings findet sich kein Hinweis darauf, dass die Parteien gem. Art. 6 Nr. 4 ESC befugt sein sollen, ein *règlement* treffen zu dürfen, also Regelungen mit Normqualität zu setzen.[468] Vielmehr ist davon auszugehen, dass die verbindlichen Begriffe

---

[463] *Fabricius,* Streik, S. 32: „Sozialkontrakte“.

[464] Oxford English Dictionary (Vol. I), Stichwort „agreement“ (S. 266); Grand Robert (Tome 2), Stichwort „convention“ (S. 900).

[465] *Bittner,* Betriebsrentenrecht, S. 447 f.; *Gamillscheg,* Internationales Arbeitsrecht, Rn. 329, 332; *Kahn-Freund,* RdA 1952, 361 (363 f.); weitere Nachweise zum britischen Recht bei *Thüsing,* in: Wiedemann, § 1 TVG Rn. 38.

[466] *Gamillscheg,* Kollektives Arbeitsrecht I, S. 495; *Harth/Taggart,* in: Henssler/Braun, Großbritannien Rn. 103.

[467] *Bittner,* Betriebsrentenrecht, S. 447 f.; *Duquesne,* Droit du Travail, S. 72 ff.; *G. Krieger,* Tarifvertragsrecht, S. 165 ff., 169 ff.; *Thüsing,* in: Wiedemann, § 1 TVG Rn. 40.

[468] Grand Robert (Tome 8), Stichwort „règlement “ (S. 170). Diese Vokabel kann zwar auch „Tarifvertrag“ bedeuten, vgl. Langenscheidt, Handwörterbuch Französisch, Stich-

die gleiche Bedeutung haben sollen.[469] Wenn allerdings der englische Begriff eine gänzlich unverbindliche Abmachung meint und keine Anhaltspunkte ersichtlich sind, dass er in Art. 6 Nr. 4 ESC anders zu verstehen ist, muss der französische Ausdruck in der Norm ebenso verstanden werden. Es handelt sich bei *collective agreements* und *conventions collectives* folglich keinesfalls um Vereinbarungen mit normativer Wirkung. Es ist daher grundsätzlich vom englischen Verständnis auszugehen. Der Aufbau des Art. 6 ESC und insbesondere der Einleitungssatz deuten darauf hin. Dort werden die Kollektivverhandlungen als solche betont, so dass diese und nicht ein verbindliches Ergebnis im Vordergrund stehen. Somit spiegelt Art. 6 ESC das englische Verständnis wider. Das bedeutet, dass eine Kollektivvereinbarung i. S. des Art. 6 ESC keine normative Wirkung hat.

Aus dieser Erkenntnis folgt nicht zwangsläufig, dass einer solchen Vereinbarung überhaupt keine rechtliche Wirkung zukommt. Es ist zu berücksichtigen, dass aus der inhaltlichen Divergenz der englischen und französischen Begriffe lediglich abgeleitet werden kann, dass zumindest keine normative Wirkung in Betracht kommt. Der englische Wortlaut steht lediglich einer solchen entgegen, so dass eine schuldrechtliche Verbindlichkeit möglich ist. Der Wortlaut ist insoweit offen. Von einer Verpflichtung der Vertragsparteien, rechtlich verbindliche Verfahren zur Durchsetzung der Abreden zu schaffen, spricht Art. 6 Nr. 4 ESC nicht. Andererseits nennt Art. 6 Nr. 4 Halbs. 2 ESC *obligations* und *des obligations*.[470] Das Streikrecht ist danach nur vorbehaltlich geltender Kollektivvereinbarungen zulässig. Eine zuvor erzielte Einigung soll nicht in Frage gestellt werden. Daraus folgt, dass ablösende Einigungen nur durch solche kollektiven Vereinbarungen geschlossen werden dürfen, die den Rechtscharakter einer bestehenden Vereinbarung teilen. Aus Art. 6 Nr. 4 Halbs. 2 ESC folgt somit, dass verbindliche beziehungsweise zwingende *collective agreements* und *conventions collectives* bestehen können. Diese betreffen insbesondere die Friedenspflicht.[471] Es ist folglich möglich, zweiseitig verpflichtende Vereinbarungen zu treffen. Dass der Verhandlungsprozess dagegen zwangsläufig in einer solchen enden muss, ergibt sich aus Art. 6 Nr. 4 Halbs. 2 ESC nicht.

Es ist den Arbeitnehmern und Arbeitgebern überlassen, die Rechtswirkung ihrer Vereinbarungen auszugestalten. Weder aus dem Wortlaut noch der Sys-

---

worte „convention collective" (S. 176). Eine Aussage über die Rechtswirkung ist damit nicht getroffen.

469 Zu diesem Grundsatz der Auslegung völkerrechtlicher Verträge oben S. 27 ff.

470 Oxford English Dictionary (Vol. X), Stichwort „obligation" (S. 647); Langenscheidt, Handwörterbuch Englisch, Stichworte „obligation" (S. 386) und „Verpflichtung" (S. 1490); Grand Robert (Tome 6), Stichwort „obligation" (S. 856); Langenscheidt, Handwörterbuch Französisch, Stichworte „obligation" (S. 485) und „Verpflichtung" (S. 1481).

471 Dazu näher unten S. 250 ff.

tematik oder dem Zweck des Art. 6 Nr. 4 ESC folgt, dass es sich um rechtlich verbindliche oder alternativ rechtlich unverbindliche Vereinbarungen handeln muss. Der Zweck der Norm, die Kollektivverhandlungen zu gewährleisten, spricht dafür, dass beides möglich ist und dass die Entscheidung den Parteien überantwortet sein soll. Denn steht der Prozess als solcher im Vordergrund, kommt es nicht auf die Verbindlichkeit dessen Ergebnisses an.[472] Die Parteien unterliegen daher keinem numerus clausus. Jedoch ist die Möglichkeit nicht ausgeschlossen, dass sich die Parteien verpflichten, die zwischen ihnen zustande gekommene Abrede durchzusetzen. Dies ist letztlich für das Verhältnis des Arbeitgebers zu den Arbeitnehmern wesentlich. Die Durchsetzung kann durch eine Bezugnahme auf die Kollektivvereinbarung erfolgen oder durch eine individuelle Nachverhandlung mit dem Ziel, die Inhalte in den Arbeitsvertrag aufzunehmen.[473] Das Ob und Wie einer Umsetzung ist durch Art. 6 Nr. 4 ESC nicht vorgegeben, sondern steht allein im Belieben der Parteien.[474]

4. Recht auf kollektive Maßnahmen einschließlich des Streikrechts und dessen Bezug

Das Recht auf kollektive Maßnahmen in Art. 6 Nr. 4 ESC soll gemäß des Einleitungssatzes des Art. 6 Nr. 4 ESC die Ausübung des eben untersuchten Rechts auf Kollektivverhandlungen gewährleisten.[475] Daher handelt es sich um Maßnahmen, die den Adressaten die Ausübung ihres Rechts ermöglichen sollen. Die kollektiven Maßnahmen schließen expressis verbis das Streikrecht ein.[476] Welche Maßnahmen daneben existieren und gewährleistet sein sollen sowie auf welche Art und Weise sie ausgeübt und durchgesetzt werden können, lässt Art. 6 Nr. 4 ESC offen.[477]

a) Wortlaut

Allein der Wortlaut des englischen Textes hat einen unmittelbar arbeitskampfrechtlichen Bezug, denn *collective actions* bedeutet ebenso wie *strike of wor-*

472 Dazu soeben S. 63 ff.
473 Vgl. *Harth/Taggart,* in: Henssler/Braun, Großbritannien Rn. 104.
474 Zu den Parteien unten S. 76 ff.
475 *G. Müller,* DB 1984, 2692 (2692).
476 including, y compris.
477 Im Fokus steht hier das Streikrecht der Arbeitnehmer. Auf das Aussperrungsrecht der Arbeitgeber soll nicht eingegangen werden. Es ist nach dem Verständnis des Europäischen Ausschusses für Soziale Rechte, der Bundesregierung und der ganz h. M. in Deutschland von Art. 6 Nr. 4 ESC umfasst, vgl. lediglich die Denkschrift der Bundesregierung, BT-Drucks. 4/2117 v. 25.3.1964, S. 31; *Kissel,* Arbeitskampfrecht, § 20 Rn. 10 sowie *Mitscherlich,* Arbeitskampfrecht, S. 60 ff. m. w. N.; zur a. A. *Groß,* GMH 17 (1966), 434 (435).

kers[478] und *labour dispute*[479] *„Arbeitskampf"*. Im Französischen dagegen meint nur der Ausdruck *conflit social*[480] beziehungsweise der ebenfalls in Art. 6 Nr. 4 ESC genannte *grève*[481] den Arbeitskampf im engen Sinne. Der englische Text ist damit enger als der französische und der der amtlichen deutschen Übersetzung. Sowohl die englische als auch die französische Fassung sind gem. Art. 38 Nr. 3 ESC verbindlich. Der englische Text der *collective actions* meint kollektive Maßnahmen, hat aber den genannten Bezug zum Arbeitsverhältnis. Der französische Text ist dagegen insoweit neutral verfasst. Bemäße man dem französischen Text höhere Bedeutung bei, könnte man unter „kollektive Maßnahmen" auch sonstige, nicht unmittelbar auf das Arbeitsverhältnis bezogene Handlungen verstehen, wie zum Beispiel Demonstrationen. Es liegt allerdings auf der Hand, dass Art. 6 Nr. 4 ESC gerade durch die Nennung des Kampfmittels „Streik" hauptsächlich Arbeitskampfmaßnahmen im engeren Sinne meint, das heißt solche, wie sie im deutschen Recht verstanden werden.[482] Dass daneben weitere Maßnahmen bestehen können, ist dadurch jedoch nicht ausgeschlossen. Vielmehr ergibt sich dieses unmittelbar aus dem Wortlaut. Art. 6 Nr. 4 ESC sieht den Begriff der kollektiven Maßnahmen als Oberbegriff zum Streik an.[483] Daraus folgt, dass neben dem Streik noch weitere Maßnahmen möglich sein müssen, da kollektive Maßnahmen kein Synonym für Streik i. S. von Art. 6 Nr. 4 ESC bedeutet.[484] Der französische Text weicht also nicht von der Bedeutung des englischen ab. Beide Wortlaute gehen somit von kollektiven Maßnahmen aus, die im Zusammenhang mit der Rechtsbeziehung zwischen Arbeitnehmern und Arbeitgebern i. S. des Art. 6 ESC stehen.[485]

b) Systematik

Das Ergebnis der Wortlautauslegung wird durch die Systematik des Art. 6 Nr. 4 ESC zu dessen Einleitungssatz belegt. Der Begriff der kollektiven Maßnahmen steht im Zusammenhang mit dem der Kollektivverhandlungen. Diese müssen wie dargelegt stets Bezug zum Arbeitsverhältnis haben, damit sie in den Schutzbereich des Art. 6 ESC fallen. Kollektive Maßnahmen wiederum sollen

---

478 Oxford English Dictionary (Vol. XVI), Stichwort „strike" (S. 906); Langenscheidt, Handwörterbuch Englisch, Stichwort „strike" (S. 550).

479 Langenscheidt, Handwörterbuch Englisch, Stichworte „labour dispute" (S. 322) und „Arbeitskampf" (S. 710).

480 Langenscheidt, Handwörterbuch Französisch, Stichwort „Arbeitskampf" (S. 836).

481 Grand Robert (Tome 4), Stichwort „grève" (S. 1049); Langenscheidt, Handwörterbuch Französisch, Stichwort „grève" (S. 351).

482 *Isele,* Sozialcharta, S. 14; *Mitscherlich,* Arbeitskampfrecht, S. 62.

483 *Świątkowski,* Charter of Social Rights, S. 226.

484 *Sproedt,* Koalitionsfreiheit und Streikrecht, S. 71 f.; zu eng daher *Cottier,* Bestimmungen, S. 149.

485 *Kahn-Freund,* FS Ganshof van der Meersch, 131 (152).

die Ausübung des Rechts auf Kollektivverhandlungen gewährleisten. Folglich können kollektive Maßnahmen gem. Art. 6 Nr. 4 ESC nur solche sein, die dazu bestimmt sind, im Falle eines Interessenkonflikts zwischen den genannten Parteien im Rahmen von Kollektivverhandlungen durch Druck eine Einigung herbeizuführen.

c) Zweck

Etwas anderes ergibt auch die teleologische Auslegung nicht. Es ist Fiktion, den Vertragsstaaten entgegen der Entstehungsgeschichte zu unterstellen, sie hätten alle irgendwie kollektiv durchführbaren Handlungen gewährleisten wollen.[486] Durch die Europäische Sozialcharta soll ausweislich ihrer Präambel wirtschaftlicher und sozialer Fortschritt ermöglicht werden. Die Vertragsparteien beabsichtigten, weitergehende Rechte zu schaffen und nicht auf dem status quo zu verharren. Die Wahrung und Fortentwicklung der bürgerlichen und politischen Menschenrechte und Grundfreiheiten war allerdings bereits als Ziel der Europäischen Menschenrechtskonvention in deren Präambel herausgestellt. Die Europäische Sozialcharta sollte also von vornherein deren soziale und wirtschaftliche Rechte gewährendes Pendant sein und die Menschenrechtskonvention somit lediglich ergänzen, aber nicht erweitern oder sonst modifizieren. Beide sind im Verhältnis zueinander mithin grundsätzlich abschließend.[487] Das spricht ebenfalls dafür, dass es sich bei Kollektivvereinbarungen i. S. des Art. 6 ESC um solche mit arbeitsrechtlichem Inhalt handelt und das Streikrecht deren Verwirklichung dient.

d) Vertragsrechtsvergleich

Eine bedeutsame Ausnahme von diesem grundsätzlich abschließenden Verhältnis ist jedoch die Koalitionsfreiheit gem. Art. 11 Abs. 1 Halbs. 2 EMRK.[488] Dort ist wegen der inhaltlichen Nähe neben der allgemeinen Versammlungs- und Vereinigungsfreiheit das Recht enthalten, Gewerkschaften zu gründen und ihnen beizutreten. Art. 11 Abs. 1 Halbs. 2 EMRK gewährleistet dadurch ähnlich wie Art. 9 Abs. 3 S. 1 GG[489] die Betätigungsfreiheit der Gewerkschaften.[490] Anderenfalls wäre dieses Recht nur eine inhaltsleere Hülse. Der Staat muss sicherstellen, dass die Gewerkschaften tatsächlich handeln können, um die beruflichen Interessen ihrer Mitglieder durch „kollektive Maßnahmen" zu verwirk-

486 Vgl. *Bernhardt,* Auslegung, S. 68.
487 Dazu und zu den Ausnahmen oben S. 38 ff.
488 *Kitz,* in: Mosler/Bernhardt, Koalitionsfreiheit, S. 1073 (1074).
489 Dazu unten S. 221 ff., 280 ff.
490 EGMR v. 27.10.1975, Appl. 4464/70 Rn. 39, 45 (*National Union of Belgian Police*); *Meyer-Ladewig,* Art. 11 EMRK Rn. 18 ff.

lichen.[491] Dass hierzu neben weiteren wie etwa dem Recht auf Konsultation unter anderem das Streikrecht zählt, wurde vom Europäischen Gerichtshof für Menschenrechte allerdings nicht aus Art. 11 Abs. 1 Halbs. 2 EMRK unmittelbar, sondern aus einer systematischen Gesamtschau aus Art. 6 Nr. 4 ESC und Art. 3 und 5 ILO-Übereinkommen Nr. 87 abgeleitet.[492] Bei der Verwirklichung und Ausgestaltung dieser gewerkschaftlichen Rechte ließ der Gerichtshof den Vertragsstaaten einen weiten Ermessensspielraum.[493]

Diese Rechtsprechung hat der Gerichtshof im Jahr 2008 ausdrücklich geändert.[494] Er begründet dies mit den Entwicklungen des internationalen und nationalen Arbeitsrechts sowie der Praxis in den Vertragsstaaten.[495] Danach ist nunmehr das Recht auf Kollektivverhandlungen einschließlich des Rechts auf Abschluss eines Kollektivvertrages unmittelbar durch Art. 11 Abs. 1 Halbs. 2 EMRK gewährleistet.[496] Darauf aufbauend hat der Europäische Gerichtshof für Menschenrechte wenig später im Jahr 2009 entschieden, dass Art. 11 Abs. 1 Halbs. 2 EMRK darüber hinaus das Streikrecht beinhaltet.[497] Die Europäische Menschenrechtskonvention gewährleistet mithin die Rechte auf Kollektivverhandlungen und auf kollektive Maßnahmen. Zwischen Art. 6 Nr. 4 ESC und Art. 11 Abs. 1 Halbs. 2 EMRK bestehen also gewisse Schnittmengen.[498]

Die Verankerung des Rechts auf „kollektive Maßnahmen" in der EMRK hat aber nicht zur Folge, dass politische und nicht berufsbezogene „kollektive Maßnahmen" nunmehr ohne weiteres zulässig sind.[499] Der Europäische Gerichtshof für Menschenrechte betont im Gegenteil ausdrücklich, dass trotz der Rechtsprechungsänderung lediglich Maßnahmen geschützt sind, die es der Gewerkschaft ermöglichen, für die beruflichen Interessen ihrer Mitglieder zu kämpfen bezie-

---

491 EGMR v. 27.10.1975, Appl. 4464/70 Rn. 39, 45 (*National Union of Belgian Police*).

492 EGMR v. 6.2.1976, Appl. 5589/72 Rn. 36 (*Schmidt and Dahlström*); v. 27.5.2007, Appl. 11002/05 Rn. 39 (*Associated Society of Locomotive Engineers & Firemen*); v. 12.11.2008, Appl. 34503/97 Rn. 42 ff., 49 (*Demir and Baykara*); *Franzen,* EuZA 2010, 453 (455); *Meyer-Ladewig,* Art. 11 EMRK Rn. 18, 22; *Schubert,* AöR 137 (2012), 92 (99 ff.).

493 EGMR v. 6.2.1976, Appl. 5589/72 Rn. 36 (*Schmidt and Dahlström*); v. 27.10.1975, Appl. 4464/70 Rn. 38 f. (*National Union of Belgian Police*); dazu *Matscher,* FS Mosler, 545 (556, 558).

494 *Schubert,* AöR 137 (2012), 92 (98); ausführlich zur Rechtsprechungsentwicklung *Fütterer,* EuZA 2011, 505 (511 ff.); *Schlachter,* NZA 2011, 341 (343 ff.); *Seifert,* KritVj 2009, 357 (357 ff.); *Weiß,* EuZA 2010, 457 (457 ff.).

495 EGMR v. 12.11.2008, Appl. 34503/97 Rn. 154 (*Demir and Baykara*); *Seifert,* KritVj 2009, 357 (362).

496 EGMR v. 12.11.2008, Appl. 34503/97 Rn. 153 f. (*Demir and Baykara*).

497 EGMR v. 21.4.2009, Appl. 68959/01 Rn. 32 (*Enerji Yapi-Yol Sen*); *Lörcher,* AuR 2009, 229 (236); *Schubert,* AöR 137 (2012), 92 (98 f.). Der EGMR hat dies speziell für den Beamtenstreik entschieden, vgl. dazu S. 78 ff.

498 *Seifert,* KritVj 2009, 357 (369).

499 *Seifert,* KritVj 2009, 357 (370); zu politischen Streiks unten S. 114 ff.

hungsweise diese Interessen zu verteidigen.[500] Aussagen zum konkreten Gegenstand des Art. 11 Abs. 1 Halbs. 2 EMRK wurden in jedem Urteil freilich nur für den jeweiligen Einzelfall getroffen.[501] Der Gerichtshof weist deshalb darauf hin, dass die Liste der in der bisherigen Rechtsprechung genannten Maßnahmen nicht abschließend ist. Er hat bei der Auslegung von Art. 11 Abs. 1 Halbs. 2 EMRK jedoch stets Art. 6 ESC-R herangezogen.[502] Sollte der Europäische Gerichtshof für Menschenrechte sich zukünftig erneut zu Art. 11 Abs. 1 Halbs. 2 EMRK äußern und ihn fortentwickeln müssen, wird er daher mit hoher Wahrscheinlichkeit auf Art. 6 ESC-R zurückgreifen.[503] Konsequenterweise wird er bei der Auslegung die Ergebnisse aus Rechtsprechung und Literatur der Mitgliedsstaaten beachten. Art. 11 Abs. 1 Halbs. 2 EMRK gewährleistet also keine politischen oder über Art. 6 Nr. 4 ESC hinausgehenden „kollektive Maßnahmen". Trotz der Wechselwirkung zwischen beiden völkerrechtlichen Verträgen lassen sich daraus keine weitergehenden Erkenntnisse ableiten.

Dass die Europäische Sozialcharta wirtschaftliche und soziale Rechte zum Gegenstand hat, muss auch insoweit als Prämisse bei der Auslegung jedes Artikels berücksichtigt werden. Daraus folgt ebenfalls, dass Art. 6 Nr. 4 ESC nur solche „kollektiven Maßnahmen" meint, die zur Durchsetzung wirtschaftlicher und sozialer Ziele notwendig sind.[504] Daher und wegen des Sachzusammenhangs des Art. 6 Nr. 4 ESC im Teil II der Europäischen Sozialcharta, welcher überwiegend arbeitsrechtliche Bezüge aufweist, müssen „kollektive Maßnahmen" i. S. des Art. 6 Nr. 4 ESC ebenso wie „Kollektivverhandlungen" i. S. des Art. 6 Einleitungssatz ESC einen spezifischen Bezug zum Verhältnis zwischen Arbeitnehmern und Arbeitgebern haben.[505]

e) Ergebnis

Die kollektiven Maßnahmen i. S. von Art. 6 Nr. 4 ESC können nicht isoliert betrachtet werden. Aus der Systematik und dem Zweck der Norm folgt jedenfalls, dass sowohl die Kollektivverhandlungen als auch die zur Sicherstellung ihrer Ausübung durchgeführten kollektiven Maßnahmen einen beruflichen Bezug ha-

---

[500] EGMR v. 21.4.2009, Appl. 68959/01 Rn. 24 (*Enerji Yapi-Yol Sen*): „constitue un aspect important pour les membres d'un syndicat dans la protection de leurs intérêt".

[501] Der EGMR selbst gibt im Urteil v. 12.11.2008, Appl. 34503/97 Rn. 140 ff. (*Demir and Baykara*) eine Zusammenfassung seiner bisherigen Rechtsprechung.

[502] Der EGMR zitiert im Urteil den im Vergleich zu Art. 6 ESC wortgleichen Art. 6 ESC-R, da dies die aktuelle, revidierte Fassung der Europäischen Sozialcharta ist (dazu oben S. 13 f.). Zur Begründung muss er indes auf Art. 6 ESC verweisen, da die Rechtsprechung zur früheren Fassung entwickelt wurde, vgl. *Lörcher,* AuR 2009, 229 (233 mit Fn. 39).

[503] *Franzen,* EuZA 2010, 453 (455 f.).

[504] Zur Frage, mit welchen Mitteln diese Ziele verfolgt werden dürfen unten S. 113 ff.

[505] Zu sozialpolitischen Streiks unten S. 114 ff.

ben müssen. Kollektive Maßnahmen einschließlich des Streikrechts i. S. des Art. 6 Nr. 4 ESC sind also alle Handlungen, die von Arbeitnehmern und Arbeitgebern i. S. des Art. 6 ESC im Falle eines Interessenkonflikts während Kollektivverhandlungen ergriffen oder durchgeführt werden, um Druck auf die Gegenseite auszuüben und sie so zu Verhandlungen über Kollektivvereinbarungen zu bewegen.[506]

Der Begriff der Kollektivverhandlungen ist weit zu verstehen. Kollektive Maßnahmen dienen zur Durchsetzung dieser Verhandlungen bei Interessenkonflikten. Der Begriff ist daher nicht mit dem der zulässigen Arbeitskampfmaßnahme im deutschen Recht gleichzusetzen, deren Ziel stets der Abschluss eines Tarifvertrages sein muss.[507]

III. Parteien

1. Arbeitnehmerbegriff des Art. 6 Nr. 4 ESC

Eine Legaldefinition des Arbeitnehmerbegriffs enthält die Europäische Sozialcharta nicht. Dem persönlichen Geltungsbereich der Art. 1 bis 17 ESC ist im Anhang der Europäischen Sozialcharta zwar ein eigener Absatz gewidmet, allerdings sind nur Regelungen zur Anwendbarkeit der genannten Artikel auf Ausländer und Flüchtlinge getroffen. Der Anhang zu Art. 6 Nr. 4 ESC gibt ebenfalls keinen Aufschluss darüber, wie die Begriffe zu verstehen sind. Es wird lediglich klargestellt, dass jeder Vertragsstaat die Ausübung des Streikrechts durch Gesetz regeln kann. Eine Befugnis, die Träger des Rechts autonom zu bestimmen, geht daraus nicht hervor. Der Inhalt der Europäischen Sozialcharta ist durch deren Auslegung zu bestimmen. Der dort verwendete Arbeitnehmerbegriff muss deswegen nicht notwendigerweise deckungsgleich mit dem deutschen Verständnis sein, wonach Arbeitnehmer grundsätzlich nur eine aufgrund eines privatrechtlichen Vertrages im Dienste eines anderen zur Arbeit verpflichtete Person ist.[508]

Der Wortlaut des Art. 6 Nr. 4 ESC ist offen, denn er enthält keine Beschränkung auf bestimmte Berufe oder bestimmte Arbeitsverhältnisse. Erfasst sind somit alle „Arbeitnehmer“, ohne dass dadurch der Inhalt des Begriffs festgelegt ist. Neben Art. 6 Nr. 4 ESC bestehen weitere Rechte, die den Begriff verwenden. Diese dienen ausweislich der in Teil I ESC aufgeführten Grundsätze

---

506 Etwa den Arbeitgeber zur Einhaltung der Gesundheitsstandards, vgl. conclusions II, S. 28; conclusions XVI-2, vol. 2 S. 740 (Slowakei); *Świątkowski,* Charter of Social Rights, S. 228.

507 Vgl. dazu *Lörcher,* AuR 2009, 229 (237, Fn. 78) sowie ausführlich unten S. 211 ff.

508 Ausführlich *Richardi,* MünchArbR, § 16 ff., insbes. § 16 Rn. 12 ff.

zumeist dem tatsächlichen,[509] wirtschaftlichen[510] und rechtlichen[511] Schutz der Arbeitnehmer. Dieser Schutzgedanke ist somit gleichzeitig ihr grundlegender Zweck. Ihm ist daher bei der Auslegung der Europäischen Sozialcharta besonderes Gewicht beizumessen.

a) Arbeitnehmer i. e. S.

Unter den Begriff des Arbeitnehmers i. e. S. ist jedenfalls derjenige zu subsumieren, der aufgrund eines privatrechtlichen Vertrages im Dienste eines anderen fremdbestimmt Arbeit zu leisten hat. Dies ist die in Europa und ebenso im internationalen Arbeitsvölkerrecht[512] verbreitete, teils kodifizierte,[513] aber meist durch Literatur und Rechtsprechung[514] entwickelte Definition.[515] Sie stimmt zudem im Wesentlichen mit der der International Labour Organization[516] und der des statistischen Amts der Europäischen Union (Eurostat) überein.[517] Die Definition ist vom Europäischen Gerichtshof für das Recht der Europäischen Union übernommen worden und entspricht somit der gemeinsamen Überlieferung der Vertragsstaaten.[518] Sie kann demgemäß zur Auslegung des Arbeitnehmerbegriffs der Europäischen Sozialcharta herangezogen werden. Das schließt jedoch nicht aus, dass unter den Begriff andere Formen der Erwerbstätigkeit zu subsumieren sind. Der abhängig Beschäftigte ist jedenfalls Arbeitnehmer i. S. des Art. 6 Nr. 4 ESC. Die Auslegung des Begriffs hat sich folglich an dieser Definition zu orientieren, da sie den Prototypen des Arbeitnehmerbegriffs der Europäischen Sozialcharta darstellt.

---

509 Exemplarisch Art. 3, 8, 11 ESC sowie die sogleich in Fn. 510 und 511 genannten Artikel.

510 Art. 1, 4, 12, 13, 14, 16, 17 ESC.

511 Art. 2, 9, 15, 18, 19 ESC.

512 Dazu *Schubert,* Arbeitnehmerähnliche Personen, S. 177.

513 Z. B. Belgien: Art. 2 GAV (Arbeiter), Art. 3 GAV (Angestellte), vgl. *Matray/Hübinger,* in: Henssler/Braun, Arbeitsrecht in Europa, Belgien Rn. 2. Großbritannien: § 8 Wages Act 1968, vgl. *Selwyn,* Law of employment, S. 45 f.; *Harth/Taggart,* in: Henssler/Braun, Arbeitsrecht in Europa, Großbritannien Rn. 7 f. Italien: Art. 2094 sowie 2222 Codice civile, vgl. *Radoccia,* in: Henssler/Braun, Arbeitsrecht in Europa, Italien Rn. 27 ff. Norwegen: § 1-8 Abs. 1 Arbeidsmiljøloven, vgl. *Aune/Mo,* in: Henssler/Braun, Arbeitsrecht in Europa, Norwegen Rn. 12 f.

514 Z. B. Irland: *Erken,* in: Henssler/Braun, Arbeitsrecht in Europa, Irland Rn. 16. Österreich: *Floretta/Spielbüchler/Strasser,* Individualarbeitsrecht, S. 49; Schweden: *F. Schmidt,* Sweden, S. 58.

515 Umfangreiche Nachweise finden sich bei *Pottschmidt,* Arbeitnehmerähnliche Personen, S. 61 f.

516 Vgl. *E. Schneider,* Vereinbarkeit, S. 99 f.

517 Eurostat: Europäisches System Volkswirtschaftlicher Gesamtrechnungen - ESVG 1995; http://circa.europa.eu/irc/dsis/nfaccount/info/data/esa95/de/esa00496.htm.

518 EuGH v. 31.5.1989, C-344/87 Rn. 11 f. (*Bettray*) m. w. N.

b) Arbeiter und Angestellte

Arbeiter leisten überwiegend körperliche Arbeit, wohingegen Angestellte überwiegend intellektuell tätig sind.[519] Zum einen differenziert die Europäische Sozialcharta nicht hinsichtlich der Art der Tätigkeit, das heißt danach, ob die Arbeit in intellektueller und manueller Weise erbracht wird, denn der Wortlaut ist offen und enthält keine Beschränkungen zugunsten bestimmter Berufe.[520] Zum anderen ist die Unterscheidung in vielen europäischen Rechtsordnungen ebenfalls obsolet geworden. Allerdings kennen etwa Belgien, Dänemark, Italien und Frankreich die Unterscheidung und knüpfen an den jeweiligen Status unterschiedliche Rechte.[521] Die gemeinsame Überlieferung ist also nicht eindeutig, da unter anderem Frankreich, dessen Vertragssprache verbindlich ist, die Unterscheidung kennt. Der französische Text der Europäischen Sozialcharta kennt indes keine Unterscheidung. Sie verwendet zur Bezeichnung des Arbeitnehmers durchweg den Begriff „travailleur" und nicht „ouvriers".[522] Gleiches gilt für den englischen Text, der einheitlich den Begriff „worker" verwendet. Der Wortlaut des Art. 6 Nr. 4 ESC erfasst daher sowohl den Arbeiter als auch den Angestellten.

Darüber hinaus findet sich in Abs. 3 der Präambel der Europäischen Sozialcharta ein Hinweis auf Diskriminierungsverbote. Dort ist zwar die Diskriminierung aus Gründen der ausgeübten Tätigkeit nicht aufgezählt, es liegt jedoch nahe, dass sie als Pendant zur Europäischen Menschenrechtskonvention ebenfalls auf die Beseitigung von Ungleichheiten hinwirken will. Da der Europäische Gerichtshof für Menschenrechte in seiner neueren Rechtsprechung die Europäische Sozialcharta bei der Auslegung der Europäischen Menschenrechtskonvention heranzieht, können die Wertungen umgekehrt ebenso beachtet werden. Art. 14 EMRK enthält ein Diskriminierungsverbot. Dass die Aufzählung der genannten Diskriminierungen nicht abschließend ist, kommt durch das Wort „insbesondere" deutlich zum Ausdruck. In Verbindung mit dem bereits zum Arbeitnehmerbegriff der Europäischen Sozialcharta Gesagten folgt daraus, dass eine über die bloße Terminologie hinausgehende Ungleichbehandlung von Angestellten und Arbeitern nicht gewollt ist. Im Rahmen einer dynamischen und sozialen Fortschritt ermöglichenden Auslegung ist von einem weiten Verständnis des Arbeitnehmerbegriffs auszugehen. Ein Grund oder gar eine Rechtfertigung für eine Differenzierung zwischen Arbeitern und Angestellten ist nicht ersichtlich.

---

519 BVerfG v. 16.11.1982, E 62, 256 (276); v. 30.5.1990, E 82, 126 (148); *Preis,* in: ErfK, § 611 BGB Rn. 104; umfassend *Wank,* Unterscheidung, S. 1 ff.

520 So die übliche Abgrenzung, vgl. *Preis,* in: ErfK, §611 BGB Rn. 104.

521 Zusammenfassend *Wank,* Unterscheidung, S. 57 ff.

522 *Wank,* Unterscheidung, S. 60.

Dieses Ergebnis bestätigt das Recht der Europäischen Union, das zwar keinen einheitlichen Arbeitnehmerbegriff kennt,[523] ihn jedoch zumindest in Art. 45 AEUV (ex Art. 39 EGV) i. V. mit Verordnung (EWG) 1612/68[524] offen definiert.[525] Danach „ist als Arbeitnehmer anzusehen, wer während einer bestimmten Zeit für einen anderen nach dessen Weisung Leistungen erbringt, für die er als Gegenleistung eine Vergütung erhält".[526] Das trifft sowohl für Arbeiter als auch für Angestellte zu. Da der Europäische Gerichtshof bei der Rechtsfindung – abgeleitet aus Art. 340 Abs. 2 AEUV (ex Art. 288 EGV)[527] – auf die gemeinsame Verfassungstradition und die allgemeinen Rechtsgrundsätze der Mitgliedsstaaten abstellt,[528] ist dessen Definition ein starkes Indiz für das allgemeine Verständnis des Arbeitnehmerbegriffs. Dies gilt nunmehr umso stärker, als dass Art. 151 Abs. 1 AEUV (ex Art. 136 EGV) explizit Bezug auf die Europäische Sozialcharta nimmt. Danach kann die Europäische Sozialcharta zur Auslegung des Unionsrechts herangezogen werden.[529] Dies muss aufgrund dieser Wechselwirkung umgekehrt in gleicher Weise gelten.[530] Eine Unterscheidung des Europarechts zwischen Arbeitern und Angestellten ist demgemäß nicht ersichtlich. Sie sind Arbeitnehmer i. S. des Art. 6 Nr. 4 ESC.

c) Selbstständige

Nach Wortlaut und Zweck der Norm ausgenommen sind echte Selbstständige. Einen Anhaltspunkt, dass „self-employed persons"[531] beziehungsweise „travailleurs indépendantes"[532] erfasst sein sollen, gibt es nicht. Die Selbstständigkeit ist grundsätzlich in allen genannten Rechtsordnungen gerade das entscheidende Abgrenzungsmerkmal zum in persönlicher Abhängigkeit zum Arbeitge-

---

523 EuGH v. 12.5.1998, C-85/96 Rn. 31 (*Martínez Sala*).

524 Verordnung 1612/68/EWG des Rates v. 15.10.1968 über die Freizügigkeit der Arbeitnehmer innerhalb der Gemeinschaft, ABl. L 257 v. 19.10.1968, S. 2 ff.

525 EuGH v. 12.5.1998, C-85/96 Rn. 32 (*Martínez Sala*); v. 23.3.2004, C-138/02 Rn. 26 (*Collins*).

526 EuGH v. 12.5.1998, C-85/96 Rn. 32 (*Martínez Sala*).

527 *Kotzur,* in: Geiger/Khan/Kotzur, Art. 340 AEUV Rn. 1, 5.

528 St. Rspr. seit EuGH v. 14.5.1974, C-4/73 (*Nold*); v. 3.9.2008, verb. C-402/05 P und C-415/05 P Rn. 283, 335 (*Kadi und Al Barakaat*) m. w. N. zur Rspr. des EuGH; zuletzt auch EuGöD v. 1.7.2010, F-45/07 Rn. 116; kritisch zur Rechtsfindung durch den EuGH *Jahn,* NJW 2008, 1788 (1788 f.: „Methodenwillkür"); *Rüthers/Fischer/A. Birk,* Rechtstheorie, Rn. 648a.

529 Vgl. *Riesenhuber,* Europäisches Arbeitsrecht, § 4 Rn. 8 sowie oben S. 40 ff.

530 Ausführlich zur Bedeutung des Rechts der Europäischen Union für die Europäische Sozialcharta *Kohte/Doll,* ZESAR 2003, 393 (397 f.) sowie oben S. 40 f.

531 Langenscheidt, Handwörterbuch Englisch, Stichworte „selfemployed" (S. 502) und „selbstständig/Selbstständige" (S. 1339).

532 Langenscheidt, Handwörterbuch Französisch, Stichworte „travailleur indépendant" (S. 711) und „Selbstständige(r)" (S. 1360).

ber stehenden Arbeitnehmer im dargestellten Sinne.[533] Die scharfe Abgrenzung zwischen Arbeitnehmer und Selbstständigem ist notwendig, weil die Eigenschaft als Arbeitnehmer oder das Vorliegen eines Arbeitsverhältnisses Anwendungsvoraussetzungen bestimmter Vorschriften sind. Die Abgrenzung hat aus diesem Grund Konsequenzen im Arbeitnehmerschutz-, Sozialversicherungs- und Steuerrecht.[534] Dies ist ebenfalls eine Gemeinsamkeit in den Rechtsordnungen der Vertragsstaaten und zeigt, dass Arbeitnehmer und Selbstständige nicht vergleichbar sind.

Ein Selbstständiger hat darüber hinaus keinen Gegenspieler, mit dem er berufsbezogene Kollektivverhandlungen führen könnte. Gleichfalls fehlen Mitstreiter, die gemeinsam kollektive Maßnahmen durchführen könnten. Der Selbstständige ist somit eher mit dem Arbeitgeber vergleichbar. Daran ändert nicht, dass die Europäische Sozialcharta in einigen Artikeln nicht an die Arbeitnehmereigenschaft als solche anknüpft, sondern beispielsweise in Art. 3 ESC allen Erwerbstätigen das Recht auf sichere und gesunde Arbeitsbedingungen gewährleistet, sofern die Person in vergleichbarer Weise den Gesundheitsgefahren ausgesetzt ist.[535] In Art. 7 ESC ist der Schutz von Kindern und Jugendlichen sowie in Art. 8 ESC der Schutz der Mutter genannt. Diese Personen sind unabhängig von ihrem Status, das heißt unabhängig von der Art der Erwerbstätigkeit, in erhöhtem Maße schutzbedürftig.[536] Ein verallgemeinerungsfähiger Gedanke, Arbeitnehmer mit Selbstständigen generell gleichzustellen und daher unter den Arbeitnehmerbegriff der Europäischen Sozialcharta zu subsumieren, lässt sich aus diesen speziellen Vorschriften nicht gewinnen.[537] Jedenfalls Art. 6 Nr. 4 ESC bezweckt daher keinen Schutz der Selbstständigen, so dass sie keine Arbeitnehmer i. S. des Art. 6 Nr. 4 ESC sind.

d) Leitende Angestellte

Leitende Angestellte sind Arbeitnehmer, die in unterschiedlichem Maße Leitungs- und Entscheidungsbefugnisse haben.[538] Insofern stehen sie dem Arbeitgeber zwar nahe, dennoch sind sie im Gegensatz zum Selbstständigen letztlich von ihrem Arbeitgeber weisungsabhängig. Ihre besonderen Befugnisse beruhen auf besonderen arbeitsvertraglichen Vereinbarungen oder gesetzlichen Vorga-

533 Vgl. die Nachweise oben in Fn. 513 und 514.

534 Zur deutschen Rechtslage *Preis,* in: ErfK, § 611 BGB Rn. 100 ff.

535 Dazu *Kohte,* FS R. Birk, 417 (418 f).

536 *Schubert,* Arbeitnehmerähnliche Personen, S. 177.

537 In diesem Sinne bereits conclusions I, S. 8. Der Europäische Ausschuss für Soziale Rechte geht darin davon aus, dass sich grundsätzlich auch Selbstständige auf die Gewährleistungen berufen können, es sei denn, diese seien ausschließlich auf Arbeitnehmer anwendbar.

538 BAG v. 16.4.2002, AP Nr. 69 zu § 5 BetrVG 1972, III. der Gründe (Bl. 2R f.); *Koch,* in: ErfK, § 5 BetrVG Rn. 17.

ben.[539] Sie stellen lediglich eine besondere Gruppe von Arbeitnehmern dar.[540] Sie stehen ihrem Arbeitgeber in gleicher Weise wie ein Arbeitnehmer weisungsabhängig gegenüber und finden in ihm ihren sozialen Gegenspieler. Anhand der oben dargestellten Grundsätze ergibt sich, dass leitende Angestellte Arbeitnehmer i. S. des Art. 6 Nr. 4 ESC sind.

e) Arbeitnehmerähnliche Personen

Die rechtliche Behandlung arbeitnehmerähnlicher Personen bereitet nicht nur in Deutschland Schwierigkeiten. Bei arbeitnehmerähnlichen Personen handelt es sich nach dem Verständnis nahezu aller europäischen Staaten ganz allgemein um solche, die weder wirkliche Arbeitnehmer noch wirkliche Selbstständige sind.[541] Dass man dieses Phänomen kennt, bedeutet indes keinesfalls, dass alle Mitgliedsstaaten der Europäischen Union beziehungsweise des Europarates die arbeitnehmerähnlichen Personen einheitlich in der einen oder anderen Weise wie einen Arbeitnehmer oder einen Selbstständigen behandeln. Das europäische Recht im weitesten Sinne differenziert lediglich zwischen Arbeitnehmern und Selbstständigen.[542]

Mangels Arbeitsvertrages und fester Eingliederung in eine betriebliche Organisation fehlt es arbeitnehmerähnlichen Personen an der rechtlichen, das heißt an der persönlichen Abhängigkeit vom Arbeitgeber.[543] Sie können Zeit und Ort ihrer Leistungserbringung im Wesentlichen frei bestimmen, sind aber im Gegensatz zum Selbstständigen wirtschaftlich zumeist von nur einem Vertragspartner abhängig.[544] Wegen der nur wirtschaftlichen Abhängigkeit ist der Vertragspartner nicht zu Weisungen befugt. Hingegen sind die arbeitnehmerähnlichen Personen gerade deshalb ähnlich wie Arbeitnehmer sozial schutzbedürftig, weil sie faktisch abhängig sind. Daraus begründet sich die Zwischenstellung arbeitnehmerähnlicher Personen zwischen Arbeitnehmern und Selbstständigen.[545]

Ausdrücklich anerkennt die Europäische Sozialcharta die arbeitnehmerähnlichen Personen nicht.[546] Allerdings erwähnt der Europäische Ausschuss für So-

---

539 *Harth/Taggart,* in: Henssler/Braun, Arbeitsrecht in Europa, Großbritannien Rn. 7 f.

540 Vgl. für Frankreich *Welter/Caron,* in: Henssler/Braun, Arbeitsrecht in Europa, Frankreich Rn. 18 ff.

541 *Däubler,* ZIAS 2000, 326 (328); *Pottschmidt,* Arbeitnehmerähnliche Personen, S. 61 ff. m. z. N.; vgl. exemplarisch für Österreich *Wachter,* ZIAS 2000, 250 (250 ff.) und für Portugal *Abrantes,* ZIAS 2000, 266 (266 ff.).

542 *Pottschmidt,* Arbeitnehmerähnliche Personen, S. 54; *Schubert,* Arbeitnehmerähnliche Personen, S. 177 f.

543 *Däubler,* ZIAS 2000, 326 (326).

544 *Hromadka/Maschmann,* Arbeitsrecht 2, § 3 Rn. 33 ff.; *Pottschmidt,* Arbeitnehmerähnliche Personen, S. 62 f.; *Preis,* in: ErfK, § 611 BGB Rn. 110.

545 *Schubert,* Arbeitnehmerähnliche Personen, S. 23.

546 Vgl. *Schubert,* Arbeitnehmerähnliche Personen, S. 177.

ziale Rechte die Heimarbeiter[547] in Zusammenhang mit Art. 8 Abs. 3 ESC.[548] Heimarbeiter sind regelmäßig, aber nicht immer arbeitnehmerähnliche Personen.[549] Unabhängig von der Bindungswirkung der *conclusions* und *recommendations* für die verbindliche Auslegung der Europäischen Sozialcharta[550] gehen das Ministerkomitee und der Europäische Ausschuss für Soziale Rechte somit davon aus, dass andere als „klassische" Arbeitnehmer grundsätzlich durch die Europäische Sozialcharta geschützt sein können.[551] Der Wortlaut schränkt den Begriff des Arbeitnehmers nicht ein, so dass eine weite Auslegung zulässig ist. Da die Europäische Sozialcharta zu einem großen Teil Arbeitnehmerschutzrecht enthält, kann nicht nur an dieser Stelle der Ansatz *Reineckes* herangezogen werden. Danach muss bei der Definition eines Arbeitnehmerbegriffs der Zweck im Vordergrund stehen, „Schutzbedürftige durch die Anwendung von Arbeits- und Sozialrecht zu schützen, nicht Schutzbedürftige aus dem Anwendungsbereich herauszuhalten."[552] Dadurch verlagert sich die Frage nach der Definition des Arbeitnehmerbegriffs auf die Frage nach der jeweiligen Schutzbedürftigkeit eines Erwerbstätigen. Die Schutzbedürftigkeit des Arbeitnehmers ergibt sich aus der persönlichen Abhängigkeit, die regelmäßig gleichermaßen wirtschaftliche Abhängigkeit bedeutet. Wie bereits dargestellt, ist für die Annahme der Arbeitnehmereigenschaft i. S. der Europäischen Sozialcharta die Abhängigkeit vom Arbeitgeber das grundsätzliche und wesentliche Kriterium. Nur der Grund ihrer Abhängigkeit unterscheidet arbeitnehmerähnliche Personen von Arbeitnehmern. Unabhängig davon sind arbeitnehmerähnliche Personen unter Berücksichtigung des Ziels der Europäischen Sozialcharta, wirtschaftliche und soziale Sicherheit zu schaffen, als Arbeitnehmer i. S. des Art. 6 Nr. 4 ESC zu verstehen. Ob der Grad der Abhängigkeit den Schutz und damit die Anwendung der Europäischen Sozialcharta rechtfertigt, ist eine Frage des Einzelfalls.

f) „Scheinselbstständige"

Scheinselbstständigkeit liegt vor, wenn eine erwerbstätige Person als selbstständiger Unternehmer auftritt, obwohl sie von der Art ihrer Tätigkeit her zu den

547 home workers, travailleur à domicile.

548 Zuletzt etwa conclusions 2007 vol. 2, S. 690 und conclusions 2005 vol. 2, S. 598 (domestic employees and home workers).

549 *Pottschmidt,* Arbeitnehmerähnliche Personen, S. 54 mit Fn. 96.

550 Dazu oben S. 42 ff.

551 Committee of Ministers, Recommendation No. R ChS (94) 4 v. 8.4.1994. Darauf beziehen sich *Bauschke,* in: AR-Blattei SD 110.1 Rn. 28 und *Pottschmidt,* Arbeitnehmerähnliche Personen, S. 54.

552 *Reinecke,* ZIP 1998, 581 (587).

abhängig Beschäftigten zählt.[553] Daher gilt das eben zu den arbeitnehmerähnlichen Personen Gesagte im Grundsatz entsprechend. Es kommt darauf an, ob eine erwerbstätige Person in einer einem Arbeitnehmer vergleichbaren Weise schutzbedürftig ist.[554] Ist dies der Fall, so ist sie als „Arbeitnehmer" i. S. des Art. 6 ESC wegen des Schutzzwecks erfasst.

g) Beamte

Ob der Beamte zu den Arbeitnehmern i. S. des Art. 6 Nr. 4 ESC zählt, gehört in der deutschen Literatur in Bezug auf die Europäische Sozialcharta zu den meistdiskutierten Themen. Das hängt allein damit zusammen, dass Beamten in der Bundesrepublik nach überwiegender Meinung ein generelles Streikverbot auferlegt ist.[555] Dies wird einerseits aus der öffentlich-rechtlichen Ausgestaltung des Dienstverhältnisses gem. Art. 33 Abs. 5 GG und andererseits aus dem „öffentlich-rechtlichen Dienst- und Treueverhältnis" gem. Art. 33 Abs. 4 GG abgeleitet.[556]

aa) Wortlaut

Aus der Sicht der Europäischen Sozialcharta ist die rechtliche Zweiteilung zwischen Angestellten im öffentlichen Dienst und Beamten nicht eindeutig. Der Wortlaut des Art. 6 Nr. 4 ESC sowie der übrigen Normen der Europäischen Sozialcharta – etwa in der programmatischen Aufzählung in Teil I[557] – nennt lediglich den Arbeitnehmer, ohne dabei zwischen privater oder öffentlich-rechtlicher Begründung zu differenzieren.[558] Teils werden „Jedermann"[559], „Kinder und Jugendliche"[560] oder „Behinderte"[561] als Rechtsträger genannt. Allerdings bedeutet dies nicht, dass sich Beamte nur auf „Jedermann"-Rechte berufen könnten. Diese Rechte knüpfen nicht unmittelbar an ein Rechtsverhältnis an,[562] sondern stellen lediglich Rechte dar, die sich an jeden Staatsangehörigen des je-

---

553 Vgl. *Preis,* in: ErfK, § 611 BGB Rn. 98 f. (sog. „neue Selbständigkeit"", Anführung im Original).

554 Vgl. *Kretschmer,* RdA 1997, 327 (328 f.); *Schliemann,* RdA 1997, 322 (324 ff.).

555 Vgl. ausführlich unten S. 236 ff.

556 Etwa BVerfG v. 11.6.1958, E 8, 1 (17); v. 30.3.1977, E 44, 249 (264); v. 19.9.2007, E 119, 247 (264); BVerwG v. 10.5.1984, E 69, 208 (212 f.); BAG v. 10.9.1985 AP Nr. 86 zu Art. 9 GG Arbeitskampf, B. II. 4. b der Gründe (Bl. 5 f.); BGH v. 31.1.1978, Z 70, 277 (279); OVG Münster v. 7.3.2012, NVwZ 2012, 890 (891 ff.); OVG Lüneburg v. 12.6.2012, NdsVBl. 2012, 266 (267 f.); v. 12.6.2012, 20 BD 8/11, Rn. 47 f. (juris); zur Diskussion im deutschen Recht ausführlich unten S. 236 ff., 296 ff.

557 *Riegel,* ZTR 1993, 223 (225).

558 *Däubler,* Streik, S. 183.

559 any person, toute personne.

560 children and young persons, enfants et des adolescents.

561 handicapped persons, les personnes handicapées.

562 *Däubler,* Streik, S. 183.

weiligen Vertragsstaates richten und auf die sich daher etwa auch Arbeitgeber berufen können.[563] Diese Artikel dienen also nicht spezifisch dem Schutz des Arbeitnehmers aufgrund seiner strukturellen Unterlegenheit, sondern stellen Abwehrrechte gegenüber dem Staat dar.

Da eine Einschränkung zugunsten der Arbeitnehmer der Privatwirtschaft nicht enthalten ist, sind jedenfalls alle sonstigen, das heißt nicht aufgrund eines hoheitlichen Akts Angestellten im öffentlichen Dienst Arbeitnehmer i. S. des Art. 6 Nr. 4 ESC.[564] Darüber hinaus sind nicht die spezifisch auf den Staatsdienst bezogenen Begriffe des „civil servant" beziehungsweise des „fonctionnaire" gewählt worden.[565] Für die Arbeitnehmereigenschaft i. S. der Europäischen Sozialcharta kommt es darauf an, ob ein Erwerbstätiger wegen wirtschaftlicher oder persönlich-rechtlicher Abhängigkeit von seinem Arbeitgeber schutzbedürftig ist.[566] Losgelöst von deutschen Begrifflichkeiten trifft dies ebenso auf die Beschäftigten im öffentlichen Dienst zu und zwar unabhängig von der Rechtsnatur ihres Anstellungsverhältnisses und der daraus folgenden Weisungsunterworfenheit. Der offene Wortlaut des Art. 6 Nr. 4 ESC bietet keinen Anhaltspunkt für eine Differenzierung, so dass Beamte hiernach Arbeitnehmer sind.[567]

bb) Systematik

Neben dem grammatikalischen Argument, dass die in der Europäischen Sozialcharta enthaltenen Rechte grundsätzlich allen Arbeitnehmern zustehen, spricht die Systematik für die Einbeziehung aller im öffentlichen Dienst Beschäftigten.[568] Als einzige Norm erwähnt Art. 5 ESC explizit mit der Polizei[569] in S. 2 und mit den Streitkräften[570] in S. 3 typische öffentlich-rechtliche Berufe. Polizei und Streitkräfte sind Exekutivorgane des Staates, da sie hoheitliche Aufgaben wahrnehmen. Eine Übertragung auf Private ist ausgeschlossen.[571] Dadurch soll sichergestellt werden können, dass die innere und äußere Sicherheit der Vertragsstaaten jederzeit aufrechterhalten bleibt. Indes enthält Art. 5 ESC in den Sätzen 2 und 3 als einzige Norm eine ausdrückliche Regelung zu Ar-

---

563 Das folgt aus Art. 18 ESC i. V. mit der Präambel.

564 *Däubler,* in: Agnelli, Arbeitskampf, 103 (121); *ders.,* Streik, S. 182.

565 *Mitscherlich,* Arbeitskampfrecht, S. 96 f.; *Neubeck,* Sozialcharta, S. 71; *Witter,* Aspekte, S. 54; vgl. auch *Riegel,* ZTR 1993, 223 (225) und *Ziller,* DÖV 2006, 233 (324 ff.).

566 Dazu oben S. 77 ff.

567 *Kahn-Freund,* FS Ganshof van der Meersch, 131 (153).

568 *Däubler,* Streik, S. 183.

569 the police, la police.

570 the armed forces, des forces armées.

571 Vgl. conclusions V, S. 48.

beitnehmern mit besonderem hoheitlichen Status.[572] Ihr Inhalt ist daher nicht ohne weiteres verallgemeinerungsfähig. Das folgt schon daraus, dass um den endgültigen Wortlaut des Art. 5 ESC und ebenso um den des Art. 6 ESC während der Beratungen gestritten wurde.[573] Diese Möglichkeit, den persönlichen Schutzbereich einer einzelnen Norm durch nationales Recht zu beschränken, kann also grundsätzlich nicht auf eine andere Norm übertragen werden. Art. 5 S. 2 ESC spricht ausdrücklich von den „in diesem Artikel vorgesehenen Garantien". In Art. 5 S. 3 ESC bezieht sich die Formulierung „dieser Garantien" auf die Formulierung in S. 2. Daraus folgt, dass Art. 5 ESC insoweit abschließend formuliert ist.

Art. 5 S. 1 ESC enthält somit den Grundsatz, dass allen Arbeitnehmern das Vereinigungsrecht zusteht, wohingegen die Sätze 2 und 3 diesen Grundsatz für Polizei und Streitkräfte einschränken. Es handelt sich bei diesen Organen jedenfalls um Bedienstete des Staates. Zwar überlässt Art. 5 S. 2 und 3 ESC die Ausgestaltung der Rechte aus Art. 5 ESC dem innerstaatlichen Recht, gleichwohl folgt aus der besonderen Hervorhebung dieser Organe, dass sie von der Europäischen Sozialcharta wie selbstverständlich als Arbeitnehmer angesehen werden. Fielen Polizisten und Soldaten von vornherein nicht unter den Arbeitnehmerbegriff, wäre der Vorbehalt zugunsten des nationalen Rechts nicht notwendig gewesen.[574] Dass der Vorbehalt nicht als Klarstellung verstanden werden kann, zeigt im Übrigen, dass nur die Anwendung[575] und nicht die Gewährung der Rechte geregelt werden kann. Art. 5 S. 2 und 3 ESC ermöglichen also eine Ausnahme, ohne dass sich der Grundsatz ändert, dass Polizisten und Soldaten Träger der Rechte sind. Schließlich zeigt diese enge Ausnahme für die genannten Berufe des öffentlichen Sektors, dass alle anderen im öffentlichen Dienst Beschäftigten erst recht Arbeitnehmer i. S. des Art. 5 S. 1 ESC sind.[576] Die Ausnahme einer ganzen Beschäftigungsgruppe widerspräche also der Systematik innerhalb des Art. 5 ESC sowie seinem Verhältnis zu Art. 6 ESC.[577] Abgesehen von Art. 31 ESC sind keine weiteren solcher Ausnahmen in der Europäischen Sozialcharta genannt. Das spricht dafür, den Arbeitnehmerbegriff in Bezug auf den öffentlichen Dienst einheitlich zu verstehen, zumal Art. 6 Nr. 4 ESC als unmittelbar auf Art. 5 ESC folgende Norm keine Differenzierungen enthält.

---

572 *Sproedt,* Koalitionsfreiheit und Streikrecht.

573 *Sproedt,* Koalitionsfreiheit und Streikrecht, S. 6 ff., insbes. S. 9.

574 *Ramm,* Koalitions- und Streikrecht, S. 26; *Sproedt,* Koalitionsfreiheit und Streikrecht, S. 11, 19 f.

575 apply, s'appliqueront.

576 *Däubler,* in: Agnelli, Arbeitskampf, 103 (129); *Kahn-Freund,* FS Ganshof van der Meersch, 131 (153); *Kitz,* in: Mosler/ Bernhardt, Koalitionsfreiheit, 1073 (1088). Nach *Riegel,* ZTR 1993, 223 (225) ist dies sogar „zweifelsfrei".

577 *Däubler,* in: Agnelli, Arbeitskampf, 103 (129).

Eine Rechtfertigung einer Einschränkung ist jedoch gem. Art. 31 Abs. 1 ESC möglich, sofern dessen Voraussetzungen erfüllt sind.[578] Dabei kommt es nicht auf die Berufsgruppe als solche, sondern darauf an, ob die Funktion der einzelnen Arbeitnehmer der Verwirklichung der aufgezählten Schutzgüter dient.[579] Im Falle von Polizei und Militär ist eine Rechtfertigung zum Schutz der inneren und äußeren Sicherheit über die Merkmale „der öffentlichen Sicherheit und Ordnung" beziehungsweise „der Sicherheit des Staates" denkbar.[580] Andere Ergebnisse widersprächen dem Zweck der Art. 5 S. 2 und 3, 31 Abs. 1 ESC.

Außerdem spricht bereits Abs. 4 der Präambel davon, dass die in der Europäischen Sozialcharta enthaltenen Rechte der „Bevölkerung"[581] dienen sollen, um den Lebensstandard zu verbessern und das soziale Wohl zu fördern. Die Rechte sollen gemäß dieser Absichtserklärung grundsätzlich allen Angehörigen der Vertragsstaaten zustehen. Beamte zählen folglich zur „Bevölkerung" i. S. der Präambel. Sie sind weder dort noch im Folgenden explizit aus dem Anwendungsbereich des Art. 6 Nr. 4 ESC ausgenommen. Das spricht im Umkehrschluss dafür, dass ihnen die Rechte gem. Art. 6 ESC zustehen sollen, da ihnen anderenfalls auch die weiteren Arbeitnehmerrechte nicht zustünden.[582] Die Arbeitnehmereigenschaft ist daher anhand des Schutzzwecks jeder Norm zu bestimmen.

cc) Entstehungsgeschichte

Im internationalen Sprachgebrauch ist darüber hinaus schon bei Erarbeitung und Inkrafttreten der Europäischen Sozialcharta bekannt gewesen, dass unter den Begriff des Arbeitnehmers auch Beamte fallen.[583] Hätte man beabsichtigt, dass die Europäische Sozialcharta für diese nicht gelten sollte, so wäre eine ausdrückliche Klarstellung erforderlich gewesen. Auch in den *travaux préparatoires* findet sich kein Hinweis darauf, dass der Beamte nicht unter den Begriff des Arbeitnehmers fallen sollte.[584] Im Gegenteil wurde der Beamtenstreik in mehreren Beratungen angesprochen, insbesondere im Rahmen

---

[578] Ausführlich unten S. 123 ff.

[579] conclusions 2004, vol. 1, S. 44 f.: „'ordinary' employees" (Anführung im Original).

[580] Zu den verschiedenen Schranken für Polizei und Streitkräfte vgl. *Kitz,* in: Mosler/Bernhardt, Koalitionsfreiheit, 1073 (1089).

[581] populations, populations.

[582] *Däubler,* in: Agnelli, Arbeitskampf, 103 (128); *Mitscherlich,* Arbeitskampfrecht, S. 101; *Witter,* Aspekte, S. 56.

[583] *Däubler,* in: Agnelli, Arbeitskampf, 103 (129 f.); *Mitscherlich,* Arbeitskampfrecht, S. 96; *Witter,* Aspekte, S. 53 ff.; dieses Verständnis ist jedenfalls heute bei der objektiven Auslegung internationaler Texte zugrundzulegen, vgl. *Kissel,* Arbeitskampfrecht, § 45 Rn. 21 mit Fn. 34.

[584] Die Vorarbeiten zieht der Europäische Ausschuss für Soziale Rechte zur Auslegung des Arbeitnehmerbegriffes heran, vgl. conclusions I, S. 8; vgl. auch *Däubler,* Streik, S. 183.

der Dreiparteien-Konferenz.[585] Verschiedene Delegierte wiesen auf die naheliegenden Konsequenzen eines Streiks in sensiblen öffentlichen Bereichen der Daseinsfür- und -vorsorge wie etwa Strafvollzug, Gesundheitswesen oder Feuerwehr hin.[586] Das Streikrecht in Art. 6 Nr. 4 ESC knüpft jedoch an die Arbeitnehmereigenschaft an. Daraus folgt, dass sämtliche im öffentlichen Dienst Beschäftigten als Arbeitnehmer verstanden werden sollten. Die möglichen Konsequenzen sollten durch Art. 5 S. 2 und 3 ESC sowie Art. 31 ESC abgefedert oder verhindert werden.[587] Die Problematik des Streiks im öffentlichen Dienst war den Verfassern somit bekannt. Das Streikrecht ist allerdings nur eine bestimmte Ausprägung des Rechts auf kollektive Maßnahmen, welches seinerseits an die Arbeitnehmereigenschaft anknüpft. Die Diskussion über die Folgefrage nach der Streikmöglichkeit zeigt, dass man davon ausging, dass Beamte sich grundsätzlich auf das Recht auf Kollektivverhandlungen und das Recht auf kollektive Maßnahmen berufen können sollten.[588] Ob das Streikrecht unter besonderen Umständen eingeschränkt oder verboten werden kann, ist allerdings keine Frage der grundsätzlichen Gewährung, sondern nach den Grenzen des Rechts.[589]

dd) Vertragsrechtsvergleich

(1) ILO-Übereinkommen

Dieses Ergebnis wird bestätigt durch einen Vergleich mit Art. 2 und Art. 9 ILO-Übereinkommen Nr. 87.[590] In Art. 9 Abs. 1 ILO-Übereinkommen Nr. 87 findet sich ebenfalls die Regelung, dass die Anwendbarkeit der Vereinigungsfreiheit auf Streitkräfte und Polizei der innerstaatlichen Gesetzgebung vorbehalten ist. Diese Regelung wäre überflüssig, wenn nicht grundsätzlich alle Arbeitenden ohne statusbedingten Unterschied als Arbeitnehmer i. S. des Übereinkommens angesehen würden. Dafür spricht ebenfalls der Wortlaut des Art. 2 ILO-Übereinkommen Nr. 87, der das Vereinigungsrecht allen Arbeitnehmern „ohne jeden Unterschied“ gewährt.[591] Das ILO-Übereinkommen Nr. 87 stellt ebenfalls auf die Abhängigkeit des Arbeitnehmers vom Arbeitgeber ab und nicht

---

585 *Bleckmann,* Cahiers 1967, 388 (401); *Däubler,* Streik, S. 183; *Miehsler,* FS Verdross, 547 (548, 561); *Sproedt,* Koalitionsfreiheit und Streikrecht, S. 11.

586 CE/Soc/Tr.Pr. (70) 15 (20.5.1970), S. 33; *Witter,* Aspekte, S. 54 f.

587 Darauf pochte unter anderem die deutsche Delegation vgl. *Miehsler,* FS Verdross, 547 (548); Mitscherlich, Arbeitskampfrecht, S. 98 ff.; *Sproedt,* Koalitionsfreiheit und Streikrecht, S. 19 f.

588 Zurückhaltend so interpretierend *Miehsler,* FS Verdross, 547 (563).

589 Dazu unten S. 123 ff.

590 *Neubeck,* Sozialcharta, S. 71 f.

591 *E. Schneider,* Vereinbarkeit, S. 99 f. m. w. N.

auf einen Status, der sich nach nationalem Recht richtet. Dies bestätigen die Materialien zu Art. 9 Abs. 1 ILO-Übereinkommen Nr. 87.[592]

Etwas anderes ergibt sich nicht aus Art. 6 ILO-Übereinkommen Nr. 98.[593] Zwar sind danach „öffentliche Beamte" vom Anwendungsbereich dieses Übereinkommens „über die Anwendung der Grundsätze des Vereinigungsrechts und des Rechts zu Kollektivverhandlungen" ausgenommen, allerdings ergibt sich daraus nicht, dass sich der Terminus auf die jeweilige innerstaatliche Definition bezieht.[594] Schließlich „darf [das ILO-Übereinkommen Nr. 98] in keinem für die Rechte und die Rechtsstellung dieser Beamten irgendwie nachteiligen Sinn ausgelegt werden". Diese Wendung spricht dafür, dass die Rechte möglichst weit auszulegen sind. Aus einem Umkehrschluss folgt, dass der persönliche Schutzbereich möglichst weit und die Ausnahmen möglichst eng sein sollen. Daher sind Beamte i. S. des deutschen Verständnisses grundsätzlich vom ILO-Übereinkommen Nr. 98 erfasst.[595] Allerdings enthält Art. 5 ILO-Übereinkommen Nr. 98 eine mit Art. 5 S. 3 ESC vergleichbare Ausnahme für Polizei und Militär. Diese werden als Sondergruppe der vom Staat Beschäftigten angesehen. Durch die Nennung wird ihre Bedeutung hervorgehoben und ausdrücklich klargestellt, dass der Staat hier Regeln treffen kann. Aus Art. 5 ILO-Übereinkommen Nr. 98 lassen sich keine weiteren Anhaltspunkte gewinnen. Für Art. 6 ILO-Übereinkommen Nr. 98 folgt daraus lediglich, dass Ausnahmen für andere als verbeamtete Polizisten und Militärs zulässig sein können. Vorstellbar sind insbesondere solche in den genannten sensiblen Bereichen der staatlichen Daseinsfür- und -vorsorge. Nach dem ILO-Übereinkommen Nr. 98 ist also ebenfalls funktional und nicht statusbezogen abzugrenzen, ob ein im öffentlichen Dienst Beschäftigter Beamter ist oder nicht.[596] Entsprechendes gilt für das ILO-Übereinkommen Nr. 151. Dort wird gem. Art. 2 auf die Beschäftigung im öffentlichen Dienst als solche abgestellt und dabei keine weitere Unterscheidung vorgenommen.[597]

(2) Art. 11 EMRK

Der Europäische Gerichtshof für Menschenrechte hat zu Art. 11 Abs. 1 Halbs. 2 EMRK nicht nur entschieden, dass die Norm das Recht auf Kollektivverhandlungen und das Streikrecht umfasst, sondern jüngst darüber hinaus, dass diese

---

592 *Schumacher,* ASP 1962, 10 (11) m. w. N.

593 This Convention does not deal with the position of public servants engaged in the administration of the State, nor shall it be construed as prejudicing their rights or status in any way.

594 Dazu oben S. 27 ff.

595 *Neubeck,* Sozialcharta, S. 71 f.; *N. Wagner,* Internationaler Schutz, S. 221.

596 *Neubeck,* Sozialcharta, S. 71 f.

597 *Świątkowski,* FS R. Birk, 839 (852).

Rechte grundsätzlich auch Beamten zustehen.[598] Zur Begründung setzt der Europäische Gerichtshof für Menschenrechte sich unter anderem mit Art. 6 ESC und den Berichten des Europäischen Ausschusses für Soziale Rechte und den Länderberichten hierzu auseinander.[599] Aus dieser Rechtsprechungsänderung lassen sich für die Auslegung von Art. 6 Nr. 4 ESC allerdings wenige neue Erkenntnisse ableiten. Denn der Gerichtshof zieht gerade die bereits zu Art. 6 Nr. 4 ESC dargestellten Argumente heran, um die Einbeziehung der Beamten in den Schutzbereich des Art. 11 Abs. 1 Halbs. 2 EMRK zu begründen. Sich hierauf zu beziehen, um wiederum Ergebnisse für die Auslegung von Art. 6 Nr. 4 ESC zu gewinnen, ist also zirkelschlüssig. Beachtlich ist die Auslegung durch den Europäischen Gerichtshof für Menschenrechte allerdings deswegen, weil die Europäische Menschenrechtskonvention gem. Art. 1 in den Mitgliedsstaaten unmittelbare Geltung beansprucht.[600]

(3) Art. 54 AEUV (ex Art. 48 EGV)

Das Ergebnis der Auslegung des Art. 6 Nr. 4 ESC bestätigt die Rechtsprechung des Europäischen Gerichtshofs für das Recht der Europäischen Union.[601] Er hat entschieden, dass ein Studienreferendar unabhängig von der „Art des Rechtsverhältnisses zwischen Arbeitnehmer und Arbeitgeber – öffentlich-rechtlicher Status oder privatrechtlicher Vertrag – [Arbeitnehmer i. S.] des Artikels 48 [EWG-Vertrag; jetzt Art. 45 AEUV]" ist.[602] Der Arbeitnehmerbegriff ist demnach gemeinschaftsrechtlich zu bestimmen. Es kommt nicht auf „die Art des Rechtsverhältnisses zwischen dem Arbeitnehmer und dem Arbeitgeber für die Anwendung des Artikels 48 [EWG-Vertrag; jetzt Art. 45 AEUV]" an.[603] Auch für das Recht der Europäischen Union ist allein entscheidend, „daß jemand während einer bestimmten Zeit für einen anderen nach dessen Weisungen Leistungen erbringt, für die er als Gegenleistung eine Vergütung erhält."[604]

(4) Fazit

Die Europäische Sozialcharta bestätigt die Rechtstraditionen des Beamtenrechts in den europäischen Staaten. Das europäische Ausland kennt zwar den Beam-

598 EGMR v. 12.11.2008, Appl. 34503/97 Rn. 149 (*Demir and Baykara*); v. 21.4.2009, Appl. 68959/01 Rn. 24 (*Enerji Yapi-Yol Sen*).

599 EGMR v. 6.2.1976, Appl. 5589/72 Rn. 36 (*Schmidt and Dahlström*); v. 12.11.2008, Appl. 34503/97 Rn. 149 (*Demir and Baykara*); v. 21.4.2009, Appl. 68959/01 Rn. 24 (*Enerji Yapi-Yol Sen*); *Franzen,* EuZA 2010, 453 (455); *Lörcher,* AuR 2009, 229 (236); *Seifert,* KritVj 2009, 357 (360, 361 f.).

600 Statt aller *Meyer-Ladewig,* Einl. EMRK Rn. 32.

601 Dazu oben S. 40 f.

602 EuGH v. 3.7.1986, C-66/85 Rn. 20 (*Lawrie-Blum*).

603 EuGH v. 12.2.1974, C-152/73 Rn. 5 f. (*Sotgiu*); v. 31.5.1989, C-344/87 Rn. 16 (*Bettray*).

604 EuGH v. 3.7.1986, C-66/85 Rn. 17 (*Lawrie-Blum*).

tenstatus, an den teilweise besondere Rechte und Pflichten geknüpft werden,[605] dagegen ist der Beamtenbegriff in keinem anderen Mitgliedsstaat des Europarates in der spezifisch deutschen Ausprägung bekannt.[606] Gerade in Großbritannien und Frankreich, deren Landessprache den Maßstab für die grammatikalische Auslegung des Textes der Europäischen Sozialcharta bildet und auch bei den Vorarbeiten maßgeblich war, ist eine genaue Abgrenzung von Beamten und sonstigen Angestellten schwierig.[607] Dass in der Europäischen Sozialcharta ebenfalls nicht differenziert wurde, spricht dafür, unter den Arbeitnehmerbegriff sämtliche im öffentlichen Dienst Beschäftigten zu subsumieren.

Ob sich Beamte auf das Streikrecht berufen können, ist damit also nicht ausgesagt. Zumindest dessen Ausübung steht unter dem Vorbehalt des Anhangs zu Art. 6 Nr. 4 ESC i .v. mit Art. 31 ESC. Beamte sind allerdings wie andere Arbeitnehmer ihrem Dienstherrn gegenüber weisungsunterworfen. Die fortschreitende Privatisierung im Bereich der öffentlichen Daseinsfür- und -vorsorge verdeutlicht zudem, dass eine funktionale, das heißt an die Tätigkeit anknüpfende Abgrenzung ohnehin schwierig ist.[608] Aus Sicht der Europäischen Sozialcharta ist dies nach dem Gesagten nicht angezeigt. Dort, wo originäre hoheitliche Tätigkeit mit Grundrechtsrelevanz für die Staatsangehörigen ausgeübt wird, auf die auch nicht bloß vorübergehend verzichtet werden kann und deswegen eine besondere Loyalität gegenüber dem Staat und Unabhängigkeit zu Dritten gewahrt werden müssen, sind Einschränkungen durch den oben genannten Vorbehalt möglich.[609]

Allein wegen dieser Bedenken besteht also kein Grund, entgegen Art. 18 Nr. 1 ESC den Arbeitnehmerbegriff eng zu fassen. Merkwürdige Konsequenz wäre, dass bei vergleichbarer sozialer und wirtschaftlicher Stellung der Arbeitnehmer sich im Gegensatz zum Beamten auf die Rechte der Europäischen So-

---

605 Ausführlich *Büchner/Gramlich,* RiA 1992, 110 (119 f.); *E. Schneider,* Vereinbarkeit, S. 98; *Ziller,* DÖV 2006, 233 (234 ff., 240 f.).

606 *Riegel,* ZTR 1993, 223 (223).

607 *Büchner/Gramlich,* RiA 1992, 110 (119 f.).

608 *Kahn-Freund,* in: Agnelli, Arbeitskampf, 151 (161); *Miehsler,* FS Verdross, 547 (563); vgl. auch die Berichte Governmental Committee of the European Social Charter, Doc. CG/CH. Soc (72), 40 S. 14 (9.10.1972); Consultative Assembly (Report on the supervision of the application of the European Social Charter), Doc. 3276 (15.5.1973), S. 32 f. sowie das Sondervotum *Zanetti,* Conlusions IV, S. 132 ff., der in diesen Abgrenzungsschwierigkeiten ein Argument für ein generelles Streikverbot der Beamten sieht (S. 137).

609 conclusions I, S. 38 f.; conclusions III, S. 37; conclusions IV, S. 48; *Lörcher,* PersR 1989, 34 (36); *Löwisch/Rieble,* AR-Blattei SD, 170.1 Rn. 111; *Miehsler,* FS Verdross, 547 (563) erachtet die Festlegung, welche Tätigkeit einen „essential public service" darstellt als problematisch, da selbst der Europäische Ausschuss für Soziale Rechte nur vage Aussagen hierzu getroffen hat, dazu näher unten S. 123 ff.; vgl. auch *E. Schneider,* Vereinbarkeit, S. 100 zum ILO-Übereinkommen Nr. 87.

zialcharta berufen könnte.[610] In den Vertragsstaaten, die den Beamtenstatus im deutschen Sinne nicht kennen, stünden dagegen allen im öffentlichen Dienst Angestellten die Arbeitnehmer-Rechte der Europäischen Sozialcharta zu. Die Unterscheidung zwischen Beamten und Angestellten würde dazu führen, dass ein Beamter dies selbst dann nicht könnte, wenn er dieselbe Funktion wie ein Angestellter in einem anderen Staat erfüllt. Eine innerstaatliche rein statusbezogene Differenzierung zwischen Beamten und sonstigen Angestellten des öffentlichen Dienstes begründete also eine unterschiedliche Wirkung in den Vertragsstaaten.[611] Es hinge vom Zufall ab, ob der Beschäftigte in den Genuss der Rechte käme oder nicht, je nachdem, wie sein Status national definiert ist.[612] Das ist aus Sicht der Europäischen Sozialcharta nicht gewollt, so dass anhand der ausgeübten Funktion und nicht anhand des Status abzugrenzen ist.[613] Die Präambel besagt, dass es Ziel des Europarates sei, eine engere Verbindung zwischen seinen Mitgliedern herzustellen. Dieses Ziel würde konterkariert, könnte der Staat über den Anwendungsbereich einer Norm der Europäischen Sozialcharta außerhalb der zugestandenen Ausnahmenormen disponieren.[614]

ee) Auffassung des Europäischen Ausschusses für Soziale Rechte und des Ministerkomitees

Der Europäische Ausschuss für Soziale Rechte hat die Bundesrepublik Deutschland mehrfach gerügt, ein generelles Streikverbot für Beamte sei nicht mit Art. 6 Nr. 4 ESC zu vereinbaren.[615] Diese Auffassung vertritt der Ausschuss auch gegenüber anderen Ländern.[616] Seiner Ansicht nach steht das Streikrecht

---

[610] *Däubler,* Streik, S. 183; *ders.,* in: Agnelli, Arbeitskampf, 103 (129); *Mitscherlich,* Arbeitskampfrecht, S. 101 und *Neubeck,* Sozialcharta, S. 72. Die dort angesprochene Gefahr, dass ein Vertragsstaat sich durch Verbeamtung seiner Angestellten den Bindungen der Europäischen Sozialcharta entziehen könnte, ist allerdings als eher gering einzuschätzen. Sie wird jedenfalls vermieden, wenn man Beamte als Arbeitnehmer i. S. der Europäischen Sozialcharta ansieht.

[611] *Däubler,* Streik, S. 183 f.

[612] *Miehsler,* FS Verdross, 547 (563 f.); *Schubert,* AöR 137 (2012), 92 (105 f.).

[613] *Däubler,* Streik, S. 183 f.; *Otto,* Arbeitskampf- und Schlichtungsrecht, § 9 Rn. 6; *Ramm,* Koalitions- und Streikrecht, S. 32.

[614] *Mitscherlich,* Arbeitskampfrecht, S. 101 und *Neubeck,* Sozialcharta, S. 72.

[615] conclusions I, S. 184; conclusions II, S. 28; conclusions III, S. 36 f.; conclusions V, S. 48; conclusions VI, S. 39; conclusions XII-2, S. 102 f.; conclusions XIII-2, S. 281; conclusions XIII-4, S. 351 f.; conclusions XIV-1, vol. 1, S. 313; conclusions XVIII-1, vol. 1, S. 301 ff.; conclusions XIX-3, S. 104 f.; *Gomien/Harris/Zwack,* Law, S. 394; *Samuel,* case law, S. 167 ff.

[616] conclusions II, S. 187; conclusions V, S. 47; conclusions XIII-1, S. 147 ff.; conclusions XIV-1, vol. 1, S. 226 f.; conclusions 2004, vol. 1, S. 148; conclusions 2006, vol. 1, S. 48; conclusions 2010, vol. 1, S. 36 f., 125, 288; conclusions 2010, vol. 2, S. 636; conclusions XIX-3, S. 81.

allen Beamten grundsätzlich zu. Ausnahmen seien für bestimmte Berufsfelder denkbar und möglich.[617] Dies gilt unabhängig vom Status des einzelnen Arbeitnehmers i. S. des Art. 6 Nr. 4 ESC sowohl im öffentlichen Dienst als auch in der Privatwirtschaft.[618] Einen Anknüpfungspunkt für ein generelles Streikverbot für Beamte sieht der Europäische Ausschuss für Soziale Rechte nicht.[619] Bereits im ersten Kontrollzyklus gelangte er zu der Überzeugung, dass eine Differenzierung zwischen Beamten und anderen Arbeitnehmern anhand des Status in dieser Pauschalität nicht zulässig sei. Einschränkungen stehen unter dem Vorbehalt insbesondere des Art. 31 ESC.[620] Nach alledem überzeugt das Argument der Bundesrepublik Deutschland im dritten Länderbericht nicht, der Europäische Ausschuss für Soziale Rechte habe nicht die Befugnis, den Begriff des Arbeitnehmers losgelöst vom nationalen Verständnis zu definieren.[621] Eine Definition erfolgt also nicht durch den Europäischen Ausschuss für Soziale Rechte. Er hat die Europäische Sozialcharta lediglich ausgelegt. Das Ministerkomitee hat sich dem angeschlossen und eine individuelle Empfehlung ausgesprochen.[622]

617 conclusions I, S. 38; conclusions II, S. 28; conclusions 2006, vol. 1, S. 48; conclusions 2010, vol. 1, S. 228; *Ramm,* Koalitions- und Streikrecht, S. 32 Fn. 34.

618 conclusions III, S. 36 f.; conclusions 2002, S. 30 f.; conclusions XVII-1, vol. 1, S. 206.

619 conclusions I, S. 38 f., 184 f.; conclusions II, S. 28, 93, 106, 187; conclusions III, S. 36 f., 145; conclusions IV, S. 48 f. und conclusions VII, S. 39 teils unter Berücksichtigung der Deklaration der Bundesregierung v. 28.9.1961, dazu unten S. 93 ff.; vgl. allerdings das Sondervotum des schweizerischen Ausschussmitgliedes *Zanetti,* conclusions IV, S. 132 ff. Er vertritt, dass ein generelles Verbot zulässig sei, wenn – wie in der Bundesrepublik Deutschland – die Arbeitsbedingungen für bestimmte Arbeitnehmer durch Gesetz festgelegt werden (S. 137). Diese gesetzlichen Regelungen dürften durch einen Streik nicht in Frage gestellt werden, da es insoweit an einem Interessenkonflikt i. S. des Art. 6 Nr. 4 ESC fehle (S. 139). Vielmehr richte sich der Streik gegen den Staat selbst, so dass es sich um einen nicht gewährleisteten politischen Streik handele (S. 139). Zu bedenken sei schließlich, dass für die entstehenden Schäden letztlich der Steuerzahler hafte (S. 139). *Zanetti* argumentiert daher entsprechend den Argumentationslinien der Befürworter eines Beamtenstreikverbotes in der Bundesrepublik Deutschland wegen Art. 33 Abs. 4 und 5 GG, dazu unten S. 236 ff., 296 ff. Seit conclusions VI, S. 39 verweist der Europäische Ausschuss für Soziale Rechte lediglich auf seine bisherige Spruchpraxis, weil sich die Rechtslage in der Bundesrepublik Deutschland nicht verändert und die Zulässigkeit des Beamtenstreiks daher nach Auffassung des Ausschusses nicht erneut erörtert zu werden braucht, vgl. conclusions VII, S. 38 f.; conclusions VIII, S. 95 f.; conclusions X-2, S. 75; conclusions XIV-1, vol. 1, S. 313: „the situation has not changed. Article 33 para. 5 of the Constitution [Art. 33 Abs. 5 GG, der Verfasser], which regulates the employment status of civil servants, is still in force."

620 conclusions I, S. 38 f.; conclusions IV, S. 48; conclusions XII-1, S. 127; conclusions XIV-1, vol. 1, S. 314; conclusions 2004, vol. 1, S. 44 f.; conclusions 2004, vol. 2, S. 348; conclusions 2006, vol. 2, S. 502; conclusions 2010, vol. 1, S. 294 f.

621 conclusions III, S. 37.

622 Committee of Ministers, Recommendation No. R ChS (98) 2 v. 4.2.1998 (deutsche Übersetzung AuR 1998, 156 [156]); zur Bindungswirkung oben S. 42 ff.

Der Arbeitnehmerstatus ist nach Auffassung dieser Organe materiell zu bestimmen.[623]

ff) Auffassung der bundesdeutschen Regierung

(1) Die Deklaration der Bundesrepublik Deutschland vom 28. September 1961

Wenig überzeugend wäre es auch, wenn man mit der Stellungnahme der Bundesrepublik Deutschland den Beamten nicht unter den Begriff des Arbeitnehmers subsumierte und ihn damit gleichermaßen von den anderen „Arbeitnehmer"-Rechten der Europäischen Sozialcharta ausschlösse.[624] Denn die oben angesprochene Privatisierung – etwa der Bundespost oder der Bundesbahn in Deutschland[625] – zeigt, dass ursprünglich durch Beamte ausgeübte Tätigkeiten nahezu unterschiedslos durch aufgrund eines zivilrechtlichen Arbeitsvertrages angestellte Arbeitnehmer erbracht werden kann.[626] Es hinge also von der innerstaatlichen Gestaltungspraxis der öffentlichen Verwaltung ab, ob im öffentlichen Dienst Beschäftigte sich auf sämtliche „Arbeitnehmer"-Rechte der Europäischen Sozialcharta berufen könnten oder nicht.[627] Eine zufällige Differenzierung kann nicht gewollt sein.[628] Dieses Ergebnis kann auch nicht dadurch vermieden werden, dass man Beamten lediglich die Rechte aus Art. 6 ESC oder gar nur aus Art. 6 Nr. 4 ESC verwehrt. Hierfür bieten Wortlaut und Systematik keinerlei Anhaltspunkte.[629] Auch die Entstehungsgeschichte ist wenig aufschlussreich. Zwar wurde das Streikrecht der Beamten diskutiert,[630] allerdings hat keine dem Art. 5 S. 2 und 3 ESC ähnliche Regelung betreffend Art. 6 Nr. 4 ESC Eingang in die Europäische Sozialcharta gefunden. Daraus ist zu schließen, dass es für die Parteien ausreichend schien, das Recht aus Art. 6 Nr. 4 ESC unter den Voraussetzungen der Art. 5 S. 2 und 3 sowie Art. 31 ESC zu beschränken.[631] Allerdings kann die Deklaration der Bundesregierung vom 28. September 1961 zu einer anderen Auslegung des Art. 6 Nr. 4 ESC zwingen.[632]

---

623 conclusions XIX-3, S. 81; *Lörcher,* PersR 1989, 34 (36).

624 *Mitscherlich,* Arbeitskampfrecht, S. 97 f.

625 Vgl. conclusions XIV-1, vol. 1, S. 314; conclusions XVII-1, vol. 1, S. 206 f.

626 *Schubert,* AöR 137 (2012), 92 (116).

627 *Samuel,* case law, S. 169; *Witter,* Aspekte, S. 55.

628 *Kahn-Freund,* FS Ganshof van der Meersch, 131 (144); *Otto,* Arbeitskampf- und Schlichtungsrecht, § 9 Rn. 6. Vgl. auch *E. Schneider,* Vereinbarkeit, S. 100 zum ILO-Übereinkommen Nr. 87.

629 Mitscherlich, Arbeitskampfrecht, S. 98; *Ramm,* Koalitions- und Streikrecht, S. 26. Vgl. zur Situation in Belgien *Matray/Hübinger,* in: Henssler/Braun, Belgien Rn. 186, wo das Streikrecht der Beamten gestützt auf Art. 6 Nr. 4 ESC anerkannt ist.

630 *Witter,* Aspekte, S. 53 f.

631 Ausführlich S. 115 ff. sowie zu den Entwürfen des Art. 6 Nr. 4 ESC unten S. 176 ff.

632 *Mitscherlich,* Arbeitskampfrecht, S. 116.

Der insoweit entscheidende Satz dieser Erklärung lautet:

> Hence, with reference to the provisions of items 2 and 4 of Article 6 of Part II of the Social Charter the Permanent Representative of the Federal Republic of Germany to the Council of Europe feels obliged to point out that in the view of the Government of the Federal Republic of Germany those provisions do not relate to the above-mentioned categories of persons.[633]

In dieser Erklärung, die sowohl an das Generalsekretariat als auch an sämtliche Mitgliedsstaaten des Europarates gerichtet wurde, führt die Bundesregierung die in der Bundesrepublik Deutschland herrschenden beamtenrechtlichen Besonderheiten aus. Sie legt die bis heute ganz herrschende und verfassungsgerichtlich abgesicherte Auffassung dar, dass die Beamten in Deutschland eine besondere Loyalität gegenüber dem Staat haben und ihre Rechte und Pflichten gesetzlich geregelt sind, womit sich die Grundsätze des Tarif- und Arbeitskampfrechts nicht vertragen. In der Erklärung kann man eine Urkunde i. S. des Art. 31 Abs. 2 lit. b WVRK erblicken.[634] Allerdings ist unklar, ob bereits das einseitige Erklären ausreicht, um den Tatbestand zu erfüllen. Immerhin hätten die anderen Vertragsstaaten die Erklärung annehmen müssen.[635] Das ist etwas anderes, als das bloße zur Kenntnis bringen durch Übersenden. Schließlich widerspricht die tatsächliche Praxis der Vertragsstaaten der Annahme, sie hätten sich geeinigt, die Beamten in dem umfassenden deutschen Verständnis vom persönlichen Anwendungsbereich der Europäischen Sozialcharta auszunehmen.[636] Denn wenn es sich bei der Deklaration um eine Urkunde i. S. des Art. 31 Abs. 2 lit. b WVRK handelte, so beeinflusste sie die Auslegung des Vertrages insgesamt, da sich eine solche Urkunde auf das Verständnis des Inhalts auswirkt und sich nicht auf die Rechtslage in einem einzelnen Staat bezieht. Die Deklaration ist daher keine Urkunde i. S. des Art. 31 Abs. 2 lit. b WVRK und hat daher keine Konsequenzen für die Auslegung des Art. 6 Nr. 4 ESC.

(2) Die Deklaration als völkerrechtlicher Vorbehalt

Die Erklärung stellt entgegen dem Vorbringen der deutschen Bundesregierung keinen wirksamen Vorbehalt gegen Art. 6 Nr. 4 ESC dar.[637] Dabei ist nicht entscheidend, ob die Erklärung der Bundesregierung dem Verfahren gem. Art. 59

---

633 „above-mentioned categories of persons“ i. S. dieser Deklaration sind Beamte. Die Deklaration ist abgedruckt bei *Mitscherlich,* Arbeitskampfrecht, S. 116 und online verfügbar unter http://conventions.coe.int/Treaty/Commun/ListeDeclarations.asp?PO=GER&MA=4&CV=1&CN=999&VL=1&CM=5&CL=ENG

634 *Miehsler,* FS Verdross, 547 (565, 573).

635 Vgl. *Villiger,* Art. 31 WVRK Rn. 19.

636 Vgl. den rechtsvergleichenden Überblick bei *Mitscherlich,* Arbeitskampfrecht, S. 102 ff.

637 Im Ergebnis auch *Mitscherlich,* Arbeitskampfrecht, S. 116 f.

Abs. 2 GG entsprechend erklärt wurde.[638] Vorbehalte zu völkerrechtlichen Verträgen sind nach deutschem Verfassungsrecht nicht zustimmungsbedürftig.[639] Dies wird neben dem Verweis auf den Wortlaut des Art. 59 Abs. 2 GG[640] damit begründet, dass Vorbehalte ein „Minus an völkerrechtlicher Bindung"[641] darstellen.[642]

Ein Vorbehalt gegen die Rechte aus der Europäischen Sozialcharta muss allerdings zulässig sein.[643] Der Begriff des völkerrechtlichen Vorbehalts ist in Art. 2 Abs. 1 lit. d WVRK definiert. Obwohl sie sich ausdrücklich lediglich auf die Vertragsrechtskonvention selbst bezieht, wird die Definition allgemein gebraucht.[644] Ein Vorbehalt bedeutet danach „eine wie auch immer formulierte oder bezeichnete, von einem Staat bei der Unterzeichnung, Ratifikation, Annahme oder Genehmigung eines Vertrages oder bei dem Beitritt zu einem Vertrag abgegebene einseitige Erklärung, durch die der Staat bezweckt, die Rechtswirkung einzelner Vertragsbestimmungen in der Anwendung auf diesen Staat auszuschließen oder zu ändern." Verkürzt ist ein Vorbehalt eine einseitige Willenserklärung, mit denen ein Vertragspartner seine vertragliche Verpflichtung modifiziert, konkretisiert und regelmäßig reduziert.[645]

Die Vertragsparteien sind frei darin zu bestimmen, ob und unter welchen Voraussetzungen und in welchem Umfang Vorbehalte zu einem Vertrag zuläs-

---

638 So aber *Henneberger/Sudjana,* Stellung, S. 11 mit Fn. 79; *Mitscherlich,* Arbeitskampfrecht, S. 116 f.; ohne nähere Begründung *Otto,* Arbeitskampfrecht, § 9 Rn. 6.

639 BVerfG v. 18.12.1984, E 68, 1 (84 ff.); *Jarass,* in: Jarass/Pieroth, Art. 59 GG Rn. 11 (anders noch *ders.,* DÖV 1975, 117 [118 ff.]); *Kempen,* in: v. Mangoldt/Klein/Starck, Art. 59 GG Rn. 58; *Kunig,* in: Graf Vitzthum, Völkerrecht, 2. Abschnitt Rn. 85, 104; *Miehsler,* FS Verdross, 547 (570 ff.); *Nettesheim,* in: Maunz/Dürig, Art. 59 GG Rn. 122; *Stein/v. Buttlar,* Völkerrecht, Rn. 70.; a. A. *Dahm,* Völkerrecht III, S. 98 f.; *Mitscherlich,* Arbeitskampfrecht, S. 116 f.; *Mahrenholz,* Sondervotum zu BVerfG v. 18.12.1984, E 68, 1, 111 (127 ff.); *Streinz,* in: Sachs, Art. 59 Rn. 43; *ders.,* Staatsrecht III, Rn. 210.

640 BVerfG v. 18.12.1984, E 68, 1 (84, 87 ff.); *Calliess,* in: Isensee/Kirchhof, HandbStaatsR, § 83 Rn. 25; *Kunig,* in: Graf Vitzthum, Völkerrecht, 2. Abschnitt Rn. 85. Nach Lesart des Bundesverfassungsgerichts a. a. O. kommt auch eine analoge Anwendung der Norm auf völkerrechtliche Vorbehalte nicht in Betracht; dagegen *Rojahn,* in: v. Münch/Kunig, Art. 59 GG Rn. 58.

641 *Kempen,* in: v. Mangoldt/Klein/Starck, Art. 59 GG Rn. 58.

642 *Pernice,* in: Dreier, Art. 59 GG Rn. 39.

643 Sämtliche Erklärungen aller Vertragsstaaten zur Europäischen Sozialcharta und der revidierten Fassung können auf http://conventions.coe.int/Treaty/Commun/ListeDeclarations.asp?NT=035&CL=ENG&VL=1 und auch http://conventions.coe.int/Treaty/Commun/ListeDeclarations.asp?NT=163&CL=ENG&VL=1 eingesehen werden.

644 *Giegerich,* ZaöRV 55 (1995), 713 (719); *Walter,* in: Dörr/Schmalenbach, Art. 19 WVRK Rn. 1; *Winkler,* Vorbehalte, S. 3; zur Entwicklung des Begriffs *Kühner,* Vorbehalte, S. 8 ff., 53 ff. m. z. N.; zur Anwendbarkeit der Vertragsrechtskonvention vgl. S. 22 ff.

645 *Giegerich,* ZaöRV 55 (1995), 713 (719); *Herdegen,* Völkerrecht, § 15 Rn. 10; *Kunig,* in: Graf Vitzthum, Völkerrecht, 2. Abschnitt Rn. 104.

sig sind.[646] In der Europäischen Sozialcharta findet sich keine Aussage zu Vorbehalten und damit kein ausdrückliches Verbot, sie zu erklären.[647] Ein Vorbehalt ist jedoch gem. Art. 19 lit c. WVRK ausgeschlossen, wenn er dem Zweck und Ziel des Vertrages zuwiderläuft.[648] Es ist unklar, ob dies bezogen auf das Streikverbot für Beamte der Fall ist, weil anderen Arbeitnehmern das Streikrecht zusteht. Es gilt zu beachten, dass die Europäische Sozialcharta ein Menschenrechtsabkommen darstellt. Diese sind auf die Fortentwicklung der Menschenrechte ausgerichtet. Demgemäß müssen Vorbehalte besonders gerechtfertigt sein, weil durch sie ansonsten der status quo gefestigt würde. Das widerspricht der Vorstellung, die Entwicklung der jeweils gewährleisteten Rechte voranzutreiben.[649] Selbst wenn das teilweise Streikverbot also nicht gegen den Vertragszweck verstößt, kann sich die Unzulässigkeit eines Vorbehalts aus der Auslegung des jeweiligen Vertrages ergeben. Aus den umfangreichen Regelungen betreffend die Annahme der Europäischen Sozialcharta in Art. 20 ESC kann im Umkehrschluss folgen, dass allgemeine Vorbehalte nicht zulässig sein sollen. Vielmehr bietet Art. 20 ESC bereits flexible Möglichkeiten, einzelne Artikel der Europäischen Sozialcharta nicht oder nur teilweise anzunehmen. Gem. Art. 20 Nr. 1 lit. b ESC zählt Art. 6 ESC zu denjenigen Bestimmungen, von denen die Vertragsparteien einige „als für sich bindend“[650] ansehen müssen. Den Bestimmungen lässt sich nicht entnehmen, dass daneben weitere formelle Einschränkungen möglich sein sollen.[651] Einer solchen detaillierten Regelung hätte es dann nicht bedurft. Vielmehr hätte es jedem Staat überlassen werden können, durch Vorbehalte die Reichweite seiner Bindung an die Europäische Sozialcharta selbst zu bestimmen. Der Nachteil von Vorbehalten für die Rechtsanwendung ist jedoch, dass durch sie relative vertragsbezogene Rechtsverhältnisse entstehen und sich die jeweiligen Verpflichtungen der Vertragsstaaten deshalb nicht mehr dem Vertragstext selbst entnehmen lassen.[652] Sie können nur unter Berücksichtigung des jeweiligen Vorbehalts ermittelt werden. Darüber hinaus besteht die Gefahr, dass Vorbehalte zu Einbußen der normativen Kraft des Vertra-

646 *Hobe/Kimminich,* Völkerrecht, S. 214; *Treviranus,* GYIL 25 (1982), 515 (517 f., 519).

647 Beispiele sind Art. 1 Abs. 1 Völkerbundsatzung oder in Art. 12 Abs. 1 der Genfer Konvention über den Festlandsockel (UNTS Vol. 499 S. 311), vgl. dazu *Graf Vitzthum,* in: Graf Vitzthum, Völkerrecht, 1. Abschnitt Rn. 121.

648 *Graf Vitzthum,* in: Graf Vitzthum, Völkerrecht, 1. Abschnitt Rn. 121; *Stein/v. Buttlar,* Völkerrecht, Rn. 77; *Walter,* in: Dörr/Schmalenbach, Art. 19 WVRK Rn. 66 ff.

649 *Giegerich,* ZaöRV 55 (1996), 713 (772).

650 consider itself bound, considérer comme liée.

651 *Mitscherlich,* Arbeitskampfrecht, S. 117; a. A. *Miehsler,* FS Verdross, 547 (569), wonach auch unter Berücksichtigung des Art. 20 ESC grundsätzlich Vorbehalte gegen die Europäische Sozialcharta möglich sein sollen.

652 *Graf Vitzthum,* in: Graf Vitzthum, Völkerrecht, 1. Abschnitt Rn. 122.

ges führen.[653] Dieser Nachteil sollte durch Art. 20 ESC vermieden werden. Die Rechte der Europäischen Sozialcharta sollen nur aufgrund Art. 31 Abs. 1 ESC eingeschränkt werden können. Dies soll nicht durch anderweitige Gestaltungen umgangen werden können.

Die Entstehungsgeschichte der Europäischen Sozialcharta und insbesondere die des Art. 6 Nr. 4 ESC waren geprägt von den unterschiedlichen Vorstellungen der beteiligten Akteure hinsichtlich der Inhalte und vor allem Verbindlichkeit des Vertrages an sich sowie einzelner Rechte.[654] Die Diskussion mündete schließlich in teils zurückhaltenden Formulierungen der durch die Europäischen Sozialcharta gewährten Rechte und sowie den umfangreichen Regelungen des Art. 20 ESC zur Annahme dieser Rechte. Somit enthält Art. 20 ESC Wahlklauseln.[655] Berücksichtigt man zusätzlich die Entstehungsgeschichte der Europäischen Sozialcharta, kommt man zu dem Ergebnis, dass Erklärungen, die die Anwendbarkeit einzelner Normen betreffen, keinesfalls wirksam sein können. Anderenfalls würden die Bestimmungen, die bereits ein Mindestmaß an Konsens darstellen, umgangen und damit der Vertragszweck konterkariert.[656] Ein Vorbehalt zu einer vorbehaltsersetzenden Maßnahme ist daher unzulässig.

Selbst wenn man Vorbehalte gegen die Europäische Sozialcharta für zulässig erachtet, stellte die Deklaration der Bundesregierung vom 28. September 1961 keinen wirksamen Vorbehalt dar. Es fehlt an der ausdrücklichen Erklärung, die Bestimmungen des Art. 6 Nr. 4 ESC im genannten Umfang nicht als für sich bindend zu akzeptieren.[657] Zwar muss ein Vorbehalt nicht ausdrücklich als solcher bezeichnet werden.[658] Der Zweck des Vorbehalts, die sich aus dem Vertrag für den Vorbehaltsstaat ergebenden rechtlichen Verpflichtungen einzuschränken, muss allerdings zum Ausdruck kommen.[659] Der Wortlaut deutet darauf hin, dass es sich um einen Hinweis beziehungsweise eine unverbindliche Meinungsäußerung handelt. Es wird lediglich ausgesagt, dass die Gewährleistungen des Art. 6 Nr. 4 ESC aus der Sicht der Bundesregierung auf bestimmte Personengruppen nicht anzuwenden seien. Gemeint sind damit Beamte, Richter und Soldaten. Es wird nicht deutlich, dass die Bundesrepublik Deutschland mit

---

653 *Hobe/Kimminich,* Völkerrecht, S. 213: Die normative Kraft des Vertrages kann „verwässert“ werden.

654 Dazu oben S. 7 ff.

655 *Hüfner/Sieberns/Weiß,* Menschenrechtsverletzungen, S. 347 f.: „Gemischtwarenladen-Prinzip“.

656 *Mitscherlich,* Arbeitskampfrecht, S. 117.

657 *Mitscherlich,* Arbeitskampfrecht, S. 117.

658 *Herdegen,* Völkerrecht, § 15 Rn. 21; *Kühner,* Vorbehalte, S. 15 f.; *Stein/v. Buttlar,* Völkerrecht, Rn. 72

659 *Herdegen,* Völkerrecht, § 15 Rn. 21; *Stein/v. Buttlar,* Völkerrecht, Rn. 73; *Walter,* in: Dörr/Schmalenbach, Art. 19 WVRK Rn. 3.

dieser Erklärung einen entsprechenden Vorbehalt erklären wollte. Dem kann man entgegenhalten, dass der formelle Begriff des Vorbehalts des Art. 2 lit. d WVRK mangels Inkrafttretens der Vertragsrechtskonvention nicht zwingend erforderlich war. Gleichwohl muss jedenfalls ein entsprechender Wille erkennbar sein. Dies ist aufgrund des zurückhaltenden Wortlauts der Erklärung nicht der Fall.

Für die Annahme eines Vorbehalts spricht nicht, dass der Europäische Ausschuss für Soziale Rechte ein Streikverbot für im öffentlichen Dienst Beschäftigte unter den Voraussetzungen des Art. 31 Abs. 1 ESC zulässt.[660] Dies hängt nicht mit einem eventuellen Vorbehalt der Bundesrepublik Deutschland zusammen.[661] Zunächst stellte der Ausschuss – ohne sich zu ihrer Rechtsnatur zu äußern – lediglich fest, dass die Deklaration keinesfalls bewirke, dass eine ganze Personengruppe vom Schutzbereich des Art. 6 Nr. 4 ESC ausgenommen werde.[662] Später präzisierte er diese Äußerung und führte aus, dass die Erklärung entgegen der Auffassung der Bundesregierung der Bundesrepublik Deutschland keinesfalls die Rechtswirkung eines förmlichen Vorbehalts habe. Das an sämtliche Beamten gerichtete Streikverbot verstoße daher gegen Art. 6 Nr. 4 ESC.[663] Der Europäische Ausschuss für Soziale Rechte stützt seine Argumentation auf die Systematik der Europäischen Sozialcharta. Abseits der durch Art. 20 ESC eingeräumten Möglichkeiten, nur bestimmte Verpflichtungen aus der Europäischen Sozialcharta zu übernehmen, seinen Vorbehalte unzulässig.[664] Somit hat die Deklaration keinen Einfluss auf die Auffassung des Europäischen Ausschusses für Soziale Rechte.

gg) Ergebnis zum Beamtenbegriff

Beamte fallen nach alledem in den Schutzbereich des Art. 6 Nr. 4 ESC. Der im deutschen Recht wurzelnde Unterschied zwischen Beamten und sonstigen Arbeitnehmern ist, dass die Arbeitsbedingungen gesetzlich und nicht privatvertraglich festgelegt werden. Für den Arbeitnehmerbegriff der Europäischen Sozialcharta maßgebend ist indes, ob eine Person im Rahmen ihrer Erwerbstätigkeit von einer anderen rechtlich oder persönlich abhängig ist. Beamte stehen ihrem Arbeitgeber wie sonstige Arbeitnehmer abhängig gegenüber. Eine andere Bewertung folgt nicht aus dem Umstand, dass für gewisse hoheitliche Tätigkeiten jedenfalls das Streikrecht des Art. 6 Nr. 4 ESC ausgeschlossen oder

660 conclusions IV, S. 48 f.; *Zanetti* geht in seinem Sondervotum zu conclusions IV, S. 132 davon aus, dass das Streikverbot sich auf den gesamten öffentlichen Dienst erstrecken kann. Dies könne gem. Art. 31 Abs. 1 ESC gerechtfertigt sein (vgl. oben Fn. 608 und 619).

661 Vgl. zu den Möglichkeiten, Art. 6 Nr. 4 ESC einzuschränken unten S. 123 ff. und S. 127 ff.

662 conclusions I, S. 184 f.

663 conclusions IV, S. 49; conclusions V, S. 49 f.; conclusions VII, S. 39.

664 conclusions IV, S. 49; conclusions V, S. 49 f.

zumindest beschränkt sein muss. Nötig sind Ausnahmen insbesondere in den Bereichen Militär und Polizei, also dort, wo für die Allgemeinheit unverzichtbare und an Private unveräußerliche hoheitliche Tätigkeiten unmittelbar betroffen sind. Diese Notwendigkeit ist jedoch bereits gesehen worden, als die Europäische Sozialcharta geschaffen wurde. Sie enthält demgemäß in Art. 5 S. 2 und 3 ESC und Art. 31 ESC sowie im Anhang zu Art. 6 ESC Mechanismen, um dieses Spannungsverhältnis im Einzelfall aufzulösen.[665] Die Frage nach der Herausnahme der Beamten aus dem Schutzbereich oder dessen Einschränkung ist folglich nicht die nach der grundsätzlichen Gewährleistung der Rechte gem. Art. 6 Nr. 4 ESC, sondern nach den Grenzen. Das bisherige Ergebnis, nach dem auf die Weisungsabhängigkeit abzustellen ist, lässt sich damit zumindest im Grundsatz auf sämtliche im öffentlichen Dienst Beschäftigten übertragen. Die Abgrenzung hat daher allgemein materiell anhand der Weisungsabhängigkeit und nur ausnahmsweise funktionell zu erfolgen. Aus alledem folgt, dass Beamte Arbeitnehmer i. S. von Art. 6 Nr. 4 ESC sind.

h) Zusammenfassung

Die typologische Auslegung des Art. 6 Nr. 4 ESC ergibt, dass die Arbeitnehmereigenschaft i. S. von Art. 6 Nr. 4 ESC grundsätzlich anzunehmen ist, wenn eine Person fremdbestimmt für einen anderen Arbeitsleistungen erbringt. Es kommt dabei nicht darauf an, ob diese Abhängigkeit auf Vertrag oder Gesetz beruht, sondern darauf, dass der Erwerbstätige unselbstständig in den Arbeitsprozess des Arbeitgebers eingegliedert ist. Dabei kann die bloß wirtschaftliche Abhängigkeit ausreichen, wenn sie hinsichtlich der Intensität mit der rechtlichen oder persönlichen Abhängigkeit vergleichbar ist und aus diesem Grund ein Schutzbedürfnis für diese Person besteht. Dazu zählen auch Beamte. Nur wer tatsächlich sowohl rechtlich, persönlich als auch wirtschaftlich unabhängig ist, ist nicht schutzbedürftig und somit kein Arbeitnehmer i. S. des Art. 6 Nr. 4 ESC.

2. Individuelle oder kollektive Ausübung des Streikrechts i. S. des Art. 6 Nr. 4 ESC

Es ist danach zu fragen, durch wen die Rechte in Art. 6 Nr. 4 ESC wahrgenommen werden können. Sowohl Kollektivverhandlungen als auch kollektive Maßnahmen als solche können nicht von einem Einzelnen allein durchgeführt werden. Das folgt aus dem Bezug auf das Kollektiv, so dass Art. 6 Nr. 4 ESC ein Recht mit kollektiver Dimension darstellt. Ein Verbund der Individuen ist jedenfalls nötig.[666] Daraus ergibt sich aber nicht ohne weiteres, ob sich der einzelne

---

665 Zu den Grenzen der Rechtswirkung ausführlich unten S. 123 ff.

666 conclusions XV-1, vol. 1, S. 197 „a group of non-unionised workers"; conclusions XVI-1, vol. 1, S. 210; „any collectivity of workers"; conclusions XVI-1, vol. 2, S. 472:

Arbeitnehmer auf das Recht berufen kann und es mit anderen kollektiv ausübt oder ob dies nur Organisationen dürfen, die bestimmte gesetzliche Vorgaben erfüllen.[667] Denn unter den Begriff der kollektiven Maßnahme kann auch die planmäßige kollektive Ausübung individueller Rechte subsumiert werden.[668] Mithin ist nicht zwingend, dass das Kollektiv ein Synonym für die Organisation i. S. von Art. 6 Nr. 2 ESC oder gar eine Gewerkschaft[669] Träger des Rechts aus Art. 6 Nr. 4 ESC ist. Es ist also zu bestimmen, ob das Streikrecht individuell durch die einzelnen Arbeitnehmer in einem Arbeitnehmerverbund ausgeübt werden kann oder ob dies nur möglich ist, wenn eine gesellschaftsrechtlich verfasste Organisation vorhanden ist. Die Frage hat erhebliche Auswirkungen auf die Weite des Schutzbereiches und damit nicht zuletzt auf die innerstaatliche Umsetzung der Gewährleistungen.[670] Die Diskussion ist eng mit der Frage nach der Zulässigkeit nichtgewerkschaftlicher Streiks und eines solchen von „ad hoc"-Koalitionen verbunden.

a) Wortlaut

Art. 6 Nr. 4 ESC bezeichnet in seinem Wortlaut nur die individuellen Personen und nicht deren Organisationen.[671] Der Wortlaut „Arbeitnehmer"[672] und „Arbeitgeber"[673] deutet darauf hin, dass sich lediglich der Einzelne und nicht das Kollektiv, das heißt die Arbeitgeber- und Arbeitnehmerverbünde als solche auf das Recht auf kollektive Maßnahmen berufen können und es sich somit um ein Individualrecht handelt.[674] Zwar sind in den verbindlichen Texten sowohl Arbeitgeber als auch Arbeitnehmer im Plural gefasst, es lässt sich anders jedoch nicht formulieren, dass es ein Recht aller Arbeitgeber und Arbeitnehmer ist. Daraus folgt nicht zwangsläufig, dass sich das Kollektiv auf dieses Recht berufen kann. Dem Wortlaut nach gewährleistet Art. 6 Nr. 4 ESC

„any group of workers"; conclusions 2004, vol. 2, S. 565 f.; conclusions XVIII-1, vol. 1, S. 135: „a strike committee", conclusions XVI-1, vol. 1, S. 319 f., conclusions XVIII-1, vol. 2, S. 429 und conclusions 2002, S. 185: „an ordinary group of workers without any legal status"; *Czycholl/Frieling,* ZESAR 2011, 322 (325): „irgendwie organisierte[s] Kollektiv". Im Folgenden wird der neutrale Begriff des „Arbeitnehmerverbundes" gebraucht.

667 In der englischen Literatur wird die Diskussion unter den Schlagworten organic doctrine (organschaftliche Auffassung) und individualistic doctrine (individualistische Auffassung) geführt, vgl. *Ben-Israel,* in: Blanpain, Strikes, 1 (6 f.).

668 *Czycholl/Frieling,* ZESAR 2011, 322 (325).

669 Davon gehen *Hueck/Nipperdey,* Lehrbuch II/2, S. 925 ohne weiteres aus.

670 Dazu unten S. 326 ff.

671 *Däubler,* in: Agnelli, Arbeitskampf, 103 (126).

672 workers, travailleur.

673 employers, employeurs.

674 *Czycholl/Frieling,* ZESAR 2011, 322 (324); *Seiter,* Streik- und Aussperrungsrecht, S. 193; *Witter,* Aspekte, S. 52.

sowohl Arbeitgebern als auch Arbeitnehmern das Recht auf kollektive Maßnahmen.[675] Demnach können auch nichtgewerkschaftliche Organisationen und solche ohne jeden rechtlichen Status vom Schutzbereich des Art. 6 Nr. 4 ESC umfasst sein.[676] Die Norm enthält die Worte „Gewerkschaft“ oder „Organisation“ nicht. Darüber hinaus stellt der Begriff „Gesamtarbeitsvertrag“[677] kein Synonym für einen Tarifvertrag nach deutschem Verständnis dar. Vielmehr ist dort eine Kollektivvereinbarung gemeint.[678] Daraus folgt, dass auch andere Parteien als Gewerkschaften oder sonstige Vereinigungen die Rechte des Art. 6 Nr. 4 ESC wahrnehmen können und in Konsequenz nicht lediglich ein gewerkschaftlicher Streik geschützt ist. Art. 6 Nr. 4 ESC enthält keinen Hinweis darauf, dass nur rechtlich verfassten Organisationen die Rechte zustehen sollen. Das spricht ebenfalls dafür, dass es sich um ein Individualrecht handelt, das von einem Arbeitnehmerverbund ausgeübt werden kann.[679]

Dem widerspricht nicht, dass die kollektive Maßnahme unabhängig davon, ob sie verbandsgetragen ist oder nicht, letztlich vom individuellen Arbeitnehmer durchgeführt wird.[680] Von außen betrachtet handelt es sich sowohl bei einer individualistischen als auch bei einer organschaftlichen Betrachtungsweise stets um die Arbeitsniederlegung eines Einzelnen. Der Arbeitnehmer und nicht eine Gewerkschaft oder eine sonstige Organisation stellt die Arbeit ein. Dadurch wird der wirtschaftliche Druck erreicht, der durch einen Streik beabsichtigt ist. Diese Feststellung hilft allerdings nicht weiter, wenn es darum geht, den Rechtscharakter des Art. 6 Nr. 4 ESC zu bestimmen. Aus der Tatsache, dass der Streik auf dem Verhalten des oder der einzelnen Arbeitnehmer beruht, lassen sich also keine Anhaltspunkte ableiten, ob Art. 6 Nr. 4 ESC ein individuelles oder organschaftliches Streikrecht enthält. Der Wortlaut spricht allerdings dafür, dass es sich um ein individuelles Recht handelt, das kollektiv durch einen Arbeitnehmerverbund ausgeübt wird.

b) Systematik

Innerhalb des Art. 6 ESC wird zwischen Individuen und deren Organisationen differenziert.[681] In Art. 6 Nr. 1-3 ESC sowie Teil I Nr. 6 ESC sind die Begriffe

---

675 Dazu oben S. 71 ff.

676 *Witter,* Aspekte, S. 52.

677 collective agreements, conventions collectives.

678 *Ramm,* AuR 1967, 97 (109); *ders.,* AuR 1971, 65 (72 f.); *Mitscherlich,* Arbeitskampfrecht, S. 120; *Witter,* Aspekte, S. 52 f.; vgl. dazu die Ausführungen zu den zulässigen Gegenständen von Kollektivverhandlungen oben S. 63 ff.

679 Vgl. dazu conclusions XV-1, vol. 2, S. 367, wonach theoretisch ein gewerkschaftlicher Streik durch eine einzelne Person denkbar sei.

680 *Kovács,* CLLPJ 26 (2006), 445 (458).

681 *Czycholl/Frieling,* ZESAR 2011, 322 (325); *Mitscherlich,* Arbeitskampfrecht, S. 120 f.

„Arbeitnehmer“[682], „Arbeitgeber“[683], „Arbeitgeberorganisationen“[684] und „Arbeitnehmerorganisationen“[685] enthalten. Art. 6 Nr. 4 ESC benennt im Gegensatz dazu nur „Arbeitnehmer“ und „Arbeitgeber“. Wenn Art. 6 Nr. 2 ESC demgegenüber von Organisationen spricht, lässt dies sogar den Schluss zu, dass die Anforderungen an Vereinigungen von Arbeitnehmern und Arbeitgebern i. S. des Art. 6 Nr. 4 ESC niedriger sind.[686] Dies spricht ebenfalls für das Ergebnis der Wortlautauslegung.[687] Art. 6 Nr. 2 ESC nennt ausdrücklich neben den Individuen deren Organisationen. Wenn dies in Art. 6 Nr. 4 ESC nicht der Fall ist, deutet dies auf ein individuelles Recht hin.[688]

Zu beachten ist der unmittelbar vor Art. 6 ESC verortete Art. 5 S. 1 ESC, der die Vereinigungsfreiheit regelt. Dort enthalten ist das Recht der Arbeitnehmer und Arbeitgeber, örtliche, nationale oder internationale Organisationen zum Schutze ihrer wirtschaftlichen und sozialen Interessen zu bilden und diesen Organisationen beizutreten. Dass sich deswegen nicht nur die Mitglieder selbst, sondern auch die gemäß dieser Norm gegründeten Organisationen auf dieses Recht berufen, ist damit nicht ausgesagt. Allerdings geht es in Art. 5 S. 1 ESC gerade um die Organisation als solche, was darauf hindeutet, dass ihr selbst die Rechte zustehen. Eine kollektive Ausübung eines „Organisationsindividualrechts“ ist schwerlich denkbar. Folglich garantiert Art. 5 S. 1 ESC den Organisationen selbst die Vereinigungsfreiheit.[689] Da die Norm allerdings explizit das Ziel des Schutzes wirtschaftlicher und sozialer Interessen nennt, sind nicht beliebige, sondern die sich gegenüberstehenden Sozialpartner gemeint. Dieser Organisationsbegriff des Art. 5 S. 1 ESC gilt wegen des systematischen Zusammenhangs im Normgefüge der Europäischen Sozialcharta jedenfalls für Art. 6 Nr. 2 ESC, weil dort von „Arbeitnehmerorganisationen“ die Rede ist und in Art. 5 S. 1 ESC von „Organisationen der Arbeitnehmer“. Mit diesen Umschreibungen ist dasselbe gemeint.

Daraus ergibt sich nicht, ob dieser Organisationsbegriff auch für Art. 6 Nr. 4 ESC gilt, denn dort sind diese Organisationen gerade nicht genannt. Man kann davon ausgehen, dass Art. 5 ESC die allgemeinen möglichen und zulässigen

---

682 workers, travailleur.

683 employers, employeurs.

684 employers‘ organisations, les organisations d’employeurs.

685 workers‘ organisations, les organisations de travailleurs.

686 *Mitscherlich,* Arbeitskampfrecht, S. 122; *Witter,* Aspekte, S. 50.

687 Dazu soeben S. 100 f. Demgegenüber geht *Tomandl,* Streik und Aussperrung, S. 100 wegen des Bezugs auf „Kollektiv*verträge*“ (Hervorhebung durch Verfasser) von einem organschaftlichen Verständnis aus.

688 A. A. *Tomandl,* Streik und Aussperrung, S. 100.

689 *Eitel,* Ungleichbehandlung, S. 131; *Kitz,* in: Mosler/Bernhardt, Koalitionsfreiheit, 1073 (1088); *Sproedt,* Koalitionsfreiheit und Streikrecht, S. 11.

Ziele einer Organisation nennt und Art. 6 ESC diese spezifisch für das Recht auf Kollektivverhandlungen ausgestaltet.[690] Dann wären nur Arbeitnehmerorganisationen i. S. des Art. 5 S. 1 ESC Träger der Rechte des Art. 6 Nr. 4 ESC. Dagegen spricht allerdings neben dem Wortlaut des Art. 6 Nr. 4 ESC und der inneren Systematik der Norm wiederum, dass im Gegensatz zu Art. 5 S. 1 ESC eine kollektive Ausübung des Rechts auf Kollektivverhandlungen und kollektive Maßnahmen denkbar ist. Hierfür ist nicht Voraussetzung, dass eine Organisation im gesellschaftsrechtlichen Sinne vorliegt. Ein „irgendwie organisierte[s] Kollektiv"[691] genügt.

Darüber hinaus enthält Art. 6 Nr. 4 Halbs. 2 ESC keinen Anhaltspunkt für ein Gewerkschafts- oder sonstiges Vereinigungsmonopol. Wie in Art. 6 Nr. 2 ESC ist dort im deutschen Text das Gestaltungsmittel des „Gesamtarbeitsvertrages" genannt. Aus den verbindlichen Texten folgt allerdings, dass es sich lediglich um kollektive Vereinbarungen handeln muss. Dies ist ein Bedeutungsunterschied.[692] Kollektivvereinbarungen können ebenso von anderen Parteien als Gewerkschaften geschlossen werden, so dass sich nicht ausschließlich diese auf Art. 6 Nr. 4 ESC berufen können. Der Vorbehalt des Art. 6 Nr. 4 Halbs. 2 ESC widerspricht dem nicht, sondern belegt lediglich, dass Kollektivvereinbarungen bestehen können. Wer diese abschließen kann, besagt die Norm dagegen nicht. Um einen nur von Gewerkschaften abzuschließenden Tarifvertrag muss es sich dabei nicht handeln.[693]

Die Systematik spricht daher insbesondere wegen des fehlenden Bezugs auf „Arbeitnehmerorganisationen" dafür, dass es sich bei Art. 6 Nr. 4 ESC um ein individuelles Recht handelt, dass lediglich kollektiv ausgeübt werden kann.

c) Zweck

Das Recht auf Kollektivverhandlungen soll gem. Art. 6 Nr. 4 ESC effektiv ausgeübt werden können und dementsprechend gewährleistet sein. Die verbindlichen Texte nennen im Einleitungssatz des Art. 6 ESC *the effective exercise of the right to bargain collectively* und *l'exercice effectif du droit à une rémunération équitable*. Die Effektivität der von den Vertragsstaaten bereitgestellten Mechanismen bildet folglich den Maßstab. Dabei konkretisiert die Norm nicht näher, auf welche Weise dies zu erfolgen hat. Die Effektivität ist allerdings beeinträchtigt, wenn an die Ausübung der Rechte besondere Anforderungen gestellt werden. Zweck des Art. 6 Nr. 4 ESC ist es, im Falle von Interessenkonflikten ei-

---

690 *Kitz,* in: Mosler/Bernhardt, Koalitionsfreiheit, 1073 (1088); *Mitscherlich,* Arbeitskampfrecht, S. 122 (dort Fn. 398) sieht dies als „selbstverständlich" an.

691 *Czycholl/Frieling,* ZESAR 2011, 322 (325) sowie Nachweise in Fn. 674.

692 Dazu oben S. 69 ff.

693 Näher sogleich S. 107 ff.

ne Einigung der Parteien durch eine kollektive Vereinbarung zu erreichen. Dies kann gleichermaßen durch eine rechtlich verfasste Organisation als auch durch einen Arbeitnehmerverbund erreicht werden. Einfacher und damit effektiver ist es jedoch, wenn sich die Arbeitnehmer unabhängig von gesellschaftsrechtlichen Voraussetzungen zusammenfinden können, um Kollektivverhandlungen zu führen und das Recht auf kollektive Maßnahmen auszuüben. Diese höhere Effektivität spricht für ein kollektiv ausgeübtes Individualrecht.

Es kann entgegenstehen, dass Gewerkschaften und Arbeitgeberverbände die klassischen Organisationsformen der Sozialpartnerschaft sind und dieses Verständnis der Europäischen Sozialcharta zugrundeliegt. Der Streik hat seiner historischen Entwicklung nach klassischerweise den Bezug zur Gewerkschaft.[694] Als bedeutendstes Kampfmittel der Arbeitnehmerseite hat er gerade nicht die Bedeutung eines zwar kollektiv, aber unabhängig von einem Verband ausgeübten Individualrechts, sondern ist Ausdruck der planmäßigen und gemeinschaftlichen Störung des Arbeitsfriedens.[695] Das spricht gegen ein individuelles Streikrecht. Diese Ausgestaltung ist allerdings nicht in allen Ländern bekannt.[696] Zudem ist bei einer individualistischen Betrachtung nicht ausgeschlossen, dass sich Gewerkschaften, die rechtlich verfasste Organisationen darstellen, ebenso auf dieses Recht berufen können. Dies lässt sich damit begründen, dass nicht die Gewerkschaft, sondern die ihr angehörigen Arbeitnehmer die Rechte des Art. 6 Nr. 4 ESC ausüben. Gewerkschaften erfüllen also jedenfalls die Voraussetzungen eines Arbeitnehmerverbundes im hier beschriebenen Sinne. Regelmäßig können sie die Interessen der Arbeitnehmer sogar besser vertreten, als diese es sonst können. Daher ist die Effektivität der Ausübung gewahrt. Die Tatsache, dass die einer Gewerkschaft angehörigen Arbeitnehmer die Rechte aus Art. 6 Nr. 4 ESC ebenfalls ausüben können, spricht daher weder für noch gegen ein individuelles Recht. Der Zweck einer möglichst effektiven Ausübung des Streikrechts kann jedoch besser erreicht werden, wenn die Arbeitnehmer nicht auf Gründung oder Beitritt zu einer Gewerkschaft angewiesen sind. Dazu muss es sich um ein ihnen individuell zustehendes Recht handeln.

d) Verhältnis zu sonstigen Organisationen

aa) „ad hoc"-Koalitionen

Nimmt man ein individuelles Recht an, könnten mit Blick auf die Konsequenz insbesondere „ad hoc"-Koalitionen vom Schutzbereich des 6 Nr. 4 ESC ausge-

---

694 Ob das Streikrecht in Art. 6 Nr. 4 ESC das erste völkerrechtlich erwähnte ist oder nicht, ist dabei von untergeordneter Rolle, vgl. dazu *Lörcher,* in: Däubler, Arbeitskampfrecht, § 10 Rn. 20; *Wiese,* JfIR 16 (1973), 328 (341 mit Fn. 66 und w. N.).

695 Statt aller *Kissel,* Arbeitskampfrecht, § 39 Rn. 1.

696 *Ben-Israel,* in: Blanpain, Strikes, 1 (6 f.).

nommen sein. Das sind solche, bei denen sich die Teilnehmer kurzfristig und gegebenenfalls lediglich zu einem einzigen Zweck zusammenfinden.[697] Daran wird kritisiert, dass den „ad hoc"-Koalitionen grundsätzlich das Streikrecht im Falle eines Interessenkonflikts zustehe und daher die Gefahr bestehe, dass es zu dauernden und unkontrollierbaren Streiks kommen könne.[698] Es spreche für ein organschaftliches Verständnis, dass jeweils ein bestimmter Verband als sozialer Gegenspieler bereitstehe, mit dem verhandelt werden könne. Dieser Verband sei nach Abschluss der Verhandlungen an die getroffenen Kollektivvereinbarungen gebunden, was bei bloßen „ad hoc"-Koalitionen nicht der Fall sei und zumindest die Umsetzung im Betrieb erschwere.[699] Das spreche dafür, zumindest diese Vereinigungen aus dem Schutzbereich des Art. 6 Nr. 4 ESC auszunehmen und daher insgesamt für ein organschaftliches Verständnis.

Dem ist allerdings entgegenzuhalten, dass die Ausgestaltung der Gewährleistung eine Frage der innerstaatlichen Umsetzung ist. Es ist nicht gesagt, dass zwingend eine Organisation verhandeln muss, um anschließend an die Kollektivvereinbarungen gebunden zu sein.[700] „ad hoc"-Koalitionen müssen nicht per se aus dem Anwendungsbereich des Art. 6 Nr. 4 ESC ausgenommen werden. Der wesentliche Unterschied zu sonstigen Organisation ist die Dauerhaftigkeit eines solchen Verbundes. Im Gegensatz zu diesen entstehen „ad hoc"-Koalitionen spontan aus oder zu einem bestimmten Anlass. Der Wortlaut des Art. 6 Nr. 4 ESC differenziert nicht zwischen dauerhaften und sonstigen Koalitionen.[701] Die Norm verlangt keine Dauerhaftigkeit, sondern setzt lediglich voraus, dass es sich um einen Verbund von Arbeitnehmern handelt.[702] Es ist kein Grund ersichtlich, warum das in Art. 6 ESC genannte Recht auf Kollektivverhandlungen mit dem dargelegten Inhalt nur Organisationen zustehen soll, die dauerhaft sowie rechtlich verfasst bestehen wollen. Es ist vorstellbar, dass für einen einmaligen Zweck gegründete Vereinigungen mehrerer Arbeitnehmer kollektiv verhandeln und zu einem Ergebnis in Form einer kollektiven Vereinbarung kommen. Dies ist insbesondere in Unternehmen wichtig, in denen der gewerkschaftliche Organisationsgrad niedrig ist. Unabhängig davon sind die

697 *Däubler,* in: Agnelli, Arbeitskampf, 103 (127).

698 *Kovács,* CLLPJ 26 (2006), 445 (458); *Mitscherlich,* Arbeitskampfrecht, S. 120; *Rieble,* RdA 2005, 200 (210); *E. Schneider,* Vereinbarkeit, S. 97; *Sproedt,* Koalitionsfreiheit und Streikrecht, S. 78 ff.

699 *Kovács,* CLLPJ 26 (2006), 445 (458); *Mitscherlich,* Arbeitskampfrecht, S. 120; *E. Schneider,* Vereinbarkeit, S. 97; *Sproedt,* Koalitionsfreiheit und Streikrecht, S. 78 ff.

700 Dazu näher unten S. 331 ff.

701 Dazu oben S. 100 ff.

702 conclusions XVI-1, vol. 1, S. 210; conclusions 2004, vol. 2, S. 565 f.; conclusions XVIII-1, vol. 1, S. 135; conclusions XVIII-1, vol. 2, S. 429; conclusions 2002, S. 185; *Czycholl/Frieling,* ZESAR 2011, 322 (325).

Arbeitnehmer in der Regel besser mit den Problemen und Bedürfnissen des Betriebs vertraut.[703] Die „ad hoc"-Koalitionen fallen somit grundsätzlich in den Schutzbereich des Art. 6 Nr. 4 ESC.[704]

Allerdings ist zu berücksichtigen, dass ein gewisser Organisationsgrad auch eines solchen Bündnisses notwendige Voraussetzung ist, um eine sinnvolle Auseinandersetzung zur Lösung des Interessenkonflikts i. S. des Art. 6 Nr. 4 ESC zu gewährleisten.[705] Anderenfalls ist ein zielgerichtetes Verhandeln mit abschließender Einigung nicht denkbar. Es ist offensichtlich, dass die Europäische Sozialcharta, die den möglichst konstruktiven Dialog zwischen Arbeitgeber und Arbeitnehmer durch Art. 6 Nr. 4 ESC ermöglichen möchte, nicht den unkoordinierten und letztlich ausschließlich auf Schädigung ausgerichteten Arbeitskampf schützen möchte. Das folgt aus Art. 6 Nr. 1-3 ESC. Aus deren Systematik ergibt sich, dass jeder Interessenkonflikt mit einer Einigung beigelegt werden soll.[706] Zudem enthalten Art. 31 ESC i. V. mit dem Anhang zu Art. 6 Nr. 4 ESC selbst Möglichkeiten, dieses grundsätzlich gewährleistete Recht einzuschränken.

Bei der Frage, welche Anforderungen an die organisierte Willensbildung zu stellen sind, stellt sich das im deutschen Recht bekannte Problem der sozialen Mächtigkeit. Es ist möglich, dass sich bloß eine kleine Gruppe von Arbeitnehmern zusammenfindet, deren Argumente und womöglich auch deren Streik vom Arbeitgeber nicht als wirtschaftlicher Druck wahrgenommen werden. Der Zweck des Art. 6 Nr. 4 ESC ist es zwar, Verhandlungen zwischen Arbeitnehmern und Arbeitgebern sicherzustellen, allerdings soll durch die Norm lediglich ein Verfahren gewährleistet werden, dass eine Interessenvertretung im nationalen Recht möglich ist. Das Bestehen des Rechts auf kollektive Maßnahmen inklusive des Streikrechts führt nicht dazu, dass sich die Arbeitnehmerinteressen in jedem Fall durchsetzen. Der Interessenkonflikt kann somit zulasten der Arbeitnehmer ausgehen. Dies kann sich bereits daraus ergeben, dass die Arbeitnehmerseite nicht in der Lage ist, genügend Teilnehmer zu mobilisieren. Insofern steht Art. 6 Nr. 4 ESC nicht entgegen, da die Norm nur das Verfahren für die Verhandlungen gewährleisten soll. Diese müssen allerdings nicht zwingend in verbindlichen Vereinbarungen münden.[707] Die Europäische Sozialcharta gewährleistet nicht den Erfolg einer Partei. Ein Scheitern der Verhandlungen ist möglich. Für diesen Fall ist in Art. 6 ESC keine anschließende Zwangsschlich-

703 *Kovács,* CLLPJ 26 (2006), 445 (458).
704 *Czycholl/Frieling,* ZESAR 2011, 322 (325); *Ramm,* AuR 1971, 65 (72).
705 *Däubler,* in: Agnelli, Arbeitskampf, 103 (127); *Kitz,* in: Mosler/Bernhardt, Koalitionsfreiheit, 1073 (1093).
706 Zur Verbindlichkeit dieser Einigung oben S. 69 ff.
707 Dazu oben S. 69 ff.

tung vorgesehen. Die Frage nach einer Zulässigkeit im nationalen Recht stellt sich somit nicht.[708]

bb) Nichtgewerkschaftliche Streiks

Die Argumentation zum nichtgewerkschaftlichen Streik ähnelt derjenigen zu den „ad hoc"-Koalitionen. Die Befürchtung ist ebenfalls, dass sinnvolles Verhandeln sowie das Einhalten einer getroffenen Kollektivvereinbarung nicht möglich sind. Teilweise wird deswegen angenommen, Art. 6 Nr. 4 ESC schütze nur diejenigen Koalitionen, denen auch das Streikrecht zustehen könne. Dieses sei lediglich zur Durchsetzung des Rechts auf Kollektivverhandlungen mit dem Ziel eines Kollektivvertrages i. S. eines Tarifvertrages gewährt.[709] Folglich könne es nur solchen Koalitionen zustehen, die tarifvertragsfähig seien. Nur sie könnten Tarifverträge schließen, so dass auch nur diese durch Art. 6 Nr. 4 ESC geschützt würden.

Unter der Prämisse, dass ausschließlich Gewerkschaften „Gesamtarbeitsverträge" i. S. des Art. 6 Nr. 4 ESC abschließen könnten, weil ein Zusammenhang zwischen Streikrecht und Tarifvertrag bestünde,[710] wäre der Einwand allerdings durchaus berechtigt. Denn da sich nur die Gewerkschaft auf Art. 6

[708] Im deutschen Recht wird die verfassungsrechtliche Zulässigkeit grundsätzlich vor dem Hintergrund der durch Art. 9 Abs. 3 S. 1 GG gewährleisteten Tarifautonomie abgelehnt, *Brox,* in: Brox/Rüthers, Arbeitskampfrecht, Rn. 706; *Gamillscheg,* Grundrechte, S. 97 f.; *Hromadka/Maschmann,* Arbeitsrecht 2, § 20 Rn. 8; *Kissel,* Arbeitskampfrecht, § 70 Rn. 26 ff., 36 mit Hinweis auf BVerfG v. 6.5.1964, E 18, 18 (30); *Otto,* Arbeitskampf- und Schlichtungsrecht, § 22 Rn. 14 ff.; *Reinfelder,* in: Däubler, Arbeitskampfrecht, § 15 Rn. 29; *Reuter,* FS Wiese, 427 (435); *Rüthers,* Tarifautonomie, S. 26 ff.; *Scholz,* in: Maunz/Dürig, Art. 9 GG Rn. 285; *Zachert,* ZRP 1976, 185 (186); wohl auch *Dieterich,* in: ErfK, Art. 9 GG Rn. 288. Allenfalls in extremen Ausnahmesituationen sei eine Zwangsschlichtung denkbar, etwa zum Schutze überragend wichtiger Gemeinschaftsgüter (*Otto,* Arbeitskampf- und Schlichtungsrecht, § 22 Rn. 16) oder bei der grob missbräuchlicher und evidenter Bedrohung gesamtwirtschaftlicher Belange durch tarifpolitische Streitigkeiten (*Scholz,* in: Maunz/Dürig, Art. 9 GG Rn. 285). Der Gesetzgeber müsste für einen solchen Einlassungszwang jedenfalls eine Rechtsgrundlage schaffen, *Reinfelder,* in: Däubler, Arbeitskampfrecht, § 15 Rn. 29; *Rüthers,* Tarifautonomie, S. 32. Kritisiert wird dies wiederum mit dem Argument, dass es keine verlässlichen Kriterien gäbe, um eine solche Extremsituation festzustellen, statt vieler *Kissel,* Arbeitskampfrecht, § 70 Rn. 31 ff. *Gamillscheg,* Kollektives Arbeitsrecht II, S. 1304 geht ebenfalls davon aus, dass Zwangsschlichtung in diesen Situationen zulässig sein soll, wenn zuvor die Rechtswidrigkeit des Arbeitskampfes festgestellt ist. Alleinzuständig soll hierfür das Bundesverfassungsgericht sein. Für die Zulässigkeit staatlicher Zwangsschlichtung unter dem Gesichtspunkt eines gewerkschaftlichen Kartells und ohne ausführliche verfassungsrechtliche Betrachtung *Rasch,* ZRP 1976, 181 (184 f.) mit Kritik von *Zachert,* ZRP 1976, 185 (185 ff.).

[709] So *Weitnauer,* DB 1970, 1639 (1641) sowie für das österreichische Recht *Tomandl,* Streik und Aussperrung, S. 100.

[710] *Seiter,* Streik- und Aussperrungsrecht, S. 194.

Nr. 4 ESC berufen könnte, wäre folglich ausschließlich deren Recht auf kollektive Maßnahmen inklusive dem Streikrecht einschränkbar. Deren Ausübung soll also für die gebundene Partei gänzlich ausgeschlossen werden können. Kollektive Maßnahmen anderer Organisationen wären dann nicht beschränkbar. Da dies nicht gewollt sein kann, müsste man sie aus dem Schutzbereich des Art. 6 Nr. 4 ESC ausnehmen, um anderenfalls schrankenlos durchführbaren kollektiven Maßnahmen begegnen zu können. Gegen diese Sichtweise sprechen aber die verbindlichen englischen und französischen Texte. Danach muss es sich lediglich um Kollektivverträge, das heißt in irgendeiner Form kollektiv abgeschlossene Verträge handeln.[711] Der Begriff ist also nicht mit Tarifverträgen nach deutschem Verständnis deckungsgleich.[712] Diese können gem. § 2 Abs. 1 TVG nur durch Gewerkschaften abgeschlossen werden. Mittels Kollektivverträgen i. S. des Art. 6 ESC können als Ergebnis von Kollektivverhandlungen allerdings Gegenstände geregelt werden, die über ein tariflich regelbares Ziel hinausgehen.[713]

Es wird dabei vom Ergebnis her gedacht und die Gewährleistung von vornherein auf Gewerkschaften begrenzt. Dagegen spricht, dass das Streikrecht eine Konsequenz der Koalitionseigenschaft ist und nicht anders herum.[714] Mittels dieser Argumentation soll der Schutz des nichtgewerkschaftlichen beziehungsweise „wilden" Streiks durch Art. 6 Nr. 4 ESC vermieden werden.[715] Wie bereits mehrfach angesprochen, ist der Inhalt internationaler Abkommen indes authentisch, das heißt unter Zugrundelegung des Inhalts des völkerrechtlichen Vertrages selbst, zu bestimmen. Die Frage nach der innerstaatlichen Wirkung beziehungsweise nach innerstaatlichen Vorbehalten ist davon strikt zu trennen und für die Bestimmung des Schutzbereichs ohne Bedeutung. Somit muss unabhängig von der deutschen Rechtsprechung, wonach der nichtgewerkschaftliche beziehungsweise „wilde" Streik grundsätzlich unzulässig ist,[716] ermittelt werden, ob diese Formen durch die Europäische Sozialcharta geschützt werden sollen.[717] Vor dem Hintergrund des mehrfach angedeuteten Gedanken einer möglichst freiheitlichen Gewährleistung, muss ein möglichst weiter Schutzbereich angenommen werden. Ob jede davon umfasste Form schließlich rechtmä-

---

711 *Kohte/Doll,* ZESAR 2003, 393 (396); *Mitscherlich,* Arbeitskampfrecht, S. 120 f. und oben S. 63 ff.

712 *Witter,* Aspekte, S. 53; anders offenbar *Weitnauer,* DB 1970, 1639 (1641).

713 Vgl. conclusions III, S. 37, 145 sowie zum Gegenstand oben S. 63.

714 Singgemäß für das ILO-Übereinkommen Nr. 87 *E. Schneider,* Vereinbarkeit, S. 97.

715 Vgl. *Ramm,* AuR 1971, 65 (74).

716 BAG v. 7.6.1988, AP Nr. 106 zu Art. 9 GG Arbeitskampf, A. I. der Gründe (Bl. 3) m. w. N. aus der st. Rspr.

717 So der Europäische Ausschuss für Soziale Rechte, conclusions II, S. 28.

ßig ist, ist grundsätzlich eine Frage nach der Einschränkbarkeit und der Rechtfertigung.[718]

Aus alledem folgt, dass nicht notwendigerweise tariffähige Parteien, sondern sämtliche Vereinigungen im Grundsatz vom Schutzbereich des Art. 6 Nr. 4 ESC erfasst sind.[719] Es können jedoch Einschränkungen gem. Art. 31 Abs. 1 ESC i. V. mit dem Art. 6 Nr. 4 ESC bestehen. Neben einer vereinbarten Friedenspflicht aus einer Kollektivvereinbarung kann das Streikrecht daher im Einzelfall einer Ausübungskontrolle unterliegen.[720] Das ist konsequent, da den Organisationen nicht nur die Rechte zugestanden werden sollen, sondern auch die korrelierenden Pflichten. Grundsätzlich sind daher sämtliche Arbeitnehmerverbünde vorbehaltlich etwaiger Einschränkungen von Art. 6 Nr. 4 ESC erfasst. Etwas anderes lässt sich insbesondere vor dem Hintergrund des offenen Wortlauts des Teil I Nr. 6 und der Art. 5 S. 1 und 6 Nr. 4 ESC und dem Zweck, möglichst weitgehende Freiheit zu gewährleisten, nicht begründen.

(1) Auffassung des Europäischen Ausschusses für Soziale Rechte

Der Europäische Ausschuss für Soziale Rechte hatte sich häufig damit auseinanderzusetzen, ob nichtgewerkschaftliche Streiks durch Art. 6 Nr. 4 ESC geschützt werden.[721] Zunächst setzte er dies ohne weiteres voraus.[722] Später stellte er ausdrücklich fest, dass sich weder in Art. 6 ESC noch in anderen Normen der Europäischen Sozialcharta oder der Entstehungsgeschichte ein Hinweis darauf findet, dass das Streikrecht lediglich Gewerkschaften zustehen solle.[723] Seit dem siebten Überwachungszyklus verweist der Ausschuss hinsichtlich der Bundesrepublik Deutschland lediglich auf seine bisherige Spruchpraxis, weil sich die Rechtslage dort seitdem nicht verändert hat.[724]

Der Europäische Ausschuss für Soziale Rechte sieht die effektive Verwirklichung der Rechte aus Art. 6 ESC zumindest dann gefährdet, wenn es in einem Vertragsstaat nicht ohne weiteres möglich ist, eine Gewerkschaft zu grün-

---

[718] Dazu unten S. 123 ff.

[719] *Daum,* RdA 1968, 81 (86 f.); *Mitscherlich,* Arbeitskampfrecht, S. 121.

[720] *Däubler,* AuR 1998, 144 (147); *Kohte/Doll,* ZESAR 2003, 393 (397); *Ramm,* AuR 1971, 65 (75); insoweit auch *Tomandl,* Streik und Aussperrung, S. 100, der jedoch eine organschaftliche Rechtsträgerschaft befürwortet.

[721] Vgl. zur Entwicklung der Spruchpraxis *Kovács,* CLLPJ 26 (2006), 445 (454 ff.).

[722] conclusions I, S. 183; conclusions II, S. 27 f., 107; conclusions III, S. 145.

[723] conclusions IV, S. 50; conclusions V, S. 48 ff.; conclusions VI, S. 40; conclusions IX, S. 56 f.

[724] Zuletzt Factsheet Germany (December 2010), S. 3; conclusions VII, S. 38 f.; conclusions VIII, S. 94 f.; conclusions X-2, S. 75; conclusions XVIII-1, vol. 1, S. 306; conclusions XIX-2, S. 102 f.; *Świątkowski,* Charter of Social Rights, S. 228 f.; vgl. auch Consultative Assembly (Report on the supervision of the application of the European Social Charter), Doc. 3276 (15.5.1973), S. 33.

den.[725] Gerade in Staaten mit geringer gewerkschaftlicher Organisationsrate sei das Recht für die Arbeitnehmer nicht zu verwirklichen.[726] Andernfalls kann – unter Berücksichtigung einer entsprechenden Organisationsrate – ein Gewerkschaftsmonopol zulässig sein.[727] Die Hürden für eine solche Gründung müssen in den Augen des Komitees allerdings tatsächlich niedrig sein, da Streiks in einem Unternehmen oder einem Betrieb unter Umständen kurzfristig durchgeführt werden müssen.[728] Dies gilt im Übrigen auch für Abstimmungsmodalitäten innerhalb der Gewerkschaften. Sind die für einen Streikbeschluss erforderlichen Quoten zu groß, kann dies einen Verstoß gegen Art. 6 Nr. 4 ESC darstellen.[729] Zumindest theoretisch sei ein Streik durch lediglich zwei nichtorganisierte Arbeitnehmer möglich.[730] Diese Argumente sprechen dafür, dass nichtgewerkschaftliche Koalitionen vom Schutzbereich des Art. 6 Nr. 4 ESC erfasst sind.[731]

(2) Vertragsrechtsvergleich

Für diese Sichtweise spricht schließlich der bereits oben erwähnte Art. 11 Abs. 1 Halbs. 2 EMRK, in dem von „Gewerkschaften“[732] die Rede ist. Die Europäische Sozialcharta ist als wirtschaftliches und soziales Pendant zur Europäischen Menschenrechtskonvention zeitlich nachfolgend entstanden, so dass die Verfasser um die Existenz von Art. 11 EMRK wussten. Wenn dieser allerdings explizit einen mit einer ganz bestimmten Bedeutung belegten, engen Begriff verwendet, dieser aber nicht in den Wortlaut der anderen Norm übernommen wird, deutet

---

725 conclusions XVI-2, vol. 2, S. 577 f.; conclusions 2004, vol. 2, S. 565 f.; conclusions XVIII-1, vol. 1, S. 134; conclusions 2006, vol. 1, S. 47; conclusions 2006, vol. 2, S. 750; conclusions 2010, vol. 1, S. 266; conclusions 2010, vol. 2, S. 503, 538; conclusions XIX-3, S. 41 f.; *Świątkowski,* Charter of Social Rights, S. 229.

726 conclusions XV-1, vol. 1, S. 251, 253; *Czycholl/Frieling,* ZESAR 2011, 322 (325).

727 conclusions XV-1, vol. 1, S. 251; conclusions XVII-1, vol. 1, S. 101; conclusions XVIII-1, vol. 2, S. 693; conclusions 2004, vol. 2, S. 565 f.; conclusions 2010, vol. 2, S. 635; conclusions XIX-3, S. 104, 156, 241; *Kovács,* CLLPJ 26 (2006), 445 (455); *Świątkowski,* Charter of Social Rights, S. 229 f.

728 conclusions XV-1, vol. 1, S. 254 f.; conclusions XV-1, vol. 2, S. 477 f., 566; conclusions XVI-2, vol. 2, S. 578 (eine Dauer von 30 Tagen zur Gründung einer Gewerkschaft widerspricht den Gewährleistungen des Art. 6 Nr. 4 ESC); conclusions XVII-1, vol. 2, S. 419; conclusions XVIII-1, vol. 2, S. 430; conclusions 2004, vol. 2, S. 565 f.; conclusions 2006, vol. 1, S. 101, 249 f., 308; conclusions 2006, vol. 2, S. 682; conclusions XIX-3, S. 41 f., 145; *Kovács,* CLLPJ 26 (2006), 445 (455).

729 conclusions XVI-1, vol. 1, S. 140; conclusions 2002, S. 107.

730 conclusions XV-1, vol. 2, S. 367, 432.

731 conclusions IV, S. 50; conclusions VI, S. 40; conclusions XIV-1, vol. 2, S. 662; conclusions XIII-5, S. 61 f., 180; conclusions XVI-1, vol. 1, S. 104; conclusions XIV-1, vol. 2, S. 191; conclusions XVIII-1, vol. 1, S. 306; *Czycholl/Frieling,* ZESAR 2011, 322 (325).

732 trade unions, syndicats.

das darauf hin, dass Art. 5 und 6 ESC nicht ausschließlich für Gewerkschaften gelten sollten. Anderenfalls hätte dies aufgrund der Existenz von Art. 11 EMRK im Wortlaut deutlich zum Ausdruck gebracht werden müssen.[733] Daher kann auch das Argument, Art. 6 Nr. 4 ESC enthalte kein Individualrecht, nicht überzeugen.[734] Weder aus dem Wortlaut noch aus der Entstehungsgeschichte ergibt sich, dass nur die Gewerkschaft Rechtsträger sein sollte. Der insoweit von Art. 11 EMRK abweichende Wortlaut des Art. 6 Nr. 4 ESC spricht vielmehr sogar dagegen, da dieser offener formuliert ist.

(3) Folgerung

Die effektive Interessenvertretung kann jedenfalls durch Gewerkschaften erfolgen. Allerdings ist diese Art der Vertretung bei spontanen Ereignissen der Arbeitnehmer unzureichend, weil das Streikrecht von der Tariffähigkeit und daher von der sozialen Mächtigkeit der Gewerkschaften abhängt. Kurzfristige Kollektivverhandlungen, insbesondere dann, wenn sie von kollektiven Maßnahmen begleitet werden sollen, sind also nicht möglich, wenn kein Arbeitnehmerverbund in Form einer Gewerkschaft besteht. Dies widerspricht jedoch den Vorgaben des Art. 6 Nr. 4 ESC und der mehrfach genannten Auffassung des Europäischen Ausschusses für Soziale Rechte.[735]

cc) Gesetzliche Organe

Das deutsche Arbeitsrecht kennt weitere kollektive Organe wie die im Betriebsverfassungsgesetz geregelten Betriebsräte, Gesamtbetriebsräte und Konzernbetriebsäte. Dabei handelt es sich um gesetzliche Organe der betrieblichen Mitbestimmung.[736] Es ist zu prüfen, ob sich diese und ähnliche gesetzliche Organe ebenfalls auf die Rechte aus Art. 6 Nr. 4 ESC berufen können. Das Problem ist soweit ersichtlich bislang kaum erörtert worden.[737]

Der Wortlaut des Art. 6 ESC ist insoweit offen, da der Betriebsrat ein Zusammenschluss mehrerer Arbeitnehmer mit dem Ziel der gemeinsamen Interessenvertretung gegenüber dem Arbeitgeber ist.[738] Gesetzliche Organe sind nicht angesprochen. Auf Art. 5 ESC, der nur freiwillig gegründete Organisationen erfasst, kommt es insoweit nicht an, da Art. 6 Nr. 4 ESC darauf keinen Bezug nimmt.[739] Dass sie nicht ausdrücklich ausgeschlossen sind, spricht somit

---

733 *Eitel,* Ungleichbehandlung, S. 132.

734 A. A. *Sproedt,* Koalitionsfreiheit und Streikrecht, S. 78 f.

735 conclusions IV, S. 50; conclusions VI, S. 40; conclusions XIII-5, S. 180; conclusions XIV-1, vol. 2, S. 662; conclusions XV-1, vol. 1, S. 250 ff.; conclusions 2004, vol. 2, S. 565 f.

736 *Junker,* Arbeitsrecht, Rn. 671 ff.

737 Vgl. aber *Ruth,* Right to Strike, S. 19 f. und unten S. 326 ff.

738 Vgl. *Däubler,* AuR 1998, 144 (146).

739 Vgl. oben zur Systematik S. 101 ff.

für eine Einbeziehung in den Schutzbereich des Art. 6 Nr. 4 ESC unabhängig davon, ob es sich um ein individuelles oder ein kollektives Recht handelt.[740] Entscheidend ist somit, ob es sich bei gesetzlicher Mitbestimmung um Kollektivverhandlungen handelt. Grundsätzlich sind davon gegenständlich alle nicht notwendigerweise auf einen durch Arbeitsvertrag regelbaren Inhalt bezogenen Gespräche zwischen Arbeitgebern und Arbeitnehmern umfasst. Davon geht der Europäische Ausschuss für Soziale Rechte ebenfalls in Bezug auf Art. 6 Nr. 3 ESC aus, ohne sich zu Art. 6 Nr. 4 ESC zu äußern.[741] Die Norm legt dabei einen kollektiven Bezug nahe. Allerdings können auch individuelle Maßnahmen wie etwa die Kündigung eines einzigen Arbeitnehmers Gegenstand von Kollektivverhandlungen i. S. des Art. 6 ESC sein.[742] Sofern den Organen daher die Mitbestimmung in Bereichen eingeräumt ist, die Gegenstand von Kollektivvereinbarungen sein können, steht ihnen nach dem eben Erörterten „im Falle von Interessenkonflikten das Recht auf kollektive Maßnahmen einschließlich des Streikrechts" vorbehaltlich den Einschränkungen des Art. 31 Abs. 1 ESC i. V. mit dem Anhang zu Art. 6 Nr. 4 ESC zu.[743]

e) Ergebnis

Insgesamt ergibt die Auslegung, dass Art. 6 Nr. 4 ESC ein kollektiv ausübbares Individualrecht enthält. Arbeitnehmerverbünde i. S. des Art. 6 Nr. 4 ESC sind somit zur vorübergehenden oder dauerhaften Interessenvertretung gegenüber dem Arbeitgeber gegründete Vereinigungen mit einem gewissen Organisationsgrad. Es muss sich dabei nicht um eine Vereinigung im gesellschaftsrechtlichen Sinne handeln.[744] Für eine entsprechende Binnenorganisation können Satzung und regelmäßige Sitzungen Indizien sein.[745] Insbesondere bei „ad hoc"-Koalitionen ist dies jedoch keine zwingende Voraussetzung. Es muss einerseits gewährleistet sein, dass der Arbeitnehmerverbund die Interessen der verfassten Mitglieder vertreten kann. Andererseits muss er getroffene Kollektivvereinbarungen einhalten können. Es ist dabei im Einzelfall zu bestimmen, ob eine hinreichende Struktur und damit die Fähigkeit zur organisierten Willensbildung besteht. Ob der Verbund das Streikrecht vollumfänglich ausüben darf, bestimmen geltende kollektive Vereinbarungen gem. Art. 6 Nr. 4 ESC oder Einschränkungen aufgrund von Art. 31 Nr. 1 ESC i. V. mit dem Anhang zu Art. 6 Nr. 4 ESC. Entsprechendes gilt für gesetzlich vorgesehene Organe.

---

740 *Ruth,* Right to Strike, S. 19 f.

741 conclusions XVII-1, vol. 1, S. 28 ff.

742 Ausführlich zum Gegenstand oben S. 59 ff.

743 *Ruth,* Right to Strike, S. 20.

744 *Kovács,* CLLPJ 26 (2006), 445 (455); ähnlich für die ILO-Übereinkommen *Świątkowski,* FS R. Birk, 839 (845).

745 *Sproedt,* Koalitionsfreiheit und Streikrecht, S. 13.

IV. Durch Art. 6 Nr. 4 ESC gewährleistete Streikformen

Art. 6 Nr. 4 ESC gewährleistet das Recht auf „kollektive Maßnahmen einschließlich des Streikrechts". Der Begriff ist oben erörtert worden.[746] Gegenstand dieser Arbeit ist das Streikrecht, so dass sich die Ausführungen auf dieses beschränken.

1. Schutzbereich des Art. 6 Nr. 4 ESC

Expressis verbis ist gem. Art. 6 Nr. 4 ESC das Streikrecht[747] als Unterfall der „kollektiven Maßnahmen" durch die Vertragsparteien anerkannt. Der Streik ist das hauptsächliche Kampfmittel der Arbeitnehmerseite. Im Laufe der Zeit haben sich verschiedene Ausprägungen entwickelt, um dieses Kampfmittel dem wirtschaftlichen Wandel anzupassen. Zu nennen sind etwa der klassische Vollstreik, bei dem sämtliche Arbeitnehmer ihre Arbeit niederlegen, der Warnstreik, der Teilstreik, der Schwerpunktstreik und der Spezialistenstreik, den lediglich Arbeitnehmer in Schlüsselpositionen, also zum Beispiel Ärzte, Piloten, Fluglotsen oder Lokführer, durchführen.[748]

Art. 6 Nr. 4 ESC enthält hierzu dem Wortlaut nach allerdings keine Vorgaben. Es lässt sich lediglich ableiten, dass den Arbeitnehmern ein Streikrecht zusteht, das ihnen nicht völlig entzogen werden darf.[749] Inhaltliche Vorgaben zu speziellen Ausprägungen sind nicht enthalten. Da Art. 6 Nr. 4 ESC während der Beratungen ohnehin umstritten war, verwundert es nicht, dass sich die Parteien nicht auf einen einheitlichen Streikbegriff geeinigt haben, sondern nach einem „kleinsten gemeinsamen Nenner" gesucht haben.[750] Unter Berücksichtigung des Begriffs der kollektiven Maßnahme i. S. des Art. 6 Nr. 4 ESC handelt es sich um eine von mehreren Arbeitnehmern durchgeführte Arbeitsniederlegung, um den Arbeitgeber durch Druckausübung zu einer Einigung in einem Interessenkonflikt zu bewegen.[751] Das Ziel ist regelmäßig der Abschluss einer

[746] Dazu oben S. 71 ff.

[747] the right to strike, droit de grève.

[748] Überblick bei *Ricken,* MünchArbR, § 193 Rn. 5.

[749] conclusions XVII-1, vol. 1, S. 205; conclusions XVIII-1, vol. 1, S. 304 f.; vgl. auch conclusions X-2, S. 77; *Promberger,* Arbeitskampf, S. 13; *Samuel,* case law, S. 164; *Sproedt,* Koalitionsfreiheit und Streikrecht, S. 71.

[750] *Sproedt,* Koalitionsfreiheit und Streikrecht, S. 71; vgl. auch CE/Soc/Tr.Pr. (70) 15 (20.5.1970), S. 66 f., 103 f.

[751] *Świątkowski,* Charter of Social Rights, S. 227; ähnlich *Kovács,* CLLPJ 26 (2006), 445 (448) und *Sproedt,* Koalitionsfreiheit und Streikrecht, S. 71 f.

Kollektivvereinbarung.[752] Von diesem Grundsatz geht die Europäische Sozialcharta aus, wenn sie die Ausübung der kollektiven Maßnahmen und damit die Ausübung des Streikrechts gem. Art. 6 Nr. 4 ESC unter den Vorbehalt etwaiger Verpflichtungen aus zuvor abgeschlossenen Vereinbarungen stellt. Dem Grunde nach muss der Streik als spezielle kollektive Maßnahme daher nicht auf den Abschluss eines Tarifvertrages i. S. des deutschen Tarifvertragsgesetzes gerichtet sein.[753] Für den Begriff des Streiks i. S. des Art. 6 Nr. 4 ESC ist es daher unerheblich, ob die Arbeitnehmer ein tariflich regelbares Ziel verfolgen. Es kommt nur darauf an, dass es sich um eine gemeinsame und planmäßige Arbeitseinstellung mehrerer Arbeitnehmer zur Lösung eines Interessenkonflikts handelt. Wie bereits herausgearbeitet wurde, muss es sich um eine berufliche Streitigkeit handeln.[754] Ein Streik, der auf ein durch den Arbeitgeber nicht erfüllbares Ziel gerichtet ist, ist jedenfalls von vornherein unzulässig.[755]

2. Politischer Streik

Ein sogenannter politischer Streik liegt vor, wenn die Arbeitnehmer ihren Arbeitgeber bestreiken, aber der Arbeitskampf eine politische Forderung zum Gegenstand hat und sich materiell gegen den Staat richtet. Dieser soll in seiner Funktion als Normgeber eine bestimmte Maßnahme vornehmen, also etwa ein Gesetz erlassen.[756] Folglich hat ein solcher Streik keinen beruflichen Bezug und ist bereits aus diesem Grund nicht vom Schutzbereich des Art. 6 Nr. 4 ESC erfasst.[757] Darüber hinaus kann der bestreikte Arbeitgeber die Forderungen nicht erfüllen, so dass er sich gegen den politischen Streik nicht wehren kann, indem er den Forderungen der Arbeitnehmer nachgibt.

Zudem dient der politische Streik nicht dem sozialen und wirtschaftlichen Fortschritt, den die Europäische Sozialcharta ermöglichen soll, sondern allenfalls dem politischen.[758] In einem Rechtsstaat muss die politische Willensbildung durch die dafür vorgesehenen, demokratisch legitimierten Organe geschehen.[759] Diese müssen ihr demokratisch legitimiertes Mandat frei von Beein-

---

752 Dazu oben S. 71 ff.

753 Vgl. conclusions XVII-1, vol. 1, S. 205.

754 Dazu oben S. 71 ff.

755 *Świątkowski,* Charter of Social Rights, S. 227; vgl. auch conclusions XVI-1, vol. 1, S. 208 f. („if [strikes] are not pursuing obviously illegal objectives").

756 *Kissel,* Arbeitskampfrecht, § 24 Rn. 51, 54; *Seiter,* Streik- und Aussperrungsrecht, S. 499 f. sowie unten S. 215 ff.

757 conclusions XIII-4, S. 351; conclusions XIII-5, S. 60; *Samuel,* case law, S. 164.

758 conclusions II, S. 28; *Fabricius,* Streik, S. 32; *Ramm,* AuR 1967, 97 (108); *Kahn-Freund,* FS Ganshof van der Meersch, 131 (152); *Kitz,* in: Mosler/Bernhardt, Koalitionsfreiheit, 1073 (1093); *Sproedt,* Koalitionsfreiheit und Streikrecht, S. 81, 83.

759 *Däubler,* in: Agnelli, Arbeitskampf, 103 (120); *Mitscherlich,* Arbeitskampfrecht, S. 149.

trächtigung ausüben dürfen.[760] Neben den Beschlüssen der Volksvertretungen kann die Gesetzgebung zwar durch plebiszitäre Elemente geschehen oder beeinflusst werden.[761] Dem bloßen Protest gegen Handlungen des Staates oder der sonstigen kollektiven Meinungsäußerung dienen hingegen die bürgerlichen Rechte der Europäischen Menschenrechtskonvention und nicht die wirtschaftlichen und sozialen Rechte der Europäischen Sozialcharta.[762] Art. 11 Abs. 1 Halbs. 1 EMRK gewährleistet das Versammlungsrecht. Davon umfasst sind öffentliche politische Demonstrationen, weil solche eine besondere Bedeutung für die Demokratie haben.[763] Aus diesem Grund versteht der Europäische Gerichtshof für Menschenrechte die Schutzbereiche der Art. 11 und 10 EMRK weit.[764] Eine Schutzlücke besteht also nicht, denn politischen Forderungen kann durch das Versammlungsrecht Ausdruck gegenüber dem richtigen Adressaten verliehen werden.

Kein politischer Streik ist dagegen ein solcher, der von im öffentlichen Dienst beschäftigten Arbeitnehmern geführt wird. Zwar ist letztlich der Staat Arbeitgeber und damit Arbeitskampfgegner, soweit jedoch ein vom Schutzbereich des Art. 6 Nr. 4 ESC erfasster Gegenstand verhandelt werden soll, liegt ein gewöhnlicher Arbeitskampf vor.[765] Es handelt sich gerade nicht um einen politischen Proteststreik, da nicht der Staat in seiner Funktion als Normgeber bestreikt wird,[766] sondern um einen Interessenkonflikt im Verhältnis der im Wortlaut des Teil I Nr. 6 ESC und Art. 6 Nr. 4 ESC genannten Parteien Arbeitnehmer und Arbeitgeber.[767]

Freilich kann jedem Streik eine (sozial-)politische Dimension innewohnen, da am Arbeitskampf unbeteiligte Dritte erheblich davon betroffen sein kön-

---

760 *Däubler,* FS P. Hanau, 489 (497); *Sachs,* in: Sachs, Art. 20 GG Rn. 35 ff.

761 *Däubler,* in: Agnelli, Arbeitskampf, 103 (120).

762 Der Europäische Ausschuss für Soziale Rechte erachtet politische Streiks und Sympathiestreiks, allerdings ohne weitere Begründung und konkrete Angaben zur Reichweite der Gewährleistung („if they are not pursuing *obviously illegal objectives*"), mittlerweile als zulässig, vgl. conclusions XVI-1, vol. 1, S. 208 f.; conclusions XVI-1, vol. 2, S. 577. Anders zum politischen Streik noch conclusions II, S. 27, da „such strikes being *obviously* quite outside the purview of collective bargaining" (Hervorhebungen durch Verfasser).

763 EGMR v. 31.3.2005, Appl. 38187/97 Rn. 266 (*Adali*); *Meyer-Ladewig,* Art. 11 EMRK Rn. 1; vgl. den rechtsvergleichenden Überblick bei *Depenheuer,* in: Maunz/Dürig, Art. 8 GG Rn. 180.

764 EGMR v. 31.3.2005, Appl. 38187/97, Rn. 266 (*Adali*).

765 *Däubler,* in: Agnelli, Arbeitskampf, 103 (121); *ders.,* Streik, S. 182; vgl. oben S. 84 sowie zum Beamtenstreik S. 83 ff. und 122 ff.

766 Eine Weiterentwicklung des Streikrechts durch den EGMR zu Art. 11 EMRK in dieser Richtung ist somit zwar nicht auszuschließen, aber die Wahrscheinlichkeit hierfür scheint aus den genannten Gründen gering zu sein, vgl. *Seifert,* KritVj 2009, 357 (370).

767 *Świątkowski,* Charter of Social Rights, S. 227; ähnlich *Witter,* Aspekte, S. 48 mit Hinweis auf Teil I Nr. 6 ESC.

nen.[768] Diese Konsequenz darf zwar beabsichtigte Nebenfolge, jedoch nicht einziger Inhalt und einziges Ziel der Arbeitsniederlegung sein.[769] Politische Streiks sind von Art. 6 Nr. 4 ESC daher weder als Streik noch als sonstige kollektive Maßnahme als zulässiges Kampfmittel erfasst.[770]

3. Sympathiestreik

Unter bestimmten Voraussetzungen ist der sogenannte Sympathiestreik gewährleistet. Damit sind solche Streiks gemeint, bei denen die streikenden Arbeitnehmer primär kein eigenes Ziel verfolgen. Vielmehr geht es in erster Linie darum, einen Arbeitskampf anderer Arbeitnehmer gegen deren Arbeitgeber aus „Sympathie" zu unterstützen. Dadurch soll zum Ausdruck gebracht werden, dass die Forderungen dieses Hauptarbeitskampfes gerechtfertigt sind.

a) Abgrenzung vom politischen Streik

Bei einem Sympathiestreik bestreiken die Arbeitnehmer zwar ihren Arbeitgeber, aber sie wollen damit nicht eigene Forderungen ihm gegenüber durchsetzen, sondern einen fremden von den eigenen Beschäftigten bestreikten Arbeitgeber dazu bringen, deren Forderungen zu erfüllen. Im Unterschied zum politischen Streik widerspricht der Sympathiearbeitskampf jedenfalls insoweit nicht dem Zweck der Europäischen Sozialcharta, als dass er einen beruflichen Bezug hat. Dessen Fehlen ist ein entscheidendes Argument gegen die Zulässigkeit des rein politischen Streiks. Der Arbeitgeber kann bei jenen die Forderungen der Streikenden nicht erfüllen, so dass eine Kollektivvereinbarung i. S. des Art. 6 Nr. 4 ESC als Ergebnis von Kollektivverhandlungen nicht möglich ist.

Ausgehend davon fällt die Abgrenzung des politischen Streiks zum Sympathiestreik schwer, da auch hier ein an sich unzuständiger Arbeitgeber bestreikt wird und die Arbeitnehmer solche aus anderen Unternehmen bei deren Kampfmaßnahmen unterstützen wollen.[771] Ein eigenes Ziel wird nur mittelbar verfolgt. Das eigentliche Ziel ist, Solidarität mit den Streikenden zu demonstrieren und zu bekunden, dass die Forderungen als gerechtfertigt angesehen werden. Dadurch wird der Druck auf den bestreikten Arbeitgeber erhöht. Zu berücksichtigen ist allerdings, dass die aus Sympathie Streikenden sich teilweise positive Auswirkungen auf die eigenen Arbeits- und Lohnbedingungen erhoffen.[772]

---

[768] Wie etwa Bahnreisende und Geschäftskunden während des Streiks der Gewerkschaft der Lokomotivführer im Jahr 2007, dazu etwa *Kerwer,* EuZA 2008, 335 ff.

[769] *Kovács,* CLLPJ 26 (2006), 445 (451).

[770] conclusions II, S. 27; conclusions XIII-4, S. 351; conclusions XIII-5, S. 60; *Seiter,* Streik- und Aussperrungsrecht, S. 498 mit Fn. 72.

[771] *Sproedt,* Koalitionsfreiheit und Streikrecht, S. 82.

[772] *Kissel,* Arbeitskampfrecht, § 24 Rn. 16.

b) Wortlaut

Gemäß dem offene Wortlaut des Art. 6 Nr. 4 ESC ist es nicht Voraussetzung, dass der Arbeitgeber die Forderungen der Streikenden durch Kollektivverhandlungen erfüllen können muss. Es ist mit dem Wortlaut vereinbar, anzunehmen, dass die Arbeitnehmer Kollektivverhandlungen irgendeines Arbeitgebers mit Arbeitnehmern erzwingen wollen, die nicht mit den Streikenden identisch sind.[773] Allerdings kann hieraus nicht gefolgert werden, dass jeder Streik zulässig sein soll. Die Formulierungen vieler Normen sind allgemein gehalten worden, um eine breite Zustimmung für die Europäische Sozialcharta zu erreichen. Der offene Wortlaut bedeutet also nicht zwangsläufig, dass jede Streikform anerkannt werden soll. Allerdings ist zu bedenken, dass der Sympathiestreik in einigen Vertragsstaaten nicht oder nur eingeschränkt zulässig oder die Zulässigkeit jedenfalls umstritten war.[774] Es kann somit nicht ohne einen ausdrücklichen Hinweis im Wortlaut unterstellt werden, dass diese Sichtweise durch die Europäische Sozialcharta verändert werden sollte.[775] Zudem deuten die übrigen Nummern des Art. 6 ESC darauf hin, dass die Kollektivverhandlungen nur zwischen den jeweiligen Arbeitsvertragsparteien stattfinden sollen.

Für einen Sympathiestreik spricht der abweichende Wortlaut in Art. 6 Nr. 2 ESC, der nicht von Arbeitgebern und Arbeitnehmern, sondern von deren Organisationen spricht. Das verdeutlicht, dass Verhandlungen zwischen anderen als den Arbeitsvertragsparteien möglich sein können, aber grundsätzlich zwischen diesen stattfinden sollen.[776] Da der Arbeitskampf regelmäßig zwischen den Arbeitsvertragsparteien ausgetragen wird, hätte im Wortlaut der Norm deshalb deutlich gemacht werden müssen, dass auch der Arbeitskampf zur Unterstützung eines solchen gegen einen rechtlich beziehungsweise wirtschaftlich verschiedenen Arbeitgeber möglich sein soll.

Etwas anderes lässt sich nicht daraus ableiten, dass kollektive Maßnahmen „im Falle von Interessenkonflikten“ ergriffen werden dürfen. Dadurch ist jedenfalls ausgeschlossen, kollektive Maßnahmen zu ergreifen, um Rechtsstreitigkeiten zu führen. Es ist also insbesondere verboten, eine bestehende Kollektivver-

---

773 Committee of Ministers, Recommendation No. R ChS (98) 2 v. 4.2.1998 (deutsche Übersetzung AuR 1998, 156 [156]); conclusions IV, S. 50; conclusions XVIII-1, vol. 1, S. 305; *Gumnior,* Sympathiestreik, S. 78; *Hayen/Ebert,* AuR 2008, 19 (24); *Kahn-Freund,* FS Ganshof van der Meersch, 131 (152); *Mitscherlich,* Arbeitskampfrecht, S. 140 f.; *Paukner,* Streikrecht, S. 116.

774 *Hayen/Ebert,* AuR 2008, 19 (25 ff.); *Mitscherlich,* Arbeitskampfrecht, S. 142 ff.

775 BAG v. 5.3.1985, AP Nr. 85 zu Art. 9 GG Arbeitskampf, II. 3. d) der Gründe (Bl. 4R f.); *Gitter,* ZfA 1971, 127 (138). Die uneingeschränkte Anerkennung kann damit entgegen *Bieback,* in: Däubler, Arbeitskampf[2], Rn. 374d und *Plander,* AuR 1986, 193 (198) nicht auf einem gemeinsamen „Mindeststandard“ beruhen.

776 *Świątkowski,* Charter of Social Rights, S. 227.

einbarung infrage zu stellen.[777] Daraus lässt sich nicht entnehmen, dass auch Interessenkonflikte i. S. des Art. 6 Nr. 4 ESC zwischen den Arbeitnehmern des einen Unternehmens und einem fremden Arbeitgeber bestehen können, auf die mittels Arbeitskampfes Einfluss genommen werden können soll. Dass Rechtsstreitigkeiten nicht erfasst sind, kann nicht ohne weiteres die Annahme begründen, dass Interessenkonflikte durch jede denkbare kollektive Maßnahme ausgetragen werden sollen. Dies gilt, zumal die *conclusions*[778] neben der Erwähnung und der Voraussetzung, allein „legale Ziele" zu verfolgen, keine präzisen Angaben über den Inhalt der erwähnten *sympathy strikes* enthalten.[779] Man kann daraus zwar folgern, dass der Europäische Ausschuss für Soziale Rechte wegen seiner weiten Auslegung des Begriffs der Kollektivverhandlungen und der kollektiven Maßnahmen auch den Sympathiestreik von Art. 6 Nr. 4 ESC umfasst sieht, ausdrücklich festgestellt worden ist dies allerdings nicht.[780] Unabhängig von der Bedeutung der *conclusions* für die Auslegung der Europäischen Sozialcharta[781] sind diese hinsichtlich des Sympathiestreiks nicht ergiebig.

c) Systematik

Der Sympathiestreik ist eine Sonderform des klassischen Streiks. Für diese Ausnahme von der Regel bedarf es daher einer besonderen Begründung und nicht anders herum. Die fehlende Klarstellung im Wortlaut, dass ausschließlich der Arbeitskampf zwischen den Arbeitsvertragsparteien gemeint sein soll, spricht daher jedenfalls nicht für die Gewährleistung des Sympathiearbeitskampfes.[782] Zwingend ist dies freilich nicht, aber sie spricht doch gegen die umfassende Anerkennung des Sympathiearbeitskampfes durch Art. 6 Nr. 4 ESC. Dies kann auch nicht aus einer Gesamtschau der Art. 5 und 6 ESC abgeleitet werden. Zwar gewährleistet Art. 5 ESC das Recht, internationale Organisationen zu gründen. Daraus folgt aber nicht, dass ein Arbeitskampf regelmäßig transnational und in Form des Sympathiestreiks gegen einen fremden Arbeitgeber geführt wird.[783]

---

777 conclusions I, S. 38; conclusions XVIII-1, vol. 2, S. 692; *Däubler,* in: Agnelli, Arbeitskampf, 103 (116); *Kovács,* CLLPJ 26 (2006), 445 (447, 448); *Mitscherlich,* Arbeitskampfrecht, S. 140; *Wiebringhaus,* Rdde 1972, 169 (188).

778 Vgl. zuletzt conclusions XVIII-1, vol. 1, S. 301 ff.

779 A. A. *Gumnior,* Sympathiestreik, S. 79 f.; *Mitscherlich,* Arbeitskampfrecht, S. 140.

780 addendum 2 to conclusions XV-1, 27 f.; conclusions XVIII-1, vol. 1, S. 304 f.: „action against *the de facto* employer if this was not the immediate employer" (Hervorhebung durch Verfasser); ausführlich *Paukner,* Streikrecht, S. 119 f.

781 Dazu oben S. 42 ff.

782 Diesen Schluss ziehen *Mitscherlich,* Arbeitskampfrecht, S. 140 f. und *Seiter,* Streik- und Aussperrungsrecht, S. 503 Fn. 91 unter Berufung auf den offenen Wortlaut nicht.

783 A. A. *Bieback,* in: Däubler, Arbeitskampfrecht^2, Rn. 374d; *Däubler,* in: Agnelli, Arbeitskampf, 103 (132); *Mitscherlich,* Arbeitskampfrecht, S. 141 sowie *Paukner,* Streikrecht, S. 116.

Ein über die Landesgrenzen hinaus ausgetragener Arbeitskampf kann ebenfalls in einem multinationalen Konzern stattfinden. Dabei muss es sich also nicht zwangsläufig um einen Sympathiearbeitskampf für ausländische Unternehmen handeln. In dieser und ähnlichen Konstellationen, des Arbeitskampfes im Konzern, kann eine Ausnahme zulässig sein, namentlich bei überwiegender wirtschaftlicher oder tatsächlicher Verflechtung innerhalb eines Konzerns.[784] Der Wortlaut ist insoweit offen, als dass unter den Begriff des Arbeitgebers der Konzern und nicht der jeweilige Vertragspartner subsumiert werden kann. In diesen Fällen ist die Anerkennung des Sympathiestreiks durch Art. 6 Nr. 4 ESC deswegen sinnvoll, weil die Konzernspitze, anders als ein außenstehender Drittarbeitgeber, durch Kollektivverhandlungen zu einer Einigung mit den Arbeitnehmern kommen kann. Die Konzernobergesellschaft kann gerade aufgrund der Verflechtungen auf die untergeordneten Unternehmen Einfluss nehmen. Aus Sicht der Europäischen Sozialcharta, den wirtschaftlichen und sozialen Fortschritt der Arbeitnehmer zu sichern, ist es daher legitim, wenn diese eine solche Einflussnahme erzwingen können, um die eigenen Arbeits- und Lohnbedingungen zu verbessern. In diesem Fall handelt es sich also um einen Streik, der formell ein Sympathiestreik ist, denn er richtet sich gegen einen anderen Arbeitgeber als den Arbeitsvertragspartner. Materiell handelt es sich bei bestehender Möglichkeit der Einflussnahme der Obergesellschaft um einen Streik gegen den eigenen Arbeitgeber, da es um die Verbesserung der eigenen Arbeits- und Lohnbedingungen geht. Dieser Sichtweise hat sich der Europäische Ausschuss für Soziale Rechte insoweit angeschlossen, als diese Streiks nicht offensichtlich illegale Ziele verfolgten.[785] Ein bloßes Betroffensein der Arbeitnehmer reicht nicht aus, da der Arbeitgeber den Streik nicht abwenden kann.[786] Insoweit ist eine Ausnahme mit Wortlaut und Systematik von Art. 6 Nr. 4 ESC vereinbar.[787]

[784] conclusions XVII-1, vol. 2, S. 517; conclusions XVIII-1, vol. 2, S. 819 f.; *Hayen/Ebert,* AuR 2008, 19 (24); *Mitscherlich,* Arbeitskampfrecht, S. 140 f.; sehr weitgehend *Kovács,* CLLPJ 26 (2006), 445 (450 f.).

[785] conclusions XIV-1, vol. 2, S. 805; conclusions XIV-2, S. 740; conclusions XVI-1, vol. 2, S. 577, 688 f. (*de facto* employer, Hervorhebung im Original); *Hayen/Ebert,* AuR 2008, 19 (24); zu den spekulativen Rückschlüssen auf die grundsätzliche Zulässigkeit des Sympathiearbeitskampfes oben S. 117. *Hayen/Ebert,* AuR 2008, 19 (31) fassen daher zutreffend zusammen, dass „sich vorsichtig von einer Tendenz in Europa sprechen [lässt], in jedem Falle solche Unterstützungsstreiks als zulässig anzuerkennen, die innerhalb eines Konzernverbundes stattfinden."

[786] Anders *Kovács,* CLLPJ 26 (2006), 445 (451), die Sympathiestreiks sogar bei Fehlen jedweder Verbindung der beiden bestreikten Arbeitgeber zulassen will und mit dem Schutzgedanken der Europäischen Sozialcharta argumentiert, wonach auch mittelbare Interessen der Arbeitnehmer zu schützen seien.

[787] *Lörcher,* in: Däubler, Arbeitskampfrecht, §10 Rn. 84; die im deutschen Recht entwickelten und etwa bei *Otto,* Arbeitskampf- und Schlichtungsrecht, § 10 Rn. 42 ff. dargestellten Grundsätze können also auf Art. 6 Nr. 4 ESC übertragen werden.

d) Vertragsrechtsvergleich

Etwas anderes ergibt sich nicht aus dem ILO-Übereinkommen Nr. 87. Dieses enthält nach Auffassung des ILO-Sachverständigenausschusses und des Ausschusses für Vereinigungsfreiheit als Ausfluss der gewerkschaftlichen Vereinigungsfreiheit in Art. 3 das Streikrecht.[788] Genau wie bei Art. 6 Nr. 4 ESC wird dabei ein weiter Schutzbereich angenommen, so dass grundsätzlich alle mit dem Ziel geführten Streiks, die Arbeitsbedingungen der Beschäftigten zu verbessern, erfasst sind. Somit fallen Unterstützungsstreiks in den Schutzbereich des Art. 3 ILO-Übereinkommen Nr. 87. Allerdings haben die ILO-Organe betont, dass lediglich ein generelles Verbot von Unterstützungsstreiks unzulässig sei. Insbesondere bei wirtschaftlicher oder rechtlicher Verzahnung zweier Unternehmen müsse er zulässig sein.[789] Im Ergebnis ist der Schutzbereich des ILO-Übereinkommen Nr. 87 somit nicht weiter als der des Art. 6 Nr. 4 ESC, der den Sympathiestreik unter den aufgezeigten Voraussetzungen zulässt.

e) Zweck

Gegen die Anerkennung des Sympathiearbeitskampfes lässt sich allerdings anführen, dass kollektive Maßnahmen einschließlich des Streiks gem. Art. 6 Nr. 4 ESC nur vorbehaltlich etwaiger Verpflichtungen aus Kollektivvereinbarungen zulässig sind. Das Streikrecht steht somit nur zur Verfügung, um im Wege von Kollektivverhandlungen eine Einigung zu erzielen.[790] Der Streik muss also letztlich deren Erzwingung dienen.[791] Dem Arbeitgeber sind gem. Art. 6 Nr. 4 ESC also regelmäßig zwei Alternativen eröffnet. Er kann entweder den Druck der kollektiven Maßnahmen aushalten und auf diese Weise versuchen, den Arbeitskampf durchzustehen oder er kann den Forderungen der Arbeitnehmer druckbedingt nachgeben. Das Wesen des Sympathiearbeitskampfes ist es jedoch, dass die unterstützend Streikenden weder eine Einigung in dieser Form mit ihrem Arbeitgeber noch mit dem fremden Arbeitgeber erzielen wollen. Der bestreikte Arbeitgeber kann die jeweilige Forderung also nicht mittels einer Kollektivvereinbarung mit den eigenen Arbeitnehmern erfüllen und den Streik daher nicht abwenden. Für den vom Hauptarbeitskampf betroffenen Arbeitgeber wird ebenfalls kein Anlass bestehen, mit den streikenden Arbeitneh-

---

788 *Hayen/Ebert,* AuR 2008, 19 (23); *N. Wagner,* Internationaler Schutz, S. 213 ff.

789 *Hayen/Ebert,* AuR 2008, 19 (23).

790 Dazu oben S. 63 ff.

791 BAG v. 5.3.1985, AP Nr. 85 zu Art. 9 GG Arbeitskampf, II. 3. d) der Gründe (Bl. 4R); *Kissel,* Arbeitskampfrecht, § 24 Rn. 34, der allerdings von einer Identität zwischen einem „Gesamtarbeitsvertrag" (Kollektivvereinbarung) i. S. des Art. 6 Nr. 4 ESC und einem Tarifvertrag nach deutschem Recht ausgeht. Für die Zuordnung des Arbeitskampfes zu Kollektivverhandlungen auch *Bieback,* in: Däubler, Arbeitskampfrecht^2, Rn. 374d; ähnlich *Lörcher,* in: Däubler, Arbeitskampfrecht, § 10 Rn. 33.

mern eines anderen Arbeitgebers einen Vertrag abzuschließen. Weil Art. 6 Nr. 4 ESC also voraussetzt, dass kollektive Maßnahmen einschließlich des Streikrechts durch Kollektivvereinbarungen ausgeschlossen werden können müssen und dies beim Sympathiearbeitskampf nicht oder jedenfalls nur stark eingeschränkt der Fall ist, wird belegt, dass die Europäische Sozialcharta den Sympathiearbeitskampf jedenfalls nicht generell anerkennt.[792]

f) Ergebnis

Eine über die geschilderte Ausnahme hinausgehende Anerkennung hat der Sympathiestreik in Art. 6 Nr. 4 ESC indes nicht gefunden.[793] Es ist nicht ersichtlich, dass die Europäische Sozialcharta den Sympathiestreik für Arbeitnehmer gewährleistet, um zum Beispiel eine Standortverlagerung eines multinationalen Konzerns zu verhindern, dem die Streikenden selbst nicht angehören. Der Arbeitskampf ist in Form des Sympathiestreiks innerhalb des Konzerns grundsätzlich gewährleistet. Die weitergehende Auffassung, die den Sympathiestreik als wesentliches Mittel zur Bekämpfung solcher Standortverlagerungen als generell gewährleistet ansieht,[794] mag sozialpolitisch wünschenswert sein. Art. 6 Nr. 4 ESC bietet jedoch keinen Anhaltspunkt dafür, dass neben der engen Ausnahme rechtlicher oder wirtschaftlicher Verflechtung ein Sympathiearbeitskampf zulässig sein soll.[795]

4. „Wilder" beziehungsweise nichtgewerkschaftlicher Streik

Die grundsätzliche Zulässigkeit des sogenannten „wilden", das heißt des nichtgewerkschaftlichen oder spontanen Streiks, ergibt sich aus dem Rechtscharakter des Art. 6 Nr. 4 ESC. Es handelt sich um ein kollektiv ausgeübtes Individualrecht. Die Arbeitnehmer treten als Arbeitnehmerverbund auf.[796] Entscheidend kommt es darauf an, dass die streikwilligen Arbeitnehmer sich in einem ausreichenden Maße organisieren, damit sinnvolles und zielgerichtetes Verhandeln mit dem Arbeitgeber möglich ist.[797] Das folgt einerseits daraus, dass

792 Der Europäische Ausschuss für Soziale Rechte hat keine Stellungnahme abgegeben, vgl. addendum 1 to conclusions XV-2, S. 166; conclusions XVI-2, vol. 2, S. 612 f., 688 f.

793 *Rüthers*, BB 1990, Beil. 25, S. 4; a. A. *Gumnior*, Sympathiestreik, S. 78 mit Hinweis auf die Sachverständigengutachten, vgl. oben Fn. 762. Es bleibt jedoch unklar, auf welches Ziel ein umfassender Sympathiestreik gerichtet sein soll. Die hier vertretene Auffassung steht daher nicht im Widerspruch zu den conclusions, da sie den Sympathiestreik zumindest ausnahmsweise zulässt.

794 *Mitscherlich*, Arbeitskampfrecht, S. 141 f.

795 conclusions XIV-1, vol. 2, S. 805; conclusions XIV-2, S. 740; vgl. auch addendum 2 to conclusions XV-1, S. 27 ff.; *Lörcher*, in: Däubler, Arbeitskampfrecht, § 10 Rn. 84; *Rüthers*, in: Brox/Rüthers, Arbeitskampfrecht, Rn. 149; *ders.*, BB 1990, Beil. 25, S. 4.

796 Dazu oben S. 99 ff.

797 *Däubler*, in: Agnelli, Arbeitskampf, 103 (127).

– abgesehen von Spezialistenstreiks – bei nur wenigen Streikenden regelmäßig kaum Druck auf den Arbeitgeber ausgeübt werden kann[798] und andererseits daraus, dass eine geschlossene Kollektivvereinbarung nicht dadurch infrage gestellt werden darf, dass unmittelbar nach deren Abschluss der Vertragspartner nicht mehr fortbesteht. Die Bezeichnung als „wild" darf also nicht als „chaotisch" oder „destruktiv" missverstanden werden.[799] Kollektivverhandlungen und Kollektivvereinbarungen zwischen Arbeitnehmerkoalitionen, die nicht Gewerkschaften sind beziehungsweise sich spontan zusammenfinden, und dem Arbeitgeber sind gem. Art. 6 Nr. 4 ESC also grundsätzlich zulässig. Nicht erfasst sind dagegen solche spontanen Protestaktionen, bei denen der Schädigungscharakter überwiegt. Da die Teilnehmer überhaupt keine Einigung erzielen wollen, ist dieses Verhalten mit dem Zweck von Art. 6 Nr. 4 ESC nicht zu vereinbaren und daher nicht geschützt.[800]

Dafür, dass der nichtgewerkschaftliche Streik zulässig sein muss, spricht schließlich die Tatsache, dass Art. 6 Nr. 4 ESC in denjenigen Staaten leerliefe, in denen der Organisationsgrad niedrig ist, gleichwohl aber die Gewerkschaft das Streikmonopol innehat.[801] Vorbehaltlich etwaiger Einschränkungen können also Kollektivverhandlungen zwischen Arbeitgebern und nichtgewerkschaftlichen Organisationen stattfinden und im Falle von Interessenkonflikten mittels „kollektiver Maßnahmen" und damit auch durch Streik erzwungen werden.

5. Beamtenstreik

Beamte können sich grundsätzlich auf die Rechte in Art. 6 Nr. 4 ESC und damit auf das Streikrecht berufen.[802] Hauptsächlich folgt dies aus einer systematischen Betrachtung von Art. 5 und 6 ESC, da dort statusunabhängig alle Arbeitnehmer erfasst sind.[803] Ausnahmen können gem. Art. 31 Abs. 1 ESC gerechtfertigt sein. Explizit in Art. 5 S. 2 und 3 ESC vorgesehen ist die Möglichkeit von Einschränkungen für Angehörige der Polizei und der Streitkräfte, da diese typischerweise hoheitlich handeln. Grund dafür ist, dass die ausgeübte Tätigkeit einerseits Eingriffe in Grundrechte bedeuten kann und andererseits für die Gemeinschaft so wesentlich sein kann, dass auf sie unter keiner Bedingung verzichtet werden kann.[804]

798 *Kovács,* CLLPJ 26 (2006), 445 (459).

799 Vgl. *Sproedt,* Koalitionsfreiheit und Streikrecht, S. 79.

800 conclusions XVI-1, vol. 1, S. 208 f. („if [strikes] are not pursuing obviously illegal objectives").

801 Dazu *Kovács,* CLLPJ 26 (2006), 445 (459) sowie oben S. 107 ff.

802 Ausführlich oben S. 83 ff.

803 Vgl. *Świątkowski,* Charter of Social Rights, S. 227.

804 Ausführlich *E. Schneider,* Vereinbarkeit, S. 100 zum ILO-Übereinkommen Nr. 87.

Zu bedenken ist allerdings, dass sich der Arbeitskampf von Beamten gegen einen besonderen Arbeitgeber richtet, nämlich gegen eine Institution des Staates. Folglich kann man ihn als politischen Streik einordnen.[805] Indes ist mit dem Beamtenstreik im hier verstandenen Sinne ein solcher gemeint, der auf die Verbesserung der Lohn- und Arbeitsbedingungen gerichtet ist und nicht auf einen allgemeinen politischen Protest. Es fehlt also am entscheidenden Charakteristikum des politischen Streiks, dem der beruflichen Bezug fehlt. Daraus und aus dem oben zum Beamtenbegriff Gesagten folgt, dass sich grundsätzlich alle Angestellten des öffentlichen Dienstes auf das Streikrecht gem. Art. 6 Nr. 4 ESC berufen können.[806] Die Weite der Gewährleistung wird durch die Einschränkbarkeit gem. Art. 5 S. 2 und S. 3 ESC sowie durch Art. 31 Abs. 1 ESC i. V. mit dem Anhang zu Art. 6 Nr. 4 ESC bestimmt.[807]

6. Zusammenfassung

Ein Streik ist eine Handlung, die von mehreren Arbeitnehmern durchgeführt wird, um im Falle eines Interessenkonflikts mit ihrem Arbeitgeber Druck auf diesen auszuüben und so ihren Forderungen Nachdruck zu verleihen.[808] Die Organisation in einer Gewerkschaft ist keine zwingende Voraussetzung. Außerdem sind die Arbeitnehmer nicht darauf beschränkt, den Streik ausschließlich gegen ihren Vertragspartner durchzuführen. Ausnahmen sind in Konzernen zulässig, sofern die Muttergesellschaft ausreichenden Einfluss auf die Tochtergesellschaft hat. Unzulässig sind stets solche Sympathiearbeitskämpfe, die der Arbeitgeber durch den – druckbedingten – Abschluss einer Kollektivvereinbarung nicht abwenden kann.

V. Grenzen der Rechtswirkung des Art. 6 Nr. 4 ESC

1. Einschränkung durch Kollektivvereinbarungen gem. Art. 6 Nr. 4 Halbs. 2 ESC

Das Streikrecht steht gem. Art. 6 Nr. 4 Halbs. 2 ESC unter dem Vorbehalt „etwaiger Verpflichtungen aus geltenden Gesamtarbeitsverträgen“[809]. Darunter sind Verpflichtungen aus Kollektivvereinbarungen zu verstehen.[810] Es handelt

---

805 Vgl. *Seifert,* KritVj 2009, 357 (370 ff.) zu Art. 11 EMRK.

806 Vgl. dazu im Rahmen des Beamtenbegriffs oben S. 83 ff.

807 Dazu sogleich S. 123 ff.

808 *Kovács,* CLLPJ 26 (2006), 445 (448).

809 subject to obligations that might arise out of collective agreements previously entered into, sous réserve des obligations qui pourraient résulter des conventions collectives en vigueur.

810 Zum missverständlichen Begriff des „Gesamtarbeitsvertrages“ oben S. 69 ff.

sich um eine Möglichkeit der Parteien, das Recht auf kollektive Maßnahmen insbesondere durch eine Friedenspflicht im Verhältnis zueinander zu beschränken oder auszuschließen.[811]

Es handelt sich dabei um eine Vereinbarung zwischen den Parteien, die der Europäische Ausschuss für Soziale Rechte als *social peace clauses* oder *peace obligations* bezeichnet.[812] Während der Laufzeit dieser Vereinbarung müssen die Parteien sämtliche kollektiven Maßnahmen unterlassen. Dies gilt allerdings nur für diejenigen Gegenstände, die ausdrücklich geregelt sind.[813] Hinsichtlich aller ungeregelten Materien können auch während der Laufzeit der *social peace clauses* kollektive Maßnahmen durchgeführt werden.[814] An die Vereinbarung sind nur diejenigen Arbeitnehmer und Arbeitnehmerverbünde sowie die durch diese repräsentierten Arbeitnehmer gebunden, die sie abgeschlossen haben.[815]

Die *social peace clauses* sind insoweit den im schuldrechtlichen Bestandteil eines Tarifvertrages i. S. des § 1 Abs. 1 TVG enthaltenen Friedenspflichten ähnlich. Zwischenzeitlich hatte der Europäische Ausschuss für Soziale Rechte allerdings in Zweifel gezogen, ob eine solche tatsächlich besteht, wenn sie nicht ausdrücklich vereinbart ist.[816] Es reiche grundsätzlich nicht aus, wenn eine Friedenspflicht keinen Anklang in der Kollektivvereinbarung fände, sondern lediglich aufgrund Gesetzes oder Rechtsprechung angenommen werde.[817] Dies sei allenfalls zulässig, wenn die Friedenspflicht eine Konkretisierung der in Art. 31 Abs. 1 ESC vorgesehenen Rechtsgüter darstelle.[818]

Diese Betrachtungsweise ist aus Sicht der deutschen Rechtsordnung überraschend, weil die Tarifvertragsordnung hiernach eine Friedensordnung darstellt.

---

811 conclusions I, S. 38; conclusions VIII, S. 98; conclusions XV-1 vol. 2, S. 251; conclusions XVI-1 vol. 1, S. 177; conclusions XVII-1, vol. 1, S. 131; *Sproedt,* Koalitionsfreiheit und Streikrecht, S. 83; *Świątkowski,* Charter of Social Rights, S. 232.

812 conclusions XVI-1, vol. 2, S. 416; conclusions XVII-1, vol. 1, S. 131; conclusions XVIII-1, vol. 2, S. 519 f.; conclusions 2006, vol. 2, S. 575.

813 conclusions XIII-5, S. 60; conclusions XV-1, vol. 2, S. 157 f., 431, 496; conclusions XVII-1, vol. 2, S. 449.

814 conclusions XIII-5, S. 60; conclusions XVI-1, vol. 2, S. 416, 445.

815 conclusions VII, S. 40; conclusions XV-1, vol. 2, S. 157; conclusions XVII-1, vol. 2, S. 318.

816 conclusion XVI-1, vol. 1, S. 177, 179, 251; conclusions XVI-2, vol. 2, S. 416; die Recommendation No. R ChS (98) 2 v. 4.2.1998 (deutsche Übersetzung AuR 1998, 156 [156]) widerspricht dem nicht. Vielmehr wird dort lediglich klargestellt, dass die Existenz, die Wirksamkeit oder die Auslegung bestehender Kollektivarbeitsvertrag durch Streik nicht in Frage gestellt werden darf, vgl. BAG v. 10.12.2002, AP Nr. 162 zu Art. 9 GG Arbeitskampf, B. I. 2. a. der Gründe (Bl. 6R); *Däubler,* AuR 1998, 144 (147); *Kohte/Doll,* ZESAR 2003, 393 (398 f.); a. A. Sondervoten *Evju/Grillberger/R. Birk,* conclusions XVI-1, vol. 1, S. 188 f.; *dies.,* conclusions XVI-2, vol. 1, S. 448 f.

817 conclusion XVI-1, vol. 1, S. 177.

818 conclusions XVI-1, vol. 2, S. 416, 496 mit ablehnendem Sondervotum *Evju/Grillberger/R. Birk,* conclusions XVI-1, vol. 2, S. 426 f., 514 f.

Für die Laufzeit eines Tarifvertrages sollen die Vertragsparteien Rechtssicherheit genießen. Die Arbeitnehmer können auf die geregelten Arbeitsbedingungen wie insbesondere Arbeitsentgelt, Arbeitszeit und Kündigungsfristen vertrauen. Für den Arbeitgeber besteht demgegenüber eine zuverlässige Berechnungsgrundlage für die Arbeitskosten.[819] Den Frieden zu halten, wird daher als wesentliche Pflicht der Gewerkschaften angesehen.[820] Anderenfalls wäre der Tarifvertrag nahezu bedeutungslos, weil er lediglich eine Feststellung des erreichten Tarifabschlusses enthielte und stets in Frage gestellt werden könnte.[821]

Dieser Ansatz ist jedoch nicht zwingend. Ein Rechtsvergleich exemplarisch mit England und Frankreich zeigt, dass eine Friedenspflicht einem Tarifvertrag keinesfalls immanent sein muss.[822] Für Frankreich ergibt sich das bereits aus der Zulässigkeit wilder und nichtgewerkschaftlicher Streiks.[823] Eine Friedenspflicht zwischen Gewerkschaft und Arbeitgeber erfüllte dort keinen Zweck. In Großbritannien ist die Friedenspflicht zwar bekannt.[824] Allerdings gilt sie gem. TURL[C]A 1992, s 180 (2) nur unter strengen formalen Voraussetzungen. Keinesfalls ist sie den Vereinbarungen immanent.[825] Außerdem handelt es sich bei den englischen Tarifverträgen regelmäßig um *gentlemen's agreements,* die ohnehin rechtlich unverbindlich sind und eine Friedenspflicht daher grundsätzlich nicht besteht.[826]

Der Europäische Ausschuss für Soziale Rechte sieht richtigerweise den nichtgewerkschaftlichen Streik als durch Art. 6 Nr. 4 ESC geschützt an, so dass die Ausgangslage mit der französischen vergleichbar ist. Nimmt man die formalen Anforderungen der englischen Rechtsordnung hinzu, liegt nahe, dass einige Mitglieder des Ausschusses diese Grundsätze auf Art. 6 Nr. 4 ESC übertragen.[827] Der Wortlaut der Norm ist nicht eindeutig. Er besagt zunächst, dass *collective agreements* und *conventions collectives* vereinbart werden können.[828] Ob diese ausdrücklich geschlossen werden müssen oder ob die Einigung konkludent erfolgen kann, ergibt sich daraus nicht. Allenfalls die Systematik des Art. 6 Nr. 4 ESC gibt einen Hinweis. So kann man das Recht auf kollektive

---

819 Vgl. nur *Gamillscheg,* Kollektives Arbeitsrecht I, S. 1074.

820 *Gamillscheg,* Kollektives Arbeitsrecht I, S. 1074; *Löwisch/Rieble,* § 1 TVG Rn. 999, 1018.

821 Laut *Ricken,* MünchArbR, § 200 Rn. 31 „wäre damit die Verbindlichkeit des [Tarifvertrages] ad absurdum gestellt".

822 *Gamillscheg,* Kollektives Arbeitsrecht I, S. 1075 f.; *ders.,* Internationales Arbeitsrecht, Rn. 332; *Kahn-Freund,* RdA 1952, 361 (363 f.); *Krause,* in: Jacobs/Krause/Oetker, Tarifvertragsrecht, §4 Rn. 147; *G. Krieger,* Tarifvertragsrecht, S. 172 ff.

823 Vgl. *Sinay/Javillier,* grève, Rn. 177-1 ff.

824 *Harth/Taggart,* in: Henssler/Braun, Großbritannien Rn. 103.

825 Vgl. *Wedderburn,* Worker, S. 340.

826 Dazu oben S. 69 ff.

827 Vgl. bereits *Fabricius,* Streik, S. 33; zum Sondervotum sogleich S. 126.

828 Zum Begriff oben S. 69 ff.

Maßnahmen als im Regelfall unbeschränktes Recht verstehen und eine vereinbarte Friedenspflicht in einer Kollektivvereinbarung als Ausnahme betrachten. Dies spricht dafür, zur Klarstellung eine ausdrückliche Regelung zu verlangen, zwischen wem, über welche Gegenstände und für welchen Zeitraum eine Friedenspflicht vereinbart ist.[829] Dies lässt sich jedoch ebenso gut durch die methodengerechte Auslegung der Kollektivvereinbarung erreichen. Der Zweck dieser Auslegung besteht gerade darin, den Inhalt unvollständiger oder mehrdeutiger Erklärungen zu bestimmen. Darüber hinaus kann eine ausdrückliche Vereinbarung ebenfalls unklar sein, so dass selbst eine solche auslegungsbedürftig sein kann.[830] Die Rechtsicherheit verlangt daher keine ausdrückliche Regelung.

In der *conclusion* wird schließlich darauf hingewiesen, eine konkludente Friedenspflicht sei allenfalls in den von Art. 31 Abs. 1 ESC vorgesehenen Fällen zulässig oder zumindest denkbar.[831] Dieses Argument ist nicht stichhaltig. Eine direkte Anwendung auf die Regelungsgegenstände einer Kollektivvereinbarung ist nicht möglich. Art. 31 Abs. 1 ESC nennt lediglich die Rechte und Grundsätze der Teile I und II ESC und adressiert hierdurch den nationalen Gesetzgeber oder die gesetzesvertretende Rechtsprechung. Die Parteien sind also nicht unmittelbar an die Einschränkungen des Art. 31 Abs. 1 ESC gebunden. Aus Art. 6 Nr. 4 Halbs. 2 ESC ergibt sich mangels Verweises zudem nicht, dass Art. 31 Abs. 1 ESC entsprechend anzuwenden sein soll. Für eine „mittelbare Drittwirkung" dieser Regelung zwischen den Parteien der Kollektivvereinbarung bestehen keinerlei Anhaltspunkte. Daher gab es bereits in der *conclusion* von 2002 ein Sondervotum von *Stein Evju* (Norwegen), dem sich *Konrad Grillberger* (Österreich) und *Rolf Birk* (Deutschland) angeschlossen haben. Darin wird begründet, warum die eingangs genannte Auslegung nicht zwingend ist.[832] Wortlaut, Entstehungsgeschichte und Zweck enthielten keine Anhaltspunkte für die Annahme, eine Friedenspflicht müsse ausdrücklich vereinbart werden. Die Schlussfolgerung sei daher zu weitgehend. Immerhin stellt eine Pflicht zur ausdrücklichen Regelung den Parteien zusätzlichen Aufwand dar, ohne dass dadurch zwangsläufig ein Mehr an Rechtsicherheit gewonnen würde. Unter dem Gesichtspunkt der möglichst effektiven Rechteverwirklichung kann dies für eine konkludente Friedenspflicht sprechen.

Unter anderem aufgrund dieser Argumente hat der Europäische Ausschuss für Soziale Rechte die Schlussfolgerungen aus dem Jahr 2002 im darauf folgenden Überwachungszyklus eingeschränkt. Zumindest in Deutschland stand da-

---

829 *Kohte/Doll,* ZESAR 2003, 393 (399).

830 Vgl. zu einem vermeintlich eindeutigen Gesetzeswortlaut *Rüthers,* NJW 2011, 1856 (1857); *ders./Fischer/A. Birk,* Rechtstheorie, Rn. 731 ff.

831 conclusions XVI-1, vol. 1, S. 177, 251.

832 conclusions XVI-1, vol. 1, S. 188 f.; vgl. dazu *Kohte/Doll,* ZESAR 2003, 393 (398).

nach eine konkludente Vereinbarung der Friedenspflicht mit Art. 6 Nr. 4 ESC im Einklang.[833] Diese Einzelfallentscheidung wurde damit begründet, dass es sich um ein historisch gewachsenes Verständnis handele, das von den Sozialpartnern widerspruchslos akzeptiert werde.[834] Eine grundsätzliche Aussage zur Auslegung der Europäischen Sozialcharta war damit nicht getroffen. Die oben angeführten Argumente sprechen jedoch gegen das Erfordernis einer ausdrücklichen Vereinbarung einer Friedenspflicht.[835] Inzwischen stellt der Europäische Ausschuss für Soziale Rechte die konkludente Friedenspflicht nicht mehr in Frage.[836] Entsprechende Bedenken haben sich also nicht bewahrheitet.[837] Folglich kann das Recht auf kollektive Maßnahmen und somit das Streikrecht i. S. des Art. 6 Nr. 4 ESC durch Kollektivvereinbarung beschränkt oder ausgeschlossen werden.

2. Einschränkungen durch nationales Recht

Art. 6 Nr. 4 ESC enthält kein unbeschränktes Streikrecht.[838] Die Norm enthält anders als die Art. 4 Nr. 5, 5 S. 2 und 3, Art. 7 Nr. 8 und 9 sowie 19 Nr. 2 ESC keine spezielle Ermächtigungsgrundlage für eine Einschränkung.[839] Grundlage für die Einschränkung der durch Art. 6 ESC gewährten Rechte ist allerdings Art. 31 Abs. 1 ESC i. V. mit dem Anhang zu Art. 6 Nr. 4 ESC. Da Art. 6 ESC hinsichtlich des geschützten Personenkreises zumindest teilweise auf Art. 5 ESC Bezug nimmt,[840] sind darüber hinaus Einschränkungen aus Art. 5 S. 2 und 3 ESC für die dort genannten besonderen Arbeitnehmer des öffentlichen Dienstes denkbar.[841] Diese betreffen allerdings den personellen Schutzbereich des Art. 6 Nr. 4 ESC.[842]

---

833 conclusions XVII-1, vol. 1, S. 204 f.

834 Teilweise wird die Friedenspflicht als Gewohnheitsrecht angesehen, vgl. unten S. 249 ff.

835 Wie oben geschildert, handelt es sich bei der Möglichkeit, das Streikrecht durch Kollektivvereinbarung zu beschränken, nicht um ein „Recht“ i. S. des Art. 31 Abs. 1 ESC, so dass die Vereinbarung einer Friedenspflicht wie etwa in Großbritannien von Voraussetzungen abhängig gemacht werden darf, vgl. oben S. 125.

836 conclusions XVIII-1, vol. 2, S. 519 f.

837 Vgl. *Kohte/Doll,* ZESAR 2003, 393 (399); *Ruth,* Right to Strike, S. 24 ff.; allgemein zur großzügigen Auslegung durch den Europäischen Ausschuss für Soziale Rechte *Öhlinger,* in: Matscher, Grundrechte, 335 (352).

838 complaint 32/2005 (ETUC, CITUB, CL “Podkrepa“ . /. Bulgarien), Rn. 24, 45.

839 *Sproedt,* Koalitionsfreiheit und Streikrecht, S. 20.

840 Zum Arbeitnehmerbegriff oben S. 76 ff., insbes. S. 84.

841 Schließlich sind Einschränkungen gemäß der Notstandsklausel in Art. 30 ESC möglich. Mangels praktischer Relevanz für das vorliegende Thema bleibt diese Norm hier unbehandelt, vgl. *Kovács,* CLLPJ 26 (2006), 445 (459 f.); *Sproedt,* Koalitionsfreiheit und Streikrecht, S. 20.

842 Dazu oben S. 84 ff.

a) Art. 31 Abs. 1 ESC i. V. mit dem Anhang zu Art. 6 Nr. 4 ESC

Der Anhang der Europäischen Sozialcharta ist gem. Art. 38 Abs. 1 ESC deren Bestandteil. Der Anhang zu Art. 6 Nr. 4 ESC kann daher unmittelbar zur Auslegung herangezogen werden. Danach kann die Ausübung des Streikrechts durch Gesetz geregelt werden, soweit die Einschränkung durch Art. 31 ESC gerechtfertigt ist.[843] Den Vertragsparteien steht es frei, in den in Art. 31 ESC bestimmten Fällen die Ausübung des Streikrecht gem. Art. 6 Nr. 4 ESC von gewissen Voraussetzungen abhängig zu machen oder dieses ganz auszuschließen.

Die Bedeutung der Normen ist allerdings nicht eindeutig. Man kann die Bestimmung dahingehend auslegen, dass durch sie lediglich die Gefahr eines Missverständnisses hinsichtlich einer unmittelbaren Anwendbarkeit verhindert werden sollte. Danach wurde sie eingeführt, um auszudrücken, dass Art. 6 Nr. 4 ESC eine bloße Staatenverpflichtung darstellt. Dafür sprechen der französische Text und die Entstehungsgeschichte in der letzten Phase der Beratungen um die Europäische Sozialcharta.[844] Dem ist entgegengehalten worden, dass die Bestimmung überflüssig wäre, wenn es sich bei Art. 6 Nr. 4 ESC um eine Staatenverpflichtung handelte, da die Regelungsbefugnis des Gesetzgebers in diesem Falle selbstverständlich sei.[845] Befürwortet man dagegen eine unmittelbare Anwendbarkeit des Art. 6 Nr. 4 ESC, so ist die Anhangbestimmung notwendig, damit der nationale Gesetzgeber seine Gesetzgebungskompetenz im von Art. 6 Nr. 4 ESC umfassten Bereich behält.[846] Die Beantwortung dieser Frage kann Aufschluss darüber geben, ob die Europäische Sozialcharta insgesamt oder zumindest Art. 6 Nr. 4 ESC bloße Staatenverpflichtungen darstellen oder ob sie *self-executing* sind. Letzteres bildet die Voraussetzung dafür, dass sich der Einzelne vor den nationalen Gerichten unmittelbar auf das subjektive Recht in Art. 6 Nr. 4 ESC[847] berufen kann.[848]

b) Rechtfertigung einer Einschränkung

Der Anhang zu Art. 6 Nr. 4 ESC ebenso wie Art. 31 Nr. 1 ESC setzen voraus, dass ein Gesetz besteht, dass die Ausübung des Streikrechts regelt. Dieses wiederum muss zum Schutz der in Art. 31 Nr. 1 ESC genannten Rechte und

---

843 Allgemein etwa *Cullen,* in: Ssenyonjo, Economic, Social and Cultural Rights, 519 (539 ff.).

844 Vgl. dazu CE/Soc/Tr.Pr. (70) 15 (20.5.1970), S. 104 ff.; *Harris/Darcy,* European Social Charter, S. 381 sowie *Mitscherlich,* Arbeitskampfrecht, S. 51 ff.

845 *Däubler,* Streik, S. 180.

846 *Däubler,* Streik, S. 180; *Sproedt,* Koalitionsfreiheit und Streikrecht, S. 85; *Witter,* Aspekte, S. 48.

847 Dazu oben S. 60 ff.

848 Vgl. *Mitscherlich,* Arbeitskampfrecht, S. 40 ff.; 49 ff.; *Witter,* Aspekte, S. 47 f. und allgemein *Kunig,* in: Graf Vitzthum, Völkerrecht, 2. Abschnitt Rn. 146; zur Anwendbarkeit des Art. 6 Nr. 4 ESC ausführlich unten S. 152 ff., 155 ff sowie speziell zum Anhang S. 151 ff.

Rechtsgüter – Schutz der Rechte und Freiheiten anderer oder zum Schutze der öffentlichen Sicherheit und Ordnung, der Sicherheit des Staates, der Volksgesundheit und der Sittlichkeit – notwendig sein. Art. 31 Nr. 1 ESC enthält damit eine formelle und sechs materielle Schranken.[849]

Prämisse der Auslegung muss sein, dass dem jeweiligen Vertragsstaat Handlungsspielräume verbleiben müssen, eine sinnvolle Ausübung des Streikrechts sicherzustellen. Eine absolute Streikgarantie enthält die Europäische Sozialcharta ausweislich der Art. 30 f. ESC sowie des Anhangs zu Art. 6 Nr. 4 ESC gerade nicht. Demgegenüber ist eine allzu weitgehende Interpretation der Schranken ebenfalls nicht zulässig, da so der Zweck, den sozialen Fortschritt in Europa zu ermöglichen und zu forcieren, nicht oder nur schwer erreicht werden kann.[850]

aa) Gesetzliche Regelung als formelle Voraussetzung

Art. 31 Nr. 1 ESC setzt voraus, dass die Ausübung der Rechte des Teil II „anderen als den [dort] vorgesehenen Einschränkungen oder Begrenzungen nur unterliegen [dürfen], wenn diese gesetzlich vorgeschrieben [...] sind." Der deutsche Wortlaut verlangt also ein förmliches Parlamentsgesetz.[851] Das würde indes dazu führen, dass in denjenigen Staaten, in denen kein normiertes Arbeitskampfgesetz besteht,[852] die Rechte aus Art. 6 Nr. 4 ESC uneingeschränkt gelten würden.[853] Wie sich bereits aus der Entstehungsgeschichte ergibt, kann dies trotz ihres auf sozialen Fortschritt gerichteten Charakters von der Europäischen Sozialcharta nicht gewollt sein.[854] Es ist nicht anzunehmen, dass die Europäische Sozialcharta die Vertragsstaaten zum Erlass eines Arbeitskampfgesetzes zwin-

---

849 conclusions II, S. 27; complaint 32/2005 (ETUC, CITUB, CL "Podkrepa" ./. Bulgarien), Rn. 24, 45; *Sproedt,* Koalitionsfreiheit und Streikrecht, S. 20 f.

850 Zum Zweck oben S. 17 ff. mit Fn. 102 und S. 34 ff.

851 *Burchardt,* Streikrecht, S. 39 f.; *Cottier,* Bestimmungen, S. 149; *Däubler,* Streik, S. 186; *Ramm,* Koalitions- und Streikrecht, S. 128 f.; *ders.,* AuR 1971, 65 (72); *Sproedt,* Koalitionsfreiheit und Streikrecht, S. 86.

852 Dazu zählen neben der Bundesrepublik Deutschland unter anderem Belgien (*Matray/Hübinger,* in: Henssler/Braun, Belgien Rn. 179), Dänemark (*Steinrücke/Würtz,* in: Henssler/Braun, Dänemark Rn. 3, 145 f.), Frankreich (im privaten Sektor, *Welter/Caron,* in: Henssler/Braun, Frankreich Rn. 293), Niederlande (unmittelbare Ableitung aus Art. 6 Nr. 4 ESC, *Giro,* in: de Búrca/de Witte, Social Rights in Europe, 69 [77] und *Hoogendoorn/Rogmans,* in: Henssler/Braun, Niederlande Rn. 259; conclusions XIV-1, vol. 2, S. 108), Österreich (*Pelzmann,* in: Henssler/Braun, Österreich Rn. 341) und die Schweiz, die die Europäische Sozialcharta am 6.5.1976 zwar unterzeichnet, aber bislang nicht ratifiziert hat, *Gadient,* in: Henssler/Braun, Schweiz Rn. 257). Diese Staaten hätten mithin die Verpflichtung, ein Arbeitskampfgesetz zu schaffen, bis dato nicht erfüllt, so dass die Rechte uneingeschränkt gälten, vgl. *Seiter,* Streik- und Aussperrungsrecht, S. 138.

853 Vgl. *Bepler,* FS Wißmann, 97 (106); *Otto,* Arbeitskampf- und Schlichtungsrecht, § 4 Rn. 56; *Seiter,* Streik- und Aussperrungsrecht, S. 137.

854 Vgl. *Seiter,* Streik- und Aussperrungsrecht, S. 136.

gen wollte. Allerdings lauten die gem. Art. 38 Abs. 3 S. 1 ESC verbindlichen Texte *law* und *loi*. Daraus kann sich ein Widerspruch zwischen beiden ergeben. Das französische Wort *loi* bedeutet „Gesetz“.[855] Das englische Wort *law* kann neben „das Gesetz“ allerdings „das Recht“ bedeuten, so dass nicht ausschließlich formelle Parlamentsgesetze unter den Begriff fallen. Gesetze werden als *act* bezeichnet.[856] Der Widerspruch ist also aufzulösen. Dafür, die Begriffe *law* sowie *loi* weit zu verstehen, spricht, dass im anglo-amerikanischen Rechtsraum und damit in Großbritannien die Methode des *case law* bei der Rechtsfindung angewandt wird. Die durch die Rechtsprechung in Einzelfällen entwickelten Grundsätze gelten mangels geschriebenen Rechts wie kodifiziertes Recht.[857] Zum Zeitpunkt des Inkrafttretens der Europäischen Sozialcharta war das Arbeitskampfrecht etwa in Großbritannien nicht gesetzlich geregelt. Dies geschah erst im Jahre 1992 durch den *Trade Union and Labour Relations (Consolidation) Act*. Dies spricht also dafür, den Wortlaut weit auszulegen, so dass auch gesetzesvertretendes Richterrecht eine gesetzliche Regelung i. S. des Art. 31 Nr. 1 ESC ist.

Schließlich kann man argumentieren, dass Richterrecht abseits des *common law* keine freie Rechtsschöpfung ist,[858] sondern hierdurch lediglich bestehende, aber lückenhafte gesetzliche Regelungen fortentwickelt werden, um den konkreten Einzelfall zu entscheiden.[859] Die für die Entscheidung erheblichen normativen Sätze müssen methodisch korrekt aus dem bestehenden, geschriebenen Recht abgeleitet werden.[860] Richterrecht fußt auf dem kodifizierten Recht und

855 Langenscheidt, Handwörterbuch Französisch, Stichwort „loi“ (S. 422), Stichwort „Gesetz“ (S. 1050). „Recht“ bedeutet dagegen „droit“, a. a. O., Stichwort „Recht“ (S. 1295).

856 Dieser Unterscheidung hebt Langenscheidt, Handwörterbuch Englisch, Stichwort „Gesetz“ (S. 984) hervor.

857 *Blumenwitz,* Einführung, S. 5.

858 Ausführlich dazu *Vogenauer,* ZNR 2006, 48 (49).

859 BVerfG v. 6.7.2010, E 126, 286 (306); *Gamillscheg,* Kollektives Arbeitsrecht I, S. 32 ff.; *Kissel,* NZA 1990, 545 (549); *Larenz,* NJW 1965, 1 (1 f.); *Zippelius,* Methodenlehre, S. 9; vgl. auch *Enneccerus/Nipperdey,* BGB AT I/1, S. 344 mit Fn. 42 und *Seiter,* Streik- und Aussperrungsrecht, S. 138, die in diesem Zusammenhang auf die Formulierung des Art. 1 Abs. 2 ZGB-Schweiz hinweisen, wonach „das Gericht nach Gewohnheitsrecht und, wo auch ein solches fehlt, nach der Regel entscheiden [soll], die es als Gesetzgeber aufstellen würde“; ähnlich § 12 ABGB-Österreich, wonach „[die] in einzelnen Fällen ergangenen Verfügungen und die von Richterstühlen in besonderen Rechtsstreitigkeiten gefällten Urtheile [. . .] nie die Kraft eines Gesetzes [haben und nicht] auf andere Fälle oder auf andere Personen [. . .] ausgedehent werden [können].“

860 BVerfG v. 6.7.2010, E 126, 286 (306); *Bydlinski,* Methodenlehre, S. 503 m. w. N. Freilich ist dieses Argument gerade dann nicht zwingend, wenn das vorhandene Recht – wie in Deutschland Art. 9 Abs. 3 S. 1 GG – nur grundlegende und damit vage Aussagen zu einem bestimmten Gegenstand trifft, vgl. *Kissel,* NZA 1990, 545 (549); *Otto,* Arbeitskampf- und Schlichtungsrecht, § 4 Rn. 65 f.

muss dies auch, um mit dem rechtsstaatlichen Gebot der Gewaltenteilung – hier der Trennung der judikativen von der legislativen Gewalt – nicht in Konflikt zu geraten.[861] Objektives Recht entsteht nur, wenn diese Rechtsprechung zu Gewohnheitsrecht geworden ist.[862] Der Richter hat bei der Rechtsfindung mittels Richterrechts nicht den umfassenden gesetzgeberischen Gestaltungsspielraum, sondern er ist nur befugt, Lücken zu schließen.[863] Dem eigentlich berufenen Gesetzgeber, an dessen Stelle der Richter tritt, ist dabei zu unterstellen, sämtliches objektives Recht zu beachten.[864] Daraus folgt, dass der Richter bei der Rechtsfindung sowohl im Rechtskreis des *common law* als auch in dem des *civil law* die Regelungen der Europäischen Sozialcharta beachten muss.[865] Unter der Prämisse, dass die Europäische Sozialcharta die Vertragsstaaten nicht zum Erlass eines Arbeitskampfgesetzes verpflichten sollte, folgt daraus umgekehrt, dass eine Einschränkung i. S. des Art. 31 Abs. 1 ESC, die der Gesetzgeber regeln dürfte, unter den ausgeführten Bedingungen durchaus mittels Richterrecht erfolgen kann.[866]

Demgemäß rügen weder das Ministerkomitee noch der Europäische Ausschuss für Soziale Rechte das Fehlen eines Arbeitskampfgesetzes in der Bundesrepublik Deutschland, sondern lediglich die aus ihrer Sicht bestehenden inhaltlichen Defizite „des deutschen Rechts".[867] Aus Sicht der Europäischen Sozialcharta kommt es also entscheidend darauf an, dass die zur Einschränkung anzuwendenden Rechtssätze hinreichend bestimmt sind und ihre Anwendung vorhersehbar ist.[868] Es kann notwendig sein, Rechtsrat einzuholen. Eine für

861 *Bydlinski,* Methodenlehre, S. 503; *Vogenauer,* ZNR 2006, 48 (49); *Wank,* Auslegung, S. 84.

862 *Bydlinski,* Methodenlehre, S. 503; *Müssig,* ZNR 2006, 79 (79 f., 102 ff.) m. w. N. auch zur a. A.; *Enneccerus/Nipperdey,* BGB AT I/1, S. 344.

863 BVerfG v. 6.7.2010, E 126, 286 (306); *Enneccerus/Nipperdey,* BGB AT I/1, S. 342 ff.; *Seiter,* Streik- und Aussperrungsrecht, S. 138.

864 *Seiter,* Streik- und Aussperrungsrecht, S. 138.

865 Zu den Begriffen und deren Abgrenzung *Blumenwitz,* Einführung, S. 3 ff.; zum rechtsfortbildenden Richterrecht im deutschen Arbeitskampfrecht näher unten S. 198 ff.

866 So bereits conclusions I, S. 38. *Witter,* Aspekte, S. 58 mit Fn. 253 sieht das deutsche Arbeitskampfrecht – jedenfalls aber das Streikrecht – als gewohnheitsrechtlich verfestigt an. Das ist in dieser Pauschalität nicht vertretbar, vgl. BAG v. 10.6.1980, AP Nr. 65 zu Art. 9 GG Arbeitskampf, A. II. 4. der Gründe (Bl. 6R f.); *Bobke,* GMH 34 (1983), 437 (442); *Kissel,* Arbeitskampfrecht, § 21 Rn. 19. *Witter* selbst weist auf *Larenz,* Methodenlehre, S. 422-425 hin, der allerdings wiederum klarstellt, dass eine ständige Rechtsprechung allein nicht ausreicht, um Gewohnheitsrecht zu begründen (a. a. O., S. 433).

867 *Seiter,* Streik- und Aussperrungsrecht, S. 139; *Świątkowski,* Charter of Social Rights, S. 240 f.; vgl. auch oben S. 91 ff. sowie Fn. 619 zur Praxis des Europäischen Ausschusses für Soziale Rechte, lediglich auf frühere Ergebnisse zu verweisen, wenn sich die Rechtslage nicht verändert.

868 *Harris/Darcy,* European Social Charter, S. 380; für Art. 11 Abs. 2 EMRK vgl. EGMR v. 17.2.2004, Appl. 44158/98 Rn. 58 f., 64 ff. (*Gorzelik a. o.*).

den Laien ohne vorherige Beratung unverständliche Rechtslage hindert daher nicht die Bestimmtheit und die Vorhersehbarkeit.[869] Art. 31 Abs. 1 ESC erlaubt somit die Einschränkung der Rechte der Europäischen Sozialcharta nicht nur durch objektives Recht, sondern auch eine solche durch entsprechendes Richterrecht.[870]

bb) Materielle Anforderung an eine Einschränkung gem. Art. 31 Abs. 1 ESC

Neben dem Erfordernis einer gesetzlichen Grundlage, die zulässigerweise durch Richterrecht konkretisiert werden darf, enthält Art. 31 Abs. 1 ESC zwei weitere. Einerseits muss einer der fünf aufgezählten Zwecke – Schutz der Rechte und Freiheiten anderer, der öffentlichen Sicherheit und Ordnung, der Sicherheit des Staates, der Volksgesundheit und der Sittlichkeit – verfolgt werden,[871] andererseits muss jede Einschränkung „notwendig“[872] sein. Art. 31 Abs. 1 ESC verlangt also eine Proportionalität zwischen Einschränkung und verfolgtem Ziel. Aus der Formulierung der Notwendigkeit einer Maßnahme und der Wertigkeit der abschließend aufgezählten Rechtsgüter folgt darüber hinaus für den Maßstab der Prüfung, dass bloße Zweckmäßigkeitserwägungen nicht genügen, um eine Einschränkung zu rechtfertigen.[873] Deshalb verlangt der Europäische Ausschuss für Soziale Rechte zutreffend, dass Einschränkungen der Rechte nur in außergewöhnlichen Fällen und bei Bestehen eines dringenden gesellschaftlichen Bedürfnisses vorgenommen werden dürfen.[874] Damit ist eine Abwägung beschrieben, die Arbeitskampfrecht bekannten Verhältnismäßigkeitsprüfung gleichgesetzt werden darf.[875]

Eine Grenze des Rechts auf kollektive Maßnahmen ist freilich dort erreicht, wo es sich nicht mehr um einen von Art. 6 Nr. 4 ESC geschützten und somit unrechtmäßigen Streik handelt. Dies kann aus der Unzulässigkeit des Gegenstandes der Kollektivverhandlungen, wie zum Beispiel bei politischen Streik,[876] folgen. Hier ist es dem Staat gestattet, Mechanismen zu schaffen, die den unrechtmäßigen Streik verhindern oder die Folgen durch Unterlassungs- oder Schadensersatzansprüche zu sanktionieren. Allerdings handelt es sich dabei nicht

[869] Vgl. EGMR v. 17.2. 2004, Appl. 44158/98 Rn. 64 (*Gorzelik a. o.*).

[870] conclusions I, S. 38; a. A. *Burchardt,* Streikrecht, S. 39 f., *Däubler,* Streik, S. 186; *Ramm,* AuR 1967, 97 (110); *Sproedt,* Koalitionsfreiheit und Streikrecht, S. 86.

[871] Entgegen dem Wortlaut „[...] und der Sittlichkeit“ sind die verschiedenen Schutzgüter alternativ, vgl. *Burchardt,* Streikrecht, S. 38 Fn. 3.

[872] necessary, nécessaires.

[873] *Hayen/Ebert,* AuR 2008, 19 (25); *Kovács,* CLLPJ 26 (2006), 445 (460).

[874] Europarat, Digest 2008, S. 177; *Hayen/Ebert,* AuR 2008, 19 (25).

[875] *Hayen/Ebert,* AuR 2008, 19 (25); kritisch *Gamillscheg,* Kollektives Arbeitsrecht I, S. 958; zurückhaltend *Hohenstatt/Schramm,* NZA 2007, 1034 (1037), dazu unten S. 256 ff.

[876] Dazu oben S. 114 ff.

um eine Einschränkung i. S. des Art. 31 Abs. 1 ESC, weil der unrechtmäßige Streik schon gar nicht vom Schutzbereich des Art. 6 Nr. 4 ESC umfasst ist. Auf eine Rechtfertigung kommt es daher nicht an.

(1) Rechte und Freiheiten anderer

Art. 31 Abs. 1 ESC i. V. mit dem Anhang zu Art. 6 Nr. 4 ESC lässt eine Beschränkung zugunsten der „Rechte und Freiheiten anderer" zu.[877] Durch kollektive Maßnahmen der Arbeitnehmer ist in erster Linie der soziale Gegenspieler, also der Arbeitgeber, betroffen. Er hat mithin den rechtmäßigen Streik als Eingriff in seinen Rechts- und Interessenkreis hinzunehmen, weil er ihn abwenden kann, indem er die Forderungen der Gegenseite erfüllt oder zumindest in Verhandlungen eintritt. Eine generelle staatliche Beschränkung des Streikrechts zugunsten des Arbeitgebers entspricht nicht dem Zweck des Art 31 Abs. 1 ESC, da Art. 6 Nr. 4 ESC es den Parteien gerade überlässt, ihre Interessenkonflikte ohne staatlichen Einfluss zu lösen. Der soziale Gegenspieler ist vom Wortlaut des Art. 31 Abs. 1 ESC erfasst. Es ist zu beachten, dass Art. 31 Abs. 1 ESC sich auf sämtliche Rechte der Teile I und II der Europäischen Sozialcharta und nicht nur speziell auf Art. 6 Nr. 4 ESC bezieht. Daraus folgt, dass der Arbeitgeber grundsätzlich ein anderer i. S. des Art. 31 Abs. 1 ESC ist und eine Einschränkung zu seinen Gunsten zulässig sein kann. Zu berücksichtigen ist dabei, dass eine Einschränkung nach dem Zweck der Art. 6 Nr. 4 und 31 Abs. 1 die Ausnahme bilden soll, so dass an sie hohe Anforderungen zu stellen sind. Unannehmlichkeiten genügen daher regelmäßig nicht, um eine Einschränkung zu rechtfertigen.[878]

Durch die Schranke sollen neben den Auswirkungen auf den sozialen Gegenspieler solche auf Dritte Berücksichtigung finden können.[879] Dabei handelt es sich um Personen, die nicht Parteien der kollektiven Maßnahmen i. S. des Art. 6 Nr. 4 ESC sind. „Rechte und Freiheiten anderer" i. S. des Art. 31 Abs. 1 ESC sind auch solche, die allen oder bestimmten außerhalb der den Interessenkonflikt austragenden Parteien zustehen. In einer arbeitsteilig organisierten Wirtschaft ist es offenkundig, dass Auswirkungen auf die Allgemeinheit nicht oder kaum zu vermeiden sind. Ein Beispiel bildet das Ergreifen kollektiver Maßnahmen durch Arbeitnehmer im öffentlichen Personen- oder im Güterbahnverkehr.[880] Hier kann es zu erheblichen materiellen Einbußen der mittelbar Betrof-

[877] the rights and freedoms of others, des droit et des libertés d'autrui.

[878] *Kovács,* CLLPJ 26 (2006), 445 (462); *Świątkowski,* Charter of Social Rights, S. 241.

[879] *Harris/Darcy,* European Social Charter, S. 380 f.; *Świątkowski,* Charter of Social Rights, S. 234 f.

[880] conclusions XVI-1, vol. 2, S. 445 f.; complaint 32/2005 (ETUC, CITUB, CL „Podkrepa" ./. Bulgarien), Rn. 34; conclusions 2006, vol. 2, S. 504.

fenen kommen, ohne dass diese eine unmittelbare Möglichkeit haben, die kollektiven Maßnahmen abzuwenden. Zwar wird durch das Betroffensein Dritter der Druck auf den adressierten Arbeitgeber erhöht, denn dieser kann neben den Streikenden zusätzlich mit unzufriedenen Kunden beziehungsweise Geschäftspartnern konfrontiert sein. Er wird daher in der Regel eher kompromissbereit sein. Dabei handelt es sich indes um eine rein faktische Einwirkung. Dagegen können Streiks in Versorgungsunternehmen für Strom, Wasser oder Gas zulässigerweise ebenso beschränkt werden, wie solche in Krankenhäusern.[881] Hier handelt es sich um *essential services* auf die die Bevölkerung angewiesen ist, auf die auch nicht kurzfristig verzichtet werden kann.[882] Dabei ist wiederum zu berücksichtigen, dass eine Beschränkung nur anhand dieses Maßstabes durch Art. 31 Abs. 1 ESC gerechtfertigt werden kann. Ein Streikverbot für Arbeitnehmer, die nicht unmittelbar dazu beitragen, die jeweilige unverzichtbare Leistung zu erbringen, ist somit nicht „notwendig".[883]

Der Wortlaut ist indes sehr weit, denn der Rechts- und Interessenkreis anderer ist begrifflich schnell betroffen. Gleichwohl bietet der Wortlaut keinen Anhaltspunkt auf nur bestimmte Rechte und Interessen. Aus der Systematik folgt nichts anderes. Es sind lediglich besonders wertige Rechtsgüter aufgezählt. Der Schluss auf eine Eingrenzung auf bestimmte „Rechte und Interessen anderer" kann daraus allerdings nicht gezogen werden, denn der Wortlaut der weiteren Merkmale ist ebenfalls offen.[884] Vor dem Hintergrund der Entstehungsgeschichte wundert dies nicht, da Art. 31 ESC gerade deshalb aufgenommen worden ist, um den Vertragsparteien Einschränkungsmöglichkeiten zu geben.[885] Dadurch sollte eine möglichst hohe Bereitschaft zur Ratifikation erzielt werden.[886] Somit handelt es sich bei allen Merkmalen um Generalklauseln, so dass unter die Begriffe verschiedene Sachverhalte subsumiert werden können. Sämtliche Einschränkungen müssen allerdings „notwendig" sein. Dadurch ist sichergestellt, dass Art. 31 Abs. 1 ESC gerade keine uferlose Einschränkung aufgrund jedes Rechts oder jeder Freiheit erlaubt und sein Tatbestand daher weit ausgelegt werden kann.[887]

---

881 conclusions 2006, vol. 1, S. 48 f.; conclusions 2010, vol. 1, S. 38 f., 125; conclusions 2010, vol. 2, S. 426 f.

882 conclusions 2002, S. 31: „in the event of a strike to provide a minimum public service", S. 67 f.; conclusions 2010, vol. 1, 125, 324 f.

883 Näher sogleich S. 139 ff.

884 Vgl. *Wiese,* JfIR 16 (1973), 328 (345 mit Fn. 86).

885 *Mitscherlich,* Arbeitskampfrecht, S. 40 ff., 51.

886 Vgl. *Khol,* JBl 1965, 75 (78); CE/Soc/Tr.Pr. (70) 15 (20.5.1970), S. 104 f.

887 Näher sogleich S. 139 ff.

(2) Öffentliche Sicherheit und Ordnung

Eine weitere Schranke bildet der Schutz der „öffentlichen Sicherheit und Ordnung“[888]. Der Inhalt dieser Schranke muss dabei nicht identisch mit dem aus den Generalklauseln des deutschen Polizei- und Ordnungsrechts bekannten Begriffspaar der öffentlichen Ordnung und öffentlichen Sicherheit sein. Indes besteht jedenfalls eine inhaltliche Nähe, da es bei dieser Schranke um die Aufrechterhaltung der innerstaatlichen Ordnung geht, um ein friedliches Zusammenleben zu ermöglichen.[889] Zuständig hierfür sind die Exekutivorgane der Vertragsstaaten. Davon umfasst ist die Tätigkeit der Ordnungsbehörden und damit die der Polizei. Es handelt sich also um eine Ermächtigung, das Streikrecht in den Fällen einzuschränken, wenn anderenfalls durch dessen Ausübung die genannten Schutzgüter gefährdet würden. Dabei ist ähnlich wie bei den anderen Schranken eine weite Auslegung zulässig.[890]

Art. 31 Abs. 1 ESC ist insoweit von Art. 5 S. 2 ESC abzugrenzen, der für die Polizei eine Sonderregelung enthält, wonach das Vereinigungsrecht gem. Art. 5 S. 1 ESC innerstaatlichen Beschränkungen unterliegen kann.[891] Dadurch soll sichergestellt werden, dass die innere Sicherheit der Vertragsstaaten jederzeit aufrechterhalten bleibt. Allerdings ist dabei zu beachten, dass Art. 5 ESC in den Sätzen 2 und 3 als einzige Norm eine ausdrückliche Regelung zu Arbeitnehmern mit regelmäßig besonderem hoheitlichen Status enthält.[892] Art. 5 S. 2 ESC bezieht sich als lex specialis ausschließlich auf Art. 5 S. 1 ESC und ist daher nicht ohne weiteres verallgemeinerungsfähig. Das folgt schon daraus, dass um den endgültigen Wortlaut des Art. 5 ESC und ebenso um den des Art. 6 ESC während der Beratungen gestritten wurde.[893] Die Schranken der einen Norm können also mangels Anhaltspunkten nicht auf die andere übertragen werden. Zwar ist Art. 5 ESC bei der Auslegung von Art. 6 Nr. 4 ESC insoweit zu berücksichtigen, als es um den Parteienbegriff geht.[894] Dabei ist zu beachten, dass Einschränkungen gem. Art. 5 S. 2 ESC nur für die Vereinigung als solche gilt. Das individuelle Streikrecht der einzelnen Arbeitnehmer gem. Art. 6 Nr. 4 ESC kann somit ohnehin nicht beschränkt werden. Eine Rechtfertigung ist nur gem. Art. 31 Abs. 1 i. V. mit dem Anhang zu Art. 6 Nr. 4 ESC möglich.

---

888 the protection of public interest, protéger l'ordre public.

889 *Burchardt,* Streikrecht, S. 38 f.

890 *Mitscherlich,* Arbeitskampfrecht, S. 111 mit Fn. 364.

891 Zu den verschiedenen Schranken für Polizei und Streitkräfte vgl. *Kitz,* in: Mosler/Bernhardt, Koalitionsfreiheit, 1073 (1089).

892 *Sproedt,* Koalitionsfreiheit und Streikrecht, S. 19.

893 *Sproedt,* Koalitionsfreiheit und Streikrecht, S. 6 ff., insbes. S. 9.

894 Dazu oben S. 84 ff.

Einschränkungen des Art. 6 Nr. 4 ESC sind also zulässig, wenn anderenfalls die innere Sicherheit gefährdet wäre. Sichergestellt sein muss somit insbesondere, dass die Gefahrenabwehr durch die zuständigen Organe wahrgenommen wird. Unter den Begriff der Schranke fallen daher unter anderem Polizei, Feuerwehr oder Gefängniswärter.[895] Zu denken ist darüber hinaus an Grenzbeamte und Ärzte.[896] Dies bedeutet aber keinesfalls, dass für diese Berufsgruppen ein generelles Verbot besteht, kollektive Maßnahmen zu ergreifen.[897] Vielmehr kommt es auf die jeweilige Funktion an.[898] Eine Einschränkung für leitende Angestellte oder Beamte ist zulässig.[899] Sie ist jedenfalls gerechtfertigt, wenn die ordnungsgemäße Erfüllung der übertragenen Aufgaben aufgrund der kollektiven Maßnahmen sonst nicht mehr zuverlässig ausgeübt werden könnte. Dies ist nicht bereits dann der Fall, wenn der Allgemeinheit dadurch Nachteile oder Unannehmlichkeiten entstehen. Die effektive Gefahrenabwehr und die Daseinsfür- und -vorsorge muss allerdings gewährleistet sein. Dies ergibt sich bereits aus der besonderen Bedeutung der für die „öffentliche Sicherheit und Ordnung" zuständigen Institutionen für das Zusammenleben. Wie eine grundlegende Versorgung ausgestaltet sein muss, ist allerdings eine Frage der „Notwendigkeit" jeder Einschränkung.

(3) Sicherheit des Staates

Art. 31 Abs. 1 ESC erlaubt Einschränkungen der kollektiven Maßnahmen zugunsten der „Sicherheit des Staates".[900] Im Unterschied zur öffentlichen Sicherheit und Ordnung zielt diese Schranke also auf die äußere Sicherheit des Staates ab.[901] Von ihr umfasst sind somit insbesondere die Streitkräfte.[902] Dabei ist analog dem eben Gesagten zu bedenken, dass es hier eine Vielzahl von Berufen gibt. Neben den Soldaten sind vom Begriff der Streitkräfte etwa Mechaniker, Köche oder Verwaltungsangestellte umfasst. Diese bilden die Infrastruktur des Militärs und gewährleisten daher als Gesamtheit die Sicherheit des Staates.[903] Allerdings ist zu beachten, dass die Einschränkung des Streikrechts die Ausnahme darstellt. Dies ergibt sich, wie mehrfach angesprochen, einerseits dar-

[895] Vgl. conclusions 2002, S. 146; conclusions XIII-2, S. 281; conclusions 2010, vol. 2, S. 563; conclusions XIX-3, S. 156 f.; *G. Müller,* DB 1984, 2692 (2694); *Świątkowski,* Charter of Social Rights, S. 230.

[896] Zur Schranke der „Volksgesundheit" sogleich S. 137.

[897] complaint 32/2005 (ETUC, CITUB, CL "Podkrepa" ./. Bulgarien), Rn. 46.

[898] *Schubert,* AöR 137 (2012), 92 (104).

[899] conclusions I, S. 40; conclusions V, S. 48, 51; conclusions 2004, vol. 2, S. 347 f.

[900] national security, sécurité nationale.

[901] *Burchardt,* Streikrecht, S. 40; *G. Müller,* DB 1984, 2692 (2695).

[902] Vgl. *Świątkowski,* Charter of Social Rights, S. 230.

[903] conclusions 2004, vol. 1, S. 44 f.

aus, dass das Recht auf kollektive Maßnahmen gem. Art. 6 Nr. 4 ESC sachlich und personell sehr weitgehend ist und andererseits daraus, dass Einschränkungen gem. Art. 31 Abs. 1 i. V. mit dem Anhang zu Art. 6 Nr. 4 ESC nur für besonders wertige Schutzgüter zulässig sind. Wenn Einschränkungen daher nur ausnahmsweise möglich sind, folgt daraus, dass nicht die gesamte Infrastruktur der Streitkräfte unter das Merkmal fällt. Vielmehr kommt es darauf an, dass die jeweiligen Arbeitnehmer eine für die äußere Sicherheit des Staates nicht bloß untergeordnete Bedeutung haben.[904] Damit insbesondere das Streikrecht möglichst umfassend ausgeübt werden kann, ist ein enger Maßstab anzulegen. Die Einschränkung zugunsten dieses Schutzgutes ist zulässig, um die Funktionsfähigkeit des Staates aufrechtzuerhalten.

Unabhängig von der „Notwendigkeit" i. S. des Art. 31 Abs. 1 ESC, die in einem zweiten Schritt festzustellen ist, fallen daher bereits nicht alle Berufsgruppen innerhalb der Streitkräfte unter diesen Begriff. Dafür spricht ein Vergleich mit Art. 5 S. 3 ESC. Dessen Wortlaut geht jedenfalls davon aus, dass Differenzierungen[905] möglich sind und somit nicht jede Einschränkung für jedes Mitglied der Streitkräfte gelten muss. Im Übrigen gilt das zu den Schranken in Art. 5 S. 2 ESC Gesagte entsprechend. Sie können nicht auf Art. 6 Nr. 4 ESC übertragen werden.[906] Schließlich ist zu berücksichtigen, dass der jeweilige Vertragsstaat einen relativ weiten Einschätzungsspielraum haben muss. Das ergibt sich daraus, dass die Sicherheit des Staates zum Kernbereich der völkerrechtlichen Souveränität gehört und andererseits das Merkmal der „Notwendigkeit" für den Einzelfall das flexiblere Mittel ist, um die Zulässigkeit oder Unzulässigkeit einer Einschränkung zu bestimmen.[907]

(4) Volksgesundheit

Einschränkungen des Streikrechts zum Schutze der Volksgesundheit[908] betreffen das Gesundheitswesen. Zulässig können daher die Einschränkungen von Streiks insbesondere von Ärzten und anderen im Gesundheitssektor Beschäftigten sein, also etwa Apothekern, Krankenschwestern und Pflegediensten.[909] Ein weiteres Beispiel bildet der Streik in einem Unternehmen der Abfallbeseitigung bei hohen Temperaturen.[910] Unter diesen Voraussetzungen können Krankheiten durch Tiere verbreitet werden, was ein Streikverbot rechtfertigt. Anders beur-

---

904 conclusions 2002, S. 146; conclusions 2004, vol. 1, S. 44 f.

905 principle governing, the extent, principe de l'application, la mesure.

906 Dazu oben S. 135 ff.

907 Dazu sogleich S. 139 ff.

908 public health, la santé publique.

909 *Däubler,* in: Agnelli, Arbeitskampf, 103 (137); *Harris/Darcy,* European Social Charter, S. 380.

910 *G. Müller,* DB 1984, 2692 (2694 f.).

teilte der Europäische Ausschuss für Soziale Rechte in einen Streik von Veterinärmedizinern.[911] Dort bestünde nur die abstrakte Gefahr für die Gesundheit der Bevölkerung.[912] Daraus folgt, dass konkrete Anhaltspunkte für eine Gefahr bestehen müssen.[913] Analog dem bereits Erläuterten steht eine Einschränkung stets unter dem Vorbehalt der Notwendigkeit i. S. des Art. 31 Nr. 1 ESC. Ein pauschales, nicht an der Funktion des jeweiligen Arbeitnehmers orientiertes Streikverbot ist unzulässig.[914]

(5) Sittlichkeit

Grundsätzlich umfasst der Begriff der Sittlichkeit gemeinsame Wertvorstellungen einer Rechtsgemeinschaft, bei deren Missachtung ein geordnetes Zusammenleben nicht möglich ist und stellt damit einen Auffangtatbestand dar. Maßstab für die gemeinsamen Wertevorstellungen sind die gemeinsamen Verfassungsüberlieferungen der Vertragsstaaten, denn diese bilden die jeweilige Grundanschauung des Staates ab.[915] Die Verfassungen der Europaratsstaaten sind freiheitlich-demokratisch, so dass es sich dabei mithin um ein sittlich-moralisches Mindestmaß handelt. Nur wenn es eine möglichst geringe Reglementierung gibt, ist die größtmögliche Entfaltung des Einzelnen gewährleistet.

Der Schutz der Sittlichkeit hat im Kanon der Rechtfertigungsgründe dennoch untergeordneten Charakter. Insbesondere die Strafrechtspflege und damit die staatliche Verfolgung von Sittlichkeitsdelikten sind bereits unter den „Schutz der öffentlichen Sicherheit und Ordnung" zu subsumieren. Darüber hinaus ist nur eine enge Auslegung zulässig. Anderenfalls bestünde die Gefahr, dass eine Rechtfertigung, die gemäß den anderen Schranken nicht zulässig ist, über den Umweg der „Sittlichkeit" zulässig wird. Es gilt der Grundsatz, dass die speziellere Regelung die allgemeine verdrängt. Die „Sittlichkeit" ist ein Auffangtatbestand und daher eng auszulegen. Das von *Däubler*[916] gebildete Beispiel, wonach eine Einschränkung des Streikrechts gem. Art. 31 Abs. 1 ESC i. V. mit dem Anhang zu Art. 6 Nr. 4 ESC möglich sein soll, wenn ein Staat seine Fähigkeit zur Bekämpfung pornographischer Literatur unter allen Umständen aufrechterhalten will und daher den Streik in der zuständigen Behörde verbietet, mag den Stellenwert der „Sittlichkeit" i. S. des Art. 31 Abs. 1 ESC i. V. mit dem Anhang zu Art. 6 Nr. 4 ESC verdeutlichen.

---

911 conclusions 2010, vol. 2, S. 475 f.

912 conclusions 2010, vol. 2, S. 475 f.

913 conclusions XVIII-1, vol. 1, S. 401 ff.

914 conclusions 2004, vol. 1, S. 44; conclusions 2006, vol. 2, S. 502 f., 752.

915 Vgl. *Ramm*, Koalitions- und Streikrecht, S. 144 und EuGH v. 14.5.1974, C-4/73 Rn. 12 f. (*Nold*).

916 in: Agnelli, Arbeitskampf, 103 (138).

(6) Notwendigkeit der Einschränkung

Betrifft eine kollektive Maßnahme eines der in Art. 31 Abs. 1 ESC genannten Schutzgüter, so ist entscheidend, ob die beabsichtigten Einschränkungen und Beschränkungen in einer demokratischen Gesellschaft zum Schutz der aufgeführten Güter „notwendig“[917] sind. Es darf keine mildere, das heißt die kollektive Maßnahme weniger beeinflussende Möglichkeit bestehen, um diesen Schutz gleich wirksam zu erreichen.[918] Anderenfalls ist die Maßnahme nicht notwendig. Hier muss der Vertragstaat aber wie im nationalen Verfassungsrecht eine weite Einschätzungsprärogative zugestanden werden. Immerhin muss der Gesetzgeber künftige Entwicklungen antizipieren. Die Vertragsstaaten müssen sich also nicht auf eine weniger einschneidende Regelung verlassen, deren Effektivität jedoch nicht gewiss ist.[919] Die Grenze bildet die offensichtliche Ungeeignetheit einer gesetzgeberischen Maßnahme.

Dies gilt ebenfalls für den an die Stelle des Gesetzgebers tretenden Richter. Zwar kommt es hier zu Überschneidungen von Judikative und Legislative.[920] Der Richter muss jedoch eine Entscheidung fällen und daher Grundsätze entwickeln oder auf bereits herausgearbeitete Grundsätze zurückgreifen. Ob dadurch jeweils das mildeste unter den verfügbaren Mitteln verwirklicht wird, lässt sich kaum sagen.[921] Die Notwendigkeit von Ankündigungsfristen,[922] eines vorherigen Schiedsverfahrens[923] oder Regelungen zur Einrichtung von Not- und Erhaltungsdiensten[924] kann nur der Gesetzgeber treffen.[925] Der Richter kann daher lediglich eine Evidenzkontrolle durchführen. Das folgt bereits daraus, dass Art. 31 Abs. 1 i. V. mit dem Anhang zu Art. 6 Nr. 4 ESC Ausnahmecharakter hat.[926] Nur wenn für den Vertragsstaat keine andere Möglichkeit besteht, die Folgen kollektiver Maßnahmen abzuschwächen, darf eine Begrenzung oder Einschränkung vorgenommen werden.

---

917 are necessary, sont nécessaire.

918 *Mitscherlich,* Arbeitskampfrecht, S. 111.

919 Vgl. *Sproedt,* Koalitionsfreiheit und Streikrecht, S. 20 f.

920 Zur grundsätzlichen Zulässigkeit einer Einschränkung durch Richterrecht oben S. 129 ff.

921 *Mitscherlich,* Arbeitskampfrecht, S. 115.

922 *Däubler,* in: Agnelli, Arbeitskampf, 103 (138); *Harris/Darcy,* European Social Charter, S. 108.

923 *Świątkowski,* Charter of Social Rights, S. 234 f.

924 *Świątkowski,* Charter of Social Rights, S. 235 f.; solche Maßnahmen sind allerdings grundsätzlich mit Art. 31 Abs. 1 i. V. mit dem Anhang zu Art. 6 Nr. 4 ESC vereinbar, vgl. conclusions 2006, vol. 1, S. 50; conclusions 2010, vol. 1, S. 38; conclusions 2010, vol. 2, S. 427; conclusions XIX-3, S. 41 f., 156 f., 198 f.

925 Vgl. conclusions XIV-1, vol. 1, S. 181 f.; conclusions XIV-1, vol. 2, S. 622 f.; conclusions XII-1, S. 128.

926 *Hayen/Ebert,* AuR 2008, 19 (25).

Dabei ist die Wertigkeit des in Art. 6 Nr. 4 ESC hervorgehobenen Streikrechts zu berücksichtigen. Art. 31 Abs. 1 ESC lässt Einschränkungen zugunsten besonderer Rechtsgüter zu. Daraus folgt, dass das Streikrecht grundsätzlich umfassend gewährleistet ist und Einschränkungen daher im Zweifel eng ausgelegt werden müssen. Demnach sind solche wegen bloßer Unannehmlichkeiten nicht zulässig. Es ist ein erheblicher Eingriff in die Rechtsgüter des Art. 31 Abs. 1 ESC nötig, da der Maßstab stets die Notwendigkeit in einer demokratischen Grundordnung ist.[927] Das bestätigt den Befund, dass die pauschale Anwendung einer Einschränkung auf eine gesamte Berufsgruppe wie etwa auf Beamte unzulässig ist, da nicht jede Tätigkeit eines jeden einzelnen Beamten zum Schutz der in Art. 31 Abs. 1 ESC genannten Güter nötig ist.[928] Es kommt entscheidend auf dessen jeweilige Funktion an.[929] Dies gilt auch für sonstige Berufszweige.[930] Ein pauschales Streikverbot für sämtliche Arbeitnehmer eines bedeutsamen Unternehmens unabhängig von ihrer konkreten Funktion ist unzulässig.[931]

Die Notwendigkeit i. S. des Art. 31 Abs. 1 ESC muss nicht gleich der aus dem deutschen Recht bekannten Verhältnismäßigkeitsprüfung sein.[932] Die Norm spricht nicht davon, dass die ergriffenen Maßnahmen im Verhältnis[933] zur Intensität der Einschränkung stehen müssen. Dass eine Abwägung durchzuführen ist, folgt aber bereits daraus, dass es sich bei der Europäischen Sozialcharta um einen völkerrechtlichen Vertrag zwischen europäischen Rechtsstaaten handelt. Der Verhältnismäßigkeitsgrundsatz in Gestalt einer Güterabwägung ist ein elementares Prinzip, dass auch in der Europäischen Menschenrechtskonvention verankert ist.[934] Nur durch eine Abwägung kann im Einzelfall entschieden werden, ob eine Maßnahme tatsächlich „notwendig" ist, um die Rechte und Rechtsgüter des Art. 31 Abs. 1 ESC zu schützen. Mithin müssen die für den Eingriff, das heißt für eine Beschränkung des Streikrechts sprechenden Umstände im Einzelfall die Intensität des Eingriffs überwiegen.[935] Als Maßstab kann hier

---

927 *Sproedt,* Koalitionsfreiheit und Streikrecht, S. 20.

928 Vgl. die *conclusions* oben in Fn. 619 sowie *Däubler,* in: Agnelli, Arbeitskampf, 103 (137 f.); *Mitscherlich,* Arbeitskampfrecht, S. 111; *Wiebringhaus,* Rdde 1972, 169 (188).

929 conclusions III, S. 37; conclusions IV, S. 48 f.; conclusions V, S. 51; conclusions 2002, S. 146; *Otto,* Arbeitskampf- und Schlichtungsrecht, § 9 Rn. 6.

930 conclusions X-2, S. 77; conclusions XIII-5, S. 181.

931 conclusions 2006, vol. 1, S. 48 f.; conclusions 2006, vol. 2, S. 574; conclusions 2010, vol. 1, S. 100; conclusions 2010, vol. 2, S. 426 f.

932 Vgl. *Hayen/Ebert,* AuR 2008, 19 (25); *Hohenstatt/Schramm,* NZA 2007, 1034 (1037); *Kitz,* in: Mosler/Bernhardt, Koalitionsfreiheit, 1073 (1096); conclusions XVI-1, vol. 1, S. 71; conclusions XVII-1, vol. 2, S. 318.

933 proportional, en proportion.

934 Vgl. EGMR v. 16.12.1997, Appl. 21353/93 Rn. 45 (*Camenzind*); v. 26.9.1995, Appl. 17851/91 Rn. 51 (*Vogt*).

935 Vgl. *Hayen/Ebert,* AuR 2008, 19 (25); *Hohenstatt/Schramm,* NZA 2007, 1034 (1037).

die Verhältnismäßigkeitsprüfung des Europäischen Gerichtshofs für Menschenrechte angelegt werden, die allerdings regelmäßig nicht die Kontrolldichte der bundesverfassungsgerichtlichen Prüfung erreicht.[936] Abstrakte Aussagen lassen sich insoweit kaum treffen.

Ein überwiegendes Interesse kann sich grundsätzlich nicht daraus ergeben, dass dem Arbeitgeber oder Dritten wirtschaftliche Nachteile entstehen. Dies ist eine Konsequenz der kollektiven Maßnahmen, denn nur so kann Druck auf den sozialen Gegenspieler ausgeübt werden. Ausnahmen können allerdings im Falle einer Existenzgefährdung gelten. Hier geht es nicht mehr darum, einen Interessenkonflikt auszutragen, sondern den Gegenspieler, regelmäßig also den Arbeitgeber, zu vernichten. Dies ist vom Zweck der Europäischen Sozialcharta, sowohl Arbeitgebern als auch Arbeitnehmern soziale Rechte zu gewährleisten, nicht umfasst und somit von vornherein unzulässig.

3. Einschränkungen durch einen allgemeinen ordre public

Schließlich ist denkbar, dass die Rechte aus Art. 6 Nr. 4 ESC aufgrund eines allgemeinen Vorbehalts, eines sogenannten *ordre public,* einschränkbar sein können. Ein *ordre public* betrifft jedoch lediglich die Frage, ob ausländisches Recht oder ausländische Rechtsakte bei entsprechenden Sachverhalten innerstaatlich ausnahmsweise nicht angewendet oder anerkannt werden können beziehungsweise dürfen.[937] Der *ordre public* beschreibt also die Grenze der innerstaatlichen Anwendbarkeit, wenn eine fremde Norm mit elementaren Grundsätzen des nationalen Rechts nicht zu vereinbaren ist. Einen allgemeinen völkerrechtlichen *ordre public,* der die Rechte eines Vertrages als solche beschränken kann, gibt es dagegen nicht. Folglich besteht keine generelle Möglichkeit, die Rechtswirkung der Europäischen Sozialcharta mittels eines *ordre public* zu beschränken. Nur wenn die Vorgaben der Europäischen Sozialcharta im Einzelfall mit innerstaatlichen Rechtsgrundsätzen in unerträglicher und nicht aufzulösender Weise kollidieren, ist eine Anwendung des jeweiligen nationalen *ordre public* grundsätzlich möglich. Dies folgt aus dem Prinzip der Volkssouveränität i. S. des Art. 20 Abs. 2 GG.[938] Daher ist wie festgestellt allerdings nicht den Vertrag als solches betroffen. Dieser Befund wird gestützt durch den französischen Wortlaut, denn dort findet sich der Terminus des *ordre public.*[939] Art. 31 Abs. 1 ESC

[936] *Grabenwarter/Marauhn,* in: Grote/Marauhn, Konkordanzkommentar, Kap. 7 Rn. 41 ff.

[937] Vgl. BVerfG v. 14.10.2004, E 111, 307 (309); *Nettesheim,* in: Maunz/Dürig, Art. 59 GG Rn. 187 sowie zu Art. 6 EGBGB *Mauer,* in: Hümmerich/Boecken/Düwell, AnwK-ArbR, Art. 6 EGBGB Rn. 2.

[938] Vgl. *Bleckmann,* DÖV 1979, 309 (313).

[939] *Mitscherlich,* Arbeitskampfrecht, S. 111; *Sproedt,* Koalitionsfreiheit und Streikrecht, S. 85.

enthält also abschließend sämtliche Ermächtigungen der Vertragsparteien zur Einschränkung der Rechte aus Art. 6 Nr. 4 ESC.

C. Zusammenfassung

1. Für die Auslegung des Art. 6 Nr. 4 ESC ist die Entstehungsgeschichte der Europäischen Sozialcharta von Bedeutung. In den Beratungen kamen die unterschiedlichen Vorstellungen der Vertragsstaaten zum Ausdruck, die nicht durch eine streng objektive Auslegung missachtet werden dürfen. Die die Europäische Sozialcharta umgebenden völkerrechtlichen Verträge können ergänzend zur Auslegung herangezogen werden. Da die relevanten Abkommen jedoch von unterschiedlichen Normgebern stammen, ist dabei jedoch im Zweifel Zurückhaltung geboten. Eine Ausnahme gilt aufgrund der engen Verknüpfung mit der Europäischen Menschenrechtskonvention als Parallelwerk. Den Ergebnissen der verschiedenen am Überwachungsverfahren gem. Art. 21 ff. ESC beteiligten Organe kommt erhebliche faktische Bedeutung bei der Interpretation der Europäischen Sozialcharta zu. Zu einer die Vertragsstaaten rechtlich bindenden Auslegung sind die Organe der Europäischen Sozialcharta nicht befugt.

2. Kollektivverhandlungen i. S. des Art. 6 Nr. 4 ESC sind alle nicht notwendigerweise auf einen durch Arbeitsvertrag regelbaren Inhalt bezogenen Gespräche zwischen den in Art. 6 ESC genannten Parteien mit dem Ziel einer nicht unbedingt rechtlich verbindlichen, das heißt für die Parteien Rechte und Pflichten begründenden Einigung durch eine kollektive Vereinbarung auf dem Gebiet des Arbeitsrechts i. S. des Art. 6 ESC.

3. „Kollektive Maßnahmen" i. S. des Art. 6 Nr. 4 ESC sind alle Handlungen, die von Arbeitnehmern und Arbeitgebern i. S. des Art. 6 ESC im Falle eines Interessenkonflikts während Kollektivverhandlungen mit dem Ziel ergriffen oder durchgeführt werden, Druck auf die Gegenseite auszuüben, um zu einer Einigung zu gelangen. Dazu zählt expressis verbis das Streikrecht.

4. Arbeitnehmer i. S. von Art. 6 Nr. 4 ESC ist eine Person, die fremdbestimmt für einen anderen Arbeitsleistungen erbringt. Es kommt dabei nicht darauf an, ob diese Abhängigkeit aufgrund privat- oder öffentlich-rechtlicher Grundlage beruht, sondern darauf, dass der Erwerbstätige unselbstständig in den Arbeitsprozess des Arbeitgebers eingegliedert ist. Dabei kann die bloß wirtschaftliche Abhängigkeit ausreichen, wenn sie hinsichtlich der Intensität mit der rechtlichen oder persönlichen Abhängigkeit vergleichbar ist und aus diesem Grund ein Schutzbedürfnis für diese Person besteht. Nur wer tatsächlich sowohl rechtlich, persönlich als auch wirtschaftlich unabhängig ist, ist nicht schutzbedürftig und somit kein Arbeitnehmer i. S. des Art. 6 Nr. 4 ESC.

5. Das Streikrecht stellt ein individuelles Recht der Arbeitnehmer dar, das kollektiv ausgeübt wird. Diese Arbeitnehmerverbünde sind vom personellen Schutzbereich des Art. 6 Nr. 4 ESC jedoch nur erfasst, wenn sie ein gewisses Maß an interner Organisation besitzen. Es muss ein sinnvolles Verhandeln mit dem Arbeitgeber möglich sein, da es Zweck des Art. 6 Nr. 4 ESC ist, Interessenkonflikte aufzulösen. Diesem Erfordernis genügen nicht ausschließlich Gewerkschaften, so dass auch nichtgewerkschaftliche Arbeitnehmerverbünde unabhängig davon, ob sie auf Dauer oder lediglich spontan gegründet sind, in Kollektivverhandlungen mit dem Arbeitgeber treten und ihre Forderungen nötigenfalls mit kollektiven Maßnahmen durchzusetzen versuchen können.

6. Arbeitnehmer sind nicht darauf beschränkt, einen Streik ausschließlich gegen ihren Vertragspartner durchzuführen. Ausnahmen sind in Konzernen zulässig, sofern die Muttergesellschaft ausreichenden Einfluss auf die Tochtergesellschaft hat. Unzulässig sind aber solche Sympathiearbeitskämpfe, die der Arbeitgeber durch den – druckbedingten – Abschluss einer Kollektivvereinbarung nicht abwenden kann. Gleichfalls unzulässig sind mangels tauglichem Adressaten politische Streiks gegen staatliche Institutionen.

7. Einschränkungen des Art. 6 Nr. 4 ESC können aufgrund von Art. 31 Abs. 1 ESC i. V. mit dem Anhang zu Art. 6 Nr. 4 ESC gerechtfertigt werden. Dies setzt grundsätzlich eine gesetzliche Regelung i. S. eines formellen Parlamentsgesetzes voraus. Diesem Erfordernis genügt jedoch gesetzesvertretendes Richterrecht, wenn es hinreichend bestimmt und vorhersehbar ist. Eine Einschränkung ist nur zugunsten der in Art. 31 Abs. 1 ESC abschließend aufgezählten Rechte und Rechtsgüter zulässig. Jede einschränkende Maßnahme muss „notwendig“ sein, was im Wege einer Abwägung im Einzelfall bestimmt werden muss. Pauschale Streikverbote sind daher nicht gerechtfertigt. Einen allgemeinen völkerrechtlichen *ordre public* gibt es nicht.

§ 3 Die Europäische Sozialcharta in der Rechtsordnung der Bundesrepublik Deutschland

A. Geltung und Rang der Europäischen Sozialcharta in der Bundesrepublik Deutschland

Seit ihrem Inkrafttreten ist die innerstaatliche Anwendbarkeit der Europäischen Sozialcharta und vor allem des Art. 6 Nr. 4 ESC in der Bundesrepublik Deutschland umstritten.[1] Dabei geht es darum, ob der Einzelne sich vor einem nationalen Gericht auf eine Norm der Europäischen Sozialcharta berufen kann oder nicht. Dies ist nur möglich, soweit sie unmittelbar anwendbar ist. Anderenfalls wäre lediglich der Staat völkerrechtlich verpflichtet, widersprechendes Recht zu beseitigen oder anzupassen.[2] Konkret hätte Art. 6 Nr. 4 ESC aber eine weniger gewichtige Bedeutung, weil die Norm bei der richterrechtlichen Fortbildung des Arbeitskampfrechts zwar zu berücksichtigen wäre. Der Richter hat nicht den Einschätzungsspielraum des Gesetzgebers oder einen ausfüllungsbedürftigen Ermessensspielraum der Verwaltung.[3] Nur der Gesetzgeber ist befugt, widersprechendes nationales Recht zu beseitigen.[4] Daraus folgt, dass ein Gericht nicht unter Berufung auf die Europäische Sozialcharta contra legem entscheiden dürfte, sondern allenfalls die bisherige Rechtsprechung anpassen könnte.[5]

I. Geltung der Europäischen Sozialcharta

Alle Staaten sind als Völkerrechtssubjekte souverän. Diese Souveränität bewahrt die nationale Rechtsordnung vor fremden Rechtsordnungen und damit auch vor dem Völkerrecht. Alle Völkerrechtssubjekte können daher selbst bestimmen, ob und wieweit sie sich völkerrechtlich binden.[6] Sie können bei Abschluss eines völkerrechtlichen Vertrages die innerstaatliche Stellung bestimmen. Die Europäische Sozialcharta enthält allerdings ebenso wenig wie die Eu-

---

1 Einen Überblick zur Wirkung der Europäischen Sozialcharter in den Rechtsordnungen der Vertragsstaaten bietet *Gori,* in: de Búrca/de Witte, Social Rights in Europe, 69 (70 ff.).

2 Zum Rechtscharakter des Art. 6 Nr. 4 ESC als subjektives Recht oben S. 60 ff.

3 Vgl. *Kunig,* in: Graf Vitzthum, Völkerrecht, 2. Abschnitt Rn. 42.

4 Dazu unten S. 191 ff.

5 Näher unten S. 198 ff.

6 *Gaus,* Gewährleistungen, S. 180 ff., 187; *Giro,* in: de Búrca/de Witte, Social Rights in Europe, 69 (71 f.); *Kunig,* in: Graf Vitzthum, Völkerrecht, 2. Abschnitt Rn. 9; *Verdross/Simma,* Völkerrecht, § 35.

ropäische Menschenrechtskonvention Vorgaben über ihre Stellung im nationalen Recht.[7]

Die innerstaatliche Stellung des Völkerrechts bestimmt das jeweilige Staatsorganisationsrecht.[8] Die Völkerrechtssubjekte können insbesondere den Rang des Völkerrechts in der Normenhierarchie bestimmen. Es ist zu unterscheiden zwischen Geltung und Anwendbarkeit einer völkerrechtlichen beziehungsweise völkervertraglichen Norm.[9] Eine Norm gilt, sobald sie innerhalb einer Rechtsordnung einen Befolgungsanspruch erhebt. Anwendbarkeit ist anzunehmen, wenn ein konkretes Rechtsverhältnis subsumiert werden kann und sie Rechte und Pflichten für die Rechtssubjekte enthält und daher nicht bloß die Völkerrechtssubjekte als solche verpflichtet.[10] Die Fragen bedingen einander somit partiell. Zur Begründung, warum und wie Völkerrecht innerstaatlich gilt, stehen sich zwei Ansätze – die monistischen und die dualistischen Theorien – mit diversen Spielarten gegenüber. Konsequenzen für die Rechtsanwendung hat dieser Streit nicht mehr, da die jeweiligen Sichtweisen soweit modifiziert und dadurch angenähert wurden, dass die Rechtsfolgen praktisch identisch sind. [11] Die Diskussion setzt sich jedoch im Bereich des Völkervertragsrechts, das hier im Vordergrund steht, fort und ist daher zu erwähnen.[12] Die monistische Sichtweise geht davon aus, dass die Völkerrechtsordnung und die staatliche Rechtsordnung Teile eines in Gänze zusammenhängenden Rechtssystems sind, wohingegen die sogenannte dualistische Theorie Völkerrecht und nationales Recht als zwei voneinander getrennte Rechtsordnungen ansieht.[13]

---

7 EGMR v. 26.11.1991, Appl. 13585/88 Rn. 76 (*Observer and Guardian*); v. 21.2.1986, Appl. 8793/79 Rn. 84 (*James*); v. 6.2.1976, Appl. 5614/72 Rn. 50 (*Swedish Engine Drivers Union*); BVerfG v. 14.10.2010, E 111, 307 (316); *Giegerich,* in: Grote/Marauhn, Konkordanzkommentar, Kap. 2 Rn. 4; *Grabenwarter/Pabel,* Menschenrechtskonvention, § 3 Rn. 1; *Pache,* EuR 2004, 393 (396). Europäische Sozialcharta und Europäische Menschrenchrechtskonvention stellen Parallelwerke dar, so dass auf die Diskussion zur Europäischen Menschenrechtskonvention Bezug genommen werden kann.

8 *Gaus,* Gewährleistungen, S. 180; *Giro,* in: de Búrca/de Witte, Social Rights in Europe, 69 (71 f.); *Kirchhof,* EuGRZ 1994, 16 (27); *Verdross/Simma,* Völkerrecht, § 859.

9 Diese Unterscheidung ist allgemein anerkannt, vgl. *Czycholl/Frieling,* ZESAR 2011, 322 (323); *Giegerich,* in: Grote/Marauhn, Konkordanzkommentar, Kap. 2 Rn. 1; *Kunig,* in: Graf Vitzthum, Völkerrecht, 2. Abschnitt Rn. 41; *Nettesheim,* in: Maunz/Dürig, Art. 59 GG Rn. 178, 180; *Schweitzer,* Staatsrecht III, Rn. 439a ff.; *Streinz,* in: Sachs, Art. 59 GG Rn. 67; *Verdross/Simma,* Völkerrecht, §§ 863 ff.; *Zuleeg,* ZaöRV 35 (1975), 341 (344 ff.).

10 *Gaus,* Gewährleistungen, S. 178 ff.; *Kunig,* in: Graf Vitzthum, Völkerrecht, 1. Abschnitt Rn. 41; *Nettesheim,* in: Maunz/Dürig, Art. 59 GG Rn. 180; *Schuler,* Internationales Sozialrecht, S. 377; vgl. bereits RG v. 18.6.1927, Z 117, 280 (284).

11 *Geiger,* Grundgesetz, S. 14; *Herdegen,* in: Maunz/Dürig, Art. 25 GG Rn. 5.

12 Vgl. *Giegerich,* in: Grote/Marauhn, Konkordanzkommentar, Kap. 2 Rn. 2.

13 Dazu *Gaus,* Gewährleistungen, S. 187 ff.; *Geiger,* Grundgesetz, S. 13 f.; *Herdegen,* in: Maunz/Dürig, Art. 25 GG Rn. 4.

II. Rang des Völkervertragsrechts in der Bundesrepublik Deutschland

1. Vollzug oder Transformation des Völkervertragsrechts

Das Grundgesetz der Bundesrepublik Deutschland ist völkerrechtsfreundlich und geht dabei von einem dualistischen Verständnis aus.[14] Das ergibt sich aus einer Reihe von Vorschriften, die einerseits auf das Völkerrecht und andererseits auf das Europarecht Bezug nehmen. Zu nennen sind insbesondere die Präambel des Grundgesetzes sowie die Art. 1 Abs. 2, 23 ff. GG und Art. 59 GG.[15] Zwar handelt es sich bei der Europäischen Sozialcharta um einen völkerrechtlichen Vertrag zwischen den Staaten des Europarats. Art. 23 GG findet keine Anwendung, weil er allein die Integration in die Europäische Union, das heißt das Europarecht im engeren Sinne betrifft.[16] Der Rang der Europäischen Sozialcharta bestimmt sich daher anhand Art. 59 Abs. 2 S. 1 GG. Die Vorschrift des Art. 25 S. 1 GG ist ebenfalls unanwendbar, da Art. 59 Abs. 2 S. 1 GG lex specialis ist.[17] Völkerrechtliche Verträge stellen keine „allgemeinen Regeln des Völkerrechtes" dar, weil andererseits eine Abgrenzung von Völkergewohnheitsrecht und vertraglichem Völkerrecht schwer oder gar nicht möglich wäre.[18] Bedeutung hat die Abgrenzung aber deswegen, weil die Bestimmungen des allgemeinen Völkerrechts gem. Art. 25 S. 2 GG den einfachen Gesetzen vorgehen, wohingegen der Rang völkerrechtlicher Verträge gem. Art. 59 Abs. 2 S. 1 GG umstritten ist.

Entscheidend ist, ob Art. 59 Abs. 2 S. 1 GG die Transformation der Bestimmungen in nationales Recht verlangt oder lediglich einen Vollzugsbefehl enthält.[19] Wesentlicher Unterschied ist, dass die Vollzugslehre das Zustimmungsgesetz als Verweis auf den völkerrechtlichen Vertrag in der jeweils gültigen Fassung ansieht,[20] wohingegen die Transformationslehre davon ausgeht, das Zustimmungsgesetz transformiere den Inhalt des völkerrechtlichen Vertrages spiegelbildlich in nationales Recht und somit eine originäre innerstaatliche Rechtsquelle schaffe.[21] Änderungen des Vertrages bedürfen somit immer der Ände-

---

14 *Bleckmann,* DÖV 1996, 137 (141 ff.); *Geiger,* Grundgesetz, S. 14 f.; *M. Schröder,* Gesetzesbindung, S. 103 ff.

15 Vgl. BVerfG v. 22.3.1983, E 63, 343 (370); v. 14.10.2004, E 111, 307 (317 ff.).

16 *Scholz,* in: Maunz/Dürig, Art. 23 GG Rn. 4; *Streinz,* in: Sachs, Art. 23 GG Rn. 9.

17 *Neubeck,* Sozialcharta, S. 159.

18 *Neubeck,* Sozialcharta, S. 159 f.; *Schweitzer,* Staatsrecht III, Rn. 473.

19 Zum Meinungsstand *Becker,* NVwZ 2005, 289 (289 f.); *Nettesheim,* in: Maunz/Dürig, Art. 59 GG Rn. 173 ff.; *Schweitzer,* Staatsrecht III, Rn. 423 ff.

20 *Kirchhof,* EuGRZ 1994, 16 (19); *Schweitzer,* Staatsrecht III, Rn. 423.

21 *Kunig,* in: Graf Vitzthum, Völkerrecht, 2. Abschnitt Rn. 111.

rung des Zustimmungsgesetzes, damit die neue Fassung national angewendet werden kann. Die Vollzugslehre geht demgegenüber davon aus, dass die Änderung des völkerrechtlichen Vertrages kein Tätigwerden des nationalen Gesetzgebers erfordere. Das Zustimmungsgesetz sei eine „Brücke", über die das Völkervertragsrecht innerstaatliche Geltung erlange.[22] Geltung erlangen völkerrechtliche Verträge mithin nach beiden mit Art. 59 Abs. 2 S. 1 GG zu vereinbarenden Sichtweisen durch das Ratifikationsgesetz.[23]

Der Rechtsprechung ist kein klares Bekenntnis zu einer der Theorien zu entnehmen.[24] Das Bundesverfassungsgericht hat indes mehrfach davon gesprochen, dass „das Zustimmungsgesetz den innerstaatlichen Rechtsanwendungsbefehl [erteilen]"[25] könne. Dies kann durchaus so gedeutet werden, dass es die Vollzugslehre favorisiert. Ausdrücklich legt das Bundesverfassungsgericht sich allerdings nicht fest, denn an anderer Stelle führt es aus, dass „Bundesgesetze i.S. von Art. 59 II 1 GG [...] innerstaatlich den Befehl zur Anwendung der betreffenden völkerrechtlichen Verträge [erteilen] *beziehungsweise* diese in nationales Recht [umsetzen]."[26] Allerdings fährt das Bundesverfassungsgericht in der selben Passage fort, dass „[innerhalb] der deutschen Rechtsordnung [...] völkerrechtliche Verträge [...], denen die Bundesrepublik Deutschland beigetreten ist, im Range eines Bundesgesetzes [stehen]".[27] Diese Ausführungen lassen daher Deutungen sowohl im Sinne der Vollzugs- als auch der Transformationslehre zu.

Der Unterschied zwischen beiden Ansätzen ist, dass sich Konsequenzen für den innerstaatlichen Rang ergeben können, da nach der Vollzugslehre anders als nach der Transformationslehre kein spiegelbildliches nationales Recht entsteht. Das Verhältnis zwischen diesem und den Normen des völkerrechtlichen Vertrages ist deshalb gesondert zu bestimmen.[28] Grundsätzlich ist es Sache des staatlichen Verfassungs- beziehungsweise Gesetzgebers, zu definieren, welchen Rang ein Völkerrechtsvertrag innerstaatlich einnehmen soll.[29] Ist dieser allerdings aus der Sicht des Völkerrechts zu bestimmen, kann dies zu einem Vorrang von letz-

---

22 *Schweitzer,* Staatsrecht III, Rn. 423.

23 *Geiger,* Grundgesetz, S. 156, 157 f.; *Kunig,* in: Graf Vitzthum, Völkerrecht, 2. Abschnitt Rn. 111.

24 BVerwG v. 12.6.1970, E 35, 262 (265 f.) ausdrücklich für die Transformationslehre, BGH v. 25.6.1969, Z 52, 216 (219) tendenziell für die Vollzugslehre; dazu *Geiger,* Grundgesetz, S. 155 f.

25 BVerfG v. 12.6.1994, E 90, 286 (364).

26 BVerfG v. 19. 9. 2006, NJW 2007, 499 (501, Hervorhebung durch Verfasser); ähnlich v. 14.10.2004, E 111, 307 (316 f.); vgl. dazu *Geiger,* Grundgesetz, S. 156; *Kunig,* in: Graf Vitzthum, Völkerrecht, 2. Abschnitt Rn. 111 mit Fn. 170.

27 BVerfG v. 19. 9. 2006, NJW 2007, 499 (501).

28 Grundlegend *Partsch,* Anwendung, S. 72 ff.

29 *Partsch,* Anwendung, S. 93 ff.

terem führen.[30] Das Bundesverfassungsgericht hat sich demgegenüber darauf festlegt, dass ein völkerrechtlicher Vertrag stets den Rang eines einfachen Bundesgesetzes habe und tendiert somit offenbar zur Transformationslehre.[31] Für diese Sichtweise spricht, dass nach bisherigem staats- und demokratietheoretischem Verständnis der Rang eines transformierten Vertrages nicht höher sein kann, als der des Zustimmungsgesetzes.[32] Allerdings kennt das Grundgesetz mit Art. 25 S. 2 GG eine Norm, die den allgemeinen Grundsätzen des Völkerrechts den Vorrang vor einfachen Gesetzen einräumt.[33] Diese Rangregelung gilt jedoch gerade nicht für völkerrechtliche Verträge, sondern nur für die allgemeinen Regeln des Völkerrechts. Auch gilt der Grundsatz des pacta sunt servanda nur zwischen den Völkerrechtssubjekten und kann daher die innerstaatliche Anwendbarkeit nicht begründen.[34] Allerdings berücksichtigt die Vollzugslehre, dass sich der Inhalt eines völkerrechtlichen Vertrages ändern kann. Diese Änderung vollzieht sich anders als nach der Transformationslehre unabhängig von einer Anpassung des innerstaatlichen Rechts. Daher vermeidet sie Hilfskonstruktionen, um die Wirksamkeit in der jeweils aktuellen Fassung des Vertrages zu begründen. Die Vollzugslehre kann zudem unproblematisch erklären, warum der völkerrechtliche Vertrag erst mit seinem Inkrafttreten Geltung erlangt und nicht bereits durch das Zustimmungsgesetz, welches als Parlamentsgesetz innerstaatliches Recht erzeugt. Gleiches gilt für die Beendigung des Vertrages und für Änderungen der Vertragsparteien sowie etwaige Vorbehalte.[35] Die Vollzugslehre ist der Transformationslehre wegen deren Widersprüche vorzuziehen.

Allerdings wird die Konsequenz, dem völkerrechtlichen Vertrag unter entsprechenden Umständen einen höheren Rang als den des Zustimmungsgesetzes einzuräumen, nicht gezogen.[36] Auch die Vollzugslehre sieht den völkerrechtli-

---

30 *Becker,* NVwZ 2005, 289 (291); ablehnend *Kunig,* in: Graf Vitzthum, Völkerrecht, 2. Abschnitt Rn. 113; *Schweitzer,* Staatsrecht III, Rn. 449.

31 *Klein,* JZ 2004, 1176 (1176).

32 BVerfG v. 26.3.1987, E 74, 358 (370); v. 14.10.2004, E 111, 307 (317); *Pischel,* Bedeutung, S. 25; *Schweitzer,* Staatsrecht III, Rn. 447 f.; näher zur Mitwirkung von Bundesregierung, Bundestag und Bundesrat vgl. *Kunig,* in: Graf Vitzthum, Völkerrecht, 2. Abschnitt Rn. 62 ff.; insbes. Rn. 101 ff.

33 *Geiger,* Grundgesetz, S. 157; *Herdegen,* in: Maunz/Dürig, Art. 25 GG Rn. 42; *Nettesheim,* in: Maunz/Dürig, Art. 59 GG Rn. 184; *Vogel,* FS Häberle, 481 (496 f.); *v. Heinegg,* in: *Epping/Hillgruber,* Art. 25 GG Rn. 27. Zum Verhältnis des Verfassungsrechts zu den allgemeinen Regeln des Völkerrechts vgl. *Herdegen,* in: Maunz/Dürig, Art. 25 GG Rn. 42 f.

34 *Bleckmann,* Grundgesetz, S. 278; *Schweitzer,* Staatsrecht III, Rn. 449.

35 *Becker,* NVwZ 2005, 289 (290); *Geiger,* Grundgesetz, S. 156 f.; *Kunig,* in: Graf Vitzthum, Völkerrecht, 2. Abschnitt Rn. 111; vgl. *Schweitzer,* Staatsrecht III, Rn. 435a zum Vertrauensschutz hinsichtlich etwaiger in Bezug auf einen transformierten, aber noch nicht in Kraft getreten völkerrechtlichen Vertrag getroffenen Dispositionen.

36 *Becker,* NVwZ 2005, 289 (290 f.); *Geiger,* Grundgesetz, S. 160; *Kunig,* in: Graf Vitzthum, Völkerrecht, 2. Abschnitt Rn. 114 m. w. N.; *Partsch,* Anwendung, S. 72 ff.; vgl. auch *Bleck-*

chen Vertrag als transformiert an und behandelt ihn dementsprechend wie sonstiges Recht.[37] Würde man den Grundsatz pacta sunt servanda uneingeschränkt anwenden, so beanspruchte das Völkerrecht stets den höheren Rang, weil nur dann seine volle Wirksamkeit mangels entgegenstehenden Rechts gewährleistet wäre.[38] Demgemäß ergeben sich nur in der Begründung der Frage nach der Geltung, nicht aber im Ergebnis Unterschiede. Nach der Transformationslehre ist der transformierte Inhalt des völkerrechtlichen Vertrages wie nationales Recht auszulegen. Dies hat indes völkerrechtsfreundlich zu erfolgen, so dass zunächst der völkerrechtliche Vertrag gegebenenfalls anhand der Art. 31 ff. WVRK auszulegen ist. Diesen Zwischenschritt vermeidet die Vollzugslehre, indem sie den völkerrechtlichen Vertrag mangels innerstaatlichen Rechts von vornherein gem. Art. 31 ff. WVRK auslegt. Das ermittelte Ergebnis findet über die „Brücke" des Zustimmungsgesetzes, das materiell lediglich die Vollzugsanordnung enthält, Eingang in die nationale Rechtsordnung.[39] Daher teilt ein völkerrechtlicher Vertrag in der Bundesrepublik Deutschland nach derzeitigem Stand der Dogmatik den Rang des Zustimmungsgesetzes.[40]

2. Europäische Menschenrechtskonvention als besonderer völkerrechtlicher Vertrag

Für die Europäische Menschenrechtskonvention ist dagegen seit ihrem Inkrafttreten in der Bundesrepublik Deutschland versucht worden, auf verschiedenem Wege einen Vorrang vor einfachen Gesetzen zu begründen.[41] Diese Versuche haben sich allerdings nicht durchgesetzt.[42] Entschieden gegen einen Vor-

---

mann, DÖV 1996, 137 (141 ff.) m. w. N., der keine Notwendigkeit sieht, hinsichtlich des Ranges zwischen Völkervertragsrecht i. S. des Art. 59 Abs. 2 S. 1 GG und den allgemeinen Regeln des Völkerrechtes, die gem. Art. 25 GG den nationalen Gesetzen vorgehen, zu differenzieren.

37 *Kunig,* in: Graf Vitzthum, Völkerrecht, 2. Abschnitt Rn. 114.

38 *Schweitzer,* Staatsrecht III, Rn. 449; vgl. außerdem *Partsch,* Anwendung, S. 72 ff.

39 *Becker,* NVwZ 2005, 289 (290); *Kunig,* in: Graf Vitzthum, Völkerrecht, 2. Abschnitt Rn. 114 m. w. N.

40 Zur Frage einer Selbstbindung des Gesetzgebers, kein widersprechendes Landesrecht zu erlassen *Becker,* NVwZ 2005, 289 (291).

41 Für (teilweisen) Verfassungsrang *Bleckmann,* EuGRZ 1994, 149 (152 ff. [Völkergewohnheitsrecht gem. Art. 25 GG]) sowie *Hoffmeister,* Der Staat 2001, 349 (367 ff. [Europäische Menschenrechtskonvention als „Grundrechtsverfassung", die gem. Art. 1 Abs. 2 GG i. V. mit der völkerrechtsfreundlichen Auslegung des Grundgesetzes Verfassungsrang habe]); für einen Vorrang gegenüber einfachen Gesetzen aufgrund einer entsprechenden Inkorporationspflicht *Chryssogonos,* EuR 2001, 49 (55, 61); vgl. die zusammenfassenden Darstellungen bei *Gaus,* Gewährleistungen, S. 184 ff. und *Giegerich,* in: Grote/Marauhn, Konkordanzkommentar, Kap. 2 Rn. 47 ff.

42 *Grabenwarter/Pabel,* Menschenrechtskonvention, § 3 Rn. 7; *Pache,* EuR 2004, 393 (399).

rang spricht indes, dass weder durch die Europäische Menschenrechtskonvention noch durch die Europäische Sozialcharta Hoheitsrechte übertragen worden sind.[43] „Selbst die weitreichende supranationale europäische Integration, die sich für den aus der Gemeinschaftsquelle herrührenden innerstaatlich unmittelbar wirkenden Normanwendungsbefehl öffnet, steht unter einem, allerdings weit zurückgenommenen Souveränitätsvorbehalt (vgl. Art. 23 Abs. 1 GG).“[44] Wenn also die Europäische Menschenrechtskonvention, die einklagbare subjektive Rechte gewährleistet, keinen den allgemeinen Gesetzen vorgehenden Rang genießt, kann dies erst recht nicht für die Europäische Sozialcharta gelten.

Etwas anderes kann sich nur ausnahmsweise dann ergeben, wenn die Regelungen eines völkerrechtlichen Vertrages bereits Völkergewohnheitsrecht geworden sind oder allgemeine Rechtsgrundsätze des Völkerrechts darstellen.[45] Dann gelten sie als allgemeine Bestimmungen des Völkerrechts i. S. des Art. 25 S. 1 GG und gehen gem. Art. 25 S. 2 GG den einfachen Gesetzen vor. Die Entstehung allgemeiner Regeln des Völkerrechts setzt indes voraus, dass „sie von der überwiegenden Mehrheit der Staaten – nicht notwendigerweise auch von der Bundesrepublik Deutschland – anerkannt werden.“[46] Dass der wesentliche Inhalt der Verpflichtungen der Europäischen Sozialcharta von der Mehrheit aller Staaten anerkannt wird, lässt sich nicht behaupten.[47] Dies gilt nicht einmal für die gegenüber den sozialen und wirtschaftlichen Rechten der Europäischen Sozialcharta grundlegenderen Menschenrechte der Europäischen Menschenrechtskonvention.[48] Immerhin hat der weitaus größere Teil der Welt bisher nicht das Niveau der sozialen Sicherheit (West-)Europas erreicht.[49]

Daraus ergibt sich, dass die Europäische Sozialcharta in der Bundesrepublik Deutschland Geltung erlangt[50] und als völkerrechtlicher Vertrag in der Normhierarchie den Rang eines Bundesgesetzes hat.[51]

---

43 *Grabenwarter/Pabel,* Menschenrechtskonvention, § 3 Rn. 7.

44 BVerfG v. 14.10.2004, E 111, 307 (139).

45 *Pischel,* Bedeutung, S. 17, 19; vgl. zur Wiener Übereinkunft über das Recht der Verträge oben S. 25 ff.

46 BVerfG v. 30.10.1962, E 15, 25 (34); v. 30.4.1963, E 16, 27 (33): „weitaus größere Zahl der Staaten“.

47 Ausführlich *Pischel,* Bedeutung, S. 18 ff.

48 *Grabenwarter/Pabel,* Menschenrechtskonvention, § 3 Rn. 7; *Pache,* EuR 2004, 393 (397, 399 f.) nennt „das Recht auf Leben, das Folterverbot [und] das Verbot der Sklaverei als völkerrechtliches ius cogens und als Staatenpflichten erga omnes.“ Weiter *Bleckmann,* EuGRZ 1994, 149 (154 f.) sowie einschränkend *Giegerich,* in: Grabenwarter u. a., Grundrechte, S. 101 (113).

49 Näher *Neubeck,* Sozialcharta, S. 160.

50 *Zuleeg,* ZaöRV 35 (1975), 341 (348).

51 Vgl. BVerfG v. 30.7.1952, E 1, 396 (410 f.); v. 21.3.1957, E 6, 290 (294 f.); v. 12.5.2009, E 123, 148 (170 f.).

B. Grundsätzliche innerstaatliche Unanwendbarkeit der Europäischen Sozialcharta

Aus dem Rang als solchem folgt nicht die innerstaatliche Anwendbarkeit einer völkerrechtlichen Norm. Viele völkerrechtliche Verträge betreffen ausschließlich das Verhältnis eines Völkerrechtssubjekts mit einem oder mehreren anderen. Sie berechtigen und verpflichten somit den Staat als Ganzes. Ein innerstaatlicher Vollzug findet in diesem Fall nicht statt.[52] Dem modernen Verständnis des Völkerrechts als Kooperationsvölkerrecht entspricht es, dass die effektive Durchsetzung durch die innerstaatliche Anwendung durch die nationalen Behörden und Gerichte gesichert sein muss.[53] Damit ist aber noch nicht ausgesagt, „ob" und „wie" der jeweilige völkerrechtliche Vertrag wirken soll. Dies hängt ganz wesentlich von seinem jeweiligen Inhalt ab. Voraussetzung für die innerstaatliche Anwendbarkeit ist also zunächst, dass der internationale Vertrag einen transformationsfähigen Inhalt hat. Dies ist der Fall, wenn die Staatsangehörigen der Vertragsstaaten unmittelbar berechtigt beziehungsweise verpflichtet werden sollen.[54]

I. Präambel und Teil I ESC

Aus vielen Formulierungen in der Europäischen Sozialcharta folgt, dass es sich grundsätzlich um eine Staatenverpflichtung handeln soll. Bereits Teil I ESC spricht davon, die Vertragsparteien seien gewillt, „eine Politik zu verfolgen, die darauf abzielt, geeignete Voraussetzungen zu schaffen, damit die tatsächliche Ausübung der [in der Europäischen Sozialcharta enthaltenen] Rechte und Grundsätze gewährleistet ist".[55] Auch die Präambel ist als Verpflichtung der Vertragsstaaten formuliert. Dies wird insbesondere in Absatz 4 deutlich, denn danach wollen sie „gemeinsam alle Anstrengungen [. . .] unternehmen" um die gesteckten Ziele zu erreichen. Durch die Präambel und Teil I ESC bringen die Vertragsstaaten zum Ausdruck, dass sie die Vorgaben der Europäischen Sozialcharta als erstrebenswerte Ziele ansehen, die zukünftig verwirklicht werden sollen. Genaue Angaben hierzu sind dagegen nicht enthalten. Bereits oben wurde erläutert, dass es sich dabei um politische Programmsätze handelt und sich

---

52 *Schweitzer,* Staatsrecht III, Rn. 437 mit dem Beispiel des „[Vertrags] über gute Nachbarschaft, Partnerschaft und Zusammenarbeit zwischen der Bundesrepublik Deutschland und der Union der sozialistischen Sowjetrepubliken" v. 9.11.1990, Sartorius II, Nr. 661.

53 *Bleckmann,* DÖV 1996, 137 (139); *Geiger,* Grundgesetz, S. 10 ff. m. w. N.

54 Vgl. die in Fn. 51 zitierte Rechtsprechung. Zum Rechtscharakter des Art. 6 Nr. 4 ESC als subjektives Recht oben S. 60 ff.

55 Vgl. *Neubeck,* Sozialcharta, S. 164 f.; zu Teil I ESC oben S. 19 ff.

daher keinesfalls Rechte des Einzelnen ableiten lassen. Dies belegt der Vergleich mit Art. 1 EMRK, wonach „[d]ie Hohen Vertragsparteien [...] allen ihrer Hoheitsgewalt unterstehenden Personen die in Abschnitt I bestimmten Rechte und Freiheiten [zusichern]." Eine vergleichbare Aussage abseits politischer Absichtserklärungen findet sich in der Europäischen Sozialcharta nicht.[56]

II. Teil II ESC i. V. mit Art. 20 ESC

In Teil II ESC finden sich die einzelnen Artikel, die die Signatarstaaten gemäß dem in Art. 20 ESC bestimmten Umfang zu ratifizieren haben. Die Formulierungen fast aller Normen[57] sind so zu verstehen, dass die Europäische Sozialcharta die Vertragsstaaten verpflichtet, die Vorgaben des jeweiligen Artikels umzusetzen.[58] Sie geht davon aus, dass nicht in allen Staaten die jeweiligen Rechte gewährleistet sind und durch innerstaatliche Maßnahmen geschaffen, angepasst oder erweitert werden müssen. Mit welchen Mitteln dies zu geschehen hat, stellt die Europäische Sozialcharta dabei ins Ermessen der Vertragsstaaten. Sie sind also frei darin, den Weg zu bestimmen, solange diese Ziele verwirklicht werden.[59] Anzumerken ist, dass die Europäische Sozialcharta selbst hinsichtlich des Inhalts einer Gewährleistung nur sehr vage formuliert ist.[60] Dies wird durch Art. 20 Abs. 1 lit. a ESC deutlich. Dieser bezieht sich zwar auf die in Teil I ESC aufgezählten Ziele, die für alle Vertragsstaaten unabhängig von der Ratifikation der Artikel des Teils II ESC verbindlich sind. Wenn allerdings bereits die nicht verbindlichen Ziele des Teils I ESC in Zukunft erreicht werden sollen, dann muss das für die Vertragsstaaten erst recht hinsichtlich der jeweils ratifizierten Artikel der Teils II ESC gelten. Zu beachten ist, dass Art. 20 ESC selbst mit „Verpflichtungen" überschrieben ist und sich die Vertragsparteien gem. Art. 20 Nr. 1 lit. a ESC ebenfalls „verpflichten", die Ziele in Teil I ESC zu verfolgen sowie gem. Art. 20 Nr. 1 lit. b und c ESC eine bestimmte Anzahl an Artikeln des Teils II als für sich bindend anzusehen. Dies ist allerdings nicht in dem Sinne zu verstehen, dass der jeweilige Artikel unmittelbar anwendbares Recht darstellen

---

56 *Neubeck,* Sozialcharta, S. 165.

57 Die Eingangssätze der Normen lauten „verpflichten sich die Vertragsparteien" („the Contracting Parties undertake", „les Parties contractantes s'engagent"). In den Normen finden sich entsprechend den verbindlichen Texte Formulierungen wie „zu fördern", „sicherzustellen", „vorzusehen", „einzuführen", „zu ermutigen", „aufrechtzuerhalten", „zuzusichern", „einzurichten", „zu Rate zu ziehen", „zu gewährleisten", „dafür zu sorgen", „zu beseitigen" oder „vorzubeugen".

58 *Mitscherlich,* Arbeitskampfrecht, S. 37; *Papadatos,* JIJK 7 (1966/2), 237 (265).

59 *Sproedt,* Koalitionsfreiheit und Streikrecht, S. 63 f.

60 Vgl. etwa das Beispiel bei *Neubeck,* Sozialcharta, S. 160 zum Recht der Kinder und Jugendlichen auf Schutz gem. Art. 7 ESC.

soll, sondern als Versprechen, den Inhalt des Artikels im innerstaatlichen Recht umzusetzen. Dies ergibt sich aus der Überschrift des Art. 20 ESC, aus dem sich darauf beziehenden Einleitungssatz des Teils II ESC sowie dem einleitenden Wortlaut des Art. 20 ESC selbst.

III. Anhang zu Teil III ESC und Teil IV ESC

Zwar kommt der Europäischen Sozialcharta als Parallelwerk der Europäischen Menschenrechtskonvention nicht deren Wirkung zu. Sie enthält keine den Art. 1, 13 und 46 Abs. 1 EMRK entsprechende Normen. Aus diesen wird allerdings die unmittelbare Anwendbarkeit der Europäischen Menschenrechtskonvention im nationalen Recht unter anderem abgeleitet.[61] Dagegen belegt der Anhang zu Teil III ESC die grundsätzliche Unanwendbarkeit.

Dem Wortlaut gemäß handelt es sich bei den in der Europäischen Sozialcharta enthaltenen Vorschriften um völkerrechtliche Verpflichtungen zwischen den Vertragsstaaten. Das spricht gegen die unmittelbare innerstaatliche Anwendung.[62] Darüber hinaus stellt der Anhang zu Teil III ESC klar, dass keine andere als die in Teil IV ESC in Gestalt des Berichtsverfahrens gem. Art. 21 ff. ESC vorgesehene Überwachung stattfinden soll. Danach ist also jede andere Überwachung sowohl durch internationale[63] als auch durch nationale Organe ausgeschlossen.[64]

Der Charakter der Europäischen Sozialcharta als Staatenverpflichtung wird darüber hinaus durch die Äußerungen *Tennfjord's* belegt, der im Zeitpunkt des Inkrafttretens Direktor der Sozialabteilung des Europarates war.[65] Er betonte, dass sich niemand vor den innerstaatlichen Gerichten auf die Rechte der Europäischen Sozialcharta berufen können sollte.[66] Dem haben sich die Gegner ihrer innerstaatlichen Anwendung angeschlossen.[67] *Tennfjord* begründet seine Ansicht allerdings damit, dass die sozialen Rechte im Gegensatz zu den bürgerlichen und politischen Rechten grundsätzlicher Natur und daher ausgestaltungsbedürftig seien.[68] Dies ist für den überwiegenden Teil der in der Europäischen Sozialcharta enthaltenen Gewährleistungen zutreffend, weil unklar ist, mit wel-

---

61 Dazu oben S. 150 mit Fn. 41.

62 BVerwG v. 18.12.1992, E 91, 327 (331 f.); *Konzen,* JZ 1986, 157 (162).

63 *Mitscherlich,* Arbeitskampfrecht, S. 43.

64 *Bleckmann,* Cdde 1967, 388 (406); *Rüthers,* in: Brox/Rüthers, Arbeitskampfrecht, Rn. 124.

65 *Sproedt,* Koalitionsfreiheit und Streikrecht, S. 69; *Wengler,* Unanwendbarkeit, S. 11 f.

66 *Tennfjord,* AE IX (1962), 71 (79): „It should be noted, however, that the Charter *cannot be invoked by individuals in national courts.*" (Hervorhebung im Original).

67 *Papadatos,* JIJK 7 (1966), 237 (264 f.); *Sproedt,* Koalitionsfreiheit und Streikrecht, S. 63 f.; *Wengler,* Unanwendbarkeit, S. 11 f.

68 *Tennfjord,* AE IX (1962), 71 (79).

chen innerstaatlichen Mitteln und mit welchem Umfang sie verwirklicht werden können. Ein entscheidender Unterschied kann jedoch sein, dass Art. 6 Nr. 4 ESC im Gegensatz zu den meisten sonstigen Vorschriften der Europäischen Sozialcharta als Abwehrrecht ausgestaltet ist.[69] Das zeigt der Vergleich mit Art. 11 Abs. 1 Halbs. 2 EMRK, der nach neuer Rechtsprechung des EGMR das Recht auf Kollektivverhandlungen einschließlich des Rechts auf Abschluss eines Kollektivvertrages sowie ein Streikrecht beinhaltet.[70] Wenn die Gewährleistungen dieser Normen demnach partiell identisch sind, kann man annehmen, dass sie ihren Rechtscharakter teilen. Somit ist das Argument der Ausgestaltungsbedürftigkeit kein schlagendes, so dass eine Ausnahme denkbar ist. Festzuhalten bleibt an dieser Stelle zunächst, dass die Europäische Sozialcharta als solche eine Staatenverpflichtung darstellt, die selbst nach der Ratifikation grundsätzlich kein innerstaatlich unmittelbar anwendbares Recht enthält.[71]

C. Unmittelbare Anwendbarkeit des Art. 6 Nr. 4 ESC

Als solche Ausnahme von der allgemeinen Unanwendbarkeit der Europäischen Sozialcharta wird teilweise angenommen, dass Art. 6 Nr. 4 ESC aufgrund des im Vergleich zu den anderen Gewährleistungen verschiedenen Wortlauts unmittelbar anwendbar ist.[72] Gleiches gilt für den hier nicht näher zu behandelnden Art. 18 Nr. 4 ESC.[73] Anders als die Formulierungen der übrigen Artikel der Europäischen Sozialcharta „anerkennen“[74] die Vertragsstaaten in den genannten Normen ein Recht.[75] Insofern unterscheidet sich der Wortlaut des Art. 6 Nr. 4 ESC erheblich von den sonst verwendeten Formulierungen, nach denen die übrigen Artikel lediglich staatsverpflichtenden Charakter haben. Dass die Europäische Sozialcharta als Ganzes nicht unmittelbar anwendbar ist, steht einer Anwendung einzelner Vorschriften nicht entgegen. Es ist anerkannt, dass in einem

69 *Cottier,* Bestimmungen, S. 88.

70 EGMR v. 12.11.2008, Appl. 34503/97 Rn. 153 f. (*Demir and Baykara*); v. 21.4.2009, Appl. 68959/01 Rn. 32 (*Enerji Yapi-Yol Sen*); *Lörcher,* AuR 2009, 229 (236); *Schubert,* AöR 137 (2012), 92 (98 f.); vgl. auch oben S. 73 ff. und S. 88 f.

71 *Mitscherlich,* Arbeitskampfrecht, S. 37; *Promberger,* Arbeitskampf, S. 12; *Zuleeg,* ZaöRV 35 (1975), 341 (352). Zur möglichen Ausnahme von diesem Grundsatz zugunsten Art. 6 Nr. 4 und 18 Nr. 4 ESC sogleich.

72 Statt aller für die Stellungnahmen in der älteren Literatur *Mitscherlich,* Arbeitskampfrecht, S. 37 f., 57 f. sowie aus neuerer Zeit *Witter,* Aspekte, S. 60 ff. jeweils mit umfangreichen Nachweisen.

73 *Neubeck,* Sozialcharta, S. 167 ff. mit Fn. 72.

74 recognise, reconnaissent.

75 *Isele,* Sozialcharta, S. 20; *Neubeck,* Sozialcharta, S. 168.

als Staatenverpflichtung ausgestalteten völkerrechtlichen Vertrag einzelne Vorschriften dennoch unmittelbar anwendbar sein können.[76] Die jeweilige Norm des Vertrages muss „anwendungswillig“[77] sein, also den Anspruch erheben, innerstaatlich unmittelbar angewendet zu werden (Anwendungsanspruch).[78] Dies setzt voraus, dass sie anwendungsfähig, also insbesondere bestimmt genug ist, damit sie innerstaatlich vollzogen werden kann (Anwendungsfähigkeit).[79] Ist beides zu bejahen muss geprüft werden, ob das nationale Recht eine unmittelbare Anwendung erlaubt (Anwendungsbefugnis).[80] Eine unmittelbare Anwendbarkeit des Art. 6 Nr. 4 ESC ist demnach nicht deshalb von vornherein ausgeschlossen, weil die Europäische Sozialcharta grundsätzlich als Staatenverpflichtung ausgestaltet ist.[81]

I. Anwendungsfähigkeit des Art. 6 Nr. 4 ESC

1. Anwendungsvorbehalt im Anhang zu Teil III ESC

Die Anwendung der völkerrechtlichen Norm darf nicht im Vertrag selbst ausgeschlossen sein. Die Vertragsparteien sind frei darin, ausdrücklich zu vereinbaren, dass keine Norm unmittelbare innerstaatliche Anwendung finden darf, sondern die Durchsetzung nur durch ein im Vertrag vorgesehenes Verfahren gesichert werden soll.[82] Das ergibt sich aus der Vertragsfreiheit der Vertragsparteien.[83] Ein Anwendungsvorbehalt findet sich in der Europäischen Sozialcharta im Anhang zu Teil III ESC.[84] Die Bedeutung dieser Norm ist allerdings umstritten.[85]

Der Wortlaut lässt sowohl die Interpretation zu, dass keine Norm unmittelbar angewendet werden soll als auch die Auffassung, jedenfalls Art. 6 Nr. 4 und

[76] *Bernhardt,* Abschluß, S. 27 Fn. 84; *Kunig,* in: Graf Vitzthum, Völkerrecht, 2. Abschnitt Rn. 41 f.

[77] *Kunig,* in: Graf Vitzthum, Völkerrecht, 2. Abschnitt Rn. 42.

[78] *Konzen,* JZ 1986, 157 (162); *Kunig,* in: Graf Vitzthum, Völkerrecht, 2. Abschnitt Rn. 42, 179. *Bleckmann,* Grundgesetz, S. 281 lehnt das Kriterium dieser „Vertragswillenstheorie“ ab, weil sich ein solcher Wille aus völkerrechtlichen Verträgen selten ableiten ließe; vgl. auch *Partsch,* Anwendung, S. 31 ff. sowie die dort nur im Inhaltsverzeichnis aufgeführte Überschrift („Der Anspruch des Völkerrechts auf Geltung im Landesrecht“).

[79] *Bernhardt,* Abschluß, S. 26; *Czycholl/Frieling,* ZESAR 2011, 322 (323.); *Giegerich,* in: Grote/Marauhn, Konkordanzkommentar, Kap. 2 Rn. 3; *Schweitzer,* Staatsrecht III, Rn. 440.

[80] Vgl. *Kunig,* in: Graf Vitzthum, Völkerrecht, 2. Abschnitt Rn. 42.

[81] Dazu oben S. 152 ff.

[82] *Neubeck,* Sozialcharta, S. 173; *Zuleeg,* ZaöRV 35 (1975), 341 (353).

[83] *Schuler,* Internationales Sozialrecht, S. 378; *Zuleeg,* ZaöRV 35 (1975), 341 (353).

[84] *Neubeck,* Sozialcharta, S. 173.

[85] Vgl. oben S. 154 ff. sowie *Zuleeg,* ZaöRV 35 (1975), 341 (344): „eine ziemlich versteckte Klausel“.

Art. 18 Nr. 4 ESC seien anwendungsfähig.[86] Es wird lediglich klargestellt, dass die Europäische Sozialcharta Verpflichtungen internationalen Charakters enthält. Dabei ist allerdings unklar, ob dies auf sämtliche Artikel bezogen ist oder nur auf solche, die tatsächlich als Verpflichtung ausgestaltet sind. Art. 6 Nr. 4 und Art. 18 Nr. 4 ESC sind als „Anerkennungen" formuliert, denn gemäß ihrem Wortlaut „anerkennen" die Vertragsstaaten ein Recht. Die Unterscheidung zwischen „anerkennen" einerseits und „verpflichten" andererseits wird auch in den verbindlichen englischen und französischen Texten vollzogen.[87]

Die Wortwahl ist vor dem Hintergrund des Wortlauts der übrigen Gewährleistungen der Europäischen Sozialcharta ungewöhnlich.[88] Etwa in Art. 4 Nr. 2, Art. 3 und 4 ESC „verpflichten sich die Vertragsparteien [...] anzuerkennen".[89] Selbst innerhalb des Art. 6 ESC werden unterschiedliche Verben gewählt.[90] Der Einleitungssatz von Art. 6 ESC ist als eine Verpflichtung der Vertragsparteien formuliert. Er nimmt allerdings lediglich Bezug auf die Nr. 1-3, denn die Wendung „und anerkennen"[91] ist durch einen Textumbruch deutlich von Nr. 3 abgesetzt und daher auf Nr. 4 beschränkt. Art. 6 ESC ist folglich so zu lesen, als dass sich die Vertragsstaaten zur Umsetzung der Rechte in Nr. 1-3 *verpflichten*, das Recht auf kollektive Maßnahmen in Nr. 4 *anerkennen*. Folglich ist festzuhalten, dass Art. 6 ESC „Verpflichtungen" enthält, auf die der Anhang zu Teil III ESC unstreitig Anwendung findet. Daneben normiert Art. 6 Nr. 4 ESC eine „Anerkennung". Bei einer gem. Art. 31 Abs. 1 WVRK angezeigten objektiven Auslegung des Wortlauts des Anhangs zu Teil III ESC findet dieser daher nur auf Art. 6 Nr. 1-3 ESC und nicht auf Art. 6 Nr. 4 ESC Anwendung.[92] Ein Anwendungsvorbehalt ist also nicht vereinbart und Art 6 Nr. 4 ESC daher grundsätzlich anwendungsfähig.

2. Bestimmtheit des Art. 6 Nr. 4 ESC

Art. 6 Nr. 4 ESC muss bestimmt genug sein, damit er vom Rechtsanwender angewendet werden kann.[93] Die Norm muss also einen Tatbestand haben und

86 *Däubler,* Streik, S. 180; *Neubeck,* Sozialcharta, S. 169.

87 Englische und französische Texte nennen; *Däubler,* Streik, S. 180.

88 *Däubler,* Streik, S. 180; *Kitz,* in: Mosler/Bernhardt, Koalitionsfreiheit, 1073 (1091); *Neubeck,* Sozialcharta, S. 170; *Promberger,* Arbeitskampf, S. 12; *Ramm,* AuR 1967, 97 (98).

89 Vgl. *Promberger,* Arbeitskampf, S. 12 mit Fn. 34 sowie oben Fn. 57.

90 *Czycholl/Frieling,* ZESAR 2011, 322 (323); *Isele,* Sozialcharta, S. 20.

91 and recognise, et reconnaissant.

92 Vgl. *Promberger,* Arbeitskampf, S. 12; zur Wiener Übereinkunft über das Recht der Verträge oben S. 25 ff.

93 Allgemein *Herzog,* JZ 1966, 657 (657); *Schuler,* Internationales Sozialrecht, S. 378; *Zuleeg,* ZaöRV 35 (1975), 341 (347).

es müssen sich hinreichend konkrete Rechtsfolgen ableiten lassen.[94] Bedarf es noch der Ausgestaltung durch den nationalen Gesetzgeber, kann die Norm nicht angewendet, sondern allenfalls als Hilfsmittel bei der Auslegung des vorhandenen Rechts herangezogen werden. Ein völkerrechtlicher Vertrag ist in diesem Fall ausführungsbedürftig.[95] Davon geht auch das Bundesverfassungsgericht aus, wenn es ausführt, dass „[n]ur solche völkerrechtliche Vertragsbestimmungen [...] durch das Zustimmungsgesetz in innerstaatlich anwendbares Recht umgesetzt werden [können], die alle Eigenschaften besitzen, welche ein Gesetz nach innerstaatlichem Recht haben muß, um berechtigen oder verpflichten zu können; die Vertragsbestimmung muß nach Wortlaut, Zweck und Inhalt wie eine innerstaatliche Gesetzesvorschrift rechtliche Wirkungen auszulösen geeignet sein. Nur unter diesen Voraussetzungen entstehen für den Staatsbürger verbindliche Rechtsnormen. Daher kann eine völkerrechtliche Abrede, die lediglich eine Verbindlichkeit gegenüber dem Vertragspartner begründet, ihrem Wesen nach nicht für die Entscheidung eines Rechtsstreits erheblich sein."[96]

Der Tatbestand des Art. 6 Nr. 4 ESC kann durch Auslegung der Norm hinreichend bestimmt werden.[97] Unter die gefundenen Definitionen des Interessenkonflikts, der Kollektivvereinbarungen und der kollektiven Maßnahmen in diesem Fall kann der jeweilige Lebenssachverhalt subsumiert werden.[98] Neben der Möglichkeit, kollektive Maßnahmen durch Kollektivvereinbarungen gem. Art. 6 Nr. 4 Halbs. 2 ESC zu beschränken, können gesetzliche Einschränkungen gem. Art. 31 Abs. 1 ESC erfolgen. Art. 6 Nr. 4 ESC enthält damit einen Tatbestand und eine Rechtsfolge, so dass man eine unmittelbare Anwendbarkeit nicht mit dem Argument mangelnder Bestimmtheit ablehnen kann.[99]

Ein weiteres Beispiel ist Art. 27 Abs. 2 der Verfassung von Berlin.[100] Dieser besagt schlicht: „Das Streikrecht ist gewährleistet". Art. 9 Abs. 3 S. 1 GG lässt das Streikrecht ebenso wie andere europäische Verfassungen[101] unerwähnt.[102] Diese für das Arbeitskampfrecht grundlegenden Normen sind allerdings nicht aus dem Grunde unanwendbar, weil sie offen formuliert sind.[103] Sie sind ledig-

---

94 *Czycholl/Frieling,* ZESAR 2011, 322 (323); *Zuleeg,* ZaöRV 35 (1975), 341 (349).

95 Zum Begriff *Bernhardt,* Abschluß, S. 25; *Koller,* Anwendbarkeit, S. 69.

96 BVerfG v. 9.12.1970, E 29, 348 (360).

97 *Witter,* Aspekte, S. 62 f.; ausführlich oben § 2, S. 7 ff.

98 Dazu oben S. 63 ff.

99 *Czycholl/Frieling,* ZESAR 2011, 322 (324); a. A. *Lerche,* Zentralfragen, S. 83; näher zu den Rechtsfolgen unten S. 343 ff.

100 *Däubler,* Streik, S. 182 zu Art. 18 Abs. 3 VvB, der dem aktuell gültigen Art. 27 Abs. 2 VvB entspricht.

101 Vgl. dazu *Lörcher,* in: Däubler, Arbeitskampfrecht, § 10 Rn. 23 mit Fn. 70.

102 *Däubler,* Rn. 102 f.; *Lörcher,* in: Däubler, Arbeitskampfrecht, § 10 Rn. 24; *Seiter,* RdA 1986, 165 (173).

103 *Mitscherlich,* Arbeitskampfrecht, S. 39 mit Fn. 108 f.

lich auslegungsbedürftig und keine „[neutralen] Rechtsnormen“[104]. Es liegt im Wesen grundsätzlicher Gewährleistungen, dass sie allgemein gehalten sind und die Ausgestaltung beziehungsweise Bestimmung des Schutzbereichs der Gesetzgebung sowie Rechtsprechung und Wissenschaft überlassen.[105] Folglich ist Art. 6 Nr. 4 ESC bestimmt genug und daher anwendungsfähig.

II. Anwendungsanspruch des Art. 6 Nr. 4 ESC

Art. 6 Nr. 4 ESC muss den Anspruch erheben, innerstaatlich unmittelbar angewendet zu werden. Es wurde dargelegt, dass das Kriterium teilweise abgelehnt wird, weil sich dieser Wille aus den wenigsten völkerrechtlichen Verträgen ableiten ließe.[106] Jedenfalls ist die jeweilige völkerrechtliche Norm darauf zu untersuchen, ob sie innerstaatlich anzuwenden ist. Im Unterschied zur Anwendungsfähigkeit geht es dabei nicht darum festzustellen, ob eine solche Anwendung überhaupt möglich ist, sondern ob eine innerstaatliche Anwendung stattfinden soll. Es ist möglich, dass eine völkerrechtliche Norm anwendungsfähig ist, aber dennoch nicht unmittelbar angewendet werden soll. Als Beispiel kann Art. 7 Nr. 7 ESC dienen, der insoweit hinreichend bestimmt ist, als dass er ein Verbot aufstellt, Unterachtzehnjährigen weniger als drei Wochen bezahlten Jahresurlaub zu gewähren. Gemäß dem bisher Gesagten soll die Norm jedoch nicht unmittelbar angewendet werden. Es handelt sich wie grundsätzlich bei sämtlichen Rechten der Europäischen Sozialcharta um eine Staatenverpflichtung. Ob die Norm tatsächlich im nationalen Recht angewandt werden kann, wenn ein Anwendungsanspruch besteht, ist Frage des jeweiligen nationalen Staatsorganisationsrechts und damit eine Frage der Anwendungsbefugnis. Art. 6 Nr. 4 ESC ist somit auf seinen Anwendungsanspruch hin zu untersuchen.

1. Wortlaut

Art. 6 Nr. 4 ESC besagt, dass die Vertragsparteien das Recht auf kollektive Maßnahmen inklusive dem Streikrecht anerkennen. „Anerkennen“ hat im juristischen Sprachgebrauch die Bedeutung, dass etwas bereits Bestehendes akzeptiert, bekräftigt, bestätigt oder festgestellt wird.[107] Aus dem verschiedenen Wortlaut folgt also, dass das Recht auf kollektive Maßnahmen einschließlich

[104] BAG v. 21.4.1971, AP Nr. 43 zu Art. 9 Arbeitskampf, Teil III. B. 1. der Gründe (Bl. 7R).

[105] *Gitter,* ZfA 1971, 127 (136 f.); *Mitscherlich,* Arbeitskampfrecht, S. 39 mit Fn. 108 f.; *Seiter,* Streik- und Aussperrungsrecht, S. 131; *Witter,* Aspekte, S. 62 f.

[106] Vgl. oben Fn. 78.

[107] *Mitscherlich,* Arbeitskampfrecht, S. 38; *Sproedt,* Koalitionsfreiheit und Streikrecht, S. 63; Oxford English Dictionary (Vol. XIII), Stichwort „recognize or recognise“ (1201); Grand Robert (Tome 8), Stichwort „reconnaître“ (S. 108 ff.).

des Streikrechts als bestehend vorausgesetzt wird.[108] Im Gegensatz zu den sonstigen Gewährleistungen der Europäischen Sozialcharta braucht es daher offenbar nicht durch den nationalen Gesetzgeber umgesetzt zu werden.[109] Schließlich ist nicht die Rede davon, dass die Vertragsparteien das Recht in Zukunft „anerkennen werden".

Denkbar ist ebenfalls, dass über das Bestehen des Rechts auf kollektive Maßnahmen unter den Vertragsstaaten Konsens besteht und daher keine Verpflichtung mehr nötig ist. Eine Verpflichtung, ein bereits gewährleistetes Recht (noch einmal) zu verwirklichen, ist nicht sinnvoll. Art. 6 Nr. 4 ESC hätte dann lediglich klarstellende Bedeutung. Gegen eine rein deklaratorische Bedeutung spricht jedoch, dass Art. 6 Nr. 4 ESC die erste ausdrückliche Regelung zum Streikrecht in einem völkerrechtlichen Vertrag enthält.[110] Das Streikrecht in Art. 6 Nr. 4 ESC könnte so verstanden die Kodifikation bereits – zumindest in Europa regional[111] – bestehenden Völkergewohnheitsrechts darstellen. Das ist jedoch nicht zu begründen, da der Inhalt von Art. 6 Nr. 4 ESC über die Streikgarantien derjenigen Staaten, die den Streik auf den Abschluss von Tarifverträgen beschränken, nicht unerheblich hinausgeht.[112] Es fehlt sowohl an einer ständigen Übung als auch an der Überzeugung der Richtigkeit, da unter anderem in der Bundesrepublik Deutschland die unmittelbare Anwendbarkeit des Art. 6 Nr. 4 ESC bestritten wird. Art. 6 Nr. ESC wiederholt somit kein bereits existierendes Völkergewohnheitsrecht. Wegen des verschiedenen Wortlautes des „Anerkennens" handelt es sich bei Art. 6 Nr. 4 ESC im Vergleich zu den sonstigen Vorschriften um eine außergewöhnliche Norm der Europäischen Sozialcharta. Dies spricht für einen Anwendungsanspruch.

---

108 *Czycholl/Frieling,* ZESAR 2011, 322 (323).

109 *Lörcher,* in: Däubler, Arbeitskampfrecht, § 10 Rn. 22.

110 Dies wird zwar verschieden beurteilt. Dennoch ist die Regelung eine der ersten und die erste auf europäischer Ebene, CE/Soc/Tr.Pr. (70) 15 (20.5.1970), S. 68; *Lörcher,* in: Däubler, Arbeitskampfrecht, § 10 Rn. 20; *Mitscherlich,* Arbeitskampfrecht, S. 30 Fn. 74 mit Hinweis auf *Wiese,* JfIR 16 (1973), 328 (341 mit Fn. 66).

111 Vgl. *Kunig,* in: Graf Vitzthum, Völkerrecht, 2. Abschnitt Rn. 137; *Herdegen,* Völkerrecht, § 16 Rn. 2 mit Hinweis darauf, dass „bestimmte menschenrechtliche Standards" der Europäischen Menschenrechtskonvention zu Völkergewohnheitsrecht erstarkt sein können (vgl. dazu die weiteren Nachweise in Fn. 42). Dass das Streikrecht nicht dazu zählt, zeigt die jüngste Rechtsprechung des EGMR zum Streikrecht der Beamten, das er aus Art. 11 Abs. 1 Halbs. 2 EMRK ableitet und sich nicht auf europäisches Völkergewohnheitsrecht beruft, dazu oben S. 73 f., 88 f.

112 Vgl. *Däubler,* FS P. Hanau, 489 (496).

2. Systematik

a) Formulierungen in Art. 6 Nr. 1-3 ESC sowie Art. 4 Nr. 1-4 und Art. 7 Nr. 5 ESC

Ausgangspunkt ist, dass die Wortwahl von dem der restlichen Artikel abweicht.[113] Diese sind stets als Verpflichtungen der Vertragsparteien formuliert.[114] Wenn allerdings bei 19 Artikeln mit bis zu zehn Nummern in zwei Fällen, nämlich bei Art. 18 Nr. 4 ESC[115] sowie bei Art. 6 Nr. 4 ESC davon abgewichen wird und sogar innerhalb dieser Normen selbst zwischen „Verpflichtung" und „Anerkennung" differenziert wird, kann dies kein Redaktionsversehen sein.[116] Dieses wäre nur der Fall, wenn versehentlich ein anderer Ausdruck gewählt oder im Text belassen worden wäre.[117]

Bei der systematischen Auslegung des Art. 6 Nr. 4 ESC ist somit die bewusste Unterscheidung zwischen dem Charakter der meisten Gewährleistungen als „Verpflichtung" und der „Anerkennung" in Art. 6 Nr. 4 ESC zu beachten. Die Norm steht nicht isoliert. Art. 6 Nr. 1-3 ESC sind im üblichen Duktus des Teils II ESC gehalten und formulieren daher lediglich Staatenverpflichtungen. Im deutlichen Widerspruch dazu steht die Formulierung des „Anerkennens" in Art. 6 Nr. 4 ESC, der zudem durch einen den Nr. 1-3 folgenden Textumbruch besonders hervorgehoben ist.[118] Hätte man deutlich machen wollen, dass es sich bei Nr. 4 ebenfalls um eine Staatenverpflichtung handelt, hätte man die Formulierungen der Art. 4 Nr. 1-4 oder Art. 7 Nr. 5 ESC wählen können.[119] Darin „verpflichten sich die Vertragsparteien [bestimmte Rechte] anzuerkennen."[120] Die Verpflichtung, etwas künftig anzuerkennen, ist der Europäischen Sozialcharta also nicht fremd. Dieses unterschiedliche zeitliche Moment spricht für das Ergebnis der grammatikalischen Auslegung. Das Recht in Art. 6 Nr. 4 ESC ist demnach bereits bei Inkrafttreten der Europäischen Sozialcharta anerkannt gewesen, wohingegen die Rechte in Art. 6 Nr. 1-3 ESC erst künftig anerkannt beziehungsweise geschaffen werden sollten.

Für ein Vertragswerk gilt außerdem wie für ein Gesetzeswerk die Vermutung der Vollständigkeit und Widerspruchsfreiheit, weil es sich um geschlossene Sys-

---

113 Zum Anwendungsvorbehalt im Anhang zu Teil III ESC S. 146 ff.

114 *Kitz,* in: Mosler/Bernhardt, Koalitionsfreiheit, 1073 (1091).

115 Statt aller *Neubeck,* Sozialcharta, S. 167 ff.

116 Vgl. *Czycholl/Frieling,* ZESAR 2011, 322 (323).

117 Vgl. *Engisch,* Einführung, S. 291 f.; *Larenz,* Methodenlehre, S. 400.

118 *Mitscherlich,* Arbeitskampfrecht, S. 39 und oben S. 156 ff.

119 *Mitscherlich,* Arbeitskampfrecht, S. 39; *Neubeck,* Sozialcharta, S. 170.

120 the Contracting Parties undertake: [...] to recognise the right, les Parties contractantes s'engagent: [...] à reconnaître le droit [...].

teme handelt.[121] Das folgt ebenso aus Art. 31 Abs. 1 WVRK, der voraussetzt, dass die Bestimmungen eines völkerrechtlichen Vertrages in einem Zusammenhang stehen.[122] Daraus kann geschlossen werden, dass ein sachlicher Unterschied zwischen der Anerkennung eines Rechts und der Verpflichtung, etwas anzuerkennen, besteht, wenn der Vertrag an verschiedenen Stellen verschiedene Formulierungen verwendet. Dies spricht daher insgesamt ebenfalls für den Anwendungsanspruch des Art. 6 Nr. 4 ESC, da dort nicht von einer Verpflichtung die Rede ist.

b) Anhang zu Art. 6 Nr. 4 ESC

Der Anhang der Europäischen Sozialcharta ist gem. Art. 38 Abs. 1 ESC deren Bestandteil und ist bei der Auslegung des Art. 6 Nr. 4 ESC heranzuziehen. Die Vertragsparteien können danach die Ausübung des Streikrechts durch Gesetz regeln,[123] sofern dieses den Anforderungen des Art. 31 ESC genügt. Der Begriff der Ausübung könnte weit auszulegen sein mit dem Ergebnis, dass sowohl das grundsätzliche Bestehen als auch die tatsächliche Ausübung im Einzelfall durch die Vertragsstaaten zu regeln wäre. Dann könnte es sich bei Art. 6 Nr. 4 ESC nur um eine Staatenverpflichtung handeln, da im Anhang nach dieser Lesart das Streikrecht noch nicht besteht.

Mit einem ähnlichen Gedanken kann man davon ausgehen, dass zur umfassenden Ausgestaltung des Streikrechts zwei Komponenten regelungsbedürftig sind. Einerseits die organisatorischen Fragen (zum Beispiel die formelle Erklärung des Streiks, die Wirkung auf die arbeitsvertragliche Rechtsstellung der Parteien sowie die Mitwirkung der Gewerkschaften), die die Ausübung des Streikrechts durch die Parteien und andererseits solche, die die Einschränkung zugunsten Dritter betreffen (etwa Streikverbote in bestimmten für die Allgemeinheit wichtigen Betrieben oder für bestimmte Arbeitnehmergruppen).[124] Wenn Art. 31 Abs. 1 ESC somit nur auf die letztgenannte Komponente bezogen wäre, sei die Klarstellung im Anhang insoweit notwendig, dass ebenso die organisatorische Komponente des Streikrechts durch den nationalen Gesetzgeber einschränkbar ist, wenn dies aufgrund von Art. 31 ESC gerechtfertigt werden

[121] „Einheit der Rechtsordnung", vgl. BVerfG v. 23.10.1951, E 1, 14 (32); v. 14.12.1965, E 19, 206 (220); v. 26.5.1970, E 28, 243 (260 f.); v. 6.12.1972, E 34, 165 (183); *Engisch,* Einführung, S. 275 ff.; *ders.,* Einheit der Rechtsordnung, S. 3; *Rüthers/Fischer/A. Birk,* Rechtstheorie, Rn. 145 ff.; 270 ff., 774 ff.; *Wank,* Auslegung, S. 56.

[122] *Fastenrath,* Lücken, S. 183 f.; *Sands,* in: Corten/Klein, Vol. 1, Art. 39 WVRK (1969) Rn. 39 ff. sowie oben S. 26.

[123] regulate the exercise of the right to strike, réglementer l'exercice du droit de grève.

[124] *Seiter,* Streik- und Aussperrungsrecht, S. 132; vgl. auch die Aufzählung bei *Świątkowski,* Charter of Social Rights, S. 232 f.

kann.[125] Danach ginge die Europäische Sozialcharta also davon aus, dass das Streikrecht sowohl hinsichtlich des Schutzbereichs als auch hinsichtlich eines rechtfertigungsbedürftigen Eingriffs in Art. 6 Nr. 4 ESC durch den Gesetzgeber ausgestaltungsbedürftig sei und somit keinen Anwendungsanspruch erhebe. Dafür spricht auch die Entstehungsgeschichte. Durch den Anhang zu Teil III ESC sollte klargestellt werden, dass die Europäische Sozialcharta als Ganze keine unmittelbar anwendbaren Vorschriften enthielte.[126] Wenn für Art. 6 Nr. 4 ESC dies noch einmal ausdrücklich im Anhang der Norm klargestellt wurde, ergibt sich daraus, dass die Vertragsparteien eine unmittelbare Anwendung des Art. 6 Nr. 4 ESC ausschließen wollten.[127]

Dem kann entgegengehalten werden, dass dies durch eine einfache Klarstellung im Wortlaut des Art. 6 Nr. 4 ESC hätte deutlich gemacht werden können. Die unterschiedlichen Entwürfe enthielten einen verschiedenen Wortlaut, aber gleichwohl einigte man sich schließlich auf die bekannte Formulierung, die gerade nicht eindeutig staatenverpflichtend ist.[128] Der Anhang wurde nicht später eingefügt, sondern trat gleichzeitig mit der Europäischen Sozialcharta in Kraft. Das Problem um den Anwendungsanspruch war somit bekannt.[129] Die Historie des Anhangs zu Art. 6 Nr. 4 ESC spricht daher vordergründig gegen eine unmittelbare Anwendbarkeit des Art. 6 Nr. 4 ESC,[130] ist aber tatsächlich nicht ergiebig, weil sie das Wortlautargument nicht entkräftet.[131]

Der Wortlaut des Anhangs zu Art. 6 Nr. 4 ESC setzt daher das Bestehen eines Streikrechts voraus. Nicht dieses an sich, sondern nur die Ausgestaltung des grundsätzlich bestehenden Rechts soll durch den nationalen Gesetzgeber geregelt werden können.[132] Die organisatorische Komponente ist davon umfasst, da die Ausübung eines Rechts sowohl das „Ob“ als auch das „Wie“ betrifft. Hinsichtlich beider Fragen ist das Streikrecht also gemäß den Vorgaben des Art. 31 ESC einschränkbar.[133] Dafür sprechen die Aussagen des Europäischen Komitees für Soziale Rechte in den *conclusions,* die formelle Anforderungen nicht als gleichwertig mit einem unzulässigen Verbot eines Streiks ansehen.[134] Einer

---

125 *Seiter,* Streik- und Aussperrungsrecht, S. 132.

126 Ausdrücklich *Lenz,* Anwendbarkeit, S. 97 sowie oben S. 154 ff.

127 *Mitscherlich,* Arbeitskampfrecht, S. 52; *Neubeck,* Sozialcharta, S. 173.

128 Zur Entstehungsgeschichte unten S. 176 ff.

129 *Mitscherlich,* Arbeitskampfrecht, S. 52 f.; vgl. dazu die Gutachten unten in Fn. 169 und 170.

130 *Lenz,* Anwendbarkeit, S. 105; *Neubeck,* Sozialcharta, S. 173 f.

131 *Mitscherlich,* Arbeitskampfrecht, S. 53.

132 *Isele,* Sozialcharta, S. 20; *Mitscherlich,* Arbeitskampfrecht, S. 41; *Promberger,* Arbeitskampf, S. 13 mit Fn. 35.

133 *Świątkowski,* Charter of Social Rights, S. 232 ff.; a. A. *Seiter,* Streik- und Aussperrungsrecht, S. 132.

134 conclusions XII-1, S. 128.

künstlich anmutenden Differenzierung zwischen organisatorischen Fragen und solchen betreffend die Reichweite des Streikrechts in Bezug auf Dritte bedarf es also nicht.[135] Allein dies ist stimmig, weil in Art. 6 Nr. 4 ESC das Streikrecht als subjektives Recht anerkannt wird[136] und im Anhang eine Regelung über die zulässige Ausübung getroffen wird. Das deutet auf einen Anwendungsanspruch des Art. 6 Nr. 4 ESC hin, denn enthielte dieser lediglich eine Staatenverpflichtung, müsste nicht nur die Ausübung – unabhängig davon, ob darunter auch organisatorische Fragen fallen – geregelt werden, sondern auch das Recht als solches zunächst geschaffen werden. Der Anhang zu Art. 6 Nr. 4 ESC trifft daher lediglich eine Regelung über die Ausübung, was sich unmittelbar auf den Wortlaut stützen lässt.

Gegen die lediglich deklaratorische Bedeutung des Anhangs zu Art. 6 Nr. 4 ESC spricht das Wort „weitere“[137], das in diesem Fall entbehrlich wäre. Sollte die Norm lediglich klarstellen, dass Art. 6 Nr. 4 ESC – so wie jede Norm des Teils II ESC – den Einschränkungen i. S. des Art. 31 ESC zugänglich ist, handelte es sich nicht um weitere Einschränkungen, sondern um eben jene Möglichkeiten zur Einschränkung, die Art. 31 ESC vorsieht. Der Begriff „weitere Einschränkungen“ kann zwar auf den in Art. 6 Nr. 4 ESC genannten Vorbehalt „etwaiger Verpflichtungen aus geltenden Gesamtarbeitsverträgen“ bezogen sein und somit klarstellen, dass neben dieser besonderen Möglichkeit zur Einschränkung auch die allgemeinen Einschränkungen i. S. des Art. 31 ESC zulässig sind.[138] Das überzeugt aber bereits deshalb nicht, weil sich der Vorbehalt in Art. 6 Nr. 4 Halbs. 2 ESC an die Arbeitnehmer und Arbeitgeber richtet.[139] Ihnen ist es verboten, untereinander bereits bestehende Vereinbarungen durch kollektive Maßnahmen infrage zu stellen. Über die Einschränkungsmöglichkeiten der Vertragsparteien der Europäischen Sozialcharta besagt Art. 6 Nr. 4 ESC daher nichts. Art. 6 Nr. 4 Halbs. 2 ESC ist daher nicht lex specialis zu Art. 31 ESC, so dass es des Anhangs nicht bedurft hätte, um klarzustellen, dass Art. 31 ESC auf Art. 6 Nr. 4 ESC Anwendung findet. Das folgt aus der Systematik der Normen und nicht zuletzt aus dem Wortlaut von Art. 31 Abs. 1 ESC selbst. Dieser sagt aus, dass die Rechte in Teil II „anderen“ Einschränkungen oder Begrenzungen nur unterliegen dürfen, wenn dies durch Gesetz und zum Schutze der genannten Schutzgüter geschieht. Art. 31 Abs. 1 ESC geht also davon aus, dass

---

135 So auch *Mitscherlich,* Arbeitskampfrecht, S. 42 mit Fn. 116; *Neubeck,* Sozialcharta, S. 177 mit Fn. 102.

136 Zum Rechtscharakter oben S. 60 ff.

137 any further restriction, toute autre restriction.

138 Zu der unnötigen Differenzierung zwischen organisatorischen Fragen und sonstigen Einschränkungen bereits oben S. 162.

139 Dazu oben S. 123 f.

einige Normen in Teil II ESC besondere Einschränkungsmöglichkeiten vorsehen. Dies ist nicht nur in Art. 6 Nr. 4 ESC der Fall, sondern ebenso in Art. 4 Nr. 2 und Nr. 5, Art. 5 S. 2 und 3, Art. 7 Nr. 1, 8 und 9 ESC, für die nur teilweise Regelungen im Anhang bestehen. Diese erläutern für die genannten Artikel lediglich, wie eine Vorschrift auszulegen ist. Sie nehmen aber keinen Bezug auf die dort vorgesehenen Möglichkeiten zur Einschränkung durch den nationalen Gesetzgeber und belegen daher den Charakter der jeweiligen Norm als Staatenverpflichtung.[140] Dies unterstreicht die besondere Stellung des Art. 6 Nr. 4 ESC, denn für diese Norm ist der Verweis auf Art. 31 ESC einzigartig. Das spricht für einen Anwendungsanspruch.

Schließlich ist unter einem weiteren Gesichtspunkt nach dem Zweck des Anhangs zu Art. 6 Nr. 4 ESC zu fragen. Nimmt man eine Staatenverpflichtung des Art. 6 Nr. 4 ESC an, ist der innerstaatliche Gesetzgeber der einzige Adressat und somit allein kompetent, das Streikrecht aufgrund der Verpflichtung in Art. 6 Nr. 4 ESC zu schaffen. Dessen Anhang wäre folglich überflüssig, da er Selbstverständliches klarstellen würde.[141] Dabei ist allerdings zu berücksichtigen, dass verschiedene Anforderungen für den Gesetzgeber hinsichtlich der Ausgestaltung und des Eingriffs bestehen können. Es ist somit nicht einsichtig, warum anstelle eines Anhangs nicht ein anderer Wortlaut für Art. 6 Nr. 4 ESC gewählt wurde, da die Formulierung des Anerkennens überhaupt erst zur Diskussion um die unmittelbare Anwendbarkeit der Vorschrift geführt hat. Außerdem fehlt, wie bereits erwähnt, ein klarstellender Anhang zu Art. 18 Nr. 4 ESC, so dass die Aussage, keine Norm der Europäischen Sozialcharta sei unmittelbar anwendbar, nicht unter Berufung auf den Anhang zu Art. 6 Nr. 4 ESC zu begründen ist. Denn aufgrund der identischen Struktur des Art. 18 Nr. 4 ESC hätte man nach ablehnendem Verständnis einen entsprechenden Anhang aufnehmen müssen, um den verpflichtenden Charakter zu erreichen. Lehnt man den Anwendungsanspruch des Art. 6 Nr. 4 ESC ab, so ist die Existenz sowie der Zweck dessen Anhangs nicht zu erklären, es sei denn, man betrachtet die Norm als Klarstellung etwas Selbstverständlichem. Davon kann allerdings vor dem Hintergrund der anderen Normen im Anhang, die allesamt Präzisierungen der entsprechenden Artikel enthalten, wohl nicht ausgegangen werden. Schließlich standen in den Beratungen zu einem Anhang von Beginn an diese beiden Vorschriften in der Diskussion.[142] Wenn allerdings der Anhang zu Art. 6 Nr. 4 ESC nötig ist, um dessen unmittelbare Anwendbarkeit auszuschließen, folgt daraus

140 *Mitscherlich,* Arbeitskampfrecht, S. 41.

141 *Czycholl/Frieling,* ZESAR 2011, 322 (324); *Däubler,* Streik, S. 180 und *Lörcher,* in: Däubler, Arbeitskampfrecht, § 10 Rn. 23 sprechen von einer „Banalität"; *Mitscherlich,* Arbeitskampfrecht, S. 41; *Neubeck,* Sozialcharta, S. 177; *Witter,* Aspekte, S. 64 f.

142 Vgl. *Lenz,* Anwendbarkeit, S. 99.

im Umkehrschluss, dass Art. 18 Nr. 4 ESC anwendbar sein soll. Dies ist widersprüchlich, wenn das Ziel des Anhangs sein sollte, klarzustellen, dass keine Norm Anwendung finden sollte.[143]

c) Art. 32 ESC

Für einen Anwendungsanspruch des Art. 6 Nr. 4 ESC spricht Art. 32 ESC. Die in Teil V ESC verortete Norm enthält unter anderem eine Regelung zum Verhältnis des innerstaatlichen Rechts zu den Vorschriften der Europäischen Sozialcharta. Daraus kann gefolgert werden, dass eine unmittelbare Anwendbarkeit zumindest einiger Vorschriften möglich ist.[144] Art. 32 ESC geht dem Wortlaut gemäß unter Einschluss der Überschrift davon aus, dass zwischen dem innerstaatlichem Recht und der Europäischen Sozialcharta ein Verhältnis besteht. Die Norm enthält eine Günstigkeitsregelung zugunsten des nationalen Rechts, denn die Vertragsparteien können gem. Art. 32 ESC günstigere Bestimmungen verabschieden, also solche, die über die Gewährleistungen der Europäischen Sozialcharta hinausgehen. Sie ist auf sämtliche „Bestimmungen dieser Charta“[145] und somit auf Art. 6 Nr. 4 ESC anzuwenden. Die Norm geht also davon aus, dass es zu einer Kollision zwischen verschiedenen Normen der Europäischen Sozialcharta einerseits mit dem innerstaatlichen Recht andererseits aus dem Grund kommen kann, weil sie einen ähnlichen Regelungsgegenstand betreffen. Dann soll die für die betroffene Person günstigere nationale Regelung nicht durch die Europäische Sozialcharta berührt werden.

Zu dieser Kollision mit dem innerstaatlichen Recht, die eine solche Regelung überhaupt nötig macht, kann es aber nur bei einem Anwendungsanspruch zumindest einiger Normen kommen. Eine Kollision liegt vor, wenn zwei Normen auf denselben Sachverhalt anwendbar sind.[146] Die eine in diesem Fall anwendbare Norm ist eine des innerstaatlichen Rechts – oder eine aus einer zwei- oder mehrseitigen völkerrechtlichen Übereinkunft – und die andere eine der Europäischen Sozialcharta. Handelte es sich bei letzterer lediglich um völkerrechtliche Verpflichtungen, wäre Art. 32 ESC ähnlich wie der Anhang zu Art. 6 Nr. 4 ESC eine Klarstellung. Es ist keine Kollision denkbar, wenn die Europäische Sozialcharta keinerlei unmittelbar anwendbare Vorschriften enthielte.[147] Dann wäre allein der nationale Gesetzgeber zur Umsetzung der Verpflichtungen berufen. Eine Kollision zwischen nicht unmittelbar anwendbaren Staatenverpflichtungen und unmittelbar anwendbarem nationalen Recht ist nicht denkbar. Art. 32

---

[143] Ähnlich *Witter*, Aspekte, S. 64.

[144] *Mitscherlich*, Arbeitskampfrecht, S. 42.

[145] The provisions of this Charter, Les dispositions de la présente Charte.

[146] Vgl. *Larenz*, Methodenlehre, S. 266.

[147] *Däubler*, Streik, S. 180; *Lörcher*, in: Däubler, Arbeitskampfrecht, § 10 Rn. 23.

ESC ordnet jedoch die Derogation der Normen an und geht damit davon aus, dass innerstaatliches Recht im Grundsatz von der Europäischen Sozialcharta „berührt“ werden kann.[148] Damit diese Regelung sinnvoll ist, muss es ebenfalls unmittelbar anwendbare Normen in der Europäischen Sozialcharta geben.[149]

Der Zweck des Art. 32 ESC kann allerdings nicht darin gesehen werden, einen sozialen Rückschritt zu vermeiden.[150] Dies soll geschehen, indem den Vertragsstaaten verboten wird, unter dem Vorwand, die Europäische Sozialcharta umzusetzen, die über deren Niveau hinausgehenden Rechte einzuschränken.[151] Der Wortlaut stützt dieses Verständnis kaum. Die Europäische Sozialcharta gibt einen Mindeststandard vor, den alle Vertragsparteien erreichen sollen. Hat ein Staat die Rechte auf diesem Niveau umgesetzt oder dieses überobligatorisch erfüllt, kommt er seiner völkerrechtliche Verpflichtung nach. Jedem Gesetzgeber steht es jedoch frei, das bestehende Schutzniveau abzusenken. Insbesondere das Sozialrecht muss gegebenenfalls an aktuelle Rahmenbedingungen angepasst werden. Unterschreitet die Vertragspartei aufgrund einer Neuregelung das Niveau der Europäischen Sozialcharta, so handelt sie vertragswidrig. Dass dies einen Vertragsbruch darstellt, folgt bereits aus dem Vertrag beziehungsweise der jeweiligen Verpflichtung in den Artikeln selbst und hätte somit keiner Klarstellung bedurft. Zumindest hätte Art. 32 ESC insoweit deutlicher formuliert werden müssen, weil das Konservieren eines bestimmten sozialen Standards einen nicht unerheblichen Eingriff in die staatliche Souveränität darstellt.[152] Selbst das gegenteilige Verständnis spricht eher für die Möglichkeit unmittelbarer Anwendbarkeit. Denn wenn man Art. 32 ESC als ein an die Vertragsstaaten gerichtetes Verbot ansieht, sozialen Rückschritt zu betreiben, dann muss dieses Verbot im Falle eines Unterschreitens des Niveaus der Europäischen Sozialcharta unmittelbar im nationalen Recht wirken. Anderenfalls wäre dieses Verbot nicht effektiv und zudem würde die Europäische Sozialcharta die Normen des nationalen Rechts nicht „berühren“. Art. 32 ESC spricht daher ebenfalls eher für die Möglichkeit der unmittelbaren Anwendbarkeit einiger Normen der Europäischen Sozialcharta.

d) Art. 20 ESC

Zweck des Art. 20 ESC ist es, eine möglichst breite Ratifikation durch die Vertragsparteien zu ermöglichen. Es sollen möglichst alle enthaltenen Rechte inner-

[148] *Promberger,* Arbeitskampf, S. 12.

[149] *Däubler,* Streik, S. 180; *Isele,* Sozialcharta, S. 20 f.; *Lörcher,* in: Däubler, Arbeitskampfrecht, § 10 Rn. 23; *Witter,* Aspekte, S. 65.

[150] So *Seiter,* Streik- und Aussperrungsrecht, S. 132; dagegen *Mitscherlich,* Arbeitskampfrecht, S. 42 f.

[151] *Seiter,* Streik- und Aussperrungsrecht, S. 132.

[152] Ähnlich *Mitscherlich,* Arbeitskampfrecht, S. 43 und *Neubeck,* Sozialcharta, S. 178.

staatlich umgesetzt werden. Art. 20 ESC überlässt es den Vertragsparteien allerdings, nur eine bestimmte Anzahl an Artikeln anzunehmen. Diese Vorschrift will also eine möglichst hohe Ratifikationsquote dadurch erreichen, dass der jeweilige Staat – zunächst – nur diejenigen Artikel annehmen muss, die er im nationalen Recht umsetzen kann. Die Möglichkeit, später weitere Artikel zu ratifizieren, steht gem. Art. 20 Nr. 3 ESC jederzeit offen. Diese flexible Regelung ermöglicht es denjenigen Staaten, die die Europäische Sozialcharta nicht im Ganzen übernehmen wollen, sie wenigstens teilweise zu ratifizieren. So wollte man möglichst viele Staaten zur Ratifikation bewegen. Die Norm spiegelt daher die Kompromisse wider, die während der Beratungen zur Europäischen Sozialcharta geschlossen werden mussten.[153] Gem. Art. 20 Nr. 1 lit. b ESC zählt Art. 6 ESC zwar zu den sieben Artikeln, von denen die Vertragsparteien mindestens fünf ratifizieren müssen. Das zeigt eine herausgehobene Bedeutung des Art. 6 Nr. 4 ESC, begründet aber keinen Anwendungsanspruch. Art. 6 ESC muss gem. Art. 20 Nr. 1 lit. b ESC gerade nicht zwingend ratifiziert werden. Daher müsste man die unmittelbare Anwendung von Art. 6 Nr. 4 ESC für diejenigen Staaten, die diese Norm nicht ratifizieren, verneinen oder begründen, warum Art. 6 Nr. 4 ESC in diesen Staaten ohne Ratifikation Wirkung entfaltet. Für diese Differenzierung oder für eine partielle Unanwendbarkeit fehlen jedoch Anhaltspunkte im Wortlaut beider Normen. Art. 20 Nr. 1 lit. b ESC spricht daher gegen einen Anwendungsanspruch des Art. 6 Nr. 4 ESC.

e) Anhang zu Teil III ESC

Es ist anerkannt, dass die Europäische Sozialcharta grundsätzlich „rechtliche Verpflichtungen internationalen Charakters enthält“.[154] Das ergibt sich aus den oben zitierten Formulierungen der einzelnen Artikel.[155] Insoweit stellt die Norm also eine deklaratorische Klausel dar. Dagegen fehlt im Anhang zu Teil III ESC die Klarstellung, dass es sich „ausschließlich“ um solche rechtlichen Verpflichtungen handelt.[156] Aus der Tatsache, dass ein völkerrechtlicher Vertragstext Verpflichtungen enthält, folgt nicht zwangsläufig, dass dies für sämtliche Normen gilt, sondern nur, dass solche Normen überhaupt enthalten sind.[157] Dies lässt sich gerade nicht widerlegen, indem man die Wendung „die Charta“ als „die gesamte Charta“ versteht.[158] Der Wortlaut lässt also die Auslegung zu, dass die Europäische Sozialcharta in Teil II neben „Verpflichtungen“ noch etwas ande-

153 Zur Entstehung allgemein oben S. 7 ff. sowie zu Art. 6 Nr. 4 ESC unten S. 176 ff.
154 *Däubler,* Streik, S. 181; *Lenz,* Anwendbarkeit, S. 104; *Ramm,* AuR 1971, 65 (70 f.).
155 Dazu oben Fn. 57.
156 *Mitscherlich,* Arbeitskampfrecht, S. 44.
157 *Bernhardt,* Abschluß, S. 27 mit Fn. 84; *Kunig,* in: Graf Vitzthum, Völkerrecht, 2. Abschnitt Rn. 41 f.
158 So *Mitscherlich,* Arbeitskampfrecht, S. 44.

res enthält.[159] Freilich ergibt sich aus dem Wortlaut des Anhangs zu Teil III ESC ebenso wenig eindeutig, dass er sich nur auf „Verpflichtungen", also auf sämtliche Vorschriften außer Art. 6 Nr. 4 und 18 Nr. 4 ESC bezieht.[160] Die Klarstellung, dass alle Rechte erfasst werden sollen, fehlt also. Man kann somit davon ausgehen, dass der Anhang zu Teil III ESC lediglich die „Verpflichtungen" erfasst, die „Anerkennungen" in Art. 6 Nr. 4 und 18 Nr. 4 ESC dagegen nicht. Der Wortlaut kann mithin in der Weise verstanden werden, dass Ausnahmen von dem Grundsatz dergestalt möglich sind, jedenfalls einzelnen Normen unmittelbare Anwendbarkeit zuzusprechen. Der Wortlaut ist somit hinsichtlich der Frage nach der innerstaatlichen Anwendung nicht ergiebig. Die Möglichkeit lässt er indes offen.

Daraus, dass die Durchführung nur dem Verfahren des Teils IV ESC unterliegen soll, folgt allerdings nicht, dass keine unmittelbare Anwendbarkeit möglich ist. Die Europäische Sozialcharta enthält kein anderes Verfahren oder weitere Sanktionsnormen. Daher kann man den Text als Klarstellung verstehen, dass kein anderes internationales Organ wie etwa der Europäische Gerichtshof für Menschenrechte für die Überwachung der Europäischen Sozialcharta zuständig sein soll.[161] Allerdings belegt die Historie die lediglich deklaratorische Bedeutung des Anhangs zu Teil III ESC.[162] Es sollte – gerade aus der Angst heraus, die Vorschriften der Europäischen Sozialcharta könnten anders verstanden werden[163] – klargestellt werden, dass dem Einzelnen kein Klagerecht zustehe.[164] Diese Befürchtungen waren begründet, weil Art. 6 Nr. 4 ESC ein subjektives Recht enthält und subjektive Rechte zwar nicht immer einklagbar sind, aber einklagbar sein können.[165] Der Anhang zu Teil III ESC wurde daher in der Schlussphase der Beratungen zur Europäischen Sozialcharta aufgenommen.[166] Es sollte in jedem Fall verhindert werden, dass ein einklagbares subjektives Recht entsteht.[167] Diese Gefahr bestand insbesondere für diejenigen Staaten, in

159 *Däubler,* Streik, S. 181; *Ramm,* Koalitions- und Streikrecht, S. 29.

160 Vgl. *Neubeck,* Sozialcharta, S. 174 f.

161 *Bleckmann,* Cdde 1967, 388 (406); *van Asbeck,* FS Rolin, 427 (439).

162 *Neubeck,* Sozialcharta, S. 173 f.; *Sproedt,* Koalitionsfreiheit und Streikrecht, S. 68.

163 Vgl. die Stellungnahme der Bundesregierung in ihrer Denkschrift, BT-Drucks. 4/2117 v. 25.3.1964, S. 28.

164 *Seiter,* Streik- und Aussperrungsrecht, S. 133 f.

165 Vgl. oben S. 60 ff.

166 *Cottier,* Bestimmungen, S. 89; *Lenz,* Anwendbarkeit, S. 97 ff.; *Mitscherlich,* Arbeitskampfrecht, S. 53 f.; *Wengler,* Unanwendbarkeit, S. 11.

167 Committee of Ministers (Draft European Social Charter, Note by the delegation of the Federal Republic of Germany) v. 16.5.1961, Doc. CM (61) 86, S. 2; dass. (Draft European Social Charter, Memorandum by the Secretariat-General [Directorate of Legal Affairs] on the application of the Social Charter) v. 15.5.1961, Doc. CM (61) 87, S. 3 f.; *Mitscherlich,* Arbeitskampfrecht, S. 44; *Papadatos,* JIJK 7 (1966), 237 (264) mit einer Aufzählung der

denen völkerrechtliche Verträge gleichzeitig mit der Ratifikation zu innerstaatlich unmittelbar anwendbarem Recht werden. Die Erarbeitung des Anhangs zu Teil III ESC geschah unter anderem auf Betreiben der deutschen Bundesregierung, die Bedenken hinsichtlich einer unmittelbaren Anwendbarkeit geäußert hatte.[168] Allerdings gelangten zwei – ehemals vertrauliche – Gutachten sowohl der deutschen Delegation[169] als auch des Generalsekretariats des Europarats[170] zu dem Ergebnis, dass die Europäische Sozialcharta kein unmittelbar anwendbares Recht enthielte.[171] Durch die Ratifikation sollten also keine gerichtlich durchsetzbaren Rechte geschaffen werden.[172] Daraufhin wurde der Anhang zu Teil III ESC beschlossen, um alle Vorschriften der Europäischen Sozialcharta der Kontrolle durch die nationalen Gerichte zu entziehen.[173] Dies spricht gegen einen Anwendungsanspruch des Art. 6 Nr. 4 ESC, weil die Vertragsparteien diesen gerade verhindern wollten. Da aber Zweifel bestanden, bleibt unbeantwortet, warum man nicht den Wortlaut des Art. 6 Nr. 4 ESC selbst geändert oder diese Frage im Anhang der beiden im Raume stehenden Artikel – neben Art. 6 Nr. 4 ESC ist dies Art. 18 Nr. 4 ESC – geregelt hat. Die Gründe dafür sind in den politischen und diplomatischen Schwierigkeiten zu suchen, einen bereits allgemein anerkannten Entwurf in der Schlussphase noch einmal zu ändern. Insoweit stößt eine objektive Auslegung gem. Art. 31 WVRK an Grenzen, da ein völkerrechtlicher Vertrag wie die Europäische Sozialcharta häufig durch Kompromisse der Vertragsparteien geprägt ist und die Idealvorstellung eines widerspruchsfreien Systems nicht zwangsläufig auf einen solchen zu übertragen ist.[174] Den beiden genannten Gutachten folgend beschloss das Ministerkomitee

so verfahrenden Staaten in Fn. 8. Justiziabilität ist keine Voraussetzung für die Annahme eines völkerrechtlichen subjektiven Rechts, vgl. oben S. 60 ff.

168 *Cottier,* Bestimmungen, S. 89; *Mitscherlich,* Arbeitskampfrecht, S. 53; *Neubeck,* Sozialcharta, S. 173 f.; *Papadatos,* JIJK 7 (1966/2), 237 (264); *Ramm,* AuR 1971, 65 (70 f.); *Seiter,* Streik- und Aussperrungsrecht, S. 133.

169 Committee of Ministers (Draft European Social Charter, Note by the delegation of the Federal Republic of Germany) v. 16.5.1961, Doc. CM (61) 86.

170 Committee of Ministers (Draft European Social Charter, Memorandum by the Secretariat-General [Directorate of Legal Affairs] on the application of the Social Charter) v. 15.5.1961, Doc. CM (61) 87.

171 *Neubeck,* Sozialcharta, S. 173 f.; *Witter,* Aspekte, S. 64. Eine Zusammenfassung findet sich bei *Lenz,* Anwendbarkeit, S. 99 ff. und S. 103 ff.

172 Committee of Ministers (Draft European Social Charter, Note by the delegation of the Federal Republic of Germany) v. 16.5.1961, Doc. CM (61) 86 S. 3; dass., (Draft European Social Charter, Memorandum by the Secretariat-General [Directorate of Legal Affairs] on the application of the Social Charter) v. 15.5.1961, Doc. CM (61) 87, S. 3 f.; *Cottier,* Bestimmungen, S. 89; *Sproedt,* Koalitionsfreiheit und Streikrecht, S. 68 f. m. w. N.; *Wengler,* Unanwendbarkeit, S. 11.

173 *Wengler,* Unanwendbarkeit, S. 11.

174 Zur Vermutung der Einheit der Rechtsordnung oben S. 37 f.

auf seiner 99. Sitzung, dass der Anhang zu Art. 6 Nr. 4 ESC in der heutigen Form aufgenommen werden sollte.[175]

Der Anhang zu Teil III ESC stellt klar, dass die Europäische Sozialcharta grundsätzlich eine Staatenverpflichtung ohne unmittelbar anwendbares Recht darstellt.[176] Durch die Differenzierung zwischen „Verpflichtungen" und „Anerkennungen" kann begründet werden, warum der Anhang zu Teil III ESC ausnahmsweise keine Anwendung auf Art. 6 Nr. 4 ESC findet.[177] Diese Auslegung begegnet jedoch Bedenken, weil die Norm danach einer anderen als der in Teil IV ESC vorgesehenen Kontrolle unterfallen und somit derjenigen der in der Europäischen Sozialcharta vorgesehenen Instanzen entzogen sein kann.[178] Dies lässt sich nur vermeiden, wenn man einen Anwendungsanspruch des Art. 6 Nr. 4 ESC verneint. Bejaht man ihn und daneben zutreffend die Eigenschaft als subjektives Recht,[179] so ist es konsequent anzunehmen, dass auch innerstaatliche Gerichte kompetent sein müssen, die Norm zu prüfen. In einem Rechtsstaat müssen diese Normen justiziabel sein.[180] Dies gilt, zumal unmittelbar anwendbare Normen nicht nur Rechte, sondern als Kehrseite auch Pflichten des Einzelnen begründen können, wenn zum Beispiel ein anderer die notwendigen Folgen einer Rechtsausübung auszuhalten hat. Folglich muss Art. 6 Nr. 4 ESC von jedem innerstaatlichen Gericht grundsätzlich kontrollierbar sein.[181]

Diese Auslegung steht mit dem Wortlaut des Anhangs zu Teil III ESC und der Systematik zu Art. 32 ESC sowie dem Anhang zu Art. 6 Nr. 4 ESC in Einklang.[182] Dabei muss beachtet werden, dass der Anhang zu Teil III ESC sich ausdrücklich nur auf Teil III ESC, das heißt auf Art. 20 ESC bezieht.[183] In Art. 20 ESC ist eine Staatenverpflichtung enthalten, nämlich die Modalitäten der Umsetzung der Europäischen Sozialcharta durch die Vertragsparteien. Mithin kann der Anhang zu Teil III ESC durchaus so verstanden werden, dass er lediglich Teil III ESC betrifft. Zuzugeben ist, dass Art. 20 ESC sich wieder-

---

[175] Committee of Ministers (Conclusions of the ninety-ninth meeting of the Ministers' Deputies) v. 24.-31.5.1961, Doc. CM/Del/Concl (61) 99, S. 72.

[176] Dazu oben S. 154 ff.

[177] *Witter,* Aspekte, S. 68.

[178] *Mitscherlich,* Arbeitskampfrecht, S. 44 f.

[179] Zum Rechtscharakter oben S. 60 ff.

[180] Insoweit *Rüthers,* in: Brox/Rüthers, Arbeitskampfrecht, Rn. 124 mit Fn. 27; a. A. *Sproedt,* Koalitionsfreiheit und Streikrecht, S. 66; vgl. zudem *Sachs,* in: Sachs, Vor Art. 1 GG Rn. 39.

[181] Ob dies tatsächlich möglich ist, ist eine Frage der Anwendungsbefugnis. Die von *Mitscherlich,* Arbeitskampfrecht, S. 44 f. geäußerten Bedenken bestehen daher nicht, da sich Geltung und Anwendbarkeit einer Völkervertragsnorm unabhängig von einem Anwendungsanspruch nach der Anwendungsbefugnis und damit nach dem jeweiligen Staatsorganisationsrecht richten.

[182] *Däubler,* Streik, S. 181.

[183] *Ramm,* Koalitions- und Streikrecht, S. 30.

um auf die Rechte in Teil II ESC bezieht.[184] Allerdings erwähnt Art. 20 Nr. 1 lit. a ESC ebenso Teil I ESC. Der Anhang zu Teil III ESC kann daher so verstanden werden, dass er geschaffen wurde, um der Gefahr einer unmittelbaren Anwendung dieser Normen vorzubeugen.[185] Darüber hinaus findet sich im Anhang zu Teil III ESC explizit ein Verweis auf Art. 20 Nr. 1 ESC, so dass sich die innere Systematik des Anhangs so deuten lässt, dass er zunächst eine allgemeine Aussage über das Verständnis von Teil III ESC enthält und sodann für eine bestimmte Norm, nämlich Art. 20 Nr. 1 ESC, eine besondere Aussage trifft. Allerdings kann man diese Gliederung auch so verstehen, dass der Anhang zu Teil III ESC die Europäische Sozialcharta als Ganze betrifft und sich tatsächlich nur die Aussage zu Art. 20 Nr. 1 ESC auf den Teil III ESC bezieht. Dann hätte allerdings ein dem Anhang zu Teil III ESC entsprechender Anhang zu Teil II ESC eingefügt werden könne, um letzte Zweifel zu beseitigen. So ist der Anhang jedenfalls nicht eindeutig dahingehend auszulegen, dass die Europäische Sozialcharta ausschließlich Verpflichtungen enthält[186] und dass diese lediglich der Kontrolle des Verfahrens gem. Art. 21 ff. ESC unterliegen sollen.

Schließlich nennt der Anhang zu Teil III ESC allein die „Durchführung“[187] der Verpflichtungen der Europäischen Sozialcharta. Die verbindlichen Texte deuten darauf hin, dass es dabei um die Anwendung der übernommenen Vorschriften geht. Dadurch ist ein Anwendungsanspruch des Art. 6 Nr. 4 ESC nicht ausgeschlossen. Die Instanzen des Teils IV ESC überprüfen, ob und wie die Vertragsstaaten den von ihnen übernommenen Pflichten nachkommen.[188] Wenn die Norm einen Anwendungsanspruch erhebt und eine entsprechende Anwendungsbefugnis besteht, dann können und müssen die innerstaatlichen Gerichte die Norm anwenden.[189] Dadurch wird allerdings der Inhalt der Europäischen Sozialcharta nicht in Frage gestellt. Lediglich, wenn ein Gericht eine Verwerfungskompetenz für sich in Anspruch nimmt, würde es in die Kompetenz der Vertragsparteien eingreifen.[190] Solange dies nicht der Fall ist, unterliegt die Norm ausschließlich der Kontrolle des Teils IV ESC, so wie es der Anhang zu Teil III ESC vorschreibt.

Der Anhang zu Teil III ESC trifft folglich keine eindeutige Aussage, ob Art. 6 Nr. 4 ESC einen Anwendungsanspruch erhebt. Die objektive Auslegung i. S. des Art. 31 WVRK deutet allerdings zwar darauf hin, dass dies der Fall ist. Ande-

---

184 Vgl. *Zuleeg*, ZaöRV 35 (1975), 341 (357).
185 *Däubler*, Streik, S. 181 m. w. N.
186 Dazu oben S. 154 ff.
187 application, l'application.
188 Ausführlich dazu oben S. 42 ff.
189 *Lerche*, Zentralfragen, S. 83.
190 Vgl. *Wengler*, Unanwendbarkeit, S. 50 f.

renfalls kann insbesondere nicht erklärt werden, warum in Art. 6 Nr. 4 ESC im Gegensatz zu den anderen Artikeln und sogar in Art. 6 Nr. 1-3 ESC eine andere Formulierung gewählt wurde. Ebenso problematisch ist, dass sich bei Ablehnung eines Anwendungsanspruchs die Existenz des Anhangs zu Art. 6 Nr. 4 ESC sowie des Art. 32 ESC nicht widerspruchsfrei erklären lassen.[191] Etwas anderes gilt nur, wenn man die genannten politischen und diplomatischen Gegebenheiten als Rechtfertigung für die einander widersprechenden Ergebnisse anführt.[192]

f) Einleitungssatz zu Teil I ESC

Die Rechte und Grundsätze in Teil I ESC sind gem. Art. 20 Nr. 1 lit. a ESC von den Vertragsparteien mit allen zweckdienlichen Mitteln als politisches Ziel zu verfolgen. Sie sind aber nicht verpflichtet, diese Grundsätze unmittelbar im nationalen Recht umzusetzen. Etwas anderes gilt für die gem. Art. 20 Nr. 1 lit. b und c ESC übernommene Verpflichtung, die jeweiligen Artikel des Teils II ESC innerstaatlich umzusetzen. Die Systematik zwischen Teil I ESC und Teil II ESC ist also dahingehend zu verstehen, dass die Vertragsparteien unabhängig von einer Ratifikation des entsprechenden Artikels in Teil II ESC die in Teil I ESC genannten Ziele langfristig verfolgen müssen. Auffällig ist nun, dass Teil I Nr. 6 ESC zwar das Recht auf Kollektivverhandlungen, aber nicht das Streikrecht nennt. Dass dies der Fall ist, spricht dafür, dass das Streikrecht in Art. 6 Nr. 4 ESC keine bloße Staatenverpflichtung darstellt, weil es bereits „anerkannt" ist. Es ist nicht bei den Grundsätzen des Teils I ESC, sondern nur in der konkretisierenden Norm des Teils II ESC selbst aufgeführt.[193] Wenn allerdings in Teil I Nr. 6 ESC ausdrücklich das Recht auf Kollektivverhandlungen erwähnt ist, wäre es eine weitere, einfache Möglichkeit gewesen, die Unverbindlichkeit des Rechts auf kollektive Maßnahmen klarzustellen, indem man es ebenfalls als Grundsatz normiert hätte. Dies gilt gerade wegen der in den Beratungen erkennbar gewordenen Zweifel über die innerstaatliche Anwendbarkeit. Dabei handelt es sich freilich um kein starkes Argument, da alle in Teil I ESC aufgezählten Artikel aufgrund des lediglich programmatischen Charakters äußerst knapp beschrieben und erst in Teil II ESC ausformuliert werden. Dennoch verwundert es, dass Art. 6 Nr. 1-3 ESC das in Teil I Nr. 6 ESC aufgeführte Recht auf Kollektivverhandlungen präzisieren und das abgegrenzt und hervorgehobene Recht auf kollektive Maßnahmen in Teil I ESC keine Entsprechung findet. Allerdings ist Art. 6 Nr. 4 ESC als „Recht auf Kollektivverhandlungen" überschrieben, so dass es schlüssig ist, nur dieses in Teil I ESC zu nennen und erst in Teil II ESC

---

191 *Däubler,* Streik, S. 181.

192 Zur Entstehungsgeschichte ausführlich unten S. 176 ff.

193 *Promberger,* Arbeitskampf, S. 12.

auszugestalten. Der Einleitungssatz und die innere Systematik des Teils I ESC sind daher für die Frage nach einem Anwendungsanspruch des Art. 6 Nr. 4 ESC nicht ergiebig.

g) Einleitungssatz zu Teil II ESC

Aus dem Einleitungssatz zu Teil II ESC kann man folgern, dass sämtliche Artikel des Teils II ESC Staatenverpflichtungen darstellen.[194] Man kann dem entgegenhalten, dass Art. 6 Nr. 4 ESC eine „Anerkennung“ enthält und daher nicht vom Wortlaut des Einleitungssatzes des Teils II ESC erfasst ist. Dann wären die Vertragsparteien zwar gerade nicht „nach Maßgabe des Teils III gebunden“.[195] Dies kann man allerdings damit begründen, dass eine Bindung in diesem Sinne bei einem Anwendungsanspruch der „Anerkennungen“ nicht nötig ist, da die Vertragsparteien ohnehin bereits durch sie gebunden sind. Darüber hinaus enthält der Einleitungssatz mit seinem Verweis auf Teil III ESC keine Hinweise zur Frage des Anwendungsanspruchs. Er trifft keine Aussage über den Rechtscharakter der in Teil II ESC enthaltenden Vorschriften.[196] Etwas anderes gilt für dessen Anhang.[197] Teil III ESC selbst enthält lediglich Art. 20 ESC, der festlegt, welche Artikel die Vertragsparteien ratifizieren müssen. Der Einleitungssatz ist daher als Klarstellung zu verstehen.[198] Denn bereits aus Art. 20 Nr. 1 ESC folgt unmissverständlich, dass es sich bei den Grundsätzen in Teil I ESC um politische Ziele und gerade nicht um Verpflichtungen der Vertragsparteien handelt.[199] Somit lassen sich aus dem Einleitungssatz zu Teil II ESC keine Anhaltspunkte gewinnen, die für oder gegen einen Anwendungsanspruch des Art. 6 Nr. 4 ESC sprechen.

h) Art. 5 ESC

Gegen den Anwendungsanspruch von Art. 6 Nr. 4 ESC spricht Art. 5 ESC. Er stellt zumindest teilweise den Grundtatbestand zu Art. 6 ESC dar, nämlich hinsichtlich dessen Nummer 2. Allerdings ist Art. 5 ESC als Staatenverpflichtung formuliert.[200] Art. 6 Nr. 4 ESC regelt einen speziellen Fall der Betätigung einer Vereinigung i. S. des Art. 5 S. 1 ESC. Deshalb scheint es widersprüchlich, wenn der Grundtatbestand als Verpflichtung formuliert und damit unverbindlich ist, aber die besondere Ausprägung, nämlich das Recht auf kollektive Maßnahmen,

[194] *Daum,* RdA 1968, 81 (87).
[195] *Mitscherlich,* Arbeitskampfrecht, S. 45.
[196] *Däubler,* Streik, S. 181; *Mitscherlich,* Arbeitskampfrecht, S. 45; *Ramm,* AuR 1971, 65 (70 f.).
[197] Vgl. soeben S. 168 ff.
[198] *Däubler,* Streik, S. 181.
[199] *Ramm,* AuR 1971, 65 (70).
[200] *Mitscherlich,* Arbeitskampfrecht, S. 46; *Seiter,* Streik- und Aussperrungsrecht, S. 135.

einen Anwendungsanspruch erhebt.[201] Theoretisch könnte dies dazu führen, dass keine Arbeitgeber- und Arbeitnehmervereinigung gebildet werden könnten und das Recht auf kollektive Maßnahmen somit leerliefe. Zwar erfasst der Schutzbereich des Art. 6 Nr. 4 ESC nicht bloß die jeweilige Organisation, sondern auch die einzelne Person. Damit jedoch kollektive Verhandlungen möglich sind, muss zumindest auf Arbeitnehmerseite mehr als eine Person stehen. Dieses Erfordernis ist allerdings durch einen Arbeitnehmerverbund i. S. des Art. 6 Nr. 4 ESC erfüllt. Art. 5 ESC ist somit nicht zwangsläufig Grundtatbestand zu Art. 6 Nr. 4 ESC.[202] Insoweit ist Art. 5 ESC für die Frage der unmittelbaren Anwendbarkeit des Art. 6 Nr. 4 ESC nicht ergiebig.

i) Teil IV ESC

In Teil IV ESC, das heißt in den Art. 21 ff. ESC, ist das Überwachungsverfahren durch bestimmte Organe des Europarates geregelt. Anhaltspunkte für einen Anwendungsanspruch des Art. 6 Nr. 4 ESC lassen sich daraus allerdings nicht gewinnen.[203] Die Grundnorm des Art. 21 ESC spricht nur davon, dass die Vertragsparteien Berichte über die Anwendung der angenommenen Vorschriften[204] an den Generalsekretär des Europarates zu übersenden haben. Dies gibt keinen Aufschluss über den Rechtscharakter dieser Vorschriften. Aus der Tatsache, dass es sich um ein von politischen Erwägungen geprägtes Kontrollverfahren handelt, folgt weder, dass die Norm unmittelbar anwendbar ist, noch dass dies nicht der Fall ist.[205] Gegen einen Anwendungsanspruch spricht lediglich die Vermutung, dass das Ministerkomitee kein Interesse daran habe, sich mit der nationalen Auslegung einer Norm der Europäischen Sozialcharta auseinandersetzen zu müssen.[206] Dass dies nicht zutrifft, zeigt etwa die an die Bundesrepublik Deutschland gerichtete Empfehlung des Ministerkomitees, das nationale Recht an bestimmte Vorgaben der Europäischen Sozialcharta anzupassen.[207] Die nationalen Gerichte haben sich dennoch nur teilweise mit Art. 6 Nr. 4 ESC auseinandergesetzt und dabei gleichwohl eine Auslegung der Norm vorgenommen. Dies ist allerdings auch dann nötig, wenn man einen Anwendungsanspruch ablehnt und von einer nur völkerrechtsfreundlichen Auslegung des nationalen Rechts ausgeht.[208] Der spiegelbildliche Fall, dass die Vertragsstaaten die Europäische Sozialcharta in nationales Recht umsetzen, kann eben-

---

201 *Mitscherlich,* Arbeitskampfrecht, S. 46.
202 Zu alledem ausführlich oben S. 99 ff.
203 *Mitscherlich,* Arbeitskampfrecht, S. 47.
204 provisions, dispositions.
205 *Mitscherlich,* Arbeitskampfrecht, S. 48; a. A. *Wengler,* Unanwendbarkeit, S. 62 f.
206 *Wengler,* Unanwendbarkeit, S. 63.
207 Dazu oben S. 53.
208 Für Deutschland *Löwisch/Rieble,* MünchArbR^2, § 242 Rn. 75; näher unten S. 191 ff.

falls zu diesen Friktionen führen. So kann es im nationalen Recht Streit um die Auslegung einer Norm geben, mit dem sich die Organe des Teils IV ESC ebenfalls auseinanderzusetzen und unter Umständen eine Empfehlung abzugeben hätten.[209] Schließlich kann ein nationales Gericht mangels Verwerfungskompetenz kein abschließendes Urteil darüber sprechen, ob ein bestimmtes Verhalten einen Verstoß gegen die Europäische Sozialcharta darstellt. Kommen die Kontrollgremien der Art. 21 ff. ESC daher zu einem anderen Ergebnis, ist die Anpassung sowohl des nationalen Rechts als auch der nationalen Rechtsprechung – gegebenenfalls unter Gewährung von Vertrauensschutz[210] – möglich.

j) Ergebnis der systematischen Auslegung

Die Systematik zwischen Art. 6 Nr. 4 ESC und den untersuchten Vorschriften der Europäischen Sozialcharta ergibt kein klares Bild. Bei objektiver Auslegung des Vertragstextes lässt sich ein Anwendungsanspruch zwar aus Art. 32 ESC und dem Anhang zu Art. 6 Nr. 4 ESC ableiten.[211] Dabei ist zu beachten, dass etwa der Anhang zu Teil III ESC einen Anwendungsanspruch nur dann offenlässt, wenn man von einer gewollten Differenzierung des Wortlauts in Art. 6 Nr. 4 und 18 Nr. 4 ESC ausgeht und zwischen „Anerkennungen"[212] und „Verpflichtungen"[213] unterscheidet.[214] Folgt man dem nicht und wertet die verschiedene Wortwahl als unerheblich, so erweisen sich die Argumente, die für einen Anwendungsanspruch sprechen, als wenig tragfähig. Zu Recht wird darauf hingewiesen, dass ein bewusstes Abweichen vom grundsätzlich lediglich staatsverpflichtenden Charakter der übrigen Vorschriften im Wortlaut stärkeren Anklang hätte finden müssen.[215] Gleichwohl ist die Systematik widersprüchlich und liefert kein eindeutiges Ergebnis.[216] Erklärt werden kann dies mit den politischen und diplomatischen Besonderheiten, die ein widerspruchsfreies Vertragswerk erschweren.

3. Entstehungsgeschichte

Bereits angesprochen wurde die Entstehungsgeschichte des Art. 6 Nr. 4 ESC. Diese kann schließlich nur im Zusammenhang mit der Einfügung des Anhangs

---

209 Vgl. *Mitscherlich,* Arbeitskampfrecht, S. 47 f.

210 Dies lässt *Wengler,* Unanwendbarkeit, S. 63 unerwähnt; zum Vertrauensschutz bei einer Rechtsprechungsänderung unter Berufung auf Art. 6 Nr. 4 ESC unten S. 354 ff.

211 *Däubler,* Streik, S. 182.

212 recognitions, récognition.

213 obligations, engagements juridiques.

214 *Ramm,* Koalitions- und Streikrecht, S. 29.

215 Etwa *Rüthers,* in: Brox/Rüthers, Arbeitskampfrecht, Rn. 124.

216 So resümiert *Mitscherlich,* Arbeitskampfrecht, S. 48, 57.

zu Art. 6 Nr. 4 ESC sowie des Anhangs zu Teil III ESC gesehen werden.[217] Dabei ist zumindest im Endstadium der Beratungen eine Tendenz erkennbar, jegliche unmittelbare Anwendbarkeit des Art. 6 Nr. 4 ESC zu vermeiden.[218] Zuvor war der Wortlaut der Norm in den Entwürfen der unterschiedlichen damit betrauten Gremien häufig geändert worden.[219]

a) Entwürfe der Beratenden Versammlung

In dem vorläufigen Entwurf der Beratenden Versammlung vom 22. September 1954 wurden noch keine Rechte ausformuliert.[220] Eine zurückhaltende Formulierung wählte sodann der Sozialausschuss in den Vorarbeiten vom 19. März 1955 zum endgültigen Entwurf der Beratenden Versammlung:

> a) Everyone shall have the right to withdraw his labour, in conjunction with his fellow workers, if he considers that his rights under Articles 1, 2 and 3 of this Section are not respected and the arrangements stipulated therein for securing his enjoyment of those rights have not been made or are not carried out.
> b) The exercise of this right shall not prejudice the right to work; the signatory Governments shall ensure that workers shall have the right to work and the right to strike. The Governments shall institute special labour tribunals and an adequate procedure for the prompt settlement of disputes.[221]

Hier steht der Charakter als bloße Staatenverpflichtung im Vordergrund. Danach müssen die Vertragsparteien Verfahren schaffen, damit das Recht, „die Arbeit zurückzuhalten", unter den in Art. 6 lit. a ESC-E genannten Voraussetzungen verwirklicht werden kann.

Erstmals formuliert ist ein Vorläufer des Art. 6 Nr. 4 ESC im ersten Entwurf des Sozialausschusses der Beratenden Versammlung vom 26. Oktober 1955, worin die Vorarbeiten insoweit keine Berücksichtigung fanden. Er lautet:

> 1. Every worker has the right to strike.
> 2. The High Contracting Parties undertake to introduce the necessary legislative measures to regulate the conditions and exercise of that right and, in particular, to establish conciliation procedure and put the disposal of the parties a procedure of arbitration to prevent labour disputes or find a rapid solution to them.[222]

Dieser Wortlaut enthält in Satz 1 offenbar ein unmittelbar anwendbares Streikrecht. Darauf deutet auch die Begründung im Anhang des Entwurfs hin, denn

[217] Dazu oben S. 162 ff. und S. 168 ff.

[218] *Seiter*, Streik- und Aussperrungsrecht, S. 143.

[219] Vgl. die Zusammenfassung in CE/Soc/Tr.Pr. (70) 15 (20.5.1970).

[220] Vgl. Consultative Assembly (Report of the Committee of Social Questions), Doc. 312 (22.9.1954), S. 1250.

[221] Consultative Assembly (Committee of Social Questions, Preparation of a Draft European Social Charter), AS/Soc (6) 25 (19.3.1955), S. 14.

[222] Consultative Assembly (Draft Recommendation of the Committee of Social Questions), Doc. 403 (26.10.1955), S. 6.

dort wird festgehalten, dass soziale Rechte im Unterschied zu politischen und bürgerlichen Rechten grundsätzlich ausgestaltungsbedürftig seien.[223] Dies erklärt unter anderem den in Art. 6 des Entwurfs zum Ausdruck kommenden Doppelcharakter der Normen („dual character of the provisions“[224]). Als Pendant zur Europäischen Menschenrechtskonvention sollte jeder Artikel des Entwurfs – soweit möglich – eine grundsätzliche Anerkennung eines individuellen Rechts enthalten und dadurch einen Mindeststandard in den Vertragsstaaten schaffen.[225] Als Staatenverpflichtung ist in Satz 2 lediglich festgelegt, dass die Vertragsparteien durch Gesetz die Bedingungen für die Ausübung des Rechts zu regeln und ein Schlichtungsverfahren vorzusehen haben, damit Arbeitskämpfe grundsätzlich vermieden oder zumindest möglichst schnell beendet werden.

Dieser Entwurf wurde nach der nicht gegen Art. 6 als solchen gerichteten Kritik des Wirtschaftsausschusses überarbeitet und lautete

> *The right to strike*
> The High Contracting Parties recognise the right to strike and will maintain the necessary procedures for the solution of labour disputes.[226]

Hierin ist erstmals das „Anerkennen“ ausdrücklich genannt. Allerdings wird in der Begründung deutlich gemacht, dass mit der Bezeichnung der Artikel als „Recht“ kein einklagbares Recht gemeint ist, sondern es sich um Staatenverpflichtungen handelt.[227] In diesem Zusammenhang wird zudem das Recht auf Arbeit genannt, welches eindeutig nicht einklagbar sei.[228] Dies stimmt mit dem oben gefundenen Ergebnis überein, dass das Recht in Art. 6 Nr. 4 ESC ein subjektives Recht darstellt und solche nicht zwangsläufig einklagbar sein müssen. Im Anschluss an die Arbeit *Jellineks*[229] aus dem Jahre 1892 beziehungsweise 1905 war dies bereits während der Beratungen bekannt.[230] Es ist somit der Wille erkennbar, kein unmittelbar geltendes Recht schaffen zu wollen. Demgemäß

223 Consultative Assembly (Draft Recommendation of the Committee of Social Questions), Doc. 403 (26.10.1955), S. 19 f.

224 Consultative Assembly (Draft Recommendation of the Committee of Social Questions), Doc. 403 (26.10.1955), S. 20 Rn. 11.

225 Consultative Assembly (Draft Recommendation of the Committee of Social Questions), Doc. 403 (26.10.1955), S. 19 f. Rn. 11 f.

226 Consultative Assembly (Report of the Committee of Social Questions), Doc. 488 (14.4.1956), S. 8 f.; *Mitscherlich,* Arbeitskampfrecht, S. 49 f. und *Witter,* Aspekte, S. 46 zitieren diesen Entwurf inkorrekt („will recognise“) und folgern daraus eine ablehnende Haltung des Sozialausschusses bezogen auf eine Staatenverpflichtung.

227 Consultative Assembly (Report of the Committee of Social Questions), Doc. 488 (14.4.1956), S. 19 f.

228 Consultative Assembly (Report of the Committee of Social Questions), Doc. 488 (14.4.1956), S. 19.

229 System, S. 42 sowie *ders.,* System², S. 44.

230 Dazu oben S. 60 ff.

sollte die Europäische Sozialcharta nach dem zweiten Entwurf der Beratenden Versammlung ausschließlich Staatenverpflichtungen enthalten.

Im dritten Entwurf der Beratenden Versammlung lautete der Artikel betreffend das Streikrecht:

> **E. The right to strike**
> The High Contracting Parties recognise the right to strike.
> They undertake to encourage the use of agreed machinery for the settlement of labour disputes.[231]

In der Begründung wird darauf hingewiesen, dass der Wortlaut der Norm dem des Art. 6 im zweiten Entwurf im Wesentlichen entspricht. Er erfuhr lediglich eine geringfügige Änderung im Hinblick auf das Verfahren zur Streitbeilegung.[232] Demgemäß gilt das zum zweiten Entwurf Gesagte entsprechend.

Kaum Unterschiede zur endgültigen Fassung enthält die Stellungnahme der Beratenden Versammlung zum Entwurf der Dreiparteien-Konferenz. Sie lautet:

> **Art. 6 The Right to collective Bargaining**
> With a view to ensuring the effective exercise of the right to collective bargaining, the Contracting Parties undertake:
> [...]
> and recognise
> 4. the right of workers and employers to collective action in cases of conflicts of interest, including the right to strike, subject to the obligations arising out of collective agreements previously entered into.[233]

Insbesondere das Wort *recognise* ist unverändert übernommen worden. Auch im Anhang wird lediglich darauf hingewiesen, dass die Arbeitgeber auf der Konferenz gefordert hatten, dass das Aussperrungsrecht ebenfalls in Art. 6 Nr. 4 ESC aufgenommen werde und dass Einschränkungen gem. Art. 31 ESC zulässig sein müssten.[234] Die unmittelbare Anwendbarkeit des Art. 6 Nr. 4 ESC wird nicht erwähnt.

Der zweite und dritte sowie der endgültige Entwurf der Beratenden Versammlung sprechen daher gegen einen Anwendungsanspruch des Art. 6 Nr. 4 ESC. Es bleibt zwar offen, ob durch die unterschiedlichen Formulierungen der verschiedenen Entwürfe eine unmittelbare Anwendbarkeit erreicht werden sollte.[235] Bemerkenswert ist in der Tat, dass in allen drei Entwürfen häufig Formulierungen wie *has the right* und *recognise the right* verwandt werden, die prima

[231] Consultative Assembly (Report by the Committee of Economic Questions), Doc. 536 (27.9.1956), S. 7.

[232] Consultative Assembly (Report by the Committee of Economic Questions), Doc. 536 (27.9.1956), S. 24 („Heading E").

[233] Consultative Assembly (Opinion on the draft European Social Charter), Doc. 1035 (12.9.1959), S. 7.

[234] Consultative Assembly (Opinion on the draft European Social Charter), Doc. 1035 (12.9.1959), S. 23.

[235] *Mitscherlich,* Arbeitskampfrecht, S. 50.

facie auf unmittelbare Anwendbarkeit hindeuten. Dabei sollte es sich jedoch gerade nicht um einklagbare Rechte handeln, was sich bereits an dem genannten Beispiel des Rechts auf Arbeit zeigt.[236] Es sollte lediglich zum Ausdruck gebracht werden, dass die Staaten die Rechte im Grundsatz achten und diese gemäß in den jeweiligen Artikeln näher beschriebener Vorgaben ins nationale Recht umsetzen wollen. Dem Einzelnen sollte danach allenfalls ein subjektives Recht eingeräumt werden, das keinesfalls einklagbar sein sollte. Zwar wurde die Frage nach einer unmittelbaren Anwendbarkeit des Art. 6 Nr. 4 ESC beziehungsweise der vorgehenden Entwürfe in den Diskussionen der Beratenden Versammlung dazu nicht ausdrücklich besprochen.[237] Allerdings zeigen die Erläuterungen zu den Entwürfen, dass man sich im Allgemeinen darüber einig war, dass es sich um Staatenverpflichtungen handeln sollte.[238]

b) Entwürfe des Ministerkomitees

Die Arbeiten an der Europäischen Sozialcharta waren geprägt von der Diskussion um die eher zurückhaltenden Entwürfe des Ministerkomitees gegenüber

236 Vgl. außerdem Doc. 403: **Art. 1 Abs. 1 S. 1** („Everyone has the right to work");**Art. 2 Abs. 1** („Everyone has the right to fair and stable conditions of work"); **Art. 7 Abs. 1** („Everyone has the right to form trade unions whether local, national or international and to join trade unions of their choice."); in Doc. 488: **Art. 1 Abs. 1** („The High Contracting Parties *recognise* that everyone is entitled to and should be enabled to earn his living in a freely accepted occupation."); **Art. 2 Abs. 1 S. 1** („The High contracting Parties *recognise* that conditions of work should be such as to enable workers to find satisfaction in their work, develop their human personality, protect their health, and provide themselves and their families with an independent and decent livelihood."); **Art. 7** („The High Contracting Parties *recognise* the right of workers to form trade unions, local, national or international, and to join trade unions of their choice, for the protection of their economic and social interests, subject only to the limitations set out in paragraph 2 of Article 11 of the European Convention on Human Rights and Fundamental Freedoms."); **Art. 9 Abs. 2** („The High Contracting Parties *recognise* the principle whereby social security and social and medical assistance shall be made available on the territory of each Party to the nationals of the other Parties, as provided in the European Interim Agreements on Social Security and the European Convention on Social and Medical Assistance."); sowie zurückhaltend in Doc. 536: **Part I, Art. 1 A. Abs. 1** („With a view to ensuring the exercise of this right, the High Contracting Parties: [a] *recognise* that everyone should have an opportunity to earn his or her living in a freely accepted occupation"); **Part I, Art. 1 H Abs. 2** („With a view to ensuring the exercise of this right, the High Contracting Parties: *recognise* the principle whereby social security and social and medical assistance shall be made available on the territory of each Party to the nationals of the other Parties, as provided in the European Interim Agreements on Social Security and the European Convention on Social and Medical Assistance", Hervorhebungen jeweils im Original).

237 *Mitscherlich,* Arbeitskampfrecht, S. 50.

238 Vgl. die Nachweise oben in Fn. 223, 224, 225, 227 sowie 228.

den progressiven Vorschlägen der Beratenden Versammlung.[239] Allerdings bestand hinsichtlich Art. 6 Nr. 4 ESC überwiegend Einverständnis.

Das Ministerkomitee hatte sein Sozialkomitee beauftragt, einen Entwurf einer Europäischen Sozialcharta zu fertigen.[240] Dieses legte am 27. April 1956 einen Katalog an Rechten vor.[241] Dieser bestand aus lediglich fünf Artikeln nebst einer aus drei Absätzen bestehenden Präambel. In Art. 3 ESC-E ist das Recht auf gerechte Arbeitsbedingungen geregelt. Diese sollen gem. Art. 3 Abs. 2 ESC-E unter anderem durch Kollektivvereinbarungen erreicht werden.

> Article 3. Toute personne a droit à des conditions équitables de travail, à une rémunération assurant un niveau de vie raisonnable, à une limitation raisonnable de la durée du travail, et à un congé annuel payé.
> L'exercice de ce droit peut être réalisé par voie de conventions collectives, de réglementations en matière de fixation des salaires, ou par d'autres moyens convenant aux conditions nationales.

Dieser Entwurf entsprach insbesondere wegen dessen Unbestimmtheit und Unverbindlichkeit nicht den Vorstellungen des Ministerkomitees. Der Verpflichtungscharakter ergibt sich aus der Absichtserklärung in Art. 1 ESC-E:

> Article Ier - les Etats membres signataires de la présente Charte acceptant comme but d'une politique devant être poursuivie par tous les moyens appropriés, nationaux aussi bien qu'internationaux, l'instauration de conditions permettant la réalisation des droits et principes énoncé dans la Charte.

Nach den Vorstellungen des Ministerkomitees sollte die Europäische Sozialcharta mehr als bloße Absichtserklärungen enthalten. Das Ministerkomitee beauftragte das Sozialkomitee daher, einen weiteren Entwurf zu erstellen und im Zuge dessen zu überprüfen, ob konkrete und detaillierte Vorschriften in den Text der Europäischen Sozialcharta aufgenommen werden können.[242] Diese Anweisung betrifft indes den Vertragstext als solchen und bezieht sich auf den ersten und sehr vagen Entwurf. Über eine unmittelbare Anwendbarkeit der Europäischen Sozialcharta – das Streikrecht ist nicht einmal genannt – ist somit nichts ausgesagt.

Der aufgrund der Anweisung des Ministerkomitees erarbeitete Entwurf[243] hatte in Art. 6 ESC-E folgenden Wortlaut:

---

[239] *Khol,* JBl 1965, 75 (77) sowie näher oben S. 9 ff., 12 ff.; 17 f.

[240] Committee of Ministers (Request for an Opinion), Doc. 140 (11.5.1953), §§ 4, 14 ff.; dass. (Communication), Doc. 238 (20.5.1954), § 45 f.

[241] Governmental Social Committee, CE/Soc (56) 7 (27.4.1956), englische Fassung verschollen.

[242] Committee of Ministers, Resolution 56 (25) v. 15.12.1956 unter 2.

[243] Committee of Ministers (Draft European Social Charter), Doc. 927 (12.1.1959).

> Article 6
> *The right to bargain collectively*
> With a view to ensuring the effective exercise of the right to bargain collectively, the Contracting Parties undertake:
> [...]
> and recognise:
> the right of workers and employers to collective action in cases of conflicts of interest.

Das Streikrecht ist dort also ebenfalls nicht ausdrücklich genannt. Dennoch „anerkennen“ die Vertragsparteien das Recht auf kollektive Maßnahmen. Das Streikrecht ist hiervon umfasst, da es das klassische Kampfmittel der Arbeitnehmerseite darstellt. Die Frage der unmittelbaren Anwendbarkeit der Norm wird dadurch allerdings nicht beantwortet. Insoweit kann auf die Entwürfe der Beratenden Versammlung verwiesen werden, in denen diese Formulierung ebenfalls enthalten ist.[244] Dieser Entwurf diente ebenso wie der dritte der Beratenden Versammlung als Grundlage für die Dreiparteien-Konferenz.[245] Die Ergebnisse dieser Konferenz[246] arbeitete das Sozialkomitee in einen weiteren Entwurf ein.[247] Im Wortlaut des Art. 6 ESC-E wurde dabei das Streikrecht aufgenommen und entsprach damit nahezu[248] der endgültigen Fassung der Europäischen Sozialcharta:

> Article 6
> *The right to bargain collectively*
> With a view to ensuring the effective exercise of the right to bargain collectively, the Contracting Parties undertake:
> [...]
> and recognise:
> 4. the right of workers and employers to collective action in cases of conflicts of interest, including the right to strike, subject to obligations that might arise out of collective agreements previously entered into.

Hinsichtlich der Entwürfe des Ministerkomitees ist daher festzuhalten, dass dieses zwar nicht an einem gänzlich unverbindlichen Katalog an sozialen Rechten interessiert war. Die Vertragsparteien sollten also durchaus verpflichtet werden, die in der Europäischen Sozialcharta enthalten Rechte innerstaatlich zu verwirklichen. Hinweise zur unmittelbaren Anwendbarkeit der Normen lassen sich daraus allerdings nicht entnehmen. Die Entstehungsgeschichte ist

---

244 Dazu oben S. 176 ff.

245 CE/Soc/Tr.Pr. (70) 15; außerdem oben S. 12 f.

246 Governmental Social Committee, Doc. SG/R2 (59) 1 (12.2.1959).

247 Vgl. die vorherige Stellungnahme des Sozialkomitees Governmental Social Committee, CE/Soc (59) 7 (28.9.1959).

248 Die empfohlene Formulierung des Art. 6 Nr. 4 ESC-E lautete „subject to *the* obligations“ (Hervorhebung durch Verfasser), vgl. Governmental Social Committee, Doc. SG/R2 (59) 1 (12.2.1959), S. 8, CE/Soc (59) 7 (28.9.1959).

insoweit unergiebig. Die Tatsache, dass die unmittelbare Anwendbarkeit nicht ausdrücklich aufgenommen wurde, spricht allerdings vor dem Hintergrund der eher zurückhaltenden Ansätze des Ministerkomitees dafür, keine solche anzunehmen.[249]

c) Begründung der Bundesregierung in der Denkschrift zum Entwurf eines Gesetzes zur Europäischen Sozialcharta

Die Bundesregierung hat in der Denkschrift zum Entwurf eines Gesetzes zur Europäischen Sozialcharta ausgeführt, dass die EuropäischeSozialcharta „im Unterschied zur Konvention [Europäische Menschenrechtskonvention, d. Verf.] kein geltendes Recht, sondern zwischenstaatliche Verpflichtungen der Vertragsparteien“[250] begründe. Anderenfalls sei eine Ratifikation nicht möglich. Von deutscher Seite wurde dies bereits während der Beratungen über die Entwürfe der Europäischen Sozialcharta deutlich gemacht.[251]

Diese Bemerkung in der Denkschrift hat allerdings für die Frage nach dem Anwendungsanspruch keine Relevanz.[252] Weder im Zustimmungsgesetz noch in der Europäischen Sozialcharta selbst hat diese Auffassung ihren Niederschlag gefunden. Ebenso wenig handelt es sich um einen wirksamen völkerrechtlichen Vorbehalt.[253] Die Europäische Sozialcharta als völkerrechtlicher Vertrag ist daher gem. Art. 59 Abs. 2 GG unverändert ratifiziert. Die Denkschrift hat somit keine Auswirkungen auf die Auslegung der Europäischen Sozialcharta. Es lässt sich daraus somit nicht ableiten, ob die Europäische Sozialcharta einen Anwendungsanspruch erhebt oder nicht.[254]

d) Ergebnis der historischen Auslegung

Die Entstehungsgeschichte spricht gegen einen Anwendungsanspruch des Art. 6 Nr. 4 ESC. Die Vertragsparteien wollten gerade verhindern, dass eine unmittelbare Anwendbarkeit insbesondere des Art. 6 Nr. 4 ESC in Betracht kommt. Dies folgt daraus, dass man sich nach Durchsicht der beiden Gutachten der deutschen Delegation und des Generalsekretariats des Europarates dazu entschloss, den Anhang zu Art. 6 Nr. 4 ESC aufzunehmen, um klarzustellen, dass die in Bezug genommene Norm nicht unmittelbar anwendbar sein sollte.[255] Das

249 Vgl. dazu oben S. 17 ff.
250 BT-Drucks. 4/2117, S. 28.
251 Dazu oben S. 168 ff.
252 *Czycholl/Frieling,* ZESAR 2011, 322 (324).
253 Insoweit kann auf die Deklaration der Bundesrepublik Deutschland zum Arbeitnehmerbegriff hinsichtlich der Beamten verwiesen werden (oben S. 91 ff.).
254 Anders *Czycholl/Frieling,* ZESAR 2011, 322 (324).
255 *Lenz,* Anwendbarkeit, S. 99 ff., 103 ff.; *Neubeck,* Sozialcharta, S. 173 f.; *Witter,* Aspekte, S. 64.

spricht gegen den Willen der Vertragsparteien, zwischen Anerkennungen und Verpflichtungen innerhalb der Europäischen Sozialcharta zu differenzieren. Danach sollten Art. 32 ESC und der Anhang zu Art. 6 Nr. 4 ESC die unmittelbare Unanwendbarkeit des Art. 6 Nr. 4 ESC ausdrücken. Dennoch lässt sich auch unter Berücksichtigung des Parteiwillens nicht eindeutig klären, warum teils widersprüchliche Regelungen in die endgültige Fassung der Europäischen Sozialcharta aufgenommen wurden.

Mangels eigener Auslegungsregel im Recht des Europarates i. S. des Art. 5 WVRK können die Art. 31 ff. WVRK herangezogen werden, um den Widerspruch aufzuklären. Gem. Art. 31 Abs. 1 WVRK ist ein völkerrechtlicher Vertrag grundsätzlich objektiv anhand des Wortlauts auszulegen. Bei objektiver Auslegung der Europäischen Sozialcharta deuten einige Vorschriften auf einen Anwendungsanspruch des Art. 6 Nr. 4 ESC hin oder lassen diese Möglichkeit zumindest offen. Diesem Ergebnis kommt nach der Konzeption der Wiener Übereinkunft über das Recht der Verträge ein erhebliches Gewicht zu.[256] Gem. Art. 32, Var. 1 WVRK sind die *travaux préparatoires* nämlich nur ergänzend heranzuziehen. Das dient einerseits dazu, das durch die Auslegung gem. Art. 31 WVRK festgestellte Ergebnis zu bestätigen oder um gem. Art. 32, Var. 2 lit. a WVRK andererseits die Bedeutung überhaupt erst zu bestimmen. Das ist jedoch nur statthaft, wenn die objektive Auslegung mehrdeutig ist oder die Bedeutung dunkel lässt. Letzteres ist allerdings der Fall, weil gerade nicht eindeutig ist, ob Art. 6 Nr. 4 ESC eine unmittelbare Anwendung zulässt. Gleiches gilt jedoch für die Entstehungsgeschichte, wie sich nicht zuletzt aus einer Bewertung des Sozialausschuss der Beratenden Versammlung nach Inkrafttreten der Europäischen Sozialcharta ergibt.[257] Hier wird explizit für Art. 6 Nr. 4 ESC festgestellt, dass es sich dabei in der endgültigen Fassung um einen auf der Dreiparteien-Konferenz ausgearbeiteten Kompromiss handelt. Ausdrücklich hält Berichterstatter *Molter* fest, dass letztlich der von der Beratenden Versammlung vorgeschlagene Wortlaut unverändert aufgenommen wurde. Diese Tatsache verwundert vor dem Hintergrund der ebenfalls erwähnten ausführlichen Beratungen auf der Dreiparteien-Konferenz sowie der verschiedenen Gutachten zur Frage der unmittelbaren Anwendbarkeit des Art. 6 Nr. 4 ESC. Es ist schlichtweg nicht zu erklären, warum der mehrdeutige Wortlaut übernommen wurde.

Insgesamt ist also festzuhalten, dass die Entstehungsgeschichte in sich selbst widersprüchlich ist und kein eindeutiges Ergebnis liefert. Zuzugeben ist allerdings, dass sie eher gegen einen Anwendungsanspruch spricht, wobei dies für

---

[256] Zusammenfassend *Neubeck,* Sozialcharta, S. 178 ff.; vgl. zur Wiener Übereinkunft über das Recht der Verträge oben S. 25 ff.

[257] Consultative Assembly (European Social Charter, Draft Resolution), Doc. 1382 (14.12.1961), S. 5 f.

sich genommen nicht ausreicht, um die Ergebnisse der objektiven Auslegung zu widerlegen. Es ist daher nicht entscheidend, ob die historische Auslegung tatsächlich nur zweitrangig zu berücksichtigen ist, wie es Art. 32 WVRK andeutet.[258]

Allerdings kann das Wortlautargument entkräftet werden, Art. 6 Nr. 4 ESC enthalte die „Anerkennung" eines Rechts und nicht bloß die Staatenverpflichtung, es zu gewähren. Gem. Art. 31 Abs. 4 WVRK ist einem Ausdruck dann eine besondere Bedeutung beizulegen, wenn die Parteien dies beabsichtigt haben.[259] Der abweichende Wortlaut könnte allerdings nur dann eine besondere Bedeutung haben, wenn feststünde, dass die Parteien damit etwas Bestimmtes ausdrücken wollten. Ob die Vertragsparteien durch das Wort „anerkennen", die unmittelbare Anwendbarkeit ausdrücken wollten, ist gerade nicht festzustellen. Somit folgt aus einem Umkehrschluss zu Art. 31 Abs. 4 WVRK, dass dem abweichenden Wortlaut kein besonderes Gewicht beigemessen werden kann.

4. Zweck

Bei der Untersuchung des Zwecks des Art. 6 Nr. 4 ESC ist insbesondere die Präambel der Europäischen Sozialcharta zu berücksichtigen, da dort die von ihr verfolgten Ziele aufgeführt sind. Zuvörderst ist hier der soziale Fortschritt zu nennen, der durch die Erhaltung und Weiterentwicklung der Menschenrechte verwirklicht werden soll. Dies ergibt sich aus Abs. 1 der Präambel und ist daher ein tragender Grundsatz des gesamten Vertrages. Dieses Ziel kann jedoch sowohl durch eine unmittelbare Anwendung des Art. 6 Nr. 4 ESC erreicht werden als auch durch eine bloße Staatenverpflichtung. Immerhin sind die überwiegenden Artikel der Europäischen Sozialcharta als solche formuliert, ohne dass die Pflicht der Staaten, diese umzusetzen, in Rede stünde. Das Recht auf kollektive Maßnahmen muss daher nicht zwingend unmittelbar geltendes Recht sein, um wirksam in nationales Recht umgesetzt zu werden. Zwar wurde ein hoher Aufwand betrieben, um die Europäische Sozialcharta zu schaffen, denn ihre Ausarbeitung dauerte immerhin acht Jahre.[260] Daraus folgt allerdings nicht zwangsläufig, dass Art. 6 Nr. 4 ESC unmittelbar anwendbar sein muss.[261] Eine Staatenverpflichtung muss nicht bloß „eine hochtrabende Deklaration ohne greifbare Auswirkungen [sein], ein propagandistisches Mittel, um die Illusion sozialen Fortschritts zu erwecken."[262] Eine unmittelbare Anwendung einer Norm ist wirkungsvoller, als die bloße Verpflichtung zur Umsetzung, weil es

258 So *Neubeck,* Sozialcharta, S. 179.

259 *Dörr,* in: Dörr/Schmalenbach, Art. 31 WVRK Rn. 105 ff.; *Villiger,* Art. 31 WVRK Rn. 26.

260 Zur Entstehungsgeschichte oben S. 7 ff.

261 So aber *Mitscherlich,* Arbeitskampfrecht, S. 56 f.

262 *Däubler,* Streik, S. 178.

hierfür noch der Mitwirkung der jeweiligen Vertragspartei bedarf. Die Umsetzung kann sich zudem über lange Zeit hinziehen, weil eine Umsetzungsfrist, wie sie etwa in Richtlinien der Europäischen Union gem. Art. 288 Abs. 3 AEUV (ex Art. 249 EGV) regelmäßig gesetzt wird, in der Europäischen Sozialcharta nicht vorgesehen ist. In der Europäischen Sozialcharta sind indes noch weitere Rechte enthalten, die für den Einzelnen ebenso wichtig oder sogar wichtiger sind, als das Recht auf kollektive Maßnahmen gem. Art. 6 Nr. 4 ESC, etwa Art. 3 (Recht auf sichere und gesunde Arbeitsbedingungen), Art. 4 (Recht auf gerechtes Arbeitsentgelt), Art. 7 (Recht der Kinder und Jugendlichen auf Schutz), Art. 12 (Recht auf soziale Sicherheit) und Art. 13 (Recht auf Fürsorge) ESC. Bei diesen kann es sich jedoch nicht um Rechte zweiter Klasse handeln, die aufgrund ihres lediglich verpflichtenden Charakters in ihrer Wertigkeit hinter den Art. 6 Nr. 4 und Art. 18 Nr. 4 ESC zurücktreten. Diese Konsequenz muss man jedoch ziehen, wenn man den Aspekt der Unverbindlichkeit der Europäischen Sozialcharta ins Feld führt. Dieses kann nicht gewollt sein.

Für einen Anwendungsanspruch des Art. 6 Nr. 4 ESC kann auch nicht Abs. 3 der Präambel der ESC herangezogen werden. Dort heißt es zwar, „daß die Ausübung sozialer Rechte sichergestellt sein muß [. . .]“. Dies bedeutet aber nicht, dass alle anwendungsfähigen Artikel zwangsläufig unmittelbar angewendet werden sollen.[263] Schließlich handelt es sich dabei um eine der Erwägungen der Vertragsparteien, aus denen heraus sie die Europäische Sozialcharta verabschiedet haben. Sie waren also der Meinung, dass die sozialen Rechte, so wie sie in der Europäischen Sozialcharta vorgesehen sind, langfristig verwirklicht werden müssen. Das Wort „muss“ ist also wie ein „soll“ zu verstehen. Dies belegt der gem. Art. 38 Abs. 3 ESC verbindliche englische Text, in dem es heißt, „the enjoyment of social rights *should* be secured“ und nicht etwa „*have* to be“, “*are* to be“, „*must* be“ oder „*shall* be“. Zwar heißt es im französischen Text „la jouissance des droits sociaux *doit être* assurée“, was wiederum auf ein „müssen“ hindeutet, aber im Ganzen auch als „sollen“ verstanden werden kann.[264] Es geht in diesem Passus allerdings darum, den beabsichtigten sozialen Fortschritt erneut zu betonen und die Ernsthaftigkeit zu unterstreichen.

Ziel der Europäischen Sozialcharta ist es, dass die Ausübung der vorgesehenen Rechte als Mindeststandard sichergestellt sein muss. In Abs. 3 der Präambel ist nämlich ein Verbot jeder Art von „Diskriminierung aus Gründen der Rasse, der Hautfarbe, des Geschlechts, der Religion, der politischen Meinung, der nationalen Abstammung oder der sozialen Herkunft“ enthalten. In der deutschen Übersetzung ist der Satz durch ein Komma und ein „und“ getrennt, wo-

263 So *Mitscherlich,* Arbeitskampfrecht, S. 56.

264 Hervorhebungen jeweils durch Verfasser.

hingegen dies in den verbindlichen Texten nicht der Fall ist. Das bedeutet, dass nicht primär die Ausübung der sozialen Rechte gewährleistet sein muss, sondern außerdem, dass dies frei von Diskriminierungen aus den genannten Gründen möglich sein muss. Dies ist ein erheblicher Bedeutungsunterschied, weil so im Wesentlichen das Diskriminierungsverbot und nicht die Ausübung als solche betont wird. Zudem muss beachtet werden, dass die Präambel gem. Art. 31 Abs. 2 WVRK gleichrangig bei der Auslegung des Vertragstextes zu berücksichtigen ist.[265] Allerdings ist dies dahingehend einzuschränken, dass es sich bei der Präambel gerade um allgemeine Aussagen zu den nachfolgenden Normen handelt.[266] Aus der Unbestimmtheit des Abs. 3 der Präambel der Europäischen Sozialcharta kann man daher nicht den Schluss ziehen, alle anwendungsfähigen Vorschriften hätten einen Anwendungsanspruch, weil sich dies nicht deutlich aus deren Wortlaut ergibt.

Die Europäische Sozialcharta verfolgt somit das Ziel, die Ausübung der sozialen Rechte sicherzustellen. Dieses soll nach der Gesamtkonzeption durch Staatenverpflichtungen erreicht werden. Eine unmittelbare Anwendbarkeit ist allerdings zur Verwirklichung der Ziele der Europäischen Sozialcharta im Ganzen oder zur Verwirklichung des Rechts auf kollektive Maßnahmen gem. Art. 6 Nr. 4 ESC im Speziellen nicht erforderlich. Übernimmt eine Vertragspartei die Pflicht gem. Art. 20 ESC, eine Norm im nationalen Recht umzusetzen und kommt sie dem nicht oder nur ungenügend nach, so verhält sie sich vertragswidrig. Neben dem Überwachungsverfahren gem. Art. 21 ff. ESC sind keine Verfahren vorgesehen, eine Vertragspartei zur ordnungsgemäßen Umsetzung zu bewegen oder gar zu zwingen. Dieses Konzept soll nicht durch eine unmittelbare Anwendung einiger Normen umgangen werden. Zwar lässt das in der Präambel zum Ausdruck kommende Ziel diese Möglichkeit offen, weil es zur Verwirklichung der vorgesehenen Rechte nicht zwingend einer unmittelbaren Anwendbarkeit bedarf. Das Ziel der Europäischen Sozialcharta erschöpft sich demgemäß darin, die Staaten zur Umsetzung der übernommenen Artikel zu verpflichten. Daraus lässt sich somit nicht ableiten, dass Art. 6 Nr. 4 ESC unmittelbar angewandt werden soll. Der verfolgte Zweck lässt sich – obschon nicht gleichermaßen effektiv – durch eine Staatenverpflichtung verwirklichen.

Schließlich ist darauf hingewiesen worden, dass eine unmittelbare Anwendung des Art. 6 Nr. 4 ESC zu unerträglichen Friktionen mit der innerstaatlichen Rechtsordnung führen kann.[267] Dies gilt insbesondere, wenn – wie zumeist – kein normiertes Arbeitskampfrecht vorhanden ist. In diesem Fall ist es dem

[265] *Villiger*, Art. 31 WVRK Rn. 13.

[266] in der Erwägung, Considering that, Considérant que.

[267] *Mitscherlich*, Arbeitskampfrecht, S. 54 f.; *Seiter*, Streik- und Aussperrungsrecht, S. 136 f.; *Wengler*, Unanwendbarkeit, S. 13 ff.; 49 ff.

einzelnen Richter überantwortet, die völkerrechtlichen Vorgaben im Wege des methodisch Vertretbaren in das nationale Recht zu übertragen, damit sich der jeweilige Staat nicht vertragswidrig verhält. Dabei soll die Einhaltung der Vorgaben der Europäischen Sozialcharta nur durch die in den Art. 21 ff. ESC vorgesehenen Organe erfolgen. Um einen Pflichtenverstoß festzustellen, müssen diese die Europäische Sozialcharta auslegen. Diese Interpretationshoheit wird allerdings nicht angetastet, solange der Richter die Europäische Sozialcharta nur zur Entscheidung einer Rechtssache heranzieht und für sich keine Verwerfungskompetenz in Anspruch nimmt. Aus Sicht der Europäischen Sozialcharta entsteht dadurch kein Konflikt, vor allem dann nicht, wenn der Richter die Vorgaben der *conclusions* bei seiner Rechtsfindung beachtet.[268]

Ein bestimmtes verfassungsrechtlich verankertes Verständnis kann, wenn es den Vorgaben der Europäischen Sozialcharta widerspricht, nicht ohne weiteres durch jedes innerstaatliche Gericht durch völkerrechtsfreundliche Auslegung beseitigt werden.[269] Die umfassende Beseitigung jedes Widerspruchs durch die unmittelbare Anwendung einer einzelnen Norm kann daher nicht das Ziel der Europäischen Sozialcharta sein. Vielmehr will diese langfristig eine Angleichung des Sozialstandards in den Vertragsstaaten erreichen. Mangels weiterer Anhaltspunkte in Wortlaut, Systematik und Historie ist nicht davon auszugehen, dass die Europäische Sozialcharta einen solch radikalen Bruch herbeiführen will. Folglich spricht der Zweck gegen einen Anwendungsanspruch des Art. 6 Nr. 4 ESC.

5. Europäische Menschenrechtskonvention

Bereits angesprochen wurde, dass der Europäische Gerichtshof für Menschenrechte in den Jahren 2008[270] und 2009[271] eine Rechtsprechungsänderung vollzogen hat.[272] Demgemäß gewährt Art. 11 Abs. 1 Halbs. 2 EMRK neben dem Versammlungsrecht und dem Recht, Gewerkschaften zu gründen und ihnen beizutreten, das Recht auf Tarifverhandlungen und das Recht zum Streik.[273] Abgeleitet wird dies aus dem Zweck des Art. 11 EMRK, wonach es den Gewerkschaften möglich sein müsse, die Mitgliederinteressen effektiv verfolgen

268 Zur Verbindlichkeit oben S. 42 ff. sowie zur Berücksichtigungspflicht unten S. 206 ff.

269 Vgl. zum Beamtenstreik unten S. 236 ff.

270 EGMR v. 12.11.2008, Appl. 34503/97 (*Demir and Baykara*).

271 EGMR v. 21.4.2009, Appl. 68959/01 (*Enerji Yapi-Yol Sen*).

272 Zur Entwicklung der Rechtsprechung zu Art. 11 EMRK vgl. *Lörcher,* in: Däubler, Arbeitskampfrecht, § 10 Rn. 40 f.; *Schubert,* AöR 137 (2012), 92 (98 ff.); *Seifert,* KritVj 2009, 357 (357 ff.).

273 *Grabenwarter/Pabel,* Menschenrechtskonvention, § 23 Rn. 86 *Lörcher,* AuR 2009, 229 (231, 236); *Schubert/Jerchel,* EuZW 2010, 687 (691); *Seifert,* KritVj 2009, 357 (358 f.).

zu können.[274] Bemerkenswert ist, dass es in beiden Entscheidungen um Beamte ging.[275] Der Europäische Gerichtshof für Menschenrechte hat den Schutzbereich daher nicht unerheblich ausgeweitet.[276]

Unabhängig davon ist an dieser Stelle der Frage nachzugehen, ob daraus, dass Art. 11 Abs. 1 Halbs. 2 EMRK nach neuer Rechtsprechung sowohl das Recht auf Tarifverhandlungen als auch zum Streik gewährleistet, Rückschlüsse auf die unmittelbare Anwendbarkeit des Art. 6 Nr. 4 ESC gezogen werden können. Der sachliche Schutzbereich weist Schnittmengen auf, weil Tarifverhandlungen Kollektivverhandlungen sind und das Recht zum Streik eine kollektive Maßnahme ist. Als Parallelwerk zur Europäischen Menschenrechtskonvention hat der Europäische Gerichtshof für Menschenrechte die Europäische Sozialcharta und insbesondere die Spruchpraxis des Europäischen Ausschusses für Soziale Rechte durchaus in seinen Urteilen berücksichtigt, ohne dass diese stets entscheidungstragend waren.[277] Dabei ist bemerkenswert, dass die Staaten die Europäische Sozialcharta oder die betreffenden Artikel teilweise überhaupt nicht ratifiziert hatten.[278] Der Europäische Gerichtshof für Menschenrechte lässt es stärker noch als der Europäische Gerichtshof im Wege der Rechtsvergleichung ausreichen, wenn die Mehrheit der Vertragsstaaten eine bestimmte Auslegung annimmt und stellt nicht auf die gemeinsame Verfassungstradition ab.[279] Gleichwohl muss festgehalten werden, dass die Europäische Menschenrechtskonvention als völkerrechtlicher Vertrag keine Vorgaben zu ihrer Stellung im nationalen Recht enthält.[280] Sie ordnet daher ihre unmittelbare Anwendbarkeit nicht an. Teilweise ist dennoch versucht worden, einen allgemeinen Anwendungsvorrang zu begründen.[281] Diese Sichtweise hat sich jedoch zu Recht nicht durchgesetzt, weil die Europäische Menschenrechtskonvention keinen bestimmten Rang beansprucht. Daraus folgt in der Praxis, dass sie in den Vertragsstaaten einen unterschiedlichen Rang einnimmt. Das Spektrum reicht von Staaten, die der Konvention Verfassungsrang einräumen, über Staaten, in

---

274 *Grabenwarter/Pabel,* Menschenrechtskonvention, § 23 Rn. 86.

275 *Schubert,* AöR 137 (2012), 92 (93 f.).

276 *Schubert,* AöR 137 (2012), 92 (93); *Seifert,* KritVj 2009, 357 (359).

277 Aus neuerer Zeit EGMR v. 27.4.2010, Appl. 20161/06 Rn. 53 (*Vörður Ólafsson* zu Art. 5 ESC); v. 30.7.2009, Appl. 67336/01 Rn. 102 f. (*Danilenkov a. o.* zu Art. 5 ESC); v. 15.9.2009, Appl. 30946/04 Rn. 14 (*Kaya and Seyhan* zu Art. 5 ESC); v. 21.4.2009, Appl. 68959/01 Rn. 24 (*Enerji Yapi-Yol Sen* zu Art. 6 ESC); v. 12.11.2008, Appl. 34503/97 (*Demir and Baykara* zu Art. 5 und 6 ESC), Rn. 45, 49, 54, 57, 62 f., 77, 84, 103, 149.

278 Z. B. die Türkei, gegen die die Urteile des EGMR zu Art. 11 EMRK v. 21.4.2009, Appl. 68959/01 (*Enerji Yapi-Yol Sen*) und v. 12.11.2008, Appl. 34503/97 (*Demir and Baykara*) ergangen sind; *Franzen,* EuZA 2010, 453 (455); ähnlich *Weiß,* EuZA 2010, 457 (468).

279 *Fütterer,* EuZA 2011, 505 (513); Seifert, KritVj 2009, 357 (368).

280 Vgl. oben S. 150 ff.; *Kleeberger,* Stellung, S. 70 ff., 87.

281 *Polakiewicz,* Verpflichtungen, S. 360.

denen sie einen Rang zwischen Verfassung und sonstigem Recht einnimmt, bis hin zu Staaten, in denen sie lediglich den Rang eines einfachen Gesetzes teilt.[282] Eine unmittelbare Anwendbarkeit setzt sie daher nicht voraus.[283] Nichts anderes kann dann für die Schwesterkonvention gelten, vor allem, weil die Rechte der Europäischen Menschenrechtskonvention in den Mitgliedsstaaten überwiegend als Grundrechte verwurzelt sind.[284] Ihr kommt deswegen ein hoher Stellenwert zu und dennoch ist sie nicht unmittelbar anwendbar.

Unabhängig von der Frage, ob sich durch Rechtsprechungsänderung zu Art. 11 Abs. 1 Halbs. 2 EMRK Konsequenzen für die deutsche Rechtsordnung ergeben, ist festzuhalten, dass sich – selbst wenn Interdependenz zwischen Europäischer Menschenrechtskonvention und Europäischer Sozialcharta besteht[285] – ein Anwendungsanspruch des Art. 6 Nr. 4 ESC daraus nicht ableiten lässt. Die Rechtsqualität einer Norm ändert sich nicht deshalb, weil sie Einfluss auf die Auslegung anderer Normen hat.

6. Ergebnis zum Anwendungsanspruch des Art. 6 Nr. 4 ESC

Das Bild, das sich aus der Auslegung der Europäischen Sozialcharta hinsichtlich eines Anwendungsanspruchs des Art. 6 Nr. 4 ESC ergibt, ist verworren. Grund dafür ist der von den restlichen Formulierungen deutlich abweichende Text der Art. 6 Nr. 4 und Art. 18 Nr. 4 ESC. Der Wortlaut und ebenso weite Teile die Systematik sprechen für einen Anwendungsanspruch. Nicht auf rechtliche, sondern auf politische Motive zurückzuführen ist, dass man während der Beratungen den Wortlaut vieler Normen veränderte und inhaltlich mäßigte, aber bei einer der umstrittensten Vorschriften den gewählten Wortlaut beibehalten hat. Stattdessen hat man unklare oder gar widersprüchliche Regelungen in den Anhang aufgenommen. Diese Konzeption widerspricht letztlich dem in den Materialien zum Ausdruck kommenden Willen der Vertragsparteien, mit der Europäischen Sozialcharta einen völkerrechtlichen Vertrag ohne unmittelbar anwendbare Vorschriften zu schließen. Dieser Wille kann gem. Art. 32 WVRK nicht mit dem Argument ignoriert werden, er sei lediglich subsidiär bei der Auslegung heranzuziehen.[286] Zwar ist aufgezeigt worden, dass auch der Wil-

282 Vgl. die Übersicht bei *Grabenwarter/Pabel,* Menschenrechtskonvention, § 3 Rn. 1 ff. m. w. N.

283 Ausführlich *Giegerich,* in: Grote/Marauhn, Konkordanzkommentar, Kap. 2 Rn. 4 ff.; *Kleeberger,* Stellung, S. 87.

284 *Grabenwarter/Pabel,* Menschenrechtskonvention, § 3 Rn. 11.

285 Zur Einwirkung der Spruchpraxis des Europäischen Ausschusses für Soziale Rechte auf die Rechtsprechung des Europäischen Gerichtshofes für Menschenrechte *Franzen,* EuZA 2010, 453 (455) und *Seifert,* KritVj 2009, 357 (369).

286 So aber ausdrücklich *Neubeck,* Sozialcharta, S. 178 ff.

le der Vertragsparteien nicht eindeutig zu ermitteln ist. Zu berücksichtigen ist, dass die verschiedenen Gremien des Europarates verschiedener Auffassung waren, die eingeholten Gutachten ebenfalls keine Klarheit geschaffen haben und es zudem nicht „den" Gesetzgeber gibt.[287]

Gleiches gilt jedoch im Hinblick auf die objektive Auslegung, so dass Art. 32, Var. 2 lit. a WVRK heranzuziehen ist. Danach kann die Bedeutung anhand der *travaux préparatoires* zu bestimmen sein. Der historischen Auslegung kann also entscheidende Bedeutung zukommen.[288] Die Frage nach dem Anwendungsanspruch ist dementsprechend zwar nicht widerspruchsfrei aufzulösen. Aufgrund der Gefahren, die eine unmittelbare Anwendbarkeit des Art. 6 Nr. 4 ESC für die einzelnen Rechtsordnungen allerdings bergen kann, ist dem tendenziell zum Ausdruck kommenden Willen der Vertragsparteien der Vorrang einräumen.[289] Dies führt dazu, dass eine unmittelbare Anwendbarkeit mangels Anwendungsanspruchs des Art. 6 Nr. 4 ESC ausgeschlossen ist.

D. Mittelbare Anwendbarkeit des Art. 6 Nr. 4 ESC

Die Europäische Sozialcharta bleibt trotz fehlender unmittelbarer Anwendbarkeit nicht ohne Wirkung. Es ist eine mittelbare Anwendung des Art. 6 Nr. 4 ESC denkbar. Ebenso wie die Frage der unmittelbaren Anwendbarkeit bestimmt das nationale Staatsorganisationsrecht, ob und wie Völkerrecht auf diese Weise Eingang in die nationale Rechtsordnung findet.[290]

I. Völkerrechtsfreundlichkeit des Grundgesetzes der Bundesrepublik Deutschland

Bereits oben wurde darauf verwiesen, dass das Recht der Bundesrepublik Deutschland grundsätzlich völkerrechtsfreundlich auszulegen ist. Dies hat das Bundesverfassungsgericht in aller Deutlichkeit im Urteil zum Vertrag von Lissabon[291] und zuvor im Görgülü-Beschluss[292] ausgesprochen. Die Völkerrechtsfreundlichkeit der deutschen Rechtsordnung ergibt sich aus einer Gesamtschau des Grundgesetzes.[293] Dessen Ziel war es, nach dem Ende des Zweiten Welt-

[287] Vgl. oben S. 31 f.
[288] Zur historischen Auslegung oben S. 31 f.
[289] Vgl. dazu *Seiter,* Streik- und Aussperrungsrecht, S. 136 f.
[290] *Bleckmann,* Grundgesetz, S. 270, 281; *Gaus,* Gewährleistungen, S. 180 ff., 187.
[291] BVerfG v. 30.6.2009, E 123, 267 (344 ff.).
[292] BVerfG v. 14.10.2007, E 111, 307 (317 ff.); dazu *M. Schröder,* Gesetzesbindung, S. 184 ff.
[293] *Michael/Morlok,* Grundrechte, Rn. 116; *M. Schröder,* Gesetzesbindung, S. 103 ff.; *Weiß,* EuZA 2010, 457 (462).

kriegs und der nationalsozialistischen Willkürherrschaft die Grundlage für die Wiedereingliederung der Bundesrepublik Deutschland als geachtetes Mitglied der Staatengemeinschaft zu schaffen.[294] Dies sollte unter anderem dadurch geschehen und dokumentiert werden, dass bewusst auf einen Teil nationalstaatlicher Souveränität verzichtet wurde.[295] Es sollte die Möglichkeit geschaffen werden, internationale Organisationen zu gründen und diesen beizutreten, um Angelegenheiten zu besorgen, die bisher vom Nationalstaat zu erfüllen gewesen waren.[296] Dabei hatte man bereits 1949 die Gründung der Montanunion vor Augen.[297] Ausgangspunkt ist demgemäß Art. 24 GG, wonach Deutschland Hoheitsrechte auf zwischenstaatliche Einrichtungen übertragen kann und der somit eine Entscheidung zugunsten einer „offenen Staatlichkeit" enthält.[298] Daneben sind zu nennen die Präambel des Grundgesetzes, Art. 1 Abs. 2, 9 Abs. 2, 25 und 26 GG sowie hinsichtlich der europäischen Integration der insoweit speziellere Art. 23 GG. [299]

Aus dieser Gesamtschau ergibt sich die Völkerrechtsfreundlichkeit und Integrationsoffenheit des Grundgesetzes. Dies hat das Bundesverfassungsgericht mehrfach betont.[300] Das Gericht hat ausgeführt, dass „auch Gesetze [...] im Einklang mit den völkerrechtlichen Verpflichtungen der Bundesrepublik Deutschland auszulegen und anzuwenden [sind], selbst wenn sie zeitlich später erlassen worden sind als ein geltender völkerrechtlicher Vertrag; denn es ist nicht anzunehmen, daß der Gesetzgeber, sofern er dies nicht klar bekundet hat, von völkerrechtlichen Verpflichtungen der Bundesrepublik Deutschland abweichen oder die Verletzung solcher Verpflichtungen ermöglichen will."[301] Bereits zuvor stellte das Bundesverfassungsgericht fest, dass es „[im] Rahmen seiner Gerichtsbarkeit [...] in besonderem Maße darauf zu achten [habe], daß Verletzungen des Völkerrechts, die in der fehlerhaften Anwendung oder Nicht-

---

294 *Herdegen,* Völkerrecht, § 22 Rn. 8; *Kunig,* in: Graf Vitzthum, Völkerrecht, 2. Abschnitt Rn. 11; *Streinz,* in: Sachs, Art. 24 GG Rn. 6.

295 *Pernice,* in: Dreier, Art. 24 Rn. 1.

296 *Pernice,* in: Dreier, Art. 24 Rn. 3; *Streinz,* in: Sachs, Art. 24 GG Rn. 6.

297 *Pernice,* in: Dreier, Art. 24 Rn. 3; *Streinz,* in: Sachs, Art. 24 GG Rn. 6.

298 Grundlegend *Vogel,* Verfassungsentscheidung, S. 35 ff., 42; *Bleckmann,* DÖV 1996, 137 (140 ff.); *ders.,* DÖV 1979, 309 (312 ff.); *ders.,* Grundgesetz, S. 240 f.; *Classen,* in: v. Mangoldt/Klein/Starck, Art. 24 Rn. 2; *Streinz,* in: Sachs, Art. 24 GG Rn. 6.

299 *Michael/Morlok,* Grundrechte, Rn. 115; *Randelzhofer,* in: Maunz/Dürig, Art. 24 GG Rn. 2; *Scholz,* in: Maunz/Dürig, Art. 23 GG Rn. 1, 3; *Streinz,* in: Sachs, GG Art. 24 Rn. 6; *Weiß,* EuZA 2010, 457 (462 f.).

300 BVerfG v. 30.9.1964, E 18, 112 (120 f.); v. 4.5.1971, E 31, 58 (75 f.); v. 22.3.1983, E 63, 343 (370); v. 26.03.1987, E 74, 358 (370); v. 14.10.2004, E 111, 307 (315 ff.; 317 ff.); v. 26.10.2004, E 112, 1 (26); v. 19.9.2007, NJW 2007, 499 (500); v. 30. 6.2009, E 123, 267 (344 ff.).

301 BVerfG v. 26.3.1987, E 74, 358 (370).

beachtung völkerrechtlicher Normen durch deutsche Gerichte liegen und eine völkerrechtliche Verantwortlichkeit der Bundesrepublik Deutschland begründen könnten, nach Möglichkeit verhindert oder beseitigt werden.[302] Die Verpflichtung der nationalen Gerichte, das geltende Völker(vertrags-)recht zu beachten, leitet das Bundesverfassungsgericht dabei aus der Gesetzesbindung der Judikative gem. Art. 20 Abs. 3 GG ab.[303]

Das Grundgesetz verlangt aufgrund seines Bekenntnisses zur „offenen Staatlichkeit" die Berücksichtigung völkerrechtlicher Verpflichtungen. Ziel der Auslegung nationalen Rechts muss es daher bei entsprechenden völkerrechtlichen Vorgaben sein, eine größtmögliche Harmonie zwischen beiden Rechtsquellen herzustellen.[304] Dazu ist zunächst das nationale einfache Recht methodengerecht und insbesondere verfassungskonform auszulegen.[305] Sofern danach mehrere Auslegungsergebnisse vertretbar sind, ist auf das Völkerrecht abzustellen.[306] Dabei kommt es nur darauf an, dass die Bundesrepublik Deutschland an den völkerrechtlichen Vertrag durch Ratifikation gebunden ist. Der Vertrag muss nicht in innerstaatliches Recht transformiert worden sein.[307] Den dogmatischen Anknüpfungspunkt bildet die Kollisionsregel lex specialis derogat legi generali, sofern man einen völkerrechtlichen Vertrag hinsichtlich des geregelten Gegenstandes als Spezialregelung ansieht.[308] Dieser Ansatz kann freilich nur gelten, sofern man völkerrechtlichen Verträgen keinen anderen Rang als dem nationalen einfachen Recht einräumt, weil anderenfalls schon gar keine Kollision im Rang vorliegt.[309] Dementsprechend hat das Bundesverfassungsgericht ausgesprochen, dass die deutschen Gerichte sie wegen der Bindung der Rechtsprechung an Gesetz und Recht gem. Art. 20 Abs. 3 GG „wie anderes Gesetzesrecht des Bundes im Rahmen methodisch vertretbarer Auslegung zu beachten und anzuwenden haben."[310] Dabei gilt die Vermutung, dass der Gesetzgeber nicht gegen die durch ihn eingegangenen völkerrechtlichen Verpflichtungen verstoßen will.[311] Von mehreren Auslegungsmöglichkeiten ist daher die-

302 BVerfG v. 23.6.1981, E 58, 1 (34).

303 BVerfG v. 14.10.2004, E 111, 307 (315 ff.); *Michael/Morlok,* Grundrechte, Rn. 116 mit Fn. 21; zur Möglichkeit einer Verfassungsbeschwerde bei Nichtbeachtung von Völkerrecht unten S. 365 ff.

304 *Bleckmann,* DÖV 1979, 309 (312); *Neubeck,* Sozialcharta, S. 181; *Weiß,* EuZA 2010, 457 (463).

305 BVerfG v. 14.10.2004, E 111, 307 (317).

306 *Bleckmann,* DÖV 1979, 309 (312).

307 *Bleckmann,* DÖV 1979, 309 (312). Dies lässt sich auf Grundlage der heute herrschenden Vollzugslehre ohne weiteres erklären, vgl. oben S. 147 ff.

308 *Bleckmann,* DÖV 1979, 309 (312); allgemein *Bydlinski,* Methodenlehre, S. 465.

309 Vgl. *Larenz,* Methodenlehre, S. 267 sowie oben S. 145 ff.

310 BVerfG v. 14.10.2004, E 111, 307 (317).

311 BVerfG v. 26.3.1987, E 74, 358 (370).

jenige zu wählen, die mit den völker- und völkervertragsrechtlichen Vorgaben im Einklang steht.[312] Im Hinblick auf völkerrechtliche Verträge ist dabei von völkervertragsfreundlicher Auslegung zu sprechen.[313]

Der völkerrechtsfreundlichen beziehungsweise völkervertragsrechtsfreundlichen Auslegung ist jedoch nach der Rechtsprechung des Bundesverfassungsgerichts eine Grenze gezogen:

> Das Grundgesetz erstrebt die Einfügung Deutschlands in die Rechtsgemeinschaft friedlicher und freiheitlicher Staaten, verzichtet aber nicht auf die in dem letzten Wort der deutschen Verfassung liegende Souveränität. Insofern widerspricht es nicht dem Ziel der Völkerrechtsfreundlichkeit, wenn der Gesetzgeber ausnahmsweise Völkervertragsrecht nicht beachtet, sofern nur auf diese Weise ein Verstoß gegen tragende Grundsätze der Verfassung abzuwenden ist.[314]

Der Grundsatz der Souveränität des Volkes gem. Art. 20 Abs. 2 S. 1 GG gebietet folglich, dass zumindest in Ausnahmefällen der innerstaatliche Vollzug des Völkerrechts ausgesetzt werden können muss.[315] Dazu muss das Völkerrecht jedoch gegen „tragende Grundsätze" des Grundgesetzes verstoßen. Es genügt also nicht jeder Widerspruch zwischen einem völkerrechtlichen Vertrag und einer Norm des Grundgesetzes, um den Vollzug des Völkerrechts auszusetzen. Tragende Grundsätze des Grundgesetzes sind jedenfalls solche, die durch die „Ewigkeitsklausel" des Art. 79 Abs. 3 GG als identitätsstiftend geschützt sind.[316] Dazu zählen neben dem Schutz der Menschenwürde i. S. des Art. 1 GG die in Art. 20 GG niedergelegten Strukturprinzipien der Bundesrepublik Deutschland.[317] Eine völkerrechtskonforme Auslegung mit der Bedeutung eines absoluten Vorrangs des Völkerrechts besteht daher nicht. Dies ist der Unterschied zur Völkerrechtsfreundlichkeit des Grundgesetzes.[318]

---

312 Vgl. zur verfassungskonformen Auslegung BVerfG v. 28.4.1965, E 19, 1 (5); v. 9.8.1978, E 49, 148 (157); v. 24.4.1985, E 69, 1 (55); v. 24.5.1995, E 93, 37 (81).

313 *Höpfner,* Auslegung, S. 361.

314 BVerfG v. 14.10.2004, E 111, 307 (319).

315 *Bleckmann,* DÖV 1979, 309 (313); *Klein,* JZ 2004, 1176 (1176); *Kunig,* in: Graf Vitzthum, Völkerrecht, 2. Abschnitt Rn. 182.

316 Vgl. *Dietlein,* in: Epping/Hillgruber, Art. 79 GG Rn. 15; *Herdegen,* in: Maunz/Dürig, Art. 79 GG Rn. 59, 107; *Sachs,* in: Sachs, Art. 79 GG Rn. 29.

317 *Herdegen,* in: Maunz/Dürig, Art. 79 GG Rn. 59 ff.; *Sachs,* in: Sachs, Art. 79 GG Rn. 38 ff.; vgl. zum Beamtenstreik unten S. 236 ff.

318 Zum Sonderfall des Anwendungsvorrangs des Unionsrechts vgl. *Streinz,* Europarecht, Rn. 197 ff.

II. Vergleichbarkeit mit der Einwirkung der Europäischen Menschenrechtskonvention auf die deutsche Rechtsordnung

Wegen des mehrfach angesprochenen Charakters als Parallelwerke bietet es sich an, zunächst die Einwirkung der Europäischen Menschenrechtskonvention darzustellen, um so die Erkenntnis gegebenenfalls für die der Europäischen Sozialcharta fruchtbar zu machen.[319] Bereits oben ist gezeigt worden, dass die Europäische Menschenrechtskonvention nach zutreffender überwiegender Auffassung in der Normenhierarchie keinen Vorrang vor den einfachen Gesetzen genießt. Vielmehr teilt sie unabhängig vom Geltungsgrund des Vertrages den Rang eines einfachen Bundesgesetzes.[320] Dies ergibt sich aus Art. 59 Abs. 2 GG. Weil ein Gesetz niedrigeren Ranges wegen der Normenhierarchie keinen Geltungsvorrang vor höherrangigen beanspruchen kann,[321] wäre die Europäische Menschenrechtskonvention daher nach dem bisher Gesagten nur im Wege der systematischen Auslegung des einfachen Rechts zu berücksichtigen.

Wegen der Völkerrechtsfreundlichkeit des deutschen Rechts gilt dies bezogen auf die Europäische Menschenrechtskonvention allerdings nicht nur für das einfache Recht, sondern grundsätzlich auch für das Grundgesetz selbst.[322] Dies lässt sich mit der aus dem jeweiligen Vertrag folgenden Umsetzungspflicht aller staatlichen Organe begründen, nicht im Widerspruch zu völkervertraglichen Verpflichtungen zu handeln.[323] Darin besteht der relevante Unterschied zu den allgemeinen Regeln des Völkerrechts, das dem einfachen Gesetzesrecht gem. Art. 25 GG im Rang vorgeht. Insoweit gilt also die Regel lex superior derogat legi inferiori. Das ranghöhere (Völker)Recht verdrängt das niederrangige.[324] Völkervertragsfreundliche Auslegung bedeutet dagegen wie soeben dargelegt, dass unter mehreren möglichen Auslegungsergebnissen dasjenige zu wählen ist, das den Vorgaben des Vertrages am besten entspricht.[325] Eine Rangregel stellt dies nicht dar, so dass das nationale Recht nicht unwirksam wird.[326] Aufgrund des unterschiedlichen Ranges folgt trotz der Pflicht zur Berücksich-

[319] So auch *Bleckmann,* in: Ress/Stein, Europäischer Sozialraum, S. 55 ff.

[320] *Czycholl/Frieling,* ZESAR 2011, 322 (323) und ausführlich dazu oben S. 188 ff.

[321] *Larenz,* Methodenlehre, S. 267; *Rüthers/Fischer/A. Birk,* Rechtstheorie, Rn. 763 f.; *Wank,* Auslegung, S. 57.

[322] BVerfG v. 26.3.1987, E 74, 358 (370); v. 29.5.1980, E 82, 106 (119 f.); v. 14.10.2004, E 111, 307 (317); *Grabenwarter/Pabel,* Menschenrechtskonvention, § 3 Rn. 8; zu den Ausnahmen soeben S. 194 f.

[323] BVerfG v. 26.3.1987, E 74, 358 (370).

[324] *Herdegen,* in: Maunz/Dürig, Art. 25 GG Rn. 43.

[325] BVerfG v. 14.10.2004, E 111, 307 (317); *Höpfner,* Auslegung, S. 361, 365.

[326] Zu alledem *Höpfner,* Auslegung, S. 367.

tigung nicht, dass sämtliche Bestimmungen uneingeschränkt in die deutsche Rechtsordnung einflössen. „Das Gebot der völkerrechtskonformen Auslegung kann aber nicht dazu führen, den normativen Gehalt einer konkreten nationalen Vorschrift grundlegend in einem Sinne neu zu bestimmen, der mit ihrem Wortlaut und dem erkennbaren Willen des Gesetzgebers nicht in Einklang steht.“[327] Anderenfalls handelte es sich um eine unmittelbare Anwendung, die in der Bundesrepublik Deutschland für die Europäische Menschenrechtskonvention abgelehnt wird, obwohl sie eine herausragende Stellung im Vergleich zu sonstigen völkerrechtlichen Verträgen innehat.[328] Hierdurch wird die Gewaltenteilung zwischen Judikative und Legislative gerade bei gesetzesvertretender Rechtsprechung gewahrt.[329]

Es ist mehrfach betont worden, dass die Europäische Sozialcharta die Schwesterkonvention zu der Europäischen Menschenrechtskonvention darstellt.[330] In ihrer Wirkung für die nationalen Rechtsordnungen unterscheiden sich die beiden Verträge allerdings erheblich. Die Bedeutung der Menschenrechtskonvention ist im Vergleich weitaus größer.[331] Zunächst ist festzuhalten, dass das Bundesverfassungsgericht zwar in ständiger Rechtsprechung vertreten hat, dass völkerrechtliche Verträge bei der Auslegung des nationalen Rechts zu beachten sind. Eine Besonderheit ist allerdings, dass diese Entscheidungen insbesondere die Europäische Menschenrechtskonvention sowie das Unionsrecht betrafen, die beide über eigene Rechtschutzmechanismen verfügen. Zudem enthält die Europäische Menschenrechtskonvention fundamentale Rechte, die im Grundsatz den Grundrechten des Grundgesetzes entsprechen und gleichzeitig eine gemeinsame Überlieferung der Vertragsparteien darstellen. Das Unionsrecht als Recht der Europäischen Union stellt nach der Rechtsprechung des Bundesverfassungsgerichts und der Wissenschaft kein Völkerrecht im herkömmlichen Sinne dar, sondern als „Staatenverbund“ eine Rechtsordnung sui generis.[332] Die Europäische Union bildet daher aufgrund weitreichender Übertragung von Hoheitsrechten durch die Mitgliedsstaaten einen Integrationsstand ab, den die Europäische Sozialcharta nicht erreicht. Sie selbst kann daher nicht Maßstab einer

---

327 Zu Art. 2 Abs. 1 ILO-Übereinkommen Nr. 135 vgl. BAG v. 3.12.1997, 7 AZR 236/97, II. 4. a. cc. der Gründe (juris).

328 *Grabenwarter/Pabel,* Menschenrechtskonvention, § 3 Rn. 1 ff., 11.

329 *Höpfner,* Auslegung, S. 366 f.

330 Dazu oben S. 35.

331 Vgl. *Weiß,* EuZA 2010, 457 (467 f.).

332 BVerfG v. 12.10.1993, E 89, 155 (181 ff.); *Klein/Schmahl,* in: Graf Vitzthum, Völkerrecht, 4. Abschnitt Rn. 250; zur Begriffsentwicklung *Scholz,* in: Maunz/Dürig, Art. 23 GG Rn. 174 ff. a. A. *Schweitzer,* Staatsrecht III, Rn. 44, 322 f., da die urspüngliche Rechtsnatur nicht verloren gegangen sei.

unionskonformen Auslegung des nationalen Rechts sein.[333] Die Europäische Sozialcharta genießt somit keinesfalls den Anwendungsvorrang des Unionsrechts.[334]

Daher stellt sich die Frage, ob die Europäische Sozialcharta eine der Europäischen Menschenrechtskonvention vergleichbare Wirkung für die deutsche Rechtsordnung hat. Bereits oben ist das Rangverhältnis zwischen nationalem Recht und dem Völker- beziehungsweise Völkervertragsrecht beschrieben worden.[335] Danach ist das nationale Recht völkerrechtsfreundlich auszulegen. Dieser Grundsatz gilt für alle völkerrechtlichen Verträge und somit sowohl für die Europäische Menschenrechtskonvention als auch für die Europäische Sozialcharta. Zu beachten ist dabei jedoch stets, dass erstere über ein eigenes Rechtschutzsystem mit dem Europäischen Gerichtshof für Menschenrechte als gem. Art. 46 Abs. 1 EMRK verbindlich entscheidende Instanz verfügt. Letztere enthält lediglich das im Verhältnis schwach ausgestaltete Überwachungsverfahren.[336] Eine insoweit vergleichbare verbindliche Auslegung der Europäischen Sozialcharta existiert daher nicht. Für die grundsätzliche Übertragbarkeit der „ERMK-konformen"[337] Auslegung bedeutet dies, dass die Spruchpraxis der in Art. 21 ff. ESC vorgesehenen Organe im Gegensatz zu den Urteilen des Europäischen Gerichtshofes für Menschenrechte nicht verbindlich ist. Dagegen muss die Europäische Sozialcharta als solche jedoch berücksichtigt werden. Die Gewährleistungen des Art. 6 Nr. 4 ESC können daher prinzipiell das herrschende Verständnis des aus Art. 9 Abs. 3 S. 1 GG abgeleiteten deutschen Arbeitskampfrechts beeinflussen. Voraussetzung ist allerdings, dass eine Auslegung der nationalen Vorschriften lege artis verschiedene Ergebnisse zulässt. Von diesen Ergebnissen muss zudem mindestens eine den völkervertraglichen Vorgaben entsprechen. Eine Auslegung contra legem unter Berufung auf das Völkervertragsrecht ist unzulässig.

---

333 Zur Bedeutung der Europäischen Sozialcharta für das Recht der Europäischen Union vgl. oben S. 40 f.

334 Vgl. dazu EuGH v. 15.7.1964, 6/64, Slg. 1964, 1251 (1269 ff., *Costa/ENEL*).

335 Dazu oben S. 147 ff.

336 Dazu oben S. 42 ff. *Weiß,* EuZA 2010, 457 (467) betont, die Europäische Sozialcharta sei „extrem souveränitätsschonend konzipiert" ohne dabei jedoch zwischen Art. 6 Nr. 4 ESC und den sonstigen Gewährleistungen zu differenzieren.

337 *Höpfner,* Auslegung, S. 368 f.

III. Bedeutung der Europäischen Sozialcharta im gesetzesvertretenden Richterrecht

Die Europäische Sozialcharta ist ein völkerrechtlicher Vertrag und demgemäß im Rahmen der völkervertragsrechtsfreundlichen Auslegung bei der Anwendung des nationalen Rechts nach dem eben Gesagten zu berücksichtigen. Das Arbeitskampfrecht in der Bundesrepublik Deutschland ist nur bruchstückhaft kodifiziert, so dass zu prüfen ist, welches „Recht" überhaupt völkerrechtsfreundlich ausgelegt werden kann.

1. Fehlen einer Kodifikation des Arbeitskampfrechts

Ein Arbeitskampf- oder Koalitionsgesetz ist bis heute nicht verabschiedet worden. Das deutsche Arbeitskampfrecht ist nicht eigens kodifiziert, sondern ist durch die arbeits- und verfassungsrechtliche Rechtsprechung sowie das Schrifttum (fort-)entwickelt worden.[338] Der Gesetzgeber toleriert diesen Zustand und hat dies zuletzt sowohl im Vertrag über die Schaffung einer Währungs-, Wirtschafts- und Sozialunion zwischen der Bundesrepublik Deutschland und der DDR (Staatsvertrag)[339] als auch in der Denkschrift[340] dazu festgehalten. In Art. 17 des Staatsvertrages heißt es, dass „[i]n der Deutschen Demokratischen Republik [... das] Arbeitskampfrecht [...] entsprechend dem Recht der Bundesrepublik Deutschland" und laut Denkschrift das Arbeitsrecht so gelten soll, „wie es die Rechtsprechung aus Artikel 9 Abs. 3 GG und dem Tarifvertragsgesetz entwickelt hat".[341] Koalitionsfreiheit, Tarifautonomie und Arbeitskampfrecht fußen daher trotz methodischer Kritik[342] auf Art. 9 Abs. 3 S. 1 GG.[343]

---

338 Zum arbeitsrechtlichen Richterrecht *Gamillscheg,* Kollektives Arbeitsrecht I, S. 32 ff.; *Otto,* Arbeitskampf- und Schlichtungsrecht, § 4 Rn. 2; *Wank,* FS Kissel, 1225 (1225 ff.); zu den bundes- und landesgesetzlichen Regelungen *Kissel,* Arbeitskampfrecht, § 18 f.; vgl. auch oben S. 129 ff.

339 v. 18.5.1990, BGBl II, S. 537.

340 BT-Drucks. 11/7350 v. 7.6.1990.

341 BT-Drucks. 11/7350 v. 7.6.1990, S. 106.

342 Insbes. *Burkiczak,* Deregulierung, S. 284 ff., 294 ff.; vgl. auch *Dieterich,* AuR 2001, 390 (390); *Gamillscheg,* Grundrechte, S. 98; *Kamanabrou,* RdA 1997, 22 (32 f.); *Oeter,* AöR 119 (1994), 529 (543 ff.); *Richter,* VerwArch 32 (1927), 1 (1).

343 BVerfG v. 14.4.1964, E 17, 319 (333); v. 6.5.1964, E 18, 18 (26 f.); v. 19.10.1966, E 20, 312 (319 f.); v. 1.3.1979, E 50, 290 (367 ff.); v. 26.6.1991, E 84, 212 (224 f.); v. 2.3.1993, E 88, 103 (114); v. 4.7.1995, E 92, 365 (393 f.); v. 24.4.1996, E 94, 268 (282 f.); v. 27.4.1999, E 100, 271 (282), v. 3.4.2001, E 103, 293 (304); BAG v. 11.11.1968, AP Nr. 14 zu Art. 9 GG, 4. a. der Gründe (Bl. 3 ff.); BVerwG v. 3.11.1988, E 80, 355 (368 f.); *Bepler,* FS Wißmann, 97 (99 ff.); *Dieterich,* in: ErfK, Art. 9 GG Rn. 2; *ders.,* RdA 2002, 1 (8); *Höfling,* in: Sachs, Art. 9 GG Rn. 83; *Hromadka/Maschmann,* Arbeitsrecht 2, § 14 Rn. 4; *Kissel,* Arbeitskampfrecht, § 16 Rn. 8; *Otto,* Arbeitskampf- und Schlichtungsrecht, § 4 Rn. 1 ff.,

Dieses Grundrecht enthielt ursprünglich bewusst keine ausdrückliche Regelung über den Arbeitskampf.[344] Erst der durch die Notstandsgesetzgebung im Jahr 1968[345] eingefügte Art. 9 Abs. 3 S. 3 GG erwähnt ausdrücklich und gleichzeitig einmalig im Grundgesetz „Arbeitskämpfe".[346] Art. 9 Abs. 3 S. 1 GG stellt daher die „mehr oder weniger einzige geschriebene Quelle des Koalitions- und Arbeitskampfrechts"[347] dar und wird aus diesem Grund als „[eine] Art Magna Charta des kollektiven Arbeitsrechts"[348] bezeichnet. Daher kann man mit guten Gründen der Auffassung sein, dass es sich bei der Rechtsprechung zu Art. 9 Abs. 3 S. 1 GG nicht um eine bloße Verfassungsinterpretation,[349] sondern um Rechtsfortbildung handelt.[350]

Dies folgt jedoch notwendig aus der Unbestimmtheit des Art. 9 Abs. 3 S. 1 GG. Die Rechtsprechung muss, will sie den aus dem Rechtsstaatsprinzip i. V. mit den Grundrechten abgeleiteten Justizgewährleistungsanspruch des Einzelnen erfüllen,[351] in begrenztem Maße den Gestaltungsauftrag des Gesetzgebers wahrnehmen.[352] Jeder Rechtsstreit muss um der Rechtssicherheit und des Rechtsfriedens willen irgendwann ein Ende finden.[353] Folglich muss das angerufene Gericht auch dann entscheiden, wenn keine konkrete gesetzliche Regelung besteht. Die Rechtsprechung muss daher Grundsätze aufstellen, an denen sich die Rechtsunterworfenen, im Arbeitskampfrecht also im Wesentlichen die

insbes. Rn. 59 ff.; *Reuter,* RdA 1991, 193 (201); *Rieble,* RdA 2004, 78 (78); *Rüthers,* in: Brox/Rüthers, Arbeitskampfrecht, Rn. 82 ff.; *Säcker/Oetker,* Grundlagen, S. 33; *Scholz,* in: Maunz/Dürig, Art. 9 GG Rn. 165; *ders.,* Staatsrecht VI, § 151 Rn. 101 ff.; a. A. *Burkiczak,* Deregulierung, S. 284 ff., der den grundrechtlichen Schutz der Betätigungsfreiheit und der Tarifautonomie aus Art. 12 und 14 GG ableitet.

344 Vgl. *Otto,* Arbeitskampf- und Schlichtungsrecht, § 2 Rn. 15.

345 v. 24. 6. 1968, BGBl I S. 709.

346 *Dieterich,* in: ErfK, Art. 9 GG Rn. 2; *Otto,* Arbeitskampf- und Schlichtungsrecht, § 4 Rn. 18; *Rüthers,* in: Brox/Rüthers, Arbeitskampfrecht, Rn. 81; *Scholz,* in: Maunz/Dürig, Art. 9 GG Rn. 5.

347 *Gamillscheg,* Kollektives Arbeitsrecht I, S. 13.

348 *Zöllner,* AöR 98 (1973), 71 (72).

349 So *Kissel,* NZA 1990, 545 (548 f.).

350 BAG v. 21.4.1971, AP Nr. 44 zu Art. 9 GG Arbeitskampf, Teil III: Erwägungen des Großen Senats. f. (Bl. 12R); *Otto,* Arbeitskampf- und Schlichtungsrecht, § 4 Rn. 65 f.; *Rüthers,* in: Brox/Rüthers, Arbeitskampfrecht, Rn. 122.

351 BVerfG v. 30.4.2003, E 107, 395 (401 ff.); *Pieroth,* FS 50 Jahre BVerfG 2, 293 (303 ff.); *Schenke,* in: Merten/Papier, HandbGrRte III, § 78 Rn. 3 ff.; *Sommermann,* in: v. Mangoldt/Klein/Starck, Art. 20 Rn. 321 f.

352 Vgl. hierzu die Zusammenfassung u. a. zur gewerkschaftlichen Werbung im Betrieb bei *Gamillscheg,* Kollektives Arbeitsrecht I, S. 307 m. w. N.

353 BVerfG v. 18.9.1952, E 1, 433 (437); v. 11.6.1980, E 54, 277 (291); v. 9.5.1989, E 80, 103 (107); v. 12.2.1992, E 85, 337 (345); v. 2.3.1993, E 88, 118 (123); v. 14.5.1996, E 94, 166 (226); v. 30.4.2003, E 107, 395 (401); v. 7.10.2003, E 108, 341 (347); *Dütz,* Gerichtsschutz, S. 95 ff., 117 f.; *Sachs,* in: Sachs, Art. 20 GG Rn. 162.

Sozialpartner, orientieren können.[354] Dies widerspricht nicht der aus der Unabhängigkeit des Richters folgenden Bindung an Gesetz und Recht, die aus Art. 20 Abs. 2 S. 2, Abs. 3, 92 und 97 Abs. 1 GG abzuleiten ist.[355] Wenn ein Gericht entscheiden muss, ohne dass der Gesetzgeber entsprechendes Recht geschaffen hat, muss es das bestehende Recht fortbilden, um den durch den untätigen Gesetzgeber verursachten Rechtsnotstand zu beseitigen.[356]

Unabhängig davon besteht trotz Fehlens eines entsprechenden Gesetzes im Arbeitskampfrecht kein rechtsfreier Raum. Zwar trifft Art. 9 Abs. 3 S. 1 GG keine detaillierten Regelungen. Das gilt jedoch für andere Grundrechte in ähnlicher Weise. Zudem kann man einzelne Grundsätze als gewohnheitsrechtlich verfestigt ansehen. Schließlich enthalten völkerrechtliche Normen wie Art. 11 Abs. 1 Halbs. 2 EMRK und Art. 6 Nr. 4 ESC und die dazu ergangene Judikatur Aussagen zum Arbeitskampf.[357] Dem Einwand kann man entgegenhalten, dass aus den genannten Normen die bestehenden Grundsätze des Arbeitskampfrechts überhaupt erst abgeleitet wurden. Die bloße Existenz abstrakter Grundrechte, aus denen Rechtsprechung und Wissenschaft das Recht fortbilden, kann den Gesetzgeber nicht von seiner Regelungspflicht entbinden.[358] Für die hier behandelten Fragen ist es vor dem Hintergrund des Art. 31 Abs. 1 ESC ausreichend, dass richterrechtliche Grundlagen bestehen. Die Ableitung aus Art. 9 Abs. 3 S. 1 GG genügt den Anforderungen, die die Europäische Sozialcharta aufstellt.[359]

2. Kein Verstoß gegen den Wesentlichkeitsgrundsatz

Vor dem Hintergrund der Wesentlichkeitsrechtsprechung des Bundesverfassungsgerichtes wurde der Gesetzgeber aufgefordert, ein Gesetz zu schaffen.[360] Der vom Bundesverfassungsgericht aus Art. 20 Abs. 3 GG entwickelte Grundsatz besagt, dass der demokratisch legitimierte Gesetzgeber in grundlegenden normativen Bereichen – und somit vor allem im Bereich der Grundrechtsaus-

[354] Vgl. BVerfG v. 19.10.1983, E 65, 162 (190 f.); v. 26.6.1991, E 84, 212 (226 f.) jeweils m. w. N.

[355] Vgl. BVerfG v. 20.4.1982, E 60, 253 (296); *Hillgruber,* in: Maunz/Dürig, Art. 97 GG Rn. 25.

[356] BVerfG v. 26.6.1991, E 84, 212 (227); *Otto,* Arbeitskampf- und Schlichtungsrecht, § 4 Rn. 64.

[357] Zu alledem *Däubler,* in: Däubler, Arbeitskampfrecht, § 9 Rn. 51.

[358] Ähnlich *Seiter,* RdA 1986, 165 (172).

[359] Zum Begriff des Gesetzesvorbehalts in Art. 31 Abs. 1 ESC oben S. 129 ff.

[360] Vgl. den von *R. Birk/Konzen/Löwisch/Raiser/Seiter* verfassten Entwurf eines „Gesetz[es] zur Regelung kollektiver Arbeitskonflikte, Entwurf und Begründung" aus dem Jahr 1988; *Kissel,* Arbeitskampfrecht, § 16 Rn. 10 f.; *Kloepfer,* NJW 1985, 2497 (2501 ff.); *Otto,* Arbeitskampf- und Schlichtungsrecht, § 4 Rn. 62; *Seiter,* RdA 1986, 165 (170 ff.).

übung – alle wesentlichen Entscheidungen selbst treffen muss.[361] Hinsichtlich des Arbeitskampfrechts hat es diese Argumentationslinie nicht eingehalten. Ein Tätigwerden des Gesetzgebers ist vielfach gefordert worden.[362] Gerade hinsichtlich der insbesondere vom Bundesarbeitsgericht betonten denkbaren erheblichen Auswirkungen eines Arbeitskampfes für die gesamte Volkswirtschaft scheint die mangelnde Kodifikation in Widerspruch mit dem Wesentlichkeitsgrundsatz zu stehen.[363] Das Bundesverfassungsgericht hat den derzeitigen Zustand allerdings in Kenntnis dieser Kritik gebilligt.[364] Es hat argumentiert, dass sich im Arbeitskampf nicht Staat und Bürger gegenüberstünden, sondern ausschließlich Gleichgeordnete. Über das Verhältnis gleichrangiger Grundrechtsträger treffe die Wesentlichkeitstheorie keine Aussage.[365] Lediglich für den hoheitlichen Eingriff in die Freiheitssphäre des Einzelnen sei ein ermächtigendes Parlamentsgesetz notwendig.[366] Einer gesetzlichen Grundlage für das Arbeitskampfrecht bedürfe es dagegen nicht.[367] Weil die Ausgestaltung des Arbeitskampfrechts insoweit zulässigerweise der Rechtsprechung überlassen bleiben kann, besteht insoweit keine Regelungspflicht des Gesetzgebers.[368] Bevor das Bundesverfassungsgericht den Gesetzgeber daher nicht auffordert, ein entsprechendes Gesetz zu schaffen[369] oder dieser aus anderen Gründen tätig

---

[361] St. Rspr., BVerfG v. 9.5.1972, E 33, 125 (158 f.); v. 10.10.1972, E 34, 52 (60); v. 6.12.1972 E 34, 165 (192 f.); v. 28.10.1975, E 40, 237 (249); v. 22.6.1977, E 45, 400 (417 f.); v. 21.12.1977, E 47, 46 (78 f.); v. 19.4.1978, E 48, 210 (221); v. 8.8.1978, E 49, 89 (126 f., 129); v. 16.6.1981, E 57, 295 (327); v. 20.10.1982, E 61, 260 (275); v. 27.11.1990, E 83, 130 (142, 152).

[362] *Friauf,* RdA 1986, 188 (191 ff.); *Höfling/Engels,* ZG 2008, 250 (258 ff.); *dies.*, NJW 2007, 3102 (3103); *Kloepfer,* NJW 1985, 2497 (2498 ff.); *G. Müller,* DB 1989, 42 (43); *Otto,* Arbeitskampf- und Schlichtungsrecht, § 8 Rn. 62; *Scholz,* in: Maunz/Dürig, Art. 9 GG Rn. 167, 312; *Seiter,* RdA 1986, 165 (171).

[363] Vgl. bereits BAG v. 28.1.1955, AP Nr. 1 zu Art. 9 GG Arbeitskampf, I. 3. der Gründe (Bl. 4R f.); v. 21.4.1971, AP Nr. 43 zu Art. 9 GG Arbeitskampf, Teil III. A. 1. der Gründe (Bl. 6R).

[364] BVerfG v. 26.6.1991, E 84, 212 (226 f.); v. 2.3.1993, E 88, 103 (114 f.); *Scholz,* in: Maunz/Dürig, Art. 9 GG Rn. 168 m. w. N.

[365] BVerfG v. 26.6.1991, E 84, 212 (227).

[366] BVerfG v. 26.6.1991, E 84, 212 (226).

[367] BVerfG v. 26.6.1991, E 84, 212 (226 f.); v. 2.3.1993, E 88, 103 (115 f.); kritisch dazu *Bauer,* in: Dreier, Art. 9 GG Rn. 95; *Engels,* Verfassung, S. 311 ff.; *Höfling,* in: Sachs, Art. 9 GG Rn. 96; vgl. demgegenüber den Hinweis zu den vorhandenen Rechtsgrundlagen des Arbeitskampfrechts von *Däubler,* in: Däubler, Arbeitskampfrecht, § 9 Rn. 50 f.

[368] BVerfG v. 26.6.1991, E 84, 212 (227); *Wank,* FS Kissel, 1225 (1225).

[369] Vgl. dazu statt aller *Bethge,* in: Maunz u. a., § 31 BVerfGG Rn. 180 ff., 266 ff. Beispiele zur Tenorierung finden sich etwa in BVerfG v. 27.11.1990, E 83, 130 (130); v. 11.1.1995, E 92, 53 (54); v. 17.21.1998, E 97, 228 (229); v. 10.11.1998, E 99, 216 (219); v. 2.21999, E 100, 195 (196); v. 15.3.2000, E 102, 68 (69); v. 28.1.2003, E 107, 133 (134); v. 28.3.2006, E 115, 276 (277); v. 7.11.2006, E 117, 1 (2); v. 12.12.2006, E 117, 163 (164).

wird,[370] ist diese eher politischen Umständen geschuldete „Sonderdogmatik" von der Praxis zu akzeptieren.[371]

Recht setzen kann ein Gericht wegen des Grundsatzes der Gewaltenteilung jedenfalls nicht.[372] Ebenso wenig ist der Bundesgesetzgeber gehindert, jederzeit ein Arbeitskampfgesetzbuch mit der bisherigen Rechtsprechung zu Art. 9 Abs. 3 S. 1 GG widersprechendem Inhalt auf Grundlage von Art. 74 Nr. 12 GG zu schaffen. Dies gilt freilich nur in dem Maße wie die Gewährleistungen des Art. 9 Abs. 3 S. 1 GG dadurch nicht ausgehöhlt werden.[373] Die Rechtsprechung kann wegen Art. 20 Abs. 3 GG den Vorrang des Gesetzgebers nicht in Frage stellen.[374] Aus diesem Grund ergibt sich die Kompetenz zur gesetzesvertretenden Rechtsschaffung nicht aus den Art. 70 ff. GG, sondern aus den oben genannten Vorschriften betreffend die rechtsprechende Gewalt.[375] Es handelt sich bei diesem Richterrecht um „Recht" und nicht um „Gesetz" i. S. des Art. 20 Abs. 3 GG, da es „stets Resultat rechtsgebundener Entscheidungstätigkeit der Gerichte bleibt"[376].[377] Dabei ist jedoch zu präzisieren, dass es sich lediglich um solches mit gesetzesähnlicher und nicht mit gesetzesgleicher Wirkung handelt, obschon gerade im Arbeitskampfrecht bestehendes Recht nicht bloß ergänzt, sondern faktisch gesetzt wird.[378] Dies hat vor allem für den an dieser Stelle nicht näher zu erläuternden Vertrauensschutz in die bestehende „Rechtslage" Bedeutung[379] sowie für die Frage nach der Kollisionsnorm in Art. 31 GG.[380]

---

370 Vgl. etwa *Friauf,* RdA 1986, 188 (191 f., 195); *Kloepfer,* NJW 1985, 2497 (2504); *Seiter,* NJW 1976, 1369 (1373); *ders.,* RdA 1982, 165 (168 ff., 170 ff.); *Wank,* RdA 1989, 263 (264 ff.).

371 *Bauer,* in: Dreier, Art. 9 GG Rn. 95; *Däubler,* in: Däubler, Arbeitskampfrecht, § 9 Rn. 50 f.; *Höfling,* in: Sachs, Art. 9 GG Rn. 96; *ders./Engels,* ZG 2008, 250 (258 ff.); *dies.,* NJW 2007, 3102 (3103).

372 *Larenz,* NJW 1965, 1 (1).

373 Vgl. BVerfG v. 26.6.1991, E 84, 212 (228 ff.); v. 4.7.1995, E 92, 365 (395).

374 St. Rspr. seit BVerfG v 21.7.1955, E 4, 219 (233 f.); v. 12.11.1997, E 96, 393 (394 ff.); *Rüthers,* in: Brox/ Rüthers, Arbeitskampfrecht, Rn. 122; *Degenhart,* in: Sachs, Art. 74 GG Rn. 53.

375 *Degenhart,* in: Sachs, Art. 70 GG Rn. 28.

376 *Sachs,* in: Sachs, Art. 20 GG Rn. 107.

377 Vgl. BVerfG v. 26.6.1991, E 84, 212 (227); *Degenhart,* in: Sachs, Art. 70 GG Rn. 28; *Rozek,* in: v. Mangoldt/Klein/Starck, Art. 70 Rn. 34.

378 BVerfG v. 19.2.1975, E 38, 386 (396); v. 26.6.1991, E 84, 212 (227); *Degenhart,* in: Sachs, Art. 70 GG Rn. 28; *Rozek,* in: v. Mangoldt/Klein/Starck, Art. 70 Rn. 34; *Kissel,* Arbeitskampfrecht, § 21 Rn. 19; *Sachs,* in: Sachs, Art. 20 GG Rn. 107.

379 Vgl. dazu *Gamillscheg,* Kollektives Arbeitsrecht I, S. 38 f.; *Sachs,* in: Sachs, Art. 20 GG Rn. 143 f. jeweils m. w. N.; zur Ausnahme in Fällen des § 31 BVerfGG BVerfG v. 10.6.1975, E 40, 88 (93 f.); zu alledem unten S. 354 ff.

380 *Korioth,* in: Maunz/Dürig, Art. 31 GG Rn. 17.

Festzuhalten bleibt jedenfalls, dass das Bundesverfassungsgericht die Zulässigkeit des arbeitskampfrechtlichen Richterrechts bestätigt hat.[381]

3. Berücksichtigung völkervertraglicher Bindungen

Die deutschen Arbeitsgerichte müssen somit bei der Rechtsfindung sämtliche Rechtsquellen heranziehen, weil sich das Richterrecht in den bestehenden durch die Rechtsordnungen vorgegebenen Rahmen einfügen muss.[382] Bilden sie das Recht fort, müssen sie also ebenso wie der Gesetzgeber die völkerrechtlichen Bindungen der Bundesrepublik Deutschland berücksichtigen.[383] Dem Gesetzgeber ist dabei zu unterstellen, dass er nicht gegen Völkerrecht verstoßen will.[384] Gleiches gilt in stärkerem Maße für die Gerichte, da diese an „Recht und Gesetz" gebunden sind und somit nicht die Freiheit des Gesetzgebers haben, in völkerrechtswidriger Weise bei der innerstaatlichen Rechtssetzung von völkerrechtlichen Bindungen abzuweichen. Selbst das Grundgesetz muss grundsätzlich völkerrechtsfreundlich ausgelegt werden.[385] Das Fehlen eines Arbeitskampfgesetzbuches hindert daher nicht daran, die Europäische Sozialcharta bei der Rechtsfindung zu berücksichtigen.[386]

Der Gesetzgeber hat die Europäische Sozialcharta nicht zum Anlass genommen, das deutsche Arbeitskampfrecht zu kodifizieren. Gleichwohl hat die Rechtsprechung entsprechend den oben genannten Grundsätzen mehrfach Anlass gehabt, sich zur Wirkung der Europäischen Sozialcharta im Recht der Bundesrepublik Deutschland zu äußern. Dabei ist die Tendenz ersichtlich, dass Art. 6 Nr. 4 ESC zwar beachtet wurde, aber er nicht eingehend auf mögliche Auswirkungen auf die deutsche Rechtsordnung untersucht wurde. Vielfach genügte der Hinweis, dass die Vorgaben der Europäischen Sozialcharta im deutschen Recht bereits gewährleistet seien.[387] Mehrmals wurden die im deutschen Recht

[381] BVerfG v. 26.6.1991, E 84, 212 (226 f.); v. 2.3.1993, E 88, 103 (114 f.).

[382] *Korioth,* in: Maunz/Dürig, Art. 31 GG Rn. 17.

[383] BAG v. 12.9.1984, AP Nr. 81 zu Art. 9 GG Arbeitskampf, B. II. 2. c. der Gründe (Bl. 11R f.).

[384] Vgl. BVerfG v. 14.10.2004, E 111, 307 (315 ff.); *Michael/Morlok,* Grundrechte, Rn. 116.

[385] Vgl. soeben S. 191 ff.; sowie in Bezug auf die EMRK ausdrücklich BVerfG v. 26.3.1987, E 74, 358 (370); v. 29.5.1990, E 82, 106 (115); für die ESC offengelassen in BVerfG v. 20.10.1981, E 58, 233 (254); v. 2.3.1993, E 88, 103 (112).

[386] *Lörcher,* in: Däubler, Arbeitskampfrecht, § 10 Rn. 29; *Otto,* Arbeitskampf- und Schlichtungsrecht, § 4 Rn. 55; a. A. *Scholz,* SAE 1985, 33 (39 f.); dazu oben S. 198 ff.

[387] In chronologischer Abfolge sind dies ArbG Berlin v. 10.10.1974, AP Nr. 49 zu Art. 9 GG Arbeitskampf, I. 3. b) der Gründe (Bl. 6 f.); BAG v. 10.6.1980, AP Nr. 64 zu Art. 9 GG Arbeitskampf, A. II. 2. a) der Gründe (Bl. 6R f.); BVerfG v. 20.10.1981, E 58, 233 (254 f.); BAG v. 12.9.1984, AP Nr. 81 zu Art. 9 GG Arbeitskampf, B. II. 2. c) der Gründe (Bl. 11R f.); v. 5.3.1985, AP Nr. 85 zu Art. 9 GG Arbeitskampf, II. 3. d) der Gründe (Bl. 4R f.); v. 12.3.1985, AP Nr. 84 zu Art. 9 GG Arbeitskampf, I. 1. c) der Gründe (Bl. 3R f.);

herrschenden Grundsätze auf den Inhalt der Europäischen Sozialcharta übertragen, so dass nichts anderes als ein Übereinstimmen mit deren Vorgaben festgestellt werden konnte.[388] In den Entscheidungen ging es im Wesentlichen um die Aussperrung der Arbeitnehmer durch den Arbeitgeber. Mit dieser setzte man sich aus dem Grund auseinander, weil dieses Kampfmittel nicht ausdrücklich in Art. 6 Nr. 4 ESC genannt ist.[389] Die Gerichte kamen also ihrer Verpflichtung nach, das in der Bundesrepublik Deutschland geltende Völkerrecht bei der Rechtsfortbildung zu berücksichtigen. Diese Auseinandersetzung konnte aufgrund der Fallkonstellationen in einigen Entscheidungen knapp ausfallen, insbesondere dann, wenn die aus Art. 9 Abs. 3 S. 1 GG abgeleiteten Gewährleistungen über den Inhalt der Europäischen Sozialcharta hinausgingen. Eine Auseinandersetzung mit den in der Literatur behandelten Widersprüchen konnte daher als nicht entscheidungserheblich unterbleiben.[390]

Erst im Jahr 2002 stellte das Bundesarbeitsgericht vage eine Rechtsprechungsänderung in Aussicht. Dabei ging es um die in ständiger Rechtsprechung entwickelte Begrenzung des Arbeitskampfes zur Erreichung eines tariflich regelbaren Zieles.[391] Inwiefern die Judikatur anzupassen sei oder anzupassen sein könnte, lässt das Gericht offen. Zudem relativiert es seine Aussage, indem es ausführt, dass weder die *conclusions* des Europäischen Ausschusses für Soziale Rechte noch die an die Bundesrepublik Deutschland gerichtete *recommendation* dazu führe, „dass nach der ESC Streiks für Tarifverträge mit rechtswidrigem Inhalt zulässig wären". Eine zulässige Begrenzung i. S. des Art. 31 ESC begründe unter anderem „das Verbot, durch einen Streik einen Tarifvertrag mit rechtswidrigem Inhalt zu erzwingen". Die Europäische Sozialcharta stehe der höchstrichterliche Rechtsprechung daher nicht entgegen. Es handelt sich dabei

v. 7.6.1988, AP Nr. 106 zu Art. 9 GG Arbeitskampf, A. I. 4. der Gründe (Bl. 4); BVerwG v. 18.12.1992, E 91, 327 (329 ff.); BVerfG v. 2.3.1993, E 88, 103 (112); LAG Hamm v. 17.2.1999, 18 (4) Sa 1177/98 Rn. 52 (juris); v. 24.10.2001, AP Nr. 161 zu Art. 9 GG Arbeitskampf, B. II. 3. der Gründe (Bl. 6R f.); vgl. außerdem BVerfG v. 12.5.1987, E 76, 1 (78 ff., 1 f.).

388 Vgl. oben S. 191 ff.

389 Ausführlich *Mitscherlich,* Arbeitskampfrecht, S. 60 ff. m. w. N.

390 Vgl. hierzu die soeben in Fn. 387 zitierte Rechtsprechung. Das ArbG Gelsenkirchen v. 13.3.1998, EzA Nr. 130 zu Art. 9 GG Arbeitskampf, 4. der Gründe (S. 3 ff.); deutete an, dass die Europäische Sozialcharta durchaus ausschlaggebenden Einfluss auf die Auslegung des Art. 9 Abs. 3 GG bzw. Art. 2 Abs. 1 GG haben könnte. Es konnte dies jedoch „angesichts [...] formal- und prozeßrechtlich bedingten Bedenken gegen eine Heranziehung des Streiks als Kündigungsgrund dahingestellt" lassen, ebenso sowie die Berufungsinstanz LAG Hamm v. 17.2.1999, 18 (4) Sa 1177/98, Rn. 52 (juris); *Otto,* Arbeitskampf- und Schlichtungsrecht, § 4 Rn. 55 mit Fn. 153.

391 BAG v. 10.12.2002, AP Nr. 162 zu Art. 9 GG Arbeitskampf, B. I. 2. a) und 3. a) der Gründe (Bl. 6 f. und 7R f.).

jedoch um einen Zirkelschluss, weil nicht herausgearbeitet wird, ob Art. 6 Nr. 4 ESC den Arbeitskampf, das heißt „kollektive Maßnahmen" zulässt, um ein nach deutschem Verständnis tariflich nicht regelbares Ziel zu erreichen. Der Gegenstand von Kollektivvereinbarungen i. S. des Art. 6 Nr. 4 ESC ist wie gezeigt inhaltlich nicht völlig identisch mit dem des tariflich regelbaren Ziels.[392] Es sind also Streiks um andere als tariflich regelbare Ziel denkbar. Diese Arbeitskämpfe müssen allerdings nicht auf den Abschluss eines Tarifvertrages gerichtet sein, weil § 1 Abs. 1 TVG für diesen nur bestimmte Inhalte vorsieht. Insoweit sind sie also tarif- und somit rechtswidrig. Damit ist jedoch nicht ausgesagt, dass den Parteien nicht andere Regelungsinstrumente zur Verfügung stehen.[393]

4. Fazit

Diese sogenannte mittelbare Anwendung des Art. 6 Nr. 4 ESC wird in der Literatur selbst dort angenommen, wo eine unmittelbare Anwendbarkeit teilweise entschieden abgelehnt wird.[394] Allerdings geschieht dies dort eher zurückhaltend, wenn davon gesprochen wird, die Europäische Sozialcharta stelle „vielleicht [...] eine gewisse Auslegungshilfe"[395] dar. Aber auch dort, wo eine mittelbare Anwendbarkeit grundsätzlich befürwortet wird, bleibt diese nicht ohne Bedenken.[396] Es ist unklar, ob die Europäische Sozialcharta im Kollisionsfalle tatsächlich Einfluss auf die gefestigte Rechtsprechung des Bundesarbeitsgerichts zum deutschen Arbeitskampfrecht haben kann.[397] Diese Zurück-

---

392 Dazu oben S. 69 ff.

393 Dazu ausführlich unten § 5 (S. 307 ff.).

394 *Lerche,* Zentralfragen, S. 83; *G. Müller,* AuR 1972, 1 (3); *ders.,* RdA 1973, 137 (138); *Rüthers,* in: Brox/Rüthers, Arbeitskampfrecht, Rn. 124; *Seiter,* Streik- und Aussperrungsrecht, S. 137 ff. und *Sproedt,* Koalitionsfreiheit und Streikrecht, S. 68 mit Fn. 6 billigen der Europäischen Sozialcharta offenbar keinerlei Auswirkungen auf das deutsche (Richter)Recht zu. *Promberger,* Arbeitskampf, S. 13 resümiert, dass „die Ausgestaltung des Arbeitskampfrechts [...] Sache des nationalen Rechts" sei, dabei allerdings die Rechtsprechung nicht ausdrücklich erwähnt.

395 *G. Müller,* AuR 1972, 1 (3).

396 *Bepler,* FS Wißmann, 97 (113); *Gamillscheg,* Kollektives Arbeitsrecht I, S. 958; *Gumnior,* Sympathiestreik, S. 77 ff.; *Hayen/Ebert,* AuR 2008, 19 (24); *Kohte/Doll,* ZESAR 2003, 393 (395); *Löwisch/Rieble,* MünchArbR^2, § 242 Rn. 75; *Otto,* Arbeitskampf- und Schlichtungsrecht, § 4 Rn. 55; *Witter,* Aspekte, S. 75 f.; differenzierend *Neubeck,* Sozialcharta, S. 180, 189, die unmittelbare Anwendbarkeit hinsichtlich Art. 6 Nr. 4 ESC und mittelbare Anwendbarkeit für die übrigen Recht der Europäischen Sozialcharta annimmt. Ähnlich *Mitscherlich,* Arbeitskampfrecht, S. 57 f., der zwar grundsätzlich von einer unmittelbaren Anwendbarkeit ausgeht, aber sogar die Stellungnahmen des Ausschusses unabhängiger Experten berücksichtigt und somit jedenfalls eine mittelbare Anwendbarkeit bejaht (S. 59); allgemein *Bleckmann,* Grundgesetz, S. 278 f.; *Kempen,* in: v. Mangoldt/Klein/Starck, Art. 59 Rn. 95; *Nettesheim,* in: Maunz/Dürig, Art 59 GG Rn. 187.

397 *Kissel,* Arbeitskampfrecht, § 20 Rn. 5 ff., 30.

haltung ist trotz der Völkerrechtsfreundlichkeit des deutschen Rechts nur vor dem Hintergrund zu verstehen, dass die arbeitsgerichtliche Rechtsprechung das Arbeitskampfrecht aus Art. 9 Abs. 3 S. 1 GG ableitet und es folglich zu einem Konflikt zwischen Verfassungsrecht und dem völkerrechtlichen Vertrag kommt, dem nach bisherigem Verständnis regelmäßig der Rang einfachen Gesetzesrechts i. S. des Art. 59 Abs. 2 S. 1 GG zukommt.[398]

IV. Bedeutung der conclusions und recommendations der in der Europäischen Sozialcharta vorgesehenen Organe für die nationale Rechtsanwendung

Im Rahmen der Ausführungen zur Auslegungshoheit wurde bereits erörtert, dass die *conclusions* und *recommendations* des Europäischen Ausschusses für Soziale Rechte beziehungsweise des Ministerkomitees zwar eine authentische, aber keine verbindliche Auslegung für das nationale Recht darstellen. Es fehlt an einer entsprechenden Regelung in der Europäischen Sozialcharta. Dennoch haben die Ergebnisse insbesondere des Ausschusses rein faktisch bedeutendes Gewicht, denn dessen Mitglieder müssen gem. Art. 25 Abs. 1 ESC von höchster Integrität sein und anerkannte Sachkenntnis in internationalen sozialen Fragen aufweisen.[399] Dadurch gewährleistet die Europäische Sozialcharta eine gewisse Richtigkeit der *conclusions*.

Es ist zu klären, ob und wie die Auffassung der Organe des Europarates im deutschen Recht zu berücksichtigen ist.[400] Eine allgemeine Regelung dazu existiert weder im Grundgesetz noch in sonstigen Vorschriften.[401] Aufgrund des Grundsatzes der Völkerrechtsfreundlichkeit des Grundgesetzes und damit der Rechtsordnung insgesamt könnten bei der Auslegung des deutschen Rechts neben dem Text des völkerrechtlichen Vertrages die dazu ergangenen Stellungnahmen der jeweiligen Organe zu berücksichtigen sein.[402] Dies lässt sich damit begründen, dass es sich bei diesen Äußerungen – unabhängig davon, welche Bezeichnung sie tragen – letztlich um Ergebnisse einer Auslegung handelt,

398 Zum Rang eines völkerrechtlichen Vertrages oben S. 149 f.

399 *Kissel,* Arbeitskampfrecht, § 20 Rn. 8.

400 Zur Bedeutung des Überwachungsverfahrens gem. Art. 21 ff. ESC für die Auslegung der Europäischen Sozialcharta oben S. 42 ff.

401 Vgl. *Bleckmann,* DÖV 1996, 137 (137), der von „die Bundesrepublik *bindenden* Entscheidungen [internationaler] Organisationen“ (Hervorhebung durch Verfasser) spricht. Selbst *recommendations* des Ministerkomites binden die Vertragsparteien gerade nicht.

402 Entsprechendes gilt für die Judikatur des Europäischen Gerichtshofs für Menschenrechte, vgl. oben S. 38 ff.

die ebenso durch jeden anderen Rechtsanwender hätten erlangt werden können. Das nationale Gericht muss sich daher wie mit sonstigen Stellungnahmen zu einem rechtlichen Problem mit den *conclusions* und *recommendations* auseinandersetzen. Es ist aber nicht verpflichtet, den dort präsentierten Ergebnissen zu folgen. Ein Abweichen davon birgt jedoch stets die Gefahr der Disharmonie in sich, wenn man richtigerweise davon ausgeht, dass das Völkerrecht und damit das Recht des Europarates aus sich selbst heraus innerstaatliche Geltung mit authentischem Inhalt beanspruchen.[403] Gerade den *conclusions* muss deshalb bei der Auslegung des deutschen Rechts eine erhebliche Bedeutung zukommen, weil die Sachverständigen von herausragender Kompetenz sind und das Gremium selbst in verschiedener Besetzung häufig zu gleichen Ergebnissen gelangt ist, so dass eine gewisse Richtigkeitsgewähr für ihr Auslegungsergebnis besteht.[404]

Dabei darf die Autorität des Europäischen Ausschusses für Soziale Rechte nicht dazu verleiten, den *conclusions* unreflektiert die Bedeutung der Urteile des Europäischen Gerichtshofs für Menschenrechte beizumessen (argumentum ad auctoritatem).[405] Eine bloß tatsächliche Überzeugungskraft genügt nicht, um rechtliche Bindung zu erzeugen. Die Urteile des Europäischen Gerichtshofs für Menschenrechte sind zwar nach bundesverfassungsgerichtlicher Rechtsprechung von den nationalen Gerichten bei der Urteilsfindung zu berücksichtigen.[406] Dies ist allerdings nicht ausschließlich in der völkerrechtsfreundlichen Auslegung des Grundgesetzes begründet. Aufgrund der völkerrechtlichen Souveränität jedes Staates kann sich die Verbindlichkeit eines Urteiles ausschließlich aufgrund freiwilliger Unterwerfung ergeben.[407] Voraussetzung für eine Bindungswirkung ist also erstens, dass der jeweilige völkerrechtliche Vertrag eine entsprechende Verbindlichkeit beansprucht und zweitens, dass die Staaten dies durch Ratifikation anerkennen. Die Vertragsstaaten sind gem. Art. 46 Abs. 1 EMRK verpflichtet, in allen Rechtssachen, in denen sie Partei sind, das endgültige Urteil des Gerichtshofs zu befolgen.[408] Damit ist die materielle Rechtskraft des Urteils beschrieben. Der Europäische Gerichtshof für Menschenrechte hat es allerdings den Mitgliedsstaaten überlassen, wie sie die Befolgungspflicht im nationalen Recht erfüllen, weil die Europäische Menschenrechtskonvention dazu keine Vorgabe enthält.[409] Aus Sicht der Kon-

[403] *Bleckmann,* DÖV 1996, 137 (140); *Stein/v. Buttlar,* Völkerrecht, Rn. 174, 185, 189.
[404] *Däubler,* AuR 1998, 144 (148).
[405] Vgl. *W. Karl,* Vertrag, S. 172 ff.
[406] BVerfG v. 14.10.2004, E 111, 307 (317, 324 ff.).
[407] *Polakiewicz,* Verpflichtungen, S. 26.
[408] *Gaus,* Gewährleistungen, S. 150 f.
[409] Dazu oben S. 194 ff.

vention sind Urteile also zu befolgen. Die Pflicht der deutschen Staatsgewalt zur Berücksichtigung ergibt sich aus der Bindung an Recht und Gesetz und somit aus dem Zustimmungsgesetz i. V. mit Art. 20 Abs. 3 GG und Art. 46 Abs. 1 EMRK.[410] Entscheidend ist, dass der deutsche Gesetzgeber durch das Zustimmungsgesetz die unmittelbare Geltung der Rechtsakte der verbindlich über Verstöße gegen die Europäische Menschenrechtskonvention judizierenden Instanz angeordnet hat.[411]

Eine Regelung wie Art. 46 Abs. 1 EMRK ist in der Europäischen Sozialcharta allerdings nicht aufgenommen. Aus diesem Grund können die in den Art. 21 ff. ESC vorgesehenen Organe durch die *conclusions* und *recommendations* den Inhalt der Europäischen Sozialcharta nicht verbindlich festlegen.[412] Allerdings sind die Experten nicht nur mit der Rechtslage in einem Staat vertraut, wie es der im nationalen Recht ausgebildete Richter ist, sondern insbesondere durch die vorbereitenden Länderberichte mit der in den übrigen Staaten. Sie können daher die gegenwärtige Auffassung aller Vertragsstaaten in ihre Schlussfolgerungen einbeziehen. Lässt das nationale Recht daher mehr als eine Auslegungsmöglichkeit zu, sollte in der Regel diejenige gewählt werden, die den *conclusions* am besten entspricht.[413]

Dagegen ist hinsichtlich der *recommendations* in der Tendenz Zurückhaltung geboten. Zwar werden diese vom Ministerkomitee gem. Art. 29 ESC ausgesprochen, nachdem das Verfahren gem. Art. 21 ff. ESC durchgeführt wurde. Dies deutet auf eine weitergehende Verbindlichkeit der *recommendations* gegenüber den *conclusions* hin. Die Zurückhaltung widerspricht der Konzeption der Europäischen Sozialcharta jedoch nicht. Zum einen ist das Verfahren von politischen Erwägungen beeinflusst und deswegen nicht zwangsläufig von rechtlichen Auslegungsmethoden, auf die es bei der Rechtsanwendung ankommt. Zum anderen müsste man erklären, welcher Auslegung bei einem Widerspruch zwischen *conclusions* und *recommendations* der Vorrang einzuräumen wäre. Schließlich ist erneut zu betonen, dass die *recommendations* gerade keine Verbindlichkeit im nationalen Recht beanspruchen können, so dass die Annahme, sie seien aufgrund der besonderen Stellung des aussprechenden Organs verbindlich, ein Zirkelschluss wäre.[414]

Festzuhalten bleibt, dass die *conclusions* und *recommendations* bei der Auslegung des deutschen Rechts in den Grenzen der Völkerrechtsfreundlichkeit des Grundgesetzes herangezogen werden müssen. Diese Grenze ist noch nicht

410 BVerfG v. 14.10.2004, E 111, 307 (322 f.); *Meyer-Ladewig,* Art. 46 EMRK Rn. 3, 22.

411 BVerfG v. 14.10.2004, E 111, 307 (323).

412 Dazu ausführlich oben S. 42 ff.

413 *Däubler,* AuR 1998, 144 (148); Mitscherlich, Arbeitskampfrecht, S. 58 f.

414 Zu alledem bereits oben S. 53 ff.

überschritten, wenn lediglich „stichhaltige" oder triftige Gründe"[415] für ein Abweichen vorliegen, sondern erst, wenn die Auffassungen der Organe entweder aufgrund der fortschreitenden Rechtsentwicklung obsolet werden[416] oder – und das ist die bedeutendere Ausnahme – wenn sie mit Grundsätzen des deutschen Rechts, insbesondere den verfassungsrechtlichen Vorgaben, in durch den Richter nicht aufzulösender Weise in Konflikt stehen. Trotz der Rolle als „Ersatzgesetzgeber" entwickelt der Richter das Arbeitskampfrecht lediglich fort und schafft durch die Judikatur gesetzesähnliches, aber nicht gesetzesgleiches Recht.[417] Wenn der Gesetzgeber befugt ist, Völkerrecht zu missachten, wenn es gegen „tragende Grundsätze des Verfassungsrechts"[418] verstößt, muss dies erst recht für die Rechtsprechung gelten. Keinesfalls ist sie dagegen befugt, widersprechendes einfaches Recht oder Verfassungsrecht außerhalb der Grenzen einer methodisch vertretbaren Auslegung zu missachten.[419] *Conclusions* und *recommendations* haben daher, solange eine Regelung durch den Gesetzgeber hinsichtlich ihrer innerstaatlichen Behandlung nicht geschaffen worden ist,[420] neben ihrer politischen Bedeutung durch Überzeugungskraft keine rechtliche Wirkung.[421]

V. Ergebnis zur mittelbaren Anwendbarkeit des Art. 6 Nr. 4 ESC

Der Begriff der mittelbaren Anwendbarkeit ist daher hinsichtlich der Europäischen Sozialcharta allgemein und im Hinblick auf Art. 6 Nr. 4 ESC im Speziellen dahingehend zu präzisieren, dass es sich nicht um die Anwendung eines Rechtssatzes handelt, sondern um die Berücksichtigung eines völkerrechtlichen Vertrages, dem die Bundesrepublik Deutschland beigetreten ist. Weil es nach derzeitiger Rechtslage der Rechtsprechung überantwortet ist, das Arbeitskampfrecht anhand bestehender rechtlicher Vorgaben auszugestalten, ist die Europäische Sozialcharta bei der Auslegung des nationalen Rechts und daher bei der Rechtsfortbildung gemäß dem erörterten Maßstab zu berücksichtigen.

---

[415] So die in der Sache zutreffenden, aber unglücklich gewählten Formulierungen bei *Däubler,* AuR 1998, 144 (148) und *Mitscherlich,* Arbeitskampfrecht, S. 59.

[416] *Mitscherlich,* Arbeitskampfrecht, S. 59 mit Fn. 165.

[417] Dazu oben S. 193 f. und S. 202.

[418] Vgl. BVerfG v. 14.10.2004, E 111, 307 (319).

[419] Dabei ist durchaus zu berücksichtigen, dass es der Wille der Bundesregierung zumindest bis zur 13. Wahlperiode eindeutig gegen eine Anpassung an die Committee of Ministers, Recommendation No. R ChS (98) 2 v. 4.2.1998 spricht, vgl. BT-Drucks. 8/11415 v. 3.9.1998, S. 9 f., 17 ff.

[420] Vgl. zu diesem Vorschlag *Klein,* JZ 2004, 1176 (1178).

[421] *Fütterer,* EuZA 2011, 505 (513); *Kissel,* Arbeitskampfrecht, § 20 Rn. 8.

E. Zusammenfassung

1. Die Europäische Sozialcharta hat in der Bundesrepublik Deutschland den Rang eines Bundesgesetzes. Dies gilt nach bisheriger Auffassung unabhängig von der Begründung, wie Völkerrecht in der deutschen Rechtsordnung Geltung erlangt.

2. Als einzige Normen der Europäischen Sozialcharta kommt für Art. 6 Nr. 4 ESC und Art. 18 Nr. 4 ESC eine unmittelbare Anwendbarkeit in Betracht. Jedenfalls Art. 6 Nr. 4 ESC ist hinreichend konkret, um anwendungsfähig zu sein. Allerdings kann der Anwendungsanspruch der Norm nicht begründet werden. Der Wortlaut weicht von den übrigen Formulierungen in der Europäischen Sozialcharta ab. Gleichwohl bedeutet dies nicht die unmittelbare Anwendbarkeit, weil die Systematik vor dem Hintergrund der Entstehungsgeschichte und des Zwecks gegen einen Anwendungsanspruch spricht.

3. Art. 6 Nr. 4 ESC ist im Wege der völkervertragsrechtsfreundlichen Auslegung im deutschen Recht zu berücksichtigen.

§ 4 Einwirkungen der Europäischen Sozialcharta auf das Streikrecht

Ähnlich wie die Urteile des Europäischen Gerichtshofs für Menschenrechte, die nicht gegen die Bundesrepublik Deutschland ergangen sind, haben die *conclusions* und *recommendations* lediglich „Orientierungswirkung“, aber keinerlei rechtliche Verbindlichkeit. Aufgrund der Völkerrechtsfreundlichkeit der deutschen Rechtsordnung müssen gewichtige Gründe vorliegen, um von der Spruchpraxis abzuweichen.

A. Abweichungen zwischen den Gewährleistungen von Art. 9 Abs. 3 S. 1 GG und Art. 6 Nr. 4 ESC

Die Auslegung der Europäischen Sozialcharta und insbesondere des Art. 6 Nr. 4 ESC hat ergeben, dass Unterschiede zwischen ihren Gewährleistungen und denen des deutschen Rechts bestehen. Dies belegen bereits die die Bundesrepublik Deutschland betreffenden *conclusions* und *recommendations* des Europäischen Ausschusses der Sozialen Rechte sowie des Ministerkomitees.[1] Um die Unterschiede im Detail untersuchen zu können, sind die Grundzüge des deutschen Arbeitskampfrechts darzustellen. Eine umfassende Darstellung würde den Rahmen dieser Arbeit sprengen, so dass nur die hier relevanten Grundzüge wiedergegeben werden können. Im Übrigen muss auf die einschlägige umfassende Literatur verwiesen werden.[2]

I. Rechtmäßigkeit eines Arbeitskampfes am Maßstab von Art. 9 Abs. 3 S. 1 GG

1. Arbeitskampf als Hilfsinstrument der Tarifautonomie

Ganz wesentlich für die Ableitung des Arbeitskampfrechts aus Art. 9 Abs. 3 S. 1 GG ist das im Tarifvertragsgesetz niedergelegte Tarifvertragsrecht.[3] Aus den dort getroffenen Wertentscheidungen haben Rechtsprechung und Literatur aus

1 Vgl. zuletzt *Picker,* ZfA 2010, 499 (595 ff.) zur individuellen Empfehlung des Ministerkomitees („Rüge“) sowie zu den Reaktionen darauf.

2 Etwa *Brox/Rüthers,* Arbeitskampfrecht; *Däubler,* Arbeitskampfrecht; *Kissel,* Arbeitskampfrecht sowie *Gamillscheg,* Kollektives Arbeitsrecht I, §§ 20-30 und *Otto,* Arbeitskampf- und Schlichtungsrecht, §§ 1-19.

3 Zunächst stellte man die Arbeitskampffreiheit lediglich unter den Schutz der allgemeinen Handlungsfreiheit i. S. des Art. 2 Abs. 1 GG. Dies wird nicht mehr vertreten, vgl. dazu *Richardi,* FS Säcker, 285 (286 f.).

einer Gesamtbetrachtung des Art. 9 Abs. 3 S. 1 GG sowie des konkretisierenden § 2 TVG die Voraussetzungen des Arbeitskampfrechts abgeleitet.[4]

Ausgangspunkt ist Art. 9 Abs. 3 S. 1 GG, der die Koalitionsfreiheit gewährleistet und gleichermaßen eine Betätigungsfreiheit der Koalitionen „zur Wahrung und Förderung der Arbeits- und Wirtschaftsbedingungen". Hieraus folgt die Tarifautonomie der Koalitionen, denn ihnen soll dadurch die eigenverantwortliche Regelung der „Arbeits- und Wirtschaftsbedingungen" unabhängig von staatlicher Einflussnahme ermöglicht werden.[5] Die Tarifautonomie verwirklichen die Koalitionen im Wesentlichen durch den Abschluss von Tarifverträgen, in denen sie insbesondere die materiellen Arbeitsbedingungen wie Lohn und Arbeitszeit regeln.[6]

Das Arbeitskampfrecht soll schließlich das Funktionieren der Tarifautonomie sichern.[7] Im Privatrecht und im Arbeitsrecht herrscht der Grundsatz der Privatautonomie. Danach steht es den Rechtssubjekten frei, ob sie einen Vertrag schließen (positive und negative Abschlussfreiheit) und mit welchem Inhalt

---

4 BAG v. 7.6.1988, AP Nr. 106 zu Art. 9 GG Arbeitskampf, A. I. 1 (Bl. 3); v. 27.6.1989, AP Nr. 113 zu Art. 9 GG Arbeitskampf, II. 3. b. der Gründe (Bl. 5 f.); *Otto,* Arbeitskampf- und Schlichtungsrecht, § 5 Rn. 2; *Rüthers,* in: Brox/Rüthers, Arbeitskampfrecht, Rn. 122.

5 BVerfG v. 4.7.1995, E 92, 365 (393 ff.).

6 BVerfG v. 26.6.1991, E 84, 212 (224); v. 4.7.1995, E 92, 365 (395).

7 St. Rspr. BVerfG v. 26.6.1991, E 84, 212 (225); v. 4.7.1995, E 92, 365 (393 ff.); v. 10.9.2004, AP Nr. 167 zu Art. 9 GG Arbeitskampf, B. 1. der Gründe (Bl. 2); BAG v. 21.4.1971, AP Nr. 43 zu Art. 9 GG Arbeitskampf, Teil III. B. 1. der Gründe (Bl. 7R); v. 10.6.1980, AP Nr. 64 zu Art. 9 GG Arbeitskampf, A. I. 2. der Gründe (Bl. 4); v. 12.9.1984, AP Nr. 81 zu Art. 9 GG Arbeitskampf, B. II. 2. a. der Gründe (Bl. 10); v. 23.10.1984, AP Nr. 82 zu Art. 9 GG Arbeitskampf, 3. b. der Gründe (Bl. 2); v. 29.1.1985, AP Nr. 83 zu Art. 9 GG Arbeitskampf, A. 2. b. der Gründe (Bl. 3R); v. 12.3.1985, AP Nr. 84 zu Art. 9 GG Arbeitskampf, I. 1. der Gründe (Bl. 2R f.); v. 5.3.1985, AP Nr. 85 zu Art. 9 GG Arbeitskampf, II. 3. b. (Bl. 4); v. 12.1.1988, AP Nr. 90 zu Art. 9 GG Arbeitskampf, IV. 2 der Gründe (Bl. 2R f.); v. 26.4.1988, AP Nr. 101 zu Art. 9 GG Arbeitskampf, II. 2. (Bl. 2R ff.) der Gründe, insbes. II. 2. c. ee. der Gründe (Bl. 5); v. 7.6.1988, AP Nr. 106 zu Art. 9 GG Arbeitskampf, A. I. 1 der Gründe (Bl. 3 f.); v. 27.6.1989, AP Nr. 113 zu Art. 9 GG Arbeitskampf, II. 3. der Gründe (Bl. 4R); v. 16.7.2007, AP Nr. 173 zu Art. 9 GG Arbeitskampf Rn. 11 (Bl. 2R); v. 22.9.2009, AP Nr. 174 zu Art. 9 GG Arbeitskampf, Rn. 33 (Bl. 6); v. 7.7.2010, NZA 2010, 1068 (1074); *Buchner,* BB 2003, 2121 (2126); *Gamillscheg,* Kollektives Arbeitsrecht I, S. 307 f., 1071; *Hromadka/Maschmann,* Arbeitsrecht 2, § 14 Rn. 18, 37; *Junker,* Arbeitsrecht, Rn. 590, 603; *Kissel,* Arbeitskampfrecht, § 24 Rn. 4; *Lieb/Jacobs,* Arbeitsrecht, Rn. 576, 585; *Löwisch/Rieble,* AR-Blattei SD 170.1 Rn. 22, 37; 170.2 Rn. 3; *Otto,* Arbeitskampf- und Schlichtungsrecht, § 4 Rn. 21; *Reuter,* ZfA 1990, 535 (552 ff.); *Ricken,* MünchArbR, § 194 Rn. 2, § 200 Rn. 29 f.; *Rüthers,* in: Brox/Rüthers, Arbeitskampfrecht, Rn. 144; a. A. *Scholz,* in: Maunz/Dürig, Art. 9 GG Rn. 316 (allerdings bezogen auf die verfassungsrechtliche Arbeitskampffreiheit); *Däubler,* in: Däubler, Arbeitskampfrecht, § 9 Rn. 16, § 13 Rn. 5 f.; zurückhaltend *Seiter,* Streik- und Aussperrungsrecht, S. 122 f.; 485 f.

(Gestaltungsfreiheit).[8] Die Parteien können daher freiwillig einen Tarifvertrag aushandeln und abschließen.[9] Wegen der negativen Abschlussfreiheit sind der Arbeitgeber beziehungsweise der Arbeitgeberverband frei darin, das Angebot i. S. des § 145 BGB auf Abschluss eines Tarifvertrages gem. § 146 Var. 1 BGB abzulehnen. Die Durchsetzung tariflicher Forderungen hängt also grundsätzlich von der Verhandlungsbereitschaft der Arbeitgeberseite ab. Im Arbeitsrecht besteht allerdings regelmäßig ein strukturelles Ungleichgewicht zulasten der Arbeitnehmer aufgrund der wirtschaftlichen Überlegenheit des Arbeitgebers gegenüber dem Einzelnen.[10] Dieses Faktum soll durch die Tarifautonomie auf kollektiver Ebene zumindest ausgeglichen werden.[11] Allerdings reicht es nicht aus, dass anstelle des einzelnen Arbeitnehmers mehrere oder deren Organisation dem Arbeitgeber gegenübertreten. Um ihre Forderungen wirksam durchsetzen zu können, muss es daher insbesondere der Arbeitnehmerseite möglich sein, Druck auf die Arbeitgeberseite auszuüben.[12] Nach der Konzeption des Tarifvertragsrechts gibt es daher kein „druckfreies Verhandeln“[13]. Der nötige Druck entsteht erst durch den Arbeitskampf.[14] Der Arbeitskampf dient daher dem Ziel, ein Verhandlungsgleichgewicht zwischen den Tarifvertragsparteien zu schaffen.[15]

Die zur Verwirklichung der Tarifautonomie durch Tarifverträge nötigen Arbeitskampfmittel gewährleistet Art. 9 Abs. 3 S. 1 GG jedenfalls.[16] Es gibt daher kein festgelegtes Arsenal an Kampfmitteln, insbesondere ist Art. 9 Abs. 3 S. 1 GG in der Gewährleistung nicht auf Streik und Aussperrung begrenzt, auch wenn diese die historisch überkommenen wichtigsten und häufigsten Arbeitskampfmittel der Koalitionen darstellen.[17] Es besteht Raum für die Entwicklung

---

8 *Busche,* in: MünchKomm. BGB, Vorbemerkung § 145 Rn. 10 ff.; *Emmerich,* in: MünchKomm. BGB, § 311 Rn. 1; *Junker,* Arbeitsrecht, Rn. 17.

9 Zur Rechtsnatur des Tarifvertrages ausführlich unten S. 308 ff.

10 *Junker,* Arbeitsrecht, Rn. 9 f., 20; *Preis,* in: ErfK, § 611 BGB Rn. 7.

11 BVerfG v. 26.6.1991, E 84, 212 (229); BAG v. 12.9.1984, AP Nr. 81 zu Art. 9 GG Arbeitskampf, B. II. 2. a. der Gründe (Bl. 10); *Franzen,* in: ErfK, § 1 TVG Rn. 2.

12 BAG v. 10.6.1980, AP Nr. 64 zu Art. 9 GG Arbeitskampf, A. I. 2. b. der Gründe (Bl. 4R); v. 12.9.1984, AP Nr. 81 zu Art. 9 GG Arbeitskampf, B. II. 2. a. der Gründe (Bl. 10). Entsprechendes gilt freilich für die Druckmittel der Arbeitgeberseite und daher insbesondere der Aussperrung, vgl. dazu statt aller *Dieterich,* in: ErfK, Art. 9 GG Rn. 236 ff.

13 BAG v. 29.1.1985, AP Nr. 83 zu Art. 9 GG Arbeitskampf, A. 2. b. der Gründe (Bl. 3).

14 BAG v. 11.5.1993, AP Nr. 63 zu § 1 FeiertagslohnzahlungsG, II. 2. der Gründe (Bl. 3R f.); *Junker,* Arbeitsrecht, Rn. 590.

15 BVerfG v. 26.6.1991, E 84, 212 (229); BAG v. 22.9.2009, AP Nr. 174 zu Art. 9 GG Arbeitskampf, Rn. 39; *Buchner,* BB 2003, 2121 (2126); *Gamillscheg,* Grundrechte, S. 98.

16 BVerfG v. 26.6.1991, E 84, 212 (224); v. 2.3.1993, E 88, 103 (114); v. 4.7.1995, E 92, 365 (395); *Kissel,* Arbeitskampfrecht, § 24 Rn. 1.

17 BVerfG v. 26.6.1991, E 84, 212 (229 f.); BAG v. 10.6.1980, AP Nr. 64 zu Art. 9 GG Arbeitskampf, A. V. 1. der Gründe (Bl. 10R); *Brox,* in: Brox/Rüthers, Arbeitskampfrecht,

neuer Kampfmittel, die im Rahmen der Erforderlichkeit im genannten Sinne zulässig, also vorbehaltlich etwaiger Einschränkungen in der Ausübung grundsätzlich rechtmäßig sind.[18]

Aus der Erwägung, dass das Arbeitskampfrecht lediglich ein Hilfsinstrument zur Verwirklichung der Tarifautonomie darstellt, haben Rechtsprechung und Literatur mangels gesetzlicher Vorgaben schließlich folgende Grundsätze entwickelt: Ein Arbeitskampf ist nur dann rechtmäßig, wenn er erstens ein legitimes Kampfziel verfolgt, zweitens von bestimmten Parteien geführt wird und drittens sich diese zulässiger Kampfmittel bedienen. Bei der Ausübung der Kampfmittel sind schließlich die Voraussetzungen für den Beginn eines Arbeitskampfes und die Schranken der Durchführung zu berücksichtigen.[19]

2. Anforderungen an das Kampfziel

Entsprechend dem bisher Dargestellten muss die arbeitskampfführende Partei ein bestimmtes Kampfziel verfolgen. Der unmittelbare Zweck des Arbeitskampfes ist es, auf die andere Partei Druck auszuüben, damit diese dem Abschluss eines Tarifvertrages mit einem bestimmten und ihr unter Umständen lästigen Inhalt zustimmt. Ein Tarifvertrag kann nur tariflich regelbare Gegenstände enthalten, so dass ein Arbeitskampf wegen dessen Hilfsfunktion nur zulässig ist, wenn er sich auf ein tariflich regelbares Ziel bezieht.[20] Allerdings ist „[n]icht alles, was zwischen den Tarifparteien vertraglich geregelt werden kann, [...] auch zulässiger Gegenstand eines Arbeitskampfs"[21]. Davon umfasst sind insbesondere Gegenstände, die die verfassungsrechtlich geschützte unterneh-

---

Rn. 21; *Däubler,* in: Däubler, Arbeitskampfrecht, § 8 Rn. 11; *Gamillscheg,* Kollektives Arbeitsrecht I, S. 941, 968, 1034; *Kissel,* Arbeitskampfrecht, § 14 Rn. 1; *Otto,* Arbeitskampf- und Schlichtungsrecht, § 1 Rn. 10.

18 Aus jüngerer Zeit zu nennen ist der „Flash-Mob". Die Zulässigkeit dieses Kampfmittels ist umstritten, vgl. einerseits BAG v. 22.9.2009, AP Nr. 174 zu Art. 9 GG Arbeitskampf Rn. 31 ff. und andererseits *Hromadka/Maschmann,* Arbeitsrecht 2, § 14 Rn. 30a; *Junker,* Arbeitsrecht, Rn. 612; *S. Krieger/Günther,* NZA 2010, 20 ff.; *Rieble,* NZA 2008, 796 ff. und *Säcker/Mohr,* JZ 2010, 440 ff. sowie unten S. 249 ff. Der Handelsverband Deutschland e. V. hat am 27.12.2009 gegen die Entscheidung des Bundesarbeitsgerichts Verfassungsbeschwerde eingereicht, Pressemitteilung des HDE v. 28.12.2009 (http://www.einzelhandel.de/pb/site/hde/node/334648/Lde/index.html) sowie FAZ v. 29.12.2009 (http://www.faz.net/-00lnf7), dazu auch *Rolfs,* Verfassungsbeschwerde gegen FlashmobUrteil eingelegt (http://blog.beck.de/2009/12/29/verfassungsbeschwerde-gegen-flashmob-urteil-eingelegt).

19 *Junker,* Arbeitsrecht, Rn. 602; *Kissel,* Arbeitskampfrecht, § 24 Rn. 1; *Otto,* Arbeitskampf- und Schlichtungsrecht, § 5 Rn. 1.

20 *Junker,* Arbeitsrecht, Rn. 605; *Kissel,* Arbeitskampfrecht, § 24 Rn. 9 f.; *Otto,* Arbeitskampf- und Schlichtungsrecht, § 5 Rn. 2; *Ricken,* MünchArbR, § 194 Rn. 2; *Zöllner/Loritz/Hergenröder,* Arbeitsrecht, S. 426.

21 *Gamillscheg,* Kollektives Arbeitsrecht I, S. 1069.

merischer Freiheit betreffen.[22] Sie ist gem. Art. 12, 14 GG verfassungsrechtlich geschützt.[23] Unternehmerische Entscheidungen sind daher jedenfalls grundsätzlich dem Arbeitgeber vorbehalten.[24] Die inneren und äußeren Grenzen der tariflichen Regelungsmacht ergeben sich aus den Wertungen der Rechtsordnung und daher insbesondere aus Art. 9 Abs. 3 S. 1 GG sowie aus dem einfachen Recht.[25] Dazu zählt jedenfalls Art. 6 Nr. 4 ESC.[26]

a) Politischer Arbeitskampf

Ein politischer Arbeitskampf liegt vor, wenn Arbeitnehmer beziehungsweise Arbeitgeber Arbeitskampfmaßnahmen ergreifen, deren Ziel nicht der Abschluss eines Tarifvertrages ist, sondern diese vielmehr auf die Erzwingung einer öffentlich-rechtlichen Maßnahme gerichtet ist.[27] Darunter fallen etwa der Erlass eines Gesetzes oder einer Verordnung, eine bestimmte gerichtliche oder behördliche Entscheidung und sonstiges Verwaltungshandeln.[28] Das Charakteristikum des politischen Arbeitskampfes ist daher nicht das eingesetzte Arbeitskampfmittel, sondern ist das erstrebe Ziel.[29]

Der politische Arbeitskampf wird nahezu einhellig als unzulässig angesehen.[30] Das Hauptargument ist die Tarifbezogenheit des Arbeitskampfes.[31] Die-

---

22 *Gamillscheg,* Kollektives Arbeitsrecht I, S. 1069 f.

23 *Buchner,* BB 2003, 2121 (2126); *Gamillscheg,* Kollektives Arbeitsrecht I, S. 1069 f.; *P. Hanau/Thüsing,* in: Thüsing, Tarifautonomie, 7 (8 f.); *Scholz,* in: Maunz/Dürig, Art. 9 GG Rn. 257; *Wettzel,* Entscheidungsfreiheit, S. 91 ff.

24 *Gamillscheg,* Kollektives Arbeitsrecht I, S. 339 ff. m. z. N.

25 Dazu ausführlich *Hromadka/Maschmann,* Arbeitsrecht 2, § 13 Rn. 142 ff.; *Junker,* Arbeitsrecht, Rn. 510 ff.

26 Zur unmittelbaren bzw. mittelbaren Anwendbarkeit oben § 3 (S. 145 ff.).

27 *Kissel,* Arbeitskampfrecht, § 24 Rn. 51; näher zu den verschiedenen Ausprägungen des politischen Arbeitskampfes *Seiter,* Streik- und Aussperrungsrecht, S. 499 f.

28 *Kissel,* Arbeitskampfrecht, § 24 Rn. 51, 54; *Seiter,* Streik- und Aussperrungsrecht, S. 499 f.

29 *v. Hoyningen-Huene,* JuS 1987, 505 (511); *Kissel,* Arbeitskampfrecht, § 24 Rn. 51.

30 BAG v. 23.10.1984, AP Nr. 82 zu Art. 9 GG Arbeitskampf, II. 3. b. der Gründe (Bl. 2); *Dieterich,* in: ErfK, Art. 9 GG Rn. 119; *Gamillscheg,* Kollektives Arbeitsrecht I, S. 1097; *Hromadka/Maschmann,* Arbeitsrecht 2, § 14 Rn. 42; *Junker,* Arbeitsrecht, Rn. 605; *Krichel,* NZA 1987, 297 (298 ff.); *v. Maydell,* JZ 1980, 431 (434, 436); *Rüthers,* in: Brox/Rüthers, Arbeitskampfrecht, Rn. 139; *Seiter,* Streik- und Aussperrungsrecht, S. 120 f. m. z. N. in Fn. 73; *Zöllner,* ZfA 1973, 227 (240 ff.); a. A. *Berg u. a.,* Kompaktkommentar, AKR Rn. 188 ff.; *Däubler,* in: Däubler, Arbeitskampfrecht, § 13 Rn. 47 ff., 64; *ders.,* ZfA 1973, 201 (221 ff.); *Hensche,* in: Däubler u. a., HK-Arbeitsrecht, Art. 9 GG Rn. 122; *Kittner/Schiek,* in: Denninger u. a., AK-GG, Art. 9 Abs. 3 GG Rn. 143.

31 *v. Hoyningen-Huene,* JuS 1987, 505 (512); *Hromadka/Maschmann,* Arbeitsrecht 2, § 14 Rn. 42; *Junker,* Arbeitsrecht, Rn. 605; *Kissel,* Arbeitskampfrecht, § 24 Rn. 55; *v. Maydell,* JZ 1980, 431 (433); *Reuter,* ZfA 1990, 535 (553); a. A. *Däubler,* in: Däubler, Arbeitskampfrecht, § 13 Rn. 54, da vom Schutzbereich des Arbeitskampfes i. S. des Art. 9 Abs. 3 S. 1 GG auch andere als tariflich regelbare Ziele erfasst seien, dazu ausführlich unten S. 282 ff.

ses Ziel wird mit einem politischen Arbeitskampf gerade nicht verfolgt, denn der Arbeitgeber kann die gegen den Staat gerichteten Forderungen nicht durch den Abschluss eines Tarifvertrages erfüllen.[32] Ein politischer Arbeitskampf verstößt darüber hinaus gegen die verfassungsmäßige Ordnung der Kompetenz von Legislative, Judikative und Exekutive.[33] Es handelt sich dabei um das Bekenntnis des Grundgesetzes zur Gewaltenteilung.[34] Somit ist unerheblich, welche Intensität der durch den Arbeitskampf erzeugte Druck hat und ob er tatsächlich Auswirkungen auf eine konkrete Entscheidung hat oder haben kann.[35] Zwar geht gem. Art. 20 Abs. 2 S. 1 GG alle Staatsgewalt vom Volke aus. Das Grundgesetz stellt in Art. 20 Abs. 2 S. 2 GG jedoch klar, dass diese durch Wahlen und Abstimmungen und durch die genannten besonderen Organe ausgeübt wird.[36] Unter diese Begriffe ist ein Arbeitskampf nicht zu subsumieren.[37] Dabei ist irrelevant, ob der politische Arbeitskampf eine Maßnahme auf dem Gebiet der Arbeits- und Wirtschaftsbedingungen zum Gegenstand hat oder nicht.[38] Dies gilt selbst dann, wenn die betreffende Maßnahme die Tarifautonomie einschränkt und durch den Arbeitskampf die Beseitigung einer ungerechtfertigten gesetzgeberischen Einschränkung des Art. 9 Abs. 3 S. 3 GG angestrebt wird.[39] Einerseits kann der Gesetzgeber die Tarifautonomie unter gewissen Voraussetzungen einschränken.[40] Andererseits muss eine Verletzung des Grundrechts durch die in Rede stehende Maßnahme gem. Art. 93 Abs. 1 Nr. 4a GG i. V. mit § 90 BVerfGG mittels Verfassungsbeschwerde gerügt werden.[41]

---

32 *Gamillscheg,* Kollektives Arbeitsrecht I, S. 1097.

33 *Gamillscheg,* Kollektives Arbeitsrecht I, S. 1099; *Kissel,* Arbeitskampfrecht, § 24 Rn. 54; *Otto,* Arbeitskampf- und Schlichtungsrecht, § 5 Rn. 43; *Rüthers,* in: Brox/Rüthers, Arbeitskampfrecht, Rn. 104 ff.

34 *Herzog/Grzeszick,* in: Maunz/Dürig, Art. 20 GG v. Rn. 1.

35 So aber *Berg u. a.,* Kompaktkommentar, AKR Rn. 191, 193, 195; *Däubler,* in: Däubler, Arbeitskampfrecht, § 13 Rn. 59; *ders.,* ZfA 1973, 201 (223). Hinsichtlich der Intensität kann man (begrifflich) zwischen einem politischen Kampfstreik und einem Demonstrationsstreik (dazu sogleich S. 218 ff.) unterscheiden, vgl. *v. Hoyningen-Huene,* JuS 1987, 505 (511).

36 *Hromadka/Maschmann,* Arbeitsrecht 2, § 14 Rn. 42. *Däubler,* in: Däubler, Arbeitskampfrecht, § 13 Rn. 56, 57 ff. hält dem entgegen, dass es in der Realität keine derart strikte Trennung zwischen Staat und Gesellschaft gäbe.

37 *Gamillscheg,* Kollektives Arbeitsrecht I, S. 1099.

38 *v. Hoyningen-Huene,* JuS 1987, 505 (512); *Kissel,* Arbeitskampfrecht, § 24 Rn. 55. Sind die Arbeits- und Wirtschaftsbedingungen nicht Gegenstand, wird auch von einem Proteststreik gesprochen, vgl. *v. Hoyningen-Huene,* JuS 1987, 505 (511). Die Grenzen zwischen diesem und dem Demonstrationsstreik sind fließend, näher sogleich S. 218 f.

39 *Otto,* Arbeitskampf- und Schlichtungsrecht, § 5 Rn. 39.

40 *Kissel,* Arbeitskampfrecht, § 24 Rn. 55; *Otto,* Arbeitskampf- und Schlichtungsrecht, § 5 Rn. 40.

41 *Bethge,* in: Maunz u. a., § 90 BVerfGG Rn. 34 f., 62 f.; *Maunz,* in: Maunz/Dürig, Art. 93 GG Rn. 64; *Otto,* Arbeitskampf- und Schlichtungsrecht, § 5 Rn. 38.

Ein Streik ist dagegen zulässig, wenn in einem Gesetz die Möglichkeit einer tarifdispositiven Regelung vorgesehen ist. Hierdurch wird das Gesetz als solches nicht in Frage gestellt. Vielmehr ermöglicht dieses erst, dass um bestimmte Inhalte gestritten wird, so dass es sich in diesen Fällen um einen zulässigen Arbeitskampf handelt.[42]

Die Heranziehung der Europäischen Sozialcharta ändert hieran nichts, weil sie den politischen Arbeitskampf nicht schützt.[43] Gleiches gilt für das ILO-Übereinkommen Nr. 87[44] sowie für Art. 11 EMRK.[45] Schließlich kann die Zulässigkeit eines politischen Arbeitskampfes nicht damit begründet werden, dass bei kurzzeitigen Arbeitsniederlegungen Grundrechte des Arbeitgebers nicht entgegenstünden und somit nicht zu messbaren Schäden führten, weil die Arbeit nachgeholt würde.[46] Mit diesem tatsächlichen Argument könnte letztlich nahezu jeder – zumindest kurzzeitiger – Streik gerechtfertigt werden.[47]

Eine politisch motivierte Arbeitsniederlegung kann allenfalls als Widerstand zum Schutz der verfassungsmäßigen Ordnung i. S. des Art. 20 Abs. 4 GG zulässig sein.[48] Dabei handelt es sich jedoch um einen extremen Ausnahmefall, dessen Voraussetzungen kaum je vorliegen werden.[49] Außerdem steht das Widerstandsrecht allen Deutschen zu und ist damit kein spezifisches Kampfmit-

42 *Berg u. a.*, Kompaktkommentar, AKR Rn. 199; *Kissel*, Arbeitskampfrecht, § 24 Rn. 55.

43 *Seiter*, Streik- und Aussperrungsrecht, S. 498 sowie oben S. 114 ff.; a. A. *Däubler*, in: Däubler, Arbeitskampfrecht, § 9 Rn. 63.

44 A. A. *Berg u. a.*, Kompaktkommentar, AKR Rn. 194.

45 *Seifert*, KritVj 2009, 357 (370) hält vor dem Hintergrund des Urteils des Europäischen Gerichtshofs für Menschenrechte EGMR v. 12.11.2008, Appl. 34503/97 (*Demir and Baykara*) einen politischen Streik zumindest für möglich. Die Beamten hätten den Arbeitskampf gegen einen Hoheitsträger geführt, um ihre beamtenrechtliche Rechtsstellung zu verbessern. Darin könne ein politischer Proteststreik gesehen werden, was letztlich Auswirkungen auf die deutsche Rechtslage zu Folge haben könnte. Die in dem Urteil getroffene Aussage ist allerdings für die Vorfrage nach der Zulässigkeit eines Beamtenstreiks relevant. Ein rechtmäßiger Beamtenstreik zur Verbesserung der Rechtsstellung würde stets gegen den Dienstherrn geführt werden, da er als sozialer Gegenspieler anzusehen wäre. Der Arbeitskampf gegen einen Hoheitsträger als Arbeitgeber ist indes unstreitig durch Art. 9 Abs. 3 S. 1 GG geschützt, so dass es sich nicht um einen politischen Streik gegen den Staat handelte, vgl. zur grundsätzlichen Zulässigkeit des Streiks im öffentlichen Dienst vgl. *Kissel*, Arbeitskampfrecht, § 45 Rn. 44 ff.; *Otto*, Arbeitskampf- und Schlichtungsrecht, § 9 Rn. 12 ff.

46 So aber *Däubler*, in: Däubler, Arbeitskampfrecht, § 13 Rn. 62.

47 Vgl. *v. Maydell*, JZ 1980, 431 (433); *Zöllner*, ZfA 1973, 227 (241).

48 *Däubler*, in: Däubler, Arbeitskampfrecht, § 9 Rn. 19; *Dieterich*, in: ErfK, Art. 9 GG Rn. 119; *v. Hoyningen-Huene*, JuS 1987, 505 (512); *Kissel*, Arbeitskampfrecht, § 24 Rn. 59; *Otto*, Arbeitskampf- und Schlichtungsrecht, § 5 Rn. 38; *Rüthers*, in: Brox/Rüthers, Arbeitskampfrecht, Rn. 139; *Seiter*, Streik- und Aussperrungsrecht, S. 121 f.; *Wollenschläger*, Arbeitsrecht, Rn. 650.

49 Wohl nur im Bürgerkrieg oder in bürgerkriegsähnlichen Zuständen, in denen das Grundgesetz als solches oder die Auslegung durch das Bundesverfassungsgericht ohnehin nicht

tel der Arbeitsvertragsparteien oder deren Organisationen.[50] Das Abwehrrecht richtet sich nicht gegen den sozialen Gegenspieler, sondern gegen denjenigen, der einen Angriff auf die verfassungsmäßige Ordnung führt.[51] Um einen privilegierten Arbeitskampf i. S. des Art. 9 Abs. 3 S. 1 GG handelt es sich daher nicht.

b) Demonstrationsarbeitskampf

Der Demonstrationsarbeitskampf weist Parallelen zum politischen Arbeitskampf auf. Darunter versteht man eine Arbeitsniederlegung, wobei das Ziel nicht die Durchsetzung eines politischen Ziels im eben genannten Sinne ist, sondern die Kundgabe einer Meinung zu einem beliebigen gesellschaftlichen Thema.[52] Eine Abgrenzung zum politischen Arbeitskampf ist vielfach schwierig, aber für die rechtliche Bewertung irrelevant.[53] Hauptargument ist wiederum der fehlende Tarifbezug, so dass eine Arbeitsniederlegung durch Art. 9 Abs. 3 S. 1 GG nicht gerechtfertigt ist.[54] Daher liegt mangels Suspendierung eine Verletzung der Arbeitspflicht aus dem Arbeitsvertrag vor.[55]

Eine kollektive Meinungskundgabe ist allerdings durch Art. 8 Abs. 1 und Art. 5 Abs. 1 S. 1 GG geschützt.[56] Dazu zählen auch Meinungsäußerungen im Betrieb.[57] Allerdings finden diese Rechte gem. Art. 5 Abs. 2 GG in den allgemeinen Gesetzen ihre Schranken oder stehen gem. Art. 8 Abs. 2 GG unter Gesetzesvorbehalt. Zu diesen Gesetzen zählt unter anderem § 611 BGB, der die vertragliche Leistungspflicht der Arbeitsvertragsparteien enthält.[58] Unabhängig von der mittelbaren Drittwirkung der Art. 8 und 5 GG und der „Wechselwirkungslehre“ sind daher die arbeitsvertraglichen Hauptleistungspflichten

mehr geachtet werden, *Herzog/Grzeszick,* in: Maunz/Dürig, Art. 20 Abs. 4 GG IX. Rn. 7; *Krichel,* NZA 1987, 297 (299).

50 *Seiter,* Streik- und Aussperrungsrecht, S. 122.

51 *Seiter,* Streik- und Aussperrungsrecht, S. 122.

52 *v. Maydell,* JZ 1980, 431 (433 f.); *Reuter,* ZfA 1990, 535 (553).

53 LAG München v. 19.12.1979, NJW 1980, 957 (958 f.); *v. Hoyningen-Huene,* JuS 1987, 505 (511).

54 BAG v. 23.10.1984, AP Nr. 82 zu Art. 9 GG Arbeitskampf, 3. b. der Gründe (Bl. 2); *Hromadka/Maschmann,* Arbeitsrecht 2, § 14 Rn. 42; *Junker,* Arbeitsrecht, Rn. 605; *Kissel,* Arbeitskampfrecht, § 24 Rn. 68; *v. Maydell,* JZ 1980, 431 (434); *Reuter,* ZfA 1990, 535 (553); a. A. *Bieback/Wroblewski,* in: Däubler, Arbeitskampfrecht, § 17 Rn. 161 ff.

55 *v. Maydell,* JZ 1980, 431 (434).

56 *v. Hoyningen-Huene,* JuS 1987, 505 (512); *Kissel,* Arbeitskampfrecht, § 24 Rn. 70; *v. Maydell,* JZ 1980, 431 (434).

57 LAG Hamm v. 17.4.1985, LAGE Nr. 1 zu § 611 BGB Abmahnung, a. bb. bbb. der Gründe (Bl. 3 f.).

58 LAG Hamm v. 17.4.1985, LAGE Nr. 1 zu § 611 BGB Abmahnung, a. bb. bbb. der Gründe (Bl. 3 f.); *Kissel,* Arbeitskampfrecht, § 24 Rn. 70; *Krichel,* NZA 1987, 297 (299).

nicht suspendiert, so dass der Demonstrationsarbeitskampf demnach rechtswidrig ist.[59]

Bemerkenswert ist, dass das Bundesarbeitsgericht den Demonstrationsarbeitskampf in seiner Entscheidung zum Sympathiearbeitskampf[60] offengelassen hat.[61] Nähere Anhaltspunkte dafür, ob ein solcher künftig zulässig sein soll, ergeben sich daraus kaum.[62]

c) Sympathiestreik

Die Bewertung der Rechtmäßigkeit des Sympathiearbeitskampfes hat eine wechselvolle rechtliche Bewertung erfahren.[63] Unter einem Sympathiearbeitskampf versteht man überwiegend einen Arbeitskampf, der nicht unmittelbar auf die Durchsetzung eigener tariflicher Forderungen gerichtet ist, sondern die Unterstützung eines anderen Arbeitskampfes zum Gegenstand hat, so dass sowohl auf Seiten der Arbeitnehmer wie auf Seiten der Arbeitgeber unterschiedliche Parteien beteiligt sein können.[64] Zunächst wurde davon ausgegangen, dass der Sympathiearbeitskampf grundsätzlich zulässig sei. Man begründete dies mit fehlender Sittenwidrigkeit, da es zum Recht der Koalitionen gehöre, auch ohne unmittelbares Interesse an einem eigenen Tarifvertrag die kämpfenden Parteien zu unterstützen.[65] Solidarität sei das gewerkschaftliche Grundprinzip, so dass ein unterstützender Arbeitskampf zulässig sein müsse.[66] Dabei wurden die Voraussetzungen der Rechtmäßigkeit im Einzelnen zunächst selten problematisiert.[67]

---

59 *Gamillscheg,* Kollektives Arbeitsrecht I, S. 1139; *Krichel,* NZA 1987, 297 (299); *v. Maydell,* JZ 1980, 431 (434).

60 Dazu sogleich S. 219 ff.

61 BAG v. 19.6.2007, AP Nr. 173 zu Art. 9 GG Arbeitskampf, Rn. 13; kritisch dazu *Rieble,* BB 2008, 1506 (1507).

62 *Rieble,* BB 2008, 1506 (1507): „Das kann als Einladung an die Gewerkschaften gemeint sein, es doch einmal zu versuchen."

63 Ausführlich *R. Birk,* Unterstützungskampfmaßnahmen, S. 13 ff.; *Kissel,* Arbeitskampfrecht, § 24 Rn. 19 ff.

64 BAG v. 5.3.1985, AP Nr. 85 zu Art. 9 GG Arbeitskampf, II. 3. a. der Gründe (Bl. 4); v. 12.1.1988, AP Nr. 90 zu Art. 9 GG Arbeitskampf, IV. 2. a. der Gründe (Bl. 2R); *R. Birk,* Unterstützungskampfmaßnahmen, S. 22 ff.; *Kissel,* Arbeitskampfrecht, § 24 Rn. 16; *Wolter,* in: Däubler, Arbeitskampfrecht, § 17 Rn. 85 ff.

65 RG v. 26.3.1903, Z 54, 255 (259); v. 29.1.1915, Z 86, 152 (154); v. 31.3.1931, Z 132, 249 (253); RAG v. 30.10.1929, ARS 7, 565 (573); BGH v. 19.1.1978, NJW 1978, 990 (991); *Nikisch,* Arbeitsrecht II, S. 88, 130; *Seiter,* Streik- und Aussperrungsrecht, S. 502 ff.; *Wohlgemuth,* AuR 1980, 33 (41); einschränkend *R. Birk,* Unterstützungskampfmaßnahmen, S. 89: kein Erkenntnisgewinn gegenüber den Gewährleistungen des Art. 9 Abs. 3 S. 1 GG; zu der frühen Rechtsprechung auch *Gamillscheg,* Kollektives Arbeitsrecht I, S. 1138 mit Fn. 53.

66 *Ferdinand/Wolter,* ZTR 1988, 451 (453).

67 Vgl. *Kissel,* Arbeitskampfrecht, § 24 Rn. 21 mit Hinweis auf die Auseinandersetzung bei *Wohlgemuth,* AuR 1980, 33 (39 ff.).

Aus dem Tarifbezug des Arbeitskampfes wurde später allerdings gefolgert, dass ein Sympathiearbeitskampf grundsätzlich nicht rechtmäßig sei, da er nicht auf den Abschluss eines eigenen Tarifvertrages gerichtet und daher nicht durch Art. 9 Abs. 3 S. 1 GG geschützt sei.[68] Ausnahmen seien lediglich in bestimmten Konstellationen denkbar, wie etwa bei rechtlicher oder wirtschaftlicher Verflechtung der Parteien des Haupt- und des Sympathiearbeitskampfes.[69]

Diese Sichtweise hat das Bundesarbeitsgericht neuerdings wiederum umgekehrt und geurteilt, dass ein Sympathiearbeitskampf grundsätzlich wegen der Arbeitskampfmittelfreiheit des Art. 9 Abs. 3 S. 1 GG zulässig ist.[70] Dies gilt jedenfalls für den eigennützigen Sympathiearbeitskampf, bei dem der gleiche Verband den Hauptarbeitskampf führt und bei dem gleichzeitig der bekämpfte Arbeitgeber Einfluss auf den Hauptarbeitskampf nehmen kann.[71] Über die Rechtmäßigkeit des fremdnützigen Arbeitskampfes ist somit keine Feststellung getroffen worden.[72]

Die Grenze der Zulässigkeit eines eigennützigen Sympathiearbeitskampfes bildet wie bei sonstigen Arbeitskämpfen die Unverhältnismäßigkeit.[73] Diese Rechtsprechungsänderung ist kritisiert worden.[74] Neben den Argumenten, die bereits zuvor gegen die Zulässigkeit des Unterstützungsarbeitskampfes vorgebracht wurden, wird insbesondere die Ableitung der Arbeitskampfmittelfreiheit aus Art. 9 Abs. 3 S. 1 GG als methodisch verfehlt angesehen.[75] Ob das Bundes-

---

68 BAG v. 5.3.1985, AP Nr. 85 zu Art. 9 GG Arbeitskampf, II. 3. der Gründe (Bl. 4 ff.); v. 12.1.1988, AP Nr. 90 zu Art. 9 GG Arbeitskampf, IV. 2. der Gründe (Bl. 2R ff.); *Gamillscheg,* Kollektives Arbeitsrecht I, S. 1137 ff.; *v. Hoyningen-Huene,* JuS 1987, 505 (511); *Kissel,* Arbeitskampfrecht, § 24 Rn. 28; *Lieb,* ZfA 1982, 113 (132 ff.); *Löwisch,* ZfA 1980, 437 (442); *Otto,* Arbeitskampf- und Schlichtungsrecht, § 10 Rn. 34; *Reuter,* ZfA 1990, 535 (553); *Rüthers,* in: Brox/Rüthers, Arbeitskampfrecht, Rn. 144 ff.; a. A. *Bieback,* in: Däubler, Arbeitskampfrecht^2, Rn. 326, 370 ff.; *R. Birk,* Unterstützungskampfmaßnahmen, S. 27 ff., 66 ; *Ferdinand/Wolter,* ZTR 1988, 451 (453); *Plander,* AuR 1986, 193 (197 ff.); *Wohlgemuth,* AuR 1980, 33 (36).

69 BAG v. 5.3.1985, AP Nr. 85 zu Art. 9 GG Arbeitskampf, II. 4. der Gründe (Bl. 5); *R. Birk,* Unterstützungskampfmaßnahmen, S. 23 f., 52 ff.; *Löwisch,* ZfA 1980, 437 (442 ff.).

70 BAG v. 19.6.2007, AP Nr. 173 zu Art. 9 GG Arbeitskampf, Rn. 9 ff.; *Junker,* JZ 2008, 102 (103).

71 BAG v. 19.6.2007, AP Nr. 173 zu Art. 9 GG Arbeitskampf, Rn. 12; *Junker,* JZ 2008, 102 (104); *Wollenschläger,* Arbeitsrecht, Rn. 651.

72 Dieser ist wohl unzulässig, vgl. *Junker,* JZ 2008, 102 (104); *Rüthers/Berghaus,* Anm. zu BAG v. 12.1.1988, AP Nr. 90 zu Art. 9 GG Arbeitskampf, Bl. 4 (6): fehlende Tarifzuständigkeit.

73 BAG v. 19.6.2007, AP Nr. 173 zu Art. 9 GG Arbeitskampf, Rn. 9 ff.; *Junker,* JZ 2008, 102 (103).

74 *Buchner,* FS Hromadka, 39 (44); *Hromadka/Maschmann,* Arbeitsrecht 2, § 14 Rn. 42; *Rieble,* BB 2008, 1506 (1508 ff.); *Wank,* RdA 2009, 1 (2 ff.).

75 *Rieble,* BB 2008, 1506 (1508 ff.).

arbeitsgericht diese Kritik annimmt und die Rechtsprechung dementsprechend anpasst, bleibt abzuwarten. Wegen des durch Richterrecht geprägten Arbeitskampfrechts ist derzeit von der Zulässigkeit des eigennützigen Sympathiestreiks im geschilderten Maße auszugehen.

d) Zusammenfassung

Der angestrebte Tarifvertrag muss einen tarifvertraglich regelbaren Inhalt haben. Den zulässigen Inhalt eines Tarifvertrages bestimmt § 1 TVG. Danach können schuldrechtliche Vereinbarungen zwischen den Tarifvertragsparteien sowie normative Rechtsnormen Inhalt eines Tarifvertrages sein.[76] Ein auf andere Ziele gerichteter Arbeitskampf ist rechtswidrig. Daraus folgt, dass sowohl ein politischer Arbeitskampf als auch ein Demonstrationsarbeitskampf rechtswidrig sind. Nach derzeitiger Rechtsprechung zulässig sind allerdings eigennützige Sympathiestreiks.

3. Anforderungen an die Parteien

Für die Frage, welche Parteien einen Arbeitskampf zulässigerweise führen können, ist gleichfalls an dessen Funktion als Hilfsinstrument der Tarifautonomie anzuknüpfen.[77] Durch den erzeugten Druck soll der Gegner zu Verhandlungsbereitschaft bewegt werden, um in der Folge einen Tarifvertrag mit einem bestimmten Inhalt abzuschließen. Gem. § 2 TVG können auf Arbeitnehmerseite ausschließlich Gewerkschaften Partei eines Tarifvertrages sein. Anderenfalls ist er unwirksam und folglich nichtig.[78] Es ist somit zwischen nicht tariffähigen Koalitionen und Gewerkschaften zu unterscheiden.[79] Der Gewerkschaftsbegriff ist dabei enger zu verstehen als der der Koalition i. S. des Art. 9 Abs. 3 S. 1 GG.[80] Eine Gewerkschaft muss neben den Eigenschaften, die jede Koalition i. S. des Art. 9 Abs. 3 S. 1 GG aufweisen muss, weitere Merkmale erfüllen, um tariffähig i. S. des § 2 TVG zu sein. Sie muss demokratisch organisiert, tarifwillig und arbeitskampffähig sowie bereit sein, das geltende Tarif-, Schlichtungs- und Arbeitskampfrecht anzuerkennen.[81] Außerhalb des Tarifvertragsgesetzes hat der Gesetzgeber darüber hinaus weitere Organisationen für tariffähig erklärt,

---

76 *Krause,* in: Jacobs/Krause/Oetker, Tarifvertragsrecht, § 4 Rn. 1; *Löwisch/Rieble,* § 1 TVG Rn. 138; *Franzen,* in: ErfK, § 1 TVG Rn. 41; ausführlich unten S. 308 ff., 315 ff.

77 *Otto,* Arbeitskampf- und Schlichtungsrecht, § 6 Rn. 1.

78 BAG v. 15.11.2006, AP Nr. 34 zu § 4 TVG Tarifkonkurrenz, Rn. 21; *Oetker,* in: Jacobs/Krause/Oetker, Tarifvertragsrecht, § 2 Rn. 6 jeweils m. w. N.

79 *Oetker,* in: Jacobs/Krause/Oetker, Tarifvertragsrecht, § 2 Rn. 15.

80 *Dieterich,* in: ErfK, Art. 9 GG Rn. 21, 66.

81 BAG v. 28.3.2006, AP Nr. 4 zu § 2 TVG Tariffähigkeit, Rn. 34 ff.; v. 19.9.2006, AP Nr. 5 zu § 2 BetrVG 1972, Rn. 27 jeweils m. w. N. aus der st. Rspr.; *Hromadka/Maschmann,* Arbeitsrecht 2, § 12 Rn. 23 ff.

etwa Innungen, Innungsverbände und den Bundesinnungsverband gem. §§ 54 Abs. 3 Nr. 1, 82 S. 2 Nr. 3 HandwO sowie §§ 85 Abs. 2 S. 1 i. V. mit § 82 S. 2 Nr. 3 HandwO.[82]

a) Verfassungsrechtlicher Koalitionsbegriff

aa) Art. 9 Abs. 3 S. 1 GG als „Doppelgrundrecht" oder Grundrechtsschutz der Koalition durch Art. 19 Abs. 3 GG

Der Begriff der „Koalition" ist im Wortlaut des Art. 9 Abs. 3 S. 1 GG zwar nicht enthalten. Der Oberbegriff „Vereinigungen" in Art. 9 Abs. 2 GG umfasst „Vereine und Gesellschaften" i. S. des Art. 9 Abs. 1 GG. Aus dem identischen Wortlaut der „Vereinigungen" folgt, dass Koalitionen jedenfalls alle Merkmale des Vereinigungsbegriffs i. S. des Art. 9 Abs. 1 GG erfüllen müssen.[83] Darunter ist in Anlehnung an § 2 Abs. 1 VereinsG ohne Rücksicht auf die Rechtsform jede Vereinigung zu subsumieren, zu der sich eine Mehrheit natürlicher oder juristischer Personen für längere Zeit zu einem gemeinsamen Zweck freiwillig zusammengeschlossen und einer organisierten Willensbildung unterworfen hat. Zwar vermag § 2 Abs. 1 VereinsG aufgrund der Normenhierarchie ein verfassungsrechtliches Tatbestandsmerkmal nicht zu bestimmen. Insoweit sieht man die Begriffe jedoch als inhaltsgleich an und zieht die Norm somit lediglich als Auslegungshilfe heran.[84] Der Schutzbereich erfasst somit alle freiwilligen Zusammenschlüsse von Menschen in Vereinen, Verbänden und Assoziationen aller Art zu einem beliebigen Zweck.[85] Während allerdings Vereinigungen i. S. des Art. 9 Abs. 1 GG vorbehaltlich der Schranken in Art. 9 Abs. 2 GG zu jedem Zweck gegründet werden können,[86] müssen solche i. S. des Art. 9 Abs. 3 S. 1 GG wegen des zusätzlichen Tatbestandsmerkmals die Wahrung und Förderung der Arbeits- und Wirtschaftsbedingungen bezwecken.[87] Man bezeichnet sie als Koalitionen, um sie begrifflich von den Gewerkschaften und Arbeitgeberver-

---

82 Zu den Grenzen gesetzgeberischer Gestaltungsmacht *Gamillscheg,* Kollektives Arbeitsrecht I, S. 525 f.; *Oetker,* in: Jacobs/Krause/Oetker, Tarifvertragsrecht, § 2 Rn. 18 f.

83 BVerfG v. 1.3.1979, E 50, 290 (373); *Dieterich,* in: ErfK, Art. 9 GG Rn. 4; *Höfling,* RdA 1999, 182 (183); *Kemper,* in: v. Mangoldt/Klein/Starck, Art. 9 GG Rn. 12.

84 *Cornils,* in: Epping/Hillgruber, Art. 9 GG Rn. 5.

85 BVerfG v. 18.12.1974, E 38, 281 (303).

86 Vgl. BVerfG v. 1.3.1979, E 50, 290 (354); *Kemper,* in: v. Mangoldt/Klein/Starck, Art. 9 GG Rn. 24; *Löwer,* in: v. Münch/Kunig, Art. 9 GG Rn. 8.

87 *Dieterich,* in: ErfK, Art. 9 GG Rn. 7, 21; *Höfling,* RdA 1999, 182 (183); *Kemper,* in: v. Mangoldt/Klein/Starck, Art. 9 GG Rn. 81. Zum Begriffspaar der „Arbeits- und Wirtschaftsbedingungen" ausführlich *Gamillscheg,* Kollektives Arbeitsrecht I, S. 219 ff.; *Säcker/Oetker,* Grundlagen, S. 33 ff., 72 f.

bänden i. S. des § 2 TVG zu unterscheiden.[88] Als Oberbegriff werden zudem die Bezeichnungen Berufsverband[89] oder schlicht Verband[90] genannt.

Das Grundrecht in Art. 9 Abs. 3 S. 1 GG ist dem Wortlaut „jedermann" nach als Individualrecht der Arbeitnehmer und Arbeitgeber ausgestaltet.[91] Danach hat der Einzelne das Recht, Koalitionen zu gründen und sich in ihnen zu betätigen, aus ihnen auszutreten oder ihnen fernzubleiben.[92] Als Kollektivgrundrecht kommt darüber hinaus der Koalition selbst Grundrechtsschutz hinsichtlich der koalitionsspezifischen Betätigung zu.[93] Dabei ist es grundsätzlich[94] unerheblich, ob man Art. 9 Abs. 3 S. 1 GG als „Doppelgrundrecht" betrachtet, das neben der individuellen auch die kollektive Gewährleistung enthält[95] oder diese aus Art. 19 Abs. 3 i. V. mit Art. 9 Abs. 3 S. 1 GG ableitet.[96]

Damit eine Koalition angenommen werden kann, bedarf sie einer gewissen Struktur und Stabilität.[97] Es kommt dabei weniger auf ein zeitliches Moment an, als vielmehr darauf, dass sie zu einer gemeinsamen Willensbildung fähig ist.[98] Es bedarf jedenfalls mehr als eines losen Bündnisses ohne interne Organisationsstruktur, damit ihr Zweck – Wahrung und Förderung der Arbeits- und Wirt-

---

88 BAG v. 26.4.1988, AP Nr. 101 zu Art. 9 GG Arbeitskampf, B. II. 1. der Gründe (Bl. 2); *Dieterich,* in: ErfK, Art. 9 GG Rn. 21, 66; *Franzen,* in: ErfK, § 2 TVG Rn. 3; *Gamillscheg,* Kollektives Arbeitsrecht I, S. 392 f.; *Höfling,* in: Sachs, Art. 9 GG Rn. 60; *Hromadka/Maschmann,* Arbeitsrecht 2, § 12 Rn. 6.

89 *Oetker,* in: Wiedemann, § 2 TVG Rn. 200.

90 *Gamillscheg,* Kollektives Arbeitsrecht I, S. 392 f.

91 *Löwer,* in: v. Münch/Kunig, Art. 9 GG Rn. 102.

92 BVerfG v. 29.7.1959, E 10, 89 (102); BAG v. 29.11.1967, AP Nr. 13 zu Art. 9 GG, Teil IV. VI. 5. e. der Gründe (Bl. 19); *Dieterich,* in: ErfK, Art. 9 GG Rn. 6; *Scholz,* in: Isensee/Kirchhof, HandbStaatsR VIII, § 175 Rn. 93 ff.; *ders.,* in: Maunz/Dürig, Art. 9 GG Rn. 354.

93 *Löwer,* in: v. Münch/Kunig, Art. 9 GG Rn. 73.

94 Vgl. dazu *Scholz,* in: Isensee/Kirchhof, HandbStaatsR VIII, § 175 Rn. 87 ff.; *ders.,* in: Maunz/Dürig, Art. 9 GG Rn. 170, 240. Art. 9 Abs. 3 S. 1 GG schützt „jedermann", wohingegen gem. Art. 19 Abs. 3 GG „inländische juristische Personen" umfasst sind.

95 Vgl. BVerfG v. 18.11.1954, E 4, 96 (101 f.); v. 18.10.1961, E 13, 174 (175); v. 30.11.1965, E 19, 303 (312, 319); v. 26.5.1970, E 28, 295 (304); v. 24.2.1971, E 30, 227 (241); v. 1.3.1979, E 50, 290 (354); v. 26.6.1991, E 84, 212 (224); v. 9.10.1991, E 84, 372 (378); *Dieterich,* in: ErfK, Art. 9 GG Rn. 7; *Kannengießer,* in: Schmidt-Bleibtreu/Hofmann/Hopfauf, Art. 9 GG Rn. 24.

96 *Höfling,* in: Sachs, Art. 9 GG Rn. 26; *ders.,* RdA 1999, 182 (183); *Kemper,* in: v. Mangoldt/Klein/Starck, Art. 9 GG Rn. 62; *Krausnick,* JuS 2008, 869 (872); *Scholz,* in: Maunz/Dürig, Art. 9 GG Rn. 170 und allgemein Rn. 23 m. w. N.

97 *Dieterich,* in: ErfK, Art. 9 GG Rn. 4, 22; *Höfling,* in: Sachs, Art. 9 GG Rn. 15, 53; *Kemper,* in: v. Mangoldt/Klein/Starck, Art. 9 GG Rn. 17.

98 *Däubler/Hege,* Koalitionsfreiheit, Rn. 107; *Jarass,* in: Jarass/Pieroth, Art. 9 GG Rn. 9, 33; *Kannengießer,* in: Schmidt-Bleibtreu/Hofmann/Hopfauf, Art. 9 GG Rn. 9, 22; *Kemper,* in: v. Mangoldt/Klein/Starck, Art. 9 GG Rn. 86.

schaftsbedingungen – wirksam verfolgt werden kann.[99] Insoweit ist unstreitig, dass bloße Personenansammlungen nicht als juristische Person i. S. des Art. 19 Abs. 3 GG grundrechtsfähig sind.[100] Jedoch können auch kurzzeitig bestehende Zusammenschlüsse zu einer organisierten Willensbildung fähig sein.[101] Das zeigt nicht zuletzt, dass die Gesellschaft bürgerlichen Rechts formlos zu einem bestimmten Zweck gegründet werden kann. Sie muss nicht dauerhaft bestehen.[102] Die Gesellschaft bürgerlichen Rechts genießt gem. Art. 19 Abs. 3 GG gleichwohl den grundrechtlichen Schutz der anwendbaren Grundrechte,[103] da sie nach überwiegender Auffassung zumindest als Außengesellschaft rechtsfähig ist.[104] Entscheidendes Merkmal ist „der verfassungsgeforderte Grad der organisatorischen Verfestigung."[105] Wenn eine solche Verfestigung besteht, ist kein Grund ersichtlich, einer Personenmehrheit wie einer Koalition den Schutz eines Grundrechts zu verwehren. Dagegen wird jedoch argumentiert, dass ein freiheitsverkürzender Eingriff bei Personenmehrheiten nicht möglich und daher kein Schutz nötig sei.[106] Das Verbot nichtgewerkschaftlicher Streiks kann jedoch einen solchen Eingriff darstellen und somit den Schutz nötig erscheinen lassen. Folglich kann man eine entsprechende Auslegung des Art. 19 Abs. 3 GG diskutieren, um mit Blick auf Art. 6 Nr. 4 ESC einem Arbeitnehmerverbund den

---

99 *Höfling,* in: Sachs, Art. 9 GG Rn. 54; *Kemper,* in: v. Mangoldt/Klein/Starck, Art. 9 GG Rn. 25 f.: „organisatorischer Gehalt des Zusammenschlusses".

100 *Bethge,* Grundrechtsberechtigung, S. 31 f.; *Dreier,* in: Dreier, Art. 19 Abs. 3 GG Rn. 54; *Pieroth/Schlink,* Grundrechte, Rn. 162; *Remmert,* in: Maunz/Dürig, Art. 19 Abs. 3 GG Rn. 41; *Stern,* Staatsrecht III/1, S. 1134; *Schoch,* Jura 2001, 201 (202 f.); *Krausnick,* JuS 2008, 869 (870).

101 *Däubler/Hege,* Koalitionsfreiheit, Rn. 106 ff.; *Jarass,* in: Jarass/Pieroth, Art. 9 GG Rn. 33; *Kemper,* in: v. Mangoldt/Klein/Starck, Art. 9 GG Rn. 17, 86; a. A. *Höfling,* in: Sachs, Art. 9 GG Rn. 53; *Löwer,* in: v. Münch/Kunig, Art. 9 GG Rn. 91.

102 *Kindler,* Handels- und Gesellschaftsrecht, § 10 Rn. 13; *Ulmer,* in: MünchKomm. BGB, Vorbemerkungen §§ 705 ff. Rn. 86 f.

103 BVerfG v. 2.9.2002, NJW 2002, 3533; *Dreier,* in: Dreier, Art. 19 Abs. 3 GG Rn. 44 ff., 49; *Jarass,* in: Jarass/Pieroth, Art. 19 GG Rn. 20; *Pieroth/Schlink,* Grundrechte, Rn. 162.

104 BGH v. 29.1.2001, Z 146, 341 (343 ff.); v. 18.2.2002, NJW 2002, 1207 (1208); v. 16.7.2001, Z 148, 291 (293 f.); v. 1.7.2002, Z 151, 204 (207); v. 24.2.2003, Z 154, 88 (94 f.); bestätigt durch BVerfG v. 2.9.2002, NJW 2002, 3533; *Habermeier,* in: Staudinger-BGB (2003), Vorbem zu §§ 705-740 Rn. 8 ff.; *Habersack,* BB 2001, 477 (477 f.); *Hüffer/Koch,* Gesellschaftsrecht, § 3 Rn. 3 ff.; *Kindler,* Handels- und Gesellschaftsrecht, § 10 Rn. 59 ff.; *Saenger,* Gesellschaftsrecht, Rn. 49 ff.; *Schöne,* in: Bamberger/Roth, § 705 BGB Rn. 16 f.; *Sprau,* in: Palandt, § 705 BGB Rn. 24 f.; *Ulmer,* in: MünchKomm. BGB, § 705 Rn. 299 ff., 303; *ders.,* ZIP 2001, 585 (586 ff.); *Wiedemann,* Gesellschaftsrecht II, S. 646 ff.; ablehnend etwa *Peifer,* NZG 2001, 296 (296 ff.); *Prütting,* FS Wiedemann, 1177 (1186 ff., 1192 ff.).

105 *Cornils,* in: Epping/Hillgruber, Art. 9 GG Rn. 44; ähnlich *Bethge,* Grundrechtsberechtigung, S. 31 f.

106 *Remmert,* in: Maunz/Dürig, Art. 19 Abs. 3 Rn. 41.

grundrechtlichen Schutz zu gewähren.[107] Eine entsprechendes Verständnis des Begriffs der juristischen Person i. S. des Art. 19 Abs. 3 GG ist zumindest denkbar.

Jedenfalls begründen lässt sich die Rechtsträgerschaft von anderen als einfachrechtlich verfassten Gebilden abseits der eben genannten Argumente, wenn man auch hier eine kollektiv ausgeübte Freiheit des Individualrechts in Art. 9 Abs. 3 S. 1 GG annimmt. Dies entspricht dem oben zum Streikrecht i. S. des Art. 6 Nr. 4 ESC Gesagten.[108] Vor diesem Hintergrund lässt sich der grundrechtliche Schutz eines Arbeitnehmerverbundes jedenfalls mit einer entsprechenden Auslegung der individuellen Koalitionsfreiheit gem. Art. 9 Abs. 3 S. 1 GG begründen.

bb) Voraussetzungen

Im Arbeitsrecht stehen sich wegen des spezifischen Zwecks des Art. 9 Abs. 3 S. 1 GG Arbeitnehmer und Arbeitgeber beziehungsweise deren Koalitionen gegenüber. Sie müssen „nach ihrer Gesamtstruktur gerade dem Gegner gegenüber unabhängig genug [sein], um die Interessen ihrer Mitglieder auf arbeits- und sozialrechtlichem Gebiet wirksam und nachhaltig [...] vertreten zu können“[109]. Insoweit müssen sie gegnerfrei und gegnerunabhängig sein.[110] Eine Koalition muss funktionsfähig sein und darf daher weder finanziell noch organisatorisch gänzlich vom sozialen Gegenspieler abhängig sein. Zwar darf durch zusätzliche Begrenzungen des Schutzbereichs keine Aushöhlung des Grundrechts stattfinden.[111] Die Anforderungen an diese Unabhängigkeit sind allerdings nicht zu streng und nicht mit den Voraussetzungen der Tariffähigkeit zu verwechseln. Partielle Zusammenarbeit und finanzielle Unterstützung der Sozialpartner sollen durch Art. 9 Abs. 3 S. 1 GG nicht verhindert werden.[112] Die Interessen der Koalitionen stehen sich zwar grundsätzlich, aber nicht zwangsläufig derart diametral gegenüber, wie dies im Tarifrecht regelmäßig der Fall ist. Schutzzweck des Art. 9 Abs. 3 S. 1 GG ist unter anderem die sinnvolle Ordnung und Befrie-

---

[107] Ohne Berücksichtigung des Art. 6 Nr. 4 ESC ausdrücklich gegen einen Verbund von Arbeitnehmern eines Betriebes *Schoch,* Jura 2001, 201 (203).

[108] Vgl. oben S. 99 ff.

[109] BVerfG v. 1.3.1979, E 50, 290 (373); vgl. auch v. 18.11.1954, E 4, 96 (107); v. 6.5.1964, E 18, 18 (28); v. 26.1.1995, NJW 1995, 3377 (3377).

[110] BVerfG v. 6.5.1964, E 18, 18 (28); v. 20.10.1981, E 58, 233 (246 f.); v. 24.2.1999, E 100, 214 (223); *Höfling,* in: Sachs, Art. 9 GG Rn. 53 ff., 59; *Kannengießer,* in: Schmidt-Bleibtreu/Hofmann/Hopfauf, Art. 9 GG Rn. 22; *Kemper,* in: v. Mangoldt/Klein/Starck, Art. 9 GG Rn. 91; *Scholz,* in: Maunz/Dürig, Art. 9 GG Rn. 193 ff.

[111] Vgl. oben S. 283 f.

[112] BVerfG v. 1.3.1979, E 50, 290 (372 f.); *Dieterich,* in: ErfK, Art. 9 GG Rn. 25; *Franzen,* in: ErfK, § 2 TVG Rn. 6; *Kemper,* in: v. Mangoldt/Klein/Starck, Art. 9 GG Rn. 92.

dung des Arbeitslebens.[113] Die Unterscheidung zwischen tariffähigen und nicht tariffähigen Vereinigungen ist daher für den verfassungsrechtlichen Begriff irrelevant, weil dieser Zweck auch anders als durch das Tarifvertragsgesetz erreicht werden kann.[114] Einen Tarifvertrag i. S. des Tarifvertragsgesetzes können allerdings nur die in § 2 TVG genannten Parteien abschließen. Andere Koalitionen sind nicht unter den Begriff der Tarifvertragsparteien zu subsumieren.[115] Das Tarifvertragsgesetz steht im Rang unter dem Grundgesetz und ist daher bei der Auslegung des Schutzbereichs grundsätzlich ohne Bedeutung.[116] Daher sind vom Schutzbereich des Art. 9 Abs. 3 S. 1 GG sämtliche Koalitionen, also auch sogenannte Spartengewerkschaften[117] und Beamten-Gewerkschaften[118] unabhängig von sozialer Mächtigkeit, Tarifwilligkeit, Tariffähigkeit oder Arbeitskampfbereitschaft, erfasst.[119] Darüber hinaus ist nach dem eben Gesagten eine Auslegung des Schutzbereichs dergestalt möglich, dass auch Arbeitnehmerverbünde i. S. des Art. 6 Nr. 4 ESC erfasst sind.

b) Nichtgewerkschaftliche Streiks

aa) Unzulässigkeit wegen fehlender Tariffähigkeit i. S. des Tarifvertragsgesetzes

Gleichwohl folgt aus diesem grundsätzlichen Schutz sämtlicher Koalitionen nicht, dass nichtgewerkschaftliche Streiks ohne weiteres zulässig sind. Eine ausdrückliche Aussage, ob nichtgewerkschaftliche Streiks durch Art. 9 Abs. 3 S. 1 GG geschützt werden, findet sich zwar weder in der Norm noch in der bundesverfassungsgerichtlichen Judikatur.[120] Nach herrschendem Verständnis des deutschen Arbeitskampfrechts dürfen dennoch nur tariffähige Parteien am Ar-

---

113 BVerfG v. 1.3.1979, E 50, 290 (372).

114 BVerfG v. 1.3.1979, E 50, 290 (372); *Höfling,* in: Sachs, Art. 9 GG Rn. 60; *Oetker,* in: Wiedemann, § 2 TVG Rn. 27; *Scholz,* in: Maunz/Dürig, Art. 9 GG Rn. 194.

115 BAG v. 15.3.1977, AP Nr. 24 zu Art. 9 GG, III. 2. der Gründe (Bl. 4 f.); *Oetker,* in: Jacobs/Krause/Oetker, Tarifvertragsrecht, § 2 Rn. 1; *Peter,* in: Däubler, § 2 TVG Rn. 2 ff.; *Waas,* in: Rolfs u. a. Arbeitsrecht, § 2 TVG Überblick.

116 *Plander,* AuR 1986, 193 (197); *Ramm,* AuR 1971, 97 (103); vgl. allgemein *Volkmann,* JZ 2005, 261 (267).

117 LAG Sachsen v. 2.11.2007, LAGE Nr. 80 zu Art. 9 GG Arbeitskampf, E. II. 1. der Gründe (S. 19); ArbG Kiel v. 30.6.2006, ZTR 2006, 488 (490 f.); *Otto,* FS Konzen, 663 (666 ff.); *Scholz,* in: Isensee/Kirchhof, HandbStaatsR VIII, § 175 Rn. 65.

118 BVerfG v. 30.11.1965, E 19, 303 (312); v. 7.4.1981, E 57, 29 (35 f.); v. 2.3.1993, E 88, 103 (114); *Löwer,* in: v. Münch/Kunig, Art. 9 GG Rn. 105.

119 BVerfG v. 6.5.1964, E 18, 18 (32 f.); BAG v. 28.4.1966, AP Nr. 37 zu Art. 9 GG Arbeitskampf, 4. der Gründe (Bl. 2R f.); *Dieterich,* in: ErfK, Art. 9 GG Rn. 21, 26; *Höfling,* RdA 1999, 182 (183 f.); *Kannengießer,* in: Schmidt-Bleibtreu/Hofmann/Hopfauf, Art. 9 GG Rn. 22; *Kemper,* in: v. Mangoldt/Klein/Starck, Art. 9 GG Rn. 95; *Kissel,* Arbeitskampfrecht, § 4 Rn. 15; *Oetker,* in: Wiedemann, § 2 TVG Rn. 200.

120 *Däubler,* AuR 1998, 144 (146).

beitskampf teilnehmen, weil das Ziel des Arbeitskampfes der Abschluss eines Tarifvertrages sein muss.[121] Der Koalitionsbegriff ist deshalb nicht mit dem der Tarifvertragspartei gleichzusetzen, da hierzu weitere Tatbestandsvoraussetzungen erfüllt sein müssen.[122]

Die Unzulässigkeit eines nicht von einer Gewerkschaft getragenen Streiks ergibt sich nach überwiegender Ansicht vor allem aus der nötigen Tarifbezogenheit des Arbeitskampfes. Wenn das Ziel der Abschluss eines Tarifvertrages sei, dann müsste der Kampf um diesen von Parteien geführt werden, die einen solchen Vertrag endlich schließen können. Das Bundesarbeitsgericht hat seine grundsätzliche Auffassung, dass Streiks „im allgemeinen unerwünscht"[123] seien, weiter verfolgt und geurteilt, dass „[d]as Mittel des Streiks [...] eine scharfe Waffe [ist]. Das verbietet es, das Streikrecht Personen oder Gruppen anzuvertrauen, bei denen nicht die Gewähr dafür besteht, daß sie nur in dem vertretbaren Umfang davon Gebrauch machen werden. Eine solche Gewähr ist bei den einzelnen Arbeitnehmern, den Mitgliedern der Belegschaften als solchen oder nichtgewerkschaftlichen Gruppen von Arbeitnehmern nicht gegeben."[124]

Diese Sichtweise herrscht bis heute in Rechtsprechung und Literatur vor.[125] Umschrieben ist damit das Verbot sogenannter „wilder Streiks". Dieses Verbot kann allerdings nicht auf Art. 9 Abs. 3 S. 1 GG gestützt werden, weil dieser nicht bloß den „Tarifkampf", sondern auch den „Koalitionskampf" schützt. Zumindest enthält er insoweit keine Aussage. Die aus dem entgegengesetzten Standpunkt folgende Annahme des Bundesarbeitsgerichtes und der herrschenden Literatur, der Arbeitskampf sei ausschließlich Hilfsinstrument der Tarifautonomie, ist nicht zwingend. Zunächst handelt es dabei um eine gesellschafts-

---

[121] Zur Tarifbezogenheit noch näher unten S. 280 ff.

[122] Zu diesen Voraussetzungen *Gamillscheg,* Kollektives Arbeitsrecht I, S. 425 ff.

[123] BAG v. 28.1.1955, AP Nr. 1 zu Art. 9 GG Arbeitskampf, I. 3. der Gründe (Bl. 4R).

[124] BAG v. 20.12.1963, AP Nr. 32 zu Art. 9 GG Arbeitskampf, B. II. 3. e. der Gründe (Bl. 9R).

[125] BAG v. 20.12.1963, AP Nr. 32 zu Art. 9 GG Arbeitskampf, B. II. 3. e., 4. der Gründe (Bl. 9R, 10); v. 21.10.1969, AP Nr. 41 zu Art. 9 GG Arbeitskampf, 1. der Gründe (Bl. 2R); v. 14.2.1978, AP Nr. 58 zu Art. 9 GG Arbeitskampf, 6. a. der Gründe (Bl. 4R f.); v. 14.2.1978, AP Nr. 59 zu Art. 9 GG Arbeitskampf, B. 5. der Gründe (Bl. 1R); v. 7.8.1988, AP Nr. 106 zu Art. 9 GG Arbeitskampf, A. I. 1. der Gründe (Bl. 3R); LAG Hamm v. 17.2.1999, 18 (4) Sa 1177/98, Rn. 51 (juris); *Dietlein,* in: Stern, Staatsrecht IV/1, S. 2063; *Gamillscheg,* Kollektives Arbeitsrecht I, S. 1087 ff.; *Hromadka/Maschmann,* Arbeitsrecht 2, § 14 Rn. 23; *Kemper,* in: v. Mangoldt/Klein/Starck, Art. 9 GG Rn. 169; *Löwer,* in: v. Münch/Kunig, Art. 9 GG Rn. 91; *Otto,* Arbeitskampf- und Schlichtungsrecht, § 6 Rn. 22 ff.; *Rüthers,* in: Brox/Rüthers, Arbeitskampfrecht, Rn. 133; *Scholz,* in: Maunz/Dürig, Art. 9 GG Rn. 324; *Seiter,* Streik- und Aussperrungsrecht, S. 191 ff.; a. A. *Däubler,* in: Däubler, Arbeitskampfrecht, § 12 Rn. 16 ff.; *Höfling,* in: Sachs, Art. 9 GG Rn. 104, 108; *Klein,* Koalitionsfreiheit, S. 87 ff.; *Kissel,* Arbeitskampfrecht, § 25 Rn. 3; *Ramm,* AuR 1971, 97 (97); offengelassen in BAG v. 28.4.1966, DB 1966, 905 (905 f.); BSG v. 9.7.1963, E 19, 230 (236).

politische Argumentation.[126] Die angeführten Gründe sind zwar stichhaltig, da ein willkürliches oder unbegrenztes Streikrecht mit den vielfältigen Interessen Dritter und letztlich denen der Allgemeinheit unvereinbar ist. Allerdings bedarf es einer rechtlichen Begründung. Der Hinweis auf die Tarifautonomie genügt nicht, weil der verfassungsrechtliche Koalitionsbegriff weitere als tarifvertragliche Betätigungen zulässt. Verfassungsrechtlich ist es aus diesem Grund nicht geboten, den rechtmäßigen Arbeitskampf auf Gewerkschaften zu begrenzen. Gem. § 2 TVG können zwar nur diese Tarifverträge mit den Arbeitgebern abschließen.[127] Als Norm niederen Ranges rechtfertigt dies allerdings keine Begrenzung der Arbeitskampffreiheit i. S. des Art. 9 Abs. 3 S. 1 GG. Dies ergibt sich aus der Rechtsprechung des Bundesverfassungsgerichts, das hinsichtlich der Tariffähigkeit ausgeführt hat, dass keine überhöhten Anforderungen an den Koalitionsbegriff des Art. 9 Abs. 3 S. 1 GG gestellt werden dürften.[128] Somit sind sämtliche Koalitionen unabhängig von ihrer Eigenschaft als Tarifvertragspartei i. S. des § 2 TVG vom Schutzbereich des Art. 9 Abs. 3 S. 1 GG erfasst.[129] Allerdings sind insbesondere sogenannte „ad hoc“-Vereinigungen nur dann erfasst, wenn sie die beschriebene Fähigkeit zur organisierten Willensbildung besitzen. Anderenfalls mag es sich um eine (Spontan-)Versammlung i. S. des Art. 8 Abs. 1 GG handeln.[130] Eine Koalition muss jedoch eine darüber hinausgehende Struktur aufweisen.[131] Eine generelle Begrenzung des Streikrechts auf Gewerkschaften bedarf es somit nicht.

bb) Tarifvertragsgesetz als abschließende Ausgestaltung des Schutzbereiches von Art. 9 Abs. 3 S. 1 GG

Die Zulässigkeit des rechtmäßigen Streiks nur durch Tarifvertragsparteien i. S. des § 2 TVG kann also der Gewährleistung des Art. 9 Abs. 3 S. 1 GG widersprechen. Die Verkürzung einer vom Schutzbereich umfassten Tätigkeit durch das Erfordernis zusätzlicher Kriterien stellt einen Eingriff in das jeweilige Grundrecht dar.[132] Es ist daher zu überprüfen, ob das Tarifvertragsgesetz eine Ausgestaltung darstellt oder ob es sich um einen Eingriff in den Schutzbe-

---

126 *Däubler,* AuR 1998, 144 (146); *Ramm,* AuR 1971, 97 (97).

127 *Hromadka/Maschmann,* Arbeitsrecht 2, § 13 Rn. 60; *Richardi/Fischinger,* in: Staudinger-BGB (2011), Vorbem zu §§ 611 ff.Rn. 680; *Zöllner/Loritz/Hergenröder,* Arbeitsrecht, S. 358.

128 BVerfG v. 20.10.1981, E 58, 233 (249).

129 *Scholz,* in: Isensee/Kirchhof, HandbStaatsR VIII, § 175 Rn. 73 ff.

130 *Höfling,* in: Sachs, Art. 8 GG Rn. 19, Art. 9 GG Rn. 15.

131 Vgl. oben S. 222 ff.

132 *Jarass,* in: Jarass/Pieroth, Art. 9 GG Rn. 45; *Kokott,* in: Merten/Papier, HandbGrRte I, § 22 Rn. 40; differenzierend *Peine,* in: Merten/Papier, HandbGrRte III, § 57 Rn. 11, 13 sowie 41 ff.; *Pieroth/Schlink,* Grundrechte, Rn. 239 ff.

reich handelt.[133] Konkret bedeutet dies, dass es sich bei der genannten Limitierung auf Tarifvertragsparteien um einen rechtfertigungsbedürftigen Eingriff in die Betätigungsfreiheit der Koalitionen i. S. des Art. 9 Abs. 3 S. 1 GG handeln kann, sofern keine bloße Ausgestaltung des Grundrechts vorliegt.[134] Weil Art. 9 Abs. 3 S. 1 GG ein vorbehaltlos gewährleistetes Grundrecht enthält, muss ein Eingriff durch kollidierendes Verfassungsrecht gerechtfertigt sein.[135] Handelt es sich bei einer Eingrenzung durch eine Norm dagegen nicht um einen Eingriff, bedarf sie keiner verfassungsrechtlichen Rechtfertigung.[136] Stellt das Tarifvertragsgesetz somit eine zulässige und gegebenenfalls notwendige Ausgestaltung des Schutzbereiches dar, handelt es sich dabei nicht um einen Grundrechtseingriff.[137]

Die Rechtsprechung des Bundesverfassungsgerichtes zu Art. 9 Abs. 3 S. 1 GG deutet in diese Richtung,[138] wenngleich sie nicht stringent ist.[139] Es führt aus, dass

> [...] die Koalitionsfreiheit von vornherein der gesetzlichen *Ausgestaltung* [bedarf]. Diese besteht nicht nur in der Schaffung der Rechtsinstitute und Normenkomplexe, die erforderlich sind, um die grundrechtlich garantierten Freiheiten ausüben zu können. Die Bedeutung und Vielzahl der von der Tätigkeit der Koalitionen berührten Belange namentlich im Bereich der Wirtschafts- und Sozialordnung machen vielmehr vielfältige gesetzliche Regelungen notwendig, die der Koalitionsfreiheit auch *Schranken* ziehen können; dies um so mehr, als der Gegenstand der Gewährleistung auf sich wandelnde wirtschaftliche und soziale Bedingungen bezogen ist, die mehr als bei anderen Freiheitsrechten die Möglichkeit zu Modifikationen und Fortentwicklungen lassen müssen.
> Demgemäß geht das Bundesverfassungsgericht in ständiger Rechtsprechung davon aus, daß Art. 9 Abs. 3 GG die Koalitionsfreiheit nur in ihrem Kernbereich schützt [...]: Das Grundrecht räumt den geschützten Personen und Vereinigun-

---

133 Zur Unterscheidung einschränkender und nicht einschränkender Normen ausführlich *Alexy,* Grundrechte, S. 300 ff.

134 *Burkiczak,* Deregulierung, S. 153 ff.; *Höfling,* in: Sachs, Art. 9 GG Rn. 62; *ders.,* RdA 1999, 182 (185).

135 BVerfG v. 26.5.1970, E 28, 243 (261); *Höfling,* in: Sachs, Art. 9 GG Rn. 108; *Kokott,* in: Merten/Papier, HandbGrRte I, § 22 Rn. 47 sowie unten S. 232 ff.

136 *Alexy,* Grundrechte, S. 300; *Henssler,* ZfA 1998, 1 (11); *Kokott,* in: Merten/Papier, HandbGrRte I, § 22 Rn. 40; a. A. *Burkiczak,* Deregulierung, S. 156. Der Gesetzgeber ist gleichwohl nicht frei von den verfassungsrechtlichen Bindungen, insbesondere darf er das Grundrecht nicht aushöhlen. In einem solchen Fall kann die bloße Ausgestaltung als Eingriff zu qualifizieren sein, BVerfG v. 11.10.1988, E 79, 29 (40 f.); *Peine,* in: Merten/Papier, HandbGrRte III, § 57 Rn. 57 ff.

137 Vgl. *Alexy,* Grundrechte, S. 300 ff.; *Burkiczak,* Deregulierung, S. 157 ff.; *Höfling,* in: Sachs, Art. 9 GG Rn. 116 f.; *Jarass,* in: Jarass/Pieroth, Art. 9 GG Rn. 46; *Kokott,* in: Merten/Papier, HandbGrRte I, § 22 Rn. 40, 47.

138 BVerfG v. 1.3.1979, E 50, 290 (368 f.); v. 20.10.1981, E 58, 233 (247); v. 2.3.1993, E 88, 103 (115).

139 Kritisch zu dieser Rechtsprechung *Burkiczak,* Deregulierung, S. 152 f.

> gen nicht mit Verfassungsrang einen inhaltlich unbegrenzten und unbegrenzbaren Handlungsspielraum ein [...]; es ist vielmehr Sache des Gesetzgebers, die Tragweite der Koalitionsfreiheit dadurch zu bestimmen, daß er die Befugnisse der Koalitionen im einzelnen *gestaltet* und näher *regelt*. Dabei kann er den besonderen Erfordernissen des jeweils zu regelnden Sachverhalts Rechnung tragen. Allerdings dürfen dem Betätigungsrecht der Koalitionen nur solche *Schranken* gezogen werden, die zum Schutz anderer Rechtsgüter von der Sache her geboten sind. Regelungen, die nicht in dieser Weise *gerechtfertigt* sind, tasten den durch Art. 9 Abs. 3 GG geschützten Kerngehalt der Koalitionsbetätigung an [...].[140]

Zwar differenziert das Bundesverfassungsgericht nicht präzise zwischen Ausgestaltungen des Schutzbereiches und Eingriffen in diesen. Aus dem Urteil geht hervor, dass eine Ausgestaltung des Schutzbereiches des Art. 9 Abs. 3 S. 1 GG zulässig ist. Die Ausführungen gerade zur verfassungsrechtlichen Rechtfertigung lassen jedoch darauf schließen, dass das Gericht das Tarifvertragsgesetz einerseits nicht als einzig denkbare Form gesetzlicher Gestaltung und andererseits als Eingriff und daher nicht als nicht rechtfertigungsbedürftige Ausgestaltung ansieht. Dies entspricht der Grundrechtsdogmatik, wonach eine Ausgestaltung nur in engen Grenzen zulässig ist, um eine verfassungsrechtliche Rechtfertigung eines Eingriffes nicht zu umgehen.[141] Eine Begrenzung des Streiks als wesentliche koalitionsspezifische Betätigung auf Tarifvertragsparteien stellt eine erhebliche Verkürzung des sachlichen Schutzbereichs von Art. 9 Abs. 3 S. 1 GG dar. Es handelt sich daher nicht um eine Ausgestaltung, sondern um einen Eingriff. Das Bundesverfassungsgericht geht denn auch vom Koalitionsbegriff und der Koalitionsfreiheit aus und begrenzt diese gerade nicht auf die Tarifautonomie, die zwischen den Tarifvertragsparteien herrscht. Es lässt offen, ob weitere Betätigungsformen zulässig sind. Allerdings hätte es gerade mit Blick auf die darauffolgende Passage nahegelegen, diese auf tarifbezogene Handlungen einzugrenzen. Dass dies nicht geschehen ist, spricht ebenfalls dafür, dass der Gesetzgeber auch weitere Handlungen der Koalitionen regeln könnte. Zu beachten ist schließlich, dass die Entscheidung den Begriff des Kernbereiches enthält, der heute nicht mehr in diesem vermeintlich engen Sinne verstanden wird.[142]

Vor diesem Hintergrund fährt das Bundesverfassungsgericht fort und führt hinsichtlich des Teilaspekts der koalitionsspezifischen Betätigungsfreiheit aus, dass die gesetzgeberische Befugnis zur Ausgestaltung des Schutzbereiches

> „auch für die Gewährleistung der Tarifautonomie [gilt]. Diese ist ganz allgemein; sie umfaßt nicht die besondere Ausprägung, die das Tarifvertragssystem in dem zur Zeit des Inkrafttretens des Grundgesetzes geltenden Tarifvertragsgesetz erhalten hat. Sie läßt dem Gesetzgeber einen weiten Spielraum zur Ausgestaltung [...]

---

140 BVerfG v. 1.3.1979, E 50, 290 (368 f., Hervorhebungen durch Verfasser).

141 *Alexy,* Grundrechte, S. 306 f.

142 Näher noch unten S. 285 f.

und schafft damit die Möglichkeit, die Voraussetzungen der Tariffähigkeit der jeweiligen gesellschaftlichen Wirklichkeit so anzupassen, daß die Koalitionen ihre Aufgabe erfüllen können [...]. Allerdings verbietet es das Grundrecht der Koalitionsfreiheit, die Tariffähigkeit von Umständen abhängig zu machen, die nicht von der Sache selbst, also von der im allgemeinen Interesse liegenden Aufgabe der Ordnung und Befriedung des Arbeitslebens gefordert sind [...]. Der Gesetzgeber ist hiernach an einer sachgemäßen Fortbildung des Tarifvertragssystems nicht gehindert; seine Regelungsbefugnis findet ihre Grenzen an dem verfassungsrechtlich gewährleisteten Kernbereich der Koalitionsfreiheit: der Garantie eines gesetzlich geregelten und geschützten Tarifvertragssystems, dessen Partner frei gebildete Koalitionen im Sinne des Art. 9 Abs. 3 GG sein müssen [...]."[143]

Dort setzt das Bundesverfassungsgericht sich mit der Tarifautonomie auseinander und stellt klar, dass der Gesetzgeber durchaus Voraussetzungen für die Tariffähigkeit aufstellen darf. Aus dieser Aussage folgt allerdings nicht, dass durch die Regelung des Tarifvertragsgesetzes sämtliche anderen Betätigungsformen der Koalitionen ausgeschlossen sind. Vielmehr lässt sich daraus ableiten, dass der Gesetzgeber für die Ausübung der Koalitionsfreiheit allgemein weitere Voraussetzungen aufstellen könnte. Dies ergibt sich aus der genannten Grundrechtsdogmatik, wonach auch vorbehaltlos gewährleistete Grundrechte ihre Schranken in den verfassungsrechtlichen Gegenpositionen anderer finden. Das Bundesverfassungsgericht geht also davon aus, dass sich die koalitionsspezifische Betätigungsfreiheit nicht in der Tarifautonomie erschöpft.[144] Es ist daher festzuhalten, dass der Schutzbereich des Art. 9 Abs. 3 S. 1 GG nicht von vornherein abschließend durch das Tarifvertragsgesetz ausgestaltet ist. Der nichtgewerkschaftliche Streik ist somit grundsätzlich geschützt.[145] Es handelt sich nicht um eine Ausgestaltung, sondern um einen Eingriff in die Koalitionsfreiheit, wenn bestimmten Koalitionen bestimmte Betätigungsformen versagt werden. Dieser Eingriff muss verfassungsrechtlich aufgrund kollidierenden Verfassungsrechts gerechtfertigt sein.

cc) Verfassungsrechtliche Rechtfertigung eines Eingriffs durch das Tarifvertragsgesetz

Das Tarifvertragsgesetz stellt somit keine nicht rechtfertigungsbedürftige Ausgestaltung des Schutzbereiches des Art. 9 Abs. 3 S. 1 GG, sondern einen Ein-

143 BVerfG v. 1.3.1979, E 50, 290 (369).

144 *Däubler,* in: Däubler, Arbeitskampfrecht, § 9 Rn. 3 ff., § 13 Rn. 4.

145 *Däubler,* in: Däubler, Arbeitskampfrecht, § 12 Rn. 16 ff.; *Höfling,* in: Sachs, Art. 9 GG Rn. 104, 108; *Kissel,* Arbeitskampfrecht, § 25 Rn. 3; *Klein,* Koalitionsfreiheit, S. 87 ff.; *Ramm,* AuR 1971, 97 (97); a. A. *Dietlein,* in: Stern, Staatsrecht IV/1, S. 2026, 2063. *Scholz,* in: Isensee/Kirchhof, HandbStaatsR VIII, § 175 Rn. 130 lehnt den nichtgewerkschaftlichen Streik grundsätzlich ab; Ausnahmen seien allenfalls denkbar, wenn die Funktionsunfähigkeit der Tarifautonomie gefährdet sei.

griff dar. Dieser kann verfassungsrechtlich gerechtfertigt sein.[146] Allerdings enthält das Gesetz selbst keine Regelungen darüber, durch welche Mittel die Tarifverträge zustande kommen. Fragen des Arbeitskampfes sind nicht normiert. Daher ist davon auszugehen, dass es sich um die einfachgesetzliche Gestaltung lediglich eines bestimmten Teils der Betätigungsfreiheit der Koalitionen i. S. des Art. 9 Abs. 3 S. 1 GG handelt. Das Tarifvertragsgesetz regelt lediglich die Voraussetzungen und die Wirkung von Tarifverträgen. Für eine gewollte abschließende Regelung finden sich keine Hinweise.[147] Auf eine verfassungsrechtliche Rechtfertigung eines Eingriffs kommt es deshalb insoweit nicht an.

dd) Verfassungsrechtliche Rechtfertigung eines Eingriffs durch gesetzesvertretendes Richterrecht

Das Bundesarbeitsgericht betrachtet den nichtgewerkschaftlichen Streik in ständiger Rechtsprechung und in Übereinstimmung mit großen Teilen der Literatur als unzulässig.[148] Ausgangspunkt ist die nicht unbestrittene Annahme, dass Art. 9 Abs. 3 S. 1 GG nur den tarifbezogenen Streik schütze. Das Bundesarbeitsgericht attestiert lediglich Gewerkschaften einen maßvollen Umgang mit der „scharfen Waffe" des Arbeitskampfes in Gestalt des Streiks.[149] Eine Ausweitung auf andere Gruppen sei wegen der Beeinträchtigungen der Rechte und Interessen des sozialen Gegenspielers und derer Dritter bedenklich. Diese Rechtsprechung stellt als Akt öffentlicher Gewalt i. S. der Art. 1 Abs. 3 GG i. V. mit §§ 94 Abs. 3, 95 Abs. 2 BVerfGG nach dem eben Gesagten einen Eingriff in den Schutzbereich des Art. 9 Abs. 3 S. 1 GG dar.[150] Dieser kann wegen der vorbehaltlosen Gewährleistung der Koalitionsfreiheit allein aufgrund des kollidierenden Verfassungsrechts gerechtfertigt sein.

(1) Einschränkbarkeit der Koalitionsfreiheit i. S. des Art. 9 Abs. 3 S. 1 GG

Art. 9 Abs. 3 S. 1 GG ist vorbehaltlos gewährleistet.[151] Teile der Literatur wenden jedoch die Schranken des Art. 9 Abs. 2 GG mit dem Argument auch auf die Koalitionsfreiheit an, bei Koalitionen handele es sich um besondere Vereinigungen i. S. des Art. 9 Abs. 1 GG.[152] Allerdings widerspricht dies der Systematik

---

146 Vgl. *Höfling,* in: Sachs, Art. 9 GG Rn. 104.

147 *Däubler,* in: Däubler, Arbeitskampfrecht, § 9 Rn. 22 f.; *Zechlin,* Streik, S. 22.

148 Vgl. die zahlreichen Nachweise oben in Fn. 125.

149 BAG v. 20.12.1963, AP Nr. 32 zu Art. 9 GG Arbeitskampf, B. II. 3. e. der Gründe (Bl. 9R).

150 *Hömig,* in: Maunz u. a., § 95 BVerfGG Rn. 19.

151 BVerfG v. 26.6.1991, E 84, 212 (228); v. 10.1.1995, E 92, 26 (41); v. 24.4.1996, E 94, 268 (284 f.); v. 24.2.1999, E 100, 214 (223 f.).

152 *Kemper,* in: v. Mangoldt/Klein/Starck, Art. 9 GG Rn. 195 f.; *Löwer,* in: v. Münch/Kunig, Art. 9 GG Rn. 110; *Heinze,* FS 50 Jahre BAG, 493 (503); *Scholz,* in: Maunz/Dürig, Art. 9 GG Rn. 337.

der Norm.[153] Zwar verwenden sowohl Abs. 2 als auch Abs. 3 den Begriff der Vereinigung. Allerdings ist nicht ersichtlich, warum die Absätze in der gewählten Reihenfolge stehen und nicht getauscht sind, um deutlich zu machen, dass die aufgezählten Schranken für alle Vereinigungen gelten. Zudem erfasst Art. 9 Abs. 1 GG „alle Deutschen", wohingegen Art. 9 Abs. 3 S. 1 GG „jedermann" erfasst. Es handelt sich daher um ein Grundrecht mit eigenständigem Charakter.[154] Daher ist mit dem Bundesverfassungsgericht davon auszugehen, dass die Koalitionsfreiheit in Art. 9 Abs. 3 S. 1 GG vorbehaltlos gewährleistet ist.[155] Die Streitfrage ist jedoch von untergeordneter Bedeutung, weil der Schrankenvorbehalt die praktisch relevanten Beschränkungen nicht erfasst.[156] Nach allgemeiner Grundrechtsdogmatik können allerdings selbst vorbehaltlos gewährleistete Grundrechte aufgrund kollidierenden Verfassungsrechts eingeschränkt werden.[157] Daher kommt eine solche Einschränkung der Koalitionsfreiheit in Betracht.[158]

(2) Kollidierendes Verfassungsrecht

Nach dem oben Gesagten ist der Schutzbereich des Art. 9 Abs. 3 S. 1 GG umfassend zu verstehen. Jedes koalitionsspezifische oder -gemäße Handeln ist grundsätzlich – aber nicht zwangsläufig gleich intensiv – geschützt.[159] Dieses wird im Grundsatz durch den Arbeitskampf als Hilfsinstrument der Koalitionsbetätigung flankiert.[160] Gerade deshalb ist offenkundig, dass diese Freiheit nicht unbeschränkt, also ohne Rücksicht auf die Rechte und Interessen Dritter, bestehen kann. Ein Eingriff insbesondere durch die ständige höchstrichterliche arbeitsgerichtliche Judikatur kann also verfassungsrechtlich gerechtfertigt sein. In Betracht kommen dabei entgegenstehende Positionen des sozialen Gegenspielers und Dritter sowie sonstige mit Verfassungsrang ausgestattete Rechte und Interessen.[161] Diese verfassungsimmanenten Schranken werden in

---

153 *Höfling,* in: Sachs, Art. 9 GG Rn. 127; *Jarass,* in: Jarass/Pieroth, Art. 9 GG Rn. 49; *Kannengießer,* in: Schmidt-Bleibtreu/Hofmann/Hopfauf, Art. 9 GG Rn. 27.

154 *Kemper,* in: v. Mangoldt/Klein/Starck, Art. 9 GG Rn. 81.

155 Vgl. Nachweise oben in Fn. 151.

156 *Cornils,* in: Epping/Hillgruber, Art. 9 GG Rn. 84.

157 BVerfG v. 26.6.1991, E 84, 212 (228); v. 24.2.1999, E 100, 214 (223 f.); *Cornils,* in: Epping/Hillgruber, Art. 9 GG Rn. 86; *Papier,* in: Merten/Papier, HandbGrRte III, § 64 Rn. 6; *Pieroth/Schlink,* Grundrechte, Rn. 338 ff.

158 Zum Vorbehalt des Gesetzes und zur Wesentlichkeitsrechtsprechung im Arbeitskampfrecht oben S. 200 ff.

159 Zur „Wirkkraft" von Art. 9 Abs. 3 S. 1 GG bereits oben S. 222 ff. sowie näher unten S. 282 ff.

160 Dazu oben S. 211 ff.

161 BVerfG v. 36.6.1981, E 84, 212 (228); v. 2.3.1993, E 88, 103 (115); v. 4.7.1995, E 92, 365 (394); v. 24.4.1996, E 94, 268 (284); v. 24.2.1999, E 100, 214 (223 f.); v. 27.4.1999,

der Sache ähnlich einer konventionellen Verhältnismäßigkeitsprüfung begründet.[162] Insbesondere um den Maßstab für die Verhältnismäßigkeitsprüfung deutlich zu machen, ist diese systemkonform jedoch nicht im Rahmen des Schutzbereichs, sondern nach der Begründung eines Eingriffs vorzunehmen.[163] Darüber hinaus ist zu beachten, dass es sich bei der Verhältnismäßigkeitsprüfung um eine Entscheidung im Einzelfall handelt, so dass die Grundsätze dort gegebenenfalls einer Modifikation bedürfen können. An dieser Stelle sollen nicht sämtliche in Betracht kommenden Gegenpositionen dargestellt werden, sondern nur diejenigen, die für die hier behandelte Fragestellung von Bedeutung sind.[164] Dies sind hinsichtlich nichtgewerkschaftlicher Streiks im Wesentlichen die betroffenen Arbeitgeber. Darüber hinaus können Rechte und Interessen Dritter betroffen sein. Allerdings bestehen insofern geringe Unterschiede zwischen den (Fern-)Wirkungen gewerkschaftlicher und nichtgewerkschaftlicher Streiks.[165]

(a) Rechte und Interessen des sozialen Gegenspielers

Der soziale Gegenspieler einer Arbeitnehmerkoalition ist der Arbeitgeber oder der Arbeitgeberverband.[166] Beide sind Grundrechtsträger der individuellen beziehungsweise kollektiven Koalitionsfreiheit gem. Art. 9 Abs. 3 S. 1 GG.[167] Da sich mit der Koalitionsfreiheit aus Art. 9 Abs. 3 S. 1 GG zwei identische Rechtspositionen gegenüberstehen, hat das Bundesarbeitsgericht gefolgert, dass die Ausübung der Arbeitskampffreiheit verhältnismäßig sei, sofern die Kampfparität gewahrt bleibe.[168] Die Positionen müssen aufgrund ihrer Gleichwertigkeit also zum Ausgleich gebracht werden. Das Bundesverfassungsgericht hat diese Rechtsprechung gebilligt.[169]

E 100, 271 (283); v. 3.4.2001, E 103, 293 (306); v. 29.12.2004, NZA 2005, 153 (154); v. 6.2.2007, NZA 2007, 394 (395); BAG v. 19.6.2007, AP Nr. 173 zu Art. 9 GG Arbeitskampf, Rn. 15; v. 22.9.2009, AP Nr. 174 zu Art. 9 GG Arbeitskampf, Rn. 37; *Höfling,* in: Sachs, Art. 9 GG Rn. 128; kritisch hinsichtlich des dogmatischen Ansatzes *Kemper,* in: v. Mangoldt/Klein/Starck, Art. 9 GG Rn. 117 ff., 202.

162 *Bauer,* in: Dreier, Art. 9 GG Rn. 92; *Kemper,* in: v. Mangoldt/Klein/Starck, Art. 9 GG Rn. 90.

163 *Kemper,* in: v. Mangoldt/Klein/Starck, Art. 9 GG Rn. 117, 202.

164 Vgl. ausführlich *Höfling,* in: Sachs, Art. 9 GG Rn. 126 ff.; *Jarass,* in: Jarass/Pieroth, Art. 9 GG Rn. 49 ff.; *Kemper,* in: v. Mangoldt/Klein/Starck, Art. 9 GG Rn. 195 ff.

165 Dazu sogleich näher S. 235 ff.

166 *Jarass,* in: Jarass/Pieroth, Art. 9 GG Rn. 43; *Kemper,* in: v. Mangoldt/Klein/Starck, Art. 9 GG Rn. 82.

167 *Höfling,* in: Sachs, Art. 9 GG Rn. 63; *Jarass,* in: Jarass/Pieroth, Art. 9 GG Rn. 43; *Kemper,* in: v. Mangoldt/Klein/Starck, Art. 9 GG Rn. 91; *Kissel,* Arbeitskampfrecht, § 4 Rn. 18.

168 BAG v. 21.4.1971, AP Nr. 43 zu Art. 9 GG Arbeitskampf, Teil III. B. 1. der Gründe (Bl. 7 f.); v. 10.6.1980, AP Nr. 64 zu Art. 9 GG Arbeitskampf, A. I. 3. c. der Gründe (Bl. 5R); v. 10.6.1980, AP Nr. 65 zu Art. 9 GG Arbeitskampf, A. I. 3. c. der Gründe (Bl. 4R).

169 BVerfG v. 26.6.1991, E 84, 212 (228 ff.); vgl. auch v. 24.4.1996, E 94, 268 (284).

Zudem kommen die Unternehmergrundrechte der Art. 12 und 14 GG in Betracht.[170] Der Betrieb kann durch stetige Streiks durch verschiedene nichtgewerkschaftliche Gruppen zum Erliegen kommen. Mithin geht es um die individuelle Erwerbs- und Leistungstätigkeit und nicht um den Bestand des Unternehmens, so dass der Schutzbereich von Art. 12 GG eröffnet ist.[171] Der Arbeitgeber ist danach – unabhängig von deliktischem Schutz gegen rechtswidrige Streiks[172] – in seiner unternehmerischen Freiheit geschützt, seinen Betrieb ungestört zu betreiben.

Durch die entgegenstehenden Grundrechte lässt sich nicht begründen, dass nur solche Koalitionen, die gleichzeitig die Merkmale der Gewerkschaft erfüllen, den Arbeitskampf führen dürfen. Erfüllt eine Koalition die oben genannten Voraussetzungen, verfügt sie also insbesondere über eine Struktur zur organisierten Willensbildung, spricht dies grundsätzlich nicht gegen die Fähigkeit, um eine Kollektivvereinbarung zu streiten und sie nötigenfalls zu erkämpfen.[173] Es besteht dagegen ein schützenswertes Interesse des Arbeitgebers, nicht mit lediglich vermeintlichen Arbeitnehmerverbünden zu verhandeln, weil ein sinnvolles Ergebnis dann nicht zu erzielen ist. Ein durch eine solche Scheinkoalition geführter Arbeitskampf wäre unverhältnismäßig und daher rechtswidrig. Besteht allerdings die Gewähr, dass ein unabhängig von der Gewerkschaftseigenschaft gegründeter beziehungsweiser bestehender Verbund ernsthaft mit dem Arbeitgeber über Arbeits- und Wirtschaftsbedingungen verhandeln kann, steht dessen Koalitionsfreiheit nicht entgegen. Dies wird nicht durch die Unternehmergrundrechte der Art. 12 Abs. 1 i. V. mit Art. 14 Abs. 1 GG relativiert, solange die Arbeitnehmerkoalition nicht diktierend in die Unternehmensleitung eingreift. Tatsächlich ist allerdings lediglich die Abwägung zu treffen, ob die Arbeitskampfmaßnamen einer Gruppe von Arbeitnehmern im Einzelfall durch die Interessen des Arbeitgebers aufgewogen und überwogen werden oder nicht. Auf die Gewerkschaftseigenschaft als solche kommt es dabei nicht an.

(b) Rechte und Interessen Dritter

Der Koalitionsfreiheit entgegenstehende Rechte und Interessen Dritter von Verfassungsrang können bei jedem Arbeitskampf sein das Recht auf Leben und körperliche Unversehrtheit gem. Art. 2 Abs. 2 GG sowie die Berufsfreiheit gem. Art. 12 Abs. 1 GG und die Unternehmergrundrechte gem. Art. 12 Abs. 1

170 BAG v. 3.4.1990, AP Nr. 56 zu Art. 9 GG, B. II. 1. der Gründe (Bl. 5 f.); *Beuthien,* ZfA 1984, 1 (11 f.); *Höfling,* in: Sachs, Art. 9 GG Rn. 133; *Jarass,* in: Jarass/Pieroth, Art. 9 GG Rn. 50; *Scholz,* in: Maunz/Dürig, Art. 9 GG Rn. 372.

171 *Cornils,* in: Epping/Hillgruber, Art. 9 GG Rn. 89.1; *Jarass,* in: Jarass/Pieroth, Art. 14 GG Rn. 10.

172 Dazu im Überblick unten S. 348 ff.

173 Dazu oben S. 222 ff.

i. V. mit Art. 14 Abs. 1 GG.[174] Hier ist zu fragen, ob sich relevante Unterschiede ergeben, wenn es sich um einen nichtgewerkschaftlichen Arbeitskampf handelt. Dies ist zu verneinen. Für Dritte ist es im Ergebnis nicht von Interesse, aus welchem Grund eine bestimmte Leistung durch das bestreikte Unternehmen nicht erbracht werden kann. Die Situation ist somit vergleichbar mit der eines Spartenstreiks. Hier streikt ebenfalls ein unter Umständen kleiner Teil der Belegschaft für eigene Ziele. Für Außenstehende bleibt dies ohne Bedeutung. Daher stellen sich keine spezifischen Probleme hinsichtlich der Rechte und Interessen Dritter bei einem nichtgewerkschaftlichen Streik.

ee) Zusammenfassung

Der Begriff der Koalition i. S. des Art. 9 Abs. 3 S. 1 GG ist sachlich weiter als der der Gewerkschaft i. S. des § 2 TVG. Für die hier relevante Frage, ob auch eine Auslegung des Schutzbereiches des Art. 9 Abs. 3 S. 1 GG möglich ist, wonach auch Arbeitnehmerverbünde i. S. des Art. 6 Nr. 4 ESC umfasst sind, ergibt sich folgendes Bild. Denkbar ist, den Grundrechtsschutz dieser Personenmehrheiten aus Art. 9 Abs. 3 S. 1 GG i. V. mit Art. 19 Abs. 3 GG abzuleiten. Vom Begriff der „juristischen Person" i. S. des Art. 19 Abs. 3 GG sind allerdings bloß solche Gebilde erfasst, die voll- oder zumindest teilrechtsfähig sind. Dies ist bei bloßen Mehrheiten beziehungsweise Ansammlungen von Arbeitnehmern grundsätzlich nicht der Fall. Eine andere denkbare Möglichkeit ist, den Schutz dieser Kollektive direkt aus Art. 9 Abs. 3 S. 1 GG abzuleiten und die Norm als „Doppelgrundrecht" zu begreifen. Damit ist gemeint, dass sie sowohl die individuelle wie die kollektive Koalitionsfreiheit schützt. Der Wortlaut „jedermann" lässt ein entsprechendes Verständnis zu, wenn man als Koalition i. S. des Art. 9 Abs. 3 S. 1 GG unter Berücksichtigung des Art. 6 Nr. 4 ESC auch die kollektive Ausübung der individuellen Freiheit ansieht. Notwendigerweise muss eine solche Koalition zu einer organisierten Willensbildung in der Lage sein.

c) Beamte

Schließlich sind solche Koalitionen nicht tariffähig, die aus anderen Gründen keine Tarifverträge abschließen können. Dies gilt insbesondere für Beamtengewerkschaften. Zwar steht ihnen die gem. Art. 9 Abs. 3 S. 1 GG gewährleistete Koalitionsfreiheit ebenso wie sonstigen Arbeitnehmern zu, da sie für je-

---

174 BVerfG v. 3.4.2001, E 103, 293 (307); *Cornils,* in: Epping/Hillgruber, Art. 9 GG Rn. 89 f.; *Hensche,* in: Däubler, Arbeitskampfrecht, § 18a Rn. 87; *Höfling,* in: Sachs, Art. 9 GG Rn. 133 zählt darüber hinaus die Pressefreiheit und die Garantien von Kirche und Religionsgesellschaften auf.

dermann und alle Berufe gewährleistet ist [175] Dies wird in § 116 BBG, § 52 BeamtStG einfachgesetzlich klargestellt.[176] Gleichwohl lassen sich nach überwiegender Ansicht „[wenige] Aussagen des Arbeitskampfrechts [...] auf eine ähnlich solide Grundlage stützen“[177], wie die, dass Beamten kein Streikrecht zusteht. Dennoch wird nach wie vor bestritten, dass sich dies aus dem Grundgesetz oder aus den beamtenrechtlichen Vorschriften zwangsläufig ergibt.[178]

aa) Rechtliche Ausgangslage

Konsens besteht darin, dass Beamte keine Arbeitnehmer sind, weil sie nicht aufgrund eines privatrechtlichen Arbeitsvertrages, sondern gem. § 3 Abs. 1 BeamtStG aufgrund eines öffentlich-rechtlichen Dienst- und Treueverhältnisses (Beamtenverhältnis) angestellt sind.[179] Die Regelungskompetenz des Gesetzgebers ergibt sich aus Art. 33 Abs. 4 GG i. V. mit Art. 73 Abs. 1 Nr. 8, 74 Abs. 1 Nr. 27 i. V. mit Abs. 2 GG, aus bundesrechtlichen Vorschriften wie etwa § 3 Abs. 1 BeamtVG, §§ 4, 78 BBG sowie aus den im Anschluss an die Föderalismusreform von 2006 eingeführten Vorschriften der Länder.[180] Nur der Gesetzgeber kann daher die Beschäftigungsbedingungen definieren.[181] Insoweit nimmt der Gesetzgeber die Regelungsfunktion wahr, die sonst die Tarifvertragsparteien durch den Abschluss von Tarifverträgen im Privatrecht erfüllen.[182]

bb) Derzeitiger Meinungsstand in Rechtsprechung und Literatur zum Streikverbot

Das Streikverbot wird im Wesentlichen mit dem fehlenden Tarifbezug sowie mit den hergebrachten Grundsätzen des Berufsbeamtentums i. S. des Art. 33

---

[175] BVerfG v. 30.11.1965, E 19, 303 (322); OVG Münster v. 7.3.2012, NVwZ 2012, 890 (891); OVG Lüneburg v. 12.6.2012, NdsVBl. 2012, 266 (266); *Kunig,* in: Schmidt-Aßmann/Schoch, Besonderes Verwaltungsrecht, Kap. 6 Rn. 173.

[176] *Battis,* § 116 BBG Rn. 2; *Reich,* § 52 BeamtStG Rn. 1 f.

[177] *Gamillscheg,* Kollektives Arbeitsrecht I, S. 1109.

[178] Zur Kritik sogleich S. 245 ff.

[179] BVerfG v. 30.3.1977, E 44, 249 (264); v. 7.11.1979, E 52, 303 (346); v. 7.7.1982, E 61, 43 (56); v. 15.10.1985, E 71, 39 (60); *P. Hanau/Adomeit,* Arbeitsrecht, Rn. 523; *Junker,* Arbeitsrecht, Rn. 92; *Merten,* ZBR 1996, 353 (354); *Müller-Glöge,* in: MünchKomm. BGB, § 611 Rn. 200; *Preis,* in: ErfK, § 611 BGB Rn. 128; *Raab,* in: GK-BetrVG, § 5 Rn. 14; *Wollenschläger,* Arbeitsrecht, Rn. 51.

[180] Vgl. dazu *Badura,* in: Maunz/Dürig, Art. 33 GG Rn. 1, 45 f.; *Hense,* in: Epping/Hillgruber, Art. 33 GG Rn. 49 ff. sowie die Aufzählung der Parallelvorschriften bei *Battis,* § 4 BBG. Zum Verhältnis des BeamStG zu den Landesgesetzen *Reich,* Einführung BeamStG Rn. 7.

[181] *Otto,* Arbeitskampf- und Schlichtungsrecht, § 3 Rn. 25; *Reich,* § 3 BeamtStG, § 3 Rn. 2; *Schlüter,* in: Brox/Rüthers, Arbeitskampfrecht, Rn. 514.

[182] OVG Münster v. 7.3.2012, NVwZ 2012, 890 (893); OVG Lüneburg v. 12.6.2012, NdsVBl. 2012, 266 (267); v. 12.6.2012, 20 BD 8/11, Rn. 40, 91 (juris); *Otto,* Arbeitskampf- und Schlichtungsrecht, § 3 Rn. 25.

Abs. 5 GG begründet. Dies entspricht der weit überwiegenden Auffassung in der Rechtsprechung[183] sowie der zu weiten Teilen in der arbeitsrechtlichen[184] und verfassungs- beziehungsweise öffentlich-rechtlichen[185] Literatur vertretenen Ansicht.

(1) Fehlender Tarifbezug

Da ausschließlich der Gesetzgeber zur Regelung des Beamtenverhältnisses legitimiert ist, besteht keine Arbeitsvertragsbeziehung zwischen den Parteien. Die Begründung erfolgt gem. § 10 BBG, § 8 BeamtStG durch einen mitwirkungsbedürften und aushändigungsbedürftigen Verwaltungsakt.[186] Alle weiteren Rechte

---

[183] BVerfG v. 11.6.1958, E 8, 1 (17); v. 11.6.1958, E 8, 28 (35); v. 30.3.1977, E 44, 249 (264); BAG v. 10.9.1985, AP Nr. 86 zu Art. 9 GG Arbeitskampf, B. II. 3. b., 4. der Gründe (Bl. 4R, 4R ff.); BGH v. 31.1.1978, Z 70, 277 (279); BVerwG v. 19.9.1977, E 53, 330 (331 f.); v. 3.12.1980, E 73, 97 (102); v. 10.5.1984, E 69, 208 (212 f.); v. 23.2.1994, 1 D 48/92, Rn. 19 f. (juris); OVG Hamburg v. 22.10.1988, EzA Nr. 90 zu Art. 9 GG Arbeitskampf (S. 2 f.); VGH Kassel v. 1.3.1989, NVwZ 1990, 386 (386) sowie jüngst OVG Münster v. 7.3.2012, NVwZ 2012, 890 (890 ff.); OVG Lüneburg v. 12.6.2012, NdsVBl. 2012, 266 (266 ff.); v. 12.6.2012, 20 BD 8/11, Rn. 37 ff. (juris); VG Düsseldorf v. 15.12.2010, ZBR 2011, 177 (178 f.); VG Osnabrück v. 19.8.2011, ZBR 2011, 389 (390 ff.); dagegen ein Streikrecht unter Berufung auf Art. 11 EMRK bejahend VG Kassel v. 27.7.2011, ZTR 2012, 59 (59 ff.); v. 27.7.2011, ZBR 2011, 386 (386 ff.)

[184] *Dieterich,* in: ErfK, Art. 9 GG Rn. 190 f.; *Gamillscheg,* Kollektives Arbeitsrecht I, S. 1108 ff.; *P. Hanau/Adomeit,* Arbeitsrecht, Rn. 334; *Hromadka/Maschmann,* Arbeitsrecht 2, § 14 Rn. 41; *Junker,* Arbeitsrecht, Rn. 619; *Löwisch/Rieble,* MünchArbR, § 275 Rn. 65; *G. Müller,* RdA 1982, 86 (89 ff.); *Otto,* Arbeitskampf- und Schlichtungsrecht, § 9 Rn. 3 ff.; *Schlüter,* in: Brox/Rüthers, Arbeitskampfrecht, Rn. 499; *Wollenschläger,* ZAS 1979, 87 (91 f.); a. A. *Bieback,* in: Däubler, Arbeitskampfrecht^2, Rn. 466 ff.; *Blanke,* AuR 1989, 1 (7 ff.); *Däubler,* Streik, §§ 13 ff.; *Löber,* Anm. zu VG Düsseldorf v. 15.12.2010, AuR 2011, 76 (76 f.); *Lörcher,* in: Däubler, Arbeitskampfrecht, § 18a Rn. 15 ff.; *Ramm,* Koalitions- und Streikrecht, S. 35 ff., 115 ff., 168, 169 ff.; vermittelnd *Kissel,* Arbeitskampfrecht, § 45 Rn. 24 ff., 38 ff.

[185] *Badura,* in: Maunz/Dürig, Art. 33 GG Rn. 58; *Höfling,* in: Sachs, Art. 9 GG Rn. 134; *Hufen,* Anm. zu OVG Hamburg v. 22.10.1988, JuS 1990, 841 (841); *Isensee,* JZ 1971, 73 (78); *ders.,* Beamtenstreik, S. 33 ff.; *Jarass,* in: Jarass/Pieroth, Art. 9 GG Rn. 56; *Kemper,* in: v. Mangoldt/Klein/Starck, Art. 9 GG Rn. 197; *Kilian,* LKV 2007, 145 (147); *Kunig,* in: Schmidt-Aßmann/Schoch, Besonderes Verwaltungsrecht, Kap. 6 Rn. 173; *Lecheler,* in: Isensee/Kirchhof, HandbStaatsR V, § 110 Rn. 43, 62; *Scholz,* in: Isensee/Kirchhof, HandbStaatsR VIII, § 175 Rn. 125; *ders.,* in: Maunz/Dürig, Art. 9 GG Rn. 377; *Zentgraf,* in: Metzler-Müller u. a., § 3 BeamtStG Rn. 1.2; a. A. *Hoffmann,* AöR 91 (1966), 141 (183 ff.); *Löber,* Anm. zu VG Düsseldorf v. 15.12.2010, AuR 2011, 76 (76); einschränkend *Kittner/Schiek,* in: Denninger u. a., AK-GG, Art. 9 Abs. 3 GG Rn . 144. *Löwer,* in: v. Münch/Kunig, Art. 9 GG Rn. 101 Stichwort „Streik“ stuft ein absolutes Streikverbot als „möglicherweise konventionswidrig“ ein, grundsätzlich rechterfertige Art. 33 Abs. 5 GG allerdings das Streikverbot (Rn. 110).

[186] BVerwG v. 6.11.1969, E 34, 168 (171); *Battis,* § 10 BBG Rn. 6; *Reich,* § 8 BeamtStG Rn. 1, 8; *Schnellenbach,* Beamtenrecht, § 3 Rn. 3.

und Pflichten des Beamten werden einseitig vom Gesetzgeber durch Gesetz ausgestaltet[187]. So erhält der Beamte zum Beispiel kein Arbeitsentgelt, sondern er wird alimentiert. Die Alimentation wird gem. § 2 Abs. 1 BBesG durch den Gesetzgeber geregelt.[188] Folglich besteht kein Raum für privatautonomes Verhandeln, so dass es demgemäß keines Arbeitskampfes bedarf.[189] Die Koalitionen haben daher keine Befugnis, die Beschäftigungsbedingungen durch Tarifvertrag zu regeln.[190] Ein Arbeitskampf von Beamten ist folglich nicht „tarifbezogen“, so dass es schon an einem tauglichen Kampfziel fehlt.[191] Ein von Beamten geführter Arbeitskampf ist durch Art. 9 Abs. 3 S. 1 GG nicht gerechtfertigt und somit rechtswidrig.[192]

Außerdem betrifft ein Arbeitskampf das Eigeninteresse der Beamten, wobei dieses gerade aufgrund des öffentlich-rechtlichen Dienst- und Treueverhältnisses ausgeschaltet sein soll.[193] Zudem trägt der Beamte kein Arbeitskampfrisiko, da ein Arbeitskampf nicht die Pflicht des Staates suspendiert, den Unterhalt zu gewähren.[194] Es handelt sich dabei nicht um eine im Gegenseitigkeitsverhältnis stehende Hauptleistungspflicht i. S. des do ut des gem. § 320 Abs. 1 BGB, sondern um einen angemessenen Unterhalt.[195] Das Dienstverhältnis ist gesetzlich geregelt, so dass das Entfallen der Unterhaltspflicht im Falle eines rechtmäßi-

---

187 OVG Münster v. 7.3.2012, NVwZ 2012, 890 (893); OVG Lüneburg v. 12.6.2012, NdsVBl. 2012, 266 (267); v. 12.6.2012, 20 BD 8/11, Rn. 40 f. (juris); VG Osnabrück v. 19.8.2011, ZBR 2011, 389 (391).

188 OVG Münster v. 7.3.2012, NVwZ 2012, 890 (893); OVG Lüneburg v. 12.6.2012, NdsVBl. 2012, 266 (267); v. 12.6.2012, 20 BD 8/11, Rn. 40 (juris).

189 VG Osnabrück v. 19.8.2011, ZBR 2011, 389 (391); *Schubert,* AöR 137 (2012), 92 (96).

190 OVG Lüneburg v. 12.6.2012, NdsVBl. 2012, 266 (267); v. 12.6.2012, 20 BD 8/11, Rn. 41 (juris); VG Düsseldorf v. 15.12.2010, ZBR 2011, 177 (178); *Schlüter,* in: Brox/Rüthers, Arbeitskampfrecht, Rn. 509.

191 OVG Münster v. 7.3.2012, NVwZ 2012, 890 (892); OVG Lüneburg v. 12.6.2012, NdsVBl. 2012, 266 (267); v. 12.6.2012, 20 BD 8/11, Rn. 42 (juris); VG Düsseldorf v. 15.12.2010, ZBR 2011, 177 (178); *Dieterich,* in: ErfK, Art. 9 GG Rn. 190; *Gamillscheg,* Kollektives Arbeitsrecht I, S. 1110; *Isensee,* Beamtenstreik, S. 35 f.; *Kissel,* Arbeitskampfrecht, § 45 Rn. 8; *Schlüter,* in: Brox/Rüthers, Arbeitskampfrecht, Rn. 501; *Schubert,* AöR 137 (2012), 92 (96); *Zöllner/Loritz/Hergenröder*, Arbeitsrecht, S. 439.

192 Dazu oben S. 211 ff.

193 VG Osnabrück v. 19.8.2011, ZBR 2011, 389 (390); *Schubert,* AöR 137 (2012), 92 (96); *Isensee,* Beamtenstreik, S. 46.

194 *Isensee,* Beamtenstreik, S. 44 f.

195 St. Rspr., vgl. BVerfG v. 30.3.1977, E 44, 249 (264 f.); BVerwG v. 26.5.1971, E 38, 134 (137); *Isensee,* Beamtenstreik, S. 43; *Pieper,* in: Schmidt-Bleibtreu/Hofmann/Hopfauf, Art. 33 GG Rn. 135; *Richardi/Fischinger,* in: Staudinger-BGB (2011), Vorbem zu §§ 611 ff. Rn. 312; *Schlüter,* in: Brox/Rüthers, Arbeitskampfrecht, Rn. 502; so auch *Däubler,* Streik, S. 134 f.

gen Streiks normiert sein müsste. Dies ist jedoch nicht der Fall.[196] Es können somit keinerlei Pflichten suspendiert werden.

Daneben wird vorgebracht, es handele sich um einen unzulässigen politischen Streik, da gegen den Gesetzgeber gestreikt werde.[197] Allerdings ist zu beachten, dass der Dienstherr nicht als allgemeiner Gesetzgeber bestreikt wird, sondern als „sozialer Gegenspieler". Ziel ist es schließlich, die eigenen Beschäftigungsbedingungen zu verbessern. Es geht den Streikenden nicht um die Durchsetzung allgemeiner politischer Forderungen wie es beim politischen Streik sonstiger Arbeitnehmer der Fall ist.[198] Auf die Frage nach einem politischen Streik kommt es insoweit nicht an, da er sich gegen den „sozialen Gegenspieler" richtet, der im besonderen Fall der Beamten mit dem „Arbeitgeber" personenidentisch ist.[199]

(2) Hergebrachte Grundsätze des Berufsbeamtentums i. S. des Art. 33 Abs. 5 GG

Weder der Wortlaut des Art. 33 Abs. 4 oder Abs. 5 GG enthalten eine ausdrückliche Aussage zu einem Streikrecht oder Streikverbot der Beamten. Dennoch folgt aus den hergebrachten Grundsätzen des Berufsbeamtentums gem. Art. 33 Abs. 5 GG unabhängig vom fehlenden Kampfziel ein Streikverbot. Dies entspricht der weit überwiegenden Meinung in der Rechtsprechung sowie in der arbeitsrechtlichen und verfassungs- beziehungsweise verwaltungsrechtlichen Literatur.[200] Aufgrund des öffentlich-rechtlichen Dienst- und Treueverhältnisses muss der Beamte uneigennützig und mit voller Hingabe zum Dienstherrn im Interesse der Allgemeinheit handeln.[201] Im Gegenzug ist der Staat als Dienstherr verpflichtet, einen angemessenen Unterhalt zu gewähren und dadurch die Unabhängigkeit des Beamten sicherzustellen.[202] Der Zweck des Art. 33 Abs. 5 GG

---

196 *Schlüter,* in: Brox/Rüthers, Arbeitskampfrecht, Rn. 502.

197 *Rüthers,* in: Brox/Rüthers, Arbeitskampfrecht, Rn. 88.

198 *Däubler,* Streik, S. 164 f. sowie oben S. 215 ff. zum politischen Arbeitskampf.

199 Vgl. den Hinweis bei *Kunig,* in: Schmidt-Aßmann/Schoch, Besonderes Verwaltungsrecht, Kap. 6 Rn. 6, wonach „der Bürger auch das Beamtenverhältnis nicht selten 'wie ein Arbeitsverhältnis' begreift" (Anführung im Original). Das verfassungsrechtlich gewährleistete Berufsbeamtentum bedürfe somit besonderer Legitimation.

200 Vgl. die Nachweise oben in Fn. 183, 184, 185 sowie bereits die Zusammenfassung des Meinungsstandes in der Kommentarliteratur bei *Mayer,* in: Forsthoff u. a., Studienkommission 5, S. 614 (Nr. 14 der Tabelle).

201 *Isensee,* Beamtenstreik, S. 36; *Merten,* ZBR 1996, 353 (355); *G. Müller,* RdA 1982, 86 (89); *Schubert,* AöR 137 (2012), 92 (93).

202 BVerfG v. 11.6.1958, E 8, 1 (16 ff.); v. 7.7.1982, E 61, 43 (56 f.); v. 22.3.1990, E 81, 363 (375 f.); v. 24.11.1998, E 99, 300 (314 f.); *Isensee,* Beamtenstreik, S. 46 f.; *Kunig,* in: Schmidt-Aßmann/Schoch, Besonderes Verwaltungsrecht, Kap. 6 Rn. 159 f., 173; *Merten,* ZBR 1996, 353 (355).

ist es, im Interesse der Allgemeinheit das Berufsbeamtentum unabhängig von den jeweiligen politischen Verhältnissen stets funktionsfähig zu halten, damit die Beamten ihre ihnen durch das Grundgesetz zugewiesenen Aufgaben politisch und wirtschaftlich unabhängig ausführen können.[203]

(a) „Dienst nach Vorschrift“ und „Bummelstreik“

Mit dieser Pflicht verträgt sich ein Streikrecht ebenso wenig wie die Umgehungen des Verbotes durch „Dienst nach Vorschrift“ oder durch „Bummelstreik“, die nach überwiegender Meinung ebenfalls als Streik zu qualifizieren sind.[204] Bei einem „Dienst nach Vorschrift“ werden bestehende Vorschriften zwar eingehalten, aber durch den Beamten dergestalt ausgelegt, dass es zu Verzögerungen kommt. Allerdings wird bestritten, dass es sich dabei tatsächlich um ein mit dem Streik gleichzusetzendes Phänomen handelt. Der Beamte handele entsprechend den Vorschriften und lege sie lediglich nicht effektiv aus. Vorschriften ordnungsgemäß anzuwenden könne dem Beamten allerdings selbst dann nicht zum Vorwurf gemacht werden, wenn sie dies kollektiv täten, weil kein Missbrauch vorliege.[205] Pflichtwidriges Handeln liegt also nur dann vor, wenn der Beamte bestehendes Recht teleologisch auslegen und anwenden muss.[206] Ein „Bummelstreik“ stellt dagegen jedenfalls einen Pflichtenverstoß dar, weil

---

[203] St. Rspr., BVerfG v. 17.10.1957, E 7, 155 (162 f.); v. 11.6.1958, E 8, 1 (16 f.); v. 14.6.1960, E 11, 203 (216 f.); v. 11.4.1967, E 21, 329 (345); v. 12.3.1975, E 39, 196 (201); v. 22.5.1975, E 39, 334 (346 f., 347 ff.); v. 30.3.1977, E 44, 249 (265); v. 4.2.1981, E 56, 146 (161 f.); v. 15.5.1985, E 70, 69 (79 f.); OVG Münster v. 7.3.2012, NVwZ 2012, 890 (890 f.); OVG Lüneburg v. 12.6.2012, NdsVBl. 2012, 266 (267 f.); *Merten,* ZBR 1996, 353 (355); *Schubert,* AöR 137 (2012), 92 (97); *Zentgraf,* in: Metzler-Müller u. a., § 3 BeamtStG Rn. 1.2.

[204] BVerwG v. 3.12.1980, E 73, 97 (102 f.); BGH v. 16.6.1977, Z 69, 128 (140 f., 142); v. 31.1.1978, Z 70, 277 (279 ff.); *Battis,* § 4 BBG Rn. 6; *Gamillscheg,* Kollektives Arbeitsrecht I, S. 1112; *Isensee,* JZ 1971, 73 (78); *ders.,* Beamtenstreik, S. 144 ff., 148 ff.; *Kunig,* in: Schmidt-Aßmann/Schoch, Besonderes Verwaltungsrecht, Kap. 6 Rn. 173; *Löwer,* in: v. Münch/Kunig, Art. 9 GG Rn. 101; *Metzler-Müller,* in: Metzler-Müller u. a., § 34 BeamtStG Rn. 2.6; *Schlüter,* in: Brox/Rüthers, Arbeitskampfrecht, Rn. 527; *Scholz,* in: Isensee/Kirchhof, HandbStaatsR VIII, § 175 Rn. 125; *ders.,* in: Maunz/Dürig, Art. 9 GG Rn. 378; *Viniol,* Dienst, S. 63 f., 73.

[205] *Däubler,* Streik, S. 260; *ders.,* in: Däubler, Arbeitskampfrecht, § 29 Rn. 21; *Ramm,* Koalitions- und Streikrecht, S. 126.

[206] So *Isensee,* JZ 1971, 73 (74 f.); *ders.,* Beamtenstreik, S. 148 ff.; im Ergebnis auch *Däubler,* Streik, S. 259 ff., der allerdings zwischen bewusster Schlechtleistung und korrektem Einhalten bestehender Vorschriften differenziert. Diese Unterscheidung überzeugt nicht. „Dienst nach Vorschrift“ im Sinne einer streikähnlichen Aktion liegt nicht schon dann vor, wenn der Beamte bestehende Gesetze einhält und es gerade dadurch zu Verzögerungen im Arbeitsablauf kommt. Dies ist dem Beamten nicht vorzuwerfen. Als Beispiel nennt *Däubler,* a. a. O., das korrekte Befolgen von Sicherheitsvorschriften beim Rangieren von Zügen, das Vermeiden von Unfällen durch beschädigte Züge und die Beachtung von Höchstge-

hierbei bewusst schlecht geleistet wird.[207] In der Praxis ist eine Abgrenzung kaum möglich.[208] Vor dem Hintergrund des besonderen Treuverhältnisses des Beamten zum Dienstherrn sowie dem Grundsatz der Effektivität der Verwaltung stellen somit sowohl der „Dienst nach Vorschrift" als auch ein „Bummelstreik" ebenfalls einen rechtfertigungsbedürftigen Arbeitskampf dar.[209] Darüber hinaus kann selbst die bloß psychologische Unterstützung eines streikähnlichen Verhaltens durch die Öffentlichkeitsarbeit eines im Beamtenverhältnis stehenden Pressesprechers einer Beamtenorganisation rechtswidrig sein. Sie kann die Degradierung des Beamten und sogar seine Entfernung aus dem Dienst rechtfertigen.[210]

(b) „Arbeitskampfkonforme" Anwendung des Beamtenrechts

Auch kommt eine analoge oder „arbeitskampfkonforme" Anwendung etwa des § 9 BBesG betreffend das schuldhafte Fernbleiben vom Dienst[211] ebenso wenig wie eine Kürzung der Bezüge gem. §§ 5 Abs. 1 Nr. 3, 8 BDG i. V. mit § 77 Abs. 3 BBG wegen eines Dienstvergehens i. S. des § 77 Abs. 1 S. 1 BBG in Betracht.[212] Ein solches setzt voraus, dass der Beamte schuldhaft eine ihm obliegende Pflicht verletzt.[213] Das streikbedingte Fernbleiben vom Dienst kommt zwar als objektive Pflichtverletzung in Betracht.[214] Ein rechtmäßiger Streik schlösse die Pflichtwidrigkeit allerdings gerade aus.[215] Aufgrund der Ausgestaltung des gesamten Beamtenrechts als gesetzlich geregeltes öffentlich-rechtliches Dienst- und Treueverhältnis kann von einer planwidrigen Regelungs-

---

schwindigkeiten. Es besteht in diesen Fällen keine Möglichkeit, das betreffende Gesetz in anderer Weise auszulegen, so dass keine Schlechterfüllung vorliegt.

207 BVerwG v. 3.12.1980, E 73, 97 (104); BGH v. 31.1.1978, Z 70, 277 (279); so auch *Däubler,* Streik, S. 259; *ders.,* in: Däubler, Arbeitskampfrecht, § 29 Rn. 20 und *Ramm,* Koalitions- und Streikrecht, S. 126 mit Fn. 24.

208 *Otto,* Arbeitskampf- und Schlichtungsrecht, § 10 Rn. 48.

209 BVerwG v. 19.9.1977, E 53, 330 (331 f.); v. 22.11.1979, E 63, 293 (301); v. 3.12.1980, E 73, 97 (102); *Däubler,* in: Däubler, Arbeitskampfrecht, § 29 Rn. 20.

210 BVerwG v. 19.9.1977, E 53, 330 (330); v. 22.11.1979, E 63, 293 (307 ff., 310); *Reich,* § 33 BeamtStG Rn. 1.

211 § 9 BBesG recht Nr. fertigt auch den stundenweisen Verlust der Dienstbezüge, BVerwG v. 29.7.1985, E 83, 37 (38); v. 1.7.1997, E 113, 105 (106).

212 Zum Regelfall *Leppek,* Beamtenrecht, Rn. 195b; Für eine „arbeitskampfkonforme Auslegung" *Hensche,* in: Däubler, Arbeitskampfrecht, § 18a Rn. 67; ähnlich auch *Bieback,* in: Däubler, Arbeitskampfrecht^2, Rn. 484: „Vorschriften [müssen] im Einklang mit dem Grundgesetz und der ESC dahin interpretiert werden". Zu den Auswirkungen des Art. 6 Nr. 4 ESC auf das deutsche Beamtenrecht unten S. 296 ff.

213 *Behrens,* Beamtenrecht, § 7 Rn. 6; *Leppek,* Beamtenrecht, Rn. 191.

214 VG Kassel v. 27.7.2011, ZTR 2012, 59 (60); v. 27.7.2011, ZBR 2011, 386 (387); *Claussen/Benneke/Schwandt,* Disziplinarverfahren, Rn. 197.

215 Vgl. BAG v. 28.1.1955, AP Nr. 1 zu Art. 9 GG Arbeitskampf, I. 4. der Gründe (Bl. 5 ff.).

lücke nicht ausgegangen werden.[216] Darüber hinaus ist methodisch nicht vertretbar, die für eine Analogie notwendige vergleichbare Interessenlage anzunehmen. Das Merkmal „schuldhaft" müsste i. S. von „schuldlos" oder zumindest „gerechtfertigt" gelesen werden. Dabei handelt es sich allerdings um nahezu gegenteilige Bedeutungen. Nicht einmal die verfassungskonforme Auslegung darf gegen den Wortlaut oder den Zweck einer Norm verstoßen.[217] Selbst wenn das Alimentationsprinzip des Art. 33 Abs. 5 GG einer Suspendierung der Auszahlung der Lohnbezüge nicht entgegenstünde, müsste der Gesetzgeber also tätig werden und § 9 BBesG beziehungsweise §§ 5, 8 BDG entsprechend anpassen.[218]

Dem steht das Urteil des Verwaltungsgerichts Düsseldorf vom 15. Dezember 2010 zur Teilnahme einer Beamtin an einem Warnstreik im Grundsatz nicht entgegen.[219] Das Gericht argumentiert, dass die infolge der Streikteilnahme verhängte Disziplinarmaßnahme in Gestalt einer Geldbuße rechtswidrig sei, begründet dies allerdings nicht mit einem Streikrecht, sondern mit der Pflicht des Dienstherrn, die neuere Rechtsprechung des Europäischen Gerichtshofs für Menschenrechte zu Art. 11 Abs. 1 Halbs. 2 EMRK bei der Ausübung des Ermessens zu berücksichtigen.[220] Das Disziplinarverfahren sei daher zwar entsprechend der landesrechtlichen Vorschriften einzuleiten gewesen. Wegen der Berücksichtigungspflicht hätte es allerdings eingestellt werden müssen.[221] Gegen diese Argumentation lässt sich anführen, dass es inkonsequent ist, zwar eine Pflichtverletzung anzunehmen, diese aber nicht entsprechend zu sanktionieren. Das Disziplinarrecht würde auf diese Weise ausgehöhlt werden, da Verstöße gegen die Dienstpflicht nicht geahndet würden. Folgerichtig ist es vielmehr, dass Streikverbot auch auf Rechtsfolgenebene zu berücksichtigen und das Dienstvergehen des Beamten in Gestalt des Streiks disziplinarrechtlich zu verfol-

216 *Schlüter,* in: Brox/Rüthers, Arbeitskampfrecht, Rn. 502.

217 St. Rspr., BVerfG v. 11.6.1958, E 8, 28 (33 ff.); v. 30.6.1964, E 18, 97 (111); v. 11.6.1980, E 54, 277 (299 f.); v. 22.10.1985, E 71, 81 (105); v. 26.4.1994, E 90, 263 (275); v. 24.5.1995, E 93, 37 (81); v. 14.12.1999, E 101, 312 (329); *Bydlinski,* Methodenlehre, S. 467 ff.; *Jarass,* in: Jarass/Pieroth, Art. 20 GG Rn. 34; *Larenz,* Methodenlehre, S. 340 ff.; *Neuner,* Rechtsfindung, S. 128 ff.; *Schlaich/Korioth,* Bundesverfassungsgericht, Rn. 449; *Steiner,* FS Leisner, 569 (572 f.).

218 Vgl. *Kissel,* Arbeitskampfrecht, § 45 Rn. 30.

219 VG Düsseldorf v. 15.12.2010, ZBR 2011, 177 (177 ff.).

220 VG Düsseldorf v. 15.12.2010, ZBR 2011, 177 (178 f.); *Löber,* Anm. zu VG Düsseldorf v. 15.12.2010, AuR 2011, 76 (76); vgl. auch VG Kassel v. 27.7.2011, ZTR 2012, 59 (59 ff.); v. 27.7.2011, ZBR 2011, 386 (386 ff.), wo allerdings ein Streikrecht angenommen wird.

221 Die Rechtsgrundlage für die Einleitung des Verfahrens bildet § 17 Abs. 1 LDG NRW. Die Einstellung „aus sonstigen Gründen" ergibt sich aus § 33 Abs. 1 Nr. 4 LDG NRW; näher zu den völkervertraglichen Einwirkungen unten S. 280 ff.

gen.[222] Dabei sind je nach Einzelfall Geldbußen zwischen 100 Euro[223] und 1.500 Euro[224] verhältnismäßig.

(c) Paritätsstörung

Nach alledem wäre die Parität zwischen den kampfführenden Parteien bei einem Streikrecht empfindlich gestört, weil lediglich die Leistungspflicht des Beamten, aber demgegenüber nicht die Pflicht zur Gegenleistung durch den Dienstherrn suspendiert wäre.[225] Den Beamten trifft somit kein arbeitskampftypisches Risiko, zumal die Aussperrung durch den Dienstherrn unzulässig ist.[226] Diesem stehen keine Abwehrmaßnahmen zu Verfügung.[227] Der Dienstherr ist aufgrund seiner hoheitlichen Monopolstellung verfassungsrechtlich verpflichtet, die entsprechenden Aufgaben dem Bürger gegenüber jederzeit zu erfüllen, so dass eine nur kurzzeitige Aussperrung nicht in Betracht kommt.[228] Für die ordnungsgemäße, objektive Amtsführung ist es erforderlich, dass der Beamte nicht von persönlichen Motiven für eigene Interessen beeinflusst wird.[229] Somit kann ein Arbeitskampf der Beamten nach derzeitiger Rechtslage nicht mit dem anderer im öffentlichen Dienst Angestellten verglichen werden,[230] weil diese wie sonstige Arbeitnehmer sämtliche Risiken eines Arbeitskampfes tragen müssen.

(d) Fazit

Daraus folgt, dass Beamte ihre eigenen Interessen zwar kollektiv in Koalitionen verfolgen können.[231] Das stellt § 116 BBG als Konkretisierung des Art. 9 Abs. 3 S. 1 GG klar.[232] Außerdem sind die Spitzenorganisationen bei der gesetzlichen Ausgestaltung des Beamtenverhältnisses gem. § 53 S. 1 BeamtStG

---

222 OVG Münster v. 7.3.2012, NVwZ 2012, 890 (901 f.); OVG Lüneburg v. 12.6.2012, NdsVBl. 2012, 266 (273); v. 12.6.2012, 20 BD 8/11, Rn. 110 ff. (juris).

223 OVG Lüneburg v. 12.6.2012, 20 BD 8/11, Rn. 110 (juris); VG Osnabrück v. 19.8.2011, ZBR 389 (393 f.).

224 OVG Münster v. 7.3.2012, NVwZ 2012, 890 (899 f.).

225 *Isensee,* Beamtenstreik, S. 45 f.; *Schlüter,* in: Brox/Rüthers, Arbeitskampfrecht, Rn. 502.

226 *Isensee,* Beamtenstreik, S. 44 ff.; *Schlüter,* in: Brox/Rüthers, Arbeitskampfrecht, Rn. 503.

227 *Isensee,* Beamtenstreik, S. 45 f. („wehrlos", „*absolut kampfunfähig*" [Hervorhebung im Original]).

228 *Isensee,* in: Benda/Maihofer/Vogel, HandbVerfR, § 32 Rn. 64; *Krüger,* Staatslehre, S. 256; *Schlüter,* in: Brox/Rüthers, Arbeitskampfrecht, Rn. 518; zur Möglichkeit einer funktionsbezogenen Abgrenzung als Gegenteil dieser statusbezogenen Beurteilung sogleich S. 253 ff. sowie S. 302 ff.

229 *Isensee,* in: Benda/Maihofer/Vogel, HandbVerfR, § 32 Rn. 64.

230 So *Däubler,* Streik, S. 255; zur grundsätzlichen Zulässigkeit *Gamillscheg,* Kollektives Arbeitsrecht I, S. 998 ff.

231 *Däubler,* Streik, S. 98; *Isensee,* Beamtenstreik, S. 60 f.

232 Unstreitig, vgl. *Otto,* Arbeitskampf- und Schlichtungsrecht, § 9 Rn. 3.

zu beteiligen.[233] Die fehlende Gestaltungsmöglichkeit durch Tarifvertrag wird durch diese Beteiligung zumindest teilweise ausgeglichen.[234] Ausgeschlossen ist allerdings – abgesehen von einer Vereinbarung i. S. des § 53 S. 2 BeamtStG – der Abschluss eines Tarifvertrages und somit erst recht eine kampfweise Durchsetzung einer Forderung.[235] Etwas anderes kann nur durch ein geändertes Verständnis der Grundsätze des Berufsbeamtentums oder eine Verfassungsänderung erreicht werden.[236]

cc) Kritik

(1) Kein hergebrachter Grundsatz des Berufsbeamtentums

Gegenteiliges kann man vertreten, wenn man das Streikverbot der Beamten nicht als hergebrachten Grundsatz des Berufsbeamtentums i. S. des Art. 33 Abs. 5 GG versteht.[237] Dafür spricht, dass das Grundgesetz keinen Katalog der hergebrachten Grundsätze enthält.[238] Einzig das Leistungsprinzip ist in Art. 33 Abs. 2 GG genannt.[239] Die weiteren Grundsätze hat das Bundesverfassungsgericht kasuistisch entwickelt.[240] Dagegen wird vorgebracht, es handele sich bei Art. 33 Abs. 5 GG lediglich um eine Transformationsnorm für das Recht der Verfassung des Deutschen Reichs (Weimarer Reichsverfassung).[241] Dieses übernommene Recht müsse allerdings seinerseits dem Grundgesetz entsprechen, so dass ein Verbot im Hinblick auf die Garantie des Art. 9 Abs. 3 S. 1 GG keinen Bestand haben könne. Die Koalitionsfreiheit gilt für „jedermann".[242] Zudem müsse der Begriff Bedeutungswandlungen zugänglich sein und dürfe somit nicht die Vorstellungen des Verfassungsgebers von 1949 zementieren.[243] Der Begriff sei im Lichte der übrigen Verfassungsbestimmungen und daher i. S. des

---

233 *Reich,* § 53 BeamtStG Rn. 1.

234 BT-Drucks. 16/4027 v. 12.1.2007, S. 35; vgl. OVG Münster v. 14.10.1993, NJW 1994, 1673 (1674) und vorhergehend VG Köln v. 25.1.1990, ZTR 1990, 304 (304).

235 *Gamillscheg,* Kollektives Arbeitsrecht I, S. 1110.

236 *Kissel,* Arbeitskampfrecht, § 45 Rn. 38 ff.; *Schlachter,* NZA 2011, 341 (348); *Schlüter,* in: Brox/Rüthers, Arbeitskampfrecht, Rn. 512; ausführlich unten S. 296 ff.

237 VG Kassel v. 27.7.2011, ZTR 2012, 59 (60 f.); v. 27.7.2011, ZBR 2011, 386 (388); *Däubler,* in: Däubler, Arbeitskampfrecht, § 18a Rn. 27 ff.; *ders.,* Streik, S. 105; *Ramm,* Koalitions- und Streikrecht, S. 35, 39 f., 45.

238 Vgl. BVerfG v. 4.2.1981, E 56, 146 (163); BVerwG v. 6.2.1975, E 47, 330 (336); *Battis,* in: Sachs, Art. 33 GG Rn. 27; *Hense,* in: Epping/Hillgruber, Art. 33 GG Rn. 37.

239 *Battis,* ZBR 1996, 193 (194 f.); *Hense,* in: Epping/Hillgruber, Art. 33 GG Rn. 7, 37.

240 Vgl. statt vieler *Battis,* in: Sachs, Art. 33 GG Rn. 72 f. und *Mayer,* in: Forsthoff u. a., Studienkommission 5, S. 607 ff.

241 *Bieback,* in: Däubler, Arbeitskampfrecht^2, Rn. 469.

242 *Bieback,* in: Däubler, Arbeitskampfrecht^2, Rn. 469 f.; *Däubler,* in: Däubler, Arbeitskampfrecht, § 18a Rn. 3; *ders.,* Streik, S. 98; zur geschichtlichen Entwicklung des Beamtenkoalitions- und -streikrechts *Ramm,* Koalitions- und Streikrecht, S. 56 ff.

243 *Däubler,* Streik, S. 112; *Ramm,* Koalitions- und Streikrecht, S. 39 f.

Art. 9 Abs. 3 S. 1 GG auszulegen.[244] In der Vergangenheit habe schließlich dafür gesprochen, dass in der verfassungsrechtlichen Literatur ein Streikverbot als Grundsatz des Berufsbeamtentums i. S. des Art. 33 GG selten genannt wurde.[245]

Dem widerspricht jedoch der Wortlaut des Art. 33 Abs. 5 GG. Dort ist von „hergebrachten Grundsätzen" die Rede, so dass die Norm durchaus die Bewahrung des Tradierten bewirken soll.[246] Dies folgt aus dem Merkmal des Hergebrachten.[247] Es muss sich um Grundsätze handeln, die zumindest unter der Herrschaft der Weimarer Reichsverfassung als verbindlich anerkannt und gewahrt worden sind.[248] Ob Grundsätze, die sich in der Zeit nach 1949 entwickelt haben, ebenfalls unter Art. 33 Abs. 5 GG zu subsumieren sind, ist umstritten.[249] Unabhängig davon lässt sich jedoch nicht nachweisen, dass sich ein Streikrecht als Grundsatz des Berufsbeamtentums entwickelt hat. Demgemäß ist ein solcher keinesfalls „hergebracht". Daran ändert die Neufassung des Art. 33 Abs. 5

---

[244] *Däubler,* Streik, S. 104.

[245] *Däubler,* Streik, S. 105 mit Hinweis auf die im Erscheinungsjahr 1971 aktuelle Kommentarliteratur. Heute hat sich dieses Bild gewandelt, vgl. *Battis,* in: Sachs, Art. 33 GG Rn. 73; *Höfling,* in: Sachs, Art. 9 GG Rn. 134; *Jarass,* in: Jarass/Pieroth, Art. 9 GG Rn. 56; *Kemper,* in: v. Mangoldt/Klein/Starck, Art. 9 GG Rn. 197; *Löwer,* in: v. Münch/Kunig, Art. 9 GG Rn. 110; *Scholz,* in: Maunz/Dürig, Art. 9 GG Rn. 377 sowie aus der verwaltungsrechtlichen Literatur *Battis,* § 4 BBG Rn. 5; *Behrens,* Beamtenrecht, § 5 Rn. 19; *Leppek,* Beamtenrecht, Rn. 172, die ein Streikverbot mit Hinweis auf die entsprechenden höchstrichterliche Rechtsprechung bejahen.

[246] *Isensee,* in: Benda/Maihofer/Vogel, HandbVerfR, § 32 Rn. 62 f.; *Jachmann,* in: v. Mangoldt/Klein/Starck, Art. 33 GG Rn. 43; *Masing,* in: Dreier, Art. 33 GG Rn. 73; *Mayer,* in: Forsthoff u. a., Studienkommission 5, S. 602 f.; *Pieper,* in: Schmidt-Bleibtreu/Hofmann/Hopfauf, Art. 33 GG Rn. 112.

[247] Duden, Universalwörterbuch, Stichwort „hergebracht" (S. 828); *Wahrig,* Wörterbuch, Stichwort „hergebracht" (S. 701).

[248] BVerfG v. 2.12.1958, E 8, 332 (343); v. 23.6.1981, E 58, 68 (76 f.); v. 13.11.1990, E 83, 89 (98); v. 7.11.2002, E 106, 225 (232); v. 12.2.2003, E 107, 218 (237); v. 20.3.2007, E 117, 372 (379); OVG Münster v. 7.3.2012, NVwZ 2012, 890 (892). Gemeint ist der Zeitraum vom Inkrafttreten am 19.8.1919 bis zum 30.1.1933. Nach der Übertragung der Regierungsgewalt auf die NSDAP galt die Verfassung des Deutschen Reichs lediglich formell fort. Erst mit der Übernahme der Regierungsgewalt durch den Alliierten Kontrollrat am 5. Juni 1945 trat sie außer Kraft, vgl. dazu BVerfG v. 2.12.1958, E 8, 332 (343); *Frotscher/Pieroth,* Verfassungsgeschichte, Rn. 685; *Kotulla,* Deutsche Verfassungsgeschichte, Rn. 2434; *Willoweit,* Verfassungsgeschichte, § 39; einschränkend *Maunz,* in: Maunz/Dürig (1966), Art. 33 GG Rn. 55: Sofern kein nationalsozialistisches Gedankengut im Deutschen Beamtengesetz von 1937 enthalten sei, könnten auch die dortigen Grundsätze als „rechtlich verwertbare Tradition" betrachtet werden.

[249] Dagegen BVerfG v. 23.6.1981, E 58, 68 (76 f.); *Pieper,* in: Schmidt-Bleibtreu/Hofmann/Hopfauf, Art. 33 GG Rn. 112; für die Weiterentwicklung *Lecheler,* in: Isensee/Kirchhof, HandbStaatsR V, § 110 Rn. 53; *Mayer,* FS Ule, 335 (344).

GG durch Anfügung der „Fortentwicklungsklausel“ im Jahr 2006[250] nichts.[251] Eine Änderung ist durch die „Föderalismusreform“ nicht eingetreten.[252] Bereits zuvor hatte das Bundesverfassungsgericht ausgeführt, dass die Weiterentwicklung der Grundsätze des Berufsbeamtentums nicht zu einer strukturellen Veränderung des Beamtenleitbildes führen darf.[253] Das Streikrecht zählt allerdings nicht zum Wesen des Berufsbeamtentums.[254] Es ist daher kein hergebrachter Grundsatz des Berufsbeamtentums.

(2) Öffentlich-rechtliches Dienst- und Treueverhältnis gem. Art. 33 Abs. 4 GG

Dennoch wird vorgebracht, dass aus Art. 33 Abs. 4 GG kein Streikverbot folge, da durch den Begriff des öffentlich-rechtlichen Dienst- und Treueverhältnisses keine beamtenspezifische, das heißt gegenüber anderen Bediensteten strengere Bindung zum Staat beschrieben werden sollte.[255] Vielmehr komme es darauf an, ob die konkret ausgeübte hoheitliche Aufgabe absolut störungsfrei ausgeübt werden müsse oder nicht. Entscheidend sei also die Funktion und nicht der Beamtenstatus als solcher.[256] Zudem betreffe die Norm den gesamten öffentlichen Dienst und daher in gleichem Maße die privatrechtlich angestellten Arbeitnehmer, so dass es einer Rechtfertigung für die Ungleichbehandlung hinsichtlich des Streikrechts bedürfe.[257] Ein absolutes Streikverbot sei daher nicht gerechtfertigt.[258] Ausnahmen für die Daseinsfür- und -vorsorge etwa in den Bereichen der Polizei, der Justiz und dem Militär könnten allerdings geboten sein.[259] Insoweit bestehe kein Grund, zwischen Beamten und sonstigen Arbeitnehmern im öffentlichen Dienst zu differenzieren. Darüber hinaus hätten die Beamten keine Möglichkeit, ihre Interessen effektiv durchzusetzen, wenn ihnen das Recht zum Arbeitskampf versagt werde.[260] Dagegen lässt sich anführen, dass Beamten-

[250] Gesetz zur Änderung des Grundgesetzes v. 28.8.2006 (BGBl I S. 2034).

[251] BVerfG v. 19.9.2007, E 119, 247 (272 f.); v. 28.5.2008, E 121, 205 (232).

[252] OVG Münster v. 7.3.2012, NVwZ 2012, 890 (894); *Battis,* in: Sachs, Art. 33 GG Rn. 68; *Höfling/Burkiczak,* DÖV 2007, 328 (333 f.); *Lecheler,* ZBR 2007, 18 (23); *Pechstein,* ZBR 2006, 285 (286); einschränkend *Nierhaus/Rademacher,* LKV 2006, 385 (388): „Entsteinerungsklausel“.

[253] BVerfG v. 15.12.1976, E 43, 154 (168); v. 10.4.1984, E 67, 1 (14); *Battis,* in: Sachs, Art. 33 GG Rn. 68; *Hense,* in: Epping/Hillgruber, Art. 33 GG Rn. 36.

[254] *Mayer,* in: Forsthoff u. a., Studienkommission 5, S. 607 ff. sowie *N. N.* in: Forsthoff u. a., Studienkommission 5, S. 700 f.; *Schubert,* AöR 137 (2012), 92 (96 f.).

[255] *Däubler,* in: Däubler, Arbeitskampfrecht, § 18a Rn. 43 ff.; *Däubler,* Streik, S. 114 ff.

[256] *Hensche,* in: Däubler, Arbeitskampfrecht, § 18a Rn. 53; insoweit auch *Heinze,* FS 50 Jahre BAG, 493 (501).

[257] *Ramm,* Koalitions- und Streikrecht, S. 38, 47.

[258] BVerfG v. 19.9.2007, E 119, 247 (272 f.).

[259] *Hensche,* in: Däubler, Arbeitskampfrecht, § 18a Rn. 86 ff.; vgl. auch *Oetker,* Not- und Erhaltungsarbeiten, S. 42 ff.

[260] *Hensche,* in: Däubler, Arbeitskampfrecht, § 18a Rn. 62.

koalitionen bei den gesetzlichen Regelungen betreffend das Beamtenverhältnis etwa gem. § 118 BBG und § 53 BeamtStG mitwirken können.[261]

dd) Schlussfolgerung

Anerkennt man diese Argumente, steht das Grundgesetz einem Beamtenstreik prima facie nicht entgegen. Die Koalitionsfreiheit gem. Art. 9 Abs. 3 S. 1 GG ist für „jedermann und alle Berufe" gewährleistet, so dass unstreitig Beamtenkoalitionen darunter zu subsumieren sind.[262] Dies allein rechtfertigt zwar nach dem oben zur Hilfsfunktion des Arbeitskampfes für die Tarifautonomie Ausgeführten keinen Beamtenstreik. Betont man dagegen die tatsächlichen Ähnlichkeiten zwischen dem öffentlich-rechtlichen Dienst- und Treueverhältnis und dem zivilrechtlichen Arbeitsverhältnis anderer im öffentlichen Dienst Beschäftigten, kann in Konsequenz dessen ein Streikrecht angenommen werden. Es besteht jedoch keine rechtliche Angleichung der Angestellten im öffentlichen Dienst einerseits und den Beamten andererseits, da insbesondere die gesetzliche Alimentierung – auch wenn sie sich an den Tarifabschlüssen orientiert[263] – von einer tariflichen Gestaltung der materiellen Arbeitsbedingungen erheblich verschieden ist.[264] Eine rein faktische Annäherung ist rechtlich irrelevant.[265] Darüber hinaus stellt die genannte Orientierung kein Argument für ein Streikrecht dar. Zwar partizipieren die Beamten letztlich von den Inhalten der Tarifverträge, so dass man zur Begründung die Rechtsprechung des Bundesarbeitsgerichts zu den Sympathiearbeitskämpfen oder dem Streikrecht der Nicht- oder Andersorganisierten heranziehen könnte. Der Gesetzgeber ist jedoch unabhängig von diesen Tarifabschlüssen verpflichtet, für eine angemessene Alimentierung zu sorgen.[266] Der Einfluss auf die Besoldung ist daher zu vernachlässigen, weil es anders als in der Privatwirtschaft an Bezugnahmeklauseln fehlt. Der Gesetzgeber braucht sich an den Tarifabschlüssen nicht zu orientieren. Das Alimentationsprinzip verpflichtet ihn allerdings dazu, einen angemessenen Unterhalt zu leisten. Wie er die Angemessenheit bestimmt, steht dem Gesetzgeber frei.

Nach der Ausgestaltung des Beamtenrechts durch das Grundgesetz und das einfache Recht ist ein Streik in der Bundesrepublik Deutschland daher rechts-

261 *Battis,* § 118 BBG Rn. 6 mit einer Übersicht der bundes- und landesgesetzlichen Parallelvorschriften.

262 *Battis,* § 116 BBG Rn. 2; *Schubert,* AöR 137 (2012), 92 (95 f.).

263 *Schubert,* AöR 137 (2012), 92 (110); *Summer,* PersV 1998, 142 (143).

264 A. A. VG Kassel v. 27.7.2011, ZTR 2012, 59 (60 f.); v. 27.7.2011, ZBR 2011, 386 (388 f.); *Däubler,* Streik, S. 211 ff.; *Hensche,* in: Däubler, Arbeitskampfrecht, § 18a Rn. 59.

265 So schon *Viniol,* Dienst, S. 42 ff., jüngst VG Osnabrück v. 19.8.2011, ZBR 2011, 389 (391).

266 BVerfG v. 11.6.1958, E 8, 1 (16 ff.); v. 7.7.1982, E 61, 43 (56 f.); v. 22.3.1990, E 81, 363 (375 f.); v. 24.11.1998, E 99, 300 (314 f.); *Isensee,* Beamtenstreik, S. 46 f.; *Kunig,* in: Schmidt-Aßmann/Schoch, Besonderes Verwaltungsrecht, Kap. 6 Rn. 159 f., 173; *Merten,* ZBR 1996, 353 (355).

widrig. Eine funktionsbezogene Abgrenzung ist unzulässig, da die Beamteneigenschaft ausschließlich statusbezogen ist.[267]

4. Anforderungen an die Kampfmittel

Die historisch überkommenen und in der Praxis wesentlichen Arbeitskampfmaßnahmen sind auf Arbeitnehmerseite der Streik in seinen verschiedenen Ausprägungen und auf der Arbeitgeberseite die Aussperrung.[268] Daneben gibt es unabhängig von ihrer rechtlichen Zulässigkeit weitere Kampfmittel auf beiden Seiten wie etwa die Betriebsblockade, den Boykott, die kollektive Ausübung individueller Rechte sowie Streikbruchprämien und Betriebsstilllegungen.[269] Art. 9 Abs. 3 S. 1 GG „schützt als koalitionsmäßige Betätigung auch Arbeitskampfmaßnahmen, die auf den Abschluß von Tarifverträgen gerichtet sind. Sie werden jedenfalls insoweit von der Koalitionsfreiheit erfaßt, als sie erforderlich sind, um eine funktionierende Tarifautonomie sicherzustellen.“[270] Somit ist eine Kampfmittelfreiheit grundsätzlich gewährleistet.[271] Das Arsenal der den Parteien zur Verfügung stehenden Kampfmittel ist daher nicht begrenzt, so dass jederzeit neue entwickelt werden können, um auf veränderte Ausgangsbedingungen reagieren zu können.[272] Dies gilt lediglich nicht für von vornherein völlig, das heißt offensichtlich ungeeignete Arbeitskampfmaßnahmen.[273]

Entscheidend für die Zulässigkeit eines bestimmten Kampfmittels ist wiederum die Zuordnung des Arbeitskampfes als Hilfsinstrument der Tarifautonomie, so wie es Bundesverfassungsgericht[274] und Bundesarbeitsgericht[275] in ständiger Rechtsprechung postulieren.[276] Das Bundesarbeitsgericht hat dies jüngst in der Entscheidung zur Zulässigkeit sogenannter Flash-Mobs ausführlich darge-

---

267 OVG Lüneburg v. 12.6.2012, NdsVBl. 2012, 266 (268); VG Osnabrück v. 19.8.2011, ZBR 2011, 389 (391 f.).

268 *Dieterich,* in: ErfK, Art. 9 GG Rn. 271; *Kissel,* Arbeitskampfrecht, § 39 Rn. 1, § 51 Rn. 1.

269 *Otto,* Arbeitskampf- und Schlichtungsrecht, § 11.

270 BVerfG v. 4.7.1995, E 92, 365 (393 f.).

271 BVerfG v. 26.6.1991, E 84, 212 (225); v. 2.3.1993, E 88, 103 (114); v. 4.7.1995, E 92, 365 (393 f.); vgl. auch v. 19.2.1975, E 38, 386 (393 f.); BAG v. 28.1.1955, AP Nr. 1 zu Art. 9 GG Arbeitskampf, II. 1. der Gründe (Bl. 8R); v. 19.6.2007, AP Nr. 173 zu Art. 9 GG Arbeitskampf, Rn. 11; v. 22.9.2009, AP Nr. 174 zu Art. 9 GG Arbeitskampf, Rn. 34; *Bieback/Wroblewski,* in: Däubler, Arbeitskampfrecht, § 17 Rn. 8; a. A. *Reuter,* FS Wiese, 427 (433); *Zöllner/Loritz/Hergenröder,* Arbeitsrecht, S. 437.

272 BVerfG v. 4.7.1995, E 92, 365 (394); *Gamillscheg,* Kollektives Arbeitsrecht I, S. 984.

273 BVerfG v. 10.9.2004, NZA 2004, 1338 (1340); BAG v. 19.6.2007, AP Nr. 173 zu Art. 9 GG Arbeitskampf, Rn. 19; v. 22.9.2009, AP Nr. 174 zu Art. 9 GG Arbeitskampf, Rn. 38.

274 BVerfG v. 26.6.1991, E 84, 212 (224 f.); v. 4.7.1995, E 92, 365 (394); v. 10.9.2004, NZA 2004, 1338 (1339); v. 6.2.2007, NZA 2007, 394 (395).

275 BAG v. 19.6.2007, AP Nr. 173 zu Art. 9 GG Arbeitskampf, Rn. 19.

276 Vgl. die Nachweise aus Rechtsprechung und Literatur in Fn. 7.

legt.[277] Demnach darf aus der grundsätzlichen Gewährleistung eines Kampfmittels durch Art. 9 Abs. 3 S. 1 GG nicht auf die generelle Zulässigkeit der Ausübung des Mittels geschlossen werden.[278] Diese ist im Einzelfall zu prüfen und betrifft somit die Durchführung des Arbeitskampfes.[279] Festzuhalten bleibt daher, dass es den Parteien obliegt, die zur Erfüllung ihrer Aufgaben – Förderung der Arbeits- und Wirtschaftsbedingungen i. S. des Art. 9 Abs. 3 S. 1 GG – notwendigen Mittel selbst zu bestimmen. Notwendig sind sie nur, wenn sie im Dienste der Tarifautonomie stehen. Abstrakte Aussagen zur Zulässigkeit eines bestimmten Kampfmittels lassen sich deshalb nur begrenzt treffen.[280] Abgesehen von den Fällen offensichtlicher Ungeeignetheit, ist die Frage nach der Zulässigkeit im Rahmen der Durchführung des Arbeitskampfes im Einzelfall zu beantworten. Das hier interessierende Streikrecht ist unstreitig als Arbeitskampfmittel anerkannt.[281]

5. Anforderungen an die Durchführung von Arbeitskämpfen

a) Friedenspflicht

Ein Tarifvertrag kann gem. § 1 Abs. 1 TVG im schuldrechtlichen Bestandteil eine zwischen den Tarifvertragsparteien wirkende Friedenspflicht enthalten. Ein Arbeitskampf darf in diesem Fall nicht um Forderungen geführt werden, die in einem geltenden Tarifvertrag geregelt sind. Es ist wesentlicher Zweck des geltenden Tarifrechts, Arbeitskämpfe zu vermeiden, so dass jedem Tarifvertrag für dessen gesamte Laufzeit nach ständiger Rechtsprechung und herrschender Literatur eine relative Friedenspflicht immanent ist.[282] Sie wird überwiegend

---

277 BAG v. 22.9.2009, AP Nr. 174 zu Art. 9 GG Arbeitskampf, Rn. 31 ff.; gegen diese Entscheidung ist eine Verfassungsbeschwerde am Bundesverfassungsgericht anhängig, vgl. Fn. 31 (S. 202).

278 BVerfG v. 26.6.1991, E 84, 212 (229); BAG v. 22.9.2009, AP Nr. 174 zu Art. 9 GG Arbeitskampf, Rn. 36 ff.

279 Hierzu sogleich S. 253 ff.

280 BAG v. 22.9.2009, AP Nr. 174 zu Art. 9 GG Arbeitskampf, Rn. 40; *Dieterich,* in: ErfK, Art. 9 GG Rn. 271.

281 BVerfG v. 2.3.1993, E 88, 103 (114); *Dieterich,* in: ErfK, Art. 9 GG Rn. 161; *Kissel,* Arbeitskampfrecht, § 39 Rn. 1; *Otto,* Tarif- und Arbeitskampfrecht, § 4 Rn. 4; *Scholz,* in: Maunz/Dürig, Art. 9 GG Rn. 314.

282 RG v. 9.6.1925, Z 111, 105 (107 f.); v. 30.3.1926, Z 113, 197 (199); RAG v. 22.2.1928, ARS 2, 194 (197); BAG v. 21.12.1982, AP Nr. 76 zu Art. 9 GG Arbeitskampf, A. II. 1. a. der Gründe (Bl. 4R); v. 27.6.1989, AP Nr. 113 zu Art. 9 GG Arbeitskampf, II. 2. a. der Gründe (Bl. 3R); AP Nr. 162 zu Art. 9 GG Arbeitskampf, B. I. 2. a. der Gründe (Bl. 6 f.); *Franzen,* in: ErfK, § 1 TVG Rn. 81; *Krause,* in: Jacobs/Krause/Oetker, Tarifvertragsrecht, § 4 Rn. 147; *Otto,* Arbeitskampf- und Schlichtungsrecht, § 7 Rn. 4; *Rieble/Klumpp,* MünchArbR, § 163 Rn. 20, § 187 Rn. 2 f.; *Rüthers,* in: Brox/Rüthers, Arbeitskampfrecht, Rn. 218.

als – gewohnheitsrechtlich verfestigte[283] – Nebenpflicht des in § 1 Abs. 1 TVG genannten Schuldverhältnisses i. S. des § 241 Abs. 1 BGB oder des § 242 BGB eingeordnet und demnach konkludent mit Abschluss des Tarifvertrages vereinbart.[284] Es handelt sich grundsätzlich nicht um eine absolute Friedenspflicht, die sämtliche Arbeitskampfmaßnahmen während der Laufzeit verbietet. Eine solche können die Parteien jedoch vereinbaren.[285] Die relative Friedenspflicht erstreckt sich regelmäßig auf die persönliche, sachliche und zeitliche Reichweite des jeweiligen Tarifvertrages, die im Zweifel durch Auslegung gem. §§ 133, 157 BGB zu ermitteln ist.[286] Die bereits geregelten Gegenstände dürfen nicht durch einen neuerlichen Arbeitskampf in Frage gestellt werden.[287] Es ist entscheidend, ob in dem Tarifvertrag eine ausdrückliche Regelung enthalten ist oder ob das Kampfziel dazu in einem sachlich inneren Zusammenhang steht. Ist dies nicht der Fall, kann ein Arbeitskampf um diese Gegenstände geführt werden.[288] Anderenfalls darf er nur nach Ablauf der Friedenspflicht begonnen werden, weil sie zu diesem Zeitpunkt nicht mehr besteht.[289] Nur so kann der Befriedungsfunktion des Tarifrechts gerecht werden.[290] Anderenfalls ist der Arbeitskampf wegen Verstoßes gegen die Friedenspflicht rechtswidrig.[291]

---

283 *Krause,* in: Jacobs/Krause/Oetker, Tarifvertragsrecht, § 4 Rn. 147; *Oetker,* in: Wiedemann, § 1 TVG Rn. 867.

284 *Krause,* in: Jacobs/Krause/Oetker, Tarifvertragsrecht, § 4 Rn. 147; *Löwisch/Rieble,* § 1 TVG Rn. 992.

285 *Dieterich,* in: ErfK, Art. 9 GG Rn. 125; *Otto,* Arbeitskampf- und Schlichtungsrecht, § 7 Rn. 4; *Rieble/Klumpp,* MünchArbR, § 187 Rn. 12.

286 Zu diesen Grenzen BAG v. 21.12.1982, AP Nr. 76 zu Art. 9 GG Arbeitskampf, A. II. 1. a. der Gründe (Bl. 4R f.); v. 10.12.2002, AP Nr. 162 zu Art. 9 GG Arbeitskampf, B. I. 2. a. der Gründe (Bl. 6R); *Jacobs,* ZTR 2001, 249 (253 f.); *Krause,* in: Jacobs/Krause/Oetker, Tarifvertragsrecht, § 4 Rn. 149; *Reim,* in: Däubler, § 1 TVG Rn. 998 ff.; *Rüthers,* in: Brox/Rüthers, Arbeitskampfrecht, Rn. 222; *Stahlhacke,* FS Molitor, 351 (354 ff., 357); *Thüsing,* in: Wiedemann, § 1 TVG Rn. 873 ff.

287 *Kissel,* Arbeitskampfrecht, § 26 Rn. 3; *Otto,* Arbeitskampf- und Schlichtungsrecht, § 7 Rn. 4; *Ricken,* MünchArbR, § 200 Rn. 31.

288 BAG v. 10.12.2002, AP Nr. 162 zu Art. 9 GG Arbeitskampf, B. I. 2. a. der Gründe (Bl. 6R); *Krause,* in: Jacobs/Krause/Oetker, Tarifvertragsrecht, § 4 Rn. 149; *Thüsing,* in: Wiedemann, § 1 TVG Rn. 885.

289 LAG Köln v. 12.12.2005, NZA 2006, 62 (62); *Dieterich,* in: ErfK, Art. 9 GG Rn. 124; *Kissel,* Arbeitskampfrecht, § 26 Rn. 11; *Otto,* Arbeitskampf- und Schlichtungsrecht, § 7 Rn. 10.

290 *Gamillscheg,* Kollektives Arbeitsrecht I, S. 1074; *Junker,* Arbeitsrecht, Rn. 500; *Otto,* Arbeitskampf- und Schlichtungsrecht, § 7 Rn. 4; *Reim,* in: Däubler, § 1 TVG Rn. 985; *Ricken,* MünchArbR, § 200 Rn. 35; *Rieble/Klumpp,* MünchArbR, § 163 Rn. 20, § 187 Rn. 3.

291 BAG v. 10.12.2002, AP Nr. 162 zu Art. 9 GG Arbeitskampf, B. I. 2. a. der Gründe (Bl. 6); *Kissel,* Arbeitskampfrecht, § 26 Rn. 8, 140; *Reim,* in: Däubler, § 1 TVG Rn. 986; *Thüsing,* in: Wiedemann, § 1 TVG Rn. 870 f.

b) Wahrung der Kampfparität zwischen den Parteien

Nach ständiger Rechtsprechung[292] und herrschender Literatur[293] muss die Kampfparität zwischen den Parteien während eines Arbeitskampfes gewahrt bleiben. Relevanz hat dieses Prinzip für die Aussperrung.[294] Ausgangspunkt ist die Vorstellung, dass die Tarifautonomie nur solange sichergestellt ist, als dass ein annäherndes Verhandlungsgleichgewicht zwischen den Tarifvertragsparteien besteht und nicht die eine Seite der anderen ihre Bedingungen diktieren kann.[295] Jede Partei muss also durch eine Gegenmaßnahme auf die Handlungen der Gegenseite reagieren können. Dies ist im Grundsatz unstreitig, wobei allerdings unklar ist, welcher Maßstab bei der Bestimmung der Parität anzulegen ist.[296] Das Bundesarbeitsgericht ist mit dem Bundesverfassungsgericht der Auffassung, dass „[k]onkrete Maßstäbe, nach denen das Kräftegleichgewicht der Tarifvertragsparteien beurteilt werden könnte, [...] sich Art. 9 Abs. 3 GG nicht entnehmen [lassen].“[297] „Die Kampfstärke von Koalitionen hängt von einer im einzelnen kaum überschaubaren Fülle von Faktoren ab, die in ihren Wirkungen schwer abschätzbar sind.“[298] „Die Vorgabe, möglichst für Parität zwischen den Tarifvertragsparteien zu sorgen, genügt daher als Handlungsanweisung für die konkrete gerichtliche Ausgestaltung des Arbeitskampfrechts allein in der Regel nicht. Das Paritätsprinzip ist wegen seiner Abstraktionshöhe als Maßstab zur Bewertung einzelner Kampfsituationen regelmäßig nicht ausreichend.“[299] „Es

---

292 BAG v. 10.6.1980, AP Nr. 64 zu Art. 9 GG Arbeitskampf, IV. 1. a. der Gründe (Bl. 9); v. 12.9.1984, AP Nr. 81 zu Art. 9 GG Arbeitskampf, B. II. 2. d. der Gründe (Bl. 13); v. 11.5.1993, AP Nr. 63 zu § 1 FeiertagslohnzahlungsG, II. 3. der Gründe (Bl. 4); einschränkend v. 19.6.2007, AP Nr. 173 zu Art. 9 GG Arbeitskampf, Rn. 21; v. 22.9.2009, AP Nr. 174 zu Art. 9 GG Arbeitskampf, Rn. 40.

293 *Gamillscheg,* Kollektives Arbeitsrecht I, S. 968 f.; *Hromadka/Maschmann,* Arbeitsrecht 2, § 14 Rn. 70; *Junker,* Arbeitsrecht, Rn. 609; *Kissel,* Arbeitskampfrecht, § 32 Rn. 3; *Otto,* Arbeitskampf- und Schlichtungsrecht, § 2 Rn. 2 Rn. 58 ff. 80; *Ricken,* MünchArbR, § 200 Rn. 38; *Rüthers,* in: Brox/Rüthers, Arbeitskampfrecht, § 8 Rn. 183; *Seiter,* Streik- und Aussperrungsrecht, S. 159 f.

294 *Junker,* Arbeitsrecht, Rn. 609.

295 BAG v. 12.9.1984, AP Nr. 81 zu Art. 9 GG Arbeitskampf, B. II. 2. d. der Gründe (Bl. 13); v. 11.5.1993, AP Nr. 63 zu § 1 FeiertagslohnzahlungsG, II. 3. der Gründe (Bl. 4); *Ricken,* MünchArbR, § 200 Rn. 38.

296 Die verschiedenen Ansätze werden ausführlich dargelegt bei BAG v. 10.6.1980, AP Nr. 64 zu Art. 9 GG Arbeitskampf, IV. der Gründe (Bl. 8R ff.); *Dieterich,* in: ErfK, Art. 9 GG Rn. 113; *Gamillscheg,* Kollektives Arbeitsrecht I, S. 968; *Hromadka/Maschmann,* Arbeitsrecht 2, § 14 Rn. 70; *Otto,* Arbeitskampf- und Schlichtungsrecht, § 2 Rn. 58 ff.; *Ricken,* MünchArbR, § 200 Rn. 38.

297 BVerfG v. 4. 7. 1995, E 92, 365 (395).

298 BVerfG v. 4. 7. 1995, E 92, 365 (396).

299 BAG v. 19.6.2007, AP Nr. 173 zu Art 9 GG Arbeitskampf, Rn. 21; *Dieterich,* in: ErfK, Art. 9 GG Rn. 113; *Kissel,* Arbeitskampfrecht, § 32 Rn. 6.

bezeichnet aber zumindest eine Grenze, die bei der gerichtlichen Ausgestaltung nicht überschritten werden darf."[300] Gegenüber dem Grundsatz der Verhältnismäßigkeit hat die Verhandlungsparität somit für die Beurteilung einzelner Kampfmaßnahmen an Bedeutung verloren beziehungsweise ist in ihm aufgegangen.[301]

Wichtig ist in diesem Kontext allerdings, dass der Staat sich aus dem in der Tarifautonomie herrschenden „freien Spiel der Kräfte" zurückziehen muss. Das bedeutet, dass er nicht Partei für die eine oder andere Seite ergreifen darf. Er muss sich passiv neutral verhalten, um so die Parität zwischen den Parteien nicht zu beeinflussen.[302] Dies gebietet die in Art. 9 Abs. 3 S. 1 GG gewährleistete Koalitionsfreiheit.[303] Deutlich zeigt sich dies an der einfachgesetzlichen Ausgestaltung dieser Gewährleistung in §§ 160 Abs. 1 S. 1, 100 Abs. 1 SGB III n. F. (ex. §§ 146 Abs. 1 S. 1, 174 Abs. 1 SGB III a. F.).[304]

c) Verhältnismäßigkeit des Arbeitskampfes

Entscheidend für die Rechtmäßigkeit eines Arbeitskampfes ist nach mittlerweile ständiger Rechtsprechung des Bundesarbeitsgerichts[305] und herrschender Literatur[306] die Verhältnismäßigkeit des Arbeitskampfes. Das Bundesverfassungs-

---

300 BAG v. 19.6.2007, AP Nr. 173 zu Art. 9 GG Arbeitskampf, Rn. 21; v. 22.9.2009, AP Nr. 174 zu Art. 9 GG Arbeitskampf, Rn. 40; ähnlich BVerfG v. 4.7.1995, E 92, 365 (395).

301 *Dieterich,* in: ErfK, Art. 9 GG Rn. 112 auch zur Relevanz des Prinzips für das Arbeitskampfrisiko, für die Mitbestimmungsrechte des Betriebsrats während eines Arbeitskampfes und hinsichtlich der Grenzen des Aussperrungsrechts.

302 *Dieterich,* in: ErfK, Art. 9 GG Rn. 148; *Gagel,* in: Gagel/Bieback/Knickrehm, § 146 SGB III Rn. 5, 9; *Rolfs,* in: ErfK, § 146 SGB III Rn. 1.

303 BVerfG v. 4. 7. 1995, E 92, 365 (394 f.); vgl. auch v. 24.4.1996, E 94, 268 (284); *Evers,* Arbeitskampffreiheit, S. 33 ff.; *Ossenbühl/Richardi,* Neutralität, S. 107 ff.; *Seiter,* Streik- und Aussperrungsrecht, S. 170 ff.; *Scholz,* in: Maunz/Dürig, Art. 9 GG Rn. 283 f.

304 Zu den sozialrechtlichen Konsequenzen eines Arbeitskampfes unten S. 347 ff., 358 ff.

305 Seit BAG v. 21.4.1971, AP Nr. 43 zu Art. 9 GG Arbeitskampf, Teil III. A. 1. der Gründe (Bl. 6R); v. 10.6.1980, AP Nr. 64 zu Art. 9 GG Arbeitskampf, B. I. der Gründe (Bl. 13R ff.); v. 10.6.1980, AP Nr. 65 zu Art. 9 GG Arbeitskampf, B. I. der Gründe (Bl. 12R ff.); v. 12.3.1985, AP Nr. 84 zu Art. 9 GG Arbeitskampf Nr. 84, II. 2. b (Bl. 4R f); v. 19.6.2007, AP Nr. 173 zu Art. 9 GG Arbeitskampf, Rn. 22 f.; v. 22.9.2009, AP Nr. 174 zu Art. 9 GG Arbeitskampf, Rn. 31, 41.

306 *Dieterich,* in: ErfK, Art. 9 GG Rn. 129; *Fischinger,* RdA 2007, 99 (100); *Gamillscheg,* Kollektives Arbeitsrecht I, S. 1130 ff.; *v. Hoyningen-Huene,* JuS 1987, 505 (507 f.); *Hromadka/Maschmann,* Arbeitsrecht 2, § 14 Rn. 59 ff.; *Kissel,* Arbeitskampfrecht, § 29; *Kreuz,* Verhältnismäßigkeit, S. 73 ff.; *Löwisch,* ZfA 1971, 319 (323ff.); *Mayer-Maly,* FS Richardi, 691 (691 f.); *Oetker,* Not- und Erhaltungsarbeiten, S. 39 f.; *Richardi/Fischinger,* in: Staudinger-BGB (2011), Vorbem zu §§ 611 ff.Rn. 911 f.; *Richardi,* NJW 1978, 2057 (2059 f.); *Ricken,* MünchArbR, § 200 Rn. 42 ff.; *Rüthers,* in: Brox/Rüthers, Arbeitskampfrecht, Rn. 163 ff., 192 ff.; *Seiter,* Streik- und Aussperrungsrecht, S. 146 ff.; *Wank,* FS Kissel, 1225 (1230 ff.); einschränkend auf die Intensität des Arbeitskampfmitteleinsatzes

gericht[307] und der Bundesgerichtshof[308] haben sich dem angeschlossen. Für die Anwendung des Verhältnismäßigkeitsgrundsatzes besteht keine ausdrückliche normative Grundlage.[309] Hintergrund ist, dass kein gesetzlich geregeltes Arbeitskampfrecht existiert und Rechtsprechung und Literatur daher gezwungen waren, Grundsätze des Arbeitskampfrechts zu entwickeln.[310] Stets ging es dabei um eine Abwägung der Interessen der beteiligten Akteure. Ehemals eigenständige Voraussetzungen wie das Gebot fairer Kampfführung und der ultima-ratio-Grundsatz sind in der Verhältnismäßigkeitsprüfung aufgegangen.[311]

aa) Verstoß gegen „die guten Sitten" i. S. des § 826 BGB

Reichsgericht[312] und Reichsarbeitsgericht[313] nahmen „die guten Sitten" i. S. des § 826 BGB zum Maßstab, um die Rechtmäßigkeit eines Arbeitskampfes zu bewerten.[314] Der Einsatz von „Maßregeln zur Überwindung des Widerstands des Gegners [verstießen] nicht ohne weiteres gegen die guten Sitten"[315]. Diese seien laut dem Reichsgericht „vielmehr erst dann verletzt, wenn die angewandten Mittel an sich unsittlich sind, oder wenn der dem Gegner zugefügte Nachteil so erheblich ist, daß dadurch dessen wirtschaftliche Vernichtung herbeigeführt wird, oder wenn der Nachteil, der dem Gegner erwächst, zu dem erstrebten Vorteil in einem nicht erträglichen *Mißverhältnis* [stehe]"[316]. Eine ganz ähnliche Formulierung wählt das Reichsarbeitsgericht und betont ebenfalls das „nicht erträgliche *Mißverhältnisse*" zwischen dem „dem Gegner zugefügte[n] Nachteil zu dem erstrebten Vorteil".[317] An anderer Stelle erlegt es „jedem, der [eine Arbeitskampfmaßnahme ergreift], die sittliche Pflicht auf, sorgfältig *abzuwä-*

Otto, Arbeitskampf- und Schlichtungsrecht, § 8 Rn. 3; kritisch *Däubler,* JuS 1972, 642 (643 f.); *ders.,* in: Däubler, Arbeitskampfrecht, § 14 Rn. 20 f.; *Säcker,* GMH 23 (1972), 287 (296 ff.); ablehnend *Joachim,* AuR 1973, 289 (292 ff.); *Mösch,* Verhältnismäßigkeit, S. 149 f.; vgl. außerdem die Nachweise unten in Fn. 357.

307 BVerfG v. 26.6.1991, E 84, 212 (230 f.); v. 4.7.1995, E 92, 365 (395); v. 10.9.2004, AP Nr. 167 zu Art. 9 GG Arbeitskampf, B. 1. der Gründe (Bl. 2 f.).

308 BGH v. 31.1.1978, Z 70, 277 (281 f., 290).

309 *Kissel,* Arbeitskampfrecht, § 29 Rn. 1; zur Ableitung sogleich S. 256 ff.

310 Dazu dazu oben S. 211 ff.

311 BAG v. 18.2.2003, AP Nr. 163 zu Art. 9 GG Arbeitskampf, B. I. der Gründe (Bl. 5); *Otto,* Arbeitskampf- und Schlichtungsrecht, § 8 Rn. 3; *Rüthers,* in: Brox/Rüthers, Arbeitskampfrecht, Rn. 164 f.

312 RG v. 29.5.1902, Z 51, 369 (384); v. 17. 3.1904, Z 57, 418 (427); v. 12.7.1906, Z 64, 52 (61); v. 14.10.1907, Z 66, 379 (383); v. 6.4.1922, Z 104, 327 (330); v. 20.12.1927, Z 119, 291 (294 f.).

313 RAG v. 21.3.1928, ARS 2, 217 (222); v. 5.2.1930, ARS 8, 266 (269).

314 *Sunnus,* AuR 2008, 1 (1).

315 RG v. 6.4.1922, Z 104, 327 (330).

316 RG v. 6.4.1922, Z 104, 327 (330, Hervorhebung durch Verfasser).

317 RAG v. 5.2.1930, ARS 8, 266 (269, Hervorhebung durch Verfasser).

gen, ob der gegebene Tatbestand auch wirklich zur Anwendung diese letzten und schärfsten Kampfmittels zwinge oder ob das mit ihm erstrebte Ziel nicht auf andere und einfachere Weise zu erreichen sei."[318]

bb) Sozialadäquanz

Das Bundesarbeitsgericht bestimmte die Rechtmäßigkeit eines Arbeitskampfes in der Folge anhand der Sozialadäquanz.[319] Diese dem Strafrecht entlehnte Lehre[320] wurde maßgeblich von *Nipperdey* in das Zivilrecht und das Arbeitskampfrecht übertragen.[321] Unter seinem Vorsitz fand sie denn auch Eingang in die höchstrichterliche arbeitsrechtliche Rechtsprechung.[322] Im Strafrecht versteht man unter sozial adäquatem Verhalten solche Handlungen, die sich völlig im Rahmen der normalen, geschichtlich gewordenen sozialen Ordnung des Lebens bewegen.[323] Danach erfüllt sozialadäquates Verhalten den Tatbestand einer Norm selbst dann nicht, wenn die Handlung vom Wortlaut der Bestimmung tatsächlich erfasst ist.[324] Es handelt sich somit weder um einen Rechtfertigungsgrund noch um einen Entschuldigungsgrund, sondern um eine Einschränkung des objektiven Tatbestandes.[325] Dieses Ergebnis kann jedoch durch Auslegung des Wortlautes oder dessen teleologischer Reduktion erreicht werden, so dass es des unbestimmten Kriteriums der Sozialadäquanz grundsätzlich nicht bedarf.[326]

---

318 RAG v. 21.3.1928, ARS 2, 217 (222, Hervorhebung durch Verfasser). Das Bundesarbeitsgericht führt auch unter der Herrschaft des Verhältnismäßigkeitsgrundsatzes aus, dass es sich dabei um die Konkretisierung des Rechtsmissbrauchs handele, vgl. BAG v. 11.5.1993, AP Nr. 63 zu § 1 FeiertagslohnzG, II. 1. der Gründe (Bl. 3R); vgl. zur Kritik an der Sittenwidrigkeit als Maßstab der Rechtmäßigkeit eines Arbeitskampfes *Sunnus,* AuR 2008, 1 (1 f.).

319 Seit BAG v. 28.1.1955, AP Nr. 1 zu Art. 9 GG Arbeitskampf, I. 3., 6. der Gründe (Bl. 4R, 7R); v. 4.5.1955, AP Nr. 2 zu Art. 9 GG Arbeitskampf (Bl. 1R); v. 20.12.1963 AP Nr. 34 zu Art. 9 GG Arbeitskampf, III. der Gründe (Bl. 3); vgl. auch BGH v. 4.3.1957, Z 24, 21 (26 f.).

320 *Welzel,* Strafrecht[1], S. 35 ff., fortgeführt und erweitert bis zur 11. Aufl., *ders.,* Strafrecht[11], S. 55 ff.

321 *Enneccerus/Nipperdey,* BGB AT I/2, S. 1296; *Nipperdey,* Ersatzansprüche, S. 40 f.; *ders.,* NJW 1967, 1985 (1992 f.).

322 *Mayer-Maly,* FS Richardi, 691 (691).

323 BGH v. 13.11.1963, St 19, 152 (154); v. 18.2.1970, St 23, 226 (228); *Lenckner/Eisele,* in: Schönke/H. Schröder, Vorbem. §§ 13 ff. StGB Rn. 69; *Welzel,* Strafrecht[11], S. 55 f.

324 *Nipperdey,* Ersatzansprüche, S. 40 f.; vgl. auch *Lenckner/Eisele,* in: Schönke/H. Schröder, Vorbem. §§ 13 ff. StGB Rn. 69; *Welzel,* Strafrecht[11], S. 55 f.

325 H. Lit., *T. Fischer,* Vor § 32 StGB Rn. 12; *Lenckner/Eisele,* in: Schönke/H. Schröder, Vorbem. §§ 13 ff. StGB Rn. 69 f.; *Paeffgen,* in: Kindhäuser/Neumann/Paeffgen, Vor §§ 32 ff. StGB Rn. 34.

326 *Lenckner/Eisele,* in: Schönke/H. Schröder, Vorbem. §§ 13 ff. StGB Rn. 70; einschränkend *Paeffgen,* in: Kindhäuser/Neumann/Paeffgen, Vor §§ 32 ff. StGB Rn. 37, der die soziale Adäquanz als „Vorfilter der Tatbestandsmäßigkeit" bezeichnet und gleichzeitig Kritik an der

Im Arbeitskampfrecht verstand man die Sozialadäquanz als Rechtfertigungsgrund für den Eingriff durch den Streik in den eingerichteten und ausgeübten Gewerbebetrieb des Arbeitgebers i. S. der §§ 823, 826 BGB.[327] Es handelt sich dabei allerdings letztlich um ein Synonym für die Prüfung der Rechtswidrigkeit. Ein Verhalten, das rechtmäßig ist, ist nicht sozialinadäquat. Der Begriff der Sozialadäquanz enthält allerdings weder im Arbeitskampfrecht noch im Zivilrecht einen eigenständigen Inhalt und wurde aus diesem Grund kritisiert.[328] Maßgeblich ist die Erwägung, dass das Arbeitskampfrecht im Dienste der Tarifautonomie stehe. Somit sei der Arbeitskampf rechtmäßig, wenn er von tariffähigen Parteien und nach Ausschöpfung sämtlicher Verhandlungsmöglichkeiten geführt werde. Dabei dürften die Kampfmittel und die Art der Kampfführung nicht gegen tarifrechtliche oder andere Rechtssätze verstoßen.[329] Dies sind im Wesentlichen die heute im Rahmen der Rechtmäßigkeitsprüfung geltenden Maßstäbe.[330]

cc) Verhältnismäßigkeitsgrundsatz

(1) Ableitung aus dem öffentlichen Recht und Anwendung im Zivilrecht

Der Verhältnismäßigkeitsgrundsatz stammt aus dem öffentlichen Recht und wird – teilweise kumulativ – als Teilgrundsatz des Rechtsstaatsprinzips aus Art. 20 Abs. 3 GG und aus dem Wesen der Grundrechte selbst abgeleitet.[331] Er besagt, dass ein Eingriff in ein Grundrecht nur dann verhältnismäßig und somit rechtmäßig ist, wenn er geeignet, erforderlich und angemessen ist, um ein bestimmtes Ziel zu erreichen.[332] Entscheidend ist also die Mittel-Zweck-Relation.[333]

Der Verhältnismäßigkeitsgrundsatz ist nicht nur im öffentlichen Recht unter Einschluss des Strafrechts, sondern ebenso im Zivilrecht anwendbar.[334] Seit

---

arbeitsrechtlichen Judikatur und Lehre übt, da der Begriff der Verhältnismäßigkeit ebenso vage sei.

327 BAG v. 28.1.1955, AP Nr. 1 zu Art. 9 GG Arbeitskampf, I. 3., 4., 6. der Gründe (Bl. 4R, 6, 7R); *Hueck/Nipperdey,* Lehrbuch II/2, S. 1003; *Rüthers,* AuR 1967, 129 (132).

328 *Esser/Schmidt,* Schuldrecht I/2, S. 66; *Otto,* Arbeitskampf- und Schlichtungsrecht, § 8 Rn. 2; *Rüthers,* AuR 1967, 129 (132); vgl. die Kritik des Europäischen Ausschusses für Soziale Rechte wegen der Unbestimmtheit des Begriffs, conclusions I, S. 184.

329 *Rüthers,* AuR 1967, 129 (133 f.).

330 Vgl. *Kissel,* Arbeitskampfrecht, § 29 Rn. 7.

331 BVerfG v. 15.12.1965, E 19, 342 (348 f.); v. 19.10.1982, E 61, 126 (134); v. 24.4.1985, E 69, 1 (35); v. 2.5.1987, E 76, 1 (50 f.); v. 17.6.2004, E 111, 54 (82).

332 BVerfG v. 5.11.1980, E 55, 159 (165); v. 24.4.1985, E 69, 1 (35); v. 8.10.1985, E 70, 278 (286); v. 12.5.1987, E 76, 1 (51); v. 26.4.1995, E 92, 262.

333 Zur Herleitung und zum Begriff im öffentlichen Recht *Grzeszick,* in: Maunz/Dürig, Art. 20 GG Rn. 107 ff.; *Sachs,* in: Sachs, Art. 20 GG Rn. 145.

334 *Bieder,* Verhältnismäßigkeitsprinzip, S. 5 ff.; *H. Hanau,* Verhältnismäßigkeit, S. 21 ff.

dem Grundsatzurteil des Bundesverfassungsgerichts in Sachen *Lüth* ist es ständige Rechtsprechung, dass die Grundrechte eine „objektive Werteordnung" darstellen und somit im Wege einer sogenannten „mittelbaren Drittwirkung" oder ihrer „Ausstrahlungswirkung" bei der Auslegung des niederrangigen Rechts zu berücksichtigen sind.[335] Insbesondere bei der Interpretation ausfüllungsbedürftiger Generalklauseln ist dasjenige Auslegungsergebnis zu wählen, dass den Vorgaben des Grundgesetzes am ehesten entspricht.[336]

Die Auffassung, dass der Verhältnismäßigkeitsgrundsatz als solcher zwischen Privaten Anwendung findet, hat sich jedoch mit Rücksicht auf die Privatautonomie erst spät durchgesetzt. Die Kontrolle zivilrechtlichen Verhaltens erfolgte zunächst ausschließlich anhand der engen Grenzen insbesondere der §§ 138, 826 BGB sowie der §§ 226, 242, 314 Abs. 1 S. 2, 315 Abs. 1, 2, 319 Abs. 1 S. 1, 343 Abs. 1 S. 1, 2, 612 BGB.[337] Heute ist der Verhältnismäßigkeitsgrundsatz als eigenständiges zivilrechtliches Rechtsinstitut überwiegend anerkannt.[338] Die genannten Vorschriften sehen vielfach eine durch Interessenabwägung ausfüllungsbedürftige Generalklausel vor.[339] Dagegen spricht zwar, dass die Privatautonomie gem. Art. 2 Abs. 1 GG verfassungsrechtlich gewährleistet ist.[340] Dieses Grundrecht gilt jedoch nicht unbeschränkt, sondern der Einzelne ist nur geschützt „soweit er nicht die Rechte anderer verletzt". Mithin kommt eine Einschränkung im Zivilrecht durch den Verhältnismäßigkeitsgrundsatz in Betracht.[341]

---

335 BVerfG v. 15.1.1958, E 7, 198 (204 ff.); v. 26.2.1969, E 25, 256 (263); v. 24.2.1971, E 30, 173 (188); v. 14.2.1973, E 34, 269 (279 f.); v. 28.4.1976, E 42, 133 (139); v. 11.5.1976, E 42, 143 (147 f.); v. 3.6.1980, E 54, 148 (151 f.); vgl. dazu *Di Fabio,* in: Maunz/Dürig, Art. 2 GG Rn. 67, 138.

336 BVerfG v. 23.10.1958, E 8, 210 (221); v. 17.3.1959, E 9, 194 (200); *Rüthers/Fischer/A. Birk,* Rechtstheorie, Rn. 763; *Zippelius,* Methodenlehre, S. 38 f.

337 *Kissel,* Arbeitskampfrecht, § 29 Rn. 4; *Medicus,* AcP 192 (1992), 35 (37 f.); *Wank,* FS Kissel, 1225 (1231 mit Fn. 51).

338 BGH v. 6.12.1989, Z 109, 306 (312); BAG v. 10.6.1980, AP Nr. 64 zu Art. 9 GG Arbeitskampf, B. I. 3. a. der Gründe (Bl. 14 f.); *Bleckmann,* JuS 1994, 177 (179 ff.); *Larenz,* Methodenlehre, S. 412 f., 480 f., 488 f.; *Looschelders/Olzen,* in: Staudinger-BGB (2009), § 242 Rn. 458 ff., 463; *Wank,* FS Kissel, 1225 (1231 f.); zurückhaltend *Medicus,* AcP 192 (1992), 35 (61 f.).

339 Vgl. *Preis,* FS Dieterich, 429 (433 f.).

340 St. Rspr. BVerfG v. 12.11.1958, E 8, 274 (328); v. 16.5.1961, E 12, 341 (347); v. 4.6.1985, E 70, 115 (123); v. 19.10.1993, E 89, 241 (231 ff.); *Canaris,* FS Lerche, 873 (874 ff.); *Di Fabio,* in: Maunz/Dürig, Art. 2 GG Rn. 101; *Dreier,* in: Dreier, Art. 2 I GG Rn. 38; *Horn,* in: Stern/Becker, Art. 2 GG, Rn. 30; *Medicus,* AcP 192 (1992), 35 (41, 61); *Murswiek,* in: Sachs, Art. 2 GG Rn. 55a f.

341 BVerfG v. 15.1.1958, E 7, 198 (205 ff.); v. 7.5.1969, E 25, 371 (407); v. 1.7.1979, E 50, 290 (366); v. 7.2.1990, E 81, 242 (254 f.); v. 19.10.1993, E 89, 214 (231 ff.); v. 6.2.2001, E 103, 89 (100 f.); *Preis,* FS Dieterich, 429 (439 ff.).

(2) Anwendung im Arbeitskampfrecht

Im Arbeitsrecht gilt der Verhältnismäßigkeitsgrundsatz nach der Rechtsprechung des Bundesarbeitsgerichts mittlerweile gleichermaßen für das gesamte Arbeitsrecht.[342] So findet er Anwendung im Betriebsverfassungsrecht[343] bei der Konkretisierung der Pflichten der Betriebspartner gem. § 75 Abs. 2 BetrVG[344] und für den Inhalt einer Betriebsvereinbarung,[345] im Tarifvertragsrecht sowie im Kündigungsschutzrecht[346].[347]

Den Verhältnismäßigkeitsgrundsatz – synonym als das Übermaßverbot bezeichnet[348] – zieht das Bundesarbeitsgericht seit 1971 als maßgebliches Kriterium zur Beurteilung der Rechtmäßigkeit eines Arbeitskampfes heran.[349] In dem grundlegenden Beschluss führt es aus, dass „[i]n unserer verflochtenen und wechselseitig abhängigen Gesellschaft [...] Streik wie Aussperrung nicht nur die am Arbeitskampf unmittelbar Beteiligten, sondern auch Nichtstreikende und sonstige Dritte sowie die Allgemeinheit vielfach nachhaltig [berühren]. Arbeitskämpfe müssen deshalb unter dem obersten Gebot der Verhältnismäßigkeit stehen. Dabei sind die wirtschaftlichen Gegebenheiten zu berücksichtigen, und das Gemeinwohl darf nicht offensichtlich verletzt werden."[350]

Für das Arbeitskampfrecht wie für das Arbeitsrecht allgemein wird kaum mehr problematisiert, dass der Grundsatz aus dem öffentlichen Recht stammt und dort die Grenze für hoheitliche Eingriffe in die Rechte Privater darstellt.[351] Er gilt also nicht unmittelbar zwischen Privaten. Die Anwendung des Verhältnismäßigkeitsgrundsatzes begründet das Bundesarbeitsgericht damit, dass die Sozialpartner durch den Arbeitskampf in die bestehende Vertragsrechtsordnung

---

342 BAG v. 27.9.1974, AP Nr. 18 zu § 37 BetrVG, III. 4. der Gründe (Bl. 4); v. 10.6.1980, AP Nr. 64 zu Art. 9 GG Arbeitskampf, B. I. 3. a. der Gründe (Bl. 14); v. 12.3.1985, AP Nr. 84 zu Art. 9 GG Arbeitskampf, II. 2. b. der Gründe (Bl. 4R); v. 10.10.1989, AP Nr. 3 zu § 1 TVG Vorruhestand, II. 3. e. der Gründe (Bl. 4R).

343 *Blomeyer,* FS 25 Jahre BAG, 17 (17 ff.).

344 BAG v. 10.10.1989, AP Nr. 3 zu § 1 TVG Vorruhestand, II. 3. e. der Gründe (Bl. 4R).

345 BAG v. 19.1.1999, AP Nr. 28 zu § 87 BetrVG 1972 Ordnung des Betriebes, A. II. 3. der Gründe (Bl. 4); *Pahlen,* Verhältnismäßigkeit, S. 24 ff. 117 ff.

346 BAG v. 25.3.1976, AP Nr. 10 zu § 626 BGB Ausschlußfrist, v. 2. der Gründe (Bl. 4); v. 19.4.2007, AP Nr. 20 zu § 174 BGB Rn. 45 ff.; *Oetker,* in: ErfK, § 1 KSchG Rn. 76; *Preis,* Prinzipien, S. 254 ff.; *Stückmann/Kohlepp,* RdA 2000, 331 (333 ff.).

347 *Bieder,* Verhältnismäßigkeitsprinzip, S. 311 ff.

348 BAG v. 10.6.1980, AP Nr. 64 zu Art. 9 GG Arbeitskampf, B. I. 2. a. der Gründe (Bl. 14); *Huster/Rux,* in: Epping/Hillgruber, Art. 20 GG Rn. 176.1; *Otto,* Arbeitskampf- und Schlichtungsrecht, § 8 Rn. 3.

349 Vgl. die Nachweise oben in Fn. 305.

350 BAG v. 21.4.1971, AP Nr. 43 zu Art. 9 GG Arbeitskampf, Teil III. A. 1. der Gründe (Bl. 6R).

351 Vgl. *Walker,* NZA 1995, 601 (603).

einseitig eingreifen und hierdurch sowohl die Interessen des Gegners sowie diejenigen Dritter berühren.[352] Ein Teil der Literatur sieht die Anwendung unabhängig von den Interessen Dritter deshalb als zulässig und geboten an, weil die Sozialpartner die grundgesetzlich durch Art. 9 Abs. 3 S. 1 GG geschützte Eingriffsbefugnis in die zwischen Arbeitgeber und Arbeitnehmer bestehende Vertragsbeziehung haben.[353] Entscheidend ist danach allein dieses Zweipersonenverhältnis.

Man ist sich heute überwiegend einig, dass der Verhältnismäßigkeitsgrundsatz bei der Rechtsmäßigkeitsprüfung des Arbeitskampfes anzuwenden ist. Er stellt die Schranke für die Ausübung der durch das Arbeitskampfrecht verliehenen Rechtsmacht dar.[354] Es existieren allerdings keine zwei verschiedenen Grundsätze i. S. eines öffentlich-rechtlichen und eines privat-rechtlichen Verhältnismäßigkeitsgrundsatzes.[355] Zwar handelt es sich einerseits um hoheitliche Eingriffe in ein Grundrecht und andererseits um eine Rechtsausübungsschranke unter Privaten.[356] In beiden Fällen geht es jedoch um die Begrenzung eines bestimmten rechtlichen Tuns. Somit handelt es sich vielmehr um einen identischen Grundsatz in zwei verschiedenen Ausprägungen. Indes wird die Anwendbarkeit des Verhältnismäßigkeitsgrundsatzes im Arbeitskampfrecht überhaupt bestritten. Dies wird mit der Gefahr begründet, durch eine Überprüfung der Mittel-Zweck-Relation werde eine Bewertung der angestrebten Tarifforderung vorgenommen. Dies widerspreche der gem. Art. 9 Abs. 3 S. 1 GG vorbehaltlos gewährleisteten Tarifautonomie.[357] Das Bundesverfassungsgericht hat diesbezüglich ausgeführt, dass „[b]ei einer Verhältnismäßigkeitskontrolle, die schon bei den Angriffsmitteln ansetzt, [...] eine gerichtliche Kontrolle der Tarifziele kaum zu vermeiden [wäre]. Eine solche Kontrolle widerspräche aber dem Grundgedanken der Tarifautonomie“[358].

---

352 BAG v. 21.4.1971, AP Nr. 43 zu Art. 9 GG Arbeitskampf, Teil III. A. 1. der Gründe (Bl. 6R); BVerfG v. 18.12.1974, E 38, 281 (307); *Seiter,* Streik- und Aussperrungsrecht, S. 542 ff.; vgl. auch *Kreuz,* Verhältnismäßigkeit, S. 35 f.

353 *R. Birk,* Unterstützungskampfmaßnahmen, S. 89 ff. mit Fn. 363; *v. Hoyningen-Huene,* JuS 1987, 505 (507); *Hromadka,* FS Kissel, 417 (429); *Stückmann/Kohlepp,* RdA 2000, 331 (333).

354 Vgl. die Nachweise oben in Fn. 305 und 306.

355 Dazu *Kreuz,* Verhältnismäßigkeit, S. 45 f. unter Hinweis auf *Seiter,* Streik- und Aussperrungsrecht, S. 148 ff.

356 *Konzen/Scholz,* DB 1980, 1593 (1597); *Kreuz,* Verhältnismäßigkeit, S. 46.

357 *Däubler,* JuS 1972, 642 (642 f.); *ders.,* in: Däubler, Arbeitskampfrecht, § 14 Rn. 11; *Joachim,* AuR 1973, 289 (292 ff.); *Kittner,* in: Denninger u. a., AK-GG, Art. 9 Abs. 3 GG Rn. 99; *Mösch,* Verhältnismäßigkeit, S. 81; *Pfarr/Brandt,* AuR 1981, 325 (328 ff.); *Säcker,* ArbGeg 12 (1974), 17 (43 ff.).

358 BVerfG v. 26.6.1991, E 84, 212 (231).

Die Verhältnismäßigkeitsprüfung eines Arbeitskampfes ist also nur verfassungsgemäß, sofern sie keine Tarifzensur darstellt.[359] Bei der Abwägung der gegenläufigen Interessen ist daher nicht auf die Tarifforderung an sich abzustellen. Vielmehr geht es darum, die Tarifautonomie zu verwirklichen, so dass es nach überwiegender Ansicht darauf ankommt, ob eine tarifvertraglich regelbare Forderung erhoben wird.[360] Diese Forderung stellt das legitime Ziel dar, zu dessen Verwirklichung das Arbeitskampfmittel geeignet, erforderlich und angemessen sein muss und deshalb den Maßstab für die Verhältnismäßigkeitsprüfung des Arbeitskampfes bildet.[361] Der Inhalt der Forderung ist vor dem Hintergrund der gem. Art. 9 Abs. 3 S. 1 GG verfassungsrechtlich garantierten Tarifautonomie nicht zu überprüfen.[362] Etwas anderes kann allenfalls gelten, wenn die durch den Arbeitskampf betroffenen Rechte und Interessen des Gegners oder Dritter evident überwiegen, indem sie zum Beispiel auf die Existenzvernichtung des Gegners abzielen.[363] Wegen der abstrakten Wertigkeit der gem. Art. 9 Abs. 3 S. 1 GG vorbehaltlos gewährleisteten Tarifautonomie ist dabei Zurückhaltung geboten. Der Verhältnismäßigkeitsgrundsatz muss also insoweit modifiziert angewendet werden.[364] Es dürfen nicht jedwede Interessen Dritter dazu führen,

---

359 *Brox,* in: Brox/Rüthers, Arbeitskampfrecht, Rn. 195; *Kreuz,* Verhältnismäßigkeit, S. 117, 157 ff.; *Ricken,* MünchArbR, § 200 Rn. 51; *Seiter,* Streik- und Aussperrungsrecht, S. 178 f.

360 *Brox,* in: Brox/Rüthers, Arbeitskampfrecht, Rn. 22; *Fischinger,* RdA 2007, 99 (100 f.); *Kissel,* Arbeitskampfrecht, § 29 Rn. 21; *Kreuz,* Verhältnismäßigkeit, S. 157 ff.; *Wank,* FS Kissel, 1225 (1234); a. A. für das Abstellen auf die gewählte Kampftaktik *Löwisch,* ZfA 1971, 319 (326 ff., 343); für die Beeinflussung des gegnerischen Willens *Czerweny v. Arland,* Arbeitskampfmittel, S. 58 f.; *v. Hoyningen-Huene,* JuS 1987, 505 (507); für die Kampfparität *Konzen,* Jura 1981, 585 (587); *Preis,* Kollektivarbeitsrecht, S. 342 f.; *Seiter,* Streik- und Aussperrungsrecht, S. 172.

361 BAG v. 10. 6. 1980, AP Nr. 64 zu Art. 9 GG Arbeitskampf, B. I. 2. b. der Gründe (Bl. 14); v. 18.2.2003, AP Nr. 163 zu Art. 9 GG Arbeitskampf, B. II. der Gründe (Bl. 5); *Kreuz,* Verhältnismäßigkeit, S. 159 f.; *Wank,* Anm. zu BAG v. 19.7.2007, AP Nr. 173 zu Art. 9 GG Arbeitskampf, Bl. 10 (Bl. 16); zum Meinungsstand *Ricken,* MünchArbR, § 200 Rn. 52 ff.

362 *Gamillscheg,* Kollektives Arbeitsrecht I, S. 1067 ff.

363 BAG v. 10. 6. 1980, AP Nr. 64 zu Art. 9 GG Arbeitskampf, B. I. 2. b. (Bl. 14); v. 24.4.2007, AP Nr. 2 zu § 1 TVG Sozialplan, Rn. 100; *Fischinger,* RdA 2007, 99 (101); *Kreuz,* Verhältnismäßigkeit, S. 152 ff.; *Wank,* FS Kissel, 1225 (1235).

364 Nach neuer Rechtsprechung des Bundesarbeitsgerichts muss das gewählte Arbeitskampfmittel an sich verhältnismäßig und damit zulässig sein. Erst in einem zweiten Schritt prüft es die konkrete Verhältnismäßigkeit der Ausübung (BAG v. 19.7.2007, AP Nr. 173 zu Art. 9 GG Arbeitskampf, Rn. 22 ff., 50 ff. mit Anm. *Wank,* Bl. 10 [Bl. 15R f.]). Für das Streikrecht als historisch überkommendem Kampfmittel der Arbeitnehmer bzw. der Gewerkschaften hat dies keine Auswirkungen. Lediglich für andere Kampfmittel ist zu prüfen, ob sie „erforderlich" sind. Dies soll der Fall, wenn auf Arbeitnehmerseite ein Streik von vornherein ungeeignet ist, eine bestimmte Tarifforderung durchzusetzen, dazu *Dieterich,* in: ErfK, Art. 9 GG Rn. 130a.

dass der Arbeitskampf unzulässig wird.[365] Dadurch würde Art. 9 Abs. 3 S. 1 GG ausgehöhlt, der gerade das Recht der Sozialpartner schützt, autonom die Arbeits- und Wirtschaftsbedingungen zu vereinbaren. Daraus folgt, dass hierzu nötige Arbeitskämpfe auszuhalten sind. Die Grenze bildet die Verhältnismäßigkeit.

(3) Weitere Teilgrundsätze

Neben dem Verhältnismäßigkeitsgrundsatz in seiner heutigen Gestalt werden teilweise weitere Anforderungen an die Rechtmäßigkeit des Arbeitskampfes gestellt. Dies ist auf die schrittweise richterrechtliche Entwicklung der Rechtmäßigkeitsvoraussetzungen für Arbeitskämpfe zurückzuführen. Dabei werden sie nicht mehr losgelöst vom Verhältnismäßigkeitsgrundsatz betrachtet, sondern als Teilelement aller gegeneinander abzuwägenden Rechte und Interessen begriffen.[366]

(a) Gebot fairer Kampfführung

Das Bundesarbeitsgericht[367] und ebenso der Bundesgerichtshof[368] zogen das Gebot fairer Kampfführung oder Fairnessgebot heran, um die Rechtmäßigkeit von Arbeitskämpfen zu bewerten. Die Parteien müssen demgemäß während des Arbeitskampfes die Regeln eines fairen Kampfes beachten und Rücksicht auf die Interessen des Gegners nehmen. Eine dogmatische Einordnung oder eine inhaltliche Konkretisierung wurden allerdings nicht vorgenommen.[369] Die Einwirkung auf den Gegner darf nur soweit gehen, wie es zur Durchsetzung der eigenen Forderungen erforderlich ist.[370] Um über die Streikphase hinaus bestehende Schäden zu vermeiden, folgt aus dem Gebot der fairen Kampfführung insbesondere die Pflicht zur Durchführung von Not- und Erhaltungsmaßnahmen.[371] Außerdem sind Betriebsblockaden[372] und insbesondere existenzver-

365 *Kreuz,* Verhältnismäßigkeit, S. 160 ff.; vgl. auch unten S. 265 f.

366 Vgl. die Übersicht bei *Hromadka/Maschmann,* Arbeitsrecht 2, § 14 Rn. 37.

367 BAG v. 21.4.1971, AP Nr. 43 zu Art. 9 GG Arbeitskampf, Teil III. A. 2. b. der Gründe (Bl. 6R f.); v. 11.5.1993, AP Nr. 63 zu § 1 FeiertagslohnzG, II. 1. der Gründe (Bl. 3R).

368 BGH v. 31.1.1978, Z 70, 277 (280).

369 *Däubler,* in: Däubler, Arbeitskampfrecht, § 14 Rn. 16; *Dieterich,* in: ErfK, Art. 9 GG Rn. 131; *Kissel,* Arbeitskampfrecht, § 31 Rn. 5; für die Einordnung als Teilgrundsatz der Verhältnismäßigkeit *Rüthers,* in: Brox/Rüthers, Arbeitskampfrecht, Rn. 165.

370 *Hromadka/Maschmann,* Arbeitsrecht 2, § 14 Rn. 67; *Ricken,* MünchArbR, § 200 Rn. 42.

371 BAG v. 30.3.1982, AP Nr. 74 zu Art. 9 GG Arbeitskampf, III. 1. (Bl. 4R); v. 11.5.1993, AP Nr. 63 zu § 1 FeiertagslohnzG, II. 1. der Gründe (Bl. 3R); *Dieterich,* in: ErfK, Art. 9 GG Rn. 180 ff.; *Oetker,* Not- und Erhaltungsarbeiten, S. 3 ff., 5 ff., 15 ff.; *Otto,* Arbeitskampf- und Schlichtungsrecht, § 8 Rn. 22 ff.

372 LAG Köln v. 2.7.1984, NZA 1984, 402 (402); *Kissel,* Arbeitskampfrecht, § 61 Rn. 102; *Otto,* Arbeitskampf- und Schlichtungsrecht, § 11 Rn. 5.

nichtende Kampfmaßnahmen[373] verboten. Nach Beendigung des Arbeitskampfes ist es schließlich geboten, den ungestörten Betriebsablauf wieder aufzunehmen.[374]

Das Gebot fairer Kampfführung beruht folglich ebenfalls auf dem Gedanken, dass der Arbeitskampf ein Hilfsmittel der Tarifautonomie darstellt. Nur ausnahmsweise ist der Kampf zulässig, denn grundsätzlich soll Frieden zwischen den Parteien herrschen. Ist unter Zuhilfenahme des Arbeitskampfes eine tarifliche Einigung erreicht, soll der Betrieb möglichst rasch wieder aufgenommen werden. Dies ist allerdings nur möglich, wenn die Folgen des Arbeitskampfes zügig beseitigt werden können. Dazu sind die genannten Ver- und Gebote notwendig, da ansonsten der Betriebsablauf völlig zum Erliegen kommen kann und sich daher die Wiederaufnahme schwierig gestalten kann. Diese Grundsätze sind jedoch auch allgemein aus dem Verhältnismäßigkeitsprinzip beziehungsweise dem Rechtsmissbrauchsverbot abzuleiten, so dass es auf eine dogmatische Einordnung im Ergebnis nicht ankommt.[375] Ein verbleibender Anwendungsbereich ist durch die Entscheidung zum Flash-Mob als Arbeitskampfmittel aufgezeigt worden. Das Gebot fairer Kampfführung gebiete, dass der Kampfgegner die jeweilige Kampfmaßnahme jedenfalls als solche erkennen können müsse.[376]

(b) Ultima-ratio-Grundsatz

Der ultima-ratio-Grundsatz hat in der Rechtsprechung des Bundesarbeitsgerichts eine wechselvolle Entwicklung genommen.[377] Er besagt, dass der Arbeitskampf nur das letzte aller verfügbaren Mittel sein darf, um eine tarifliche Einigung zu erzielen.[378] Das bedeutet, dass alle Verhandlungsmaßnahmen ausgeschöpft und gescheitert sein müssen, bevor ein Arbeitskampf geführt werden darf.[379] Der ultima-ratio-Grundsatz ist in Rechtsprechung und Literatur über-

[373] BAG v. 21.4.1971, AP Nr. 43 zu Art. 9 GG Arbeitskampf, Teil III. A. 2. b. der Gründe (Bl. 6R f.); *Rüthers,* in: Brox/Rüthers, Arbeitskampf, Rn. 165.

[374] BAG v. 21.4.1971, AP Nr. 43 zu Art. 9 GG Arbeitskampf, Teil III A 2 c der Gründe (Bl 7).

[375] *Dieterich,* in: ErfK, Art. 9 GG Rn. 131; *Kissel,* Arbeitskampfrecht, § 31 Rn. 8; *Otto,* Arbeitskampf- und Schlichtungsrecht, § 8 Rn. 8.

[376] BAG v. 19.6.2007, AP Nr. 174 zu Art. 9 GG Arbeitskampf, Rn. 47, vgl. auch BAG v. 31.12.1995, AP Nr. 140 zu Art. 9 GG Arbeitskampf, I. 2. a. (Bl. 2 f.) und b. bb. der Gründe (Bl. 2R f.); zum Flashmob oben S. 249.

[377] *Junker,* Arbeitsrecht, Rn. 614; *Konzen,* FS 50 Jahre BAG, 515 (543); *Otto,* Arbeitskampf- und Schlichtungsrecht, § 7 Rn. 12.

[378] BAG v. 1.6.1961, AP Nr. 13 zu § 2 TVG, II. 2. der Gründe (Bl. 3); v. 20.12.1963, AP Nr. 34 zu Art. 9 GG Arbeitskampf, III. 2. a. der Gründe (Bl. 4); v. 29.11.1967, AP Nr. 13 zu Art. 9 GG, Teil III. IV. 5. der Gründe (Bl. 10); v. 21.4.1971, AP Nr. 43 zu Art. 9 GG Arbeitskampf, Teil III. A. 2. a. der Gründe (Bl. 6R).

[379] So bereits BAG v. 28.1.1955, AP Nr. 1 zu Art. 9 GG Arbeitskampf, I. 3. der Gründe (Bl. 4R f.), dazu *Kissel,* Arbeitskampfrecht, § 30 Rn. 1 sowie BAG v. 21.4.1971, AP Nr. 43

wiegend anerkannt.[380] Seine Notwendigkeit ergibt sich wiederum aus den Wertungen des Tarifvertragsrechts, wonach der Tarifvertrag eine Befriedungsfunktion haben soll und daraus, dass „Arbeitskämpfe (Streik und Aussperrung) [...] im allgemeinen unerwünscht [sind], da sie volkswirtschaftliche Schäden mit sich bringen und den im Interesse der Gesamtheit liegenden sozialen Frieden beeinträchtigen."[381] Ein Arbeitskampf soll also nach Möglichkeit vermieden werden.[382]

Die dogmatische Einordnung des ultima-ratio-Grundsatzes durch das Bundesarbeitsgericht war zunächst nicht eindeutig.[383] Das insoweit grundlegende Urteil lässt sowohl die Interpretation zu, der Grundsatz sei Teil der Verhältnismäßigkeitsprüfung als auch die, dass es sich um eine selbstständige Rechtmäßigkeitsvoraussetzung handele.[384] In der ersten Warnstreikentscheidung setzte das Bundesarbeitsgericht den ultima-ratio-Grundsatz ausdrücklich mit dem Verhältnismäßigkeitsgrundsatz gleich. Ein Warnstreik sei gegenüber dem Erzwingungsstreik das mildere Mittel, da er im Vergleich geringeren Druck auf den sozialen Gegenspieler ausübe. Somit seien Warnstreiks auch vor Ausschöpfung aller Verhandlungsmöglichkeiten zulässig.[385] In der zweiten Warnstreik-

---

zu Art. 9 GG Arbeitskampf, Teil III. A. 2. a. der Gründe (Bl. 6R); *Konzen,* FS 50 Jahre BAG, 515 (544).

380 Die Diskussion um den ultima-ratio-Grundsatz fand im Anschluss an die Warnstreikentscheidungen des Bundesarbeitsgerichts (v. 17.12.1976, AP Nr. 51 zu Art. 9 GG Arbeitskampf, 3. der Gründe [Bl. 2]; v. 12.9.1984, AP Nr. 81 zu Art. 9 GG Arbeitskampf, B. II. 2. a. [Bl. 9R f.]; v. 21.6.1988, AP Nr. 108 zu Art. 9 GG Arbeitskampf, A. I. 2. [Bl. 5] und A. I. 3. d., 4. [Bl. 7R f.] der Gründe) statt, so dass insbesondere kritische Stimmen aus älterer Zeit stammen, vgl. aus dem umfangreichen Schrifttum einerseits *Dieterich,* in: ErfK, Art. 9 GG Rn. 133; *Gamillscheg,* Kollektives Arbeitsrecht I, S. 1148 m. w. N.; *Hromadka/Maschmann,* Arbeitsrecht 2, § 14 Rn. 62; *Kissel,* Arbeitskampfrecht, § 30 Rn. 6 m. w. N.; *Richardi/Fischinger,* in: Staudinger-BGB (2011), Vorbem zu §§ 611 ff.Rn. 917 ff.; *Rüthers,* in: Brox/Rüthers, Arbeitskampfrecht, Rn. 164, 197 ff.; *Walker,* NZA 1993, 769 (771) und andererseits *Hohenstatt/Schaude,* DB 1989, 1566 (1570 f.); *Nikisch,* Arbeitsrecht II, S. 122 f.

381 BAG v. 28.1.1955, AP Nr. 1 zu Art. 9 GG Arbeitskampf, I. 3. der Gründe (Bl. 4R).

382 *Kissel,* Arbeitskampfrecht, § 41 Rn. 32.

383 Vgl. BAG v. 21.4.1971, AP Nr. 43 zu Art. 9 GG Arbeitskampf, Teil III. A. 1. sowie Teil III. A. 2. a. der Gründe (Bl. 6R); v. 10.6.1980, AP Nr. 64 zu Art. 9 GG Arbeitskampf, A. 2. (Bl. 4) und B. I (Bl. 13R ff.); v. 29.1.1985, AP Nr. 83 zu Art. 9 GG Arbeitskampf, B. 2. der Gründe (Bl. 4 f.); v. 21.6.1988, AP Nr. 108 zu Art. 9 GG Arbeitskampf, A. I. 3. a. der Gründe (Bl. 6 f.).

384 BAG v. 21.4.1971, AP Nr. 43 zu Art. 9 GG Arbeitskampf, Teil III. A. 1. a. und b. (Bl. 6) sowie Teil III. A. 2. a. und b. der Gründe (Bl. 6R f.), vgl. dazu BAG v. 21.6.1988, AP Nr. 108 zu Art. 9 GG Arbeitskampf, A. I. 3. a. der Gründe (Bl. 6), wonach das ultima-ratio-Prinzip im Grundsatzurteil als Teil des Verhältnismäßigkeitsgrundsatzes verstanden worden sei; a. A. *Otto,* Arbeitskampf- und Schlichtungsrecht, § 7 Rn. 14.

385 BAG v. 17.12.1976, AP Nr. 51 zu Art. 9 GG Arbeitskampf, 3. der Gründe (Bl. 2).

entscheidung stellte das Bundesarbeitsgericht wiederum den Gegensatz von ultima-ratio- und Verhältnismäßigkeitsgrundsatz heraus.[386] Aufgrund der kurzen Dauer des Warnstreiks wurde die Anwendbarkeit des ultima-ratio-Grundsatzes verneint.[387]

Die Gewerkschaften entwickelten mit Blick auf diese Privilegierung des Warnstreiks hinsichtlich des ultima-ratio-Grundsatzes gegenüber dem Erzwingungsstreik in der Folge die Arbeitskampfmittel der „neuen Beweglichkeit" und des „Wellenstreiks". Darunter versteht man kurzzeitige Arbeitsniederlegungen, die ohne Vorankündigung und daher unvorhersehbar erfolgen.[388] Der Arbeitnehmerseite war es so möglich, mit geringem Aufwand durch Arbeitsniederlegungen etwa in Schlüsselbetrieben großen Druck auf die Arbeitgeberseite auszuüben, ohne dass diese angemessen reagieren konnte. Die Folgen eines Arbeitskampfes in Gestalt der „neuen Beweglichkeit" sind daher kaum von denen eines Erzwingungsstreiks zu unterscheiden. Die Privilegierung des Warnstreiks ist daher von der Rechtsprechung in der dritten Warnstreikentscheidung aufgegeben worden[389] und der ultima-ratio-Grundsatz der Erforderlichkeit als Teilelement der Verhältnismäßigkeitsprüfung zugeordnet.[390] Allerdings verlangt das Bundesarbeitsgericht keine ausdrückliche Erklärung darüber, dass die Verhandlungen gescheitert sind. Vielmehr genüge als konkludente Erklärung die Arbeitsniederlegung, zumal der Arbeitgeber regelmäßig bereits vom Streikaufruf Kenntnis erlange.[391] Der ultima-ratio-Grundsatz erschöpft sich also darin, dass eine Partei erklären muss, sie erachte die Verhandlungen für gescheitert.[392]

---

386 BAG v. 12.9.1984, AP Nr. 81 zu Art. 9 GG Arbeitskampf, B. II. 2. der Gründe (Bl. 9R f.) sowie B. II. 2. b. der Gründe (Bl. 10R f.), vgl. auch B. II. 2. c. der Gründe (Bl. 12) wo zur Begründung der Vereinbarkeit mit Art. 6 Nr. 4 ESC die beiden Grundsätze gegenübergestellt werden.

387 BAG v. 12.9.1984, AP Nr. 81 zu Art. 9 GG Arbeitskampf, B. II. 2. d. der Gründe (Bl. 12).

388 *Hromadka/Maschmann,* Arbeitsrecht 2, § 14 Rn. 63; *Kissel,* Arbeitskampfrecht, § 41 Rn. 1.

389 Konzen, FS 50 Jahre BAG, 515 (545): „Der Warnstreik im ursprünglichen Sinne [. . .] ist durch diese Judikatur praktisch überholt."

390 BAG v. 21.6.1988, AP Nr. 108 zu Art. 9 GG Arbeitskampf, A. I. 2. (Bl. 5) und A. I. 3. d., 4. (Bl. 7R f.) der Gründe; v. 11.8.1992, AP Nr. 124 zu Art. 9 GG Arbeitskampf, I. 3. c. der Gründe (Bl. 3R); v. 27.6.1995, AP Nr. 137 zu Art. 9 GG Arbeitskampf, I. 2. der Gründe (Bl. 2); *Konzen,* FS 50 Jahre BAG, 515 (544); *Otto,* Arbeitskampf- und Schlichtungsrecht, § 7 Rn. 26, § 10 Rn. 8.

391 BAG v. 21.6.1988, AP Nr. 108 zu Art. 9 GG Arbeitskampf, I. 3. c. der Gründe (Bl. 7 f.); *Bieback/Wroblewski,* in: Däubler, Arbeitskampfrecht, § 17 Rn. 62; dagegen für eine ausdrückliche wenngleich nicht zwingend förmliche Erklärung *Kissel,* Arbeitskampfrecht, § 30 Rn. 23 ff., 40; *Konzen,* FS 50 Jahre BAG, 515 (545 f.); *Otto,* Arbeitskampf- und Schlichtungsrecht, § 7 Rn. 26; *Peters,* Scheitern, S. 134 ff., 155 (Pflicht aus vorvertraglichem Sonderrechtsverhältnis).

392 *Konzen,* FS 50 Jahre BAG, 515 (545); *Otto,* Arbeitskampf- und Schlichtungsrecht, § 10 Rn. 8, 15. Die genauen Anforderungen an einen Warnstreik sind umstritten, vgl. ausführlich

(c) Arbeitskampf und Gemeinwohlbindung

Das Bundesarbeitsgericht hat in den eingangs genannten Entscheidungen hervorgehoben, dass der Verhältnismäßigkeitsgrundsatz unter anderem deswegen im Arbeitskampfrecht anzuwenden sei, weil nicht nur die Interessen der kämpfenden Parteien, sondern auch die Dritter betroffen sein können.[393] Das Bundesarbeitsgericht stellt also entgegen Teilen der Literatur[394] bei der Begründung, dass der Verhältnismäßigkeitsgrundsatz auf Arbeitskämpfe anzuwenden ist, nicht nur auf die Interessen der Kampfparteien, sondern auch auf die Dritter ab. Es ist der Auffassung, dass „[s]elbstverständlich [...] auch die Gewerkschaften angesichts der Bedeutung ihrer Tätigkeit für die gesamte Wirtschaft und ihres (auch geistigen) Einflusses auf weite Bereiche des öffentlichen Lebens bei allen ihren Aktivitäten das gemeine Wohl berücksichtigen [müssen].“[395] Die gem. Art. 9 Abs. 3 S. 1 GG geschützte Arbeitskampffreiheit der Arbeitskampfparteien kann also durch eine ungeschriebene Grundrechtsschranke im Wege praktischer Konkordanz eingeschränkt werden.[396] Das bedeutet, dass mangels eines Arbeitskampfgesetzes die in Rede stehenden Grundrechtspositionen durch das jeweils angerufenen Gericht zu einem möglichst schonenden Ausgleich gebracht werden muss.[397]

Das Bundesverfassungsgericht[398] anerkennt in Übereinstimmung mit dem Bundesarbeitsgericht[399] und großen Teilen der Literatur[400] Gemeinwohlbelange als Schutzgut mit verfassungsrechtlichem Rang. Die Koalitionsfreiheit und damit der Schutz koalitionsspezifischer Betätigungen können daher, obwohl sie vorbehaltlos gewährleistet sind, zugunsten solcher Belange eingeschränkt werden.[401] In diesem Zusammenhang trifft das Bundesverfassungsgericht al-

---

Otto, a. a. O., § 10 Rn. 10 ff. sowie *P. Hanau,* BAG EWiR Art. 9 GG 1/89, 51 f.; *Kissel,* Arbeitskampfrecht, § 41 Rn. 32 f.

393 Dazu oben S. 256 f.

394 Vgl. oben S. 258 f.

395 BVerfG v. 18.12.1974, E 38, 281 (307); a. A. *Badura,* AöR 104 (1979), 246 (252 f.); *Däubler,* in: Däubler, Arbeitskampfrecht, § 14 Rn. 19.

396 LAG Sachsen v. 2.11.2007, LAGE Nr. 80 zu Art. 9 GG Arbeitskampf, F. II. (S. 38 ff.); ArbG Chemnitz v. 5.10.2007, AuR 2007, 393 (393 f.); *Gamillscheg,* Kollektives Arbeitsrecht I, S. 1173 ff.; *Kissel,* Arbeitskampfrecht, § 28 Rn. 4 ff.; *Scholz,* in: Maunz/Dürig, Art. 9 GG, Rn. 274, 277, 350 ff.

397 Dazu *Kreuz,* Verhältnismäßigkeit, S. 147 f.

398 BVerfG v. 24.4.1996, E 94, 268 (284); v. 27.4.1999, E 100, 271 (283).

399 BAG v. 21.4.1971, AP Nr. 43 zu Art. 9 GG Arbeitskampf, Teil III A I der Gründe (Bl 6R).

400 *Gamillscheg,* Kollektives Arbeitsrecht, S. 1173 ff.; *Kissel,* Arbeitskampfrecht, § 27 Rn. 4 ff.; so auch *Däubler,* in: Däubler, Arbeitskampfrecht, § 14 Rn. 19; grundsätzlich für Extremsituationen befürwortend *Otto,* Arbeitskampf- und Schlichtungsrecht, § 8 Rn. 71 f.

401 BVerfG v. 26.6.1991, E 84, 212 (228); v. 24.4.1996, E 94, 268 (284); v. 27.4.1999, E 100, 271 (283).

lerdings eine wichtige Aussage. Danach sind nicht alle koalitionsspezifischen Betätigungen gleich intensiv geschützt. Je eher die Arbeits- und Wirtschaftsbedingungen von den Tarifvertragsparteien geregelt werden können, desto stärker ist die „Wirkkraft" des Grundrechts gem. Art. 9 Abs. 3 S. 1 GG und damit der Schutz der jeweils nötigen Betätigung.[402] Dies entspricht dem Willen des historischen Gesetzgebers, wonach grundsätzlich die Tarifvertragsparteien ihre Interessen – also vor allem die materiellen Arbeitsbedingungen wie das Arbeitsentgelt – besser zu einem Ausgleich bringen können, als dies dem Staat möglich ist.[403] Für eine Einschränkung des Arbeitskampfes spricht zudem, dass der Verfassungsgeber ursprünglich das Streikrecht in Art. 12a Abs. 2 S. 1 GG-E normieren und dieses in S. 3 unter den Vorbehalt „Beschränkungen sind nur im Interesse des *gemeinen Wohls* und nur durch förmliches Gesetz möglich."[404] stellen wollte. Daraus folgt, dass die Gemeinwohlbelange umso schwerer wiegen müssen, je intensiver die „Wirkkraft" von Art. 9 Abs. 3 S. 1 GG hinsichtlich der jeweiligen koalitionsspezifischen Betätigung ist.[405] Zwar kann die Koalitionsfreiheit i. S. des Art. 9 Abs. 3 S. 1 GG zum Schutz von Gemeinwohlbelangen eingeschränkt werden. Ob und wie stark dies im Einzelfall verfassungsrechtlich zulässig ist, muss im Wege der Verhältnismäßigkeitsprüfung bestimmt werden. Dabei ist die abstrakte Wertigkeit der Koalitionsfreiheit zu berücksichtigen, die vorbehaltlos gewährleistet ist. Ein pauschaler Hinweis auf Gemeinwohlbelange ist also nicht ausreichend, um einen Arbeitskampf für rechtswidrig zu erklären.

Dadurch ist eine verfassungsrechtliche Grundaussage getroffen. Eine wesentliche Frage wird allerdings nicht beantwortet, denn der Begriff des Gemeinwohls ist kaum positiv zu definieren. Er kann lediglich typologisch bestimmt werden.[406] Wegen dieser Unbestimmtheit hat der Begriff der Gemeinwohlbelange als zu berücksichtigende Position Kritik erfahren.[407] Es stehe im Belieben des Richters, die in Rede stehenden Interessen zu bewerten und auf Grundlage

---

402 BVerfG v. 24.4.1996, E 94, 268 (285); v. 27.4.1999, E 100, 271 (283 f.).

403 BVerfG v. 27.4.1999, E 100, 271 (284).

404 Entwurf des Allgemeinen Redaktionsausschusses v. 16.11.1948 (Drucks. 282) abgedruckt in JöR 1 (1951), 118 f. (Hervorhebung durch Verfasser).

405 BVerfG v. 24.4.1996, E 94, 268 (284 f.); v. 27.4.1999, E 100, 271 (284).

406 *Rüthers,* in: Brox/Rüthers, Arbeitskampfrecht, Rn. 194; *Gamillscheg,* Kollektives Arbeitsrecht I, S. 1174; *Kissel,* Arbeitskampfrecht, § 28 Rn. 14 ff.; *Ricken,* MünchArbR, § 200 Rn. 58. Die oben in Fn. 395 genannten Gegenstimmen lehnen das Merkmal des „Gemeinwohls" aufgrund der Unbestimmtheit ab. Es stehe im Belieben des Richters, ob ein Arbeitskampf rechtmäßig oder rechtswidrig sei. Ohne Generalklauseln ist eine Abwägung der betroffenen Interessen allerdings nicht möglich.

407 *Däubler,* in: Däubler, Arbeitskampfrecht, § 14 Rn. 19; *Kempen,* AuR 1990, 237 (238 ff.); *Kittner/Schiek,* in: Denninger u. a AK-GG, Art. 9 GG Rn. 99; *Schwarze,* JuS 1994, 653 (656).

dessen über die Rechtmäßigkeit oder Rechtswidrigkeit eines Arbeitskampfes zu entscheiden. Dem ist jedoch entgegenzuhalten, dass eine Abwägung zwischen Interessen ohne grundsätzliche und ausfüllungsbedürftige Grundaussagen – auch in Form von Generalklauseln – nicht möglich ist.[408]

Arbeitskämpfe in sensiblen Bereichen, bei denen eine Vielzahl Unbeteiligter betroffen sein kann, können also wegen des Gemeinwohls eingeschränkt werden.[409] Beispiele sind Arbeitskämpfe von Piloten,[410] Fluglotsen,[411] Zugführern[412] oder Ärzten[413]. Die Gefahr einer Tarifzensur besteht nach dem oben Gesagten allerdings nicht, denn der Maßstab muss vor dem Hintergrund der „Wirkkraft" des Art. 9 Abs. 3 S. 1 GG jedenfalls eine Evidenzkontrolle sein.[414] Das Streikrecht darf nicht gänzlich unter Hinweis auf das Gemeinwohl oder die „besondere Eingriffsempfindlichkeit" ausgeschlossen werden.[415] Dies widerspräche der vorbehaltlos gewährleisteten Tarifautonomie.[416] Einbußen müssen Dritte hinnehmen, da diese zwangsläufig die Folge eines Arbeitskampfes sind. Im Wege praktischer Konkordanz müssen die Arbeitskampfparteien jedoch dafür Sorge tragen, dass diese Einbußen verhältnismäßig sind und sie die Gemeinwohlbelange nicht überstrapazieren.[417] Mit Notdiensten ist sicherzustellen, dass eine zur Wahrung der „elementaren persönlichen, sozialen und staatlichen Bedürfnisse erforderliche Mindestversorgung"[418] aufrechterhalten

---

408 Vgl. dazu *Seiter,* Streik- und Aussperrungsrecht, S. 544.

409 *Gamillscheg,* Kollektives Arbeitsrecht I, S. 1173 ff.; *Seiter,* Streik- und Aussperrungsrecht, S. 546 ff.

410 Zum gesamten Luftverkehr *Rüthers,* ZfA 1987, 1 (38 ff.) und *Löwisch,* ZfA 1988, 137 (140 ff.).

411 BVerfG v. 2.7.1979, AP Nr. 61a zu Art. 9 GG Arbeitskampf; BGH v. 16.6.1977, Z 69, 128 (131 ff.); v. 31.1.1978, Z 70, 277 (280 ff.); LAG Rheinland-Pfalz v. 14.6.2007, LAGE Nr. 78 zu Art. 9 GG Arbeitskampf, II. 2. b. bb. der Gründe (S. 9); *Zeuner,* JZ 1979, 6 (6 ff.); zum für den 4.8.2011 und 9.8.2011 geplanten Streik der Gewerkschaft Flugsicherung e. v. (GdF) vgl. die Pressemitteilungen 5/11 und 7/11 des ArbG Frankfurt am Main (http://www.arbg-frankfurt.justiz.hessen.de/) sowie 7/11 und 9/11 des LAG Hessen jeweils v. 3.8.2011 und 8.8.2011 (http://www.lag-frankfurt.justiz.hessen.de/).

412 LAG Sachsen v. 2.11.2007, LAGE Nr. 80 zu Art. 9 GG Arbeitskampf, F. II. (S. 38 ff.); *Bayreuther,* NZA 2008, 12 (13 f.).

413 *Scholz,* in: Maunz/Dürig, Art. 9 GG Rn. 350.

414 *Otto,* FS Konzen, 663 (681 ff., 685: „Forderungen [...] exorbitant").

415 LAG Hessen v. 22.7.2004, AP Nr. 168 zu Art. 9 GG Arbeitskampf (Bl. 2 f.); *Heinze,* FS 50 Jahre BAG, 493 (510); *Rüthers,* ZfA 1987, 1 (38 f., 42 ff.).

416 *Löwisch,* ZfA 1988, 137 (150).

417 Vgl. BVerfG v. 26.5.1970, E 28, 243 (260); v. 17.12.1975, E 41, 29 (50 f.); v. 16.10.1979, E 52, 223 (246 f., 251); v. 16.5.1995, E, 93, 1 (21).

418 *Kissel,* Arbeitskampfrecht, § 28 Rn. 16 und *Otto,* Arbeitskampf- und Schlichtungsrecht, § 8 Rn. 26 mit Hinweis auf die in § 11 Abs. 1 S. 1 Professorenentwurf genannten Bereiche; weitere Beispiele nennen *Gamillscheg,* Kollektives Arbeitsrecht I, S. 1175 ff. und *Scherer,* Daseinsvorsorge, S. 119 ff.

bleibt.[419] In die Abwägung einzustellen sind daher aufgrund der objektiven Werteordnung der Grundrechte insbesondere die Rechte auf Leben und körperliche Unversehrtheit i. S. des Art. 2 Abs. 2 S. 1 GG. Daneben kann die Berufsfreiheit Dritter i. S. des Art. 12 Abs. 1 S. 1 GG betroffen sein.[420] Aufgrund der Verschiedenheit jedes Arbeitskampfes ist das Maß dieser Versorgung im Einzelfall gesondert zu bestimmen.[421] In bestimmten Bereichen ist daher keine Einschränkung möglich, ohne dass es zu einer Unterversorgung kommt, mit der Folge, dass Normalversorgung und Mindestversorgung einander entsprechen.[422]

Letztlich handelt es sich bei der Kritik also um einen Streit um die Begrifflichkeiten, weil sich das Gemeinwohl letztlich aus den Grundrechten Dritter ergibt.[423] Es ist daher jedenfalls, wenngleich mit unterschiedlicher Begründung, in die Abwägung mit einzubeziehen.

II. Rechtmäßigkeit kollektiver Maßnahmen am Maßstab von Art. 6 Nr. 4 ESC

1. Kollektive Maßnahmen als Hilfsinstrument zur Durchsetzung von Kollektivverhandlungen

Es ist begründet worden, dass kollektive Maßnahmen i. S. des Art. 6 Nr. 4 ESC nicht zu jedem beliebigen Zweck ergriffen werden dürfen. Es handelt sich nicht um ein umfassendes Recht der Arbeitnehmer, losgelöst von bestimmten Voraussetzungen beliebige Handlungen durchzuführen. Art. 6 Nr. 4 ESC ist nicht isoliert zu betrachten. Wesentlich ist, dass gemäß dem Einleitungssatz und der Überschrift des Art. 6 ESC durch die Norm das Recht auf Kollektivverhandlungen gewährleistet werden soll. Arbeitnehmer dürfen nur „im Falle von Interessenkonflikten“ kollektive Maßnahmen ergreifen. Ausschließlich in diesem Fall ist der Arbeitskampf also zulässig. Interessenkonflikte i. S. des Art. 6 Nr. 4 ESC können nur im Zuge der Kollektivverhandlungen bestehen. Der Zweck

---

[419] *Gamillscheg,* Kollektives Arbeitsrecht I, S. 1175; *Otto,* Arbeitskampf- und Schlichtungsrecht, § 8 Rn. 71.

[420] LAG Sachsen v. 2.11.2007, LAGE Nr. 80 zu Art. 9 GG Arbeitskampf, F. der Gründe (S. 35 ff.).

[421] *Dieterich,* in: ErfK, Art. 9 GG Rn. 134; *Gamillscheg,* Kollektives Arbeitsrecht I, S. 1177.

[422] Etwa in der Intensivstation eines Krankenhauses. Allgemein LAG Hamm v. 16.1.2007, NZA-RR 2007, 250 (251 f.); *Bayreuther,* NZA 2008, 12 (14); *Scherer,* Daseinsvorsorge, S. 125 ; *Schneider/Sittard,* DÖD 2006, 244 (247 f.); vgl. auch *Däubler,* Streik, S. 233 f. und *Menkens,* RdA 1982, 101 (103 f.) zur Monopolstellung eines Unternehmens am Beispiel der nicht mehr fortbestehenden Deutschen Bundespost (§ 1 Abs. 1 PostG a. F.).

[423] Vgl. *Gamillscheg,* Kollektives Arbeitsrecht I, S. 1175; *Sunnus,* AuR 2008, 1 (8 f.).

kollektiver Maßnahmen besteht also darin, Druck auf den Arbeitgeber auszuüben, um ihn zu Verhandlungen zu bewegen und schließlich zu einer Einigung zu gelangen. Die kollektiven Maßnahmen dienen somit der Durchsetzung der Kollektivverhandlungen i. S. des Art. 6 ESC.[424]

Es besteht insofern eine Gemeinsamkeit, als dass die kollektiven Maßnahmen ähnlich dem deutschen Arbeitskampfrecht eine dienende Funktion haben. So wie durch dieses die Funktionsfähigkeit der gem. Art. 9 Abs. 3 S. 1 GG gewährleisteten Tarifautonomie sichergestellt werden soll, bezweckt Art. 6 Nr. 4 ESC die Verwirklichung des Rechts auf Kollektivverhandlungen. Kollektive Maßnahmen können also nicht losgelöst von den Kollektivverhandlungen betrachtet werden. Damit ist allerdings keinesfalls ausgesagt, dass beide Komplexe inhaltlich deckungsgleich sind. Oben wurden bereits einige mögliche inhaltliche Unterschiede aufgezeigt.[425]

2. Anforderungen an das Ziel kollektiver Maßnahmen

Aus diesem Bezugspunkt ergeben sich Konsequenzen für die zulässigen Ziele, die mittels kollektiver Maßnahmen durch die Arbeitnehmer durchzusetzen versucht werden können. Ziel muss es grundsätzlich sein, den Arbeitgeber zu Verhandlungen beziehungsweise zu einer Einigung über den jeweiligen Verhandlungsgegenstand zu bewegen. Unterschiede zwischen dem deutschen Arbeitskampfrecht und Art. 6 Nr. 4 ESC bestehen allerdings darin, dass unter den Begriff der Kollektivverhandlungen auch andere als tarifvertraglich regelbare Inhalte subsumiert können. Dennoch muss das Ziel der kollektiven Maßnahmen sein, die Gegenseite zu Kollektivverhandlungen zu bewegen. Diese Verhandlungen brauchen nicht auf den Abschluss einer Kollektivvereinbarung, die nicht rechtlich verbindlich sein muss, gerichtet zu sein. Kollektivverhandlungen können über sämtliche Gegenstände geführt werden, die die beruflichen Interessen der Arbeitnehmer berühren.[426]

3. Anforderungen an die kollektiven Maßnahmen

Art. 6 Nr. 4 ESC nennt gewissermaßen als Prototyp kollektiver Maßnahmen das Streikrecht der Arbeitnehmer.[427] Der Begriff ist nicht legaldefiniert. Hervorzuheben ist, dass das Streikrecht i. S. des Art. 6 Nr. 4 ESC den Streik aller

---

424 Zu alledem oben S. 71 ff.

425 Dazu oben S. 63 ff. und S. 69 ff.

426 Zu den zulässigen Gegenständen oben S. 69 ff. So ergibt sich beispielsweise aus Art. 6 Nr. 4 ESC nicht die Zulässigkeit eines politischen Streiks, da dieser nicht vom Schutzbereich der Norm erfasst ist, vgl. *Gitter,* ZfA 1971, 127 (137); *Kissel,* Arbeitskampfrecht, § 24 Rn. 60 sowie oben S. 114 ff.

427 Dazu oben S. 113 ff.

Beschäftigten unter Einschluss der Beamten gewährleistet. Dies folgt zum einen aus dem Arbeitnehmerbegriff der Norm und zum anderen aus der Möglichkeit der Vertragsparteien, die Rechte der Europäischen Sozialcharta gem. Art. 31 ESC unter bestimmten Voraussetzungen einzuschränken. Für eine pauschale Begrenzung bereits des Schutzbereichs bestehen daher keine Anhaltspunkte.[428] Kollektive Maßnahmen und insbesondere das Streikrecht müssen also stets mit dem Ziel ausgeübt werden, den Arbeitgeber zu Kollektivverhandlungen beziehungsweise Kollektivvereinbarungen zu bewegen. Das Recht kann nicht losgelöst von diesem Zweck geltend gemacht werden.[429]

4. Anforderungen an die Durchführung kollektiver Maßnahmen

a) Friedenspflicht

Gem. Art. 6 Nr. 4 Halbs. 2 ESC können die Parteien das Recht auf kollektive Maßnahmen ausschließen oder einschränken.[430] Daher ergeben sich insbesondere für das deutsche Tarif- und Arbeitskampfrecht insoweit keine Besonderheiten. Die Frage, zwischen wem die Friedenspflicht insbesondere bei einem nichtgewerkschaftlichen Streik gilt, ist im Rahmen der Umsetzung im nationalen Recht zu beantworten.[431]

b) Ultima-ratio-Grundsatz

Das Bundesarbeitsgericht hat bereits in einer Entscheidung vom 12. September 1984 in einem obiter dictum angedeutet, dass der Ultima-ratio-Grundsatz mit Art. 31 Abs. 1 ESC unvereinbar sein könnte, wenn der Grundsatz nicht dem „Schutz der Rechte und Freiheiten anderer" dient.[432] In der Tat kann nicht jede nationale Einschränkung durch dieses Merkmal gerechtfertigt werden.[433] Aus der Systematik der Europäischen Sozialcharta ergibt sich, dass die Rechte in den übernommenen Artikeln möglichst weitgehend verwirklicht werden sollen. Dies verdeutlicht der Eingangssatz des Art. 6 ESC für das Recht auf Kollektivverhandlungen, der auf die „wirksame Ausübung" der Rechte abstellt.[434] Dementsprechend sollen Einschränkungen nur ausnahmsweise zulässig sein.[435]

---

[428] Zu diesen Möglichkeiten näher oben S. 123 ff.

[429] Dazu ausführlich oben S. 63 ff., 71 ff.

[430] Dazu oben S. 123 ff.

[431] Dazu unten S. 341 ff.

[432] BAG v. 12.9.1984, AP Nr. 81 zu Art. 9 GG Arbeitskampf, B. II. 2. c. der Gründe (Bl. 11 ff.); *Kissel,* Arbeitskampfrecht, § 30 Rn. 5; *G. Müller,* DB 1984, 2692 (2692).

[433] So jedoch *Lieb,* NZA 1985, 265 (267 f.), wonach Art. 31 ESC „weitgehende Beschränkungen ohne weiteres zuläßt"; ähnlich *Reuter,* JuS 1986, 19 (23).

[434] *G. Müller,* DB 1984, 2692 (2693).

[435] Dazu oben S. 127 ff.

Eine Einschränkung, dass das Streikrecht nur als letztes Mittel ausgeübt werden darf, ergibt sich daraus nicht. Zweck des Art. 31 Abs. 1 ESC ist es, die Rechte der Europäischen Sozialcharta möglichst umfänglich zu verwirklichen. Einschränkungen sollen nur ausnahmsweise zulässig sein, wenn sie „notwendig“[436] sind, um die enumerativ aufgezählten Rechte und Rechtsgüter zu schützen. Die Anforderungen sind daher relativ streng. Bloße Unannehmlichkeiten sollen durch Art. 31 Abs. 1 ESC nicht verhindert werden.

Man kann allerdings vertreten, dass Art. 6 Nr. 4 ESC der Anwendung nicht entgegensteht.[437] Der ultima-ratio-Grundsatz wird mittlerweile als Teil des Verhältnismäßigkeitsprinzips angesehen.[438] Dieses wird aus dem Verfassungsrecht abgeleitet und steht daher im Rang über der Europäischen Sozialcharta, die als völkerrechtlicher Vertrag lediglich den Rang eines Bundesgesetzes hat.[439] Der unterschiedliche Rang hindert jedoch nicht die völkervertragsfreundliche Auslegung des Grundgesetzes. Bei mehreren methodisch vertretbaren Auslegungsergebnissen einer Norm ist dasjenige zu wählen, das mit den völkervertraglichen Vorgaben am ehesten in Einklang steht.[440] Aus welchen Elementen der Verhältnismäßigkeitsgrundsatz besteht und welchen Inhalt er im nationalen Recht hat, ist umstritten. Bereits daran zeigt sich, dass mehrere Auslegungsergebnisse möglich sind. Folglich ist es irrelevant, dass der ultima-ratio-Grundsatz im Verfassungsrecht wurzelt.[441]

Allerdings ist der ultima-ratio-Grundsatz jedenfalls aus einem anderem Grund mit Art. 31 Abs. 1, Art. 6 Nr. 4 ESC vereinbar. Zunächst kann man mit tatsächlichen Erwägungen argumentieren. Ein vorschnelles Ergreifen kollektiver Maßnahmen wird die Verhandlungsbereitschaft der Gegenseite eher mindern als fördern.[442] Der Zweck des Art. 6 ESC ist es jedoch, die „wirksame Ausübung“ der Rechte in Nr. 1-4 zu gewährleisten. Dieses Ziel wird nicht erreicht, wenn die Fronten verhärtet sind. Der Europäische Ausschuss für Soziale Rechte hat denn auch Regelungen für zulässig erachtet, wonach ein Schlichtungsverfahren durchlaufen sein muss, bevor kollektive Maßnahmen ergriffen werden dürfen.[443] Scheitert das Verfahren, so stellt das Recht auf kollektive Maßnahmen das letzte Mittel dar. In diesem Sinne ist es ultima ratio. Berücksichtigt

---

436 necessary, nécessaires.

437 *Kissel,* Arbeitskampfrecht, § 30 Rn. 5.

438 Vgl. oben S. 262 ff. sowie sogleich S. 256 ff.

439 Dazu oben S. 147 ff.

440 Dazu oben S. 191 ff.

441 Vgl. zu alledem oben S. 262 ff.; a. A. *Kissel,* Arbeitskampfrecht, § 30 Rn. 5; *Seiter,* Anm. zu BAG v. 12.9.1984, EzA Nr. 54 zu Art. 9 GG Arbeitskampf, C. III. 2. (630 z 11 ff.).

442 *G. Müller,* DB 1984, 2692 (2693).

443 Vgl. bereits conclusions I, S. 38, worauf auch *Seiter,* Anm. zu BAG v. 12.9.1984, EzA Nr. 54 zu Art. 9 GG Arbeitskampf, C. II. 2. (630 z 8) hinweist.

man den Zweck der Europäischen Sozialcharta, braucht ein solches Verfahren nicht förmlich zu sein. Den Parteien kann also in zeitlicher Hinsicht eine Grenze gesetzt werden. Zumindest deshalb ist der ultima-ratio-Grundsatz mit Art. 31 Abs. 1, Art. 6 Nr. 4 ESC vereinbar.[444]

c) Verhältnismäßigkeitsgrundsatz

Die Ausübung kollektiver Maßnahmen und damit des Streiks kann von den beschriebenen Voraussetzungen abhängig gemacht werden. Zumindest im Grundsatz anerkennt dies der Europäische Ausschuss für Soziale Rechte. Daneben könnte aus dem Merkmal der Notwendigkeit in Art. 31 Abs. 1 ESC i. V. mit dem Anhang zu Art. 6 Nr. 4 ESC oder aus Art. 6 Nr. 4 ESC selbst abzuleiten sein, dass kollektive Maßnahmen unter dem Gebot der Verhältnismäßigkeit stehen. Dies bedeutete eine Einschränkung nicht nur in zeitlicher Hinsicht (ultima-ratio), sondern auch hinsichtlich der Intensität einer Maßnahme.

Der Europäische Ausschuss für Soziale Rechte hat die Bundesregierung bereits mehrfach aufgefordert, die Anwendung des Verhältnismäßigkeitsgrundsatzes bei der Rechtmäßigkeitsprüfung eines Arbeitskampfes differenziert darzulegen und hierzu Beispiele aus der Rechtsprechung zu nennen.[445] Bislang ist sie diesem nicht beziehungsweise nur unzureichend nachgekommen.[446] Aus diesem Grund konnte der Ausschuss bislang keine Aussage über die Vereinbarkeit der ständigen höchstrichterlichen Rechtsprechung mit Art. 6 Nr. 4 ESC treffen. Allerdings verlangt er seit dem Jahr 2001 beständig nähere Informationen. Daraus kann gefolgert werden, dass die Beurteilung einer Kampfmaßnahme am Maßstab der Verhältnismäßigkeit einerseits Art. 6 Nr. 4 ESC jedenfalls nicht evident widerspricht. Andererseits finden sich in den *conclusions* Anhaltspunkte, wonach eine richterliche Bewertung der Proportionalität eines Arbeitskampfes den Gewährleistungen widersprechen kann.[447]

---

444 So im Ergebnis *Gamillscheg,* RdA 1998, 2 (10); *Kissel,* Arbeitskampfrecht, § 30 Rn. 5; *Kreuz,* Verhältnismäßigkeit, S. 143; *Lieb,* NZA 1985, 265 (267 f.); *G. Müller,* DB 1984, 2692 (2693); *Reuter,* JuS 1986, 19 (23); *Konzen,* JZ 1986, 157 (162 f.); *Scholz,* SAE 1985, 33 (39 ff.); *Seiter,* Anm. zu BAG v. 12.9.1984, EzA Nr. 54 zu Art. 9 GG Arbeitskampf, C. II. 2. (630 z 7 f.); vgl. auch *Ruth,* Right to Strike, S. 27.

445 addendum 2 to conclusions XV-1, S. 28; conclusions XVI-1, vol. 1, S. 249; conclusions XVII-1, vol. 1, S. 205; conclusions XVIII-1, vol. 1, S. 304 f.; conclusions XIX-3, S. 104.

446 So zuletzt conclusions XIX-3, S. 104; benannt wurde im deutschen Länderbericht des XVIII. Berichtszyklus lediglich die Entscheidung des BAG v. 12.10.2002, AP Nr. 162 zu Art. 9 GG Arbeitskampf. Daraus konnte der Europäische Ausschuss für Soziale Rechte allerdings lediglich ableiten, dass das Bundesarbeitsgericht seine Rechtsprechung möglicherweise anpassen werde, conclusions XVIII-1, vol. 1, S. 304 f.

447 Ebenfalls conclusions XIX-3, S. 104 und unten S. 276 und 277.

aa) Verortung einer Verhältnismäßigkeitsprüfung in Art. 6 Nr. 4 ESC

Der Wortlaut des Art. 6 Nr. 4 ESC enthält außer dem Vorbehalt aus Kollektivvereinbarungen keine Einschränkungen der kollektiven Maßnahmen beziehungsweise des Streikrechts. Vielmehr besagt der Einleitungssatz, dass das Recht auf Kollektivverhandlungen wirksam ausgeübt werden können soll. Dies deutet darauf hin, dass Einschränkungen nur ausnahmsweise zulässig sein sollen, denn jede Einschränkung beeinträchtigt die wirksame Ausübung.

Diese Auslegung wird durch die Systematik der Europäischen Sozialcharta belegt. Die Artikel des Teils II ESC enthalten die zu gewährleistenden Rechte. Nur ausnahmsweise sind bereits in den jeweiligen Normen Ermächtigungsgrundlagen für Einschränkungen durch die Vertragsparteien enthalten. Dies gilt etwa für Art. 5 S. 2 und 3 ESC. Daneben können sämtliche Rechte unter den Voraussetzungen des Art. 31 Abs. 1 ESC – im Fall des Art. 6 ESC i. V. mit dem Anhang zu Art. 6 Nr. 4 ESC – eingeschränkt werden. Daraus ergibt sich ein Regel-Ausnahme-Prinzip von Gewährleistung und Einschränkbarkeit. Enthält eine Norm somit keine Ermächtigungsgrundlage, so sind Einschränkungen nur unter den Voraussetzungen des Art. 31 Abs. 1 ESC zulässig. Der Vorbehalt der Kollektivvereinbarungen in Art. 6 Nr. 4 Halbs. 2 ESC betrifft ausschließlich Abreden im Verhältnis der Parteien zueinander und legitimiert die Vertragsstaaten der Europäischen Sozialcharta nicht zu Eingriffen.[448]

Etwas Gegenteiliges lässt sich schließlich nicht aus dem Zweck der Regelung ableiten. Zwar sollen Arbeitnehmer und Arbeitgeber ihre Rechte gem. Art. 6 Nr. 4 ESC wirksam ausüben können. Damit ist jedoch nur eine Grundaussage getroffen. Dass im Falle der Ausübung im Einzelfall eine Intensitätskontrolle i. S. einer Abwägung der konfligierenden Interessen bei der Ausübung durchgeführt werden soll, lässt sich daraus nicht ableiten.[449]

bb) Verortung in Art. 31 Abs. 1 ESC i. V. mit dem Anhang zu Art. 6 Nr. 4 ESC und Anwendbarkeit im Verhältnis Arbeitnehmer und Arbeitgeber

Denkbar ist allerdings, eine Verhältnismäßigkeitsprüfung ähnlich wie das ultima-ratio-Prinzip in Art. 31 Abs. 1 ESC i. V. mit dem Anhang zu Art. 6 Nr. 4 ESC zu verorten. Danach sind Einschränkung der Grundsätze und Rechte sowie die Ausübung der verwirklichten Rechte der Teile I und II ESC zulässig. Die Norm ermächtigt den nationalen Gesetzgeber oder die gesetzesvertretende Rechtsprechung. Das folgt aus dem Merkmal „gesetzlich vorgeschrieben".[450] Ähnlich wie im deutschen Recht der Verhältnismäßigkeitsgrundsatz grundsätz-

---

[448] Dazu bereits oben S. 123 f.

[449] In diesem Sinne wohl *Otto,* Arbeitskampf- und Schlichtungsrecht, § 4 Rn. 56.

[450] Zu alledem ausführlich oben S. 129 ff.

lich den Staat adressiert, stellen die Art. 31 Abs. 1 ESC i. V. mit dem Anhang zu Art. 6 Nr. 4 ESC Rechtsgrundlagen für die Einschränkung des Rechts auf kollektive Maßnahmen dar. Sie betreffen daher nicht das Verhältnis gleichgeordneter Rechtssubjekte – Arbeitnehmer und Arbeitgeber – sondern das Unterordnungsverhältnis dieser Personen gegenüber der jeweiligen Vertragspartei der Europäischen Sozialcharta. Daher muss gesondert begründet werden, ob eine kollektive Maßnahme und insbesondere der Streik gegenüber dem sozialen Gegenspieler tatsächlich der Schranke der Verhältnismäßigkeit unterliegt.[451]

Art. 6 Nr. 4 ESC nennt als mögliche Beschränkung des Rechts auf kollektive Maßnahmen im Verhältnis der Parteien nur die oben erläuterte Verpflichtung aus geltenden Kollektivvereinbarungen und meint damit insbesondere die Friedenspflicht.[452] Das schließt allerdings nicht aus, dass es weitere Schranken gibt, die sich aus dem Zweck der Norm ergeben. Bei der Bestimmung des Schutzbereiches wurde bereits angedeutet, dass das Recht auf kollektive Maßnahmen kein Recht darstellt, unabhängig von weiteren Voraussetzungen zu streiken.[453] Das Streikrecht besteht nicht um seiner selbst willen.[454] Es ist zweckgebunden und darf nur in bestimmten Situationen ausgeübt werden. Ziel des Art. 6 Nr. 4 ESC ist es nicht, sachgrundlos einseitig und in der Intensität beliebig in den Rechtskreis eines anderen einzugreifen. In Art. 31 Abs. 1 ESC i. V. mit dem Anhang zu Art. 6 Nr. 4 ESC sind als Schutzgut „Rechte und Freiheiten anderer" genannt. Zwar stellt die Norm eine Ermächtigung des Gesetzgebers oder der gesetzesvertretenden Rechtsprechung dar, in die durch die Europäische Sozialcharta gewährten Rechte einzugreifen. Das Verhältnis der Normunterworfenen ist damit nicht gemeint. Allerdings kommt darin der Gedanke zum Ausdruck, dass die Interessen Dritter und der Allgemeinheit mit denjenigen, die Rechte ausüben, in Einklang stehen sollen. Stellt man die eben genannte Überlegung mit ein, dass das Streikrecht seinem Zweck entsprechend nicht beliebig ausgeübt werden darf, kann man vertreten, dass bei der Ausübung kollektiver Maßnahmen eine umfassende Interessenabwägung in Gestalt einer Verhältnismäßigkeitsprüfung stattfinden muss. Dies ist jedoch nicht zwingend.

cc) Kritik des Europäischen Ausschusses für Soziale Rechte

Der Europäische Ausschuss für Soziale Rechte urteilt hinsichtlich der Anwendung des Verhältnismäßigkeitsprinzips im deutschen Recht zurückhal-

---

451 Dies ist soweit ersichtlich bislang nicht erörtert worden. *Lörcher,* in: Däubler, Arbeitskampfrecht, § 10 Rn. 32 deutet das Problem an; auch *Konzen,* JZ 1986, 157 (161 ff.) geht darauf bei der Erörterung der Vereinbarkeit des ultima-ratio-Grundsatzes mit der Europäischen Sozialcharta nicht ein.

452 Dazu soeben S. 256 f. sowie oben S. 249 ff.

453 Zur Hilfsfunktion der kollektiven Maßnahmen oben S. 268 ff.

454 *Ruth,* Right to Strike, S. 29.

tend.[455] Eine ausdrückliche Aussage findet sich in den *conclusions* zwar nicht.[456] Dies ist allerdings dem Umstand geschuldet, dass die Bundesregierung den Aufforderungen des Ausschusses, die Anwendung des Verhältnismäßigkeitsprinzips umfassend darzulegen, bislang nicht nachgekommen ist.[457] Gleichwohl lässt sich eine Entwicklung der Schlussfolgerungen nachzeichnen. Nachdem die individuelle Empfehlung des Ministerrates[458] an die Bundesrepublik Deutschland ergangen war, äußerte das Arbeitsgericht Gelsenkirchen Zweifel, dass Teile des deutschen Arbeitskampfrechts gegen die Vorgaben des Art. 6 Nr. 4 ESC verstoßen könnten.[459] Mangels Entscheidungserheblichkeit konnte die Rechtsfrage dort allerdings unentschieden bleiben.[460] Dieses Urteil nahm der Europäische Ausschuss für Soziale Rechte zum Anlass, in den folgenden *conclusions* weitergehende Stellungnahmen von der deutschen Bundesregierung zu verlangen.[461] Während zunächst lediglich Auskunft verlangt wurde,[462] wurden bereits im darauffolgenden Zyklus Bedenken geäußert.[463] Es wurde betont, dass die Gerichte lediglich zu prüfen hätten, ob ein Streik gegen die Gebote eines fairen Kampfes verstoße. Es sei allerdings an den Arbeitsvertragsparteien, zu beurteilen, ob ein Kampf notwendig und wie dieser zu führen sei. Ähnliche Aussagen finden sich in den beiden anschließenden *conclusions*. Dort wird erneut ausgeführt, dass eine Rechtsprechung den Kernbereich des Streikrechts nicht verletzen (*affect the very substance*) und nicht dazu führen dürfe, dass das Streikrecht deshalb nicht effektiv ausgeübt werden könne (*depriving it of its effectiveness*).[464] Diese Feststellung wiederholt der Europäische Ausschuss für Soziale Rechte in der jüngsten *conclusion* aus dem Jahr 2010 ohne weitere Begründung, weil weiterhin keine hinreichende Stellungnahme der Bundesregierung vorliegt.[465]

---

455 Vgl. zum niederländischen Recht conclusions XVIII-1, vol. 2, S. 552.

456 Vgl. dazu oben S. 256 mit Fn. 445.

457 Dazu oben S. 256 f.

458 Committee of Ministers, recommendation No. R ChS (98) 2 v. 4.2.1998 (deutsche Übersetzung AuR 1998, 156 [156]).

459 ArbG Gelsenkirchen v. 13.3.1998, EzA Nr. 130 zu Art. 9 GG Arbeitskampf, 4. der Gründe (S. 3 ff.).

460 ArbG Gelsenkirchen v. 13.3.1998, EzA Nr. 130 zu Art. 9 GG Arbeitskampf, 4. der Gründe (S. 3 ff.); ebenso die Berufungsinstanz LAG Hamm v. 17.2.1999, 18 (4) Sa 1177/98, Rn. 52 (juris).

461 addendum 2 to conclusions XV-1, S. 28; conclusions XVI-1, vol. 1, S. 249; conclusions XVII-1, vol. 1, S. 205; conclusions XVIII-1, vol. 1, S. 304 f.; conclusions XIX-3, S. 104.

462 addendum 2 to conclusions XV-1, S. 30.

463 conclusions XVI-1, vol. 1, S. 249.

464 conclusions XVII-1, vol. 1, S. 205; conclusions XVIII-1, vol. 1, S. 304 f.; vgl. auch conclusions X-2, S. 77.

465 conclusions XIX-3, S. 104.

Die wenngleich spärlichen Aussagen in den *conclusions* deuten darauf hin, dass der Europäische Ausschuss für Soziale Rechte nicht der Auffassung ist, Art. 6 Nr. 4 ESC gegebenenfalls i. V. mit Art. 31 Abs. 1 ESC und dem Anhang zu Art. 6 Nr. 4 ESC enthielten als Rechtsausübungsschranke das Gebot der Verhältnismäßigkeit.[466] Vielmehr argumentiert er mit einer Einschätzungsprärogative der sozialen Gegenspieler. Allein diese hätten das Recht, die Notwendigkeit einer kollektiven Maßnahme einzuschätzen.[467] Der nationale Richter habe im Streitfall ausschließlich zu überprüfen, ob ein Arbeitskampf die Gebote eines fairen Kampfes verletzt.[468] Eine solche Evidenzkontrolle ist eine im gesamten europäischen Privatrecht bekannte Rechtsausübungsschranke.[469] Im Gegensatz dazu kann das Verhältnismäßigkeitsprinzip nicht als allgemeiner Rechtsgrundsatz im Zivilrecht gesehen werden. Selbst im deutschen Zivil- und Arbeitskampfrecht hat dessen Ableitung und Anwendung nicht ausschließlich Zustimmung erfahren.[470] Es ist daher nicht anzunehmen, dass ein solches Prinzip bei der Rechtsausübung in den übrigen Rechtsordnungen bekannt ist und deshalb als der Europäischen Sozialcharta zugrundeliegend angenommen werden kann. Vor diesem Hintergrund ist die Kritik des Europäischen Ausschuss für Soziale Rechte an der herrschenden deutschen Rechtsanwendung zu sehen.[471]

Wegen der Präjudizwirkung der *conclusions*[472] kann also mit dem Europäischen Ausschuss für Soziale Rechte davon ausgegangen werden, dass die Ausübung des Rechts auf kollektive Maßnahmen und insbesondere die des Streikrechts im Verhältnis der Parteien zueinander lediglich durch eine Evidenzkontrolle beschränkt ist. Gleichwohl ist damit noch nichts Genaues über den Maßstab dieser Kontrolle ausgesagt. Umfasst ist in jedem Fall das Existenzvernichtungsverbot. Anderenfalls würde der Zweck der gesamten Europäischen Sozialcharta in Frage gestellt. Ausweislich der Präambel soll durch sie der wirtschaft-

466 conclusions XVI-1, vol. 1, S. 71; conclusions XVI-1, vol. 2, S. 446; conclusions XVII-1, vol. 2, S. 318; conclusions XVIII-1, vol. 2, S. 552; conclusions 2010, vol. 2, S. 451.

467 conclusions XVII-1, vol. 2, S. 318; conclusions XVIII-1, vol. 2, S. 552; conclusions 2010, vol. 2, S. 451.

468 conclusions XVI-1, vol. 1, S. 71; conclusions XVII-1, vol. 1, S. 205; conclusions XVIII-1, vol. 1, S. 304 f.; conclusions 2010, vol. 2, S. 451.

469 Vgl. etwa *Looschelders/Olzen,* in: Staudinger-BGB (2009), § 242 Rn. 403 ff. (Anwendungsfälle innerhalb des BGB), Rn. 955 ff. (Anwendungsfälle außerhalb des BGB), Rn. 1116 ff. (Ausprägungen in europäischen und internationalen Rechtsordnungen); *Whittaker/Zimmermann,* in: Zimmermann, Good Faith, S. 7 ff., 48 ff., 653 ff.

470 Dazu oben S. 256 ff.

471 Auch die Vereinbarkeit des Prinzips des Rechtsmissbrauchs („concept of abuse of rights“) mit Art. 6 Nr. 4 ESC und Art. 31 Abs. 1 i. V. mit dem Anhang zu Art. 6 Nr. 4 ESC hat der Europäische Ausschuss für Soziale Rechte angesprochen. Detaillierte Ausführungen folgten allerdings nicht, conclusions XVI-1, vol. 1, S. 71.

472 Dazu oben S. 46 ff.

liche und soziale Fortschritt sowie das soziale Wohl der Bevölkerung gefördert werden. Führte ein Arbeitskampf der Arbeitnehmer zur wirtschaftlichen Vernichtung des Arbeitgebers, ginge damit auch der Arbeitsplatz der kämpfenden Arbeitnehmer verloren. Dieses Ergebnis widerspricht dem Ziel. Die Präjudizwirkung der *conclusions* ist auch nicht dadurch widerlegt, dass das Verhältnismäßigkeitsprinzip in Deutschland das zentrale Instrument zur Beurteilung der Rechtmäßigkeit eines Arbeitskampfes ist,[473] da die Europäische Sozialcharta autonom auszulegen ist.[474] Folglich stellt der Rechtsmissbrauch und nicht der Verhältnismäßigkeit die Grenze der Rechtmäßigkeit eines Arbeitskampfes i. S. des Art. 6 Nr. 4 ESC dar.

dd) Zu berücksichtigende Interessen und Rechtsgüter

Es ist schließlich die Frage zu beantworten, welche Rechte und Interessen zu berücksichtigen sind. Dies gilt unabhängig davon, ob man entgegen der Auslegung des Europäischen Ausschusses für Soziale Rechte eine Verhältnismäßigkeitsprüfung mit umfassender Interessenabwägung befürwortet oder die Ausübung des Streikrechts anhand des Rechtsmissbrauchsverbots überprüft.

(1) Rechte und Interessen der Kampfbeteiligten

Aus den Äußerungen des Europäischen Ausschusses für Soziale Rechte ist abzuleiten, dass der Fokus auf dem Verhältnis der Kampfparteien zueinander liegt. Ihnen wird danach eine umfassende Einschätzungsprärogative zugestanden, ob ein Arbeitskampf nötig ist, welche Mittel zu ergreifen sind und mit welcher Intensität er zu führen ist.[475] Daraus ergibt sich, dass Rechte Dritter und Gemeinwohlinteressen allenfalls im Rahmen des Rechtsmissbrauchs von Bedeutung sind. Die möglichst effektive Ausübung des Rechts auf kollektive Maßnahmen i. S. des Art. 6 Nr. 4 ESC steht im Vordergrund. Insoweit widerspricht die Auffassung des Europäischen Ausschuss für Soziale Rechte der des Bundesarbeitsgerichtes und der Literatur, wonach auch Allgemeinwohlinteressen in die Bewertung der Proportionalität einzustellen sind.[476]

Anknüpfungspunkt für jede Einschränkung des Art. 6 Nr. 4 ESC bildet allerdings unabhängig davon, ob man eine Verhältnismäßigkeitsprüfung oder eine Rechtsmissbrauchskontrolle annimmt, Art. 31 Abs. 1 ESC i. V. mit dem Anhang zu Art. 6 Nr. 4 ESC.[477] Die angestrebte Willensbeeinflussung muss da-

---

[473] Oben S. 256 ff.

[474] Zur Auslegung oben S. 21 ff.

[475] conclusions XVI-1 vol. 1, S. 249; conclusions XVII-1, vol. 1, S. 205.

[476] Dazu oben S. 265 ff.

[477] Vgl. BAG v. 12.9.1984, AP Nr. 81 zu Art. 9 GG Arbeitskampf, B. II. 2. c. der Gründe (Bl. 12); v. 10.12.2002, AP Nr. 162 zu Art. 9 GG Arbeitskampf, B. I. 2. a. der Gründe (Bl. 6); v. 19.6.2007, AP Nr. 173 zu Art. 9 GG Arbeitskampf, Rn. 24; *Däubler,* in: Däubler,

nach „notwendig" sein. Es ist also stets eine Abwägung konfligierender Interessen vorzunehmen. Kollektive Maßnahmen i. S. des Art. 6 Nr. 4 ESC unterliegen im Verhältnis der Sozialpartner einer Rechtsausübungskontrolle hinsichtlich eines Rechtsmissbrauches. Im Falle eines Streiks stehen sich gegenüber das Interesse der Arbeitnehmer, ein bestimmtes Verhalten des Arbeitgebers zu erreichen und dessen Interesse, einen relativ schonenden Eingriff in sein Unternehmen hinnehmen zu müssen. Beide Parteien haben dagegen ein berechtigtes Interesse daran, dass sie nach Beendigung der kollektiven Maßnahmen ohne weiteres wieder an ihren Arbeitsplatz zurückkehren können. Das ergibt sich bereits aus dem Wortlaut des Art. 6 Nr. 4 ESC, wonach die kollektiven Maßnahmen ausnahmsweise im Falle eines Interessenkonfliktes durchgeführt werden dürfen. Sobald dieser aufgelöst ist, soll der Arbeitsfriede daher wieder einkehren.

(2) Rechte und Interessen Dritter und der Allgemeinheit

Art. 31 Abs. 1 ESC i. V. mit dem Anhang zu Art. 6 Nr. 4 ESC enthält die Ermächtigung der Vertragsparteien, die Rechte und Grundsätze der Europäischen Sozialcharta einzuschränken. Dies beantwortet allerdings nicht die Frage, ob die Interessen Dritter beziehungsweise der Allgemeinheit im Wege einer Rechtmäßigkeitsprüfung der kollektiven Maßnahmen i. S. des Art. 6 Nr. 4 ESC zu berücksichtigen sind. Dies würde die Ausübung des Rechts beeinträchtigen. Eine Rechtmäßigkeitsprüfung darf daher keinesfalls dazu führen, dass die Rechte nicht mehr ausgeübt werden können. Je vielfältiger die außerhalb des Arbeitsverhältnisses liegende Interessen und Rechtsgüter sind, desto zurückhaltender könnten die Parteien ihre Rechte ausüben. Aus Art. 6 Nr. 4 ESC folgt jedoch, dass Arbeitnehmer und Arbeitgeber ihre Interessenkonflikte in erster Linie selbstständig lösen sollen. Der Wortlaut des Art. 31 Abs. 1 ESC i. V. mit dem Anhang zu Art. 6 Nr. 4 ESC zeigt, dass die Rechte nicht unbeschränkt und unabhängig von Drittinteressen bestehen können. Demnach ergibt sich sowohl aus der Norm selbst als auch aus der Konzeption der Europäischen Sozialcharta, dass bei der Ausübung der Rechte die Interessen Dritter und die der Allgemeinheit zu berücksichtigen sind.[478] Damit ist festgestellt, dass grundsätzlich fremde Interessen und Rechtsgüter in die Bewertung einzubeziehen sind. Man wird diesen Grundsatz allerdings vor dem Hintergrund der weitreichenden Gewährleistung dahingehend einschränken müssen, dass nur diejenigen Rechtsgüter zu berücksichtigen sind, die Art. 31 Abs. 1 ESC nennt. Dies sind die Rechte und

Arbeitskampfrecht, § 14 Rn. 19; *Kissel,* Arbeitskampfrecht, § 20 Rn. 9, § 27 Rn. 12; *Otto,* Arbeitskampf- und Schlichtungsrecht, § 4 Rn. 56.

478 conclusions XV-1, vol. 2, S. 479; *Däubler,* in: Däubler, Arbeitskampfrecht, § 14 Rn. 19.

Freiheiten anderer, die öffentliche Sicherheit und Ordnung, die Sicherheit des Staates, die Volksgesundheit sowie die Sittlichkeit.[479]

Vor dem Hintergrund einer möglichst weitgehenden Verwirklichung der Rechte aus Art. 6 Nr. 4 ESC und der abstrakten Wertigkeit der übrigen Rechtsgüter ist allerdings insbesondere der Terminus der „Rechte und Freiheiten anderer" einschränkend auszulegen. Nicht jedes Recht und jede Freiheit im Sinne einer Unannehmlichkeit dürfen Berücksichtigung finden, da sonst das Recht auf kollektive Maßnahmen leerliefe.[480] Methodisch kann dies entweder dadurch erreicht werden, dass ausschließlich abstrakt gleichwertige Rechte und Freiheiten unter den Begriff subsumiert und andere von vornherein nicht berücksichtigt werden. Vorzugswürdig ist allerdings, sämtliche konfligierenden Positionen zu betrachten. Es ist zu überprüfen, ob ein Recht oder Rechtsgut durch einen Arbeitskampf unerträglich beeinträchtigt wird. Not- und Erhaltungsmaßnahmen dürfen nur in dem Maße angeordnet werden, als dies absolute notwendig ist.[481] Allein dieser großzügige Maßstab entspricht dem Wortlaut des Art. 31 Abs. 1 ESC i. V. mit dem Anhang zu Art. 6 Nr. 4 ESC, der keine Einschränkungen enthält. Im Rahmen der Rechtsmissbrauchskontrolle sind dann sämtliche in Art. 31 Abs. 1 ESC aufgezählten Interessen und Rechtsgüter zu gewichten. Der Gefahr, dass Art. 6 Nr. 4 ESC aufgrund einer Vielzahl gegenüberstehender Interessen leerläuft, wird durch die Einzelfallprüfung begegnet. Dabei ist stets die jeweilige Funktion des Streikenden zu berücksichtigen. Pauschale Streikverbote sind regelmäßig nicht „notwendig".[482] Stellt die Art und Weise der Ausübung des Rechts auf kollektive Maßnahmen daher im Einzelfall einen Rechtsmissbrauch dar, so wird es durch die Rechtsausübungsschranke der Notwendigkeit begrenzt.[483]

5. Zusammenfassung

Ähnlich dem Charakter des deutschen Arbeitskampfrechts als Hilfsinstrument der Tarifautonomie lässt sich das Recht auf kollektive Maßnahmen i. S. des Art. 6 Nr. 4 ESC als Hilfsinstrument der Kollektivverhandlungen beschreiben. Funktionell bestehen daher insoweit keine Unterschiede zwischen dem deutschen Recht und dem der Europäischen Sozialcharta. Abweichungen ergeben sich allerdings deshalb, weil der Schutzbereich des Art. 9 Abs. 3 S. 1 GG von dem des Art. 6 Nr. 4 ESC verschieden ist.

---

479 *Däubler*, in: Däubler, Arbeitskampfrecht, § 14 Rn. 19; zum Inhalt oben S. 132 ff.

480 Dies gilt im deutschen Recht für die Gemeinwohlbindung in gleicher Weise, vgl. oben S. 265 ff.

481 conclusions XV-1, vol. 2, S. 479.

482 Dazu oben S. 139 ff.

483 Vgl. auch oben S. 258.

Auch hinsichtlich der Rechtmäßigkeitsprüfung bei der Ausübung kollektiver Maßnahmen können sich Unterschiede ergeben. Im deutschen Recht ist eine Verhältnismäßigkeitsprüfung vorzunehmen. Dies ist durch die Europäische Sozialcharta allerdings nicht vorgegeben. Dort ist eine Rechtsmissbrauchskontrolle durchzuführen. Dadurch wird entsprechend der Spruchpraxis des Europäischen Ausschusses für Soziale Rechte die Wirksamkeit die Ausübung der Rechte des Art. 6 Nr. 4 ESC weitergehend verwirklicht, da den Parteien eine umfassende Einschätzungsprärogative eingeräumt wird. Sie können im Rahmen des Rechtsmissbrauchs beurteilen, ob ein Arbeitskampf „notwendig" ist, um Kollektivvereinbarungen durchzusetzen. Der Unterschied in der Sache darf dabei nicht überschätzt werden, stellt doch die Verhältnismäßigkeitsprüfung eine Konkretisierung des Verbots des Rechtsmissbrauchs dar.[484]

B. Auswirkungen des Art. 6 Nr. 4 ESC auf das Streikrecht

Die Europäische Sozialcharta ist in der Bundesrepublik Deutschland weder vollständig noch hinsichtlich Art. 6 Nr. 4 ESC unmittelbar anwendbar.[485] Zwar gewährleistet sie dort ein subjektives Recht. Dieses ist allerdings aufgrund des völkerrechtlichen Charakters nicht gerichtlich durchsetzbar. Art. 6 Nr. 4 ESC ist allerdings bei der Auslegung des nationalen Rechts zu berücksichtigen. Dies gilt jedenfalls für das einfache Recht im Rahmen der systematischen Auslegung.[486] Die Völkerrechtsfreundlichkeit der deutschen Rechtsordnung ist darüber hinaus nach ständiger Rechtsprechung des Bundesverfassungsgerichts grundsätzlich ebenso bei der Auslegung des Grundgesetzes zu beachten.[487] Folglich kann die Auslegung zur Bestimmung der Gewährleistungen des Art. 9 Abs. 3 S. 1 GG durch Art. 6 Nr. 4 ESC beeinflusst sein.

Voraussetzung ist, dass das Grundgesetz bezogen auf die oben herausgearbeiteten Unterschiede verschiedene Auslegungsmöglichkeiten zulässt. Sodann ist die Vereinbarkeit mit den Vorgaben der Europäischen Sozialcharta zu prüfen.

I. Verfassungsrechtliches Gebot der Tarifbezogenheit eines Arbeitskampfes

Der Wortlaut von Art. 9 Abs. 3 GG enthält in Satz 3 den Terminus „Arbeitskämpfe". Diese dürfen „zur Wahrung und Förderung der Arbeits- und Wirt-

484 BAG v. 11.5.1993, AP Nr. 63 zu § 1 FeiertagslohnzG, II. 1. der Gründe (Bl. 3R).
485 Ausführlich oben S. 145 ff.
486 Dazu oben S. 191.
487 Dazu oben S. 191 ff., S. 194 ff.

schaftsbedingungen [...] geführt werden". Eine Definition enthält weder diese Norm noch findet sich eine solche in anderen Vorschriften wie etwa § 2 Abs. 1 Nr. 2 ArbGG, § 74 Abs. 2 BetrVG, § 66 BPersVG, § 11 Abs. 5 AÜG, § 25 KSchG, § 91 Abs. 6 SGB IX, §§ 36 Abs. 3, 100, 160 SGB III n. F. (ex. §§ 146 174 SGB III a. F.).[488] Dabei handelt es sich um „neutrale Rechtsnormen", weil sie den Begriff des Arbeitskampfes voraussetzen, aber keine inhaltliche Aussage treffen.[489]

1. Arbeitskampf als Hilfsinstrument der Tarifautonomie

Das deutsche Arbeitskampfrecht wird maßgeblich von dem Ausgangspunkt bestimmt, Arbeitskämpfe sollten die Funktionsfähigkeit der Tarifautonomie sicherstellen.[490] „Es ist das die Grundregel, aus der sich das meiste andere ergibt"[491]. Das Bundesarbeitsgericht hält in ständiger Rechtsprechung den Arbeitskampf ausschließlich dann für zulässig, wenn als Ziel der Abschluss eines Tarifvertrages verfolgt wird.[492] Damit widerspricht es nicht dem Bundesverfassungsgericht, das dieses Ziel nicht als einzig zulässiges bestätigt hat. Dieses hatte lediglich zu entscheiden, welche Verhaltensweisen grundsätzlich von der Koalitionsfreiheit i. S. des Art. 9 Abs. 3 S. 1 GG umfasst sind. Hierzu zählt das Bundesverfassungsgericht „*auch* Arbeitskampfmaßnahmen, die auf den Abschluß von Tarifverträgen gerichtet sind. Sie werden *jedenfalls insoweit* von der Koalitionsfreiheit erfaßt, als sie allgemein erforderlich sind, um eine funktionierende Tarifautonomie sicherzustellen."[493] Die herrschende Literatur ist dem gefolgt.[494] Dabei ist zu präzisieren, dass sich der Arbeitskampf nicht auf den Abschluss eines Tarifvertrages mit normativer Wirkung richten muss. Der Schutzbereich des Art. 9 Abs. 3 S. 1 GG ist umfassender. Zulässig ist es daher gleichermaßen, schuldrechtliche Regelungen zwischen den Tarifvertrags-

---

[488] *Kissel,* Arbeitskampfrecht, § 13 Rn. 1, § 18 Rn. 1.

[489] BAG v. 20.1.1971, AP Nr. 43 zu Art. 9 GG Arbeitskampf, Teil III. B. 1. der Gründe (Bl. 7R).

[490] Oben S. 211 ff.

[491] *Gamillscheg,* Kollektives Arbeitsrecht I, S. 1071.

[492] BAG v. 20.1.1971, AP Nr. 43 zu Art. 9 GG Arbeitskampf, Teil III. A. 1. der Gründe (Bl. 6R); 10.6.1980, AP Nr. 64 zu Art. 9 GG Arbeitskampf, A. I. 2. der Gründe (Bl. 4 f.); v. 5.3.1985, AP Nr. 85 zu Art. 9 GG Arbeitskampf, II. 3. b. der Gründe (Bl. 4), v. 27.6.1989, AP Nr. 113 zu Art. 9 GG Arbeitskampf, II. 3. (Bl. 4R f.), v. 19.6.2007, AP Nr. 173 zu Art. 9 GG Arbeitskampf, Rn. 20; v. 22.9.2009, AP Nr. 174 zu Art. 9 GG Arbeitskampf, Rn. 39.

[493] BVerfG v. 26.6.1991, E 84, 212 (225, Hervorhebungen durch Verfasser).

[494] *Gamillscheg,* Kollektives Arbeitsrecht I, S. 1071; *Junker,* Arbeitsrecht, Rn. 603; *Kissel,* Arbeitskampfrecht, § 24 Rn. 2; *Löwer,* in: v. Münch/Kunig, Art. 9 GG Rn. 101; *Otto,* Arbeitskampf- und Schlichtungsrecht, § 5 Rn. 5; *Pieroth,* FS 50 Jahre BVerfG 2, 293 (300); *Rüthers,* in: Brox/Rüthers, Arbeitskampfrecht, Rn. 138, 144; *Seiter,* Streik- und Aussperrungsrecht, S. 482 ff.

parteien zu erkämpfen, solange es sich dabei gegenständlich um Arbeits- und Wirtschaftsbedingungen handelt.[495] Bezugspunkt ist somit jedenfalls die Tarifautonomie.[496]

Dieser Auslegung hat der Ministerrat des Europarates in einer individuellen Empfehlung vom 2. März 1998 widersprochen und die Bundesrepublik Deutschland aufgefordert, die Rechtslage entsprechend den *conclusions* des Europäischen Ausschusses für Soziale Rechte anzupassen.[497] Die Bundesregierung hat allerdings unter Hinweis auf die ständige Rechtsprechung des Bundesarbeitsgerichts keinen Handlungsbedarf für eine gesetzliche Regelung oder die sonstige Änderung des geltenden Streikrechts gesehen.[498]

2. Arbeitskampf als Hilfsinstrument der Koalitionsbetätigung

Der Ausgangspunkt, dass der Arbeitskampf das Hilfsinstrument der Tarifautonomie ist, wird allerdings auch von Teilen der deutschen Literatur kritisiert.[499] Ist eine andere Auslegung methodisch vertretbar, kommt eine völkervertragsrechtsfreundliche Auslegung von Art. 9 Abs. 3 S. 1 GG anhand des Art. 6 Nr. 4 ESC in Betracht.

Der Wortlaut des Art. 9 Abs. 3 S. 1 GG ist offen. Er enthält hinsichtlich der Tarifbezogenheit keine Vorgaben.[500] Es ist daher überwiegend mit dem Zweck der Norm zu argumentieren.[501] Voraussetzung der koalitionsmäßigen Betätigung der Koalitionen ist die „Wahrung und Förderung der Arbeits- und Wirtschaftsbedingungen".[502] Dieses Ziel verfolgen die Koalitionen zwar überwiegend,[503] aber nicht ausschließlich durch den Abschluss von Tarifverträgen.[504]

[495] *Gamillscheg,* Kollektives Arbeitsrecht I, S. 1069 ff.; *Otto,* Arbeitskampf- und Schlichtungsrecht, § 5 Rn. 19 ff.

[496] Ausführlich zu alledem oben S. 211 ff. Der Schutz bestimmter koalitionsmäßiger Betätigungen kann unterschiedlich stark ausgeprägt sein. Das Bundesverfassungsgericht beschreibt diesen Umstand mit dem „Wirkbereich" des Grundrechts, dazu sogleich S. 282 ff.

[497] Committee of Ministers, Recommendation No. R ChS (98) 2 v. 4.2.1998 (deutsche Übersetzung AuR 1998, 156 [156]).

[498] BT-Drucks. 8/11415 v. 3.9.1998, S. 17 f.

[499] *R. Birk,* Unterstützungskampfmaßnahmen, S. 27 ff.; *Däubler,* in: Däubler, Arbeitskampfrecht, § 9 Rn. 16; *ders.,* AuR 1998, 144 (145 f.); *Scholz,* in: Maunz/Dürig, Art. 9 GG Rn. 316; *Weiss,* Anm. EzA Nr. 57 zu Art. 9 GG Arbeitskampf, vgl. ausführlich zum Streit *Reuter,* ZfA 1990, 535 (540 ff.).

[500] *Däubler,* in: Däubler, Arbeitskampfrecht, § 9 Rn. 8; *Ruth,* Right to Strike, S. 17 f.; *Zechlin,* Streik, S. 22 ff.

[501] *Gamillscheg,* Kollektives Arbeitsrecht I, S. 153 f.

[502] Zum Begriff *Gamillscheg,* Kollektives Arbeitsrecht I, S. 219 ff.; *Säcker/Oetker,* Grundlagen, S. 33 ff., 72 f.

[503] BVerfG v. 26.6.1991, E 84, 212 (224); v. 10.1.1995, E 92, 26 (38).

[504] BVerfG v. 18.11.1954, E 4, 96 (106); v. 6.5.1964, E 18, 18 (26: „spezifische koalitionsgemäße Betätigung"); v. 30.11.1965, E 19, 303 (312: „spezifische koalitionsgemäße Betäti-

Die Tarifautonomie ist somit jedenfalls verfassungsrechtlich geschützt. Damit diese insbesondere seitens der Arbeitnehmer wegen der grundsätzlichen strukturellen Unterlegenheit effektiv ausgeübt werden kann, muss schließlich der Arbeitskampf gewährleistet sein. Nur dadurch wird eine funktionierende Tarifautonomie sichergestellt. Aus dieser Gesamtbetrachtung folgt nach herrschender Ansicht, dass der Arbeitskampf der Tarifautonomie als Hilfsmittel dient und somit nur zur Durchsetzung tariflicher Regelungen geführt werden darf.[505]

Entscheidend ist also, ob Art. 9 Abs. 3 S. 1 GG zu dieser Verknüpfung von Arbeitskampf und Tarifautonomie zwingt.[506] Ist dies der Fall, so ist eine völkervertragsfreundliche Auslegung nicht möglich. Dabei ist zu beachten, dass die Herleitung der herrschenden Auffassung nur trägt, wenn man die sonstigen von der Betätigungsfreiheit der Koalitionen umfassten Handlungen von vornherein hinsichtlich des Arbeitskampfes außer Betracht lässt. Ausgangspunkt bei dieser Argumentation ist nämlich, dass die Tarifautonomie gewährleistet wird und dass allein aus diesem Grund der tarifbezogene Arbeitskampf geführt werden darf. Allerdings ist dem entgegenzuhalten, dass der Wortlaut des Art. 9 Abs. 3 S. 1 GG keinen Hinweis darauf enthält, dass nur bestimmte Handlungen „privilegiert" sein sollen. Es ist nicht die Rede davon, dass die „Arbeits- und Wirtschaftsbedingungen" nur mittels Tarifverträgen gewahrt und gefördert werden dürfen.[507] Gleichwohl beschränkt die herrschende arbeitsrechtliche Ansicht den Schutzbereich des Art. 9 Abs. 3 S. 1 GG hinsichtlich des Arbeitskampfes auf dessen Annexfunktion zur Tarifautonomie.[508] Dies lässt sich grundrechtsdogmatisch begründen, wenn man eine immanente Grundrechtsschranke[509] annimmt oder den Eingriff in den Schutzbereich durch die Ausgestaltung im Tarifvertragsgesetz als verfassungsrechtlich gerechtfertigt ansieht.[510]

---

gung [zur Verfolgung der] in Art. 9 Abs. 3 GG genannten Zwecke"); v. 28.4.1976, E 42, 133 (138: „auch Aktivitäten, die über die Gestaltung der Arbeits- und Wirtschaftsbedingungen durch Tarifverträge hinausgehen"); v. 1.3.1979, E 50, 290 (372: „Insgesamt läßt sich nicht annehmen, daß Art. 9 Abs. 3 GG andere Formen einer sinnvollen Ordnung und Befriedung des Arbeitslebens als die des Tarifsystems ausschließen will"); v. 10.9.2004, AP Nr. 167 zu Art. 9 GG Arbeitskampf, B. 1. der Gründe (Bl. 2); *Gamillscheg,* Kollektives Arbeitsrecht I, S. 226 ff.; *Junker,* Arbeitsrecht, Rn. 475; *Kissel,* Arbeitskampfrecht, § 6 Rn. 2 f.; *Schlachter,* GS Zacher, 634 (641 f.).

505 Zusammenfassend *Kissel,* Arbeitskampfrecht, § 24 Rn. 1 f. sowie oben S. 211 ff.

506 Vgl. *Gamillscheg,* Grundrechte, S. 98 f.

507 Vgl. die Rechtsprechungsnachweise in Fn. 498 sowie *Blanke/Sterzel,* Beamtenstreikrecht, S. 101; *Klein,* Koalitionsfreiheit, S. 78 f., 87 f.; *Ruth,* Right to Strike, S. 18.

508 Vgl. ausführlich oben S. 211 ff.

509 Vgl. zu den unterschiedlichen Bezeichnungen statt aller *Merten,* in: Merten/Papier, HandbGrRte III, § 60 Rn. 1.

510 Vgl. *Cornils,* in: Epping/Hillgruber, Art. 9 GG Rn. 70; *Engels,* Verfassung, S. 228; *Höfling,* in: Sachs, Art. 9 GG Rn. 104 mit Fn. 282; *Kemper,* in: v. Mangoldt/Klein/Starck, Art. 9 GG Rn. 80.

a) Grundrechtsimmanente Schranke

Eine grundrechtsimmanente Schranke beschränkt den Schutzbereich des Grundrechts durch sach- oder grundrechtsspezifische Kriterien.[511] Auf diese Weise wird allen unspezifischen Handlungen der grundrechtliche Schutz verwehrt, da sie nicht unter den Tatbestand des jeweiligen Grundrechts subsumiert werden können.[512] Bedenklich ist, dass es sich dabei um ein enges Verständnis grundrechtlich geschützter Freiheiten handelt.[513] Begrenzt man bereits den Schutzbereich eines Grundrechts, so kommt es auf eine verfassungsrechtliche Rechtfertigung und somit insbesondere auf die umfassende Güterabwägung im Wege der Verhältnismäßigkeitsprüfung nicht an.[514] Darüber hinaus entspricht diese Sicht im Ergebnis der Situation eines Grundrechts mit Eingriffsvorbehalt. Dieser fehlt jedoch in Art. 9 Abs. 3 S. 1 GG.[515]

Zurückhaltung ist bei Art. 9 Abs. 3 S. 1 GG zudem geboten, weil sich im Wortlaut kein Hinweis auf eine immanente Schutzbereichsschranke wie etwa in Art. 8 Abs. 1 GG findet. Dort ist nicht jede Versammlung geschützt, sondern von vornherein nur solche, die „friedlich und ohne Waffen" stattfinden.[516] Allein aus dem Wortlaut der Begriffspaare „Förderung und Wahrung" und „Arbeits- und Wirtschaftsbedingungen" lässt sich die Tarifbezogenheit nicht ableiten.[517] Vielmehr erfasst der Schutzbereich des Art. 9 Abs. 3 S. 1 GG sämtliche Handlungsformen der Koalitionen, die diesem Zweck dienen. Darunter fallen sowohl nach verfassungsrechtlicher[518] als auch arbeitsrechtlicher Rechtsprechung[519] und Li-

---

511 *Engels,* Verfassung, S. 227; *Friedrich Müller,* Positivität, S. 20 f.

512 *Engels,* Verfassung, S. 228; ausführlich *Schwabe,* Grundrechtsdogmatik, S. 154 ff. gegen *Friedrich Müller,* Positivität 1, S. 63 ff. (eine Auseinandersetzung damit unterbleibt in der insoweit unveränderten Neuauflage, vgl. *ders.,* Positivität, S. 63 ff.); einschränkend auch *Merten,* in: Merten/Papier, HandbGrRte III, 60 Rn. 12, der darauf hinweist, dass immanente Schranken nicht nur zu einer Verkürzung, sondern zu einer Verdeutlichung des Schutzbereichs führen können und somit unsichere Abwägungen vermieden werden können.

513 *Engels,* Verfassung, S. 229; *Höfling,* in: Sachs, Art. 9 GG Rn. 80, 104 mit Fn. 282; *Kemper,* in: v. Mangoldt/Klein/Starck, Art. 9 GG Rn. 80; *Klein,* Koalitionsfreiheit, S. 76, 87.

514 *Engels,* Verfassung, S. 229; *Schwabe,* Grundrechtsdogmatik, S. 163: „Mir ist jedoch ein unsicherer Schutz lieber als gar keiner." Kritisch sowohl zu einem weiten als auch einem engen Verständnis des Schutzbereichs *Merten,* in: Merten/Papier, HandbGrRte III, § 56 Rn. 58 ff. sowie soeben Fn. 512.

515 Vgl. *Kemper,* in: v. Mangoldt/Klein/Starck, Art. 9 GG Rn. 80.

516 BVerfG v. 14.5.1985, E 69, 315 (360); *Depenheuer,* in: Maunz/Dürig, Art. 8 GG Rn. 78 m. w. N. zu Art. 8 GG.

517 Vgl. *Höfling,* in: Sachs, Art. 9 GG Rn. 104 mit Fn. 282 sowie *Gamillscheg,* Kollektives Arbeitsrecht I, S. 149, 302 ff.

518 Vgl. Nachweise oben in Fn. 504.

519 BAG v. 14.2.1967, AP Nr. 10 zu Art. 9 GG, 2. der Gründe (Bl. 2R f.); v. 14.2.1978, AP Nr. 26 zu Art. 9 GG, II. 2. der Gründe (Bl. 2R f.); v. 2.6.1987, AP Nr. 49 zu Art. 9 GG, III. 2. der Gründe (Bl. 2R); v. 17.2.1998, AP Nr. 87 zu Art. 9 GG, II. 1. a. der Gründe (Bl. 3). v.

teratur[520] über die Handlungsform des Tarifvertrages hinaus alle ihnen geeignet erscheinenden Mittel zur Wahrung und Förderung der Arbeits- und Wirtschaftsbedingungen.[521] Der Schutzbereich koalitionsmäßiger Betätigung ist nicht auf einen „Kernbereich“[522] oder das, was „unerläßlich“[523] ist, beschränkt. Dies hat das Bundesverfassungsgericht ausdrücklich klargestellt.[524] Diese Begriffe hätten zu dem Missverständnis geführt, nur unentbehrliche oder unabkömmliche Handlungen seien vom Schutzbereich umfasst.[525] Die sogenannte Kernbereichsrechtsprechung sei deshalb aufgegeben worden.[526] Dabei handelt es sich laut Bundesverfassungsgericht allerdings nicht um eine inhaltliche Neuinterpretation der Koalitionsfreiheit, sondern um eine Justierung der Dogmatik des Grundrechtes.[527] Zur spezifischen koalitionsgemäßen Betätigungsfreiheit zählen danach etwa Mitgliederwerbung, allgemeine Werbung und Außendarstellung sowie Rechtsberatung der Mitglieder und darüber hinaus die Selbstverwaltung der Koalitionen.[528] Als Teil der Tarifautonomie und Vorbedingung zum Abschluss des Tarifvertrages ist allerdings auch die Freiheit geschützt, mit der Gegenseite über die Arbeits- und Wirtschaftsbedingungen freiwillig zu verhandeln.[529] Diese Verhandlungen müssen nicht zwangsläufig in einem Tarifvertrag entsprechend dem geltenden Tarifvertragsgesetz enden, sondern können ebenso in son-

18.7.2006, AP Nr. 19 zu § 2 TVG Tarifzuständigkeit, Rn. 54 f.; v. 20.1.2009, AP Nr. 137 zu Art. 9 GG, Rn. 34, 38 f.

520 *Dieterich,* in: ErfK, Art. 9 GG Rn. 39 ff.; *Höfling,* in: Sachs, Art. 9 GG Rn. 68; *Hromadka/Maschmann,* Arbeitsrecht 2, § 12 Rn. 42; *Kannengießer,* in: Schmidt-Bleibtreu/Hofmann/Hopfauf, Art. 9 GG Rn. 23; *Kemper,* in: v. Mangoldt/Klein/Starck, Art. 9 GG Rn. 90; *Kissel,* Arbeitskampfrecht, § 6 Rn. 12 ff.; *Löwisch/Rieble,* MünchArbR, § 157 Rn. 60.

521 BVerfG v. 26.65.1970, E 28, 295 (304 f.); v. 1.3.1979, E 50, 290 (372); v. 17.2.1981, E 57, 220 (246 f.).

522 BVerfG v. 18.11.1954, E 4, 96 (108); v. 14.4.1964, E 17, 319 (333 f.); v. 30.11.1965, E 19, 303 (321 f.); v. 26.5.1970, E 28, 295 (305); v. 19.2.1975, E 38, 386 (393); v. 24.5.1977, E 44, 322 (340 f.); v. 1.3.1979, E 50, 290 (368); v. 17.2.1981, E 57, 220 (245 f.).

523 BVerfG v. 18.12.1974, E 38, 281 (305).

524 BVerfG v. 14.11.1995, E 93, 352 (359 f.); v. 24.2.1999, E 100, 214 (222).

525 BVerfG v. 14.11.1995, E 93, 352 (359 f.); v. 24.2.1999, E 100, 214 (222).

526 Zur Entwicklung der Rechtsprechung *Burkiczak,* Deregulierung, S. 118 ff.; *Otto,* Arbeitskampf- und Schlichtungsrecht, § 4 Rn. 3 ff.

527 BVerfG v. 14.11.1995, E 93, 352 (358 ff.).

528 BVerfG v. 30.11.1965, E 19, 303 (312 ff.); v. 26.5.1970, E 28, 295 (305 ff.); v. 1.3.1979, E 50, 290 (373 f.); v. 17.2.1981, E 57, 220 (246); v. 9.10.1991, E 84, 372 (378 f. [zu Art. 9 Abs. 1 GG]); v. 4.7.1995, E 92, 365 (403); v. 14.11.1995, E 93, 352 (357 f.); v. 24.2.1999, E 100, 214 (222 f.); BAG v. 25.1.2005, AP Nr. 123 zu Art. 9 GG, II. 1. a. der Gründe (Bl. 2R); *Löwer,* in: v. Münch/Kunig, Art. 9 GG Rn. 90, 101.

529 BVerfG v. 6.5.1964, E 18, 18 (26); v. 27.2.1973, E 34, 307 (316 f.); v. 24.5.1977, E 44, 322 (340 f.), v. 24.4.1996, E 94, 268 (283).

stigen Kollektivvereinbarungen münden.[530] Inhalt der Tarifautonomie ist zwar insbesondere aber eben nicht ausschließlich[531] die Freiheit der Parteien, frei von staatlichen Eingriffen annähernd gleichgewichtig die Löhne und sonstige Arbeitsbedingungen auszuhandeln.[532] Neben dem Aushandeln von Tarifverträgen sind die Koalitionen weitgehend frei darin, „die erforderlichen *Regelungen* der Arbeits- und Wirtschaftsbedingungen [...] autonom durch *Vereinbarung* [zu] treffen“[533].

Es liegt also ein Widerspruch darin, sämtliche Verhaltensweisen in diesem Sinne zwar als Handlungsform der Koalitionen gem. Art. 9 Abs. 3 S. 1 GG zu verstehen, aber in einem zweiten Schritt nur für die Tarifautonomie den Arbeitskampf als dessen Hilfsfunktion anzunehmen. Anderenfalls würden sämtliche andere Verhaltensweisen der Koalitionen „kollektives Betteln“ darstellen.[534] Ein weiter Bereich der Betätigungsfreiheit der Koalitionen wäre somit druckfrei, weil bestimmte Ziele nicht mittels eines Arbeitskampfes durchgesetzt werden dürften.[535] Die bundesverfassungsgerichtliche Judikatur ist für diese Interpretation offen. Das Gericht führt aus, dass zu den geschützten Mitteln „jedenfalls“ die Arbeitskampfmaßnahmen zählen, die erforderlich sind, um eine funktionierende Tarifautonomie sicherzustellen.[536] Es können also noch weitere Kampfmaßnahmen durch Art. 9 Abs. 3 S. 1 GG gewährleistet sein. Dies bestätigt auch die Aussage des Bundesverfassungsgerichts, dass „[d]er Grundrechtsschutz [...] nicht für alle koalitionsmäßigen Betätigungen gleich intensiv“[537] ist. Diese Erkenntnis spielt allerdings ausschließlich im Rahmen der verfassungsrechtlichen Rechtfertigung eine Rolle.[538] Für die Verkürzung des Schutzbereichs lediglich auf den tarifbezogenen Arbeitskampf enthält Art. 9 Abs. 3 S. 1 GG jedenfalls keinen Anhaltspunkt.[539] Der Schutzbereich ist daher entsprechend der jüngeren Rechtsprechung des Bundesverfassungsgerichtes im Interesse der effektiven Grundrechtsausübung weit zu verstehen, so dass

---

530 *Rixen,* in: Stern/Becker, Art. 9 GG Rn. 44; *Schlachter,* GS Zachert, 634 (641 f.).

531 BVerfG v. 27.4.1999, E 100, 271 (282); *Kemper,* in: v. Mangoldt/Klein/Starck, Art. 9 GG Rn. 90; *Löwer,* in: v. Münch/Kunig, Art. 9 GG Rn. 88.

532 BVerfG v. 26.6.1991, E, 84, 212 (229); v. 27.4.1999, E 100, 271 (282).

533 BVerfG v. 24.4.1996, E 94, 268 (283, Hervorhebung durch Verfasser).

534 *Blanke/Sterzel,* Beamtenstreikrecht, S. 95,100 f.; *Däubler,* in: Däubler, Arbeitskampfrecht, § 9 Rn. 16, § 13 Rn. 5.

535 *Däubler,* in: Däubler, Arbeitskampfrecht, § 13 Rn. 5.

536 BVerfG v. 26.6.1991, E 84, 212 (224 f.); v. 2.3.1993, E 88, 103 (114); v. 4.7.1995, E 92, 365 (393 f.).

537 BVerfG v. 24.4.1996, E 94, 268 (284 f.).

538 Dazu sogleich S. 287 f.

539 *Cornils,* Ausgestaltung, S. 415; *ders.,* in: Epping/Hillgruber, Art. 9 GG Rn. 70; *Däubler,* AuR 1998, 143 (145 f., 147); *Engels,* Verfassung, S. 229; *Höfling,* in: Sachs, Art. 9 GG Rn. 104.

sämtliche verfassungsrechtlich zulässigen Ziele geschützt sind.[540] Daher besteht grundsätzlich ein umfassender Schutz dieser Handlungen. Eine immanente Grundrechtsschranke enthält Art. 9 Abs. 3 S. 1 GG somit nicht.

b) Verfassungsrechtliche Rechtfertigung

Unabhängig von einer grundrechtsimmanenten Schranke kann die Begrenzung auf bestimmte Handlungsformen als Eingriff verfassungsrechtlich gerechtfertigt sein. Der Arbeitskampf i. S. des Art. 9 Abs. 3 S. 1 GG ist zwar vorbehaltlos, aber nicht schrankenlos gewährleistet und daher auf Grundlage kollidierenden Verfassungsrechts einschränkbar.[541] Einschränkungen sind verfassungsrechtlich aufgrund Rechte und Freiheiten anderer zu rechtfertigen.[542] Im Rahmen der Verhältnismäßigkeit sind die entgegenstehenden Positionen zu gewichten. Speziell für die Koalitionsfreiheit folgt daraus, dass der Grundrechtsschutz nicht für jede Handlung gleich intensiv ist.[543] Demgemäß lässt sich die Begrenzung des Arbeitskampfes auf tarifvertragliche Regelungen begründen.

Allerdings hat der Gesetzgeber die von ihm eingegangenen völkervertraglichen Verpflichtungen und somit die Vorgaben der Europäischen Sozialcharta bei der Ausgestaltung des Art. 9 Abs. 3 S. 1 GG zu berücksichtigen. Da ein Arbeitskampfgesetz nicht besteht und daher die Rechtsprechung berufen ist, das Arbeitskampfrecht durch Rechtsfortbildung zu entwickeln, gilt diese Bindung an Art. 6 Nr. 4 ESC gem. Art. 20 Abs. 3 GG für sie entsprechend.[544] Der Arbeitskampf stellt deshalb kein Hilfsinstrument nur der Tarifautonomie, sondern der Betätigungsfreiheit der Koalitionen insgesamt dar.[545] Die Koalitionsfreiheit gem. Art. 9 Abs. 3 S. 1 GG ist daher entsprechend den Vorgaben des Art. 6 Nr. 4

540 BVerfG v. 14.11.1995, E 93, 352 (359 f.); v. 24.2.1999, E 100, 214 (222); v. 27.4.1999, E 100, 271 (283); *Scholz,* in: Maunz/Dürig, Art. 9 GG Rn. 316; vgl. zur nicht bestehenden Vermutung „in dubio pro libertate" *Pieroth/Schlink,* Grundrechte, Rn. 241 ff. und *Volkmann,* JZ 2005, 261 (267).

541 BVerfG v. 26.6.1991, E 84, 212 (228); v. 10.1.1995, E 92, 26 (41); v. 24.4.1996, E 94, 268 (284); v. 27.4.1999, E 100, 271 (283); v. 3.4.2001, E 103, 293 (306), v. 6.2.2007, NZA 2007, 394 (395). Die Anwendbarkeit der in Art. 9 Abs. 2 GG genannten Schranken auf Art. 9 Abs. 3 GG bejahend *Löwer,* in: v. Münch/Kunig, Art. 9 GG Rn. 110; *Scholz,* in: Maunz/Dürig, Art. 9 GG Rn. 337; ablehnend *Höfling,* in: Sachs, Art. 9 GG Rn. 127 ff.; *Jarass,* in: Jarass/Pieroth, Art. 9 GG Rn. 49.

542 BVerfG v. 24.4.1996, E 94, 268 (284 f.) und oben S. 256 ff.

543 BVerfG v. 24.4.1996, E 94, 268 (284 f.); *Scholz,* in: Maunz/Dürig, Art. 9 GG Rn. 298.

544 Vgl. dazu oben S. 191 ff.

545 *R. Birk,* Unterstützungskampfmaßnahmen, S. 66; *Blanke/Sterzel,* Beamtenstreikrecht, S. 92 ff., 100 f.; *Cornils,* Ausgestaltung, S. 415; *Däubler,* in: Däubler, Arbeitskampfrecht, § 9 Rn. 16, § 13 Rn. 5 f.; *Engels,* Verfassung, S. 229; *Höfling,* in: Sachs, Art. 9 GG Rn. 104; *Kittner/Schiek,* in: Denninger u. a., AK-GG, Art. 9 Abs. 3 GG Rn. 141 f. mit Hinweis auf Art. 6 Nr. 4 ESC; *Scholz,* in: Maunz/Dürig, Art. 9 GG Rn. 316; *ders.,* Koalitionsfreiheit, S. 54, 120 f., 319 („Koalitionskampf").

ESC auszulegen. Folglich sind auch die durch die völkervertragliche Norm erfassten Verhaltensweisen vom Schutzbereich des Art. 9 Abs. 3 S. 1 GG erfasst. Grundsätzlich ist daher auch ein diesbezüglicher Arbeitskampf zulässig, soweit die jeweilige Handlung vom Schutzbereich des Art. 6 Nr. 4 ESC erfasst ist.[546] Der Arbeitskampf findet seine Grenzen jedenfalls im Rechtsmissbrauch.[547] Darüber hinaus ist zu beachten, dass der Arbeitskampf nicht für sämtliche Verhaltensweisen nötig oder überhaupt sinnvoll ist, etwa für die Mitgliederwerbung oder die Rechtsberatung der Mitglieder.

3. Schlussfolgerung

Eine methodengerechte Auslegung des Grundgesetzes ist mit dem Inhalt möglich, dass Art. 9 Abs. 3 S. 1 GG den Arbeitskampf nicht nur als Hilfsinstrument der Tarifautonomie erfasst, sondern dass ebenso der Arbeitskampf als Hilfsinstrument der Koalitionsbetätigung insgesamt geschützt ist. Das geltende Verfassungsrecht enthält kein Gebot, dass der Arbeitskampf lediglich das Hilfsinstrument der Tarifautonomie darstellt, wenngleich diese einen wesentlichen Teil der Betätigungsfreiheit ausmacht. Dies bedeutet nicht, dass jedes koalitionsgemäße Verhalten mittels des Arbeitskampfes durchgesetzt werden darf. In den Schutzbereich kann auch durch die gesetzesvertretende Rechtsprechung eingegriffen werden. Dieser Eingriff muss jedoch verfassungsrechtlich gerechtfertigt sein.[548] Die Europäische Sozialcharta begrenzt Kollektivverhandlungen i. S. des Art. 6 Nr. 4 ESC nicht auf tarifbezogene Verhandlungen, die nur in einem Tarifvertrag münden können.[549] Die herrschende Auffassung zu Art. 9 Abs. 3 S. 1 GG widerspricht also den Vorgaben des Art. 6 Nr. 4 ESC. Demgegenüber ist eine andere und jenen Vorgaben entsprechende Auslegung möglich. Hinsichtlich des zulässigen Ziels eines Arbeitskampfes ist Art. 9 Abs. 3 S. 1 GG somit entgegen der bislang herrschenden arbeitsrechtlichen Auffassung völkervertragsfreundlich dahingehend auszulegen, dass ein Arbeitskampf grundsätzlich nicht tarifbezogen zu sein braucht.

„[D]ie Grundregel, aus der sich das meiste andere ergibt“[550] ist somit widerlegt. Es handelt sich um einen Zirkelschluss, wenn man davon ausgeht, dass Art. 9 Abs. 3 S. 1 GG Ausgangspunkt für die folgenden Überlegungen ist, dass er weiter als bisher auszulegen ist. Dem widerspricht bei genauer Betrachtung die bundesverfassungsgerichtliche Rechtsprechung nicht.[551] Dies gilt unabhän-

[546] Dazu oben S. 63 ff.
[547] Dazu oben S. 256 ff.
[548] BVerfG v. 27.4.1999, E 100, 271 (283); *Cornils,* in: Epping/Hillgruber, Art. 9 GG Rn. 70.
[549] Zum Begriff der Kollektivverhandlungen oben S. 63 ff.
[550] *Gamillscheg,* Kollektives Arbeitsrecht I, S. 1071.
[551] Zusammenfassend *Däubler,* AuR 1998, 144 (145 f.).

gig davon, ob man die „Kernbereichslehre“ als aufgegeben betrachtet[552] oder die jüngere Judikatur mit dem Bundesverfassungsgericht lediglich als Klarstellung versteht, dass der Schutzbereich sämtliche koalitionsspezifischen Betätigungen erfasst.[553] Es hat in keiner Entscheidung ausdrücklich festgestellt, dass der Arbeitskampf ausschließlich zulässig sei, um einen Tarifvertrag zu erreichen. Gegenstand der jeweiligen Entscheidungen war stets die Frage, ob der Arbeitskampf durch Art. 9 Abs. 3 S. 1 GG zu eben diesem Zweck geschützt wird.[554] Nicht entschieden zu werden brauchte daher, ob daneben noch weitere Ziele mittels des Arbeitskampfes verfolgt werden dürfen. Vor diesem Hintergrund ist denn auch die Klarstellung des Bundesverfassungsgerichts zu dessen älterer Rechtsprechung verständlich. Dadurch hält es sich die Möglichkeit offen, künftig weitere Formen des Arbeitskampfes unter den Schutzbereich des Art. 9 Abs. 3 S. 1 GG zu subsumieren.[555] Hinsichtlich des nicht tarifbezogenen Arbeitskampfes ist das Bundesverfassungsgericht vor dem Hintergrund des eigenen Postulats, das Grundgesetz sei völkervertragsfreundlich auszulegen, allerdings dazu gezwungen. Anderenfalls würde es nach dem hiesigen Verständnis seinerseits gegen die aus Art. 6 Nr. 4 ESC folgende völkerrechtliche Verpflichtung verstoßen. Entsprechendes gilt im Übrigen für den Gesetzgeber, wobei dieser anders als ein Gericht, frei darin ist, gegen völkerrechtliche Verpflichtungen zu verstoßen. Die möglichen innen- und außenpolitischen Konsequenzen stehen dem rechtlich nicht entgegen.[556]

Gem. Art. 20 Abs. 3 GG haben die nationalen Gerichte daher die Vorgaben des Art. 6 Nr. 4 ESC zu beachten. Dass dessen Schutzbereich Kollektivverhandlungen und Kollektivvereinbarungen über andere als tariflich regelbare Gegenstände zulässt, ist bei der methodengerechten Auslegung des Art. 9 Abs. 3 S. 1 GG zu berücksichtigen. Hieraus folgt, dass das geltende Arbeitskampfrecht nicht zwingend ein „Tarifkampfrecht“[557] darstellt.[558]

---

552 So etwa *Bauer,* in: Dreier, Art. 9 GG Rn. 86; *Gneiting,* in: Umbach/Clemens, Art. 9 GG Rn. 111; *Kittner/Schiek,* in: Denninger u. a., AK-GG, Art. 9 Abs. 3 GG Rn. 142; *Pieroth,* FS 50 Jahre BVerfG 2, 293 (303 ff.).

553 BVerfG v. 14.11.1995, E 93, 352 (360); v. 24.2.1999, E 100, 214 (222); *Cornils,* in: Epping/Hillgruber, Art. 9 GG Rn. 57; *Rixen,* in: Stern/Becker, Art. 9 GG Rn. 42; *Höfling,* in: Sachs, Art. 9 GG Rn. 82; *Scholz,* in: Maunz/Dürig, Art. 9 GG Rn. 265 ff.

554 Vgl. die Nachweise oben in Fn. 516 und 517.

555 Aufgrund dieser Weite kritisch *Kemper,* in: v. Mangoldt/Klein/Starck, Art. 9 GG Rn. 115.

556 Vgl. oben S. 206 ff.

557 *Schumann,* in: Däubler, Arbeitskampfrecht^2, Rn. 151.

558 *Blanke/Sterzel,* Beamtenstreikrecht, S. 92 ff., 100 f.; *Däubler,* in: Däubler, Arbeitskampfrecht, § 9 Rn. 16, § 13 Rn. 5.

II. Arbeitskampfführende Parteien

1. Grundsatz

Ebenso wie eine Definition des Arbeitskampfes, seiner Voraussetzungen und Rechtsfolgen im deutschen Recht nicht existiert, finden sich keine ausdrücklichen Vorgaben zu den Parteien, die Arbeitskämpfe führen dürfen. Ausgangspunkt ist somit ebenfalls Art. 9 Abs. 3 S. 1 GG, der gegebenenfalls völkerrechtsfreundlich auszulegen ist. Art. 6 Nr. 4 ESC kann demnach Auswirkungen für die Parteien haben, die zulässigerweise einen Arbeitskampf führen dürfen. Der Arbeitskampf dient nicht als Hilfsinstrument nur der Tarifautonomie, sondern der Koalitionsbetätigung allgemein. Daher ist eine Verengung des zulässigen Arbeitskampfes auf tariffähige Parteien i. S. des § 2 TVG nicht statthaft.[559] Vielmehr ist ausgehend vom Koalitionsbegriff des Art. 9 Abs. 3 S. 1 GG zu überprüfen, inwieweit Art. 6 Nr. 4 ESC zu Anpassungen zwingt. Unabhängig davon, ob man die kollektive Koalitionsfreiheit aus Art. 9 Abs. 3 S. 1 GG direkt oder mittels Art. 19 Abs. 3 GG ableitet, sind Gewerkschaften Arbeitnehmerverbünde i. S. des Art. 6 Nr. 4 ESC. Wenn sogar der einzelne im Kollektiv unabhängig von einer rechtlichen Organisation in Kollektivverhandlungen treten kann, muss dies erst recht für Gewerkschaften gelten.

2. Nichtgewerkschaftliche Streiks

Der Koalitionsbegriff des Art. 9 Abs. 3 S. 1 GG widerspricht daher grundsätzlich nicht dem Begriff des Verbundes i. S. des Art. 6 ESC. Das entscheidende Merkmal ist danach die Fähigkeit einer Vereinigung zur Willensbildung. Eine „ad hoc"-Koalition ist daher nicht per se aus dem Schutzbereich des Art. 9 Abs. 3 S. 1 GG auszunehmen, sondern nur dann, wenn sie nicht über eine entsprechende Struktur verfügt. Dies entspricht indes dem bisherigen Verständnis von Art. 9 Abs. 3 S. 1 GG. Teilweise wird allerdings der Begriff der „ad hoc"-Koalition mit einer strukturlosen Vereinigung gleichgesetzt.[560] Losgelöst von dieser Begrifflichkeit sind Arbeitnehmerverbünde i. S. des Art. 6 Nr. 4 ESC bei Vorliegen der übrigen Voraussetzungen Koalitionen i. S. des Art. 9 Abs. 3 S. 1 GG. Dieses Ergebnis lässt sich ebenfalls erreichen, wenn man die Tätigkeiten als von der individuellen Koalitionsfreiheit aller im Arbeitnehmerverbund organisierten Arbeitnehmer erfasst sieht.[561] Eine völkervertragsrechtsfreundliche

---

559 Dazu oben S. 211 ff., 221 ff.

560 *Däubler/Hege,* Koalitionsfreiheit, Rn. 107; *Höfling,* in: Sachs, Art. 9 GG Rn. 53; *Jarass,* in: Jarass/Pieroth, Art. 9 GG Rn. 33; *Kemper,* in: v. Mangoldt/Klein/Starck, Art. 9 GG Rn. 17, 86; *Löwer,* in: v. Münch/Kunig, Art. 9 GG Rn. 91.

561 Vgl. dazu *Remmert,* in: Maunz/Dürig, Art. 19 Abs. 3 GG Rn. 41.

Auslegung des Koalitionsbegriffes ist insofern unnötig. Dies entspricht den Anforderungen, die an einen Arbeitnehmerverbund i. S. des Art. 6 Nr. 4 ESC zu stellen sind.[562]

a) Möglichkeit zur Privilegierung von Gewerkschaften

Nach der Konzeption der Europäischen Sozialcharta und der dazu ergangenen Spruchpraxis des Europäischen Ausschusses für Soziale Rechte ist es dem jeweiligen Vertragsstaat möglich, Gewerkschaften zu privilegieren.[563] Dies ist der Fall, wenn die Gründung einer Gewerkschaft ohne formale Hürden möglich ist, damit die Arbeitnehmer ihre Interessen gegebenenfalls kurzfristig vertreten können.[564] Es gilt allerdings Kriterien zu bestimmen, wann dies der Fall ist.

Gewerkschaften können die Interessen ihrer Mitglieder zwar grundsätzlich effektiv vertreten. Sie können Tarifverträge mit dem Arbeitgeber abschließen und unter bestimmten Voraussetzungen versuchen, ihre Forderungen mittels Streik durchzusetzen.[565] Dies gilt allerdings nur in denjenigen Fällen, in denen die Gewerkschaft sozial mächtig ist. Nur wenn sie tatsächlich Druck auf den Arbeitgeber ausüben kann, ist ein gleichrangiges Verhandeln gewährleistet.[566] Auf diesem Gedanken fußt die Tarifautonomie. Besteht Gleichrangigkeit, sind die Vorgaben der Europäischen Sozialcharta also insoweit erfüllt. Dies gilt nach überwiegender Ansicht auch für Nichtorganisierte, die sich an einem Streik beteiligen, weil sie faktisch an den erzielten Tarifabschlüssen partizipieren.[567] Voraussetzung ist allerdings ein entsprechend hoher Organisationsgrad im jeweiligen Betrieb, damit der Druck im Einzelfall tatsächlich ausgeübt werden kann. Ist dies nicht der Fall, kann weder die Tarifautonomie i. S. des Art. 9 Abs. 3 S. 1 GG noch das Recht auf Kollektivverhandlungen i. S. des Art. 6 ESC wirksam ausgeübt werden. Es läuft leer, wenn nur eine sozial nicht mächtige Gewerkschaft im Betrieb vertreten ist. Diese kann nicht „auf Augenhöhe" mit dem Arbeitgeber verhandeln. Folglich ist eine effektive Vertretung nur mög-

---

[562] Dazu oben S. 99 ff. sowie zu Art. 19 Abs. 3 GG oben S. 222 ff.

[563] conclusions XV-1, vol. 1, S. 251 ff.; conclusions 2004, vol. 2, S. 565 f.; *Kovács,* CLLPJ 26 (2006), 445 (455).

[564] conclusions XV-1, vol. 1, S. 254 f.; conclusions XV-1, vol. 2, S. 477 f., 566; conclusions XVI-2, vol. 2, S. 578; conclusions XVII-1, vol. 2, S. 419; conclusions XVIII-1, vol. 2, S. 430; conclusions 2004, vol. 2, S. 565 f.; conclusions 2006, vol. 1, S. 101, 249 f., 308; conclusions 2006, vol. 2, S. 682; conclusions XIX-3, S. 41 f., 145; *Kovács,* CLLPJ 26 (2006), 445 (455).

[565] Zum deutschen Arbeitskampfrecht unten S. 308 ff. und 311 ff.

[566] BAG v. 10.6.1980, AP Nr. 65 zu Art. 9 GG Arbeitskampf, A. I. 2. a. der Gründe (Bl. 3 f.); *Dieterich,* in: ErfK, Art. 9 GG Rn. 112 f.; *Rieble/Klumpp,* MünchArbR, § 164 Rn. 10.

[567] BAG v. 22.3.1994, AP Nr. 130 zu Art. 9 GG Arbeitskampf, II. 3. a. der Gründe (Bl. 2 f.); *Brox,* in: Brox/Rüthers, Arbeitskampfrecht, Rn. 289; *Dieterich,* in: ErfK, Art. 9 GG Rn. 166; *Kissel,* Arbeitskampfrecht, § 42 Rn. 54 ff.

lich, wenn sich dem gewerkschaftlichen Streik entweder genügend Nichtorganisierte anschließen oder wenn die Arbeitnehmer unabhängig von einer etwaigen Gewerkschaftszugehörigkeit das Recht auf Kollektivverhandlungen sowie das Recht auf kollektive Maßnahmen gem. Art. 6 Nr. 4 ESC wahrnehmen.

Für die Auflösung des Konkurrenzverhältnisses zwischen Gewerkschaften und Arbeitnehmerverbünden i. S. des Art. 6 Nr. 4 ESC kommt es also vor allem darauf an, ob eine effektive Interessenwahrnehmung durch die bestehenden Gewerkschaften gewährleistet ist.[568] Die wirksame Ausübung der Rechte des Art. 6 ESC als Maßstab folgt unmittelbar aus dem Wortlaut der Norm. Ist die Ausübung durch die Gewerkschaften hinreichend sichergestellt, ist die Begrenzung auf sie zulässig. So lassen sich die Aussagen des Europäischen Ausschusses für Soziale Rechte erklären. Er hat zwar ausdrücklich lediglich geschlussfolgert, dass eine Beschränkung auf Gewerkschaften zulässig sei, wenn diese relativ schnell gegründet werden können und eine Interessenvertretung daher auch spontan möglich ist.[569] Aus dieser Aussage folgt jedoch, dass es dem Gremium entscheidend auf die effektive Ausübung des Rechts auf Kollektivverhandlungen ankommt. Unerheblich ist dabei, ob die Arbeitnehmer dazu als Gewerkschaft oder als nichtgewerkschaftlicher Arbeitnehmerverbund im oben beschriebenen Sinne auftreten. Eine Gewerkschaft kann zwar spontan als nichtrechtsfähiger Verein gegründet werden.[570] Zum Zeitpunkt ihrer Entstehung ist sie allerdings nicht ohne weiteres sozial mächtig. Das zeigt sich bereits an den zahlreichen Verfahren, in denen die Rechtsprechung die Gewerkschaftseigenschaft abgelehnt hat.[571] Daraus folgt, dass sich die soziale Mächtigkeit regel-

---

568 So auch *Bepler*, FS Wißmann, 97 (112).

569 conclusions XV-1, vol. 1, S. 251 ff.; conclusions 2004, vol. 2, S. 565 f.

570 Dazu oben S. 331 ff.

571 Jüngst BAG v. 14.12.2010, AP Nr. 6 zu § 2 TVG Tariffähigkeit (Tarifgemeinschaft Christlicher Gewerkschaften für Zeitarbeit und Personalserviceagenturen) sowie die Aufzählung bei *Franzen*, in: ErfK, § 2 TVG Rn. 14: BAG v. 10.9.1985, AP Nr. 34 zu § 2 TVG (Arbeitnehmerverband land- und ernährungswirtschaftliche Berufe); v. 6.6.2000, AP Nr. 55 zu § 2 TVG (Bedienstete der Technischen Überwachung); v. 9.7.1968, AP Nr. 25 zu § 2 TVG (Berliner Akademiker Bund); v. 14.3.1978, AP Nr. 3 zu § 97 ArbGG 1953; v. 25.11.1986, AP Nr. 36 zu § 2 TVG; v. 16.1.1990, AP Nr. 39 zu § 2 TVG (alle Christliche Gewerkschaft Bergbau, Chemie und Energie); v. 1.2.1983, AP Nr. 14 zu § 322 ZPO (Verband Deutscher Zahntechniker); v. 16.1.1990, AP Nr. 38 zu § 2 TVG (Christliche Gewerkschaft Holz und Bau); v. 14.3.1978, AP Nr. 30 zu § 2 TVG (Deutscher Arbeitnehmer-Verband Marl; dem zustimmend BVerfG v. 20.10.1981, E 58, 233 [246 ff.]); LAG Köln v. 20.5.2009, LAGE Nr. 7 zu § 2 TVG (Gewerkschaft der Neuen Brief- und Zustelldienste); ArbG Hamburg v. 17.5.2011, AE 2011, 195 (medsonet. Die Gesundheitsgewerkschaft); v. 14.12.2010, AP Nr. 6 zu § 2 TVG Tariffähigkeit (Tarifgemeinschaft Christlicher Gewerkschaften für Zeitarbeit und Personalserviceagenturen); LAG Berlin v. 21.6.1996, AP Nr. 48 zu § 2 TVG (Gewerkschaft der Kraftfahrer Deutschlands); ArbG Gera v. 17.10.2002, AuR 2003, 198 (Christliche Gewerkschaft Deutschlands).

mäßig erst im Laufe der Zeit entwickelt und die Arbeitnehmervereinigung sich also zunächst etablieren und gegebenenfalls von anderen Gewerkschaften abgrenzen muss. Eine spontane Neugründung einer von Beginn an sozial mächtigen Gewerkschaft ist nicht möglich. Die Gewerkschaftseigenschaft kann zwar im arbeitsgerichtlichen Beschlussverfahren gem. §§ 2 Abs. 1 Nr. 4, Abs. 2, 97 ArbGG festgestellt werden, wobei die Feststellung als solche alleiniger Gegenstand des Verfahrens sein kann.[572] Dieses Erfordernis verhindert allerdings eine spontane Gründung, wie sie durch Art. 6 Nr. 4 ESC ermöglicht werden soll. Nur nachdem eine Vereinigung diese Voraussetzungen erfüllt, ist eine effektive Interessenvertretung möglich, da ihr anderenfalls insbesondere das Streikrecht nicht zusteht.

b) Konkurrenz bei bestehender Kollektivvereinbarung

Problematisch ist, wenn eine ausreichend große Zahl von Arbeitnehmern über Themen beraten will, die bereits von der zuständigen Gewerkschaft mit dem Arbeitgeber verhandelt und gegebenenfalls durch Tarifvertrag geregelt worden sind. Dieser darf nicht unter Berufung auf die Europäische Sozialcharta infrage gestellt werden. Ein bestehender Tarifvertrag belegt eine effektive Interessenvertretung und entspricht somit dem Zweck des Art. 6 Nr. 4 ESC. Durch die Norm soll die effektive Interessenvertretung der Arbeitnehmer sichergestellt sein. Es ist allerdings nicht ausgesagt, wie diese im Einzelnen auszusehen hat. Wenn das gewerkschaftliche Verhandeln und Ergreifen kollektiver Maßnahmen gewährleistet ist, folgt daraus nicht, dass daneben stets auch die verbandsfreien Handlungen zulässig sein sollen. Letztlich könnte dies zu einer Schwächung der Gewerkschaften führen, wenn durch weitere Verhandlungsrunden verschiedene Arbeitnehmergruppen ihre jeweiligen Verhandlungsergebnisse wieder infrage stellen. Das kann durch die Europäische Sozialcharta nicht beabsichtigt sein. Ziel des Art. 6 Nr. 4 ESC ist, dass die Interessenvertretung entweder gewerkschaftlich oder nichtgewerkschaftlich erfolgt. Ein Nebeneinander ist nicht zwingend erforderlich. Dies steht mit dem Wortlaut der Norm im Einklang, der im Gegensatz zu Art. 11 Abs. 1 Halbs. 2 EMRK den Begriff der Gewerkschaft nicht einmal nennt. Es kommt gem. Art. 6 Nr. 4 ESC darauf an, dass eine Interessenvertretung „wirksam ausgeübt“ werden kann. Die Europäische Sozialcharta überlässt es den Vertragsstaaten, wie sie dies umsetzen. Sofern die Gewerkschaften die Arbeitnehmerinteressen daher hinreichend vertreten können, können nichtgewerkschaftliche Arbeitnehmerverbünde unzulässig beziehungsweise deren Streikrecht ausgeschlossen sein. Diese Einschränkung i. S. des Art. 31 Abs. 1 ESC lässt sich mit den Rechten und Freiheiten anderer, nämlich sowohl

572 BAG v. 23.4.1971, AP Nr. 2 zu § 97 ArbGG 1953, 3. der Gründe (Bl. 3); *Matthes/Schlewing,* in: Germelmann, § 97 ArbGG Rn 7.

derer des Arbeitgebers als auch der sonstigen Betroffenen, rechtfertigen. Diese haben ein Interesse an Rechtsfrieden. Ein Ausschluss der Rechte aus Art. 6 Nr. 4 ESC für sonstige Arbeitnehmerverbünde ist daher unter den geschilderten Voraussetzungen möglich. Einen grundlosen Arbeitskampf soll die Europäische Sozialcharta folglich nicht ermöglichen. Eine entsprechende gesetzgeberische oder richterrechtliche Einschränkung ist zulässig.

Das – freiwillige – Recht auf Kollektivverhandlungen besteht dagegen gem. Art. 6 Nr. 1 und 2 ESC jederzeit. Der Arbeitgeber braucht dabei nicht wegen kollektiver Maßnahmen druckbedingt auf etwaige Forderungen der Arbeitnehmer einzugehen. Er kann allerdings bei Bedarf konstruktiv mit den Arbeitnehmern verhandeln und beraten. Es besteht daher kein Grund, die Rechte aus Art. 6 ESC in diesen Fällen auszuschließen. Konkurrenz kann also nur in den Fällen bestehen, in denen eine Gewerkschaft mit dem Arbeitgeber bereits eine Einigung getroffen hat. Dann besteht eine Verpflichtung aus einer Kollektivvereinbarung i. S. des Art. 6 Nr. 4 ESC, so dass die Rechte aus Art. 6 ESC dadurch bereits verwirklicht sind. Sie schließt weitere kollektive Maßnahmen zur Durchsetzung eines bereits geregelten Zieles aus. Besteht keine Gewerkschaft, so können sich Arbeitnehmerverbünde im oben beschriebenen Sinne bilden und Vereinbarungen mit dem Arbeitgeber anstreben. Hier besteht allerdings bereits begrifflich kein Konkurrenzverhältnis.

c) Schlussfolgerung

aa) Grundsätzliche Zulässigkeit nichtgewerkschaftlicher Streiks

Das Grundgesetz steht einer Auslegung des Koalitionsbegriffs i. S. des Art. 6 Nr. 4 ESC insoweit nicht entgegen, als dass nichtgewerkschaftliche Vereinigungen grundsätzlich „kollektive Maßnahmen" in Gestalt eines Arbeitskampfes ergreifen dürfen. Eine völkervertragsrechtsfreundliche Auslegung des Art. 9 Abs. 3 S. 1 GG ist möglich. Spontane Bündnisse in Gestalt sogenannter „ad hoc"-Koalitionen genügen dem Koalitionsbegriff nur, wenn sie einer organisierten Willensbildung fähig sind. Der Zweck sowohl des Art. 9 Abs. 3 S. 1 GG als auch der des Art. 6 Nr. 4 ESC ist es nicht, jedes Verhandeln zwischen Arbeitnehmer und Arbeitgeber zu schützen und letztlich mittels des Arbeitskampfes durchzusetzen. Stets soll eine sinnvolle Einigung zwischen den Parteien erreicht werden. Ein Arbeitskampf um seiner selbst willen soll durch Art. 6 Nr. 4 ESC nicht ermöglicht werden.

bb) Rechtfertigung einer Einschränkung

Die Koalitionsfreiheit gilt, wie dargelegt, nicht unbeschränkt. Sie kann zugunsten entgegenstehender Rechte des Arbeitgebers eingeschränkt werden. Jede

Einschränkung durch die soeben dargestellten Schranken des Art. 9 Abs. 3 S. 1 GG ist verfassungsrechtlich und am Maßstab des Art. 31 Abs. 1 ESC zu rechtfertigen. Die kollidierenden Interessen von Verfassungsrang sind im Wege praktischer Konkordanz dergestalt in Einklang zu bringen, dass beide möglichst weitgehend verwirklicht werden können.[573]

Unabhängig davon, ob man einen Arbeitskampf ausschließlich zulässt, um einen Tarifvertrag zu erreichen, oder außerdem anerkennt, dass darüber hinausgehende Gegenstände erkämpft werden dürfen, dient er also einem bestimmten Zweck. Handeln die betreffenden Arbeitnehmer folglich evident rechtsmissbräuchlich, kann man argumentieren, dass sie mangels Verhandlungsbereitschaft keine Koalition i. S. des Art. 9 Abs. 3 S. 1 GG i. V. mit Art. 6 Nr. 4 ESC darstellen und der Schutzbereich für diesen Zusammenschluss nicht eröffnet ist. In Konsequenz stehen ihnen die Recht des Art. 6 Nr. 4 ESC in diesen Fällen nicht zu. Dieses Ergebnis kann unabhängig von einer verfassungsrechtlichen Rechtfertigung oder einer solchen i. S. des Art. 31 Abs. 1 ESC begründet werden, da der Tatbestand bereits des Art. 6 Einleitungssatz ESC nicht erfüllt ist. Ein rechtsmissbräuchlich handelnder Arbeitnehmerverbund ist nicht darin zu schützen, das Recht auf Kollektivverhandlungen wahrzunehmen. Er erstrebt weder Verhandlung noch Einigung. Dies kann der Fall sein, wenn die Zusammensetzung eines Arbeitnehmerverbundes derjenigen aus vorigen Verhandlungen gleicht. Indizien können sein, dass die gleichen Verhandlungsführer auftreten und das gleiche Forderungen gestellt werden.

Argumentiert man dagegen, dass auch für rechtsmissbräuchlich handelnde Arbeitnehmerverbünde der Schutzbereich eröffnet ist, so überwögen jedenfalls die entgegenstehenden Interessen des Arbeitgebers an der ungestörten Fortführung seines Betriebes. Das Recht auf kollektive Maßnahmen stellt keinen Freibrief für unkoordinierte und ziellose Arbeitsniederlegungen dar. Zum Schutz der Rechte und Freiheiten des Arbeitgebers ist das Verbot rechtsmissbräuchlicher Streiks also durch Art. 31 Abs. 1 ESC gerechtfertigt.

Für andere Koalitionen gilt, dass sie in der Lage sein müssen, eine getroffene Vereinbarung künftig einzuhalten. Dies gilt vor allem in Bezug auf die Friedenspflicht. Diese würde umgangen, wenn die Arbeitnehmer wahllos neue Koalitionen mit unter Umständen gleicher oder nur geringfügig anderer personeller Zusammensetzung gründen und ein Unternehmen so mit Arbeitskämpfen überziehen könnten. Zwar gilt die Friedenspflicht nur relativ zwischen den an der Vereinbarung beteiligten Personen. Es steht anderen daher frei, kollektive Maßnahmen zu ergreifen ohne gegen sie zu verstoßen. Dies ändert nichts an der

---

573 BAG v. 3.4.1990, AP Nr. 56 zu Art. 9 GG, B. II. 1. der Gründe (Bl. 5 f.); *Beuthien*, ZfA 1984, 1 (12).

grundsätzlichen Zulässigkeit der „ad hoc"-Koalitionen. Die Situation ähnelt der Diskussion, die um die Zulässigkeit der Tarifpluralität geführt wurde. Danach können verschiedene Gewerkschaften mit dem Arbeitgeber eigenständige Tarifverträge abschließen. Dies gilt in Abweichung vom Grundsatz der Tarifeinheit selbst dann, wenn mit einer anderen Gewerkschaft eine bestimmte Sachmaterie bereits geregelt ist und diesbezüglich eine Friedenspflicht besteht.[574] Insofern stellt es keine Neuerung dar, dass Art. 6 Nr. 4 ESC Verhandlungen auch nichtgewerkschaftlicher Arbeitnehmerverbünde mit dem Arbeitgeber ermöglicht.

Das Recht auf Kollektivverhandlungen und das Recht auf kollektive Maßnahmen können also für Arbeitnehmerverbünde eingeschränkt werden, die rechtsmissbräuchlich handeln. Durch die Europäische Sozialcharta soll nicht jedes Handeln geschützt werden, sondern nur dasjenige, das zu sinnvollen Verhandlungen und Ergebnissen führen kann. Dieser Zweck wird nicht erreicht, wenn die Gewährleistungen durch Missbrauch umgangen werden. Dass diese Streiks unzulässig sind, liegt im beiderseitigen Interesse. Der Betrieb soll möglichst störungsfrei aufrechterhalten bleiben. Demgegenüber sind die Arbeitnehmer daran interessiert, beschäftigt und dafür entlohnt zu werden.[575]

3. Beamte

Besondere Beachtung verdient die Zulässigkeit des Beamtenstreiks. Beamte sind zwar Arbeitnehmer i. S. des Art. 6 Nr. 4 ESC.[576] Nach überwiegender Meinung unterfallen Beamte in Deutschland allerdings als hergebrachter Grundsatz des Berufsbeamtentums i. S. des Art. 33 Abs. 5 GG einem absoluten Streikverbot.[577] Dies steht einer völkervertragsrechtsfreundlichen Auslegung entgegen.[578] Eine methodisch korrekte Auslegung des nationalen Rechts, bei der mindestens zwei Ergebnisse vertretbar sind, ist nicht möglich. Als lediglich mittelbar anwendbare Vorschrift eines völkerrechtlichen Vertrages führt Art. 6 Nr. 4 ESC keinesfalls dazu, dass eine widersprechende Norm des Grundgesetzes derogiert wird. Die Unzulässigkeit eines Beamtenstreiks ist lediglich außenpolitisch gegenüber den weiteren Vertragsstaaten und innenpolitisch bezüglich der Umsetzung von Bedeutung. Rechtliche Konsequenzen ergeben sich daraus jedoch nicht, so dass Beamte sich nicht auf Art. 9 Abs. 3 S. 1 GG i. V. mit Art. 6 Nr. 4 ESC berufen könnten, um zu streiken. Die Argumente der Befürworter eines Beamtenstreiks haben allerdings in jüngerer Zeit insbesondere durch die

574 Dazu näher unten S. 337 ff.

575 Zu den Rechtsfolgen rechtmäßiger und rechtswidriger Streiks unten S. 343 ff.

576 Ausführlich oben S. 83 ff.

577 Dazu ausführlich oben S. 122 ff. und 236 ff.

578 Vgl. *Schubert,* AöR 137 (2012), 92 (115) zu Art. 11 EMRK.

Rechtsprechung des Europäischen Gerichtshofs für Menschenrechte neue Impulse bekommen.[579]

Nicht zu leugnen ist, dass eine faktische Annäherung von Beamten und den im öffentlichen Dienst Beschäftigten stattgefunden hat.[580] Die fortschreitende Privatisierung einstmals hoheitlicher Aufgaben zeigt, dass diese ebenso durch Arbeitnehmer i. S. der §§ 611 ff. BGB wahrgenommen werden können. Prominente Beispiele sind die Umwandlungen der Deutschen Bundespost sowie der Deutschen Bundesbahn in privatrechtliche Aktiengesellschaften.[581] Diejenigen Tätigkeiten wie etwa die Regulierung und Überwachung des Wettbewerbes, welche trotzdessen hoheitlich ausgeübt werden sollen oder müssen, nimmt heute die Bundesnetzagentur für Elektrizität, Gas, Telekommunikation, Post und Eisenbahnen wahr.[582] Daneben sind die Privatisierungen vieler kommunaler Betriebe wie etwa die der Stadtwerke zu nennen.[583] Streiks sind hier unter Beachtung aller Rechtmäßigkeitsvoraussetzungen grundsätzlich möglich.[584]

Hinsichtlich des Beamtenstreiks zeigt die beschriebene Entwicklung, dass bestimmte öffentliche Tätigkeiten nicht notwendigerweise durch Beamte wahrgenommen zu werden brauchen, sondern auch von einem Arbeitnehmer erfüllt werden können.[585] Daraus folgt nicht die Rechtfertigung für ein Streikrecht. Wie gezeigt, steht die derzeitige Ausgestaltung des Beamtenrechts einem Streikrecht entgegen. Das Streikverbot stellt als Strukturprinzip und Korrelat des Alimentationsprinzips einen hergebrachten Grundsatz des Berufsbeamtentums dar. Dieser Begriff ist jedoch wandelbar und kann daher grund-

579 EGMR v. 12.11.2008, Appl. 34503/97 Rn. 149 (*Demir and Baykara*); v. 21.4.2009, Appl. 68959/01 Rn. 24 (*Enerji Yapi-Yol Sen*); OVG Lüneburg v. 12.6.2012, NdsVBl. 2012, 266 (269 f.); VG Düsseldorf v. 15.12.2010, ZBR 2011, 177 (177 ff.) mit Anm. *Löber,* AuR 2011, 76 (76 f.); VG Kassel v. 27.7.2011, ZTR 2012, 59 (60 f.); v. 27.7.2011, ZBR 2011, 386 (387 f.); VG Osnabrück v. 19.8.2011, ZBR 2011, 389 (391 ff.); *Franzen,* EuZA 2010, 453 (454 ff.); *Kissel,* Arbeitskampfrecht, § 45 Rn. 24 ff.; *Kutzki,* DöD 2011, 169 (169 ff.); *Lörcher,* in: Däubler, Arbeitskampfrecht, § 10 Rn. 35 ff.; *Schubert,* AöR 137 (2012), 92 (93 ff.).

580 OVG Lüneburg v. 12.6.2012, NdsVBl. 2012, 266 (268 f.); VG Kassel v. 27.7.2011, ZTR 2012, 59 (61); v. 27.7.2011, ZBR 2011, 386 (388); *Battis,* in: Sachs, Art. 33 GG Rn. 46; *Bull,* DÖV 2007, 1029 (1038); *Matthey,* Rechtsangleichung, S. 226; *Schubert,* AöR 137 (2012), 92 (97); *Stamer,* Pflichten, S. 226; *Wagener,* VVDStRL 37 (1979), 215 (222 ff.).

581 Vgl. VG Düsseldorf v. 15.12.2010, ZBR 2011, 177 (178); VG Osnabrück v. 19.8.2011, ZBR 2011, 389 (391); *Badura,* DÖV 2010, 533 (533 ff.); *Zobel,* Folgeprobleme, S. 5 ff.

582 *Rudkowski,* Daseinsvorsorge, S. 52; weitere Informationen können auf der Internetseite der Behörde abgerufen werden (http://www.bundesnetzagentur.de).

583 *Jachmann,* in: v. Mangoldt/Klein/Starck, Art. 33 GG Rn. 38; *Rudkowski,* Daseinsvorsorge, S. 39 ff.

584 Statt aller *Rudkowski,* Daseinsvorsorge, S. 25 ff.; 29 f., 33 ff. m. w. N.

585 So bereits *G. Müller,* RdA 1982, 86 (92 f.); *Söllner,* AuR 1982, 233 (235).

sätzlich künftigen gesellschaftlichen Entwicklungen angepasst werden.[586] Nötig ist dafür die Begründung, dass ein Streikverbot nach gewandeltem heutigem Verständnis keinen Grundsatz des Berufsbeamtentums darstellt und daher ein solches Verbot Art. 33 Abs. 5 GG nicht (mehr) widerspricht.[587] Dies ist bislang nicht gelungen und wird kaum gelingen.[588] Neben dem Streikverbot müsste nämlich begründet werden, dass das Alimentationsprinzip kein hergebrachter Grundsatz des Berufsbeamtentums ist. Denn auf diesem Prinzip fußt das Streikverbot unter anderem. Es zeigt sich, dass es dem Gesetzgeber grundsätzlich zwar ohne Änderung des Art. 33 Abs. 4 oder 5 GG möglich ist, das Beamtenrecht zu gestalten.[589] Daraus kann man aber nicht schließen, dass dies für sämtliche Strukturprinzipien des Berufsbeamtentums gilt.[590] Eine gänzliche Angleichung des öffentlich-rechtlichen Beamtenrechts an das privatrechtliche Arbeitsrecht gerade im Hinblick auf ein Streikrecht setzt daher jedenfalls eine Verfassungsänderung voraus.[591]

Es kommt also nicht darauf an, ob bestimmte Aufgaben von Beamten wahrgenommen werden. Das Berufsbeamtentum soll gem. Art. 33 Abs. 4 GG die Kontinuität der hoheitlichen Funktionen des Staates sichern.[592] Beamte werden danach als notwendig vorausgesetzt, um die Aufgaben des Staates ordnungsgemäß zu erfüllen.[593] Auf den Status als solchen kommt es nur in solchen Bereichen an, die genuin hoheitlich ausgestaltet sein müssen und Privaten aufgrund der Funktionssicherung des Staates sowie der Relevanz für Grundrechtseingriffe nicht übertragen werden können.[594] Darunter fallen zum Beispiel Polizei,

---

[586] BVerfG v. 17.12.1953, E 3, 58 (137); v. 14.12.1982, E 62, 374 (382); v. 15.5.1985, E 70, 69 (79); OVG Lüneburg v. 12.6.2012, NdsVBl. 2012, 266 (267); VG Kassel v. 27.7.2011, ZTR 2012, 59 (60 f.); v. 27.7.2011, ZBR 2011, 386 (391); VG Osnabrück v. 19.8.2011, ZBR 2011, 389 (391 ff.); *Kissel,* Arbeitskampfrecht, § 45 Rn. 39; *Summer,* ZBR 1992, 1 (5).

[587] Vgl. BVerfG v. 10.12.1985, E 71, 255 (268).

[588] *Isensee,* Beamtenstreik, S. 57 ff.; vgl. zudem die ablehnenden Stellungnahmen oben S. 236 ff.

[589] BVerfG v. 7.1.1981, E 55, 372 (392 f.); *Kissel,* Arbeitskampfrecht, § 45 Rn. 38 ff.; *Lecheler,* in: Isensee/Kirchhof, HandbStaatsR V, § 110 Rn. 51, 53, 58; *G. Müller,* RdA 1982, 86 (88).

[590] So aber *Kissel,* Arbeitskampfrecht, § 45 Rn. 39.

[591] Ausführlich oben S. 240 ff.; *G. Müller,* RdA 1982, 86 (101).

[592] BVerfG v. 2.3.1993, E 88, 103 (114); OVG Münster v. 7.3.2012, NVwZ 2012, 890 (892 f.); *Schubert,* AöR 137 (2012), 92 (96 f.).

[593] *Hense,* in: Epping/Hillgruber, Art. 33 GG Rn. 26; *Jachmann,* in: v. Mangoldt/Klein/Starck, Art. 33 GG Rn. 33.

[594] *Battis,* in: Sachs, Art. 33 GG Rn. 57; *Jachmann,* in: v. Mangoldt/Klein/Starck, Art. 33 GG Rn. 38; *Lecheler,* in: Friauf/Höfling, Art. 33 GG Rn. 35 ff., 51 (mit Hinweis darauf, dass neben der Eingriffsverwaltung dazu unter anderem auch Sozialhilfeleistungen zählen); *Masing,* in: Dreier, Art. 33 GG Rn. 66; unkonkret *Stamer,* Pflichten, S. 226 („Intensität der jeweiligen Pflichten").

Feuerwehr und Militär sowie Forschung und Lehre.[595] Diese Bereiche sind dadurch gekennzeichnet, dass sie die Strukturprinzipien des Berufsbeamtentums, also insbesondere wirtschaftliche und politische Unabhängigkeit, voraussetzen. Sie zählen zum Kernbereich der durch den Staat zu erfüllenden Aufgaben.[596] Aus diesem Grund müssen sie wegen Art. 33 Abs. 4, 5 GG durch Beamte besetzt werden. Daraus ergibt sich die geschilderte Konsequenz des Streikverbots.

Daneben können selbst in der privatisierten Daseinsfür- und -vorsorge vor allem in lebenswichtigen Bereichen Einschränkungen des Streikrechts bestehen.[597] Dabei handelt es sich allerdings um die aus dem privatrechtlichen Arbeitskampf bekannten Not- und Erhaltungsmaßnahmen. Diese können für den Bereich des öffentlichen Dienstes als Streikverbot direkt oder analog Art. 33 Abs. 5 GG angenommen werden.[598] Ein Unterschied in der Sache folgt daraus zunächst nicht, denn die Grundversorgung wird aufrechterhalten. Problematisch an dieser Begründung ist, dass der Streik auf diesem Wege gänzlich ausgeschlossen ist. Dies widerspricht jedoch Art. 9 Abs. 3 S. 1 GG, weil bei der Beeinträchtigung verschiedener Grundrechtsträger praktische Konkordanz herzustellen ist. Dritte können sich etwa auf das Recht auf Leben und körperliche Unversehrtheit gem. Art. 2 Abs. 2 S. 1 GG berufen. Beide Grundrechte sollen weitestmöglich verwirklicht werden. Vorzugswürdig ist es daher, das Streikrecht in diesen sensiblen Bereichen grundsätzlich zwar als erlaubt anzusehen, es aber gleichzeitig unter den Vorbehalt der Not- und Erhaltungsmaßnahmen zu stellen. Dadurch wird die Ausübung des Streikrechts mit den Interessen der Allgemeinheit in Einklang gebracht.[599]

Eine Neuinterpretation der Norm ist allenfalls in äußerst engen Grenzen möglich.[600] Indes ist danach zu fragen, welche Bedeutung Art. 33 Abs. 5 GG danach hätte. Überführte man das Alimentationsprinzip auf ein tarifvertragliches System, bliebe nur noch die Bezeichnung des Berufsbeamtentums. Denn ein wesentliches Merkmal ist, dass der Beamte sich gänzlich dem Staat hingibt und dafür alimentiert wird. Er steht ihm selbst im Konfliktfall nicht als sozialer Gegenspieler und im Falle des Arbeitskampfes als Gegner gegenüber. Arbeitsverhältnisse i. S. der §§ 611 ff. BGB sind darüber hinaus gem. § 622 Abs. 1 BGB grundsätzlich kündbar. Dies ist bei Beamten wegen des Lebenszeitprinzips die

---

595 *Hense,* in: Epping/Hillgruber, Art. 33 GG Rn. 31.

596 Vgl. *Di Fabio,* JZ 1999, 585 (590 ff.); *Lecheler,* in: Isensee/Kirchhof, HandbStaatsR V, § 110 Rn. 53; *Jachmann,* in: v. Mangoldt/Klein/Starck, Art. 33 GG Rn. 38; *Jachmann/Strauß,* ZBR 1999, 289 (292); *Mayen,* DÖV 2001, 110 (112).

597 Zusammenfassende Aufzählung bei *Rudkowski,* Daseinsvorsorge, S. 305 ff.; vgl. schon *Blanke/Sterzel,* Beamtenstreikrecht, S. 57.

598 *Heinze,* FS 50 Jahre BAG, 493 (498 ff., 501 f.); *Scholz,* in: Maunz/Dürig, Art. 9 GG Rn. 379.

599 *Kissel,* Arbeitskampfrecht, § 45 Rn. 47.

600 *Kissel,* Arbeitskampfrecht, § 45 Rn. 39.

Ausnahme, so dass auch dieser Grundsatz ins Gegenteil verkehrt würde. Daraus folgt, dass eine Neugestaltung des Berufsbeamtentums ohne Änderung des Art. 33 Abs. 5 GG die Institution als solche bewahren müsste. Es darf nicht gänzlich abgeschafft werden, weil das Grundgesetz es voraussetzt.[601]

Hieraus ergibt sich, dass jedenfalls die einfach-gesetzlichen Regelungen geändert werden müssten. Darin müsste das „Berufsbeamtentum“ i. S. des Art. 33 Abs. 5 GG derart ausgestaltet werden, dass künftig zwei verschiedene Typen des Beamtenstatus existieren, nämlich solche Beamten mit und solche ohne Streikrecht.[602] Diese Trennung müsste funktionsbezogen erfolgen. Die Beamten ohne Streikrecht hätten dann eine mit den Arbeitnehmern i. S. der §§ 611 ff. BGB vergleichbare Stellung, ohne Arbeitnehmer zu sein. Die verbleibenden Beamten ohne Streikrecht stellten letztendlich eine Rechtfertigung dafür dar, weil das Berufsbeamtentum in dieser Weise fortbestünde. Daran zeigt sich allerdings, dass es zu einer unzulässigen Aushöhlung des Berufsbeamtentums käme. Daher ist eine solche Aufteilung des Beamtenstatus bei gleichzeitiger Angleichung an das privatrechtliche Arbeitsrecht wegen Art. 33 Abs. 5 GG nicht möglich.[603] Er steht einer funktionsbezogenen Teilung des Beamtenbegriffs entgegen.[604]

Der verfolgte Zweck kann jedoch mit bestehenden Mitteln erreicht werden. Es können diejenigen Bereiche, in denen eine hoheitliche Ausübung ähnlich der Bahn und der Telekommunikation nicht zwingend notwendig ist, privatisiert werden. Wegen des Lebenszeitprinzips verlieren die dort beschäftigten Beamten zwar ihren Status nicht und unterliegen daher weiterhin dem Streikverbot. Dies ergibt sich für die Deutsche Bundesbahn und die Deutsche Bundespost aus Art. 143a Abs. 1 S. 3 und Art. 143 b Abs. 3 S. 1 GG.[605] Bei künftig angestellten Mitarbeitern handelt es sich jedoch um Arbeitnehmer i. S. der §§ 611 ff. BGB, denen das Streikrecht gem. Art. 9 Abs. 3 S. 1 GG zusteht. Ein Streikverbot besteht also nicht. Andererseits sollte genau bedacht werden, welche Bereiche privatisiert werden. Der Vorteil des Berufsbeamtentums für den Staat ist, dass er sich im Falle eines Arbeitskampfes nicht auf gegebenenfalls unzureichende

---

601 BVerfG v. 2.12.1958, E 8, 332 (343); v. 7.1.1981, E 55, 372 (392 f.); v. 12.2.2003, E 107, 218 (236); v. 6.3.2007, E 117, 330 (344); v. 28.5.2008, E 121, (219); *Hense,* in: Epping/Hillgruber, Art. 33 GG Rn. 32; *Isensee,* in: Benda/Maihofer/Vogel, HandbVerfR, § 32 Rn. 62; *Pieroth,* in: Jarass/Pieroth, Art. 33 GG Rn. 43.

602 *Schubert,* AöR 137 (2012), 92 (115 f.).

603 OVG Münster v. 7.3.2012, NVwZ 2012, 890 (894 f.); *Schubert,* AöR 137 (2012), 92 (115).

604 So resümiert denn auch *Kissel,* Arbeitskampfrecht, § 45 Rn. 41, dass „Art. 33 Abs. 5 GG [...] konsequenterweise seine Funktion verlieren [würde]“. Gerade dies ist unter Berücksichtigung der Rechtsprechung des Bundesverfassungsgerichts zur Fortentwicklung des Berufsbeamtentums unzulässig; a. A. *Kutzki,* DöD 2011, 169 (171).

605 Dazu *Battis,* in: Sachs, Art. 143a GG Rn. 7 ff., Art. 143b GG Rn. 9 f. und *Zobel,* Folgeprobleme, S. 14 ff.

Not- und Erhaltungsmaßnahmen verlassen muss. Die Aufgabenerfüllung kann durch einen Streik nicht beeinträchtigt werden und ist somit „streikfest“.[606]

Der Gesetzgeber muss daher Art. 6 Nr. 4 ESC nicht zum Anlass nehmen, das geltende Berufsbeamtenrecht zu verändern. Ein möglicher Verstoß gegen diese Norm war der Bundesregierung seit Inkrafttreten der Europäischen Sozialcharta bekannt, weswegen sie bereits am 28. September 1961 erklärte, Art. 6 Nr. 4 ESC fände keine Anwendung auf Beamte. Dabei handelt es sich zwar nicht um einen wirksamen völkerrechtlichen Vorbehalt.[607] Diese Deklaration hat in der Folge gleichwohl dazu geführt, dass das Ministerkomitee[608] bislang von einer Empfehlung an die Bundesrepublik Deutschland abgesehen hat, einen Widerspruch des Beamtenstreikverbots mit der Europäischen Sozialcharta aufzulösen.[609] Somit bestehen keine politischen Gründe, das bestehende Verfassungs- und Berufsbeamtenrecht zu verändern.

Festzuhalten bleibt, dass das nationale Recht einer völkervertragsfreundlichen Auslegung hinsichtlich der Beamten nicht zugänglich ist. Zwar stellen Beamte Arbeitnehmer i. S. der Europäischen Sozialcharta dar, so dass ihnen unabhängig von ihrem Status das Recht auf Kollektivverhandlungen und das Recht auf kollektive Maßnahmen i. S. des Art. 6 Nr. 4 ESC zustehen. Eine statusbezogene Unterscheidung zwischen Berufsbeamtentum und sonstigen Arbeitnehmern kennt die Europäische Sozialcharta im Gegensatz zum Grundgesetz nicht. Ein Streikverbot für Beamte ist aus der Sicht der Europäischen Sozialcharta nur möglich, wenn es zum Schutz der in Art. 31 Abs. 1 ESC genannten Rechte und Rechtsgüter notwendig ist. Sie geht also von einer funktionsbezogenen Unterscheidung aus und knüpft die Möglichkeit einer Einschränkung an die zu erfüllende Aufgabe. Üben Beamte eine i. S. des Art. 31 Abs. 1 ESC wesentliche Tätigkeit aus, kann das grundsätzlich bestehende Streikrecht eingeschränkt werden. Daher ist es nicht möglich, alle deutschen Beamten zwar als Arbeitnehmer i. S. des Art. 6 Nr. 4 ESC anzusehen, aber ihr Streikrecht generell durch Art. 31 Abs. 1 ESC gerechtfertigt anzusehen. Um diese durch Art. 6 Nr. 4 ESC i. V. mit Art. 31 Abs. 1 ESC i. V. mit dem Anhang zu Art. 6 Nr. 4 ESC – sowie Art. 11 Abs. 1 Halbs. 2 EMRK[610] – vorgegebene Zweiteilung des Beamtenstatus im nationalen Recht zu erreichen, ist jedenfalls eine Verfassungsänderung nötig, weil das Grundgesetz von einem einheitlichen Beamtenbegriff ausgeht. Aufgrund der hergebrachten Grundsätze des Berufsbeamtentums, die einander

606 Dazu *Isensee,* Beamtenstreik, S. 76 ff.

607 Vgl. zu alledem oben S. 94 ff.

608 Zur Auffassung des Europäischen Ausschusses für Soziale Rechte ausführlich oben S. 91 f.

609 conclusions VII, S. 38, 39; *Lörcher,* AuR 1991, 97 (100 mit Fn. 33); *Henneberger/Sudjana,* Stellung, S. 11 mit Fn. 79; *Mitscherlich,* Arbeitskampfrecht, S. 117.

610 Dazu oben S. 88 ff. und 110 ff.

gegenseitig beeinflussen, ist eine Aufteilung in Status- und Funktionsbeamten daher nicht ohne eine Änderung des Art. 33 GG möglich.

III. Arbeitskampfmittel

Die Arbeitskampfmittelfreiheit gem. Art. 9 Abs. 3 S. 1 GG ist umfassend zu verstehen.[611] Das Bundesverfassungsgericht und das Bundesarbeitsgericht leiten aus der Koalitionsbetätigungsfreiheit ab, dass das Arsenal der den Parteien zustehenden Kampfmittel nicht auf die überkommenen beschränkt sei.[612] Neben Streik und Aussperrung können daher ständig neue Mittel entwickelt, die zur Förderung und Wahrung der Arbeits- und Wirtschaftsbedingungen i. S. des Art. 9 Abs. 3 S. 1 GG erforderlich sind und im Rahmen insbesondere der Verhältnismäßigkeit angewandt werden.[613] Dies ist in jüngerer Zeit etwa durch den „Flash-Mob" geschehen.[614] Es sind keine Anhaltspunkte ersichtlich, dass die Europäische Sozialcharta Kampfmittel gewährleistet, die das deutsche Verfassungsrecht nicht zur Verfügung stellt. Im Gegenteil braucht nicht beantwortet zu werden, ob solche Erscheinungsformen wie der „Flash-Mob" unter den Begriff des Streikrechts i. S. des Art. 6 Nr. 4 ESC fallen. Das durch Art. 9 Abs. 3 S. 1 GG geschützte Arsenal bleibt daher keinesfalls hinter den Gewährleistungen der Europäischen Sozialcharta zurück. Die oben behandelte Frage schließlich nach besonderen Streiks wie den Beamtenstreik und den nichtgewerkschaftlichen Streik betrifft nicht das Kampfmittel als solches, sondern die Personen, die den Arbeitskampf führen. Diese Auslegung des Art. 9 Abs. 3 S. 1 GG entspricht insoweit den Vorgaben des Art. 6 Nr. 4 ESC.

IV. Durchführung des Arbeitskampfes

Die Rechte der Europäischen Sozialcharta können gem. Art. 31 Abs. 1 ESC durch die Vertragsparteien durch Gesetz zu bestimmten Zwecken eingeschränkt werden. Gleichzeitig enthält die Norm die Wertung, dass auch die Parteien

---

[611] Vgl. oben S. 249 ff.

[612] BVerfG v. 26.6.1991, E 84, 212 (225); v. 2.3.1993, E 88, 103 (114); v. 4.7.1995, E 92, 365 (393 f.); vgl. auch v. 19.2.1975, E 38, 386 (393 f.); BAG v. 19.6.2007, AP Nr. 173 zu Art. 9 GG Arbeitskampf, Rn. 11; v. 22.9.2009, AP Nr. 174 zu Art. 9 GG Arbeitskampf, Rn. 34.

[613] BAG v. 22.9.2009, AP Nr. 174 zu Art. 9 GG Arbeitskampf, Rn. 34.

[614] BAG v. 22.9.2009, AP Nr. 174 zu Art. 9 GG Arbeitskampf, Rn. 31 ff.; kritisch wegen des Charakters der Blockade und Sabotage sowie unzureichender Verteidigungsmittel des Arbeitgebers *S. Krieger/Günther,* NZA 2010, 20 (21 ff.); *Rieble,* NZA 2008, 796 (797). *Löwisch,* NZA 2010, 209 (209 ff.) erachtet das – ebenfalls durch die Arbeitskampfmittelfreiheit geschützte – Hausrecht des Arbeitgebers als effektiv genug; vgl. zum „Flash-Mob" auch oben Fn. 18 (S. 214).

i. S. des Art. 6 Nr. 4 ESC sowohl im Verhältnis zueinander als auch im Verhältnis zu Dritten das Recht auf kollektive Maßnahmen nur ausüben dürfen, wenn dies „notwendig“ ist.[615] Der Rechtsausübung sind also Schranken gezogen. Bereits aus einem allgemeinen Grundsatz folgt, dass niemand seine Rechte unbegrenzt ausüben darf.[616]

Ein Verstoß könnte darin zu erblicken sein, dass die Verhältnismäßigkeit i. S. des Art. 9 Abs. 3 S. 1 GG strengere Maßstäbe verlangt als die „Notwendigkeit“ i. S. des Art. 31 Abs. 1 ESC. Nach ständiger bundesverfassungsgerichtlicher Rechtsprechung müssen die kollidieren Rechte und Interessen des sozialen Gegenspielers oder der Allgemeinheit Verfassungsrang haben, wohingegen Art. 31 Abs. 1 ESC insoweit keine Vorgaben enthält. Die Norm knüpft an die Rechte und Rechtsgüter als solche an, ohne bestimmte Vorgaben über deren Wertigkeit zu treffen. Dies stellt allerdings keinen Widerspruch dar, weil die in Art. 31 Abs. 1 ESC enthaltenen Rechte und Rechtsgüter in der Bundesrepublik Deutschland Verfassungsrang haben. Die „Rechte und Freiheiten anderer“ sind durch die Grundrechte geschützt. Zu nennen sind insbesondere Art. 9 Abs. 3 S. 1 GG sowie Art. 2 Abs. 1, 4, 12 Abs. 1, 14 Abs. 1 GG. Der „[Schutz] der öffentlichen Sicherheit und Ordnung, [die] Sicherheit des Staates, [die] Volksgesundheit und [die] Sittlichkeit“ haben jedenfalls gem. Art. 2 Abs. 2 GG Verfassungsrang.[617] Darüber hinaus wird vertreten, dass auch solche Interessen in die Abwägung eingestellt werden können, die keinen Verfassungsrang genießen.[618] Das gesetzesvertretende Richterrecht steht daher im Einklang mit den Vorgaben der Europäischen Sozialcharta.

---

615 Zu Anwendbarkeit, Maßstab und Inhalt oben S. 139 ff. sowie S. 256 ff.

616 *Picker,* DB 1985, Beil. 7, S. 13; vgl. auch *Papier,* in: Merten/Papier, HandbGrRte III, § 64 Rn. 6.

617 Vgl. BVerfG v. 30.11.1965, E 19, 303 (322); v. 26.5.1970, E 28, 295 (306); v. 26.6.1991, E 84, 212 (228); v. 24.4.1996, E 94, 268 (284); v. 24.2.1999, E 100, 214 (223 f.); v. 27.4.1999, E 100, 271 (283); v. 3.4.2001, E 103, 293 (306); v. 29.12.2004, NZA 2005, 153 (154); v. 6.2.2007, NZA 2007, 394 (395); BAG v. 14.2.1967, E 19, 217 (223 ff.); v. 21.4.1971, AP Nr. 43 zu Art. 9 GG Arbeitskampf, Teil III. A. 1. (Bl. 6R); v. 25.1.2005, AP Nr. 123 zu Art. 9 GG, II. 1. a. der Gründe (Bl. 2R); v. 22.9.2009, AP Nr. 174 zu Art. 9 GG Arbeitskampf, Rn. 37 ff.; *Dieterich,* in: ErfK, Art. 9 GG Rn. 49; *Höfling,* in: Sachs, Art. 9 GG Rn. 130 ff.; *Jarass,* in: Jarass/Pieroth, Art. 9 GG Rn. 50; *Kemper,* in: v. Mangoldt/Klein/Starck, Art. 9 GG Rn. 197 ff.; zurückhaltend in einem obiter dictum BAG v. 12.9.1984, AP Nr. 81 zu Art. 9 GG Arbeitskampf, B. II. 2. c. der Gründe (Bl. 11 ff.) mit Anm. *Herschel* (Bl. 16: „konnte [. . .] Frage [der Anwendbarkeit der Europäischen Sozialcharta] offenlassen“); dazu *Konzen,* JZ 1986, 157 (161 ff.).

618 *Otto,* Arbeitskampf- und Schlichtungsrecht, § 4 Rn. 24 m. w. N. und Hinweis auf BVerfG v. 26.6.1991, E 84, 212 (228). Die Frage lässt das Gericht jedoch bewusst offen, so dass aus dem Urteil diesbezüglich keine Schlüsse gezogen werden können.

C. Zusammenfassung

1. Das deutsche Arbeitskampfrecht beruht auf der Koalitionsfreiheit und der daraus abgeleiteten Tarifautonomie, die gem. Art. 9 Abs. 3 S. 1 GG vorbehaltlos gewährleistet sind.

2. Nach überwiegender Ansicht muss der Arbeitskampf die Durchsetzung eines tariflich regelbaren Zieles zum Gegenstand haben und stellt daher eine Hilfsfunktion der Tarifautonomie dar.

3. Arbeitskämpfe stehen unter dem Gebot der Verhältnismäßigkeit. Der Verhältnismäßigkeitsgrundsatz findet nicht nur im Verhältnis des Staates zum Bürger, sondern darüber hinaus zwischen den Parteien unmittelbar Anwendung. Das legitime Ziel, zu dessen Verwirklichung das Arbeitskampfmittel geeignet, erforderlich und angemessen sein muss, ist die tariflich regelbare Forderung.

4. Kollektive Maßnahmen i. S. des Art. 6 Nr. 4 ESC dienen der Durchsetzung von Kollektivverhandlungen mit dem Ziel einer Kollektivvereinbarung. Diese muss nicht auf ein tariflich regelbares Ziel gerichtet sein.

5. Art. 9 Abs. 3 S. 1 GG kann dementsprechend ausgelegt werden, dass der Arbeitskampf nicht lediglich der Tarifautonomie dient, sondern der Koalitionsbetätigung. Durch völkervertragsfreundliche Auslegung kann daher Einklang mit der Europäischen Sozialcharta erreicht werden.

6. Nichtgewerkschaftliche Streiks sind zulässig. Dies gilt für sogenannte „ad hoc"-Koalitionen nur in den Fällen, in denen sie die Fähigkeit zur organisierten Willensbildung besitzen und sinnvolles Verhandeln daher möglich ist.

7. Der Beamtenstreik ist wegen Art. 33 Abs. 4 und 5 GG ausgeschlossen. Eine völkervertragsrechtsfreundliche Auslegung ist nicht möglich. Eine Aufhebung des Streikverbots für Beamte ist nicht ohne Verfassungsänderung möglich und vor dem Hintergrund möglicher Konsequenzen für die Erfüllung hoheitlicher Aufgaben nicht erstrebenswert. Hier widersetzt sich der Gesetzgeber bewusst den aus der Europäischen Sozialcharta folgenden völkervertraglichen Verpflichtungen, da die Erklärung der Bundesrepublik Deutschland vom 28. September 1961 keinen wirksamen völkerrechtlichen Vorbehalt darstellt.

8. Durch eine Verfassungsänderung könnte das Berufsbeamtentum im bisherigen Sinne als „Funktionsbeamtentum" ausgestaltet werden. Analog der Auslegung des Art. 31 Abs. 1 ESC wäre die Frage des Streikverbots anhand der „Notwendigkeit" der jeweiligen Aufgabe zu beantworten. Eine Privatisierung ist nur bis zur Grenze der Grundrechtsrelevanz des jeweiligen hoheitlichen Handelns möglich.

9. Dass lediglich Rechte und Interessen Dritter von Verfassungsrang eine Einschränkung des Arbeitskampfes rechtfertigen können, entspricht den Vorgaben des Art. 31 Abs. 1 ESC, sofern der Rechtsmissbrauch den Maßstab hierfür bildet.

§ 5 Umsetzung und Rechtsfolgen der Gewährleistungen des Art. 6 Nr. 4 ESC im deutschen Recht

Es ist mit Art. 9 Abs. 3 S. 1 GG zu vereinbaren, den Arbeitskampf nicht ausschließlich als Hilfsfunktion der Tarifautonomie, sondern der Koalitionsbetätigung als solcher zu verstehen. Unter Zugrundelegung dieses Verständnisses ist zu überprüfen, ob und wie die Vorgaben der Europäischen Sozialcharta im deutschen Recht umzusetzen sind. Insbesondere dürfen gem. Art. 6 Nr. 4 ESC auch andere Koalitionen als Gewerkschaften grundsätzlich streiken und dies auch, um andere als tariflich regelbare Ziele zu erreichen.[1] Daraus kann folgen, dass Art. 9 Abs. 3 S. 1 GG i. V. mit Art. 6 Nr. 4 ESC die Arbeitsniederlegung in diesen Fällen abweichend vom bisherigen Verständnis rechtfertigt.

Aus dem Erläuterten folgt, dass es nicht auf die Frage ankommt, ob Arbeitskampfmaßnahmen außerhalb der beschriebenen Gewährleistungen des Art. 9 Abs. 3 S. 1 GG zulässig sind. Selbst die oben dargelegte Auslegung führt nicht dazu, dass es ein von einem Sachgrund losgelöstes Streikrecht gibt. Ein solches Streikrecht existiert nicht.[2] Allein die Funktion des Arbeitskampfes ist eine andere. Danach stellt er nicht lediglich die Hilfsfunktion der Tarif(vertrags)autonomie dar. Er ist also nicht ausschließlich zulässig, um tariflich regelbare Ziele zu erkämpfen. Vielmehr dient der Arbeitskampf als Hilfsfunktion der Koalitionsbetätigung. Ein Arbeitskampf ist daher zulässig zur Durchsetzung der koalitionsspezifischen Betätigung, sofern dazu der durch einen Arbeitskampf erzeugte Druck erforderlich ist.[3]

Die Gewährleistungen der Betätigungs- und Arbeitskampffreiheit in Art. 9 Abs. 3 S. 1 GG sind gegenüber anderen Grundrechten wie Art. 2 Abs. 1 oder Art. 12 Abs. 1 GG als lex specialis abschließend.[4] Daran ändert eine völkervertragsrechtsfreundliche Auslegung des nationalen Rechts nichts. Vielmehr ergibt sich aus Art. 6 Nr. 4 ESC, dass zwar andere als gewerkschaftliche oder tarif-

---

1 Zu alledem ausführlich oben S. 268 ff.

2 Vgl. *Reuter,* FS Wiese, 427 (433).

3 Zu diesem Ergebnis oben S. 282 ff.

4 BVerfG v. 30.11.1965, E 19, 303 (314); v. 20.10.1981, E 58, 223 (256); *Däubler/Hege,* Koalitionsfreiheit, Rn. 219; *Engels,* Verfassung, S. 156; *Höfling,* in: Sachs, Art. 9 GG Rn. 70; *Isensee,* Beamtenstreik, S. 20 f., 28 f.; *Lerche,* Zentralfragen, S. 42 ff., 45; *Otto,* Arbeitskampf- und Schlichtungsrecht, § 4 Rn. 40; *Rüthers,* in: Brox/Rüthers, Arbeitskampfrecht Rn. 78 f.; *Säcker,* Grundprobleme, S. 25 f.; *Scholz,* in: Maunz/Dürig, Art. 9 GG Rn. 221, 313, 335; *ders.,* AöR 100 (1975), 80 (124 f., 129); a. A. *Seiter,* Streik- und Aussperrungsrecht, S. 92 ff.

bezogene Arbeitskämpfe möglich sein können. Der Schutzbereich des Art. 9 Abs. 3 S. 1 GG und damit die Voraussetzungen eines rechtmäßigen Arbeitskampfes werden also durch Art. 6 Nr. 4 ESC beeinflusst. Die Norm zwingt somit zu einer anderen als der bislang herrschenden Auslegung der Norm. Bezugspunkt sind gleichwohl stets die Arbeits- und Wirtschaftsbedingungen der Arbeitnehmer und Arbeitgeber i. S. des Art. 9 Abs. 3 S. 1 GG.

Bislang ist allerdings soweit ersichtlich nicht erörtert worden, welche konkreten Folgen eine mit Art. 6 Nr. 4 ESC konforme Auslegung des Art. 9 Abs. 3 S. 1 GG im deutschen Tarif- und Arbeitskampfrecht hat.[5] Es genügt nicht, festzustellen, dass Art. 6 Nr. 4 ESC dem deutschen Arbeitskampfrecht in einigen wesentlichen Punkten widerspricht und daher punktuell anders auszulegen ist.[6] Vielmehr ist die Frage zu beantworten, ob eine Umsetzung der Vorgaben im deutschen Arbeitskampfrecht überhaupt möglich ist und welche Konsequenzen im Einzelnen daraus folgen.

A. Modifikationen des bestehenden Tarifvertragssystems

Die Anwendung des Tarifvertragsgesetzes auf Kollektivverhandlungen i. S. des Art. 6 Nr. 4 ESC kann eine Möglichkeit sein, die Verpflichtungen der Bundesrepublik Deutschland aus der Europäischen Sozialcharta zu erfüllen. Es muss entsprechend ausgelegt werden können.

I. Voraussetzungen des Tarifvertrages

Ein Tarifvertrag ist ein privatrechtlicher Vertrag, der gem. §§ 145 ff. BGB geschlossen wird.[7] Er unterscheidet sich allerdings nicht unerheblich von den Schuldverträgen des Bürgerlichen Rechts. Zunächst kann er gem. § 2 TVG nur durch bestimmte Personen abgeschlossen werden. Die Koalitionseigenschaft

---

5 Allgemein zu kollektivvertraglichen Regelungen außerhalb des Tarifvertragssystems *Karsten,* Tarifverträge, S. 181 ff.; *Molitor,* FS Stahlhacke, 339 (339 ff.); *Plander,* FS Kehrmann, 295 (295 ff.); *Rieble,* RdA 2005, 200 (206 f.); *Schlochauer,* Arbeitsrecht, S. 204 f.; *Zachert,* FS P. Hanau, 137 (137 ff.).

6 Jüngst *Czycholl/Frieling,* ZESAR 2011, 322 (327), vgl. auch *Mitscherlich,* Arbeitskampfrecht, S. 151 f.; *Pischel,* Bedeutung, S. 28 f.; konkreter *Sproedt,* Koalitionsfreiheit und Streikrecht, S. 90 ff., der etwaige Konsequenzen jedoch nicht zu erörtern braucht, weil er keine Unterschiede zwischen den Gewährleistungen der Europäischen Sozialcharta und denen des nationalen Rechts sieht; konkreter zu sozialrechtlichen Vorschriften auch *Neubeck,* Sozialcharta, S. 189, 220 f., 260 ff., 281 ff.

7 *Franzen,* in: ErfK, § 1 TVG Rn. 23; *Reim,* in: Däubler, § 1 TVG Rn. 102; *Zachert,* in: Kempen/Zachert, § 1 TVG Rn. 19.

i. S. des Art. 9 Abs. 3 S. 1 GG genügt also nicht, weil das Tarifvertragsgesetz die sogenannte Tariffähigkeit voraussetzt.[8] Somit können nur die genannten Personen – Gewerkschaften, Arbeitgeber und Arbeitgeberverbände sowie die Spitzenverbände – Partei eines Tarifvertrages sein.[9] Abweichend vom Grundsatz der Formfreiheit im Privatrecht[10] bedarf ein Tarifvertrag zudem gem. § 1 Abs. 2 TVG der Schriftform i. S. der § 126 Abs. 1 BGB oder §§ 126 Abs. 3, 126a BGB.[11]

Wie sonstige schuldrechtliche Verträge gem. § 241 Abs. 1 BGB regelt ein Tarifvertrag gem. § 1 Abs. 1 Halbs. 1 TVG die Rechte und Pflichten der Vertragsparteien. Neben diesem schuldrechtlichen Bestandteil enthält er allerdings gem. § 1 Abs. 1 Halbs. 2 TVG Rechtsnormen, die den Inhalt, den Abschluss und die Beendigung von Arbeitsverhältnissen sowie betriebliche und betriebsverfassungsrechtliche Fragen ordnen können.[12] Dieser normative Bestandteil des Tarifvertrages hat gem. § 4 Abs. 1 S. 1 TVG unmittelbare und zwingende Wirkung für die beiderseits Tarifgebundenen.[13] Diese Normen haben eine vergleichbare normative Wirkung wie materielle Gesetze.[14] Die dogmatische Einordnung des Tarifvertrages ist deshalb umstritten.[15] Dies folgt daraus, dass § 4 Abs. 1 S. 1 TVG Privaten die Normsetzung ermöglicht. Eine rein schuldrechtliche Betrachtung scheidet somit aus.[16] Ebenso bedarf es keines „Dauergestaltungsrecht[es]“[17] i. S. von § 317 BGB, um aus rechtsgeschäftlicher Sicht

---

8 *Franzen,* in: ErfK, § 2 TVG Rn. 7 ff.; *Oetker,* in: Jacobs/Krause/Oetker, Tarifvertragsrecht, § 2 Rn. 6 ff.; *Peter,* in: Däubler, § 2 TVG Rn. 5 ff.; *Zachert,* in: Kempen/Zachert, § 2 TVG Rn. 13 ff.

9 *Franzen,* in: ErfK, § 1 TVG Rn. 21 f.; *Kempen/Stein,* in: Kempen/Zachert, § 2 TVG Rn. 86; *Peter,* in: Däubler, § 2 TVG Rn. 1; *Thüsing,* in: Wiedemann, § 1 TVG Rn. 8.

10 *Einsele,* in: MünchKomm. BGB, § 125 Rn. 1.

11 *Oetker,* in: Jacobs/Krause/Oetker, Tarifvertragsrecht, § 3 Rn. 54 ff.; *Thüsing,* in: Wiedemann, § 1 TVG Rn. 7; *Zachert,* in: Kempen/Zachert, § 1 TVG Rn. 764.

12 *Krause,* in: Jakobs/Krause/Oetker, § 4 Rn. 122 und *Thüsing,* in: Wiedemann, § 1 TVG Rn. 856 weisen zutreffend darauf hin, dass die geläufige Bezeichnung als „normative und obligatorische Teile“ des Tarifvertrages unpräzise ist und anstelle dessen der Begriff „Bestandteil“ verwendet werden sollte.

13 *Franzen,* in: ErfK, § 4 TVG Rn. 1; *Löwisch/Rieble,* § 4 TVG Rn. 1; *Stein,* in: Kempen/Zachert, § 4 TVG Rn. 1, 12.

14 BVerfG v. 24.5.1977, E 44, 322 (341); v. 15.7.1980, E 55, 1 (21); BAG v. 23.11.1994, AP Nr. 12 zu § 1 TVG Rückwirkung, II. 2. c. dd. der Gründe (Bl. 8); *Gamillscheg,* Kollektives Arbeitsrecht I, S. 541; *Giesen,* Rechtsgestaltung, S. 128; *Stein,* in: Kempen/Zachert, § 4 TVG Rn. 12.

15 Ausführlich *Belling,* ZfA 1999, 547 (579 ff.); *Gamillscheg,* Kollektives Arbeitsrecht I, S. 554 ff.; *Reim,* in: Däubler, § 1 TVG Rn. 31 ff.; *Thüsing,* in: Wiedemann, § 1 TVG Rn. 44 ff.

16 *Belling,* ZfA 1999, 547 (581 f.); *Jacobi,* Grundlehren, S. 246 ff., 272 ff.; *Thüsing,* in: Wiedemann, § 1 TVG Rn. 44; a. A. *Ramm,* Parteien, S. 84 ff.

17 *Bötticher,* Gestaltungsrecht, S. 20 f.

die unmittelbare Wirkung tarifvertraglicher Normen für das Individualarbeitsverhältnis zu begründen.[18] Der gem. §§ 1 Abs. 1, 4 Abs. 1 TVG normative Charakter wird teilweise erklärt, indem man eine staatlich delegierte Ermächtigung annimmt. Der Staat habe sein Rechtsetzungsmonopol den Tarifvertragsparteien überantwortet, so dass diese die staatliche Hoheitsgewalt wahrnähmen.[19] Dagegen spricht jedoch, dass der Tarifvertrag zu seiner Wirksamkeit nicht die Voraussetzungen formeller Gesetze oder Verordnungen erfüllen muss.[20] Außerdem fußt die Tarifautonomie und damit das Tarifvertragsrecht auf der Ausübung der grundrechtlichen Gewährleistung des Art. 9 Abs. 3 S. 1 GG.[21] Sie beruht also nicht auf verliehener Hoheitsgewalt.[22]

In der neueren Rechtsprechung des Bundesarbeitsgerichtes wird daher vertreten, die Normsetzungsbefugnis folge aus einem privatautonom verbandsrechtlichen Mandat. Das bedeutet, dass die Tarifgebundenen sich der Rechtsetzungsmacht der Tarifvertragsparteien von Beginn an durch Verbandmitgliedschaft unterwerfen. Ein staatliches Rechtsetzungsmonopol haben die Parteien danach nicht inne. Es handele sich um „kollektiv ausgeübte Privatautonomie".[23] Dagegen spricht allerdings, dass der Tarifvertrag gem. §§ 1 Abs. 1 und 4 Abs. 1 TVG zur Normsetzung ermächtigt und diese Normen wie objektives Recht gelten.[24] Dies folgt etwa aus § 80 Abs. 1 Nr. 1 BetrVG.[25] Daher geht ein weiterer und vom Bundesverfassungsgericht geteilter Ansatz davon aus, der Gesetzgeber habe durch die normative Wirkung eines Tarifvertrages eine vom Grundgesetz vorausgesetzte partielle Rechtsetzungsbefugnis anerkannt und diese durch das Tarifvertragsgesetz ausgestaltet.[26] Die Tarifvertragsparteien haben hiernach

---

[18] *Bötticher,* Gestaltungsrecht, S. 18 ff. betont daher, dass die Wirkung damit „*hätte* erklärt werden können" (Hervorhebung im Original).

[19] So die ältere Judikatur BAG v. 15.1.1955, AP Nr. 4 zu Art. 3 GG (Bl. 3R); v. 23.3.1957, AP Nr. 16 zu Art. 3 GG, IV. der Gründe (Bl. 5); v. 23.3.1957, AP Nr. 18 zu Art. 3 GG (Bl. 3R); v. 29.11.1967, AP Nr. 13 zu Art. 9 GG, Teil III. 4. der Gründe (Bl. 7); zu den diversen Spielarten dieser Auffassung vgl. *Gamillscheg,* Kollektives Arbeitsrecht I, S. 557 ff.; *Thüsing,* in: Wiedemann, § 1 TVG Rn. 41 jeweils m. z. N.

[20] Vgl. dazu *Herdegen,* in: Maunz/Dürig, Art. 1 Abs. 3 GG Rn. 100.

[21] Vgl. die Nachweise oben in Fn. 4.

[22] *Franzen,* in: ErfK, § 1 TVG Rn. 6; vgl. auch *H. Schneider,* FS Möhring, 521 (523).

[23] BAG v. 14.10.1997, AP Nr. 155 zu § 1 TVG Tarifverträge: Metallindustrie, I. 3. b. der Gründe (Bl. 2R); v. 11.3.1998, AP Nr. 12 zu § 1 TVG Tarifverträge: Luftfahrt, III. 2. a. der Gründe (Bl. 4R); v. 21.7.2004, EzA Nr. 5 zu § 620 BGB 2002 Altersgrenze, II. 1. a. der Gründe (S. 5); *Bayreuther,* Tarifautonomie, S. 196 ff.; *Dieterich,* FS Schaub, 117 (121); *Söllner,* NZA 1996, 897 (902).

[24] *Belling,* ZfA 1999, 547 (592 ff.); *Franzen,* in: ErfK, § 1 TVG Rn. 6.

[25] *Thüsing,* in: Wiedemann, § 1 TVG Rn. 50.

[26] BVerfG v. 27.2.1973, E 34, 307 (316 f.); 14.6.1983, E 64, 208 (215); v. 27.4.1999, E 100, 271 (283); *Herdegen,* in: Maunz/Dürig, Art. 1 Abs. 3 GG Rn. 100; *Waltermann,* FS Söllner, 1251 (1261 ff.); *Reim,* in: Däubler, § 1 TVG Rn. 61.

zwar ein Normsetzungsrecht für die Regelungsmaterie der Arbeits- und Wirtschaftsbedingungen, aber kein Normsetzungsmonopol.[27] Das folgt aus der Gesetzgebungszuständigkeit gem. Art. 74 Abs. 1 Nr. 12 GG.[28] Der Gesetzgeber kann folglich unter Beachtung der Verhältnismäßigkeit die gem. Art. 9 Abs. 3 S. 1 GG geschützte Tarifautonomie zum Schutze anderer Rechte und Rechtsgüter von Verfassungsrang einschränken.[29]

Auswirkungen hat der Streit um die Rechtsnatur insbesondere für die Reichweite der Regelungsbefugnis durch die Tarifvertragsparteien und deren Grundrechtsbindung sowie die Gemeinwohlbindung der Tarifverträge.[30] Da zwischen den vertretbaren Ansätzen allerdings lediglich ein verschiedener Begründungsaufwand zu betreiben ist und sie sich daher im Ergebnis nicht unterscheiden, ist hier von einer abschließenden Stellungnahme abzusehen. Wesentlich ist, dass der Tarifvertrag einen Doppelcharakter hat und aus einem schuldrechtlichen und einem normativen Bestandteil besteht.

II. Extensive Auslegung des Tarifvertragsgesetzes

Das Tarifvertragsgesetz könnte extensiv auszulegen sein mit der Folge, dass Kollektivvereinbarungen i. S. des Art. 6 ESC darunter zu subsumieren sind. Hierdurch könnte erreicht werden, dass das nationale Recht in Gestalt des Tarifvertragsgesetzes den völkerrechtlichen Vorgaben der Europäischen Sozialcharta genügt. Dazu müsste das Tarifvertragsgesetz diesen Vorgaben jedoch hinsichtlich der in Betracht kommenden Parteien, des möglichen Inhalts sowie der Wirkung der Vereinbarung genügen.

1. Parteien eines Tarifvertrages

Neben dem Abschluss von Tarifverträgen schützt die Koalitionsfreiheit noch weitere Betätigungen.[31] Der Hauptzweck ist dabei zwar die Förderung und Wahrung der Arbeits- und Wirtschaftsbedingungen.[32] Die Aufgaben der Koalitionen i. S. des Art. 9 Abs. 3 S. 1 GG sind gerade nicht auf den Abschluss

27 BVerfG v. 24.4.1996, E 94, 268 (284); *Trümner,* in: Däubler/Kittner/Klebe, § 3 BetrVG Rn. 26. *Bayreuther,* Tarifautonomie, S. 199 ff. vertritt einen vermittelnden Ansatz.

28 BVerfG v. 24.4.1996, E 94, 268 (284); *Höfling,* in: Sachs, Art. 9 GG Rn. 137.

29 BVerfG v. 24.4.1996, E 94, 268 (284 f.); *Franzen,* in: ErfK, § 1 TVG Rn. 7.

30 *Herdegen,* in: Maunz/Dürig, Art. 1 Abs. 3 GG Rn. 100; *Krause,* in: Jacobs/Krause/Oetker, Tarifvertragsrecht, § 1 Rn. 37 ff.; *Reim,* in: Däubler, § 1 TVG Rn. 58.

31 Ausführlich zu den Koalitionen i. S. des Art. 9 Abs. 3 S. 1 GG oben S. 221 ff.

32 *Dieterich,* in: ErfK, Art. 9 GG Rn. 23; *Kissel,* Arbeitskampfrecht, § 4 Rn. 11; *Säcker/Oetker,* Grundlagen, S. 30 ff., 72; *Treber,* in: Schaub, ArbR-Handb, § 189 Rn. 24.

von Tarifverträgen beschränkt.[33] So ist es anderen als gewerkschaftlichen Koalitionen möglich, Kollektivverhandlungen i. S. des Art. 6 Nr. 4 ESC zu führen. Parteien eines Tarifvertrages können gem. § 2 Abs. 1 TVG auf Arbeitnehmerseite allerdings ausschließlich Gewerkschaften sein.[34] Der personelle Anwendungsbereich des Tarifvertragsgesetzes ist also enger als der des Art. 6 Nr. 4 ESC. Dieser Umstand beruht auf der durch das Tarifvertragsgesetz verliehenen Rechtsetzungsmacht der Tarifvertragsparteien. Unabhängig davon, wie man die normative Wirkung des Tarifvertrages erklärt,[35] müssen die Parteien in bestimmter Weise dazu legitimiert sein, objektives Recht mit unmittelbarer und zwingender Wirkung für Dritte i. S. des § 4 Abs. 1 TVG setzen zu dürfen. Um durch Tarifverträge eine sinnvolle Ordnung des Arbeits- und Wirtschaftslebens zu erreichen, sind Einschränkungen der verfassungsrechtlich gem. Art. 9 Abs. 3 S. 1 GG gewährleisteten Koalitionsfreiheit zulässig.[36] Das Tarifvertragsgesetz setzt daher die Tariffähigkeit der Tarifvertragsparteien voraus, damit sie wirksam Tarifverträge abschließen können.[37]

a) Durchsetzungsfähigkeit, Tarifwilligkeit und Arbeitskampfbereitschaft

Welche Anforderungen an die Tariffähigkeit im Einzelnen zu stellen sind, ist umstritten.[38] Bereits oben ist angeklungen, dass nicht jede Koalition i. S. des Art. 9 Abs. 3 S. 1 GG tariffähig ist.[39] Hinzukommen muss nach ständiger vom Bundesverfassungsgericht bestätigter Rechtsprechung des Bundesarbeitsgerichtes die Durchsetzungsfähigkeit der Gewerkschaft.[40] Ob diese sogenannte „soziale Mächtigkeit“ vorliegt, ist im jeweiligen Einzelfall zu bestim-

33 Gleiches gilt im Übrigen für Gewerkschaften. Einen Überblick über die weiteren Aufgaben bietet *Treber,* in: Schaub, ArbR-Handb, § 190 Rn. 26 ff.; § 191 Rn. 22 ff.

34 *Kempen,* in: Kempen/Zachert, § 2 TVG Rn. 1; *Peter,* in: Däubler, § 1 TVG Rn. 6.

35 Oben S. 291 ff.

36 BVerfG v. 19.10.1966, E 20, 312 (317); v. 24.4.1996, E 94, 268 (284); *Peter,* in: Däubler, § 1 TVG Rn. 3.

37 *Franzen,* in: ErfK, § 2 TVG Rn. 7 ff.; *Kempen,* in: Kempen/Zachert, § 2 TVG Rn. 13 ff.; *Oetker,* in: Jacobs/Krause/Oetker, Tarifvertragsrecht, § 2 Rn. 6 ff.; *Peter,* in: Däubler, § 2 TVG Rn. 5 ff.

38 *Kempen,* in: Kempen/Zachert, § 2 TVG Rn. 5 ff.; *Oetker,* in: Wiedemann, § 2 Rn. 207; *Peter,* in: Däubler, § 1 TVG Rn. 2.

39 Oben S. 221 ff.

40 BAG v. 16.11.1982, AP Nr. 32 zu § 2 TVG, B. II. der Gründe (Bl. 1R f.); v. 10.9.1985, AP Nr. 34 zu § 2 TVG, B. Iv. 1. der Gründe (Bl. 3R); v. 25.11.1986, AP Nr. 36 zu § 2 TVG, II. 3. a. der Gründe (Bl. 4); v. 16.1.1990, AP Nr. 38 zu § 2 TVG, II. 1. der Gründe (Bl. 2R); v. 14.12.2004, AP Nr. 1 zu § 2 TVG Tariffähigkeit, III. 2. e. der Gründe (Bl. 6 ff.), v. 28.3.2006, AP Nr. 4 zu § 2 TVG Tariffähigkeit, Rn. 34, 39; gebilligt durch BVerfG v. 20.10.1981, E 58, 233 (248 f.); a. A. wegen Unbestimmtheit des Kriteriums der „sozialen Mächtigkeit“ *Zöllner/Loritz/Hergenröder,* Arbeitsrecht, S. 358 ff.

men.[41] Wesentliche Indizien dafür sind die Mitgliederzahl und die Finanzkraft der Arbeitnehmervereinigung.[42] Damit die Vermutung materieller Richtigkeit des Tarifvertrages gilt, muss annähernd gleichgewichtig verhandelt werden können.[43] Dies ist nur dann der Fall, wenn jede Partei zumindest potentiell in der Lage ist, dem sozialen Gegenspieler eigene Forderungen zu stellen und diese notfalls mittels des Arbeitskampfes durchzusetzen.[44] Der Inhalt soll damit nicht diktiert werden können. Anderenfalls bestünde ein Kräfteungleichgewicht zulasten einer Partei, so dass die Richtigkeit des Tarifvertrages nicht mehr gewährleistet wäre.[45] Darüber hinaus müssen Tarifvertragsparteien i. S. des § 2 Abs. 1 TVG Tarifwilligkeit aufweisen, das heißt den Willen haben, Arbeits- und Wirtschaftsbedingungen i. S. des Art. 9 Abs. 3 S. 1 GG durch den Abschluss von Tarifverträgen zu wahren und zu fördern.[46] Dieses zur Koalitionsfreiheit hinzutretende Merkmal ist nach überwiegender Meinung erforderlich, damit die beitretenden Mitglieder wissen, ob sie sich einer Tarifbindung unterwerfen.[47]

Mit beiden Voraussetzungen in Zusammenhang steht die Bereitschaft, nötigenfalls einen Arbeitskampf führen zu wollen. Charakteristikum des Tarifvertragsrechts ist es, dass der Staat den Koalitionen die Regelung der Arbeits- und Wirtschaftsbedingungen überlassen hat. Da keine Zwangsschlichtung stattfindet, aber ein Tarifkonflikt gleichwohl gelöst werden muss, wird die Privatautonomie durch das Arbeitskampfrecht ergänzt.[48] Aus dem Erfordernis der Durchsetzungsfähigkeit und der Tarifwilligkeit folgt daher die Bereitschaft zum Arbeitskampf, weil Tarifverträge von den Parteien nicht stets freiwillig abgeschlossen werden.

Schließlich ist umstritten, ob eine Tarifvertragspartei überbetrieblich organisiert sein muss, um ihre betriebliche Arbeit von der des Betriebsrates oder

---

41 BAG v. 28.3.2006, AP Nr. 4 zu § 2 TVG Tariffähigkeit, Rn. 39; *Peter,* in: Däubler, § 2 TVG Rn. 10.

42 BAG v. 28.3.2006, AP Nr. 4 zu § 2 TVG Tariffähigkeit, Rn. 39; *Junker,* Arbeitsrecht, Rn. 463; *Kempen,* in: Kempen/Zachert, § 2 TVG Rn. 34.

43 St. Rspr., vgl. nur BAG v. 3.10.1969, AP Nr. 12 zu § 15 AZO, IV. 3. der Gründe (Bl. 3R f.); v. 10.3.1982, AP Nr. 47 zu § 242 BGB Gleichbehandlung (Bl. 5); v. 23.1.1992, AP Nr. 37 zu § 622 BGB, II. 2. b. cc. der Gründe (Bl. 5R); v. 24.2.2004, 3 AZR 10/02, Rn. 80 (juris); *Gamillscheg,* Kollektives Arbeitsrecht I, S. 284 ff.; *Krause,* in: Jacobs/Krause/Oetker, Tarifvertragsrecht, § 1 Rn. 110.

44 Von einer Kräftebalance im Arbeitskampf geht auch das Bundesverfassungsgericht aus, vgl. BVerfG v. 26.6.1991, E 84, 212 (229); v. 2.3.1993, E 88, 103 (107).

45 BAG v. 25.11.1986, AP Nr. 36 zu § 2 TVG, II. 3. a. der Gründe (Bl. 4); *Peter,* in: Däubler, § 2 TVG Rn. 10; *Thüsing,* in: Wiedemann, § 1 TVG Rn. 251.

46 BAG v. 25.11.1986, AP Nr. 36 zu § 2 TVG, II. 2. der Gründe (Bl. 4).

47 *Junker,* Arbeitsrecht, Rn. 464; *Kempen,* in: Kempen/Zachert, § 2 TVG Rn. 15; *Oetker,* in: Wiedemann, § 2 TVG Rn. 367.

48 Oben S. 200 ff.

sogenannter Werksvereine abzugrenzen.[49] Darüber hinaus sei die Gewerkschaft in ihrer personellen Zusammensetzung von den Einstellungen und Entlassungen des Arbeitgebers abhängig.[50] Aufgrund des Kündigungsschutzes ist diese Gefahr heute allerdings nicht mehr ähnlich akut wie in früheren Zeiten ohne Kündigungsschutz.[51] Zudem kann nicht widerspruchsfrei erklärt werden, warum die auf die Großunternehmen Post und Bahn beschränkten Gewerkschaften mangels Überbetrieblichkeit dennoch tariffähig sind.[52] Daher ist die Überbetrieblichkeit einer Gewerkschaft allenfalls ein Anhaltspunkt für ihre soziale Mächtigkeit oder eine bestehende oder fehlende Gegnerunabhängkeit.[53] Überbetrieblichkeit ist kein konstitutives Merkmal einer Gewerkschaft.[54]

b) Fazit

Der Gewerkschaftsbegriff ist also nicht identisch mit dem der Koalition i. S. des Art. 9 Abs. 3 S. 1 GG.[55] Vielmehr sind weitere Merkmale erforderlich, damit die jeweilige Vereinigung als Gewerkschaft anzuerkennen ist. Welche dies im Einzelnen sind, ist umstritten. Unabhängig davon bleibt festzuhalten, dass Tarifverträge nur zwischen tariffähigen Parteien geschlossen werden können. Dies sind die in § 2 TVG genannten. Davon sind jedenfalls nicht alle Vereinigungen erfasst, die in den Schutzbereich des Art. 6 Nr. 4 ESC fallen. Wegen des unzweideutigen Wortlautes des § 2 TVG ist eine völkervertragsrechtsfreundliche Auslegung des Merkmals Gewerkschaft nicht möglich. Eine Rechtsfortbildung contra legem ist methodisch nicht zulässig.[56] Nichtgewerkschaftliche Parteien

---

49 *Gamillscheg,* Kollektives Arbeitsrecht I, S. 406 ff.; *Hromadka/Maschmann,* Arbeitsrecht 2, § 12 Rn. 21; *Kempen,* FS 50 Jahre BAG, 733 (740, 744 f.); *Richardi,* in: Richardi, § 2 BetrVG Rn. 46; *Scholz,* in: Maunz/Dürig, Art. 9 GG Rn. 212; *Zöllner/Loritz/Hergenröder,* Arbeitsrecht, S. 97.

50 *P. Hanau/Adomeit,* Arbeitsrecht, Rn. 173; *Söllner/Waltermann,* Arbeitsrecht, Rn. 491.

51 *Kempen,* FS 50 Jahre BAG, 733 (745); *Franz Müller,* Gewerkschaftsbegriff, S. 56 ff.; *Stelling,* NZA 1998, 920 (924).

52 *Hromadka/Maschmann,* Arbeitsrecht 2, § 12 Rn. 21; *Peter,* in: Däubler, § 2 TVG Rn. 51; *Stelling,* NZA 1998, 920 (924).

53 *Junker,* Arbeitsrecht, Rn. 466.

54 Offengelassen in BAG v. 14.12.2004, AP Nr. 1 zu § 2 TVG Tariffähigkeit, III. 2. b. der Gründe (Bl. 4R f.); erst recht unerheblich ist das Merkmal für den Koalitionsbegriff des Art. 9 Abs. 3 S. 1 GG, vgl. *Dieterich,* in: ErfK, Art. 9 GG Rn. 25; *Höfling,* in: Sachs, Art. 9 GG Rn. 57.

55 Zum einheitlichen Gewerkschaftsbegriff *Zöllner/Loritz/Hergenröder,* Arbeitsrecht, S. 360 f.

56 BVerfG v. 11.6.1980, E 54, 277 (299 f.); v. 22.10.1985, E 71, 81 (105); v. 26.4.1994, E 90, 263 (275); v. 24.5.1995, E 93, 37 (81); v. 14.12.1999, E 101, 312 (329); *Bydlinski,* Methodenlehre, S. 467 ff.; *Jarass,* in: Jarass/Pieroth, Art. 20 GG Rn. 34; *Larenz,* Methodenlehre, S. 340; *Neuner,* Rechtsfindung, S. 130 f.; *Schlaich/Korioth,* Bundesverfassungsgericht, Rn. 449; *Steiner,* FS Leisner, 569 (572 f.).

können daher keine Tarifverträge i. S. des § 1 Abs. 1 TVG abschließen. Das Tarifvertragsgesetz ist demgemäß hinsichtlich der Akteure nicht geeignet, den Vorgaben des Art. 6 ESC im nationalen Recht zu genügen.

2. Inhalte des obligatorischen Bestandteils eines Tarifvertrages

Abgesehen von der fehlenden Gewerkschaftseigenschaft ist außerdem der zulässige Inhalt eines Tarifvertrages zu betrachten. Tarifverträge können gem. §§ 1 Abs. 1, 4 Abs. 1 TVG normative und obligatorische Bestandteile enthalten.[57] Hinsichtlich der schuldrechtlichen Bestandteile eines Tarifvertrages kann man zwischen Annexregelungen zu tariflichen Regelungen und sonstigen Vereinbarungen über die „Arbeits- und Wirtschaftsbedingungen“ i. S. des Art. 9 Abs. 3 S. 1 GG unterscheiden.[58] Abseits dieses Gegenstandes können die Parteien keine Vereinbarungen durch Tarifvertrag treffen. Ihnen stehen aber die Instrumentarien des bürgerlichen Rechts zur Verfügung, so dass sie grundsätzlich aufgrund der gem. Art. 2 Abs. 1 GG gewährleisteten Vertragsfreiheit Verträge i. S. des § 311 BGB mit sonstigem Inhalt schließen können.[59]

Tarifverträge können gem. § 1 Abs. 1 TVG ausschließlich schuldrechtliche Abreden enthalten.[60] Dazu zählen Schieds- und Schlichtungsvereinbarungen oder normergänzende oder -ersetzende Absprachen.[61] Dabei handelt es sich um Tarifverträge i. S. des Tarifvertragsgesetzes, wenn ihre Inhalte zu den „Arbeits- und Wirtschaftsbedingungen“ i. S. des Art. 9 Abs. 3 S. 1 GG zählen.[62] Insoweit wäre die von der Europäischen Sozialcharta für Kollektivvereinbarungen i. S. des Art. 6 ESC nicht geforderte Normativität einer Regelung irrelevant.[63] Dies gelte selbst dann, wenn es sich bei einem schuldrechtlichen Tarifvertrag

---

[57] *Krause,* in: Jakobs/Krause/Oetker, § 4 Rn. 122; *Thüsing,* in: Wiedemann, § 1 TVG Rn. 856; vgl. auch oben S. 308 ff.

[58] *Krause,* in: Jakobs/Krause/Oetker, § 4 Rn. 123; *Löwisch/Rieble,* § 1 TVG Rn. 987.

[59] *Gamillscheg,* Kollektives Arbeitsrecht I, S. 626; *Krause,* in: Jakobs/Krause/Oetker, § 4 Rn. 123; *Reim,* in: Däubler, § 1 TVG Rn. 960a; *Säcker/Oetker,* Grundlagen, S. 37 ff., 160 ff.; *Thüsing,* in: Wiedemann, § 1 TVG Rn. 25; ferner sogleich S. 319 ff.

[60] BAG v. 31.10.1958, AP Nr. 2 zu § 1 TVG Friedenspflicht, I. 4. der Gründe (Bl. 8R f.); v. 7.6.2006, AP Nr. 37 zu § 1 TVG, Rn. 25; *Gamillscheg,* Kollektives Arbeitsrecht I, S. 625; *Löwisch/Rieble,* § 1 TVG Rn. 1116; *Reim,* in: Däubler, § 1 TVG Rn. 1; *Thüsing,* in: Wiedemann, § 1 TVG Rn. 9; *Zöllner/Loritz/Hergenröder,* Arbeitsrecht, S. 364, 371; a. A. *Nikisch,* Arbeitsrecht II, S. 211. Vgl. die ausführliche Darstellung bei *Karsten,* Tarifverträge, S. 35 ff. m. z. N.

[61] *Berg u. a.,* Kompaktkommentar, § 1 TVG Rn. 402; *Löwisch/Rieble,* § 1 TVG Rn. 1166; *Reim,* in: Däubler, § 1 TVG Rn. 1104 ff.; *Thüsing,* in: Wiedemann, § 1 TVG Rn. 945, 946 ff., 960 ff.

[62] *Löwisch/Rieble,* § 1 TVG Rn. 1166; *Reim,* in: Däubler, § 1 TVG Rn. 961; *Thüsing,* in: Wiedemann, § 1 TVG Rn. 961; *Zachert,* in: Kempen/Zachert, § 1 TVG Rn. 731.

[63] Dazu oben S. 69 ff.

um einen Vertrag zugunsten Dritter i. S. des § 328 BGB handelte. Ein solcher hätte gleichfalls keine normative Wirkung, da es sich um einen schuldrechtlichen Vertrag handelt.[64] Daher könnte man das Tarifvertragsgesetz als nationales Gesetz völkervertragsfreundlich auslegen und Kollektivvereinbarungen i. S. des Art. 6 Nr. 4 ESC als Tarifverträge ohne normativen Bestandteil begreifen. Auf diesem Wege ließe sich erreichen, dass die Vereinbarung keine unmittelbare und zwingende Wirkung für Dritte entfaltet und insoweit den Vorgaben der Europäischen Sozialcharta entspricht.

Allerdings stellt sich dabei das Problem, dass es sich bei dem obligatorischen Bestandteil eines Tarifvertrages um ein Schuldverhältnis i. S. des § 241 BGB handelt.[65] Es können also je nach Inhalt und Ausgestaltung des obligatorischen Bestandteils Rechte und Pflichten der Parteien entstehen. Nach herrschender Auffassung sind davon jedenfalls umfasst die relative Friedenspflicht während der vereinbarten Laufzeit und die Durchführungspflicht des Tarifvertrages.[66] Diese können mittels Leistungsklage klagweise geltend gemacht und gem. § 888 Abs. 1 S. 1 ZPO vollstreckt werden.[67] Darüber hinaus kann eine Pflichtverletzung zu einer vertraglichen Schadensersatzhaftung führen.[68] Allerdings gibt Art. 6 Nr. 4 ESC nicht vor, dass es sich um rechtlich verbindliche Abreden handeln muss.[69] Bei einem Tarifvertrag ist dies jedoch unabhängig von dessen genauem Inhalt stets der Fall. Somit ist eine einschränkende Auslegung des § 1 Abs. 1 TVG nur teilweise zielführend. Dies betrifft ausschließlich Konstellationen, in denen die Parteien sich auf eine verbindliche Kollektivvereinbarung verständigen. Fälle unverbindlicher Absprachen können nicht unter § 1 Abs. 1 TVG subsumiert werden. Somit lässt sich durch diese Auslegung zwar keine vollständige, aber zumindest eine teilweise Übereinstimmung mit den Vorgaben der Europäischen Sozialcharta erreichen.

---

64 Vgl. *Gottwald,* in: MünchKomm. BGB, § 328 Rn. 19 f.; *Thüsing,* in: Wiedemann, § 1 TVG Rn. 25. Selbst Verfügungen zugunsten Dritter haben nicht die normative Wirkung eines Tarifvertrages; zur Zulässigkeit dieser Figur *Gottwald,* in: MünchKomm. BGB, § 328 Rn. 196 ff.

65 Vgl. *Löwisch/Rieble,* § 1 TVG Rn. 993.

66 Oben S. 236 ff.

67 *Reim,* in: Däubler, § 1 TVG Rn. 1059 ff.; *Zachert,* in: Kempen/Zachert, § 1 TVG Rn. 706.

68 *Gamillscheg,* Kollektives Arbeitsrecht I, S. 1085; *Kissel,* Arbeitskampfrecht, § 26 Rn. 142; *Reim,* in: Däubler, § 1 TVG Rn. 1081 ff.; *Zachert,* in: Kempen/Zachert, § 1 TVG Rn. 707.

69 Oben S. 65 ff.

3. Schriftform gem. § 1 Abs. 2 TVG

Tarifverträge bedürfen gem. § 1 Abs. 2 TVG der Schriftform i. S. des § 126 Abs. 1 BGB.[70] Anderenfalls sind sie gem. § 125 S. 1 BGB nichtig, da es sich um eine Wirksamkeitsvoraussetzung handelt.[71] Zweck der Vorschrift ist es, Rechtsklarheit über den Inhalt des Tarifvertrages zu schaffen, da er nicht nur die Vertragsparteien adressiert, sondern gleichermaßen die Rechte und Pflichten Dritter enthält.[72] Die Schriftform hat damit eine mit der Bekanntmachung von Gesetzen und Verordnungen vergleichbare Funktion.[73] Für die normativen Bestandteile des Tarifvertrages leuchtet das Schriftformerfordernis deshalb unmittelbar ein. Die schuldrechtlichen Bestandteile betreffen jedoch nur das Verhältnis der Tarifvertragsparteien zueinander. Dennoch findet § 1 Abs. 2 TVG nach überwiegender Ansicht ebenso Anwendung auf sämtliche obligatorischen Absprachen eines Tarifvertrages.[74] Auch in diesem Verhältnis muss Klarheit über den Inhalt der Vereinbarungen herrschen. Zudem spricht der Wortlaut von „Tarifverträgen", ohne zwischen den normativen und schuldrechtlichen Bestandteilen zu differenzieren. Da § 1 Abs. 2 TVG Bezug auf Abs. 1 nimmt, der wiederum beide Bestandteile nennt, ist eine Aufteilung in einen der Schriftform unterliegenden Bestandteil und einen formfreien Bestandteil nicht möglich.

Die Europäische Sozialcharta sieht in Art. 6 ESC kein Schriftformerfordernis vor. Aufgrund der Parallelen der großbritannischen Rechtsordnung verwundert dies nicht, weil die dort üblichen *gentlemen's agreements* nicht rechtsverbindlich sind.[75] Die Schriftform ist aus diesem Grund dort nicht erforderlich. Damit stellt § 1 Abs. 2 TVG für einen Tarifvertrag strengere Voraussetzungen als Art. 6

---

70 *Oetker,* in: Jacobs/Krause/Oetker, Tarifvertragsrecht, § 3 Rn. 55; *Thüsing,* in: Wiedemann, § 1 TVG Rn. 7, 311. Ob § 126a BGB wegen § 126 Abs. 3 BGB Anwendung auf Tarifverträge findet, ist umstritten. Dafür spricht der Wortlaut der Verweisung, weil § 1 Abs. 2 TVG die elektronische Form nicht ausschließt, *Franzen,* in: ErfK, § 1 TVG Rn. 29; *Reim,* in: Däubler, § 1 TVG Rn. 144; *Zachert,* in: Kempen/Zachert, § 1 TVG Rn. 766. Eine Ersetzung der Schriftform ist allerdings gem. § 126 Abs. 3 BGB nur dann zulässig, wenn sich aus dem jeweiligen Gesetz nicht ein anderes ergibt. Das Tarifvertragsgesetz geht jedoch von der Schriftform des Tarifvertrages aus, was sich aus § 7 Abs. 1 TVG („Urschrift") sowie dem Zweck der Form, Normklarheit zu ermöglichen, ergibt, dazu *Oetker,* in: Jacobs/Krause/Oetker, Tarifvertragsrecht, § 3 Rn. 55.

71 *Oetker,* in: Jacobs/Krause/Oetker, Tarifvertragsrecht, § 3 Rn. 54, 62; *Reim,* in: Däubler, § 1 TVG Rn. 143, 146; *Zachert,* in: Kempen/Zachert, § 1 TVG Rn. 768.

72 BAG v. 9.7.1980, AP Nr. 7 zu § 1 TVG Form (Bl. 2 f.); v. 10.11.1982, AP Nr. 8 zu § 1 TVG Form (Bl. 2R); *Franzen,* in: ErfK, § 1 TVG Rn. 27; *Oetker,* in: Jacobs/Krause/Oetker, Tarifvertragsrecht, § 3 Rn. 55; *Reim,* in: Däubler, § 1 TVG Rn. 148.

73 *Franzen,* in: ErfK, § 1 TVG Rn. 27; *Thüsing,* in: Wiedemann, § 1 TVG Rn. 310.

74 *Löwisch/Rieble,* § 1 TVG Rn. 1438; *Oetker,* in: Jacobs/Krause/Oetker, Tarifvertragsrecht, § 3 Rn. 57; *Reim,* in: Däubler, § 1 TVG Rn. 149.

75 Vgl. oben S. 69 ff.

ESC hinsichtlich einer Kollektivvereinbarung. Auch insoweit weicht die deutsche Rechtsordnung von den Vorgaben der Europäischen Sozialcharta ab. Eine völkervertragsrechtsfreundliche Auslegung entgegen dem Wortlaut des § 1 Abs. 2 TVG ist unzulässig.[76] Eine Umsetzung dieser Vorgaben ist somit auf diesem Wege nicht möglich.

4. Ergebnis

Der Wortlaut hinsichtlich der Parteien in § 2 Abs. 1 TVG ist ebenso eindeutig wie das Schriftformerfordernis in § 1 Abs. 2 TVG. Tarifverträge können nur durch die in § 2 Abs. 1 TVG genannten Parteien geschlossen werden. Zudem muss der Tarifvertrag der Schriftform gem. § 1 Abs. 2 TVG genügen. Bezüglich der Inhalte eines Tarifvertrages ist problematisch, dass es sich dabei um Verträge i. S. des § 311 BGB handelt, so dass aus ihnen Rechte und Pflichten folgen. Unverbindliche Einigungen, wie sie Art. 6 ESC vorsieht, können in Gestalt eines Tarifvertrages daher nicht getroffen werden. Das Tarifvertragsgesetz lässt wegen des eindeutigen Wortlautes keine andere Auslegung zu, so dass sich keine Konformität mit den Vorgaben der Europäischen Sozialcharta erreichen lässt.

B. Koalitionsvereinbarungen

I. Verfassungsrechtliche Zulässigkeit

Hinsichtlich der Rechtsgrundlagen für Kollektivvereinbarungen ist einerseits danach zu unterscheiden, welche Rechtswirkung sie haben sollen und andererseits danach, welche Parteien sie abschließen dürfen. In Betracht kommen Art. 9 Abs. 3 S. 1 GG sowie Art. 2 Abs. 1 GG.[77]

1. Rechtlich verbindliche Vereinbarungen

Betrifft eine Vereinbarung gegenständlich die Arbeits- und Wirtschaftsbedingungen, stellt Art. 9 Abs. 3 S. 1 GG die Rechtsgrundlage in Gestalt der Koalitionsbetätigungsfreiheit dar.[78] Dessen Schutzbereich umfasst nicht bloß den Abschluss von Tarifverträgen, sondern sämtliche koalitionsspezifischen Handlungen. Gewerkschaften und Arbeitgeber können jedoch neben Tarifverträgen

[76] Vgl. oben S. 314 mit Fn. 56.

[77] *Zachert*, NZA 2006, 10 (12 f.).

[78] *Beuthien*, ZfA 1983, 1983, 141 (161); *Däubler*, in: Däubler, Einleitung TVG Rn. 870; *Säcker/Oetker*, Grundlagen, S. 164 ff.; *Thüsing*, in: Wiedemann, § 1 TVG Rn. 25; *Zachert*, NZA 2006, 10 (13); *ders.*, in: Kempen/Zachert, § 1 TVG Rn. 727.

grundsätzlich sogenannte Koalitionsvereinbarungen abschließen.[79] Dabei handelt es sich um Vereinbarungen, die den Wirksamkeitsvoraussetzungen von Tarifverträgen nicht genügen müssen. Gemäß der obigen Auslegung von Art. 9 Abs. 3 S. 1 GG gilt dies vorbehaltlich der einfachgesetzlichen Ausgestaltung für alle von Art. 6 Nr. 4 ESC erfassten Arbeitnehmerverbünde.[80] Allerdings findet das Tarifvertragsgesetz keine Anwendung, so dass Kollektivvereinbarungen insbesondere nicht die normative Wirkung gem. §§ 1 Abs. 1, 4 TVG haben.[81]

a) Parteien i. S. des § 2 TVG

Es kann jedoch Konkurrenz bestehen, wenn Parteien i. S. des § 2 TVG handeln. Für sie stellt § 1 Abs. 1 TVG als Gestaltungsmittel den Tarifvertrag zur Verfügung. Die allgemeine Vertragsfreiheit gem. Art. 2 Abs. 1 GG als verfassungsrechtliche Grundlage für rechtliche verbindliche Vereinbarungen kann dadurch verdrängt sein.[82] Die allgemeine Vertragsfreiheit gem. Art. 2 Abs. 1 GG ist somit ausschließlich in den Fällen einschlägig, wenn sie nicht durch die speziellere Koalitionsbetätigungsfreiheit für den Bereich der Arbeits- und Wirtschaftsbedingungen i. S. des Art. 9 Abs. 3 S. 1 GG verdrängt ist,[83] das heißt, wenn die Parteien sich über andere Themen als diese verständigen.[84] Ist es den Parteien gem. § 1 Abs. 1 TVG als Ausgestaltung des Art. 9 Abs. 3 S. 1 GG nicht möglich, etwas zu vereinbaren, können sie diese gesetzgeberischen Vorgaben nicht unter

---

79 BAG v. 28.9.1983, AP Nr. 2 zu § 1 TVG Tarifverträge: Seniorität (Bl. 4); v. 26.1.1983, AP Nr. 20 zu § 1 TVG (Bl. 3); v. 28.7.1988, AP Nr. 1 zu § 5 TVArb Bundespost, II. 3. c. der Gründe (Bl. 4); v. 5.11.1997, AP Nr. 29 zu § 1 TVG, II. 1. 1.2 der Gründe (Bl. 5 f.); v. 14.4.2004, AP Nr. 188 zu § 1 TVG Auslegung, II. 1. b. der Gründe (Bl. 4 f.); v. 28.3.2006, AP Nr. 4 zu § 2 TVG Tariffähigkeit, Rn. 35; *Däubler,* in: Däubler, Einleitung TVG Rn. 864 ff.; *ders.,* Tarifvertragsrecht, Rn. 1611 ff., 1616 ff., 1626 ff.; *Gamillscheg,* Kollektives Arbeitsrecht I, S. 508 ff.; *Hromadka/Maschmann,* Arbeitsrecht 2, § 13 Rn. 7; *Karsten,* Tarifverträge, S. 181; *Plander,* FS Kehrmann, 295 (307 f.); *Thüsing,* in: Wiedemann, § 1 TVG Rn. 25; *Zachert,* in: Kempen/Zachert, § 1 TVG Rn. 727; vgl. auch BVerfG v. 24.5.1995, E 93, 37 (83).

80 Dazu oben S. 282 ff. sowie unten S. 326 ff.

81 Vgl. BAG v. 28.3.2006, AP Nr. 4 zu § 2 TVG Tariffähigkeit, Rn. 35; *Löwisch/Rieble,* Grundlagen TVG Rn. 1130.

82 Dazu BAG v. 5.11.1997, AP Nr. 29 zu § 1 TVG, II. 1.1. der Gründe (Bl. 4R f.); v. 14.4.2004, AP Nr. 188 zu § 1 TVG Auslegung, II. 1. b. der Gründe (Bl. 4 f.); *Däubler,* in: Däubler, Einleitung TVG Rn. 867 ff.; *Plander,* FS Kehrmann, 295 (307); *Thüsing,* in: Wiedemann, § 1 TVG Rn. 25; *Zachert,* FS P. Hanau, 137 (141 f.).

83 BVerfG v. 30.11.1965, E 19, 303 (314); *Beuthien,* ZfA 1983, 1983, 141 (161) sowie allgemein BVerfG v. 16.1.1957, E 6, 32 (37); v. 31.10.1984, E 68, 193 (223 f.); v. 6.10.1987, E 77, 84 (118); v. 22.1.1997, E 95, 173 (188); v. 11.7.2006, E 116, 202 (221); *Zachert,* in: Kempen/Zachert, § 1 TVG Rn. 732.

84 Vgl. *Däubler,* in: Däubler, Einleitung TVG Rn. 871; *Säcker/Oetker,* Grundlagen, S. 37 ff., 164 zur schuldrechtlichen Einigung; *Zachert,* in: Kempen/Zachert, § 1 TVG Rn. 734.

Berufung auf Art. 2 Abs. 1 GG umgehen.[85] Dafür spricht, dass der Gesetzgeber mit § 1 Abs. 2 TVG ein Formerfordernis geschaffen hat, dessen Einhaltung der Rechtssicherheit dient und daher nicht in das Belieben der Parteien gestellt werden soll.[86] Dies könnte durch eine Wahlfreiheit umgangen werden. Dagegen lässt sich anführen, dass den Parteien die normative Wirkung gem. §§ 1 Abs. 1, 4 Abs. 1 TVG nicht aufoktroyiert werden sollte. Zudem bestehe im bipolaren Verhältnis der Parteien kein entsprechendes Bedürfnis nach Klarstellung, weil Drittinteressen nicht berührt seien. Außerdem ist nur der Tarifvertrag erkämpfbar, nicht aber sonstige Abreden, so dass es sich um verschiedene Instrumente handelt und nicht um ein Spezialitätsverhältnis.[87]

Für beide Ansichten sprechen gute Gründe, wobei nicht zu vernachlässigen ist, dass die gem. § 1 Abs. 1 TVG regelbare Materie regelmäßig zumindest mittelbar die Interessen Dritter betrifft, selbst wenn sie schuldrechtlich geregelt wird und die rechtlichen Wirkungen daher nur im Verhältnis der Sozialpartner eintreten.[88] Unter Berücksichtigung des Art. 6 Nr. 4 ESC ist § 1 Abs. 1 TVG daher dergestalt auszulegen, dass auch die in den Anwendungsbereich des § 2 TVG fallenden Personen zumindest subsidiär Kollektivvereinbarungen abschließen können, da sie von dessen personellem Schutzbereich erfasst sind. Dies gilt jedenfalls dann, wenn nicht die Arbeits- und Wirtschaftsbedingungen i. S. des Art. 9 Abs. 3 S. 1 GG betroffen sind, so wie sie gegenständlich in § 1 Abs. 1 TVG geregelt sind.[89] Die Tarifvertragsparteien müssen in diesen Fällen wegen der Subsidiarität des einfachen Schuldvertrages den Tarifvertrag wählen.[90] Andere Vereinbarungen als Tarifverträge werden durch das Tarifvertragsgesetz also nicht generell ausgeschlossen.[91] Das Spezialgesetz gestaltet die Gewährleistungen des Art. 9 Abs. 3 S. 1 GG aus und erweitert die bestehenden zivilrechtlichen Instrumentarien.[92] Somit können die Tarifvertragsparteien ihre Arbeits- und Wirtschaftsbedingungen effektiv regeln.[93] Es werden die bestehenden Gestaltungsmöglichkeiten für die in § 2 Abs. 1 TVG genannten Parteien erweitert. Aus dem Tarifvertragsgesetz ergibt sich dagegen nicht, dass es den

85 *Beuthien,* ZfA 1983, 1983, 141 (161): es sind also keine „schuldrechtlichen *Tarif*vereinbarungen" zulässig (Hervorhebung durch Verfasser); *Karsten,* Tarifverträge, S. 129 f.

86 *Beuthien,* ZfA 1983, 1983, 141 (162 f.); *Säcker/Oetker,* Grundlagen, S. 166 f.

87 *Däubler,* in: Däubler, Einleitung TVG Rn. 872.

88 So auch *Däubler,* in: Däubler, Einleitung TVG Rn. 877.

89 *Däubler/Hege,* Tarifvertragsrecht, Rn. 684 f., 687; *Karsten,* Tarifverträge, S. 35; *Säcker/Oetker,* Grundlagen, S. 164 ff.

90 *Säcker/Oetker,* Grundlagen, S. 166 f.

91 BAG v. 28.7.1988, AP Nr. 1 zu § 5 TV Arb Bundespost, II. 3. c. der Gründe (Bl. 4).

92 *Löwisch/Rieble,* § 1 TVG Rn. 1116.

93 *Däubler,* in: Däubler, Einleitung TVG Rn. 870; *Löwisch/Rieble,* § 1 TVG Rn. 1144 f.; *Säcker/Oetker,* Grundlagen, S. 166 f.

Parteien ausschließlich erlaubt ist, in dieser Form zu handeln.[94] Zu beachten ist allerdings, dass die Parteien in der Form des Tarifvertrages handeln müssen, sofern sie eine vom Tatbestand des § 1 Abs. 1 TVG erfasste Sachmaterie regeln wollen. Anderenfalls würden der Schutzzweck des Tarifvertragsgesetzes und die Grundrechtsbindung der Tarifvertragsparteien umgangen.[95] Die Rechtsicherheit und die Rechtsklarheit für die Tarifunterworfenen wird insbesondere durch die Schriftform des § 1 Abs. 2 TVG erreicht und dies darf nicht durch formfreie Schuldverträge i. S. des § 311 BGB umgangen werden.[96] Koalitionsvereinbarungen sind für die Parteien i. S. des § 2 TVG daher grundsätzlich zulässig.

b) Sonstige Koalitionen

Ist dagegen mindestens eine Partei eine nicht tariffähige Koalition, kann es sich bei einer Vereinbarung nicht um einen Tarifvertrag handeln.[97] Dem steht der persönliche Anwendungsbereich des § 2 TVG entgegen.[98] Ihre Vereinbarungen entfalten daher keine normative Wirkung i. S. der §§ 1 Abs. 1, 4 Abs. 1 TVG.[99] Sofern sich die Parteien auf die allgemeine Vertragsfreiheit berufen können, steht ihnen diese daher unabhängig vom Anwendungsbereich des § 1 Abs. 1 TVG zu. Sie können allerdings gemäß den allgemeinen zivilrechtlichen Instrumenten schuldrechtliche Verträge schließen und dadurch Verhandlungsergebnisse festhalten.[100] Die einfachgesetzliche Rechtsgrundlage stellt § 311 BGB dar. Probleme stellen sich lediglich bei der Bestimmung der Vertragspartei auf Arbeitnehmerseite, sofern es sich um einen Arbeitnehmerverbund i. S. des Art. 6 Nr. 4 ESC handelt.[101]

Im Zivilrecht gilt gem. § 125 BGB der Grundsatz der Formfreiheit.[102] Rechtsgeschäfte bedürfen demnach lediglich dann einer Form, wenn diese durch Gesetz vorgeschrieben (§ 125 S. 1 BGB) oder parteiautonom vereinbart worden ist (§§ 125 S. 2, 127 BGB).[103] Dieser Grundsatz gilt in gleicher Weise für Ko-

---

94 BAG v. 28.7.1988, AP Nr. 1 zu § 5 TV Arb Bundespost, II. 3. c. der Gründe (Bl. 4); *Däubler,* in: Däubler, Einleitung TVG Rn. 870; *Karsten,* Tarifverträge, S. 291; *Löwisch/Rieble,* § 1 TVG Rn. 1116; *Säcker/Oetker,* Grundlagen, S. 164 ff.; *Zachert,* in: Kempen/Zachert, § 1 TVG Rn. 732.

95 *Karsten,* Tarifverträge, S. 301; *Säcker/Oetker,* Grundlagen, S. 166 f.

96 *Säcker/Oetker,* Grundlagen, S. 164 f.

97 *Löwisch/Rieble,* § 1 TVG Rn. 424; *Thüsing,* in: Wiedemann, § 1 TVG Rn. 25.

98 *Beuthien,* ZfA 1983, 1983, 141 (161); dazu auch oben S. 311 ff.

99 *Däubler,* in: Däubler, Einleitung TVG Rn. 867; *Löwisch/Rieble,* § 1 TVG Rn. 1144; dazu oben S. 308 ff., 294 ff.

100 *Rieble,* RdA 2005, 200 (207); *Zachert,* NZA 2006, 10 (12).

101 Dazu oben S. 76 ff. sowie zur Umsetzung unten S. 326 ff.

102 *Einsele,* in: MünchKomm. BGB, § 125 Rn. 1.

103 *Einsele,* in: MünchKomm. BGB, § 125 Rn. 12, 69.

alitionsvereinbarungen,[104] obschon die Parteien sie regelmäßig zu Beweis- und Klarstellungszwecken förmlich festhalten werden.[105] Die für einen Tarifvertrag konstitutive Formvorschrift des § 1 Abs. 2 TVG findet jedenfalls keine Anwendung. Da es sich somit um gewöhnliche schuldrechtliche Verträge handelt, gilt hinsichtlich ihrer Durchsetzung das allgemeine zivilrechtliche Regime.[106] Rechtlich verbindliche Vereinbarungen sind folglich ein zulässiges Gestaltungsmittel nichttariffähiger Parteien.[107]

2. Rechtlich unverbindliche Vereinbarungen

Wollen sich die Parteien, unabhängig davon, ob sie tariffähig i. S. des § 2 TVG sind oder nicht, rechtlich unverbindlich einigen, stellt die allgemeine Handlungsfreiheit i. S. des Art. 2 Abs. 1 GG die Rechtsgrundlage dar. Das Grundrecht schützt jede Handlung im umfassenden Sinne „ohne Rücksicht darauf, welches Gewicht der Betätigung für die Persönlichkeitsentfaltung zukommt“[108].[109] Es ist folglich jedes menschliche Verhalten vorbehaltlich speziellerer Grundrechte geschützt.[110] Damit gewährleistet Art. 2 Abs. 1 GG abseits der Vertragsfreiheit ebenso die Freiheit, rechtlich unverbindliche Vereinbarungen zu treffen.[111]

Den Parteien steht es frei, sich im Wege von Kollektivvereinbarungen zu einigen und zu bestimmen, ob diese Einigung rechtlich verbindlich sein soll.[112] Denkbar ist zum einen, dass die Einigung keinerlei rechtliche Wirkung entfalten soll. Zum anderen ist es möglich, zumindest eine Empfehlung auszusprechen, die Ergebnisse der Verhandlungen in die bestehenden Arbeitsverträge oder in eine Betriebsvereinbarung aufzunehmen.[113] Dogmatisch handelt es sich dabei um ein dem Gefälligkeitsverhältnis ähnliches Verhältnis.[114] Durch solche werden

104 BAG v. 28.7.1988, AP Nr. 1 zu § 5 TV Arb Bundespost, II. 3. c. der Gründe (Bl. 4); v. 31.1.1995, AP Nr. 135 zu Art. 9 GG Arbeitskampf, II. 1. der Gründe (Bl. 2 f.); *Däubler,* in: Däubler, Einleitung TVG Rn. 876; *Zachert,* in: Kempen/Zachert, § 1 Rn. 732.

105 *Däubler,* in: Däubler, Einleitung TVG Rn. 876.

106 Dazu oben S. 316.

107 *Löwisch/Rieble,* § 1 TVG Rn. 1144.

108 BVerfG v. 6.6.1989, E 80, 137 (152 f.).

109 BVerfG v. 16.1.1957, E 6, 32 (36 f.); v. 8.4.1987, E 75, 108 (154 f.); v. 10.3.1998, E 97, 332 (340); v. 7.6.2005, E 113, 88 (103); v. 26.10.2005, E 114, 371 (383 f.).

110 BVerfG v. 12.5.2005, E 113, 29 (45).

111 Zur Frage, ob bloße „Personenmehrheiten“ überhaupt vom persönlichen Schutzbereich des Art. 2 Abs. 1 GG erfasst sind unten S. 326 ff.

112 Wenngleich es sich dabei nicht um ein Schuldverhältnis i. S. der §§ 241 ff. BGB handelt und somit nicht unter dem Schutz der Zivilrechtsordnung steht, vgl. *Kramer,* in: MünchKomm. BGB, Einleitung §§ 241 ff. BGB Rn. 30.

113 *Däubler,* in: Däubler, Einleitung TVG Rn. 873, 887, 889; *Molitor,* FS Stahlhacke, 339 (340 ff.); *Rieble,* RdA 2005, 200 (207); *Schlochauer,* Arbeitsrecht, S. 204 f.; *Zachert,* in: Kempen/Zachert, § 1 TVG Rn. 732; vgl. bereits *Hueck,* JherJb 73 (1923), 33 (47 f.).

114 Für ein Gefälligkeitsverhältnis *Däubler,* in: Däubler, Einleitung TVG Rn. 887.

keine Ansprüche begründet und es bestehen keine Schutzpflichten.[115] Grundsätzlich handelt es sich bei Gefälligkeitsverhältnissen um eine Sonderbeziehung zwischen einem uneigennützig handelnden Teil, dem Gefälligen, und einem anderen, dem Begünstigten. Es besteht kein Rechtsverhältnis wie etwa ein Gefälligkeitsvertrag oder eine Geschäftsführung ohne Auftrag gem. §§ 677 ff. BGB.[116]

Bei einer Absprache zwischen Arbeitnehmern und Arbeitgebern handeln die Parteien dagegen nicht zwangsläufig uneigennützig. Unter den Begriff des Gefälligkeitsverhältnisses können *gentlemen's agreements* – wie sie Art. 6 ESC zulässt[117] – subsumiert werden.[118] Hierbei ist stets durch Auslegung der jeweiligen Einigung im Einzelfall zu ermitteln, welche Wirkung die Parteien ihr zukommen lassen wollen.[119] Da den Vereinbarungen jedenfalls keine normative Wirkung zukommen kann, sind die Erklärungen nicht wie Gesetze, sondern anhand der §§ 133, 157 BGB auszulegen.[120] Es ist zu ermitteln, ob die Parteien Willenserklärungen abgegeben haben und eine bestimmte Rechtsfolge herbeiführen wollten.[121] Entscheidend ist somit ihr Rechtsbindungswille.[122] Haben die Parteien die Vereinbarung schriftlich festgehalten, können dem Wortlaut gegebenenfalls Indizien entnommen werden.[123] Allerdings können auch in diesen Fällen Unklarheiten bestehen. „Empfehlungen", „Verhandlungsergebnisse", „Übereinkünfte", „Hinweise", „Grundsatzpositionen" oder „Richtlinien" können sowohl verbindlich wie unverbindlich gemeint sein.[124] Klarheit kann eine Formulierung schaffen, die die Verbindlichkeit ausschließt. Sind die Parteien übereingekommen, dass die Vereinbarungen in die bestehenden Arbeitsverträge, Betriebsvereinbarungen oder Tarifverträge übernommen werden sollen,

---

115 Zur Abgrenzung zum Gefälligkeitsvertrag vgl. BGH v. 14.11.1991, NJW 1992, 498 (498); *Mansel,* in: Jauernig, § 241 BGB Rn. 24 f.

116 *Kramer,* in: MünchKomm. BGB, § 241 Rn. 36; *Mansel,* in: Jauernig, § 241 BGB Rn. 24.

117 Oben S. 69 ff.

118 BGH v. 22.1.1964, MDR 1964, 570; ähnlich *Kramer,* in: MünchKomm. BGB, Einleitung §§ 241 ff. BGB 44, der das „gentlemen's agreement" als eigene Kategorie von den Rechtsgeschäften abgrenzt.

119 *Däubler,* in: Däubler, Einleitung TVG Rn. 874; *Karsten,* Tarifverträge, S. 291 ff.; *Zachert,* in: Kempen/Zachert, § 1 TVG Rn. 758.

120 BAG v. 14.4.2004, AP Nr. 188 zu § 1 TVG Auslegung, II. 1. b. der Gründe (Bl. 4 f.); *Thüsing,* in: Wiedemann, § 1 TVG Rn. 26; *Zachert,* in: Kempen/Zachert, § 1 TVG Rn. 758; *ders.,* NZA 2006, 10 (13).

121 *Jauernig,* in: Jauernig, Vorbemerkungen § 116 BGB Rn. 7 ff., § 133 BGB Rn. 1.

122 BGH v. 22.1.1964, MDR 1964, 570 (570); v. 14.11.1991, NJW 1992, 498 (498); BAG v. 5.11.1997, AP Nr. 29 zu § 1 TVG, II. 1., 1.1 der Gründe (Bl. 4R f.); *Busche,* in: MünchKomm. BGB, Vorbemerkung §§ 145 ff. Rn. 31 f.; *Karsten,* Tarifverträge, S. 141 f.; *Kramer,* in: MünchKomm. BGB, Einleitung §§ 241 ff. Rn. 30; *Plander,* FS Kehrmann, 295 (307).

123 *Däubler,* in: Däubler, Einleitung TVG Rn. 874; *Zachert,* NZA 2006, 10 (13).

124 *Molitor,* FS Stahlhacke, 339 (340 ff.); *Plander,* FS Kehrmann, 295 (295, 300 f.).

kann ein Einwirkungsanspruch mit dem Inhalt bestehen, auf eine solche Übernahme hinzuwirken.[125] Dabei ist zu beachten, dass der Inhalt dieses Anspruches regelmäßig nicht weiter reichen wird, als die getroffene – unverbindliche – Vereinbarung, da diese anderenfalls verpflichtende Elemente enthalten würde. Dies ist allerdings gerade der Beweggrund, rechtlich unverbindliche Einigungen zu treffen. Die tatsächliche Wirkung erschöpft sich mithin in einem Appell an den sozialen Gegenspieler, die getroffene Vereinbarung einzuhalten.[126]

Neben den für das allgemeine Zivilrecht zur Abgrenzung des Gefälligkeitsverhältnisses vom Schuldverhältnis entwickelten Kriterien wie dem Zweck der Gefälligkeit, der Interessenlage der Beteiligten, die wirtschaftliche und rechtliche Bedeutung, dem Haftungsrisiko sowie die Berücksichtigung drohender Gefahren und Schäden bei fehlerhafter Leistung,[127] sind im Rahmen der Kollektivvereinbarungen weitere zu berücksichtigen. Hier geht es nicht um die Abgrenzung zu Tarifverträgen, sondern um diejenige zu sonstigen rechtlich verbindlichen Kollektivvereinbarungen.[128] Sofern die Parteien die Einigung nicht schriftlich festgehalten oder nicht ausdrücklich aufgenommen haben, dass sie rechtlich unverbindlich sein soll, ist zu prüfen, ob eine bestimmte Laufzeit mit Kündigungsmöglichkeit oder eine Sanktion bei Verstößen festgelegt ist.[129] Ist eine Vereinbarung jederzeit oder nach bestimmten Voraussetzungen kündbar, so kann gefolgert werden, dass die getroffenen Regelungen eingehalten werden und damit verbindlich sein sollen, bis eine Partei das Verhältnis einseitig beendet. Ist allerdings nur eine Zeitbestimmung vorgesehen kann dies ebenso bedeuten, dass vor ihrem Ablauf nicht erneut verhandelt werden soll. Für eine verbindliche Abrede sprechen aufgenommene Sanktionen, da bei rechtlich unverbindlichen Einigungen von vornherein keine Pflichten für die Parteien bestehen, gegen die verstoßen werden könnte und die sanktioniert werden könnten.

3. Fazit

Es gibt somit außerhalb des Tarifvertragsgesetzes Instrumentarien, mittels derer die Vorgaben der Europäischen Sozialcharta umgesetzt werden könnten. Sie können diejenigen nicht tariflich regelbaren Gegenstände zum Inhalt haben, die auch durch Kollektivvereinbarungen i. S. des Art. 6 Nr. 4 ESC geregelt wer-

---

125 Vgl. *Molitor,* FS Stahlhacke, 339 (344).

126 *Molitor,* FS Stahlhacke, 339 (341, 343); *Plander,* FS Kehrmann, 295 (305 f.); *Schlochauer,* Arbeitsrecht, S. 204 f.; *Zachert,* FS P. Hanau, 137 (141).

127 Vgl. schon RG v. 13.12.1906, Z 65, 17 (18 ff.); BGH v. 22.6.1956, Z 21, 102 (107); v. 2.11.1983, Z 88, 368 (382); v. 20.9.1984, Z 92, 164 (168). *Medicus/Petersen,* Bürgerliches Recht, Rn. 367 bezeichnen dies als „bunten Strauß“ objektiver Indizien.

128 Vgl. oben S. 308 ff.

129 *Däubler,* in: Däubler, Einleitung TVG Rn. 874.

den können sollen. Dazu zählen Fragen des Umweltschutzes, der Beschäftigungssicherung oder der Berufsbildung.[130] Voraussetzung ist, dass alle Parteien, die gem. Art. 6 ESC Kollektivverhandlungen führen können, im deutschen Recht Kollektivvereinbarungen treffen dürfen. Damit den Anforderungen des Art. 6 Nr. 4 ESC genügt wird, muss darüber hinaus jedenfalls im Grundsatz die Möglichkeit bestehen, die Verhandlungen im Falle von Interessenkonflikten arbeitskampfweise mittels kollektiver Maßnahmen einschließlich des Streikrechts durchzusetzen.[131]

Neben dem Tarifvertrag, der nur den in § 2 TVG genannten Parteien zur Verfügung steht, können schuldrechtliche oder unverbindliche Vereinbarungen getroffen werden. Bei schuldrechtlichen Vereinbarungen handelt es sich um Schuldverhältnisse, die den Regeln des allgemeinen Schuldrechts unterstehen. Die unverbindlichen Vereinbarungen stellen dogmatisch Gefälligkeitsverhältnisse beziehungsweise *gentlemen's agreements* dar, wenngleich sie nicht zwangsläufig eine einseitige Leistungserbringung wie etwa bei der Mitfahrgelegenheit oder der Lottotippgemeinschaft zum Gegenstand haben.[132] Sie begründen keine Rechte und Pflichten. Die Parteien können jedoch vereinbaren, die jeweilige Regelung in den Individualarbeitsvertrag aufzunehmen oder ihr durch Betriebsvereinbarung gem. § 77 Abs. 4 S. 1 BetrVG unmittelbare und zwingende Wirkung zu verleihen. Ob ein Einwirkungsanspruch besteht, muss dabei allerdings im Einzelfall entschieden werden.[133] Im Grundsatz ist davon auszugehen, dass kein solcher Anspruch besteht, da die eigentliche Einigung zwischen den Parteien unverbindlicher Natur ist und faktisch zu einer verbindlichen würde, wenn man eine verbindliche Durchsetzung vereinbarte.

Hinsichtlich der Vereinbarkeit mit Art. 6 Nr. 4 ESC ergibt sich daher folgendes Bild. Die Parteien können selbst bestimmen, welche rechtliche oder tatsächliche Wirkung sie einer Vereinbarung zukommen lassen wollen. Dies ist im deutschen Recht kein Novum. Erfolgreich praktiziert wird dieses Modell insbesondere in der Chemischen Industrie. Aus diesem Bereich stammen denn auch die Beispiele für die erörterten Abkommen.[134] Die dort geregelten Materien entsprechen dem, was sonst zumindest in Teilen nicht tariflich regelbar

---

130 Vgl. oben S. 59 ff. sowie *Franzen,* in: ErfK, § 1 TVG Rn. 80; *Löwisch/Rieble,* § 1 TVG Rn. 1145; *Zachert,* NZA 2006, 10 (13); *ders.,* in: Kempen/Zachert, § 1 TVG Rn. 734, 736 ff.

131 Vgl. oben S. 71 ff.

132 Vgl. die Nachweise zur umfangreichen Kasuistik bei *Kramer,* in: MünchKomm. BGB, Einleitung §§ 241 ff. BGB Rn. 33.

133 Vgl. *Molitor,* FS Stahlhacke, 339 (344).

134 *Däubler,* in: Däubler, Einleitung TVG Rn. 851; *Eich,* NZA 1995, 149 (149 ff.) *Molitor,* FS Stahlhacke, 339 (340 ff.); *Schack,* NZA 1996, 923 (923 ff.); *Schlochauer,* Arbeitsrecht, S. 204 f.; *Thüsing,* in: Wiedemann, § 1 TVG Rn. 21; *Zachert,* FS P. Hanau, 137 (137 ff.).

ist.[135] Dass dort die nicht mittels Zwang durchsetzbaren Vereinbarungen eingehalten werden, liegt jedoch an der stabilen Konjunktur (Prosperität) dieses Industriezweiges.[136] Es kann also bezweifelt werden, dass Interessenkonflikte i. S. des Art. 6 Nr. 4 ESC in jeder Branche erfolgreich beigelegt werden können, ohne dass zu einer verbindlichen Einigung kommt und überdies ohne den Druck kollektiver Maßnahmen.[137]

Das hat für die Vereinbarkeit des deutschen Rechts mit der Europäischen Sozialcharta allerdings keine Relevanz. Sie gibt nur vor, dass bestimmte Mechanismen zur Verfügung stehen müssen. Dies ist in Deutschland aufgrund des richterrechtlichen Arbeitskampfrechts der Fall. Außertarifliche Sozialpartnervereinbarungen sind daher ein gangbarer Weg, um die gestellten Vorgaben umzusetzen. Dabei ist zu beachten, dass materiell wesentliche Gegenstände wie Arbeitsentgelt, Arbeitszeit oder Urlaub tariflich regelbar sind und daher jedenfalls durch Gewerkschaften erkämpft werden können. Ein großer Vorteil nichttariflicher Einigungen ist zudem, dass Beamte sie abschließen können, weil mangels rechtlicher Verbindlichkeit kein Verstoß gegen die hergebrachten Grundsätze des Berufsbeamtentums i. S. des Art. 33 Abs. 4 und 5 GG ersichtlich ist.[138] Dies ändert allerdings nichts an dem Ergebnis, dass Beamtenstreiks eben wegen dieser Grundsätze ohne Änderung des Grundgesetzes oder der Beamtengesetze nach nationalem Recht entgegen Art. 6 Nr. 4 ESC unzulässig sind.[139]

II. Parteien

1. Notwendigkeit einer Zurechnung der Verhandlungsergebnisse

Das Recht, Koalitionsvereinbarungen zu treffen, ist je nach Gegenstand der Vereinbarung als Bestandteil der Koalitionsbetätigungsfreiheit oder der allgemeinen Vertrags- oder Handlungsfreiheit gewährleistet. Die Europäische Sozialcharta schützt durch Art. 6 ESC nur diejenigen Arbeitnehmerverbünde, die eine gewisse organisatorische Struktur aufweisen. Nur wenn dem Arbeitgeber ein Verhandlungspartner gegenübertritt, ist sinnvolles Verhandeln überhaupt möglich. Schließlich soll die Europäische Sozialcharta keinen chaotischen Ideenwettbewerb ermöglichen.[140] Im Interesse der Rechtsicherheit und des Betriebs-

135 Vgl. etwa die Auflistungen bei *Molitor,* FS Stahlhacke, 339 (341); *Schlochauer,* Arbeitsrecht, S. 204 f.; *Zachert,* FS P. Hanau, 137 (138 ff.).

136 *Zachert,* FS P. Hanau, 137 (141 f.).

137 *Zachert,* FS P. Hanau, 137 (144 f.).

138 Ausführlich dazu *Plander,* FS Kehrmann, 295 (309 f.); *ders.,* PersR 1992, 81 (83 ff.); *ders.,* Vereinbarungsautonomie, S. 63 ff., 78 ff.

139 Dazu oben S. 236 ff., 296 ff.

140 Zu alledem ausführlich oben S. 99 ff.

friedens muss feststehen, welche Personen an die getroffenen Vereinbarungen gebunden sind. Das folgt aus dem Vorbehalt etwaiger Verpflichtungen aus Kollektivvereinbarungen i. S. des Art. 6 Nr. 4 Halbs. 2 ESC.[141]

Alle von Art. 6 ESC geschützten Vereinigungen stellen gleichzeitig Koalitionen i. S. des Art. 9 Abs. 3 S. 1 GG dar.[142] Gleichwohl ist eine Koalition als solche nicht rechts- und geschäftsfähig.[143] Es sind also Möglichkeiten aufzuzeigen, auf welche Weise sie im zivilrechtlichen Rechtsverkehr auftreten können. Unabhängig von der Rechtsqualität der Kollektivvereinbarungen – rechtlich verbindlich oder unverbindlich – muss feststehen, welche Partei die Vereinbarungen getroffen hat.

2. Verhältnis von zweispuriger Interessenvertretung des deutschen kollektiven Arbeitsrechts und Europäischer Sozialcharta

a) Arbeitskampfverbot des Betriebsrates gem. § 74 Abs. 2 Halbs. 1 BetrVG

Die Arbeitnehmerverbünde und deren Kollektivverhandlungen könnten in Konkurrenz zum Betriebsrat und dessen Beteiligungsrechten stehen. Dieses Verhältnis ist soweit ersichtlich hinsichtlich der Europäischen Sozialcharta noch nicht erörtert worden.[144] Die Zweispurigkeit der Interessenvertretung im Betrieb durch Gewerkschaft und Betriebsrat ist ein stilprägendes Merkmal des deutschen kollektiven Arbeitsrechts.[145] Die Art und Weise der jeweiligen Inter-

---

141 Zu diesem Vorbehalt unten S. 337 ff.

142 Dazu und zur Grundrechtsfähigkeit der Arbeitnehmerverbünde i. S. des Art. 6 Nr. 4 ESC oben S. 222 ff.

143 Zur Tariffähigkeit und deren Unterschiede zur Rechts- und Geschäftsfähigkeit *Oetker,* in: Wiedemann, § 2 TVG Rn. 9 ff.

144 Vgl. aber *Ruth,* Right to strike, S. 19 f.

145 BVerfG v. 1.3.1979, E 50, 290 (371 f.); *v. Hoyningen-Huene,* Betriebsverfassungsrecht, § 5 Rn. 1; *Junker,* Arbeitsrecht, Rn. 642. *Reichold,* Betriebsverfassung, S. 202 ff. weist im Hinblick auf die Diskussion um den Europäischen Betriebsrat darauf hin, dass der „deutsche Sonderweg" alle Chancen habe, zu einem europäischen Normalweg zu werden (S. 204). Die damit angesprochene Diskussion mündete in der Richtlinie 94/45/EG des Rates v. 22.9.1994 über die Einsetzung eines Europäischen Betriebsrats oder die Schaffung eines Verfahrens zur Unterrichtung und Anhörung der Arbeitnehmer in gemeinschaftsweit operierenden Unternehmen und Unternehmensgruppen (ABl. Nr. L 254 v. 30.9.1994, S. 64 ff., ber. ABl. Nr. L 103 v. 23.4.2009, S. 30, zuletzt geändert durch Art. 17 Abs. 1 ÄndRL 2009/38/EG v. 6.5.2009, ABl. Nr. L 122 v. 16.5.2009, S. 28 ff.), die in der Bundesrepublik Deutschland durch das Gesetz über Europäische Betriebsräte (EBRG) v. 28.10.1996 (BGBl I S. 1548) umgesetzt worden ist. Ausführlich zu den Unterschieden zu und den Gemeinsamkeiten mit dem Betriebsverfassungsgesetz statt aller *Blanke,* Europäische Betriebsräte-Gesetz, Teil B Rn. 28 ff.; zum österreichischen und dem deutschen vergleichbaren Betriebsrat vgl. *Floretta/Spielbüchler/Strasser,* Kollektives Arbeitsrecht, S. 241 ff.

essenvertretung unterscheidet sich erheblich.[146] Den Betriebsrat trifft – ebenso wie den Arbeitgeber[147] – gem. § 74 Abs. 2 S. 1 Halbs. 1 BetrVG ein absolutes Arbeitskampfverbot.[148] Damit gemeint sind sämtliche Arbeitskampfmaßnahmen und folglich auch das Streikrecht.[149] Diese kollektive Maßnahme i. S. des Art. 6 Nr. 4 ESC darf der Betriebsrat somit nicht ergreifen. Das Betriebsverfassungsgesetz ist auf Kooperation und nicht auf Konfrontation ausgelegt.[150] Daher sind zur Konfliktlösung anstelle eines Arbeitskampfes abgestufte Beteiligungsrechte des Betriebsrates vorgesehen.[151] Das Spektrum reicht von der Pflicht des Arbeitgebers, den Betriebsrat zu unterrichten (zum Beispiel § 99 Abs. 1 BetrVG), ihn anzuhören (zum Beispiel § 102 Abs. 1 BetrVG) oder sich mit ihm zu beraten (zum Beispiel § 111 S. 1 BetrVG). In einigen Fällen kann der Betriebsrat Maßnahmen widersprechen (zum Beispiel § 102 Abs. 3 BetrVG) oder seine Zustimmung verweigern (zum Beispiel § 99 Abs. 3 und 4 BetrVG). Die stärkste, weil erzwingbare Form der Beteiligung ist das Mitbestimmungsrecht in sozialen Angelegenheiten gem. § 87 BetrVG.[152] Der Interessenkonflikt wird allerdings nicht mittels eines Arbeitskampfes durchgesetzt, sondern durch eine verbindliche Schlichtung vor der Einigungsstelle gem. § 76 BetrVG beendet. Ihr Spruch kann gem. § 76 Abs. 5 und 6 BetrVG unter den jeweils genannten Voraussetzungen eine Einigung zwischen Arbeitgeber und Betriebsrat ersetzen.[153]

Ob der Betriebsrat von Art. 6 Nr. 4 ESC erfasst ist, ergibt sich aus dem Wortlaut nicht unmittelbar. Der Europäische Ausschuss für Soziale Rechte hat sich insoweit lediglich zu Art. 6 Nr. 3 ESC in Deutschland und zur vergleichbaren

146 Dies hat der Europäische Ausschuss für Soziale Rechte für Österreich ausdrücklich anerkannt, vgl. conclusions XVI-1, vol. 1, S. 34 f.; *Däubler,* in: Däubler/Kittner/Klebe, Einleitung BetrVG Rn. 59; *v. Hoyningen-Huene,* Betriebsverfassungsrecht, § 5 Rn. 2; *Richardi,* Kollektives Arbeitsrecht, § 1 Rn. 1 f., § 26 Rn. 1; *Ruth,* Right to strike, S. 19 f.

147 *Kreutz,* in: GK-BetrVG, § 74 Rn. 38; *Preis,* in: Wlotzke/Preis/Kreft, § 74 BetrVG Rn. 11; *Richardi,* in: Richardi, § 74 BetrVG Rn. 19.

148 *v. Hoyningen-Huene,* Betriebsverfassungsrecht, § 4 Rn. 58; *Kania,* in: ErfK, § 74 BetrVG Rn. 9; *Kreutz,* in: GK-BetrVG, § 74 Rn. 32.

149 *Fitting u. a.,* § 74 BetrVG Rn. 12; *Kreutz,* in: GK-BetrVG, § 74 Rn. 46; *Preis,* in: Wlotzke/Preis/Kreft, § 74 BetrVG Rn. 8; *Richardi,* in: Richardi, § 74 Rn. 18.

150 *Fitting u. a.,* § 2 BetrVG Rn. 21; *Franzen,* in: GK-BetrVG, § 2 Rn. 15; *v. Hoyningen-Huene,* Betriebsverfassungsrecht, § 4 Rn. 51; *Richardi,* in: Richardi, Vorbem z. 4. Teil Rn. 21 ff.; vgl. auch BVerfG v. 1.3.1979, E 50, 290 (372).

151 *v. Hoyningen-Huene,* Betriebsverfassungsrecht, § 4 Rn. 28, 58; *Preis,* in: Wlotzke/Preis/Kreft, § 74 Rn. 8; *Richardi,* in: Richardi, § 74 BetrVG Rn. 16.

152 *Fitting u. a.,* § 87 BetrVG Rn. 1 f.; *Richardi,* in: Richardi, Vorbem z. 4. Teil BetrVG Rn. 21 ff., Vor § 87 BetrVG Rn. 9; *Worzalla,* in: Hess u. a., § 87 BetrVG Rn. 1.

153 Vgl. im Einzelnen und zur Zuständigkeit der Einigungsstelle *Kreutz,* in: GK-BetrVG, § 76 Rn. 16, 19.

Situation in Österreich geäußert.[154] Gemäß dem Arbeitsverfassungsgesetz kann dort auch ein Betriebsrat gebildet werden, der gem. §§ 89 ArbVG den §§ 74 ff. BetrVG vergleichbare Kompetenzen und Aufgaben hat. Hierzu hat der Europäische Ausschuss für Soziale Rechte festgestellt, dass es sich bei den Verhandlungen und Beratungen um Kollektivverhandlungen i. S. des Art. 6 ESC handelt.[155] Das österreichische Recht entspricht insoweit den Vorgaben der Europäischen Sozialcharta.[156] Eine Auseinandersetzung mit dem Streikrecht gem. Art. 6 Nr. 4 ESC konnte unterbleiben, weil Österreich diesen Artikel in Übereinstimmung mit Art. 20 ESC nicht ratifiziert hat.[157]

Wegen der Vergleichbarkeit der rechtlichen Ausgangssituation folgt daraus, dass die Beteiligungsrechte des Betriebsrates Kollektivverhandlungen i. S. des Art. 6 Nr. 4 ESC darstellen.[158] Nach dem bisher Ausgeführten folgt daraus, dass daher grundsätzlich das Streikrecht zur Durchsetzung bestehen muss.[159] Dem steht das Arbeitskampfverbot gem. § 74 Abs. 2 Halbs. 1 BetrVG entgegen. Eine völkervertragsfreundliche Auslegung gegen dessen Wortlaut ist nicht möglich. Allerdings hat der Europäische Ausschuss für Soziale Rechte mehrfach ausgesprochen, dass ein Gewerkschaftsmonopol zulässig ist, sofern die Rechte der Arbeitnehmer auf diese Weise gewahrt werden.[160] Dieser Gedanke kann auf die Betriebsverfassung übertragen werden. Zweck des Betriebsverfassungsgesetzes ist es vor allem, die Objektstellung des Arbeitnehmers, die durch das Leistungsbestimmungsrecht des Arbeitgebers besteht, auszugleichen.[161] Dies geschieht durch die Mitbestimmung des Betriebsrates bei den entsprechenden Maßnah-

---

154 addendum 2 to conclusions XV-1, S. 25 f.; conclusions XVII-1, vol. 1, S. 28 ff. Das Betriebsverfassungsgesetz ist darüber hinaus in addendum 2 to conclusions XV-1, S. 21 f.; conclusions XVI-1, vol. 1, S. 239 f. und conclusions XIX-1, S. 145 erwähnt. Darin beschäftigt sich der Europäische Ausschuss für Soziale Rechte jedoch nicht mit dem Streikverbot, sondern mit der Vereinbarkeit mit Art. 1 und Art. 5 ESC.

155 conclusions XVII-1, vol. 1, S. 28 ff.

156 conclusions XVII-1, vol. 1, S. 32.

157 Den Betriebsrat in Österreich trifft nach h. M. ebenfalls ein Arbeitskampfverbot. Dieses ist nicht ausdrücklich normiert, sondern wird aus dem Kooperationsgebot in § 39 Abs. 1 ArbVG abgeleitet, vgl. *Floretta/Spielbüchler/Strasser,* Kollektives Arbeitsrecht, S. 201 f., 259 f.

158 Zum möglichen Gegenstand von Kollektivverhandlungen und Kollektivvereinbarungen oben S. 59 ff.

159 *Ruth,* Right to Strike, S. 19 f.; näher zur Funktion der kollektiven Maßnahmen oben S. 71 ff.

160 conclusions XV-1, vol. 1, S. 251 ff.; conclusions 2004, vol. 2, S. 565 f.; *Kovács,* CLLPJ 26 (2006), 445 (455).

161 BAG v. 4.7.1989, AP Nr. 20 zu § 87 BetrVG 1972 Tarifvorrang, B. II. 2. a. der Gründe (Bl. 3); *Fitting u. a.,* § 1 BetrVG Rn. 1 f., § 87 BetrVG Rn. 2 f.; *v. Hoyningen-Huene,* Betriebsverfassungsrecht, § 1 Rn. 13; *Preis,* in: Wlotzke/Preis/Kreft, § 1 BetrVG Rn. 5; *Richardi,* in: Richardi, Einleitung BetrVG Rn. 84; *Rose,* in: Hess u. a., Einleitung BetrVG Rn. 2; *Wiese,* in: GK-BetrVG, Einleitung BetrVG Rn. 72.

men des Arbeitgebers.[162] Die Rechte der Arbeitnehmer werden also effektiv verwirklicht. Dementsprechend widerspricht § 74 Abs. 2 Halbs. 1 BetrVG nicht den Vorgaben des Art. 6 Nr. 4 ESC.

b) Keine Umgehung des Betriebsverfassungsgesetzes

Auch wenn das Streikrecht i. S. des Art. 6 Nr. 4 ESC dem Betriebsrat nicht zusteht, kommt eine Umgehung des Betriebsverfassungsgesetzes in Betracht. Dies ist möglich, wenn in einem Betrieb kein Betriebsrat besteht und die sonst ihm vorbehaltenen Aufgaben durch einen Arbeitnehmerverbund wahrgenommen werden oder wenn ein Betriebsrat besteht, aber die Arbeitnehmer einen davon verschiedenen Arbeitnehmerverbund i. S. des Art. 6 Nr. 4 ESC gründen. Diesem steht das Streikrecht zu, was im Gegensatz zum Streikverbot des Betriebsrates gem. § 74 Abs. 2 S. 1 Halbs. 1 BetrVG steht.

Es ist allerdings zu berücksichtigen, dass, zum Beispiel wegen der Größe gem. § 1 Abs. 1 BetrVG oder aus sonstigen Gründen, in Betrieben kein Betriebsrat gewählt ist. Hier kann die Interessenvertretung ohne weiteres durch sonstige Arbeitnehmerverbünde im Einklang mit Art. 6 Nr. 4 ESC wahrgenommen werden, weil mangels Betriebsrates keine Konkurrenz zu den betriebsverfassungsrechtlichen Vorschriften besteht. Dafür sprechen ebenfalls die genannten *conclusions* des Europäischen Ausschusses für Soziale Rechte, der angenommen hat, dass die Gründung von Arbeitnehmerverbünden gerade bei einer niedrigen gewerkschaftlichen Organisationsrate ohne weiteres möglich sein muss.[163] Interessenvertretung im Betrieb kann also durch andere Organe und gegebenenfalls unter Zuhilfenahme des Streikrechts gem. Art. 6 Nr. 4 ESC erfolgen.[164] Es ist somit Sache des nationalen Gesetzgebers, Regelungen wie die des Betriebsverfassungsgesetzes zu schaffen. Gegebenenfalls muss der jeweilige Vertragsstaat durch Art. 31 Abs. 1 ESC gerechtfertigte Einschränkungen verabschieden, um eine Umgehung der Wertungen des Gesetzes auszuschließen. Die Europäische Sozialcharta enthält diesbezüglich keine Vorgaben. Dies überrascht aufgrund der oben geschilderten Besonderheit des zweispurigen deutschen kollektiven Arbeitsrechts nicht.[165] Eine solche Einschränkung kann die unternehmerische Freiheit des Arbeitgebers darstellen, die jedenfalls gem. Art. 12 und 14 GG geschützt ist.[166] Diese ist jedenfalls bei der Einzelfall-

---

162 *Düwell,* in: HK-BetrVG, Einleitung BetrVG Rn. 12; *Richardi,* in: Richardi, Einleitung BetrVG Rn. 4, 85; *Rose,* in: Hess u. a., Einleitung BetrVG Rn. 2.

163 Ausführlich dazu oben S. 109 ff.

164 *Ruth,* Right to Strike, S. 19 f.

165 Dies gilt ebenso vor dem oben in Fn. 145 geschilderten Hintergrund der Richtline, die wesentlich später als die Europäische Sozialcharta in Kraft trat.

166 *P. Hanau/Thüsing,* in: Thüsing, Tarifautonomie, 7 (8 f.); *Wettzel,* Entscheidungsfreiheit, S. 91 ff.

kontrolle der kollektiven Maßnahmen am Maßstab der Rechtsmissbrauchskontrolle zu berücksichtigen.[167] Handeln die Arbeitnehmer also in einem Betrieb, in dem ein Betriebsrat besteht, rechtsmissbräuchlich, ist der Streik rechtswidrig. Insbesondere bei Verhandlungen über Gegenstände, die durch die Mechanismen des Betriebsverfassungsgesetzes geregelt werden sollen, kann ein solcher Missbrauch vorliegen. Ein grundsätzlicher Konflikt mit dem Betriebsverfassungsrecht und § 74 Abs. 2 Halbs. 1 BetrVG besteht dagegen nicht.

3. Gesellschaftsrechtliche Ansätze

Denkbar ist, den Arbeitnehmerverbund als Gesellschaft anzusehen. Aufgrund des Rechtsformzwanges müsste diese Koalition eine zivilrechtliche Rechtsform wählen.[168] Gewerkschaften sind regelmäßig als nicht rechtsfähige Vereine organisiert.[169] Diese Rechtsform besitzen indes nicht alle Vereinigungen i. S. des Art. 9 Abs. 3 S. 1 GG sowie des Art. 6 Nr. 4 ESC. Um rechtsgeschäftlich handeln zu können, kommen somit in Betracht der nicht rechtsfähige Verein gem. § 54 S. 1 BGB oder die Gesellschaft bürgerlichen Rechts gem. §§ 705 ff. BGB.

a) Nicht rechtsfähiger Verein i. S. des § 54 S. 1 BGB

Ein nicht rechtsfähiger Verein i. S. des § 54 S. 1 BGB ist nach der auf das Reichsgericht zurückgehenden Definition „eine auf Dauer berechnete Verbindung einer größeren Anzahl von Personen zur Erreichung eines gemeinsamen Zweckes, die nach ihrer Satzung körperschaftlich organisiert ist, einen Gesamtnamen führt und auf einen wechselnden Mitgliederbestand angelegt ist."[170] Die Verweisung in § 54 S. 1 BGB auf die Vorschriften der Gesellschaft bürgerlichen Rechts gem. §§ 705 ff. BGB hat historische Gründe. Der historische Gesetzgeber war sich zwar bewusst, dass die §§ 705 ff. BGB den Anforderungen an einen Verein nicht genügen.[171] Durch die insbesondere wegen der fehlenden Rechtsfähigkeit und der persönlichen und unbeschränkten Haftung ungünstigen Vorschriften der §§ 705 ff. BGB sollten die Mitglieder dazu bewegt werden, einen rechtsfähigen Verein zu gründen. Weil hierfür gem. § 21 BGB die Eintragung

---

167 Dazu oben S. 256 ff., 302 ff.

168 Vgl. *Kindler,* Handels- und Gesellschaftsrecht, § 9 Rn. 19; *Saenger,* Gesellschaftsrecht, § 2 Rn. 36.

169 *Gummert,* MünchGesR V, § 9 Rn. 32; *Oetker,* in: Wiedemann, § 2 TVG Rn. 12; *Weick,* in: Staudinger-BGB (2005), § 54 Rn. 20.

170 RG v. 18.1.1934, Z 143, 212 (213); *Gummert,* MünchGesR V, § 8 Rn. 2; *Ellenberger,* in: Palandt, § 54 Rn. 1; *Reuter,* in: MünchKomm. BGB, § 54 Rn. 1; *Weick,* in: Staudinger-BGB (2005), § 54 Rn. 1.

171 *Reuter,* in: MünchKomm. BGB, § 54 Rn. 2.

ins Vereinsregister notwendig war, konnte eine politische Kontrolle der Vereine stattfinden.[172] Diese obrigkeitsstaatlichen Vorbehalte bestehen nicht mehr.[173] Aufgrund der gem. Art. 9 Abs. 1 GG gewährleisteten Vereinigungsfreiheit ist die durch § 54 S. 1 BGB gewollte Differenzierung zwischen dem rechtsfähigen und dem nicht rechtsfähigen Verein verfassungswidrig.[174] Deshalb ist § 54 S. 1 BGB verfassungskonform dahingehend auszulegen, dass das Recht des rechtsfähigen Vereins gem. §§ 21 ff. BGB insoweit auf den nicht rechtsfähigen Verein anzuwenden ist, als dass diese Normen die Eigenschaft einer juristischen Person nicht voraussetzen.[175]

Der Vorteil eines nicht rechtsfähigen Vereins ist, dass er aufgrund der körperschaftlichen Struktur auf wechselnden Mitgliederbestand ausgelegt ist und nicht wie die Gesellschaft bürgerlichen Rechts grundsätzlich auf die Person der Gesellschafter. Somit ist der Verein als solcher an mögliche Verhandlungsergebnisse gebunden. Das bedeutet, dass es für etwaige Vereinbarungen ohne Bedeutung ist, wenn Arbeitnehmer aus dem jeweiligen Unternehmen ausscheiden oder neu eintreten.

b) Gesellschaft bürgerlichen Rechts gem. §§ 705 ff. BGB

Eine Gesellschaft bürgerlichen Rechts ist ein vertraglicher Zusammenschluss von Personen zur Verfolgung eines gemeinschaftlichen Zweckes.[176] Zwar beruht die Gesellschaft bürgerlichen Rechts auf einem Dauerschuldverhältnis.[177] Allerdings kann sich ihr Zweck auch in dem Erreichen eines einzigen Zieles erschöpfen.[178] Es kommt jeder erlaubte wirtschaftliche und nichtwirtschaftliche Zweck in Betracht.[179] Ein dauerhafter Bestand der Gesellschaft muss durch

172 *Gummert,* MünchGesR V, § 8 Rn. 3; *Jauernig,* in: Jauernig, § 54 BGB Rn. 2; *Weick,* in: Staudinger-BGB (2005), § 54 Rn. 2.

173 *Reuter,* in: MünchKomm. BGB, § 54 Rn. 2.

174 *Gummert,* MünchGesR V, § 8 Rn. 5, § 11 Rn. 1; *Reuter,* in: MünchKomm. BGB, § 54 Rn. 2; *Weick,* in: Staudinger-BGB (2005), § 54 Rn. 3.

175 BGH v. 2.4.1979, NJW 1979, 2304 (2305); v. 11.6.1968, Z 50, 325 (328 f.); *Ellenberger,* in: Palandt, § 54 Rn. 1; *Jauernig,* in: Jauernig, § 54 BGB Rn. 5, 12 ff.; *Larenz/Wolf,* Allgemeiner Teil, § 11 Rn. 4; *Saenger,* Gesellschaftsrecht, Rn. 473; *Weick,* in: Staudinger-BGB (2005), § 54 Rn. 2; a. A. *Reuter,* in: MünchKomm. BGB, § 54 Rn. 4, wonach der Zweck des § 54 S. 1 BGB entfallen und die Norm daher nicht mehr anzuwenden sei (cessante ratione legis cessat ipsa lex) und so zur Anwendung des Rechts über den rechtsfähigen Idealverein gelangt.

176 *Kindler,* Handels- und Gesellschaftsrecht, § 10 Rn. 1; *Saenger,* Gesellschaftsrecht, Rn. 42; *Ulmer,* in: MünchKomm. BGB, Vorbemerkungen §§ 705 ff. Rn. 3.

177 Näher *Ulmer,* in: MünchKomm. BGB, Vorbemerkungen §§ 705 ff. Rn. 14.

178 *Kindler,* Handels- und Gesellschaftsrecht, § 10 Rn. 13; *Ulmer,* in: MünchKomm. BGB, Vorbemerkungen §§ 705 ff. Rn. 87.

179 *Kindler,* Handels- und Gesellschaftsrecht, § 10 Rn. 13 f.; *Saenger,* Gesellschaftsrecht, Rn. 69; *Ulmer,* in: MünchKomm. BGB, § 705 Rn. 144.

die Gesellschafter also nicht angestrebt werden.[180] Daher ist also auch denkbar, dass der gemeinsame Zweck eines Arbeitnehmerverbundes das Führen von Kollektivverhandlungen i. S. des Art. 6 Nr. 4 ESC ist.

Seit dem Grundsatzurteil des Bundesgerichtshofs[181] ist nach nunmehr ständiger Rechtsprechung[182] und ganz herrschender Auffassung in der Literatur[183] die Gesellschaft bürgerlichen Rechts zumindest im Außenverhältnis rechtsfähig. Ein wesentliches Argument für die Außenrechtsfähigkeit ist, dass sich dadurch ein Gesellschafterwechsel widerspruchsfrei erklären lässt, so dass die Gesellschaft nicht auf einen bestimmten Personenstamm zugeschnitten ist.[184] Darüber hinaus lässt sich der identitätswahrende Rechtsformwechsel zur offenen Handelsgesellschaft i. S. der §§ 105 ff. HGB begründen. Dieser tritt unabhängig vom Willen der Gesellschafter und vor allem unabhängig von einer Handelsregistereintragung ein, sobald eine gewerbliche Tätigkeit der Gesellschaft bürgerlichen Rechts den Umfang eines Handelsgewerbes erreicht.[185] Daher könnten die Arbeitnehmerverbünde i. S. des Art. 6 Nr. 4 ESC als Gesellschaft bürgerlichen Rechts i. S. der §§ 705 ff. BGB auftreten.

In der gesellschaftsrechtlichen Literatur ist umstritten, ob eine rechtsfähige Außengesellschaft bürgerlichen Rechts, also deren Identität, für Dritte erkennbar sein muss. Dagegen spricht, dass es im Gesetz keinen Anhaltspunkt dafür gibt, dass nur „höherstufige“[186] oder organisierte[187] Gesellschaften existieren sollen und somit grundsätzlich jede Gesellschaft bürgerlichen Rechts außenrechtsfähig sein kann.[188] Dafür spricht allerdings, dass eine Abgrenzung von nur gelegentlich und unkoordiniert auftretenden Personenverbindungen mög-

---

180 *Ulmer,* in: MünchKomm. BGB, Vorbemerkungen §§ 705 ff. Rn. 86 f.

181 BGH v. 29.1.2001, Z 146, 341 (343 ff.).

182 BGH v. 16.7.2001, Z 148, 291 (293 f.); v. 18.2.2002, NJW 2002, 1207 (1208); v. 1.7.2002, Z 151, 204 (207); v. 24.2.2003, Z 154, 88 (94 f.); bestätigt durch BVerfG v. 2.9.2002, NJW 2002, 3533.

183 *Habermeier,* in: Staudinger-BGB (2003), Vorbem zu §§ 705-740 Rn. 8 ff.; *Habersack,* BB 2001, 477 (477 f.); *Hüffer/Koch,* Gesellschaftsrecht, § 3 Rn. 9 ff.; *Kindler,* Handels- und Gesellschaftsrecht, § 10 Rn. 59 ff.; *Saenger,* Gesellschaftsrecht, Rn. 49 ff.; *Schöne,* in: Bamberger/Roth, § 705 BGB Rn. 16 f.; *Sprau,* in: Palandt, § 705 BGB Rn. 24 f.; *Ulmer,* in: MünchKomm. BGB, § 705 Rn. 299 ff., 303; *ders.,* ZIP 2001, 585 (586 ff.); *Wiedemann,* Gesellschaftsrecht II, S. 646 ff.; ablehnend etwa *Peifer,* NZG 2001, 296 (296 ff.); *Prütting,* FS Wiedemann, 1177 (1186 ff., 1192 ff.).

184 *Saenger,* Gesellschaftsrecht, Rn. 49.

185 BGH v. 29.1.2001, Z 146, 341 (346); *Saenger,* Gesellschaftsrecht, Rn. 49; *Ulmer,* in: MünchKomm. BGB, § 705 Rn. 297.

186 *Ulmer,* in: MünchKomm. BGB, § 705 Rn. 306.

187 *Wiedemann,* ZGR 1996, 286 (291, 298 f.).

188 *Habersack,* BB 2001, 477 (478 f.); *Pohlmann,* WM 2002, 1421 (1423); *Wertenbruch,* NJW 2002, 324 (328).

lich sein muss.[189] Einerseits ist eine solche Abgrenzung auch dann möglich, wenn sie nicht von außen erkennbar ist. Insbesondere wenn dies der Fall ist, stellt sich erst das Problem. Andererseits bedarf es bei der Gesellschaft bürgerlichen Rechts keiner Eintragung in ein Register, so dass es keinerlei Publizität gibt. Dies spricht dafür, nur eine solche Gesellschaft mit „Identitätsausstattung" als außenrechtsfähig anzuerkennen. Ob dies für das deutsche Recht notwendig ist, kann hier jedoch dahinstehen. Entscheidend ist, dass durch die Kollektivverhandlungen i. S. des Art. 6 Nr. 4 ESC eine zweckmäßige Interessenvertretung der Arbeitnehmer gegenüber dem Arbeitgeber gewährleistet wird. Dazu ist erforderlich, dass eine koordinierte Willensbildung erfolgt. Darüber hinaus sollen die gegebenenfalls erzielten Ergebnisse für eine bestimmte Laufzeit gelten. Das folgt aus Art. 6 Nr. 4 Halbs. 2 ESC, der von längerfristigen Kollektivvereinbarungen ausgeht. Somit muss jedenfalls innerhalb des Betriebes feststehen, wer an etwaige Vereinbarungen gebunden sein soll. Um einer sonst bestehenden Rechtsunsicherheit vorzubeugen, sind nur solche Gesellschaften bürgerlichen Rechts, die über eine Identität im oben genannten Sinne verfügen, tauglicher Arbeitnehmerverbund i. S. des Art. 6 Nr. 4 ESC.[190]

c) Untauglichkeit der gesellschaftsrechtlichen Modelle

Das nationale Recht stellt mit dem nichtrechtsfähigen Verein und der Gesellschaft bürgerlichen Rechts zwei Rechtsformen zur Verfügung, mittels derer die Vorgaben der Europäischen Sozialcharta prima facie erfüllt werden können. Arbeitnehmer können sich zum Zweck des Kollektivverhandelns zusammenschließen. Auf die Tariffähigkeit dieses Verbundes kommt es nicht an. Vielmehr geht es um den Abschluss von Koalitionsvereinbarungen außerhalb des Anwendungsbereichs des Tarifvertragsgesetzes. Voraussetzung für die vorhergehenden Kollektivverhandlungen ist, dass eine organisierte Willensbildung möglich ist. Insoweit sind die Vorgaben des Art. 6 Nr. 4 ESC erfüllt.

aa) Konkludente und formfreie Gründung

Dabei bestehen allerdings mehrere Probleme. Dem möglichen Einwand, den Arbeitnehmern eine Vereins- oder Gesellschaftsgründung zu unterstellen und diese Fiktion abzulehnen, kann zunächst begegnet werden. Sowohl die Sat-

---

189 *Derleder,* BB 2001, 2485 (2489); *Reuter,* AcP 207 (2007), 673 (681 ff.); *Ulmer,* in: MünchKomm. BGB, § 705 Rn. 306; *ders.,* ZIP 2001, 585 (592 ff.); *K. Schmidt,* Gesellschaftsrecht, S. 1721, 1763; *ders.,* NJW 2001, 993 (1002); *Wiedemann,* ZGR 1996, 286 (290 ff.); *ders.,* Gesellschaftsrecht II, S. 648 f.; a. A. *Geibel,* WM 2007, 1496 (1498); *Habersack,* BB 2001, 477, 478 f.; *Hadding,* ZGR 2001, 712 (716 f.); *Pohlmann,* WM 2002, 1421 (1423); *Wertenbruch,* NJW 2002, 324 (328).

190 Zu alledem oben S. 99 ff.

zung des nichtrechtsfähigen Vereins[191] als auch der Gesellschaftsvertrag der Gesellschaft bürgerlichen Rechts[192] sind grundsätzlich formfrei und können somit konkludent errichtet beziehungsweise geschlossen werden. Die Schriftform muss nicht gewahrt werden. Es ist demgemäß kein besonderer Schutz bei der Errichtung eines Vereins beziehungsweise bei der Gründung einer Gesellschaft bürgerlichen Rechts erforderlich. Dies gilt somit auch für Arbeitnehmer, die sich spontan zusammenfinden. Ihr Verhalten, Verhandlungen zu führen oder sogar kollektive Maßnahmen zu ergreifen, könnte in diesen Fällen also dahingehend ausgelegt werden, dass sie für eine Mehrzahl von Arbeitnehmern handeln und sie dem Arbeitgeber deshalb im Verbund gegenübertreten. Darin kann die Errichtung eines nichtrechtsfähigen Vereins oder die Gründung einer Gesellschaft bürgerlichen Rechts erblickt werden.

bb) Konkludente Anpassung dispositiven Rechts

Beide gesellschaftsrechtlichen Ansätze leiden jedoch an Schwächen. Wenn Gesellschaften konkludent gegründet werden, fehlt es mangels Absprachen an Sonderregelungen. Es gilt das dispositive Gesetzesrecht. Ein Nachteil ist etwa, dass gem. § 709 Abs. 1 BGB Beschlüsse in der Gesellschaft bürgerlichen Rechts grundsätzlich einstimmig zu erfolgen haben. Allerdings kann man in diesem Falle den Gesellschaftsvertrag gem. §§ 133, 157 BGB dahingehend auslegen, dass für diejenigen Arbeitnehmer, die gegenüber dem Arbeitgeber als Verhandlungsführer auftreten, das Mehrheitsprinzip gem. § 709 Abs. 2 BGB vereinbart ist und sie gleichzeitig Vertreter i. S. der §§ 714 i. V. mit 709 Abs. 2 BGB sind. Dadurch sind Mehrheitsentscheide und entsprechende Vertretung möglich. Entsprechendes gilt für das Vereinsrecht. Bei formfreier Gründung besteht allerdings keine Rechtsicherheit. Das dispositive Gesetzesrecht kann dennoch im Einzelfall in der Weise ausgelegt werden, dass es den Vorgaben des Art. 6 Nr. 4 ESC genügt.

cc) Bindung der Arbeitsvertragsparteien an die Kollektivvereinbarungen

(1) Keine normative Wirkung der Vereinbarungen

Eine erhebliche Schwäche dieser Modelle ist allerdings die Bindung der einzelnen Arbeitnehmer an mögliche Verhandlungsergebnisse. Eine Vorschrift, die eine unmittelbare und zwingende Wirkung der Abmachungen für die Arbeitnehmer anordnet, die Mitglieder der jeweiligen Gesellschaft sind, besteht nicht. Mit § 1 Abs. 1, 4 Abs. 1 TVG sowie § 77 Abs. 4 S. 1 BetrVG bestehen Sonderregelungen für das Tarifvertrags- und Betriebsverfassungsrecht. Deren direkte

191 *Ellenberger,* in: Palandt, § 54 BGB Rn. 6; *Jauernig,* in: Jauernig, § 54 BGB Rn. 3; *Reuter,* in: MünchKomm. BGB, § 54 Rn. 71.

192 *Ulmer,* in: MünchKomm. BGB, § 705 Rn. 32.

Anwendung kommt nicht in Betracht, da weder der Verein – jedenfalls solange nicht die Tariffähigkeit i. S. des § 2 Abs. 1 TVG vorliegt – noch die Gesellschaft bürgerlichen Rechts Gewerkschaft oder Betriebsrat sind. Eine Analogie kommt nicht in Betracht, weil diese eine planwidrige Regelungslücke voraussetzt.[193] Der Gesetzgeber hat den Anwendungsbereich des Tarifvertragsgesetzes allerdings bewusst auf Gewerkschaften begrenzt. Dies ergibt sich aus dem Wortlaut des § 2 TVG. Dort wird der Begriff der Gewerkschaft verwendet und nicht der aus Art. 9 Abs. 3 S. 1 GG bekannte Begriff der Vereinigung. Aufgrund der engen inhaltlichen und historischen Verknüpfung des Tarifrechts und des Koalitionsrechts ist deshalb fernliegend, dass der Gesetzgeber von einer Identität dieser beiden Begriffe ausging. Zudem unterscheiden sich die Zwecke der verfassungsrechtlichen Gewährleistung einerseits und der gesetzlichen Ausgestaltung andererseits.[194] Durch Tarifverträge und somit durch das Tarifvertragsrecht sollen das Arbeits- und Wirtschaftsleben staatsfern und privatautonom geregelt werden können. Somit ist es verfassungsgemäß, dass der Gesetzgeber an die Tariffähigkeit der Akteure höhere Anforderungen stellt, als er dies für Koalitionen i. S. des Art. 9 Abs. 3 S. 1 GG tut.[195] Hierdurch werden die „Vorbedingungen und Spielregeln“[196] gesetzt, so dass die Tarifautonomie effektiv zur Ordnung und Befriedung des Arbeitslebens wahrgenommen werden kann.[197] Eine analoge Anwendung der §§ 1 Abs. 1, 4 Abs. 1 TVG kommt folglich nicht in Betracht.

(2) Vertrag zugunsten Dritter

Eine Vereinbarung der Arbeitnehmer-Gesellschaft mit dem Arbeitgeber entfaltet somit keine Wirkung für oder gegen die einzelnen Arbeitnehmer, da sie nur relativ zwischen Arbeitgeber und der Gesellschaft wirkt. Allenfalls kommt ein Vertrag zugunsten Dritter i. S. des § 328 Abs. 1 BGB in Betracht. Dies setzt allerdings voraus, dass die Parteien tatsächlich einen Vertrag vereinbaren. Auf rechtlich unverbindliche Kollektivvereinbarungen kann § 328 Abs. 1 BGB nicht angewandt werden. Dies steht jedoch nicht entgegen, weil diese Abreden gerade keine rechtliche Wirkung entfalten sollen.[198] Dennoch kann durch einen Vertrag zugunsten Dritter lediglich bedungen werden, dass der Dritte ein eigenes For-

---

193 Vgl. *Bydlinski,* Methodenlehre, S. 475; *Larenz,* Methodenlehre, S. 366 f.; *Rüthers/Fischer/A. Birk,* Rechtstheorie, Rn. 889.

194 *Oetker,* in: Wiedemann, § 2 TVG Rn. 27, 207 ff., 212 f.

195 BVerfG v. 6.5.1964, E 18, 18 (28); v. 1.3.1979, E 50, 290 (368 f.); v. 20.10.1981, E 58, 233 (247 ff.).

196 *Oetker,* in: Wiedemann, § 2 TVG Rn. 27.

197 BAG v. 10.9.1985, AP Nr. 34 zu § 2 TVG, B. IV. 1. der Gründe (Bl. 3R); v. 25.11.1986, AP Nr. 36 zu § 2 TVG, II. der Gründe (Bl. 3R ff.); v. 6.6.2000, AP Nr. 55 zu § 2 TVG, B. II. 1. der Gründe (Bl. 3 f.); *Peter,* in: Däubler, § 2 TVG Rn. 3.

198 Vgl. oben S. 69 ff.

derungsrecht erhält.[199] Ein Vertrag zulasten Dritter verstößt gegen die Privatautonomie und ist daher grundsätzlich unzulässig.[200] Somit können durch § 328 Abs. 1 BGB ausschließlich Rechte, aber keine Pflichten begründet werden, wie dies beim Tarifvertrag möglich ist.[201]

dd) Haftungsrisiko

Darüber hinaus ist zu bedenken, dass die Arbeitnehmer Gesellschafter sind und daher seit der Anerkennung der Außenrechtsfähigkeit der Gesellschaft bürgerlichen Rechts analog §§ 128 f. HGB persönlich und unbeschränkt für die Verbindlichkeiten der Gesellschaft haften.[202] Durch eine konkludente individuelle Vereinbarung mit dem Arbeitgeber kann dies allerdings jeweils ausgeschlossen werden.[203] Bei einem nichtrechtsfähigen Verein haften von vornherein lediglich die Vorstandsmitglieder gem. § 54 i. V. mit § 31 BGB.[204] Einem grundsätzlich bestehenden Haftungsrisiko aller Arbeitnehmer kann auf diesem Wege begegnet werden.

d) Vorbehalt etwaiger Verpflichtungen aus Gesamtarbeitsverträgen

Gem. Art. 6 Nr. 4 ESC stehen Kollektivverhandlungen und insbesondere kollektive Maßnahmen unter dem Vorbehalt „etwaiger Verpflichtungen aus geltenden Gesamtarbeitsverträgen“. Dabei handelt es sich um Kollektivvereinbarungen, die nicht zwangsläufig Schuldverträge darstellen müssen. Vom Begriff der Kollektivvereinbarung sind sowohl rechtlich verbindliche als auch rechtlich unverbindliche Abreden erfasst. Da Art. 6 Nr. 4 Halbs. 2 ESC hinsichtlich der Rechtswirkung dieser Vereinbarung differenziert, muss es möglich sein, Kollektivverhandlungen und die ihnen dienenden kollektiven Maßnahmen auszuschließen.[205] Es muss dem Arbeitgeber möglich sein, durch den Abschluss auf kollektive Maßnahmen zu reagieren beziehungsweise ihnen vorzubeugen.

Kollektivvereinbarungen könnten sämtliche Arbeitnehmer eines Betriebes erfassen und zwar ohne Rücksicht darauf, ob diese an den Kollektivverhandlungen teilgenommen haben oder vom Verhandlungsergebnis profitieren. Weitere kollektive Maßnahmen wären durch den Vorbehalt des Art. 6 Nr. 4 Halbs. 2 ESC

199 *Gottwald,* in: MünchKomm. BGB, § 328 Rn. 28.

200 *Gottwald,* in: MünchKomm. BGB, § 328 Rn. 188.

201 *Thüsing,* in: Wiedemann, § 1 TVG Rn. 340.

202 BGH v. 29.1.2001, Z 146, 341 (358); v. 23.10.2001, Z 149, 80 (85); v. 7.4.2003, Z 154, 370 (373); *Hillmann,* in: *Ebenroth u. a.,* § 128 HGB Rn. 5; *Ulmer/Schäfer,* in: MünchKomm. BGB, § 714 Rn. 5, 63 ff.

203 Vgl. BGH v. 28.6.1971, BB 1971, 975 (975); v. 27.9.1999, Z 142, 315 (318); *Hopt,* in: Baumbach/Hopt, § 128 HGB Rn. 38; *K. Schmidt,* in: MünchKomm. HGB, § 128 Rn. 14.

204 BGH v.30.6.2003, NJW-RR 2003, 1265 (1265); *Reuter,* in: MünchKomm. BGB, § 31 Rn. 13.

205 Dazu und zum Begriff der Kollektivvereinbarung oben S. 69 ff.

ausgeschlossen. Diese Sichtweise ähnelt der bisherigen deutschen höchstrichterlichen Rechtsprechung, die das Prinzip Tarifeinheit vertrat. Danach kam in jedem Betrieb nur ein Tarifvertrag zur Anwendung, um die Rechtssicherheit und Rechtsklarheit zu wahren, selbst wenn die Anwendungsvoraussetzungen mehrerer Tarifverträge vorlagen.[206] Die Kollision verschiedener Tarifverträge wurde mittels des Spezialitätsprinzips aufgelöst.[207] Auf alle tarifgebundenen Arbeitnehmer fand daher derselbe Tarifvertrag Anwendung.[208] Die Folgefrage, ob sich somit auch die relative Friedenspflicht des einzig anwendbaren Tarifvertrages auf alle Arbeitnehmer erstreckte, wurde nicht höchstrichterlich entschieden.[209] Konsequent wäre es allerdings vom Standpunkt der Tarifeinheit aus gesehen, den Arbeitskampf um weitere und letztlich nicht anwendbare Tarifverträge für rechtswidrig zu befinden.[210] Das Prinzip der Tarifeinheit hat das Bundesarbeitsgericht allerdings jüngst ausdrücklich aufgegeben.[211] Daher kann der Arbeitnehmer beziehungsweise der Arbeitgeberverband mit verschiedenen Gewerkschaften verschiedene Tarifverträge abschließen, die parallel Anwendung finden. Folgerichtig können demnach Arbeitskämpfe geführt werden, da die Friedenspflicht nur inter partes wirkt.[212]

Problematisch ist, dass es sich in den Fällen, in denen die Parteien rechtliche Verbindlichkeit der Kollektivvereinbarung vereinbart haben, um einen unzulässigen Vertrag zulasten Dritter handeln kann. Es wären sämtliche Arbeitnehmer davon erfasst, selbst wenn sie sich nicht bei den Verhandlungen haben vertreten lassen. Dies aus der deutschen Übersetzung „Gesamtarbeitsvertrag" zu schlussfolgern ist zirkelschlüssig. Damit setzte man von vornherein voraus, dass ein solcher Vertrag für sämtliche Arbeitnehmer gelte. Aus den Begriffen *collective agreements* und *conventions collectives* ergibt sich allerdings nur, dass es

---

206 St. Rspr. BAG v. 1.8.1956, AP Nr. 1 zu § 4 TVG Tarifkonkurrenz, II. d. der Gründe (Bl. 2 f.); v. 14.6.1989, AP Nr. 16 zu § 4 TVG Tarifkonkurrenz (Bl. 4); v. 5.6.1990, AP Nr. 19 zu § 4 TVG Tarifkonkurrenz (Bl. 2R f.); v. 20.3.1991, AP Nr. 20 zu § 4 TVG Tarifkonkurrenz, B. I. der Gründe (Bl. 2); v. 4.12.2002, AP Nr. 28 zu § 4 TVG Tarifkonkurrenz, II. 1. d. der Gründe (Bl. 3 ff.); *Giesen,* NZA 2009, 11 (11); *Jacobs,* Tarifeinheit, S. 68 ff.

207 Statt aller *Jacobs,* Tarifeinheit, S. 257 ff. m. z. N.

208 *Giesen,* NZA 2009, 11 (11); *Jacobs,* Tarifeinheit, S. 240 ff.; *Kissel,* Arbeitskampfrecht, § 26 Rn. 77.

209 Vgl. *Giesen,* NZA 2009, 11 (14); *Kissel,* Arbeitskampfrecht, § 26 Rn. 78 f.

210 LAG Rheinland-Pfalz v. 22.6.2004, AP Nr. 169 zu Art. 9 GG Arbeitskampf, B. II. 2. b. cc. der Gründe (Bl. 6 ff.); v. 23.2.2006, 11 Sa 841/05, Rn. 66 f. (juris); ArbG Düsseldorf v. 1.8.2007, 11 Ga 74/07, Rn. 63 ff. (juris); *Buchner,* BB 2003, 2121 (2126); *Giesen,* NZA 2009, 11 (12); a. A. LAG Hessen v. 2.5.2003, NZA 2003, 679 (680); *Bayreuther,* NZA 2006, 642 (646); *Otto,* Arbeitskampf- und Schlichtungsrecht, § 5 Rn. 12; *Greiner,* NZA 2007, 1023 (1026).

211 BAG v. 23.6.2010, AP Nr. 47 zu § 3 TVG, Rn. 2.

212 Vgl. *Giesen,* NZA 2009, 11 (14).

sich um eine kollektiv geschlossene und kollektiv geltende Vereinbarung handelt.[213] Die Argumente der deutschen Rechtsprechung zur Tarifeinheit führen daher keinesfalls dazu, dass der Ansatz auf die Europäische Sozialcharta zu übertragen ist. Aus ihr müsste sich ergeben, dass die Kollektivvereinbarungen i. S. des Art. 6 Nr. 4 ESC entweder normative Wirkung für alle Arbeitnehmer entfalten – was nach dem bereits Gesagten allerdings nicht der Fall ist[214] – oder sich als ungeschriebenes und übergeordnetes Prinzip aus der Europäischen Sozialcharta ergibt. Folgt man dem, so wird hierdurch das Recht der anderen Arbeitnehmer auf Kollektivverhandlungen und kollektive Maßnahmen eingeschränkt. Diese Einschränkung müsste entweder in Wortlaut des Art. 6 Nr. 4 ESC eine Stütze finden oder gemäß dem Anhang zu Art. 6 Nr. 4 i. V. mit Art. 31 Abs. 1 ESC gerechtfertigt werden können.

Eine Wirkung einer Kollektivvereinbarung kann nicht durch den Anhang zu Art. 6 Nr. 4 i. V. mit Art. 31 Abs. 1 ESC gerechtfertigt werden. Eine Einschränkung zugunsten der dort genannten Rechte und Rechtsgüter müsste „notwendig" sein. Bloße Unannehmlichkeiten reichen nicht aus.[215] Allerdings zeigen die zur deutschen Tarifpluralität vorgebrachten Argumente, dass es durchaus möglich ist, dass mehrere Tarifverträge in einem Unternehmen zur Anwendung kommen.[216] Für jeden Arbeitnehmer gelten die Arbeitsbedingungen des auf sein Arbeitsverhältnis anwendbaren Tarifvertrages. Offenbart ein Arbeitnehmer seine jeweilige Gewerkschaftszugehörigkeit nicht, so darf der Arbeitgeber ihn wie einen Nichtorganisierten behandeln.[217] Gehört ein Arbeitnehmer also keinem Arbeitnehmerverbund an, kann Entsprechendes gelten. Dieser Vergleich zeigt, dass eine Einschränkung nicht notwendig i. S. des Anhanges zu Art. 6 Nr. 4 i. v. mit Art. 31 Abs. 1 ESC ist und durchaus mehrere Kollektivvereinbarungen zwischen dem Arbeitgeber und den Arbeitnehmern möglich sind.

e) Fazit

Es bleibt festzuhalten, dass sich die Sonderregelungen des Tarifvertragsrechts nicht durch gesellschaftsrechtliche Instrumente nachbilden lassen. Nicht übersehen werden darf, dass es zudem zu einer mit der Tarifpluralität vergleichbaren Situation kommen kann, wenn verschiedene Arbeitnehmerverbünde für verschiedene Kollektivverhandlungen gegründet werden. Es kann zu einer Konkurrenz zu den im Betrieb vertretenen Gewerkschaften als auch zu anderen

213 Oxford English Dictionary (Vol. I), Stichwort „agreement" (S. 266); Grand Robert (Tome 2), Stichwort „conventions collectives" (S. 900).

214 Vgl. oben S. 69 ff.

215 Oben S. 139 ff.

216 Vgl. *Jacobs,* Tarifeinheit, S. 400 ff.

217 *Reuter,* JuS 1992, 105 (106 f.); *Wank,* in: Wiedemann, § 4 TVG Rn. 287.

Verbünden kommen. Selbst wenn gleichzeitig eine Friedenspflicht vereinbart würde, bestünde diese nur zwischen der jeweils verhandelnden Arbeitnehmergruppe und dem Arbeitgeber. Die Arbeitnehmer wären nicht gehindert, weitere Gesellschaften zu gründen und – gegebenenfalls unter Zuhilfenahme kollektiver Maßnahmen – erneut zu verhandeln. Der Arbeitgeber könnte hierauf nicht reagieren. Dieser Umstand birgt ein großes Missbrauchspotential.[218] Eine Grenze bildete jedenfalls der Rechtsmissbrauch gem. § 242 BGB. Dieser könnte anzunehmen sein, wenn die Arbeitnehmer in identischer oder weit überwiegend gleicher personeller Zusammensetzung aufträten und ähnliche Forderungen zu bereits geregelten Gegenständen stellten. Dadurch würden missbräuchlicherweise bestehende Regelungen in Frage gestellt, obwohl diesbezüglich eine Friedenspflicht besteht. Dieses Problem kann sich ebenso im Rahmen der Tarifpluralität zeigen, da auch hierbei Gewerkschaften konkurrieren können und die vereinbarte Friedenspflicht regelmäßig lediglich relativ wirkt. Rechtssicherheit besteht selbst dort nicht. Eine praktische Umsetzung bei jederzeit zu gründenden Gesellschaften ist nahezu unmöglich ist. Denkbar ist es, die Gründung einer Gesellschaft bürgerlichen Rechts von der Eintragung in ein Register abhängig zu machen.[219] Hinsichtlich der Europäischen Sozialcharta müsste das nötige Verfahren allerdings so ausgestaltet werden, dass spontane und gegebenenfalls von kollektiven Maßnahmen begleitete Kollektivverhandlungen i. S. des Art. 6 Nr. 4 ESC möglich wären. Eher theoretischer Natur dürfte schließlich die Gefahr sein, dass es zu einer Übernahme der Gesellschaftsanteile durch betriebsfremde Personen kommt.

4. „Normenkorporation“

Eine weitere Möglichkeit wurde von *Hueck* im Jahr 1923 beschrieben. Neben vertraglichen Gestaltungsformen sei es denkbar, eine „Normenkorporation“ anzunehmen.[220] Dabei werden Arbeitgeber und Arbeitnehmer Mitglieder einer Gesellschaft.[221] Die beabsichtigten Regelungen werden als Binnenrecht dieser Zweckgemeinschaft vereinbart.[222] Aufgrund dessen sind Arbeitgeber und Arbeitnehmer nicht einander, sondern gegenüber der Gesellschaft verpflichtet, das Vereinbarte in die Individualarbeitsverträge zu übernehmen.[223] Normative

---

[218] Vgl. *Rieble,* NZA 2005, 200 (209 f.).

[219] So schon der Vorschlag von *K. Schmidt,* NJW 2001, 993 (1002) unmittelbar nach dem Grundsatzurteil des BGH v. 29.1.2001, Z 146, 341 (343 ff.) zur Außenrechtsfähigkeit der Gesellschaft bürgerlichen Rechts.

[220] *Hueck,* JherJb 73 (1923), 33 (117 f.).

[221] *Rieble,* NZA 2005, 200 (207) spricht von einem „Gesamtverein“.

[222] *Hueck,* JherJb 73 (1923), 33 (117 f.); *Rieble,* NZA 2005, 200 (207).

[223] *Hueck,* JherJb 73 (1923), 33 (118); *Rieble,* NZA 2005, 200 (207).

Wirkung entfaltet diese Konstruktion indes nicht. Es besteht jedoch die schuldrechtliche Pflicht, die Individualarbeitsverträge entsprechend anzupassen. Eine Regel, wonach das Gesellschaftsrecht als solches Einfluss auf eine Vielzahl von Verträgen haben kann, besteht nicht. Insofern können die Vorgaben des Art. 6 Nr. 4 ESC nicht durch das Modell der „Normenkorporation" umgesetzt werden.

5. Stellvertretung gem. §§ 164 ff. BGB

Eine weitere Möglichkeit, die Vorgaben des Art. 6 Nr. 4 ESC umzusetzen, ist es, Stellvertretung i. S. der §§ 164 ff. BGB anzunehmen.[224] Dabei vertritt eine Delegation von Arbeitnehmern alle verhandlungsbereiten Arbeitnehmer gegenüber dem Arbeitgeber. Die Arbeitnehmer führen somit vertreten durch ihre Vertreter Kollektivverhandlungen mit dem Arbeitgeber.

a) Kollektivvereinbarungen als Vertragsschluss oder Vertragsänderung

Eine Partei trägt der anderen einen Vertragsschluss oder eine Vertragsänderung gem. § 145 BGB an. Hierbei ist es unerheblich, ob die Arbeitnehmerdelegation oder der Arbeitgeber das Angebot macht, da sowohl Angebot als auch Annahme i. S. der §§ 145 ff. BGB als Willenserklärung gem. § 164 Abs. 1 S. 1 BGB oder § 164 Abs. 3 i. V. mit Abs. 1 BGB für und gegen die vertretenen Arbeitnehmer wirken.[225] Soweit die Arbeitnehmer wirksam vertreten worden sind, tritt die unmittelbare Wirkung durch die Änderung der bestehenden Arbeitsverträge oder durch den Abschluss ergänzender Vereinbarungen und damit individuell für jeden vertretenen Arbeitnehmer ein. Es bedarf keiner gesonderten Bekanntmachung der Verhandlungsergebnisse durch den Arbeitgeber und demgemäß keiner konkludenten Annahme der Arbeitnehmer.[226] Die Willenserklärungen werden bereits während der Verhandlungen von den Arbeitnehmervertretern und dem Arbeitgeber abgegeben. Die erzielten Vereinbarungen werden somit unmittelbar Bestandteil der Individualarbeitsverträge.[227] Mittels dieses Ansatzes wird das oben beschriebene Problem gelöst, einer kollektiven Vereinbarung Geltung im Individualarbeitsverhältnis zu verleihen. Die Stellvertretung ermöglicht also die gleichzeitige und vielzahlige Änderung der Arbeitsverträge aller Vertretenen.[228]

---

224 *Däubler,* in: Däubler, Arbeitskampfrecht, § 12 Rn. 29; *ders.,* in: Däubler, Einleitung TVG Rn. 899; vgl. allgemein *Rieble,* RdA 2005, 200 (207).

225 vgl. *Brox/Walker,* BGB AT, Rn. 533; *Schramm,* in: MünchKomm. BGB, § 164 Rn. 129, 133.

226 So aber *Däubler,* in: Däubler, Arbeitskampfrecht, § 12 Rn. 29.

227 *Däubler,* in: Däubler, Arbeitskampfrecht, § 12 Rn. 29; *Rieble,* RdA 2005, 200 (207).

228 Vgl. bereits *Ramm,* Koalitions- und Streikrecht, S. 137; im Ergebnis ebenfalls *Däubler,* in: Däubler, Arbeitskampfrecht, § 12 Rn. 29.

b) Praktische Umsetzung

Allerdings bestehen gleichwohl Schwierigkeiten. Die Vollmacht ist grundsätzlich gem. § 168 S. 2 BGB jederzeit frei widerruflich. Zudem hat der Vertretene ein Weisungsrecht gegenüber dem Vertreter. Das ergibt sich aus § 166 Abs. 2 S. 1 BGB. Alle Arbeitnehmer können ihren Vertretern also Weisungen erteilen oder die Vollmacht widerrufen. Dies kann die Umsetzung zwar komplizieren.[229] Es liegt allerdings in der Sphäre der Arbeitnehmer, ihr kollektives Handeln zu koordinieren. Widerruflichkeit und mögliche Weisungsabhängigkeit sprechen also nicht dagegen, eine kollektive Stellvertretung anzunehmen.

Damit im Zusammenhang steht auch, dass das Offenkundigkeitsprinzip gewahrt bleiben muss. Der Stellvertreter muss gem. § 164 Abs. 1 S. 1 BGB im Namen des Vertretenen handeln. Er muss folglich deutlich machen, dass die Wirkungen des Rechtsgeschäfts nicht ihn, sondern den Vertretenen treffen sollen. Dies muss sich gem. § 164 Abs. 1 Var. 2 BGB jedenfalls aus den Umständen, das heißt aus der Auslegung der Willenserklärung des Vertreters gem. §§ 133, 157 BGB ergeben.[230] Für die Kollektivverhandlungen und eine Kollektivvereinbarung bedeutet das, dass für den Arbeitgeber erkennbar sein muss, für welche Arbeitnehmer die Vereinbarung gelten soll, damit feststeht, welche Arbeitsverträge geändert werden. Ratsam ist es daher, dass die Arbeitnehmervertreter sich eine Vollmachtsurkunde gem. § 172 Abs. 1 BGB ausstellen lassen und diese dem Arbeitgeber vorlegen.[231] Einerseits ist die Urkunde ein Rechtsscheinträger, so dass der (i. S. des § 173 BGB gutgläubige) Arbeitgeber in seinem Vertrauen auf das Bestehen einer Vollmacht geschützt wird.[232] Andererseits kann nach Abschluss der Kollektivvereinbarung aus der Vollmachtsurkunde entnommen werden, welche Arbeitsverträge durch sie geändert wurden. Rechtlich macht es dabei keinen Unterschied, ob die Arbeitnehmer eine Vollmachtsurkunde mit sämtlichen Namen der verhandlungsbereiten Arbeitnehmer vorlegen oder ob jeder Arbeitnehmer eine gesonderte Urkunde ausstellt. Tatsächlich dürfte sich Letzteres als praktisch erweisen, weil das Dokument oder ein Verweis darauf in der jeweiligen Personalakte abgelegt werden kann. Auf diese Weise sind Änderungen und Ergänzungen des Arbeitsvertrages durch die Kollektivvereinbarungen jederzeit ersichtlich.

Zudem bedarf es keiner Geltungserstreckung einer Kollektivvereinbarung auf sämtliche Arbeitnehmer des Betriebes, um dadurch eine Friedenspflicht zu gewährleisten. Die Verhandlungsergebnisse finden Eingang in die Individual-

[229] *Rieble,* RdA 2005, 200 (207).
[230] *Schramm,* in: MünchKomm. BGB, § 164 Rn. 21.
[231] *Brox/Walker,* BGB AT, Rn. 545.
[232] Vgl. *Schramm,* in: MünchKomm. BGB, § 172 Rn. 1.

arbeitsverträge. Das gilt in gleicher Weise für eine Laufzeitvereinbarung. Das individuelle Streikrecht wird durch eine individuelle Friedenspflicht begrenzt. Dabei ist es den Parteien überlassen, den genauen Gegenstand des Streikverbots sowie dessen Dauer zu vereinbaren. Dieses Ergebnis entspricht der Spruchpraxis des Europäischen Ausschusses für Soziale Rechte. Dieser hat festgestellt, dass es mit der Europäischen Sozialcharta sowohl in Einklang steht, eine solche Friedenspflicht überhaupt zu vereinbaren als auch, dass eine solche Pflicht konkludent verabredet werden kann.[233]

Unproblematisch ist schließlich, dass die Verhandlungsführer zugleich ein fremdes als auch ein eigenes Rechtsgeschäft vornehmen. Zunächst vertreten sie als Delegation die verhandlungsbereiten Arbeitnehmer. Da sie als Vertreter handeln, haben die Rechtsfolgen gem. § 164 Abs. 1 S. 1 BGB grundsätzlich keine Wirkung für oder gegen sie.[234] Ein Vertreter kann jedoch gleichzeitig ein Eigengeschäft abschließen.[235] Ob eine Mitverpflichtung gewollt ist, muss im Einzelfall nötigenfalls entsprechend § 164 Abs. 1 S. 2 BGB durch Auslegung der Willenserklärungen gem. §§ 133, 157 BGB festgestellt werden. Wahrt die Arbeitnehmerdelegation die Offenkundigkeit indes durch eine Vollmachtsurkunde, auf der namentlich alle Vertretenen aufgeführt sind, ist diese ohne weiteres möglich. Folglich ist es mit dem hier favorisierten Modell einer Stellvertretung gem. §§ 164 ff. BGB vereinbar, anzunehmen, dass gleichzeitig mit dem Erreichen einer Einigung zwischen den Arbeitnehmern eine Kollektivvereinbarung mit dem Inhalt geschlossen wird, dass kollektive Maßnahmen ausgeschlossen sein sollen. Das deutsche Zivilrecht stellt mit der Stellvertretung gem. §§ 164 ff. BGB somit ein Instrumentarium zur Verfügung, das Kollektivverhandlungen und Kollektivvereinbarungen i. S. des Art. 6 Nr. 4 ESC ermöglicht.

C. Rechtsfolgen kollektiver Maßnahmen i. S. des Art. 6 Nr. 4 ESC

Eine explizite Aussage über die Rechtsfolgen der kollektiven Maßnahmen i. S. des Art. 6 Nr. 4 ESC enthält die Europäischen Sozialcharta nicht.[236] Danach müssen die Rechte durch die Arbeitnehmer allerdings effektiv ausgeübt werden können.[237] Ausgangspunkt ist also ebenso wie im deutschen Arbeitskampfrecht die idealtypische Vorstellung von der Einheit der Rechtsordnung,

---

233 Zur Friedenspflicht oben S. 250 ff.

234 Vgl. *Brox/Walker,* BGB AT, Rn. 533; *Schramm,* in: MünchKomm. BGB, § 164 Rn. 129.

235 *Schramm,* in: MünchKomm. BGB, § 164 Rn. 131.

236 Dies gilt für Art. 11 Abs. 1 EMRK entsprechend, vgl. *Schubert,* AöR 137 (2012), 92 (107 f.).

237 Dazu oben S. 59 ff.

wonach ein erlaubtes Verhalten nicht an anderer Stelle verboten sein kann oder sonst sanktioniert werden darf.[238]

Es ist zu unterscheiden zwischen rechtmäßigen und rechtswidrigen Arbeitskämpfen und dabei zwischen den Auswirkungen auf die Arbeitsvertragsparteien, die Arbeitskampfparteien sowie Dritte. Nach einer kurzen Darstellung der Rechtsfolgen im deutschen Recht ist demgemäß auf die sich durch Art. 6 Nr. 4 ESC ergebenden Besonderheiten einzugehen.[239]

I. Rechtsfolgen für die Arbeitsvertragsparteien

1. Rechtmäßiger Arbeitskampf i. S. des Art. 9 Abs. 3 S. 1 GG

a) Rechtliche Ausgangslage im Individualarbeitsverhältnis

Gem. § 611 BGB stehen die Arbeitspflicht des Arbeitnehmers und die Zahlung des Arbeitsentgelts durch den Arbeitgeber im Synallagma.[240] Weil diese regelmäßig nicht nachgeholt werden kann, handelt es sich um eine absolute Fixschuld.[241] Nimmt ein Arbeitnehmer an einem Streik teil, so erbringt er seine Arbeitsleistung nicht.[242] Wegen der Nichtleistung kann der Arbeitgeber deshalb wegen des Grundsatzes „ohne Arbeit kein Lohn" gem. § 326 Abs. 1 S. 1 Halbs. 2 BGB i. V. mit § 441 Abs. 3 BGB das Arbeitsentgelt entsprechend der Dauer des Streiks mindern.[243] Der Arbeitgeber kann außerdem Schadensersatz wegen Unmöglichkeit gem. §§ 280 Abs. 1, Abs. 3, 283 BGB i. V. mit § 275 Abs. 1 BGB verlangen.[244] Darüber hinaus besteht – grundsätzlich nach vorheriger Abmahnung – die Möglichkeit einer verhaltensbedingten Kündigung.[245] Haben die Parteien eine Vertragsstrafe vereinbart, so kann diese im Falle der Nichtleistung fällig werden.[246]

---

238 St. Rspr. seit BAG v. 28.1.1955, AP Nr. 1 zu Art. 9 GG Arbeitskampf, I. 4. der Gründe (Bl. 6); zu den Einschränkungen dieser idealtypischen Vorstellung vgl. oben S. 36 f.

239 Dazu unten S. 358 ff.

240 *Junker,* Arbeitsrecht, Rn. 200; *Preis,* in: ErfK, § 611 BGB Rn. 389, 639; *Wollenschläger,* Arbeitsrecht, Rn. 132.

241 Zur Abgrenzung der absoluten Fixschuld vom Verzug vgl. *Reichold,* MünchArbR, § 39 Rn. 5, 8 ff.

242 *Preis,* in: ErfK, § 611 BGB Rn. 696 ff., 700.

243 *Hromadka/Maschmann,* Arbeitsrecht 1, § 6 Rn. 1, § 8 Rn. 21; *Müller-Glöge,* in: MünchKomm. BGB, § 611 Rn. 1039; *Preis,* in: ErfK, § 611 BGB Rn. 679, 697; vgl. auch *Ernst,* in: MünchKomm. BGB, § 326 Rn. 19.

244 *Hromadka/Maschmann,* Arbeitsrecht 1, § 8 Rn. 20; *Preis,* in: ErfK, § 611 BGB Rn. 700; *Reichold,* MünchArbR, § 39 Rn. 35.

245 *Hromadka/Maschmann,* Arbeitsrecht 1, § 8 Rn. 22; *Preis,* in: ErfK, § 611 BGB Rn. 706; *Reichold,* MünchArbR, § 39 Rn. 59.

246 *Müller-Glöge,* in: MünchKomm. BGB, § 611 Rn. 1042 ff.; *Preis,* in: ErfK, § 611 BGB Rn. 705; *Reichold,* MünchArbR, § 39 Rn. 47 ff.

b) Suspendierung der arbeitsvertraglichen Hauptleistungspflichten

Im deutschen Recht führt der rechtmäßige Streik zu einer Suspendierung der im Synallagma stehenden Hauptleistungspflichten und nicht zu einer Lösung des Arbeitsverhältnisses.[247] Das Arbeitsverhältnis endet also nicht und die arbeitskampfbedingte Arbeitsniederlegung berechtigt nicht zur Kündigung.[248] Die Verpflichtung zur Erbringung der Arbeitsleistung ruht demnach lediglich für die Dauer des Streiks.[249] Entsprechendes gilt für das Arbeitsentgelt. Dieses unstreitige Ergebnis wird allerdings unterschiedlich begründet. Überwiegend wird angenommen, dass die Suspendierung im Wesen des Streiks liege.[250] Man kann allerdings auch vertreten, dass sich aus der Gewährleistung des Streiks in Art. 9 Abs. 3 S. 1 GG i. V. mit den §§ 320 ff. BGB ein Leistungsverweigerungsrecht ergebe, weil die Leistung grundsätzlich das Schicksal der Gegenleistung teile.[251] Dagegen ist vorgebracht worden, es sei widersprüchlich, die Vorenthaltung der Arbeitsleistung einerseits durch Art. 9 Abs. 3 S. 1 GG gerechtfertigt zu sehen, aber andererseits die Suspendierung der Lohnzahlungspflicht als Leistungsstörung i. S. der §§ 320 ff. BGB zu qualifizieren.[252] Deshalb ist vorgeschlagen worden, ein spezifisch arbeitskampfrechtliches Lohnverweigerungsrecht sui generis anzunehmen.[253] Das Bundesarbeitsgericht jedenfalls geht mit der überwiegenden Literatur unabhängig von näherer dogmatischer Betrachtung davon aus, dass die Suspendierung des Arbeitsentgelts „keiner weiteren Begründung“ bedarf.[254]

Zu beachten ist, dass lediglich die Hauptpflichten suspendiert werden, während die Nebenpflichten i. S. des § 241 BGB vom Arbeitskampf unberührt blei-

---

247 Zur dieser geschichtlichen Entwicklung *Kissel,* Arbeitskampfrecht, § 2 Rn. 36 f.; *Otto,* Arbeitskampf- und Schlichtungsrecht, § 2 Rn. 15 ff.

248 St. Rspr. seit BAG v. 28.1.1955, AP Nr. 1 zu Art. 9 GG Arbeitskampf, I. 7. der Gründe (Bl. 8 f.); *Gamillscheg,* Kollektives Arbeitsrecht I, S. 1182, 1188 f.; *Hromadka/Maschmann,* Arbeitsrecht 2, § 14 Rn. 96; *Kissel,* Arbeitskampfrecht, § 23 Rn. 23, § 46 Rn. 1 ff.; *Otto,* Arbeitskampf- und Schlichtungsrecht, § 2 Rn. 15 ff.

249 St. Rspr. seit BAG v. 28.1.1955, AP Nr. 1 zu Art. 9 GG Arbeitskampf, I. 6. der Gründe (Bl. 7 ff.); *Brox,* in: Brox/Rüthers, Arbeitskampfrecht, Rn. 294; *Gamillscheg,* Kollektives Arbeitsrecht I, S. 1184 f.; *Hromadka/Maschmann,* Arbeitsrecht 2, § 14 Rn. 94, Rn. 97; *Kissel,* Arbeitskampfrecht, § 46 Rn. 7; *Öğüt,* in: Däubler, Arbeitskampfrecht, § 19 Rn. 1 ff.

250 *Brox,* in: Brox/ Rüthers, Arbeitskampfrecht, Rn. 294; *Gamillscheg,* Kollektives Arbeitsrecht I, S. 1188 ff.; *ders.,* Grundrechte, S. 97; *Hromadka/Maschmann,* Arbeitsrecht 2, § 14 Rn. 94; *Kissel,* Arbeitskampfrecht, § 46 Rn. 8; *Otto,* Arbeitskampf- und Schlichtungsrecht, § 14 Rn. 2.

251 So etwa BAG v. 17.7.1970, AP Nr. 3 zu § 11 MuSchG 1968, II. 1. der Gründe (Bl. 1R f.); *Nikisch,* Arbeitsrecht I, S. 612.

252 *Brox,* in: Brox/Rüthers, Arbeitskampfrecht, Rn. 294; *Seiter,* Streik- und Aussperrungsrecht, S. 296; allgemein *Söllner,* AcP 167 (1967), 132 (136 f.).

253 *Seiter,* Streik- und Aussperrungsrecht, S. 296.

254 BAG v. 15.1.1991, AP Nr. 114 zu Art. 9 GG Arbeitskampf, I. 3. der Gründe (Bl. 2).

ben.[255] Folglich kommen bei ihrer Verletzung insbesondere Schadensersatzansprüche gem. § 280 Abs. 1 BGB in Betracht.[256]

c) Keine Schadensersatzpflicht

Geht man davon aus, dass der rechtmäßige Streik die Hauptleistungspflichten suspendiert, so können deshalb aufgrund der Arbeitsniederlegung weder vertragliche noch deliktische Schadensersatzansprüche bestehen.[257] Während des Streiks besteht keine Arbeitspflicht, die durch das Fernbleiben des Arbeitnehmers verletzt werden könnte.[258] Die Arbeitsniederlegung ist aufgrund Art. 9 Abs. 3 S. 1 GG gerechtfertigt.[259] Außer Betracht bleiben Exzesse und Nebenpflichtverletzungen, die den Arbeitnehmer auch während des rechtmäßigen Arbeitskampfes zum Schadensersatz verpflichten können.[260]

d) Ausschluss des Abmahnungs- und des Kündigungsrechts

Aus den eben genannten Gründen ist grundsätzlich eine Kündigung wegen einer Streikteilnahme unzulässig.[261] Für diejenigen Arbeitnehmer, auf deren Arbeitsverhältnis das Kündigungsschutzgesetz Anwendung findet, stellt § 25 KSchG dies ausdrücklich klar.[262] Tatsächliche Relevanz hat diese Norm allerdings nicht oder kaum[263] mehr, da Arbeitskampfmittel ausschließlich suspendierende, aber keine lösende Wirkung entfalten.[264] Daher ist eine streikbedingte Kündigung auch außerhalb des allgemeinen Kündigungsschutzes gem. § 134 BGB i. V. mit Art. 9 Abs. 3 S. 2 GG unzulässig.[265]

---

255 *Hromadka/Maschmann,* Arbeitsrecht 2, § 14 Rn. 100; *Junker,* Arbeitsrecht, Rn. 623; *Kissel,* Arbeitskampfrecht, § 46 Rn. 5 f.; *Otto,* Arbeitskampf- und Schlichtungsrecht, § 14 Rn. 2.

256 *Preis,* in: ErfK, § 611 BGB Rn. 748.

257 *Brox,* in: Brox/Rüthers, Arbeitskampfrecht, Rn. 307; *Gamillscheg,* Kollektives Arbeitsrecht I, S. 1186, 1201; *Öğüt,* in: Däubler, Arbeitskampfrecht, § 19 Rn. 43.

258 Vgl. *Fischermeier,* in: Etzel u. a., GK-KR, § 626 BGB Rn. 410; *Gamillscheg,* Grundrechte, S. 97; *Öğüt,* in: Däubler, Arbeitskampfrecht, § 19 Rn. 43; *Richardi,* FS Säcker, 285 (297 f.); *Seiter,* Streik- und Aussperrungsrecht, S. 271.

259 *Gamillscheg,* Kollektives Arbeitsrecht I, S. 933; *Richardi,* FS Säcker, 285 (291).

260 *Brox,* in: Brox/Rüthers, Arbeitskampfrecht, Rn. 307.

261 BAG v. 28.1.1955, AP Nr. 1 zu Art. 9 GG Arbeitskampf, I. 7. der Gründe (Bl. 8 f.); *Fischermeier,* in: Etzel u. a., GK-KR, § 626 BGB Rn. 410; *Gamillscheg,* Kollektives Arbeitsrecht I, S. 1187; *Hromadka/Maschmann,* Arbeitsrecht 2, § 14 Rn. 112; *Junker,* Arbeitsrecht, Rn. 624; *Kissel,* Arbeitskampfrecht, § 46 Rn. 93; *Otto,* Arbeitskampf- und Schlichtungsrecht, § 14 Rn. 23; *Zöllner/Loritz/Hergenröder,* Arbeitsrecht, S. 450.

262 *Moll,* in: Ascheid/Preis/Schmidt, Kündigungsrecht, § 25 KSchG Rn. 3.

263 Dazu *Kissel,* Arbeitskampfrecht, § 46 Rn. 92.

264 BAG v. 26.4.1988, AP Nr. 101 zu Art. 9 GG Arbeitskampf, B. II. 2. c. dd. der Gründe (Bl. 4R); *Kiel,* in: ErfK, § 25 KSchG Rn. 2; *Öğüt,* in: Däubler, Arbeitskampfrecht, § 19 Rn. 44; *Zöllner/Loritz/Hergenröder,* Arbeitsrecht, S. 450.

265 *Kiel,* in: ErfK, § 25 KSchG Rn. 3; *Öğüt,* in: Däubler, Arbeitskampfrecht, § 19 Rn. 46.

e) Streikgeld

Da die Hauptleistungspflichten während des rechtmäßigen Streiks suspendiert sind, erhält der Arbeitnehmer für diese Zeit kein Arbeitsentgelt.[266] Grundsätzlich sind sie daher arbeitslos i. S. des § 136 Abs. 1 Nr. 1 SGB III n. F. (ex § 117 Abs. 1 Nr. 1 SGB III a. F.).[267] Wegen der Neutralitätspflicht des Staates während des Arbeitskampfes haben die Streikenden gem. § 160 Abs. 1 S. 1 SGB III n. F. (ex § 146 Abs. 1 S. 1 SGB III) dennoch keinen Anspruch auf Arbeitslosengeld.[268] Anderenfalls würde in das Kräftegleichgewicht zwischen den Arbeitskampfparteien eingegriffen.[269] Die Streikenden sind folglich für die Zeit des Arbeitskampfes ohne Einkommen. Deshalb kann ein Anspruch auf Sozialhilfe gem. §§ 17, 19 Abs. 1 SGB XII bestehen.[270] Voraussetzung ist, dass der Arbeitnehmer seinen notwendigen Lebensunterhalt i. S. der §§ 27, 17 SGB XII nicht aus eigenen Mitteln bestreiten kann, da die Sozialhilfe gem. § 2 SGB XII nachrangig ist.[271] Gewerkschaftsmitglieder erhalten allerdings für diese Zeit als Ausgleich für den Wegfall finanzielle Unterstützung durch ihre Gewerkschaft.[272] Dadurch werden die finanziellen Einbußen ausgeglichen oder zumindest abgefedert,[273] so dass sie bei der Bestimmung des zu berücksichtigenden Einkommens i. S. des §§ 82 ff. SGB XII einzubeziehen sind.[274]

2. Rechtswidriger Arbeitskampf i. S. des Art. 9 Abs. 3 S. 1 GG

Im Falle eines rechtswidrigen Arbeitskampfes treten die oben genannten Folgen ein.[275] Die Arbeitsniederlegung stellt eine ungerechtfertigte Pflichtverlet-

---

266 Dazu oben S. 344 f.

267 *Rolfs,* in: ErfK, § 146 SGB III Rn. 4.

268 Dazu *Düe,* in: Niesel/Brand, § 146 SGB III Rn. 3 ff.; *Mutschler,* in: Mutschler/Bartz/Schmidt-De Caluwe, § 146 SGB III Rn. 47 ff., 50 ff.; *Rolfs,* in: ErfK, § 146 SGB III Rn. 5.

269 BSG v. 5.6.1991, E 69, 25 (36 f.).

270 *Gamillscheg,* Kollektives Arbeitsrecht I, S. 1196, 1275 mit dem Hinweis, dass bei einem längeren Arbeitskampf erhebliche Belastungen für die jeweiligen Leistungsträger entstehen können.

271 BGH v. 19.1.2011, NJW 2011, 1586 (1588); *Armbrüster,* FS Säcker, 13 (13, 22); *Otto,* Arbeitskampf- und Schlichtungsrecht, § 18 Rn. 16; *Wahrendorf,* in: Grube/Wahrendorf, § 2 SGB XII Rn. 2: „das letzte Netz sozio-ökonomischer Sicherung".

272 BAG v. 10.6.1980, AP Nr. 64 zu Art. 9 GG Arbeitskampf, A. v. 2. b. der Gründe (Bl. 11); *Brox,* in: Brox/Rüthers, Arbeitskampfrecht, Rn. 350; *Gamillscheg,* Kollektives Arbeitsrecht I, S. 1288 f.; *Otto,* Arbeitskampf- und Schlichtungsrecht, § 14 Rn. 31.

273 Beispiele zur Höhe des Streikgeldes verschiedener Gewerkschaften nennt *Otto,* Arbeitskampf- und Schlichtungsrecht, § 14 Rn. 31.

274 *Otto,* Arbeitskampf- und Schlichtungsrecht, § 18 Rn. 16, dort in Rn. 1 ff. ausführlich zu den sozialrechtlichen Auswirkungen des rechtmäßigen Streiks; vgl. auch *Hohm,* in: Schellhorn/Schellhorn/Hohm, § 82 SGB XII Rn. 12.

275 Dazu oben S. 344 ff.

zung des Arbeitsvertrages dar.[276] Aus diesem Grund ist der Arbeitgeber zu sämtlichen Sanktionen berechtigt, die das Individualarbeitsrecht zur Verfügung stellt.[277] Erst recht verliert der rechtswidrig streikende Arbeitnehmer den Anspruch auf das Arbeitsentgelt.[278]

Beim rechtswidrigen Streik können neben den vertraglichen Schadensersatzansprüchen solche aus Delikt gem. § 823 Abs. 1 BGB bestehen. Der Tatbestand der Norm erfasst jeden Eingriff in eines der genannten Rechtsgüter, in das Eigentum als ausdrücklich genanntes sowie den Verstoß gegen ein sonstiges absolutes Recht.[279] Es ist umstritten, ob ein deliktischer Anspruch gem. § 823 Abs. 1 BGB wegen Eingriffs in den eingerichteten und ausgeübten Gewerbebetrieb gegen den einzelnen Arbeitnehmer besteht.[280] Dieses Recht ist als „sonstiges Recht" i. S. des § 823 Abs. 1 BGB zwar von der Rechtsprechung[281] und Teilen der Literatur[282] anerkannt. Allerdings wird es teils bestritten.[283] Anerkennt man jedoch das Recht als „sonstiges Recht", so haften sämtliche Streikteilnehmer als Gesamtschuldner gem. §§ 823 Abs. 1, 830, 840 BGB i. V. mit § 421 BGB.[284] Hiergegen spricht allerdings, dass der Tatbestand des eingerichteten und ausgeübten Gewerbebetriebes als sonstiges Recht entstehungsgeschichtlich einen Eingriff von außen voraussetzt.[285] Andererseits ist für den Geschädigten

---

276 *Hromadka/Maschmann,* Arbeitsrecht 2, § 14 Rn. 147 f.

277 BAG v. 17.12.1958, AP Nr. 3 zu § 1 TVG Friedenspflicht, 4. der Gründe (Bl. 2 f.) sowie oben S. 344 f.

278 *Brox,* in: Brox/Rüthers, Arbeitskampfrecht, Rn. 324; *Gamillscheg,* Kollektives Arbeitsrecht I, S. 1202; *Kissel,* Arbeitskampfrecht, § 47 Rn. 65.

279 *A. Staudinger,* in: Jauernig, § 823 BGB Rn. 2; *G. Wagner,* in: MünchKomm. BGB, § 823 Rn. 304; *Zielke,* BB 2005, 1274 (1274 f.).

280 Ausführlich zum Streitstand statt vieler *Gamillscheg,* Kollektives Arbeitsrecht I, S. 1208 und *Richardi,* FS Säcker, 285 (289 ff.) jeweils m. z. N.

281 BGH v. 26.10.1951, Z 3, 270 (278 ff.); v. 9.12.1958, Z 29, 65 (69 ff.); v. 30.5.1972, Z 59, 30 (34); v. 20.1.1981, Z 80, 25 (27); v. 24.1.2006, Z 166, 84 (107 f. [Rn. 91]); BAG v. 4.5.1955, AP Nr. 2 zu Art. 9 GG Arbeitskampf (Bl. 1R); v. 20.12.1963, AP Nr. 34 zu Art. 9 GG Arbeitskampf, II. der Gründe (Bl. 2R f.); v. 5.3.1985, AP Nr. 85 zu Art. 9 GG Arbeitskampf, II. 1. der Gründe (Bl. 3); v. 8.11.1988, AP Nr. 111 zu Art. 9 GG Arbeitskampf, A. III. 1. der Gründe (Bl. 4 f.); v. 9.4.1991, AP Nr. 116 zu Art. 9 GG Arbeitskampf, I. der Gründe (Bl. 2).

282 *Dieterich,* in: ErfK, Art. 9 GG Rn. 232; *Otto,* Arbeitskampf- und Schlichtungsrecht, § 15 Rn. 6 ff.; *Sprau,* in: Palandt, § 823 Rn. 126.

283 *Canaris,* VersR 2005, 577 (582 f.); *Larenz/Canaris,* Lehrbuch II/2 S. 544 ff., 560 ff. sowie speziell zum Streik S. 559 f.; *Medicus/Petersen,* Bürgerliches Recht, Rn. 614 f.; *Picker,* ZfA 2010, 499 (573 ff.); *Sack,* VersR 2006, 1001 (1003 ff.).

284 BAG v. 4.5.1955, AP Nr. 2 zu Art. 9 GG Arbeitskampf (Bl. 1R); v. 17.12.1958, AP Nr. 3 zu § 1 TVG Friedenspflicht, 4. der Gründe (Bl. 3); *Hromadka/Maschmann,* Arbeitsrecht 2, § 14 Rn. 145; *Zielke,* BB 2005, 1274 (1275).

285 *G. Wagner,* in: MünchKomm. BGB, § 823 Rn. 194; a. A. etwa *Hromadka/Maschmann,* Arbeitsrecht 2, § 14 Rn. 145.

unerheblich, ob die Produktion wegen äußerer oder innerer Umstände beeinträchtigt wird.[286] Der einzelne, rechtswidrig streikende Arbeitnehmer erbringt indes lediglich seine Arbeitspflicht nicht, so dass eine Vertragsverletzung in deliktisches Handeln umgedeutet wird.[287] Der Anspruch des Arbeitgebers auf die Arbeitsleistung wird auf diese Weise deliktisch geschützt, was zu einer Vermischung vertraglicher und deliktischer Ansprüche führt.[288] Ein rechtswidriger Streik stellt daher keinen Eingriff in den Gewerbebetrieb dar.[289] Darüber hinaus ist zu bedenken, dass eine Betriebsstilllegung einen erheblichen Schaden verursachen kann. Der Anspruch wird also kaum je zu erfüllen sein, so dass es sich letztlich um einen dogmatischen Streit ohne praktische Auswirkungen handelt.[290] Der Arbeitgeber wird vielmehr daran interessiert sein, dem rechtswidrig Streikenden außerordentlich zu kündigen. Der hierfür erforderliche Vertrauensbruch ist in der ungerechtfertigten Arbeitsniederlegung zu sehen.[291]

Diese für den Arbeitnehmer nachteiligen Rechtsfolgen können lediglich dann entfallen, wenn die Teilnahme am Streik auf einem Irrtum über die Rechtmäßigkeit des Arbeitskampfes beruhte.[292] Dabei ist zwischen den verschiedenen Sanktionen wie Schadensersatz, Mahnung und Kündigung sowie einer etwaigen Vertragsstrafe zu differenzieren. Für einen Schadensersatzanspruch aus Vertrag ist gem. §§ 280 ff. BGB die Pflichtverletzung Voraussetzung für die Haftung.[293] Diese ist gem. § 280 Abs. 1 S. 2 BGB objektiv zu bestimmen, so dass es nicht auf einen Irrtum ankommt.[294] Ein entschuldigender Rechtsirrtum kann somit im Rahmen des Vertretenmüssens gem. §§ 276 ff. BGB von Bedeutung sein.[295] Allerdings werden hohe Anforderungen gestellt, die der Schädiger wegen Beweislastumkehr in § 280 Abs. 1 S. 2 BGB darzulegen und zu beweisen

---

286 *Brox,* in: Brox/Rüthers, Arbeitskampfrecht, Rn. 335; *Zielke,* BB 2005, 1274 (1275).

287 *Franke/Geraats,* DB 1986, 965 (969 mit Fn. 40); *Otto,* Arbeitskampf- und Schlichtungsrecht, § 15 Rn. 41.

288 *Brox,* in: Brox/Rüthers, Arbeitskampfrecht, Rn. 335; *Buchner,* Unternehmensschutz, S. 147 ff.

289 *Brox,* in: Brox/Rüthers, Arbeitskampfrecht, Rn. 335; *Otto,* Arbeitskampf- und Schlichtungsrecht, § 15 Rn. 41; *Gamillscheg,* Kollektives Arbeitsrecht I, S. 1208 f.; a. A. *Zielke,* BB 2005, 1274 (1275).

290 *Hromadka/Maschmann,* Arbeitsrecht 2, § 14 Rn. 145.

291 BAG v. 21.10.1969, AP Nr. 41 zu Art. 9 GG Arbeitskampf, 4. b. der Gründe (Bl. 4); *Zöllner/Loritz/Hergenröder,* Arbeitsrecht, S. 449.

292 BAG v. 21.3.1978, AP Nr. 62 zu Art. 9 GG Arbeitskampf, III. 2. der Gründe (Bl. 4R f.); v. 29.11.1983, AP Nr. 78 zu § 626 BGB, III. 2. a. (Bl. 7 f.) und IV. 2. a. (Bl. 8 R) der Gründe; *Franke/Geraats,* DB 1986, 965 (969); *Hromadka/Maschmann,* Arbeitsrecht 2, § 14 Rn. 145; *Zielke,* BB 2005, 1274 (1274).

293 *Ernst,* in: MünchKomm. BGB, § 280 Rn. 1.

294 *Schulze,* in: Schulze u. a., § 280 BGB Rn. 8; *Stadler,* in: Jauernig, § 280 BGB Rn. 20.

295 *Kissel,* Arbeitskampfrecht, § 47 Rn. 70; *Öğüt,* in: Däubler, Arbeitskampfrecht, § 22 Rn. 13; *Stadler,* in: Jauernig, § 276 BGB Rn. 21 f., 30.

hat.[296] Grundsätzlich muss man voraussetzen, dass die Arbeitnehmer, die sich zu einem Streik entschließen, die wesentlichen Grundzüge der ständigen Rechtsprechung des Bundesarbeitsgerichts, des Bundesverfassungsgerichts und des Bundesgerichtshofs zu den Voraussetzungen eines rechtmäßigen Streiks kennen oder sich entsprechend informieren, so dass ein Rechtsirrtum kaum je in Betracht kommt.[297] Es besteht jedoch eine Tatsachenvermutung, dass der von einer Gewerkschaft ausgerufene Streik zumindest hinsichtlich des erstrebten Ziels, die Arbeits- und Wirtschaftsbedingungen zu regeln, rechtmäßig ist.[298] Die Beweislast ist daher insoweit umgekehrt, als dass der Arbeitgeber darlegen und beweisen muss, dass die Gewerkschaft ein unzulässiges Ziel verfolgt.[299] Wenn der Arbeitnehmer diesbezüglich auf die Rechtmäßigkeit des Streiks vertraut, kann ein zu berücksichtigender Irrtum bestehen.[300] Eine Rechtsvermutung, dass stets sämtliche weiteren Voraussetzungen eines rechtmäßigen Streiks vorliegen, ergibt sich allerdings aus dem gewerkschaftlichen Ausruf nicht.[301]

Ähnliches gilt für Mahnung und Kündigung, wenn sich der Arbeitnehmer über die Zulässigkeit seines objektiv pflichtwidrigen Verhaltens irrt.[302] Zwar ist eine Kündigung trotz des Irrtums nicht ausgeschlossen.[303] Zugunsten des Arbeitnehmers sind allerdings alle Umstände des Einzelfalls zu berücksichtigen, so dass auch ein solcher unverschuldeter Rechtsirrtum in die umfassende

---

[296] BGH v. 3.12.2007, WM 2008, 391 (394); weniger streng dagegen BGH v. 22.11.2007, Z 174, 255 (260 f. [Rn. 17]); *Ernst,* in: MünchKomm. BGB, § 280 Rn. 31, § 286 Rn. 109, 112; *Schulze,* in: Schulze u. a., § 276 BGB Rn. 7, 12 f.

[297] *Franke/Geraats,* DB 1986, 965 (969); *Zielke,* BB 2005, 1274 (1274).

[298] BAG v. 19.6.1973, AP Nr. 47 zu Art. 9 GG Arbeitskampf, A. II. 1. der Gründe (Bl. 3R); v. 29.11.1983, AP Nr. 78 zu § 78 zu § 626 BGB, III. 1. a. der Gründe (Bl. 6 f.); *Gamillscheg,* Kollektives Arbeitsrecht I, S. 1066 f.; *Otto,* Arbeitskampf- und Schlichtungsrecht, § 5 Rn. 18.

[299] *Otto,* Arbeitskampf- und Schlichtungsrecht, § 5 Rn. 18.

[300] BAG v. 14.10.1960, AP Nr. 24 zu § 123 GewO (Bl. 2R); v. 14.2.1978, AP Nr. 59 zu Art. 9 GG Arbeitskampf, 6. der Gründe (Bl. 2R); v. 29.11.1983, AP Nr. 78 zu § 626 BGB, III. 1. a. der Gründe (Bl. 6 f.); *Kissel,* Arbeitskampfrecht, § 47 Rn. 71; *Kliemt/Vollstädt,* NZA 2003, 357 (361); *Seiter,* Streik- und Aussperrungsrecht, S. 380.

[301] Vgl. BAG v. 19.6.1973, AP Nr. 47 zu Art. 9 GG Arbeitskampf, A. II. 1. der Gründe (Bl. 3R f.); klarstellend v. 29.11.1983, AP Nr. 78 zu § 78 zu § 626 BGB, III. 1. a. der Gründe (Bl. 6 f.); *Kissel,* Arbeitskampfrecht, § 47 Rn. 71; *Otto,* Arbeitskampf- und Schlichtungsrecht, § 5 Rn. 18; a. A. *Bieback/Wroblewski,* in: Däubler, Arbeitskampfrecht, § 17 Rn. 16; *Dorndorf,* in: Dorndorf/Weiss, Rechtsschutz, S. 49.

[302] *Dörner/Vossen,* in: Ascheid/Preis/Schmidt, Kündigungsrecht, § 1 KSchG Rn. 277; *Linck,* in: v. Hoyningen-Huene/Linck, § 1 KSchG Rn. 475 ff.

[303] BAG v. 12.4.1973, AP Nr. 24 zu § 611 BGB Direktionsrecht, II. 7. der Gründe (Bl. 6 f.); v. 14.2.1978, AP Nr. 58 zu Art. 9 GG Arbeitskampf, 4. der Gründe (Bl. 3R); v. 27.4.2006, AP Nr. 203 zu § 626, Rn. 16, 23; *Dörner/Vossen,* in: Ascheid/Preis/Schmidt, Kündigungsrecht, § 1 KSchG Rn. 277; *Kliemt/Vollstädt,* NZA 2003, 357 (361); *Linck,* in: v. Hoyningen-Huene/Linck, § 1 KSchG Rn. 476.

Interessenabwägung mit einzustellen sein kann.[304] Stellt sich das pflichtwidrige Verhalten daher im Einzelfall als unverschuldeter Rechtsirrtum dar, kann die Kündigung ungerechtfertigt sein.[305] Hinsichtlich einer Vertragsstrafe ist im Zweifel eine Auslegung gem. §§ 133, 157 BGB vorzunehmen, ob diese auch im Falle eines Irrtums fällig werden soll.[306] Dabei steht es gem. § 311 BGB grundsätzlich im Belieben der Parteien, die Tatbestandsvoraussetzungen einer Vertragsstrafe zu bestimmen.[307]

3. Anpassungsbedarf aufgrund der Gewährleistungen des Art. 6 Nr. 4 ESC

Eine kollektive Maßnahme i. S. des Art. 6 Nr. 4 ESC ist rechtmäßig, wenn sie vom Schutzbereich der Norm erfasst wird und nicht gegen gerechtfertigte Einschränkungen i. S. des Art. 31 ESC verstößt.[308] Die Europäische Sozialcharta stellt kein unmittelbar geltendes Recht dar. Die Normen sind ausschließlich im Wege der völkervertragsfreundlichen Auslegung zu berücksichtigen.[309] Folglich ist das deutsche Arbeitskampfrecht daraufhin zu überprüfen, ob die Vorgaben der Europäischen Sozialcharta zu Änderungen zwingen.

a) Rechtmäßige kollektive Maßnahmen i. S. des Art. 6 Nr. 4 ESC

aa) Suspendierung der arbeitsvertraglichen Hauptleistungspflichten

Der Wortlaut des Art. 6 Nr. 4 ESC enthält keine ausdrückliche Aussage darüber, welche Rechtsfolgen sich aus einem rechtmäßigen oder rechtswidrigen Streik ergeben. Der Einleitungssatz des Art. 6 ESC besagt, dass die genannten Rechte effektiv wahrgenommen werden können müssen. Dies ist jedenfalls dann nicht der Fall, wenn den Arbeitnehmern Nachteile durch die Ausübung entstehen. Folglich gibt die Europäische Sozialcharta das Ergebnis vor. Die durch Art. 6 Nr. 4 ESC geschützten und somit rechtmäßigen Handlungen dürfen durch das nationale Recht also nicht sanktioniert werden. Ein Streik stellt daher keine Ver-

---

304 BAG v. 12.4.1973, AP Nr. 24 zu § 611 BGB Direktionsrecht, II. 7. der Gründe (Bl. 6 f.); v. 27.4.2006, AP Nr. 203 zu § 626, Rn. 19; *Dörner/Vossen,* in: Ascheid/Preis/Schmidt, Kündigungsrecht, § 1 KSchG Rn. 277; *Linck,* in: v. Hoyningen-Huene/Linck, § 1 KSchG Rn. 476.

305 *Kliemt/Vollstädt,* NZA 2003, 357 (361).

306 BGH v. 20.9.1960, Z 33, 163 (164 f.); v. 20.6.1991, NJW-RR 1991, 1318 (1319); OLG München v. 13.1.2005, GRUR 2005, 695 (696); *Gottwald,* in: MünchKomm. BGB, § 339 Rn. 7; *Grüneberg,* in: Palandt, § 339 Rn. 11.

307 *Reichold,* MünchArbR, § 39 Rn. 51.

308 Dazu oben S. 268 ff.

309 Dazu oben S. 191 ff.

letzung der arbeitsvertraglichen Pflichten dar.[310] Etwas anderes gilt nur dann, wenn die jeweilige Maßnahme ihrerseits aufgrund Art. 31 Abs. 1 ESC gerechtfertigt ist.[311]

Eine gem. Art. 6 Nr. 4 ESC zulässige kollektive Maßnahme kann wie ein rechtmäßiger Streik zur Suspendierung der arbeitsvertraglichen Hauptleistungspflichten führen. Die durch die Rechtsprechung und die überwiegende Literatur zu Art. 9 Abs. 3 S. 1 GG entwickelten Grundsätze stellen eine effektive Ausübung insbesondere des Streikrechts sicher.[312] Für kollektive Maßnahmen, die den Gewährleistungen des Art. 6 Nr. 4 ESC entsprechen, ergeben sich also keine Besonderheiten. Die Suspendierung der Hauptleistungspflichten stellt daher nach nationalem und völkervertraglichem Recht eine Möglichkeit dar, um die Ausübung der Rechte aus Art. 6 Nr. 4 ESC sicherzustellen. Sie ist insbesondere deshalb effektiv, weil das Arbeitsverhältnis nicht gelöst wird und die Arbeitnehmer aus diesem Grund eher kollektive Maßnahmen durchführen werden, als dass dies der Fall wäre, wenn sie nach Auflösung des Arbeitsverhältnis auf einen Wiedereinstellungsanspruch gegen den Arbeitgeber angewiesen wären. Darüber hinaus ist der Lohnverlust wegen streikbedingter Arbeitsniederlegung kein deutsches Phänomen. In den meisten europäischen Staaten führt ein Streik dazu, dass die Lohnzahlungspflicht entfällt.[313] Folglich steht Art. 6 Nr. 4 ESC einer Suspendierung des Lohns während eines Arbeitskampfes nicht entgegen.

Von einer verhältnismäßigen Kürzung des Arbeitsentgeltes geht gleichermaßen der Europäische Ausschuss für Soziale Rechte aus.[314] Entsprechend können die Streikenden sonstiger Gegenleistungen des Arbeitgebers anteilig für die Dauer des Streiks verlustig gehen.[315] Die Rechtsfolge eines rechtmäßigen Streiks darf allerdings keinen pönalen Charakter haben.[316] Es kommt nicht zu einer endgültigen Beendigung des Arbeitsverhältnisses.[317] Selbst ein zwölf-

[310] conclusions 2006, vol. 1, S. 51; conclusions 2006, vol. 2, S. 814; conclusions 2010, vol. 1, S. 100, 125; conclusions 2010, vol. 2, S. 636; conclusions XIX-3, S. 82.

[311] Dazu oben S. 123 ff.

[312] Zum deutschen Tarif- und Arbeitskampfrecht oben S. 211 ff.

[313] *Gamillscheg*, Kollektives Arbeitsrecht I, S. 1188 ff. m. z. N. aus europäischen Rechtsordnungen.

[314] conclusions XIII-2, S. 281; conclusions XIII-5, S. 181; conclusions XIV-1, vol. 1, S. 161, 184 f., 227, 269 f., 407; conclusions XIV-1, vol. 2, S. 110 f.; conclusions XV-1, vol. 1, S. 199, 252; complaint 9/2000 (CFE-CGC . /. Frankreich), Rn. 49 f.; complaint 16/2003 (CFE-CGC . /. Frankreich), Rn. 63; conclusions 2006, vol. 1, S. 51; conclusions 2010, vol. 1, S. 100, 126, 266, 295; conclusions 2010, vol. 2, S. 636.

[315] conclusions XV-1, vol. 1, S. 201.

[316] conclusions X-2, S. 76; conclusions XVIII-1, vol. 2, S. 520 f.; conclusions 2006, vol. 1, S. 308 f.

[317] Committee of Ministers, recommendation no. R ChS (93) 3 v. 7.9.1993; conclusions I, S. 40; conclusions IX, S. 56; conclusions XII-1, S. 130 f.; conclusions XIV-1, vol. 1, S. 161,

wöchiger Kündigungsschutz während eines Streiks genügt den Anforderungen des Art. 6 Nr. 4 ESC nicht.[318] Erst recht darf keine selektive Kündigung der nichtorganisierten Streikteilnehmer erfolgen.[319] Eine lediglich „formale" Kündigung[320] ist dagegen zulässig. Der Arbeitnehmer muss dabei nach Beendigung des Streiks zu den ursprünglichen Bedingungen wieder eingestellt werden.[321] Entscheidend ist, dass die Kündigung keinerlei Konsequenzen für den Arbeitnehmer hat. So dürfen Renten- und Urlaubsansprüche sowie die Betriebszugehörigkeit dadurch nicht berührt werden.[322] Folglich sind für die Dauer des rechtmäßigen Streiks i. S. des Art. 6 Nr. 4 ESC die beiderseitigen Hauptleistungspflichten suspendiert. Dies entspricht im Wesentlichen den Grundsätzen des deutschen Arbeitskampfrechts.

Diese Begründung der Suspendierung trägt in Deutschland zunächst lediglich für den gewerkschaftlichen Streik. Wie dargelegt, ist der nichtgewerkschaftliche Streik nach herrschender Ansicht rechtswidrig.[323] Allerdings kann das deutsche Recht und damit insbesondere Art. 9 Abs. 3 S. 1 GG dergestalt ausgelegt werden, dass auch der nichtgewerkschaftliche Streik rechtmäßig ist, sofern organisierte Arbeitnehmerverbünde auftreten.[324] Dafür spricht im Übrigen, dass überwiegend angenommen wird, auch Nicht- oder Andersorganisierte könnten am gewerkschaftlichen Streik teilnehmen, da sie vom wirtschaftlichen Erfolg des Tarifabschlusses profitierten.[325] Die Suspendierung der Hauptleistungspflichten tritt in diesen Fällen gleichfalls ein, da es lediglich auf den Ge-

---

184, 227, 269, 407, 440; conclusions XIV-1, vol. 2, S. 110; conclusions XV-1, vol. 1, S. 119; conclusions XV-1, vol. 2, S. 638 f.; conclusions XVII-1, vol. 1, S. 70, 133 f.; conclusions XVIII-1, vol. 1, S. 73 f., 271; conclusions 2006, vol. 1, S. 373; conclusions 2007, vol. 1, S. 70, 139, 481; conclusions 2010, vol. 1, S. 100, 157, 295; conclusions 2010, vol. 2, S. 563; conclusions XIX-3, S. 41 f., 43, 82, 262 f., 295.

318 conclusions XVIII-1, vol. 2, S. 821; conclusions XIX-3, S. 262; zuvor dauerte dieser Kündigungsschutz maximal acht Wochen, vgl. conclusions XVI-1, vol. 2, S. 689 f.; vgl. zur Situation in Großbritannien Committee of Ministers, Recommendation No. R ChS (93) 3 v. 7.9.1993; No. R ChS (97) 3 v. 15.1.1997 und No. R ChS (2005) 1 v. 4.5.2005; ähnlich für Irland Committee of Ministers, Recommendation No. R ChS (2001) 2 v. 7.2.2001.

319 addendum 1 to conclusions XV-1, S. 29.

320 „formal termination of the employment contract".

321 conclusions I, S. 39; conclusions II, S. 29; conclusions XV-1, vol. 2, S. 437.

322 conclusions I, S. 39; conclusions II, S. 29; conclusions V, S. 51; conclusions 2010, vol. 2, S. 636.

323 Dazu oben S. 211 ff.

324 Dazu oben S. 226 ff.

325 BAG v. 21.4.1971, AP Nr. 43 zu Art. 9 GG Arbeitskampf, Teil III. B. 3. der Gründe (Bl. 8 f.); v. 22.3.1994, AP Nr. 130 zu Art. 9 GG Arbeitskampf, II. 3. a. der Gründe (Bl. 2R f.); v. 18.2.2003, AP Nr. 163 zu Art. 9 GG Arbeitskampf, A. III. 2. a. der Gründe (Bl. 3 f); *Brox,* in: Brox/Rüthers, Arbeitskampfrecht, Rn. 289; Däubler, in: Däubler, Arbeitskampfrecht, § 12 Rn. 35; *Gamillscheg,* Kollektives Arbeitsrecht I, S. 994 f.; *Hromadka/Maschmann,* Arbeitsrecht 2, § 14 Rn. 40, 98; *Öğüt,* in: Däubler, Arbeitskampfrecht, § 19 Rn. 10; *Ot-*

werkschaftsaufruf ankommt.[326] Die Gewerkschaftsmitgliedschaft ist also nicht zwingend erforderlich, damit eine Arbeitsniederlegung wegen eines Arbeitskampfes gerechtfertigt ist. Es sind also zwei Auslegungsergebnisse möglich, von denen allerdings nur eines der völkervertraglichen Vorgabe des Art. 6 Nr. 4 ESC entspricht, der auch den nichtgewerkschaftlichen Streik schützt. Solche sind folglich bezüglich ihrer Rechtmäßigkeit wie gewerkschaftliche Streiks zu behandeln. Gem. Art. 9 Abs. 3 S. 1 GG i. V. mit Art. 6 Nr. 4 ESC sind daher nichtgewerkschaftliche Streiks rechtmäßig, sofern sie den oben geschilderten Voraussetzungen genügen. Selbst unter Berücksichtigung des Art. 6 Nr. 4 ESC ist daher nicht jede Arbeitsniederlegung rechtmäßig. Nur Arbeitnehmerverbünde, die zu einer Willensbildung fähig sind, genießen den Schutz des Art. 9 Abs. 3 S. 1 GG i. V. mit Art. 6 Nr. 4 ESC und können somit das Recht auf Kollektivverhandlungen beziehungsweise kollektive Maßnahmen ausüben.

bb) Ausschluss der Schadensersatzpflicht wegen Rechtsprechungsänderung oder Rechtsirrtums

Ähnliches gilt für die Schadensersatzpflicht. Art. 6 Nr. 4 ESC führt lediglich dazu, dass Art. 9 Abs. 3 S. 1 GG weiter als bisher auszulegen ist. Diese Auslegung des Schutzbereiches lässt allerdings die Rechtsfolgen unberührt. Folglich besteht keine Schadensersatzpflicht für durch die Europäische Sozialcharta geschützte Arbeitskämpfe. Diese sind entweder durch Art. 9 Abs. 3 S. 1 GG i. V. mit Art. 6 Nr. 4 ESC gerechtfertigt. Daneben kann man vertreten, wegen erlaubten Verhaltens liege in der Arbeitsniederlegung bereits keine Pflichtverletzung, weil diese durch den Arbeitskampf suspendiert ist.[327]

Jedenfalls ist problematisch, dass das Bundesarbeitsgericht seine Rechtsprechung bislang nicht an die Vorgaben der Europäischen Sozialcharta angepasst, sondern eine Rechtsprechungsänderung lediglich angedeutet hat.[328] Streiken die Arbeitnehmer unter Berufung auf Art. 6 Nr. 4 ESC, setzen sie sich also gegebenenfalls den Sanktionen des deutschen Arbeitsrechts aus. Diese Haftung besteht allerdings dann nicht, wenn man die Schadensersatzpflicht des Arbeitnehmers mit den eben genannten Argumenten zur Rechtmäßigkeit eines gem. Art. 6 Nr. 4 ESC geschützten Streiks ablehnt. Die Tatbestände der ver-

---

to, Arbeitskampf- und Schlichtungsrecht, § 6 Rn. 11 ff.; kritisch *Häuser,* FS Kissel, 297 (309 ff.).

326 BAG v. 21.4.1971, AP Nr. 43 zu Art. 9 GG Arbeitskampf, III. B. 3. der Gründe (Bl. 8 f.); v. 22.3.1994, AP Nr. 130 zu Art. 9 GG Arbeitskampf, II. 3. a. der Gründe (Bl. 2R f.); *Hromadka/Maschmann,* Arbeitsrecht 2, § 14 Rn. 40, 98: „Privatrechtlich lässt sich dieses [...] Streikrecht kaum begründen“; *Kissel,* Arbeitskampfrecht, § 48 Rn. 1 ff.

327 Vgl. oben S. 346 und 358 ff.

328 BAG v. 10.12.2002, AP Nr. 162 zu Art. 9 GG Arbeitskampf, B. I. 3. a. der Gründe (Bl. 7R f.); dazu *Bepler,* FS Wißmann, 97 (111 ff.).

traglichen und deliktischen Anspruchsgrundlangen – soweit diese in Betracht kommen[329] – sind in diesem Fall nicht erfüllt. Der Arbeitnehmer hat danach die Arbeitsniederlegung als die relevante Pflichtverletzung nicht zu vertreten oder sein Verhalten ist zumindest gerechtfertigt. Er darf also weder vorsätzlich noch fahrlässig i. S. des § 276 Abs. 1 S. 1 BGB gehandelt haben, wenn man den Ausschluss der Haftung auf fehlendes Vertretenmüssen stützt.[330] Hierfür trägt er gem. § 280 Abs. 1 S. 2 BGB allerdings die Beweislast.[331]

Damit der Entlastungsbeweis gelingt, bestehen zwei Möglichkeiten. Die erste setzt eine Rechtsprechungsänderung voraus. Verträte das Bundesarbeitsgericht zukünftig entsprechend den völkervertraglichen Vorgaben, dass abweichend von den bisher entwickelten Grundsätzen auch solche Arbeitskämpfe zulässig sind, die durch Art. 6 Nr. 4 ESC geschützt werden, handelte es sich nicht mehr um einen rechtswidrigen Streik. Vielmehr würde Art. 9 Abs. 3 S. 1 GG i. S. des Art. 6 Nr. 4 ESC ausgelegt. Es träten dann die Rechtsfolgen eines rechtmäßigen Streiks ein.

In Betracht kommt außerdem ein entschuldigender Rechtsirrtum über die Rechtmäßigkeit oder Rechtswidrigkeit eines Streiks,[332] wobei die Rechtsprechung das Risiko einer Fehleinschätzung grundsätzlich der Arbeitnehmerseite aufbürdet.[333] Zudem werden an das Vorliegen eines Rechtsirrtums hohe Anforderungen gestellt, so dass nicht jede Unkenntnis entschuldigt.[334] Es kann sogar unzureichend sein, wenn der betreffende Arbeitnehmer anwaltlichen Rechtsrat einholt.[335] Es kommt im Einzelfall darauf an, ob der Rechtssuchende ohne Verschulden auf die Auskunft eines Rechtskundigen vertraut hat.[336] Darüber hin-

---

329 Zur abzulehnenden Haftung wegen Eingriffes in den eingerichteten und ausgeübten Gewerbebetrieb oben S. 347 ff.

330 *Öğüt,* in: Däubler, Arbeitskampfrecht, § 22 Rn. 14; allgemein *Ernst,* in: MünchKomm. BGB, § 280 Rn. 28.

331 *Otto,* Arbeitskampf- und Schlichtungsrecht, § 18 Rn. 29; *Stadler,* in: Jauernig, § 280 BGB Rn. 25; *Unberath,* in: Bamberger/Roth, § 280 BGB Rn. 32, 78.

332 BAG v. 14.2.1978, AP Nr. 59 zu Art. 9 GG Arbeitskampf, 6. der Gründe (Bl. 2R); *Seiter,* Streik- und Aussperrungsrecht, S. 380; *Söllner,* ZfA 1973, 1 (25 ff.); *Zöllner/Loritz/Hergenröder,* Arbeitsrecht, S. 449.

333 Vgl. BAG v. 21.3.1978, AP Nr. 62 zu Art. 9 GG Arbeitskampf, III. 2. der Gründe (Bl. 4R f.); v. 29.11.1983, AP Nr. 78 zu § 626 BGB, III. 2. a. (Bl. 7 f.) und IV. 2. a. (Bl. 8 R) der Gründe; *Franke/Geraats,* DB 1986, 965 (969); *Hromadka/Maschmann,* Arbeitsrecht 2, § 14 Rn. 145; *Zielke,* BB 2005, 1274 (1274).

334 RG v. 15.12.1927, Z 119, 265 (268); BGH v. 11.12.1973, Z 62, 29 (36); v. 11.2.1987, Z 100, 60 (62 f.); v. 21.12.1995, Z 131, 353 f.; *Ernst,* in: MünchKomm. BGB, § 286 Rn. 109, 112; weniger streng bei Vertrauen auf alte Rechtsprechung BGH v. 22.11.2007, Z 174, 255 (260 f. [Rn. 17]).

335 *Kissel,* Arbeitskampfrecht, § 47 Rn. 16.

336 OLG Hamburg v. 20.3.1989, NJW-RR 1989, 1087 (1088); AG Frankfurt v. 10.1.1989, NJW 1989, 1745 (1746).

aus wird vertreten, der Arbeitnehmer müsse sich gem. § 278 S. 1 BGB etwaiges Verschulden des Beraters zurechnen lassen.[337] Allerdings handelt es sich bei einem Rechtsanwalt nicht um einen Erfüllungsgehilfen, weil er nicht bei der Erfüllung der arbeitsvertraglichen Pflichten des Arbeitnehmers tätig wird.[338] Es muss aber berücksichtigt werden, dass der Arbeitskampf von Art. 9 Abs. 3 S. 1 GG gewährleistet wird und die Ausübung dieses Grundrechts nicht durch überhöhte Anforderungen an die Prüfung der Rechtslage ausgehöhlt werden darf.[339]

Dieser allgemeine Maßstab für die Annahme eines Rechtsirrtums kann aufgrund Art. 6 Nr. 4 ESC modifiziert sein. Gingen die Teilnehmer davon aus, dass der Streik zwar nicht durch die vom Bundesarbeitsgericht, Bundesverfassungsgericht und der arbeitsrechtlichen Literatur an Art. 9 Abs. 3 S. 1 GG und dem Tarifvertragsgesetz orientierten und entwickelten Grundsätze, wohl aber wegen Art. 6 Nr. 4 ESC gerechtfertigt seien, könnten sie sich in einem entschuldigenden Rechtsirrtum befinden. Das gilt umso mehr, als dass die Vorgaben sowie die Anwendbarkeit der Europäischen Sozialcharta seit jeher kontrovers diskutiert worden sind.[340] In diesen Fällen können die genannten Anforderungen an einen Rechtsirrtum vorliegen.[341] Es kann hierbei aus zwei Gründen nicht uneingeschränkt als bekannt vorausgesetzt werden, dass nichtgewerkschaftliche oder nicht tarifbezogene Streiks stets rechtswidrig sind.[342] Erstens geht der Europäische Ausschuss für Soziale Rechte seit Beginn des Berichtsverfahrens und in unterschiedlicher Besetzung davon aus, dass das deutsche Arbeitskampfrecht teilweise gegen die Gewährleistungen der Europäischen Sozialcharta verstößt.[343] Zweitens und entscheidend ist, dass das Bundesarbeitsgericht zuletzt angekündigt hat, zumindest die Begrenzung des Arbeitskampfes auf die Durchsetzung tariflich regelbarer Ziele vor dem Hintergrund des Art. 6 Nr. 4 ESC und der dazu ergangenen *recommendations* und *conclusions* zu überprüfen.[344] Somit ist nicht ausgeschlossen, dass es seine Rechtsprechung zukünftig an die dementsprechenden Vorgaben des Art. 6 Nr. 4 ESC anpasst. Eine Ankündigung einer Rechtsprechungsänderung ist darin jedoch nicht zu erblicken.[345] Dazu bedürfte

337 *Griebeling,* NZA 2002, 838 (841).
338 *Öğüt,* in: Däubler, Arbeitskampfrecht, § 22 Rn. 17.
339 *Öğüt,* in: Däubler, Arbeitskampfrecht, § 22 Rn. 14.
340 Ausführlich oben § 2 (S. 7 ff.) und § 3 (S. 145 ff.) m. z. N. aus dem seit Inkrafttreten der Europäischen Sozialcharta erschienen Schrifttum.
341 Vgl. BGH v. 18.5.1955, Z 17, 266 (295); BAG v. 4.10.1981, AP Nr. 49 zu §§ 22, 23 BAT 1975 (Bl. 6); *Öğüt,* in: Däubler, Arbeitskampfrecht, § 22 Rn. 14, 22.
342 *Öğüt,* in: Däubler, Arbeitskampfrecht, § 22 Rn. 22; anders für den politischen Streik, vgl. *Franke/Geraats,* DB 1986, 965 (969); *Zielke,* BB 2005, 1274 (1274).
343 Dazu oben S. 109 ff.
344 BAG v. 10.12.2002, AP Nr. 162 zu Art. 9 GG Arbeitskampf, B. I. und 3. a) der Gründe (Bl. 7R f.).
345 *Bepler,* FS Wißmann, 97 (113); *Kohte/Doll,* ZESAR 2003, 393 (399).

es näherer Anhaltspunkte, weil wesentliche Grundsätze des bisherigen Arbeitskampfrechts neu bestimmt oder zumindest nicht unerheblich justiert würden. Dabei handelt es sich namentlich um die Zulässigkeit des verbandsfreien Streiks und die Erkämpfbarkeit nicht tariflich regelbarer Ziele. Die Aussagen des Bundesarbeitsgerichts im oben genannten Urteil datieren aus dem Jahr 2002. Bislang – zehn Jahre später – ist keine Rechtsprechungsänderung erfolgt. Dies geschah auch nicht in zwei weiteren Urteilen aus dem Jahr 2007, in denen auf das frühere Urteil und die Europäische Sozialcharta Bezug genommen wurde.[346] In keinem dieser drei Streitfälle war die Frage nach der Anwendbarkeit und den Auswirkungen des Art. 6 Nr. 4 ESC entscheidungserheblich und wurde daher bewusst offengelassen oder zur Bestätigung der Rechtsauffassung herangezogen. Eine gravierende Rechtsprechungsänderung ist somit nicht mit Sicherheit vorherzusagen, da die Entscheidungsgründe über die insoweit vagen genannten Andeutungen nicht hinausgehen.[347]

Es bleibt insgesamt festzuhalten, dass die vertragliche Haftung wegen einer Rechtsprechungsänderung beziehungsweise mangels Vertretenmüssens aufgrund eines Rechtsirrtums ausgeschlossen sein kann. Entsprechendes gilt, wenn man von einer Rechtfertigung des Verhaltens ausgeht.

cc) Mahnung und Kündigung

Die Auslegung des Art. 9 Abs. 3 S. 1 GG und des einschlägigen einfachen Rechts führt im Lichte des Art. 6 Nr. 4 ESC dazu, dass mangels Pflichtverletzung oder Rechtswidrigkeit der arbeitskampfbedingten Arbeitsniederlegung weder eine Mahnung noch eine Kündigung durch den Arbeitgeber erfolgen darf.[348]

dd) Sozialrechtliche Folgen

Sozialrechtliche Besonderheiten ergäben sich folglich nur, wenn Art. 6 Nr. 4 ESC durch bestimmte Vorgaben zu einer davon verschiedenen Auslegung zwänge. Indes ist § 160 Abs. 1 S. 1 SGB III n. F. (ex § 146 Abs. 1 S. 1 SGB III) stets im Zusammenhang mit Art. 9 Abs. 3 S. 1 GG zu sehen.[349] Daher ist dessen gegebenenfalls durch Art. 6 Nr. 4 ESC beeinflusste Auslegung zu berücksichtigen. Die Europäische Sozialcharta trifft hierzu allerdings keine Aussage. Damit ist bei Arbeitskämpfen, die durch Art. 6 Nr. 4 ESC legitimiert sind, das Kräftegleichgewicht zwischen den Kampfparteien ebenso wie sonst zu beachten. Der

---

[346] BAG v. 10.12.2002, AP Nr. 162 zu Art. 9 GG Arbeitskampf, B. I. 2. a) und 3. a) der Gründe (Bl. 6 f. und 7R f.); v. 24.4.2007, AP Nr. 2 zu § 1 TVG Sozialplan, Rn. 79; v. 19.6.2007, AP Nr. 173 zu Art. 9 GG Arbeitskampf, Rn. 18, 24, 31, dort auch Rn. 13.

[347] Zu den Unwägbarkeiten *Keil,* Rechtsprechungsänderungen, S. 264 ff., insbes. S. 270 f.

[348] Vgl. oben S. 346 ff.

[349] *Rolfs,* in: ErfK, § 146 SGB III Rn. 1.

Staat muss also auch während solcher Arbeitskämpfe passive Neutralität wahren. Der Begriff des Arbeitskampfes in § 160 Abs. 1 S. 1 SGB III n. F. (ex § 146 Abs. 1 S. 1 SGB III a. F.) ist dementsprechend zu definieren, dass davon auch kollektive Maßnahmen i. S. des Art. 6 Nr. 4 ESC erfasst sind. Da die §§ 2, 17, 19, 27 SGB XII nicht an den Arbeitskampf, sondern gem. § 1 S. 1 SGB XII ausschließlich an die Würde des Menschen und somit an die Bedürftigkeit anknüpfen,[350] ist Art. 6 Nr. 4 ESC nicht von Bedeutung.

b) Rechtswidrige kollektive Maßnahmen i. S. des Art. 6 Nr. 4 ESC

aa) Keine Suspendierung der arbeitsvertraglichen Hauptleistungspflichten

Die Europäische Sozialcharta legitimiert mit Art. 6 Nr. 4 ESC nicht jeden Arbeitskampf. Streiks, die nicht als geschützte kollektive Maßnahmen unter Art. 6 Nr. 4 ESC subsumiert werden können, sind rechtswidrig.[351] Die Rechtsfolgen ergeben sich aus dem nationalen Recht, so dass insoweit keine Besonderheiten bestehen.

Die Hauptleistungspflichten sind während des rechtswidrigen Arbeitskampfes nicht suspendiert.[352] Der einklagbare Anspruch des Arbeitgebers auf die Arbeitsleistung gem. § 611 BGB besteht fort. Wegen der Nichterfüllung der Arbeitsleistung entfällt gem. § 326 Abs. 1 S. 1 Halbs. 2 BGB i. V. mit § 441 Abs. 3 BGB für die Zeit der ungerechtfertigten Arbeitsniederlegung der Anspruch auf das Arbeitsentgelt. Die Voraussetzungen von Anspruchserhaltungsnormen wie etwa §§ 615, 616 BGB sind in diesen Fällen nicht gegeben.[353] Die Nebenpflichten bleiben ohnehin bestehen.[354]

bb) Schadensersatz sowie Abmahnungs- und Kündigungsrecht; Streikgeld

Die Arbeitsleistung ist regelmäßig nicht nachholbar, so dass grundsätzlich ein vertraglicher Schadensersatzanspruch des Arbeitgebers wegen Unmöglichkeit i. S. des § 275 Abs. 1 BGB gem. §§ 280 Abs. 1, Abs. 3, 283 BGB i. V. mit § 275 Abs. 4 BGB gegen den Arbeitnehmer besteht.[355] Mangels Suspendierung der Hauptleistungspflichten stellt die Arbeitsniederlegung schließlich eine ungerechtfertigte Vertragsverletzung dar, die den Arbeitgeber zu Abmahnung und Kündigung berechtigt.[356]

---

[350] *Gamillscheg,* Kollektives Arbeitsrecht I, S. 1275; *W. Schellhorn,* in: Schellhorn/Schellhorn/Hohm, § 1 SGB XII Rn. 2; vgl. auch BVerwG v. 23.6.1977, E 54, 134 (137 f.).

[351] conclusions XV-1, vol. 1, S. 78.

[352] conclusions XV-1, vol. 1, S. 152.

[353] Zu alledem oben S. 344 f.

[354] Dazu oben S. 358 ff.

[355] *Gamillscheg,* Kollektives Arbeitsrecht I, S. 1208; *Preis,* in: ErfK, § 611 BGB Rn. 675; *Zielke,* BB 2005, 1274 (1274).

[356] conclusions XV-1, vol. 1, S. 78, 152 sowie oben S. 344 f.

Ein Anspruch auf Streikgeld kann darüber hinaus nicht bestehen, da es sich bei den hier Behandelten um verbandslose Streiks handelt. Ein Verband, der Streikgeld an seine Mitglieder zahlen könnte, existiert nicht.

Bezüglich des Arbeitslosengeldes ist festzuhalten, dass der Begriff des Arbeitskampfes i. S. des § 160 Abs. 2 SGB III n. F. (ex § 146 Abs. 2 SGB III) ebenso den rechtswidrigen Arbeitskampf erfasst.[357] Die Teilnehmenden erhalten folglich kein Arbeitslosengeld. Ebenso wie bei einem rechtmäßigen Arbeitskampf kann somit allenfalls ein Anspruch auf Sozialhilfe bestehen, da diese unabhängig von Gründen ausschließlich an den notwendigen Lebensbedarf i. S. der §§ 17, 27 SGB XII anknüpft.[358] In der Situation des unrechtmäßigen Arbeitskampfes besteht jedoch die Besonderheit, dass die Wiederaufnahme der Arbeit möglich und wegen der Rechtswidrigkeit der Arbeitsniederlegung zumutbar ist. Die Bedürftigkeit ist ab diesem Zeitpunkt nicht mehr gegeben, da der Anspruch des Arbeitnehmers auf Arbeitsentgelt nicht mehr wegen § 326 Abs. 1 S. 1 Halbs. 2 BGB i. V. mit § 441 Abs. 3 BGB entfällt.[359]

Dieses Ergebnis steht mit der bisherigen Rechtslage in Einklang, wonach Anders- oder Nichtorganisierte am Streik teilnehmen können.[360] Ebenso wie bei organisierten Streikenden werden die Hauptleistungspflichten suspendiert, so dass kein Streikteilnehmer sein Arbeitsentgelt erhält. Da nur Anspruch auf Streikgeld hat, wer Gewerkschaftsmitglied ist, kann für anders- oder nichtorganisierte Arbeitnehmer also die Situation eintreten, dass sie auf Sozialhilfe angewiesen sind. Dies ist denn auch die Konsequenz eines nichtgewerkschaftlichen Streiks. Allein die zu erwartenden materiellen Einbußen können folglich als „Bremse“ wirken, einen nichtgewerkschaftlichen Arbeitskampf zu führen.[361] Daher führt Art. 6 Nr. 4 ESC zu keinen sozialrechtlichen Besonderheiten.

---

357 BSG v. 4.10.1994, E 75, 97 (119 f.); *Düe,* in: Niesel/Brand, § 146 SGB III Rn. 16; *Mutschler,* in: Mutschler/Bartz/Schmidt-De Caluwe, § 146 SGB III Rn. 57.

358 Oben S. 347 f.

359 Zu weiteren Aspekten wie Kürzung oder Rückforderung der Sozialhilfe vgl. *Otto,* Arbeitskampf- und Schlichtungsrecht, § 18 Rn. 30.

360 BAG v. 22.3.1994, AP Nr. 130 zu Art. 9 GG Arbeitskampf, II. 3. a. der Gründe (Bl. 2 f.); *Brox,* in: Brox/ Rüthers, Arbeitskampfrecht, Rn. 289; *Dieterich,* in: ErfK, Art. 9 GG Rn. 166; *Kissel,* Arbeitskampfrecht, § 42 Rn. 54 ff.; *Hromadka/Maschmann,* Arbeitsrecht 2, § 14 Rn. 98.

361 So auch *Däubler,* in: Däubler, Arbeitskampfrecht, § 12 Rn. 22 zu den „ad-hoc“-Koalitionen i. S. des Art. 9 Abs. 3 S. 1 GG.

II. Rechtsfolgen für die Arbeitskampfparteien

1. Rechtmäßige kollektive Maßnahmen i. S. des Art. 6 Nr. 4 ESC

Während eines rechtmäßigen Arbeitskampfes bestehen im deutschen Arbeitskampfrecht zwischen den Kampfparteien eine Organisations- und eine Einwirkungspflicht. Zu organisieren sind Not- und Erhaltungsmaßnahmen, damit die Interessen Dritter und der Allgemeinheit zumindest essentiell gewahrt bleiben und der Betrieb nach Beendigung des Arbeitskampfes unverzüglich wieder aufgenommen werden kann.[362] Zudem haben die Kampfparteien die Pflicht, innerverbandlich dergestalt auf ihre Mitglieder einzuwirken, dass die Grenzen des rechtmäßigen Arbeitskampfes eingehalten werden. Dies folgt aus dem Gebot fairer Kampfführung und somit aus dem Verhältnismäßigkeitsgrundsatz.[363]

Nach dem bisher Gesagten ergibt sich wegen Art. 6 Nr. 4 ESC in Bezug auf die Organisationspflicht keine Besonderheit. Not- und Erhaltungsmaßnahmen sind gleichfalls zu ergreifen, da die sofortige Wiederaufnahme des Betriebs nach Beendigung des Arbeitskampfes zum einen im beiderseitigen Interesse ist. Die Europäische Sozialcharta garantiert die kollektiven Maßnahmen nicht unbeschränkt, sondern anerkennt Rechte und Rechtsgüter, die entgegenstehen können. Es sind unter anderem die Rechte und Freiheiten anderer sowie das Gesundheitssystem und die öffentliche Sicherheit genannt. Insbesondere in diesen sensiblen Bereichen wird die Pflicht zu Not(- und Erhaltungs)arbeiten angenommen.[364] Jedenfalls hinsichtlich dieser Rechte und Rechtsgüter ist somit das durch die deutsche Rechtsprechung formulierte Erfordernis der Not- und Erhaltungsmaßnahmen durch Art. 31 Abs. 1 ESC gerechtfertigt.[365]

Abweichungen können sich indes aus der unterschiedlichen Konzeption der Europäischen Sozialcharta hinsichtlich des Arbeitnehmerverbundes und des Verhältnismäßigkeitsgrundsatzes ergeben. Es ist darauf hingewiesen worden, dass weder Art. 6 Nr. 4 ESC noch eine andere Norm der Europäischen Sozialcharta explizit eine Verhältnismäßigkeitsprüfung vorsieht. Einschränkungen durch das nationale (Richter-)Recht sind zwar unter den Voraussetzungen des Art. 31 ESC zulässig.[366] Entscheidend ist, dass die Einschränkung zugunsten der fünf genannten Rechte und Rechtsgüter notwendig sein muss.[367] Ein gesellschaftsrechtlicher Personenverbund ist für einen Arbeitnehmerverbund i. S. des Art. 6

---

362 Dazu *Oetker,* Not- und Erhaltungsarbeiten, S. 3 ff.

363 *Brox,* in: Brox/Rüthers, Arbeitskampfrecht, Rn. 353; *Hromadka/Maschmann,* Arbeitsrecht 2, § 14 Rn. 92; *Junker,* Arbeitsrecht, Rn. 627.

364 *Oetker,* Not- und Erhaltungsarbeiten, S. 38 ff., 42 ff.

365 conclusions XIV-1, vol. 1, S. 186; conclusions XV-1, vol. 2, S. 479.

366 Ausführlich dazu oben S. 123 ff.

367 Ausführlich oben S. 139 ff.

Nr. 4 ESC nicht anzunehmen.[368] Vielmehr handelt es sich um eine kollektive Arbeitsniederlegung, wobei die Verhandlungsführer gleichzeitig als Stellvertreter sämtlicher Streikender auftreten sowie gleichzeitig für sich selbst handeln.[369] Eine der Gewerkschaft vergleichbare Organisation, die auf ihre Mitglieder einwirken kann, besteht also nicht. Daher existiert kein Einwirkungsanspruch.

Die Pflicht, die Grenzen des Arbeitskampfes einzuhalten, folgt aus den Nebenpflichten der Individualarbeitsverträge i. S. des § 241 BGB i. V. mit § 242 BGB. Diese sind nicht suspendiert.[370] Art. 6 Nr. 4 ESC berechtigt ebenso wenig wie Art. 9 Abs. 3 S. 1 GG dazu, einen zwecklosen Arbeitskampf zu führen.[371] Die bloße Schädigung des Arbeitgebers darf nicht Ziel der Maßnahmen sein. Hier folgten Ansprüche unter Umständen aus § 826 BGB wegen vorsätzlicher sittenwidriger Schädigung. Wenn der einzelne Arbeitnehmer somit das Recht hat, sich an kollektiven Maßnahmen zu beteiligen, so ergibt sich daraus spiegelbildlich die Pflicht, dieses Recht nur im Rahmen der Rechtsordnung auszuüben. Bei der Anwendung eines derart anerkannten Arbeitskampfmittels wie dem Streik oder sonstiger kollektiver Maßnahmen i. S. des Art. 6 Nr. 4 ESC ist deshalb lediglich die Ausübung als solche zu überprüfen.[372] Um die Grenzen des Erlaubten zu bestimmen, bedarf es daher nicht zwangsläufig des das deutsche Arbeitskampfrecht prägenden Verhältnismäßigkeitsgrundsatzes. Vielmehr ist auch dort eine Evidenzkontrolle als Maßstab denkbar.[373] Damit ist das aus dem Grundsatz von Treu und Glauben folgende Verbot des Rechtsmissbrauches angesprochen. Dieses stellt ein übergeordnetes Prinzip nicht nur der deutschen Rechtsordnung in § 242 BGB dar, sondern ist den allermeisten europäischen und internationalen Rechtsordnungen bekannt.[374] Daher bestehen keine Bedenken, dieses Prinzip auf die Rechte der Europäischen Sozialcharta anzuwenden. Die Ausübungsschranke für kollektive Maßnahmen und den Streik i. S. des Art. 6 Nr. 4 ESC bildet damit mangels Anhaltspunkten in der Europäischen Sozialcharta nicht die Verhältnismäßigkeit, sondern vielmehr das

---

368 Dazu oben S. 334 ff.

369 Dazu oben S. 341 ff.

370 Dazu oben S. 358 ff.

371 Dazu oben S. 211 ff. sowie S. 281 ff. und 282 ff.

372 *Dieterich,* in: ErfK, Art. 9 GG Rn. 131; *Otto,* Arbeitskampf- und Schlichtungsrecht, § 8 Rn. 8.

373 Vgl. auch BAG v. 11.5.1993, AP Nr. 63 zu § 1 FeiertagslohnzG, II. 1. der Gründe (Bl. 3R); *Dieterich,* in: ErfK, Art. 9 GG Rn. 131 („Vernichtungsverbot“); *Otto,* Arbeitskampf- und Schlichtungsrecht, § 8 Rn. 8 („Rechtsmissbrauch i. e. S.“).

374 Statt aller *Looschelders/Olzen,* in: Staudinger-BGB (2009), § 242 Rn. 403 ff. (Anwendungsfälle innerhalb des BGB), Rn. 955 ff. (Anwendungsfälle außerhalb des BGB), Rn. 1116 ff. (Ausprägungen in europäischen und internationalen Rechtsordnungen); *Whittaker/Zimmermann,* in: Zimmermann, Good Faith, S. 7 ff., 48 ff., 653 ff.; vgl. bereits oben zum Maßstab des Rechtsmissbrauch S. 273 ff.

Verbot des Rechtsmissbrauches. Kampfmaßnahmen dürfen somit nur zu dem legitimen Zweck, Kollektivverhandlungen zu führen und gegebenenfalls eine Kollektivvereinbarung zu erreichen, ergriffen werden. Einen Einwirkungsanspruch gibt es mangels Personenverbundes nicht. Exzesse werden durch das Verbot des Rechtsmissbrauches verhindert.

2. Rechtswidrige kollektive Maßnahmen i. S. des Art. 6 Nr. 4 ESC

a) Eintreten der nationalen Rechtsfolgen

Sofern eine kollektive Maßnahme nicht durch Art. 6 Nr. 4 ESC geschützt ist, ist sie rechtswidrig. Selbst eine entsprechende Auslegung des Art. 9 Abs. 3 S. 1 GG führt dazu, dass es sich bei einer solchen Arbeitsniederlegung um einen legitimen Arbeitskampf handelt. Es treten die im nationalen Recht vorgesehenen Rechtsfolgen ein. Hat eine Gewerkschaft oder ein sonstige Arbeitnehmerverbund im oben beschriebenen Sinne zu einem solchen Arbeitskampf aufgerufen, können Schadensersatz- und Unterlassungsansprüche bestehen. Als Anspruchsgrundlage kommt § 280 Abs. 1 BGB i. V. mit einem Tarifvertrag oder einer mit Rechtsverbindlichkeit ausgestatteten Kollektivvereinbarung. Die Pflichtverletzung bildet der Aufruf zu einem rechtswidrigen weil gegen die bestehende Friedenspflicht verstoßenden Arbeitskampf. Das Risiko, dass ein Arbeitskampf sich im Nachhinein als rechtswidrig herausstellt, trägt dabei der jeweilige Arbeitnehmerverbund.[375] Daneben kann ein deliktischer Schadensersatzanspruch sowohl gem. § 823 Abs. 1 BGB i. V. mit Art. 9 Abs. 3 S. 1 GG als auch i. V. mit Art. 12 Abs. 1, 14 Abs. 1 GG bestehen. Das Recht am eingerichteten und ausgeübten Gewerbebetrieb ist als „sonstiges Recht" in der Rechtsprechung und Teilen der Literatur anerkannt.[376] Bei Eigentumsverletzungen kommt – wie beim rechtmäßigen Arbeitskampf wegen Exzesses – ein Anspruch gem. § 823 Abs. 1 BGB in Betracht. Die Anspruchsgrundlage für einen Unterlassungsanspruch können § 1004 Abs. 1 S. 2 BGB analog i. V. mit § 31 BGB i. V. mit einem Tarifvertrag oder eine verbindlichen Kollektivvereinbarung sowie i. V. mit § 823 Abs. 1 BGB mit den genannten sonstigen Rechten bilden.[377]

b) Haftung der Gewerkschaft

Besonderheiten hinsichtlich des Anspruchsgegners ergeben sich nicht, wenn eine Gewerkschaft handelt.[378] Sie haftet entsprechend den gesellschaftsrecht-

[375] Vgl. dazu oben S. 354 ff.
[376] Vgl. dazu oben S. 347 ff.
[377] BAG v. 8.11.1988, AP Nr. 111 zu Art. 9 GG Arbeitskampf, A. III. 1. der Gründe (Bl. 4 f.).
[378] conclusions XIV-1, vol. 2, S. 16 f.; zum nationalen Recht *Gamillscheg,* Kollektives Arbeitsrecht I, S. 1214 ff.; *Kissel,* Arbeitskampfrecht, § 47 Rn. 13 ff.; *Nitsche,* in: Däubler, Arbeitskampfrecht, § 22 Rn. 90 ff.; *Otto,* Arbeitskampf- und Schlichtungsrecht, § 15 Rn. 1 ff.

lichen Vorschriften aus Vertrag oder Delikt, da mit Ausnahme von ver.di die DGB-Gewerkschaften überwiegend als nichtrechtsfähige Vereine organisiert sind.[379] Die maßgeblichen Zurechnungsnormen für die Handlungen sind §§ 31 und 278 BGB.[380] Eine Haftung der Mitglieder eines nichtrechtsfähigen Vereins kommt grundsätzlich nicht in Betracht.[381] Ein Ausschluss der persönlichen Haftung der Gewerkschaftsmitglieder lässt sich mit einer Analogie zu § 37 PartG begründen.[382] Das Recht auf kollektive Maßnahmen i. S. des Art. 6 Nr. 4 ESC ändert daran nichts.

c) Haftung eines Arbeitnehmerverbundes

Anders ist es allerdings, wenn Arbeitnehmer als Arbeitnehmerverbund kollektive Maßnahmen ergreifen. Die gesellschaftsrechtlichen Ansätze sind praktisch unzureichend, um die Vorgaben des Art. 6 Nr. 4 ESC umzusetzen.[383] Daher ist ein Stellvertretungsmodell vorzuziehen.[384] Dabei besteht jedoch kein Zurechnungssubjekt, so dass die Arbeitnehmer persönlich und nicht eine Arbeitnehmerorganisation i. S. eines Verbandes haften. Folglich treten im Falle eines rechtswidrigen Streiks die Rechtsfolgen ausschließlich auf der individualrechtlichen Ebene und daher für das Individualarbeitsverhältnis ein.[385] Der Arbeitgeber kann also bei Vorliegen der übrigen Voraussetzungen vom Arbeitnehmer Schadensersatz verlangen oder ihm kündigen. Dabei haften die im Verbund handelnden Arbeitnehmer nicht als Gesamtschuldner i. S. des § 421 BGB, weil die Leistung nicht lediglich einmal verlangt werden kann.[386] Vielmehr hat der Arbeitgeber Ansprüche gegen jeden einzelnen Arbeitnehmer. Rechtswidrige Streiks berechtigen daneben zur Abmahnung und Kündigung. Schließlich kann eine Vertragsstrafe fällig werden.[387]

d) Zusammenfassung

Die streikenden Arbeitnehmer werden im Vorfeld prüfen, ob die Voraussetzungen eines legitimen Arbeitskampfes vorliegen. Das Risiko, dass ein Arbeits-

---

379 *Nitsche,* in: Däubler, Arbeitskampfrecht, § 22 Rn. 94.

380 *Kissel,* Arbeitskampfrecht, § 47 Rn. 24.

381 BGH v. 11.6.1968, Z 50, 325 (329); v. 30.6.2003, NJW-RR 2003, 1265 (1265). Die dogmatische Begründung für den Ausschluss der Mitgliederhaftung ist nicht unumstritten, vgl. *Reuter,* NZG 2004, 217 (218 f.); *Saenger,* Gesellschaftsrecht, Rn. 474.

382 Dazu *Reuter,* in: MünchKomm. BGB, § 54 BGB Rn. 50.

383 Dazu oben S. 331 ff., 334 f.

384 Eine persönliche Haftung der Gesellschafter ergibt sich wegen der analogen Anwendung der §§ 128 f. HGB, dazu oben S. 337 f.

385 Oben S. 326 ff.

386 Zu den näheren Voraussetzungen der Entstehung einer Gesamtschuld vgl. *Bydlinski,* in: MünchKomm. BGB, § 412 Rn. 1, 17 ff.

387 Näher oben S. 344 ff.

kampf rechtswidrig ist, wirkt somit hemmend, da die genannten Konsequenzen wie Schadensersatz, Mahnung und Kündigung sowie die Fälligkeit einer Vertragsstrafe eintreten können. Die Gefahr, dass durch Art. 6 Nr. 4 ESC flächendeckende und unkalkulierbare Streiks stattfinden, besteht also kaum.[388]

III. Rechtsfolgen für Dritte

Durch die geschilderten Änderungen, die sich aufgrund der Berücksichtigung des Art. 6 Nr. 4 ESC ergeben, folgen zunächst keine Besonderheiten für Dritte. Dies ist konsequent, da die Norm lediglich die Auslegung des Schutzbereiches von Art. 9 Abs. 3 S. 1 GG beeinflusst und dadurch die Befugnisse der Arbeitnehmer und Arbeitgeber im Verhältnis zueinander modifiziert. Die Umsetzung dieser Vorgaben obliegt den Vertragsstaaten, so dass sich die Rechtsfolgen aus dem jeweiligen nationalen Recht ergeben. Somit kann im Grundsatz auf die Ausführungen zum nationalen Recht verwiesen werden.[389]

Bedenken dagegen sind geäußert worden, da bei „risikolosen Streiks" das Arbeitskampfrisiko unkalkulierbar auf Drittbetriebe verlagert werde.[390] Sofern der jeweilige nichtgewerkschaftliche Arbeitnehmerverbund dort nicht vertreten sei und es dennoch zu streikbedingten Arbeitsausfällen komme, müsse der Arbeitgeber gleichwohl das Arbeitsentgelt zahlen.[391] Die hierzu entwickelte Lösung durch das Arbeitskampfrisiko sei dagegen nur auf überbetriebliche, große Gewerkschaften zugeschnitten und fände deshalb keine Anwendung.[392]

An dieser Kritik ist richtig, dass der mittelbar betroffene Arbeitgeber den Streik in dem fremden Betrieb nicht abwenden kann, indem er dem Verhandlungsdruck nachgibt. Sofern nicht wie bei einem Sympathiestreik eine rechtliche oder wirtschaftliche Verflechtung der Unternehmen besteht, bleibt ihm lediglich eine tatsächliche Einwirkungsmöglichkeit, wenn die Betriebe zumindest in einer Lieferkette stehen und somit in gewissem Maße faktisch voneinander abhängig sind. Allerdings ist diese Folge eine Konsequenz aus der von der Bundesrepublik Deutschland völkervertraglich übernommenen Pflicht, die effektive

[388] *Däubler,* in: Däubler, Arbeitskampfrecht, § 12 Rn. 22; a. A. *Rieble,* RdA 2005, 200 (210), weil mit risikolosem Streik zu rechnen sei. Indes besteht gerade das Risiko, dass der Streik rechtswidrig ist.

[389] *Gamillscheg,* Kollektives Arbeitsrecht I, § 27; *Kissel,* Arbeitskampfrecht, § 71 ff.; *Otto,* Arbeitskampf- und Schlichtungsrecht, § 16.

[390] Zur Arbeitskampfrisikolehre vgl. BAG v. 22.12.1980, AP Nr. 70 zu Art. 9 GG Arbeitskampf, C. I. 2. (Bl. 4 ff.); *Hromadka/Maschmann,* Arbeitsrecht 1, § 8 Rn. 40 ff.; *dies.,* Arbeitsrecht 2, § 14 Rn. 114 f.; *Kissel,* Arbeitskampfrecht, § 33; *Öğüt,* in: Däubler, Arbeitskampfrecht, § 19 Rn. 72 ff.; *Otto,* Arbeitskampf- und Schlichtungsrecht, § 16.

[391] *Rieble,* RdA 2005, 200 (210).

[392] *Rieble,* RdA 2005, 200 (210).

Ausübung des Rechts auf Kollektivverhandlungen und kollektive Maßnahmen i. S. des Art. 6 Nr. 4 ESC zu gewährleisten. Es führte zu Abgrenzungsschwierigkeiten, wenn bestimmt werden müsste, wann ein Streik aufgrund starker wirtschaftlicher Abhängigkeit innerhalb einer Lieferkette in einem Betrieb ausgeschlossen sein soll oder wann dies nicht der Fall ist. Schließlich kann es auch nach der bisherigen Konzeption des Arbeitskampfrechts zu einem Produktionsausfall in einem Unternehmen kommen, weil in einem anderen eine Spartengewerkschaft streikt, gleichzeitig aber die Kampfparität dadurch nicht messbar beeinflusst wird.[393] Überdies hat auch der Vorsitzende Richter am Bundesarbeitsgericht *Klaus Bepler* geschlussfolgert, dass Art. 6 Nr. 4 ESC – zumindest in einem gewissen Maße – zu Veränderungen am bestehenden Tarif- und Arbeitskampfrecht zwingt.[394] Die Hemmschwelle, einen solchen Arbeitskampf zu ergreifen, ist hoch. Einerseits erhalten die Streikenden wegen der Suspendierung der Hauptleistungspflichten beim rechtmäßigen Streik kein Arbeitsentgelt. Zum anderen begeben sie sich der Gefahr des rechtswidrigen Streiks mit den daraus folgenden negativen rechtlichen Konsequenzen. Das Risiko, dass Dritte betroffen werden, lässt sich dadurch zugegebenermaßen nicht ausschließen. Den ultimativen Ausweg bietet die Kündigung des Art. 6 Nr. 4 ESC durch die Bundesrepublik Deutschland gem. Art. 37 Abs. 2 ESC.

D. Verfassungsbeschwerde bei Nichtbeachtung der Europäischen Sozialcharta durch deutsche Gerichte

Nach jüngerer Rechtsprechung des Bundesverfassungsgerichts ist bei der Auslegung des nationalen Rechts neben dem Vertragstext der Europäischen Menschenrechtskonvention die relevante Judikatur des Europäischen Gerichtshofs für Menschenrechte zu berücksichtigen.[395] Sowohl der Vertragstext als auch die dazu ergangene Rechtsprechung sind Auslegungshilfe bei der Bestimmung des Inhalts und der Reichweite der Grundrechte.[396] Eine vergleichbare Aussage zur

393 Vgl. BAG v. 22.12.1980, AP Nr. 70 zu Art. 9 GG Arbeitskampf, C. I. 2. b. (3) (Bl. 6 f.); *Hromadka/Maschmann,* Arbeitsrecht 1, § 8 Rn. 49.

394 *Bepler,* FS Wißmann, 97 (113).

395 BVerfG v. 14.10.2004, E 111, 307 (319 ff.); *Czycholl/Frieling,* ZESAR 2011, 322 (323); *Sachs,* in: Sachs, Art. 20 GG Rn. 107; *M. Schröder,* Gesetzesbindung, S. 181 ff.; vgl. bereits *Polakiewicz,* Verpflichtungen, S. 217 ff. sowie *Lörcher,* in: Däubler, Arbeitskampfrecht, § 10 Rn. 42; allgemein zur innerstaatlichen Durchsetzung von Völkerrecht *Gaus,* Gewährleistungen, S. 89 ff.

396 *Grabenwarter/Pabel,* Menschenrechtskonvention, § 3 Rn. 8 ff.; *Herdegen,* Völkerrecht, § 22 Rn. 10; *Kirchhof,* EuGRZ 1994, 16 (31 ff.).

Europäische Sozialcharta gibt es nicht. Sie wurde von der Rechtsprechung bei entsprechenden Sachverhalten zwar berücksichtigt. Dazu sind sie gem. Art. 20 Abs. 3 GG i. V. mit Art. 59 Abs. 2, 19 Abs. 4 GG wegen der Bindung an „Gesetz und Recht" berechtigt und verpflichtet.[397] Änderungen für die deutsche Rechtslage folgten aufgrund dessen allerdings nicht. Die hier vertretene Auslegung hinsichtlich nichtgewerkschaftlicher sowie nicht tarifbezogener Streiks wurde darin nicht geteilt oder war zumindest nicht entscheidungserheblich.[398] Diese Streiks sind allerdings gem. Art. 6 Nr. 4 ESC zulässig[399] und eine Umsetzung im nationalen Recht ist möglich.[400]

Kommt es in einem Rechtsstreit darauf an, ob durch Art. 6 Nr. 4 ESC ein bestimmtes Verhalten eines Arbeitnehmers gerechtfertigt ist und wird die Norm, ihr Inhalt sowie ihre Auswirkungen nicht ausreichend entsprechend dem oben Gesagten berücksichtigt, kann deswegen eine Verfassungsbeschwerde erhoben werden. Das hierfür einschlägige Verfahren ist allerdings nicht die Völkerrechtsverifikation gem. Art. 100 Abs. 2 GG i. V. mit §§ 13 Nr. 12, 83 f. BVerfGG. Dieses Verfahren dient der Vergewisserung, ob eine Regel des Völkerrechts Bestandteil des Bundesrechts gem. Art. 25 S. 1 GG ist beziehungsweise ob sie gem. Art. 25 S. 2 GG unmittelbar Rechte und Pflichten für den Einzelnen erzeugt.[401] Völkerrechtliche Verträge stehen dagegen im Rang eines Bundesgesetzes, so dass deren Anwendung und Auslegung der fachgerichtlichen Prüfung überlassen ist.[402] Sie können daher nur dann Prüfungsgegenstand des Verfahrens gem. Art. 100 Abs. 2 GG sein, wenn zu prüfen ist, ob ihr Inhalt zu allgemeinem Völkerrecht erstarkt ist und somit ihre Eigenschaft als allgemeine

---

397 BVerfG v. 14.4.2004, E 111, 307 (322 f., 325 f.); *Herzog/Grzeszick,* in: Maunz/Dürig, Art. 20 GG VI. Rn. 60, 71; *Kunig,* in: Graf Vitzthum, Völkerrecht, 2. Abschnitt, Rn. 181; *Sachs,* in: Sachs, Art. 20 GG Rn. 107.

398 In chronologischer Abfolge sind dies ArbG Berlin v. 10.10.1974, AP Nr. 49 zu Art. 9 GG Arbeitskampf, I. 3. b) der Gründe (Bl. 6 f.); BAG v. 10.6.1980, AP Nr. 64 zu Art. 9 GG Arbeitskampf, A. II. 2. a) der Gründe (Bl. 6R f.); BVerfG v. 20.10.1981, E 58, 233 (254 f.); BAG v. 12.9.1984, AP Nr. 81 zu Art. 9 GG Arbeitskampf, B. II. 2. c) der Gründe (Bl. 11R f.); v. 5.3.1985, AP Nr. 85 zu Art. 9 GG Arbeitskampf, II. 3. d) der Gründe (Bl. 4R f.); v. 12.3.1985, AP Nr. 84 zu Art. 9 GG Arbeitskampf, I. 1. c) der Gründe (Bl. 3R f.); v. 7.6.1988, AP Nr. 106 zu Art. 9 GG Arbeitskampf, A. I. 4. der Gründe (Bl. 4); BVerwG v. 18.12.1992, E 91, 327 (329 ff.); BVerfG v. 2.3.1993, E 88, 103 (112); ArbG Gelsenkirchen 13.3.1998, EzA Nr. 130 zu Art. 9 GG Arbeitskampf, 4. der Gründe (S. 3 ff.); LAG Hamm v. 17.2.1999, 18 (4) Sa 1177/98 Rn. 52 (juris); v. 24.10.2001, AP Nr. 161 zu Art. 9 GG Arbeitskampf, B. II. 3. der Gründe (Bl. 6R f.); vgl. außerdem BVerfG v. 12.5.1987, E 76, 1 (78 ff., 1 f.).

399 Ausführlich oben S. 99 ff. und 113 ff.

400 Dazu oben S. 307 ff.

401 *Geiger,* Grundgesetz, S. 152; *Sturm,* in: Sachs, Art. 9 GG Rn. 26.

402 BVerfG v. 13.5.1996, E 94, 315 (328); v. 29.10.1998, E 99, 145 (160).

Regel des Völkerrechts in Frage steht.[403] Dies ist hinsichtlich des Streikrechts gem. Art. 6 Nr. 4 ESC allerdings nicht der Fall.[404]

Einschlägig ist somit die Urteilsverfassungsbeschwerde i. S. des Art. 93 Abs. 1 Nr. 4a i. V. mit §§ 13 Nr. 8a, 90, 92 ff. BVerfGG. Beschwerdegegenstand können Akte der deutschen öffentlichen Gewalt sowie Hoheitsmaßnahmen einer supranationalen Organisation sein, gegen die die Bundesrepublik Deutschland den Grundrechtsberechtigten verfassungsgerichtlichen Schutz gewähren muss.[405] Dies betrifft insbesondere Akte der Organe der Europäischen Union, weil diese Maßnahmen Durchgriffswirkung auf den Einzelnen haben können, da insoweit Hoheitsrechte übertragen worden sind.[406] Völkerrechtliche Verträge als solche können somit nicht Prüfungsgegenstand sein,[407] wohl aber das Zustimmungsgesetz.[408] Mangels dieser Durchgriffswirkung kommt eine unmittelbare Prüfung der Europäischen Sozialcharta sowie der *conclusions* oder *recommendations* des Europäischen Ausschusses für Soziale Rechte beziehungsweise des Ministerkomitees nicht in Betracht.[409]

Gegenstand einer Urteilsverfassungsbeschwerde ist wegen § 90 Abs. 1 S. 1 BVerfGG regelmäßig die letztinstanzliche Entscheidung eines Gerichts.[410] Die Rechtsanwendung des einfachen Rechts, wozu die Europäische Sozialcharta wegen ihres Ranges zählt,[411] obliegt den Fachgerichten. Nach ständiger Rechtsprechung überprüft das Bundesverfassungsgericht im Rahmen einer Urteilsverfassungsbeschwerde ausschließlich die Verletzung spezifischen Verfassungsrechts („Heck'sche Formel"[412]).[413] Diese kommt in Betracht, wenn das Fachge-

---

403 BVerfG v. 26.3.1957, E 6, 309 (363); *Maunz,* in: Maunz/Dürig, Art. 100 GG Rn. 42; *Morgenthaler,* in: Epping/Hillgruber, Art. 100 GG Rn. 30.

404 Dazu oben S. 150 f.

405 *Morgenthaler,* in: Epping/Hillgruber, Art. 93 GG Rn. 59; *Sturm,* in: Sachs, Art. 93 GG Rn. 85.

406 BVerfG v. 22.10.1993, E 89, 155 (175); v. 4.4.2001, NJW 2001, 2705 (2705); v. 4.5.2006, NJW 2006, 2908 (2909); *Lechner/Zuck,* § 90 BVerfGG Rn. 122 ff.; *Pieroth,* in: Jarass/Pieroth, Art. 93 GG Rn. 50b; *Hopfauf,* in: Schmidt-Bleibtreu/Hofmann/Hopfauf, Art. 93 GG Rn. 180; anders noch BVerfG v. 18.10.1967, E 22, 293 (295 ff.).

407 BVerfG v. 8.7.1997, E 96, 152 (170); *Hopfauf,* in: Schmidt-Bleibtreu/Hofmann/Hopfauf, Art. 93 GG Rn. 174.

408 BVerfG v. 12.10.1993, E 89, 155 (171); v. 28.4.2005, E 112, 363 (367); *Lechner/Zuck,* § 90 BVerfGG Rn. 120.

409 Vgl. BVerfG v. 4.5.2006, NJW 2006, 2908 (2909); *Hopfauf,* in: Schmidt-Bleibtreu/Hofmann/Hopfauf, Art. 93 GG Rn. 174.

410 *Schlaich/Korioth,* Bundesverfassungsgericht, Rn. 213; *Sturm,* in: Sachs, Art. 93 GG Rn. 87.

411 Dazu oben S. 145 ff.

412 Nach *Karl Heck* (1896–1997), Richter am Bundesverfassungsgericht (1954–1965), Berichterstatter in dem Urteil BVerfG v. 10.6.1984, E 18, 85 ff.; vgl. *Herzog,* FS Dürig, 431 (432 f. mit Fn. 2).

413 St. Rspr. seit BVerfG v. 19.9.1952, E 1, 418 (420); v. 10.6.1964, E 18, 85 (92);

richt den Einfluss der Grundrechte ganz oder grundsätzlich verkannt hat, wenn die Rechtsanwendung grob oder offensichtlich willkürlich ist oder die Grenzen richterlicher Rechtsfortbildung überschritten worden sind.[414] Da die Europäische Sozialcharta keinen Verfassungsrang hat, kann das Bundesverfassungsgericht insoweit also „nicht prüfen, ob das Urteil eines Fachgerichts mit den Normen der Europäischen Sozialcharta [...] vereinbar ist."[415] Das Bundesverfassungsgericht ist nicht kompetent, die Einhaltung völkerrechtlicher Verträge zu überprüfen. Eine Nichtberücksichtigung einer Norm eines völkerrechtlichen Vertrages kann jedoch gerügt werden, wenn die völkerrechtsfreundliche Auslegung eines Grundrechts zu einem anderen Ergebnis als dem gefundenen führen kann.[416] Dies hat das Bundesverfassungsgericht zwar hinsichtlich Art. 5 ESC verneint,[417] damit ist allerdings nicht ausgesagt, dass dies zwingend auch für Art. 6 Nr. 4 ESC gilt. Dessen Gewährleistungen gehen im Gegensatz zu denen des Art. 5 ESC entscheidend über die bislang aus Art. 9 Abs. 3 S. 1 GG durch Richterrecht entwickelten Grundsätze hinaus.[418] Bislang konnte das Bundesverfassungsgericht allerdings offenlassen, ob die Schutzbereiche der Art. 6 Nr. 4 ESC und Art. 9 Abs. 3 S. 1 GG einander entsprechen.[419] Die bundesverfassungsgerichtliche Rechtsprechung steht einer Verfassungsbeschwerde also nicht entgegen.

Demgemäß kann ein Beschwerdeführer mit der Behauptung Verfassungsbeschwerde erheben, dass hinsichtlich des von Art. 6 Nr. 4 ESC geschützten Verhaltens eine Auslegung des Art. 9 Abs. 3 S. 1 GG nicht oder nur unzureichend vorgenommen wurde.[420] Als Norm eines völkerrechtlichen Vertrages dient sie als Auslegungshilfe sowohl des einfaches Rechts als auch der Grundrechte.[421] Beschwerdegegenstand ist somit die Verletzung des Art. 9 Abs. 3 S. 1

---

v. 14.2.1973, E 34, 269 (279 f.); v. 29.11.1983, E 65, 317 (322); v. 24.3.1998, E 97, 391 (401); v. 12.12.2000, E 102, 347 (362); v. 26.10.2004, E 111, 366 (373); v. 22.3.2004, NJW 2004, 2008 (2009); *Lechner/Zuck,* § 90 BVerfGG Rn. 97 ff.; *Morgenthaler,* in: Epping/Hillgruber, Art. 93 GG Rn. 8, 52; *Schlaich/Korioth,* Bundesverfassungsgericht, Rn. 281; *Sturm/Detterbeck,* in: Sachs, Art. 93 GG Rn. 18 mit Fn. 68 m. w. N. zur Kritik an der „Heck'schen Formel".

414 BVerfG v. 20.10.1981, E 56, 99 (107); v. 19.10.1983, E 65, 182 (190 ff.); v. 3.11.1992, E 87, 273 (279 f.); *Sturm/Detterbeck,* in: Sachs, Art. 93 GG Rn. 18; *Pieroth,* in: Jarass/Pieroth, Art. 93 GG Rn. 73.

415 BVerfG v. 2.3.1993, E 88, 103 (112).

416 BVerfG v. 20.10.1981, E 58, 233 (253); *Pieroth/Schlink,* Grundrechte, Rn. 59.

417 BVerfG v. 20.10.1981, E 58, 233 (254).

418 Ausführlich oben § 4 (S. 211 ff.).

419 BVerfG v. 2.3.1993, E 88, 103 (112).

420 BVerfG v. 4.11.2009, E 124, 300 (319); *Pieroth/Schlink,* Grundrechte, Rn. 59.

421 BVerfG v. 2.3.1993, E 88, 103 (112); vgl. zur Europäischen Menschenrechtskonvention als Schwesterkonvention der Europäischen Sozialcharta BVerfG v. 26.3.1987, E 74, 358

GG i. V. mit Art. 6 Nr. 4 ESC i. V. mit Art. 20 Abs. 3 GG.[422] Da Art. 9 Abs. 3 S. 1 GG zumindest teilweise entsprechend Art. 6 Nr. 4 ESC ausgelegt werden kann, hat eine derart begründete Urteilsverfassungsbeschwerde Aussicht auf Erfolg. Die angefochtene Entscheidung ist in diesem Fall gem. § 95 Abs. 2 BVerfGG aufzuheben und an das zuständige Fachgericht zurückzuverweisen.[423]

E. Praktische Konsequenzen

Eine Ausdehnung des Streikrechts durch Art. 6 Nr. 4 ESC auf andere als tarifvertraglich regelbare Gegenstände hat nicht nur prima facie erhebliche Auswirkungen auf das geltende Tarif- und Arbeitskampfrecht. Die Kombination nichtgewerkschaftlicher und nicht tarifbezogener Arbeitskämpfe widerspricht dessen tragenden Grundsätzen teils diametral. Dennoch ist zu beachten, dass die dargelegten Ergebnisse nicht ohne weiteres zu chaotischen Zuständen im kollektiven Arbeitsrecht führen müssen.

Besonders hervorzuheben ist, dass die wesentlichen Gewährleistungen des Art. 6 ESC durch die Bundesrepublik Deutschland verwirklicht sind oder es bereits vor Inkrafttreten der Europäischen Sozialcharta waren.[424] Die neuralgischen Punkte bilden demnach der Beamtenstreik, der nichtgewerkschaftliche Streik sowie der nicht tarifbezogene Arbeitskampf. Die rechtliche Gleichstellung der Beamten mit Arbeitnehmern könnte ausschließlich durch eine Änderung des Grundgesetzes und des einfachgesetzlichen Beamtenrechts erreicht werden. Die Berufung auf Art. 6 Nr. 4 ESC vermag den Beamtenstreik dagegen nicht zu legitimieren. Gleiches gilt für einen Streik des Betriebsrates.

Die für die Arbeitnehmer und Arbeitgeber bedeutendsten Fragen der „Arbeits- und Wirtschaftsbedingungen“ wie Arbeitsentgelt, Arbeitszeit, Urlaub etc. werden auch in Zukunft durch die Sozialpartner geregelt werden. Nicht- und Andersorganisierte können sich deshalb geführten Streiks anschließen und von den Tarifabschlüssen partizipieren. Den Parteien steht dabei das richterrechtlich gefestigte Tarif- und Arbeitskampfrecht zu Verfügung. Durch Art. 6 Nr. 4 ESC werden allerdings zusätzliche Wege eröffnet, die nicht per se zu einem ungeordneten Arbeitsleben führen müssen. Vielmehr zeigt nicht zuletzt das Betriebsverfassungsrecht, dass ein friedliches (§ 74 Abs. 2 S. 1 Halbs. 1 BetrVG) und

(370); v. 14.11.1990, E 83, 119 (128); v. 14.4.2004, E 111, 307 (317); *De Schutter,* in: Krause/Scheinin, International Protection, 425 (425); *Pieroth/Schlink,* Grundrechte, Rn. 59.

422 Vgl. BVerfG v. 2.3.1993, E 88, 103 (112); v. 14.4.2004, E 111, 307 (317, 322 f.); v. 4.11.2009, E 124, 300 (319); *Frowein,* FS Zeidler 2, 1763 (1170); *Pieroth/Schlink,* Grundrechte, Rn. 59.

423 *Hömig,* in: Maunz u. a., § 95 BVerfGG Rn. 19 f.; *Schlaich/Korioth,* Bundesverfassungsgericht, Rn. 279.

424 Denkschrift der Bundesregierung, BT-Drucks. 4/2117 v. 25.3.1964, S. 29, 31.

konstruktives (§ 2 Abs. 1 BetrVG) Zusammenarbeiten der Arbeitsvertragsparteien sowie deren Organisationen möglich ist. Davon gehen ebenso Art. 6 Nr. 3 und 4 ESC aus.

Nicht zu unterschätzen ist, dass den Vorteilen, die vermeintlich zu einem „risikolosen" Streik berechtigen, gewichtige Nachteile oder zumindest Hemmnisse gegenüberstehen können. Dies ist evident für auch unter Berücksichtigung des Art. 6 Nr. 4 ESC rechtswidrige Arbeitskämpfe. Über jeder Arbeitsniederlegung schwebt daher stets das Damoklesschwert individual- und kollektivrechtlicher Sanktionen. Unabhängig von der Frage nach der Rechtmäßigkeit des Arbeitskampfes ist auf Arbeitnehmerseite der Verlust des Arbeitsentgelts von entscheidender Bedeutung. Bei einem verbandslosen Streik wird dieser gerade nicht durch finanzielle Unterstützung durch die Gewerkschaft kompensiert. Außerdem wird nicht jedes Partikularinteresse zu einer kollektiven Maßnahme i. S. des Art. 6 Nr. 4 ESC führen. Voraussetzung ist, dass sich genügend Arbeitnehmer zusammenfinden, die bereit sind, das genannte Risiko einzugehen.[425] Dieser Verbund muss zudem mächtig genug sein, um spürbaren Druck auf den Arbeitgeber auszuüben. Die Aussicht auf Erfolg muss daher groß sein. Diese drohenden Konsequenzen wirken also unter allen Umständen hemmend.

Das über viele Jahre im Wesentlichen aus Art. 9 Abs. 3 S. 1 GG hergeleitete Arbeitskampfrecht wird somit nicht auf den Kopf gestellt. Es ist gerade dessen Zweck, den Parteien Mittel zu offerieren, um Druck auf den sozialen Gegenspieler ausüben zu können. Dadurch sollen Verhandlungen und schließlich Einigungen ermöglicht werden. Soll das Arbeitskampfrecht keine stumpfe Waffe[426] sein, können und dürfen finanzielle und tatsächliche Einbußen, Einschränkungen und Unannehmlichkeiten nicht vermieden werden. Durch die Berücksichtigung des Art. 6 Nr. 4 ESC werden daher Chancen eröffnet, die sowohl der Arbeitnehmerseite, aber auch der Arbeitgeberseite nützen können. Die dadurch vermeintlich entstehenden Nachteile sind vor dem Hintergrund der durch die Bundesrepublik Deutschland mit Art. 6 Nr. 4 ESC eingegangenen völkervertraglichen Verpflichtung hinzunehmen.

F. Zusammenfassung

1. Das Tarifvertragsgesetz kann nicht dergestalt ausgelegt werden, dass sich Arbeitnehmerverbünde i. S. des Art. 6 Nr. 4 ESC des Tarifvertrages als Gestaltungsmittel bedienen könnten. Dies scheitert am Wortlaut des § 2 Abs. 1

[425] So allerdings im Fall ArbG Gelsenkirchen v. 13.3.1998, EzA Nr. 130 zu Art. 9 GG Arbeitskampf; vgl. dazu *Ruth,* Right to Strike, S. 32 f.

[426] Vgl. die Formulierung bei BAG v. 20.12.1963, AP Nr. 32 zu Art. 9 GG Arbeitskampf, B. II. 3. e. der Gründe (Bl. 9R).

TVG, der die Gewerkschaftseigenschaft voraussetzt, an dem Schriftformerfordernis des § 1 Abs. 2 TVG sowie an der rechtlich verbindlichen Wirkung der obligatorischen Bestandteile eines Tarifvertrages.

2. Den Arbeitnehmerverbünden i. S. des Art. 6 ESC stehen allerdings Koalitionsvereinbarungen zur Verfügung, um die Ergebnisse ihrer Kollektivverhandlungen festzuhalten. Es bleibt ihnen überlassen, mit welcher rechtlichen Wirkung sie diese ausstatten. Koalitionsvereinbarungen haben keinesfalls normative Wirkung und können daher unmittelbare und zwingende Rechte und Pflichten für Dritte nicht begründen.

3. Die Arbeitnehmer treten nicht als Organisation i. S. einer Gesellschaft auf. Vielmehr treten sie dem Arbeitgeber einzeln im Verbund gegenüber oder sie handeln durch von ihnen bestimmte Stellvertreter. Dies entspricht Art. 6 Nr. 4 ESC, der von einem individuellen Streikrecht ausgeht. Die Friedenspflicht gilt deshalb nicht zwischen Arbeitgeber und Arbeitnehmerverbund, sondern zwischen den Individualarbeitsvertragsparteien.

4. Die Rechtsfolgen kollektiver Maßnahmen ergeben sich aus dem nationalen Recht. Werden daher durch Art. 9 Abs. 3 S. 1 GG oder Art. 6 Nr. 4 ESC nicht geschützte Arbeitskämpfe geführt, stehen dem Arbeitgeber wegen der Arbeitsniederlegung sämtliche bekannten Sanktionen zur Verfügung.

§ 6 Zusammenfassung der Ergebnisse

Gegenstand der vorliegenden Untersuchung war das Streikrecht i. S. des Art. 6 Nr. 4 ESC und dessen Bedeutung für das deutsche Streikrecht. Dabei wurden zunächst die Vorgaben der Europäischen Sozialcharta untersucht und die Vereinbarkeit mit dem deutschen Recht geprüft. Schließlich wurden Möglichkeiten zur Umsetzung dieser Vorgaben im nationalen Recht aufgezeigt.

A. Vorgaben des Art. 6 Nr. 4 ESC für das nationale Recht

Die Europäische Sozialcharta und somit Art. 6 Nr. 4 ESC sind grundsätzlich anhand eines objektiven Maßstabes auszulegen. Dabei ist die Entstehungsgeschichte der Norm zu berücksichtigen, weil während der Beratungen die unterschiedlichen Vorstellungen der vertragsschließenden Parteien zum Ausdruck kamen. Diese Vorstellungen dürfen durch eine streng objektive Auslegung nicht missachtet werden. Die die Europäische Sozialcharta umgebenden völkerrechtlichen Verträge können nur zurückhaltend herangezogen werden, da die relevanten Abkommen von unterschiedlichen Normgebern stammen. Eine Ausnahme gilt für die Europäische Menschenrechtskonvention, da die Europäische Sozialcharta sie um soziale und wirtschaftliche Rechte ergänzen soll und insoweit ein Parallelwerk darstellt. Die verschiedenen am Überwachungsverfahren gem. Art. 21 ff. ESC beteiligten Organe sind zu einer rechtlich verbindliche Auslegung der Europäischen Sozialcharta nicht befugt. Allerdings kommt insbesondere den *conclusions* des Europäischen Ausschusses für Soziale Rechte eine erhebliche faktische Bedeutung bei der Interpretation der Europäischen Sozialcharta zu.

Das Streikrecht i. S. des Art. 6 Nr. 4 ESC steht ausschließlich Arbeitnehmern zu. Eine Person ist Arbeitnehmer i. S. der Norm, wenn sie fremdbestimmt für einen anderen Arbeitsleistungen erbringt. Es kommt nicht darauf an, ob diese Abhängigkeit auf Vertrag oder Gesetz beruht, sondern darauf, dass der Erwerbstätige unselbstständig in den Arbeitsprozess des Arbeitgebers eingegliedert ist. Es kann die bloß wirtschaftliche Abhängigkeit ausreichen, wenn sie hinsichtlich der Intensität mit der rechtlichen oder persönlichen Abhängigkeit vergleichbar ist und aus diesem Grund ein Schutzbedürfnis für diese Person besteht. Nur wer tatsächlich sowohl rechtlich, persönlich als auch wirtschaftlich unabhängig ist, ist nicht schutzbedürftig und somit kein Arbeitnehmer i. S. des Art. 6 Nr. 4 ESC.

Der Begriff der Kollektivverhandlungen i. S. des Art. 6 Nr. 4 ESC umfasst alle nicht notwendigerweise auf einen durch Arbeitsvertrag regelbaren Inhalt bezogenen Gespräche zwischen den in Art. 6 ESC genannten Parteien mit dem Ziel einer nicht unbedingt rechtlich verbindlichen, das heißt für die Parteien Rechte und Pflichten begründenden Einigung durch eine kollektive Vereinbarung auf dem Gebiet des Arbeitsrechts i. S. des Art. 6 ESC. Bei kollektiven Maßnahmen i. S. des Art. 6 Nr. 4 ESC handelt es sich um sämtliche Handlungen, die von Arbeitnehmern und Arbeitgebern i. S. des Art. 6 ESC im Falle eines Interessenkonflikts während Kollektivverhandlungen mit dem Ziel ergriffen oder durchgeführt werden, Druck auf die Gegenseite auszuüben, um zu einer Einigung zu gelangen. Ausdrücklich hervorgehoben ist das Streikrecht. Dieses stellt ein individuelles Recht der Arbeitnehmer dar, das diese kollektiv als Arbeitnehmerverbund ausüben können. Diese Arbeitnehmerverbünde sind vom personellen Schutzbereich des Art. 6 Nr. 4 ESC jedoch nur erfasst, wenn sie ein gewisses Maß an interner Organisation besitzen. Es muss ein sinnvolles Verhandeln mit dem Arbeitgeber möglich sein, da es Zweck des Art. 6 Nr. 4 ESC ist, Interessenkonflikte aufzulösen. Diesem Erfordernis genügen nicht ausschließlich Gewerkschaften, so dass auch nichtgewerkschaftliche Arbeitnehmerverbünde unabhängig davon, ob sie auf Dauer oder lediglich spontan gegründet sind, in Kollektivverhandlungen mit dem Arbeitgeber treten und ihre Forderungen nötigenfalls mit kollektiven Maßnahmen durchzusetzen versuchen können. Arbeitnehmer sind nicht darauf beschränkt, einen Streik ausschließlich gegen ihren Vertragspartner durchzuführen. Ausnahmen sind in Konzernen zulässig, sofern die Muttergesellschaft ausreichenden Einfluss auf die Tochtergesellschaft hat. Unzulässig sind aber solche Sympathiearbeitskämpfe, die der Arbeitgeber durch den – druckbedingten – Abschluss einer Kollektivvereinbarung nicht abwenden kann. Unzulässig sind politische Streiks gegen staatliche Institutionen, da es sich dabei nicht um einen Arbeitskampf handelt.

Einschränkungen des Art. 6 Nr. 4 ESC können aufgrund von Art. 31 Abs. 1 ESC i. V. mit dem Anhang zu Art. 6 Nr. 4 ESC gerechtfertigt werden. Dies setzt grundsätzlich eine gesetzliche Regelung i. S. eines formellen Parlamentsgesetzes voraus. Diesem Erfordernis genügt jedoch gesetzesvertretendes Richterrecht, sofern es hinreichend bestimmt und daher vorhersehbar ist. Jede die Rechte aus Art. 6 Nr. 4 ESC einschränkende Maßnahme muss zum Schutz der in Art. 31 Abs. 1 ESC abschließend aufgezählten Rechte und Rechtsgüter „notwendig“ sein. Dies ist mittels einer Abwägung im Einzelfall zu bestimmen. Pauschale Streikverbote sind deswegen nicht gerechtfertigt.

B. Vereinbarkeit des deutschen Rechts mit Art. 6 Nr. 4 ESC

Die Europäische Sozialcharta hat in der Bundesrepublik Deutschland den Rang eines Bundesgesetzes. Dies gilt nach bisheriger Auffassung unabhängig von der Begründung, wie Völkerrecht in der deutschen Rechtsordnung Geltung erlangt. Als einzige Normen der Europäischen Sozialcharta kommt für Art. 6 Nr. 4 ESC und Art. 18 Nr. 4 ESC wegen des insoweit abweichenden Wortlautes eine unmittelbare Anwendbarkeit in Betracht. Jedenfalls Art. 6 Nr. 4 ESC ist hinreichend konkret, um anwendungsfähig zu sein. Allerdings kann der Anwendungsanspruch der Norm nicht begründet werden. Die Systematik spricht vor dem Hintergrund der Entstehungsgeschichte und des Zwecks gegen einen Anwendungsanspruch. Art. 6 Nr. 4 ESC ist somit im Wege der völkervertragsrechtsfreundlichen Auslegung im deutschen Recht zu berücksichtigen. Dies gilt nicht nur für das einfache Recht, sondern ebenso für das Verfassungsrecht. Ähnlich wie die Urteile des Europäischen Gerichtshofs für Menschenrechte, die nicht gegen die Bundesrepublik Deutschland ergangen sind und sie daher nicht gem. Art. 46 Abs. 1 EMRK binden, haben die *conclusions* und *recommendations* lediglich „Orientierungswirkung". Es mangelt an einer rechtlichen Verbindlichkeit. Aufgrund der Völkerrechtsfreundlichkeit der deutschen Rechtsordnung müssen gewichtige Gründe vorliegen, um von der Spruchpraxis abzuweichen.

Kollektive Maßnahmen i. S. des Art. 6 Nr. 4 ESC dienen der Durchsetzung von Kollektivverhandlungen mit dem Ziel einer Kollektivvereinbarung. Diese muss nicht auf ein tariflich regelbares Ziel gerichtet sein. Art. 9 Abs. 3 S. 1 GG kann dementsprechend ausgelegt werden, dass der Arbeitskampf nicht lediglich der Tarifautonomie dient, sondern der Koalitionsbetätigung. Durch völkervertragsfreundliche Auslegung kann daher Einklang mit der Europäischen Sozialcharta erreicht werden. Folglich sind neben gewerkschaftlichen auch nichtgewerkschaftliche Streiks zulässig. Dies gilt für sogenannte „ad hoc"-Koalitionen jedoch nur in den Fällen, in denen sie die Fähigkeit zur organisierten Willensbildung besitzen und sinnvolles Verhandeln daher möglich ist. Art. 6 Nr. 4 ESC schützt nicht den „chaotischen Ideenwettbewerb". Der Beamtenstreik ist demgegenüber wegen Verstoßes gegen Art. 33 Abs. 4 und 5 GG ausgeschlossen. Eine völkervertragsrechtsfreundliche Auslegung ist nicht möglich. Die methodisch korrekte Auslegung des Grundgesetzes ergibt kein von der bisherigen Rechtslage abweichendes Ergebnis, das der völkervertraglichen Verpflichtung der Bundesrepublik Deutschland eher entspricht. Der Verfassungsgeber widersetzt sich bewusst den aus der Europäischen Sozialcharta folgenden völkervertraglichen Verpflichtungen. Eine Aufhebung des Streikverbots für Beamte ist daher ohne Verfassungsänderung nicht möglich. Vor dem Hintergrund möglicher Konsequenzen für die Erfüllung hoheitlicher Aufgaben ist eine solche allerdings nicht erstrebenswert. Das Berufsbeamtentum im bisherigen Sinne müsste als „Funktionsbeamtentum" ausgestaltet werden. Analog der Auslegung des Art. 31 Abs. 1 ESC wäre die Frage des Streikverbots anhand der „Notwendigkeit" der jeweiligen Aufgabe des Beamten und nicht pauschal anhand des durch das nationale Recht definierten Status zu beantworten. Eine Privatisierung ist nur bis zur Grenze der Grundrechtsrelevanz des jeweiligen hoheitlichen Handelns möglich. Dass lediglich Rechte und Interessen Dritter von Verfassungsrang eine Einschränkung des Arbeitskampfes i. S. des Art. 9 Abs. 3 GG rechtfertigen können, entspricht dagegen den Vorgaben des Art. 31 Abs. 1 ESC, sofern der Rechtsmissbrauch und somit insbesondere das Vernichtungsverbot den Maßstab hierfür bildet.

Das deutsche Arbeitskampfrecht ist demgemäß zu großen Teilen mit der Europäischen Sozialcharta vereinbar. In drei wesentlichen Punkten widerspricht es allerdings den völkervertragsrechtlichen Gewährleistungen. Das Recht auf Kollektivverhandlungen und kollektive Maßnahmen i. S. des Art. 6 Nr. 4 ESC steht sämtlichen Arbeitnehmerverbünden unabhängig von der Gewerkschaftseigenschaft zu. Zudem können auch solche Inhalte Gegenstand eines Arbeitskampfes sein, die nicht durch Tarifvertrag geregelt werden können. Schließlich können sich Beamte auf das Streikrecht des Art. 6 Nr. 4 ESC berufen. Allein in diesem Punkt kann die Vereinbarkeit mit der Europäischen Sozialcharta nicht durch eine völkervertragsrechtsfreundliche Auslegung erreicht werden.

C. Umsetzung der Gewährleistungen des Art. 6 Nr. 4 ESC im deutschen Recht

Das Tarifvertragsgesetz kann nicht dergestalt ausgelegt werden, dass sich Arbeitnehmerverbünde i. S. des Art. 6 Nr. 4 ESC des Tarifvertrages als Gestaltungsmittel bedienen könnten. Dies scheitert am Wortlaut des § 2 Abs. 1 TVG, der die Gewerkschaftseigenschaft voraussetzt, an dem Schriftformerfordernis des § 1 Abs. 2 TVG sowie an der rechtlich verbindlichen Wirkung der obligatorischen Bestandteile eines Tarifvertrages. Den Arbeitnehmerverbünden i. S. des Art. 6 ESC stehen allerdings Koalitionsvereinbarungen zur Verfügung, um die Ergebnisse ihrer Kollektivverhandlungen festzuhalten. Es bleibt ihnen überlassen, mit welcher rechtlichen Wirkung sie diese ausstatten. Koalitionsvereinbarungen haben keinesfalls normative Wirkung und können daher unmittelbare und zwingende Rechte und Pflichten für Dritte nicht begründen.

Die Arbeitnehmer treten nicht als Organisation i. S. einer Gesellschaft auf. Vielmehr treten sie dem Arbeitgeber einzeln im Verbund gegenüber oder sie handeln durch von ihnen bestimmte Stellvertreter. Dies entspricht Art. 6 Nr. 4 ESC, der von einem individuellen Streikrecht ausgeht. Die Friedenspflicht gilt deshalb nicht zwischen Arbeitgeber und Arbeitnehmerverbund, sondern zwischen den Individualarbeitsvertragsparteien.

Die Europäische Sozialcharta sieht keine Rechtsfolgen eines rechtmäßigen oder rechtswidrigen Arbeitskampfes vor. Diese ergeben sich aus dem nationalen Recht. Werden daher durch Art. 9 Abs. 3 S. 1 GG oder Art. 6 Nr. 4 ESC nicht geschützte Arbeitskämpfe geführt, stehen dem Arbeitgeber wegen der Arbeitsniederlegung sämtliche bekannten Sanktionen zur Verfügung.

Literaturverzeichnis

Abrantes, José João, Dem Arbeitsvertrag „gleichgestellte Verträge" im portugiesischen Recht, ZIAS 2000, S. 266-272

Alexy, Robert, Theorie der Grundrechte, 2. Aufl. Frankfurt am Main 1994 (zit.: *Alexy,* Grundrechte)

Amend, Guido, Auslegungserklärungen zu bilateralen völkerrechtlichen Verträgen, Diss. Marburg 1974 (zit.: *Amend,* Auslegungserklärungen)

Armbrüster, Christian, Die Nachrangigkeit der Sozialhilfe und die guten Sitten, in: Joost, Detlev / Oetker, Hartmut / Paschke, Marian (Hrsg.), Festschrift für Franz Jürgen Säcker zum 70. Geburtstag, München 2011, S. 13-28, (zit.: *Armbrüster*, FS Säcker)

Asbeck, Frederik Mari van, La Charte Sociale Européene: Sa portée juridique, la mise en œuvre, in: Baugniet, Jean u. a. (Hrsg.), Problèmes de droit des gens. Mélanges offerts a Henri Rolin, Paris 1964, S. 427-448 (zit.: *van Asbeck,* FS Rolin)

Ascheid, Reiner / Preis, Ulrich / Schmidt, Ingrid, Kündigungsrecht. Großkommentar zum gesamten Recht der Beendigung von Arbeitsverhältnissen, 4. Aufl. München 2012 (zit.: *Bearbeiter,* in: Ascheid/Preis/Schmidt, Kündigungsrecht)

Auerbach, Walter, Europäische Sozialpolitik. Klärung und Verwirrung. Zugleich Buchbesprechung zu „Europäische Sozialpolitik – Erfolge und Möglichkeiten" von Johannes Schregele, RdA 1954, S. 339-340

Badura, Peter, Die Verantwortung des Bundes für die amtsangemessene Beschäftigung der im Bereich der Deutschen Telekom AG tätigen Beamten, DÖV 2010, S. 533-542

ders., Die Tarifautonomie im Spannungsfeld von Gemeinwohlerfordernissen und kollektiver Interessenwahrung, AöR 104 (1979), S. 246-264

Bamberger, Heinz Georg / Roth, Herbert, (Hrsg.) Kommentar zum Bürgerlichen Gesetzbuch; Band 1. §§ 1 - 610, CISG, 3. Aufl. München 2012; Band 2. §§ 611 - 1296, AGG, ErbbauVO, WEG, 3. Aufl. München 2012 (zit.: *Bearbeiter,* in: Bamberger/Roth)

Battis, Ulrich, BBG. Bundesbeamtengesetz. Kommentar, 4. Aufl. München 2009

ders., Berufsbeamtentum und Leistungsprinzip, ZBR 1996, S. 193-198

Bausback, Maria Martina, Der Bestandsschutz des Arbeitsverhältnisses auf europäischer und internationaler Ebene. Entwicklungen vom Mittelalter bis zur Gegenwart. Teil 1, Frankfurt am Main 2007 (zit.: *Bausback,* Bestandsschutz)

Bayreuther, Frank, Tarif- und Arbeitskampfrecht in der Neuorientierung, NZA 2008, S. 12-18

ders., Der Arbeitskampf des Marburger Bundes. Ein Lehrstück zur Tarifeinheit im Betrieb, NZA 2006, S. 642-646

ders., Tarifautonomie als kollektiv ausgeübte Privatautonomie. Tarifrecht im Spannungsfeld von Arbeits-, Privat- und Wirtschaftsrecht, München 2005 (zit.: *Bayreuther,* Tarifautonomie)

Behrens, Hans-Jörg, Beamtenrecht, 2. Aufl. München 2001 (zit.: *Behrens,* Beamtenrecht)

Belling, Detlev W., Die Verantwortung des Staats für die Normsetzung durch die Tarifpartner – Zur Grundrechtstreue und Legalitätskontrolle von Tarifnormen, ZfA 1999, S. 547-615

Benda, Ernst / Maihofer, Werner / Vogel, Hans-Jochen, (Hrsg.) Handbuch des Verfassungsrechts der Bundesrepublik Deutschland, 2. Aufl. Berlin, New York 1994 (zit.: *Bearbeiter,* in: Benda/Maihofer/Vogel, HandbVerfR)

Ben-Israel, Ruth, Introduction to Strikes and Lock-outs: a Comparative Perspective, in: Blanpain, Roger (Hrsg.), Strikes and lock-outs in industrialized market economies, Deventer 1994, S. 1-29 (zit.: *Ben-Israel,* in: Blanpain, Strikes)

Bepler, Klaus, Deutsches Streikrecht und Europäische Sozialcharta (ESC), in: Kohte, Wolfhard / Dörner, Hans-Jürgen / Anzinger, Rudolf (Hrsg.), Arbeitsrecht im sozialen Dialog. Festschrift für Hellmut Wißmann zum 65. Geburtstag, München 2005, S. 97-113 (zit.: *Bepler,* FS Wißmann).

Berg, Peter u. a., Tarifvertragsgesetz und Arbeitskampfrecht. Kompaktkommentar, 3. Aufl. Frankfurt am Main 2010 (zit.: *Berg u. a.,* Kompaktkommentar)

Bernhardt, Rudolf, Die Auslegung völkerrechtlicher Verträge, insbesondere in der neueren Rechtsprechung internationaler Gerichte, Köln, Berlin 1963 (zit.: *Bernhardt,* Auslegung)

ders., Der Abschluß völkerrechtlicher Verträge im Bundesstaat. Ein Untersuchung zum deutschen und ausländischen Bundesstaatsrecht, Köln, Berlin 1957 (zit.: *Bernhardt,* Abschluß)

Bethge, Herbert, Die Grundrechtsberechtigung juristischer Personen nach Art. 19 Abs. 3 Grundgesetz, Passau 1985 (zit.: *Bethge,* Grundrechtsberechtigung)

Beuthien, Volker, Mitbestimmung unternehmerischer Sachentscheidungen kraft Tarif- oder Betriebsautonomie (Teil II), ZfA 1984, S. 1-30

ders., Unternehmerische Mitbestimmung kraft Tarif- oder Betriebsautonomie? (Teil I), ZfA 1983, S. 141-168

Bieder, Marcus, Das ungeschriebene Verhältnismäßigkeitsprinzip als Schranke privater Rechtsausübung, München 2007 (*Bieder,* Verhältnismäßigkeitsprinzip)

Birk, Rolf, Arbeitskampf und Europarecht, in: Oetker, Hartmut / Preis, Ulrich / Rieble, Volker (Hrsg.), Festschrift 50 Jahre Bundesarbeitsgericht, München 2004, S. 1165-1178 (zit.: *R. Birk,* FS 50 Jahre BAG)

ders., Die Rechtmäßigkeit gewerkschaftlicher Unterstützungsmaßnahmen. Ein Rechtsgutachten von Prof. Dr. Rolf Birk, Augsburg, erstattet für die Gewerkschaft ÖTV, Stuttgart 1978 (zit.: *R. Birk,* Unterstützungsmaßnahmen)

Bittner, Claudia, Europäisches und internationales Betriebsrentenrecht. Grenzüberschreitende betriebliche Altersversorgung im Spannungsfeld von europäischem und internationalem Betriebsrentenrecht, Tübingen 2000 (zit.: *Bittner,* Betriebsrentenrecht)

Blanke, Thomas, Europäische Betriebsräte-Gesetz. Europäische Mitbestimmung – SE, 2. Aufl. Baden-Baden 2006 (zit.: *Blanke,* Europäische Betriebsräte-Gesetz)

ders., Koalitionsfreiheit und Streikrecht im öffentlichen Dienst, AuR 1989, S. 1-10

ders. / Sterzel, Dieter, Beamtenstreikrecht. Demokratische Verfassung und Beamtenstreik. Zur verfassungsrechtlichen Zulässigkeit demonstrativer Arbeitsniederlegungen von Lehrern, Neuwied, Darmstadt 1980 (zit.: *Blanke/Sterzel,* Beamtenstreikrecht)

Bleckmann, Albert, Völkerrecht, Baden-Baden 2001 (zit.: *Bleckmann,* Völkerrecht)

ders., Europarecht. Das Recht der Europäischen Union und der Europäischen Gemeinschaften, 6. Aufl. Köln u. a. 1997 (zit.: *Bearbeiter*, in: Bleckmann, Europarecht)

ders., Der Grundsatz der Völkerrechtsfreundlichkeit der deutschen Rechtsordnung, DÖV 1996, S. 137-145

ders., Allgemeine Staats- und Völkerrechtslehre. Vom Kompetenz- zum Kooperationsvölkerrecht, Köln u. a. 1995 (zit.: *Bleckmann,* Staats- und Völkerrechtslehre)

ders., Die Sozialrechts-Charta des Europa-Rates und die allgemeinen sozialen Rechtsgrundsätze der EG, in: Ress, Georg / Stein, Torsten (Hrsg.), Europäischer Sozialraum, Baden-Baden 1995, S. 55-64 (zit.: *Bleckmann,* in: Ress/Stein, Europäischer Sozialraum)

ders., Verfassungsrang der Europäischen Menschenrechtskonvention? EuGRZ 1994, S. 149-155 *ders.*, Begründung und Anwendungsbereich des Verhältnismäßigkeitsprinzips, JuS 1994, S. 177-183

ders., Teleologie und dynamische Auslegung des Europäischen Gemeinschaftsrechts, EuR 1979, S. 239-260

ders., Die Völkerrechtsfreundlichkeit der deutschen Rechtsordnung, DÖV 1979, S. 309-318

ders., Grundgesetz und Völkerrecht, Berlin 1975 (zit.: *Bleckmann,* Grundgesetz)

ders., Interprétation et application en droit interne de la charte sociale européenne, notamment du droit de grève, Cdde 1967, S. 388-412 *Blomeyer, Wolfgang* Das Übermaßverbot im Betriebsverfassungsrecht, in: Gamillscheg, Franz / Hueck, Götz / Wiedemann, Herbert (Hrsg.), 25 Jahre Bundesarbeitsgericht, München 1979, S. 16-36 (zit.: *Blomeyer,* FS 25 Jahre BAG)

Blumenwitz, Dieter, Einführung in das anglo-amerikanische Recht. Rechtsquellenlehre, Methode der Rechtsfindung, Arbeiten mit praktischen Rechtsfällen, 7. Aufl. München 2003 (zit.: *Blumenwitz,* Einführung)

Bobke, Manfred, Arbeitskampf und Richterrecht, GMH 34 (1983), S. 437-448

Bötticher, Eduard, Gestaltungsrecht und Unterwerfung im Privatrecht. Vortrag, Berlin 1964 (zit.: *Bötticher,* Gestaltungsrecht)

Brillat, Régis, The Supervisory Machinery of the European Social Charter. Recent Developements and their Impact, in: de Búrca, Gráinne / de Witte, Bruno (Hrsg.), Social Rights in Europe, Oxford 2005, S. 31-43 (zit.: *Brillat,* in: de Búrca/de Witte, Social Rights in Europe)

Brötel, Achim, Die Auslegung völkerrechtlicher Verträge im Lichte der Wiener Vertragsrechtskonvention, Jura 1988, S. 343-349

Brox, Hans / Rüthers, Bernd, Arbeitskampfrecht. Ein Handbuch für die Praxis, 2. Aufl. Stuttgart u. a. 1982 (zit.: *Bearbeiter,* in: Brox/Rüthers, Arbeitskampfrecht)

Brox, Hans / Walker, Wolf-Dietrich, Allgemeiner Teil des BGB, 35. Aufl. München 2011 (zit.: *Brox/Walker,* BGB AT)

Buchner, Herbert, „Arbeitskampf im Wandel". Zunehmender Verzicht auf Strukturierung des Richterrechts, in: Maschmann, Frank (Hrsg.), Festschrift für Wolfgang Hromadka zum 70. Geburtstag, München 2008, S. 39-52 (zit.: *Buchner,* FS Hromadka)

ders., Der „Funktionseliten"-Streik – Zu den Grenzen der Durchsetzbarkeit von Spartentarifverträgen, BB 2003, S. 2121-2130

ders., Betriebsverfassungs-Novelle auf dem Prüfstand, NZA 2001, S. 633-640

Büchner, Lutz Michael / Gramlich, Ludwig, Das Beamtenrecht im Internationalen, vor allem Europäischen Kontext, RiA 1992, S. 110-120

Bull, Hans Peter, Beamte – die vernachlässigten Hüter des Gemeinwohls? Die Dienstrechtsdiskussion zwischen Standespolitik und Staatstheorie, DÖV 2007, S. 1029-1038

Burchardt, Klaus, Streikrecht und internationale Verpflichtungen, Diss. Köln 1966 (zit.: *Burchardt,* Streikrecht)

Burkiczak, Christian, Grundgesetz und Deregulierung des Tarifvertragsrechts. Gebietet Art. 9 Abs. 3 GG die zwingende Wirkung von Tarifverträgen (§4 Abs. 1 und 3 TVG) und den Tarifvorrang (§77 Abs. 3 BetrVG)? Zugleich ein Beitrag zur Grundrechtsdogmatik, Berlin 2006 (zit.: *Burkiczak,* Deregulierung)

Bydlinski, Franz, Juristische Methodenlehre und Rechtsbegriff, 2. Aufl. Wien, New York 1991 (zit.: *Bydlinski,* Methodenlehre)

Canaris, Claus-Wilhelm, Grundstrukturen des deutschen Deliktsrechts, VersR 2005, S. 577-584

ders., Verfassungs- und europarechtliche Aspekte der Vertragsfreiheit in der Privatrechtsgesellschaft, in: Badura, Peter / Scholz, Rupert (Hrsg.), Wege und Verfahren des Verfassungslebens. Festschrift für Peter Lerche zum 65. Geburtstag, München 1993, S. 873-981 (zit.: *Canaris,* FS Lerche)

Chryssogonos, Kostas, Zur Inkorporation der Europäischen Menschenrechtskonvention in den nationalen Rechtsordnungen der Mitgliedstaaten, EuR 2001, S. 49-61

Claussen, Hans Rudolf / Benneke, Friedhelm / Schwandt, Ernst-Albrecht, Das Disziplinarverfahren. Materielles Recht, behördliches und gerichtliches Verfahren. Erweiterter und neu gegliederter Leitfaden anhand des Beamtenstatusgesetzes, des Bundesbeamtengesetzes i. d. F. des Dienstrechtsneuordnungsgesetzes und des Bundesdisziplinargesetzes unter Berücksichtigung einzelner Bestimmungen der Landesdisziplinargesetze mit vergleichenden Übersichten und einer Mustersammlung, 6. Aufl. Köln 2010 (zit.: *Claussen/ Benneke/Schwand,* Disziplinarverfahren)

Coing, Helmut, Zur Auslegung von Art. 85 EWG-Vertrag, ZHR 125 (1963), S. 271-292

Cornils, Matthias, Die Ausgestaltung der Grundrechte. Untersuchungen zur Grundrechtsbindung des Ausgestaltungsgesetzgebers, Tübingen 2005 (zit.: *Cornils,* Ausgestaltung)

Corten, Oliver / Klein, Pierre, The Vienna Conventions on the Law of Treaties.

A Commentary. Volume I, Oxford 2011 (zit.: *Bearbeiter,* in: Corten/Klein, Vol. 1)

Cottier, Marius, Die arbeitsrechtlichen Bestimmungen der europäischen Sozialcharta. Rechtsnatur, Inhalt und Vergleich mit dem schweizerischen Recht, Diss. Freiburg (Schweiz) 1967 (zit.: *Cottier,* Bestimmungen)

Cullen, Holly, The Collective Complaints System oft he European Social Charter: Interpretative Methods of the European Committee of Social Rights, in: Ssenyonjo, Manisuli (Hrsg.), Economic, Social and Cultural Rights, Ashgate 2011, S. 519-551 (zit.: *Cullen,* in: Ssenyonjo, Economic, Social and Cultural Rights)

Czerweny von Arland, Katharina, Die Arbeitskampfmittel der Gewerkschaften und der Verhältnismäßigkeitsgrundsatz, Frankfurt am Main u. a. 1993 (zit.: *Czerweny v. Arland,* Arbeitskampfmittel)

Czycholl, Roland / Frieling, Tino, Auswirkungen der Europäischen Sozialcharta auf das Arbeitskampfrecht. Das Streikrecht aus Art. 6 Abs. 4 ESC als vorrangige gesetzgeberische Entscheidung, ZESAR 2011, S. 322-327

Dahm, Georg, Völkerrecht. Band 3, Stuttgart 1961 (zit.: *Dahm,* Völkerrecht III)

ders. / Delbrück, Jost / Wolfrum, Rüdiger, Völkerrecht. Band I/1. Die Grundlagen. Die Völkerrechtssubjekte, 2. Aufl. Berlin, New York 1989 (zit.: *Dahm/ Delbrück/Wolfrum,* Völkerrecht I/1)

dies., Völkerrecht. Band I/2. Der Staat und andere Völkerrechtssubjekte; Räume unter internationaler Verwaltung. 2. Aufl. Berlin 2002 (zit.: *Dahm/Delbrück/Wolfrum,* Völkerrecht I/2)

Däubler, Wolfgang, (Hrsg.) Arbeitskampfrecht. Handbuch für die Rechtspraxis, 3. Aufl. Baden-Baden 2011 (zit.: *Bearbeiter,* in: Däubler, Arbeitskampfrecht)

ders., (Hrsg.) Arbeitskampfrecht, 2. Aufl. Baden-Baden 1987 (zit.: *Bearbeiter,* in: Däubler, Arbeitskampfrecht^2)

ders. u. a., (Hrsg.) BetrVG. Betriebsverfassungsgesetz mit Wahlordnung und EBR-Gesetz, 13. Aufl. Frankfurt am Main 2012 (zit.: *Bearbeiter,* in: Däubler/Kittner/Klebe)

ders. u. a., (Hrsg.) Arbeitsrecht. Individualarbeitsrecht mit kollektivrechtlichen Bezügen. Handkommentar, 2. Aufl. Baden-Baden 2010 (zit.: *Bearbeiter,* in: Däubler u. a., HK-Arbeitsrecht)

ders., EU-Grundrechte-Charta und kollektives Arbeitsrecht, AuR 2001, S. 380-384

ders., Arbeitnehmerähnliche Personen im Arbeits- und Sozialrecht und im EG-Recht, ZIAS 2000, S. 326-335

ders., Die Koalitionsfreiheit im EG-Recht, in: Isenhardt, Udo / Preis, Ulrich in Verbindung mit dem *Deutschen Arbeitsgerichtsverband* (Hrsg.), Arbeitsrecht und Sozialpartnerschaft. Festschrift für Peter Hanau, Köln 1999 (zit.: *Däubler,* FS P. Hanau)

ders., Neue Grundsätze im Arbeitskampf? Zur Entscheidung des Ministerkomitees des Europarats, AuR 1998, S. 144-148

ders., Der Arbeitskampf und die Sozialcharta, in: Agnelli, Giovanni u. a. (Hrsg.), Die Europäische Sozialcharta. Weg zu einer europäischen Sozialordnung? Straßburg 1978, S. 103-150 (zit.: *Däubler,* in: Agnelli, Arbeitskampf)

ders., Das Grundrecht auf Streik – eine Skizze, ZfA 1973, S. 201-226

ders., Die unverhältnismäßige Aussperrung – BAG (GS) AP, Art. 9 GG – Arbeitskampf Nr. 43, JuS 1972, S. 642-648

ders., Der Streik im öffentlichen Dienst, 2. Aufl. Tübingen 1971 (zit.: *Däubler,* Streik)

ders. / Hege, Hans, Koalitionsfreiheit. Ein Kommentar, Baden-Baden 1976 (zit.: *Däubler/Hege,* Koalitionsfreiheit)

Daum, Werner, Soziale Grundrechte, RdA 1968, S. 81-87

Delbrück, Jost, Peacekeeping by the United Nations and the Rule of Law, in: Akkerman, Robert J. / van Krieken / Peter J. / Pannenborg, Charles O. (Hrsg.), Declarations on Principles – A Quest for Universal Peace, Liber Amicorum Discipulorumque Prof. Dr. Bert Victor Aloysius Röling, Leyden 1977, S. 73-99 (zit.: *Delbrück,* FS Röling)

Denninger, Erhard u. a., (Hrsg.) Kommentar zum Grundgesetz für die Bundesrepublik Deutschland. Reihe Alternativkommentare, Loseblatt, 3. Aufl. Neuwied, Kriftel 2001 ff., Stand: 2.Ergänzungslieferung August 2002 (zit.: *Bearbeiter,* in: Denninger u. a., AK-GG)

De Schutter, Olivier, Anchoring the European Union to the European Social Charter. The Case for Accession, in: de Búrca, Gráinne / de Witte, Bruno (Hrsg.), Social Rights in Europe, Oxford 2005, S. 111-152 (zit.: *De Schutter,* in: de Búrca/de Witte, Social Rights in Europe)

ders., The European Social Charter, in: Krause, Catarina / Scheinin, Martin (Hrsg.), International Protection of Human Rights. A Textbook, Turku 2009, S. 425-442 (zit.: *De Schutter,* in: Krause/Scheinin, International Protection)

Derleder, Peter, Die Aufgabe der monistischen Struktur der Gesellschaft bürgerlichen Rechts durch Verleihung der Rechtsfähigkeit, BB 2001, S. 2485-2493

Di Fabio, Udo, Privatisierung und Staatsvorbehalt. Zum dogmatischen Schlüsselbegriff der öffentlichen Aufgabe, JZ 1999, S. 585-592

Dieterich, Thomas, Flexibilisiertes Tarifrecht und Grundgesetz, RdA 2002, S. 1-17

ders., Tarifautonomie und Bundesverfassungsgericht, AuR 2001, S. 390-393

ders., Die Grundrechtsbindung von Tarifverträgen, in: Schlachter, Monika / Ascheid, Reiner / Friedrich, Hans-Wolf (Hrsg.), Tarifautonomie für ein neues Jahrhundert. Festschrift für Günter Schaub zum 65. Geburtstag, München 1998, S. 117-134 (zit.: *Dieterich,* FS Schaub)

Dölle, Hans, Zur Problematik mehrsprachiger Gesetzes- und Vertragstexte, RabelsZ 26 (1961), S. 4-39

Dorndorf, Eberhard, Vorbeugender Rechtsschutz gegen Streiks, in: Dorndorf, Eberhard / Weiss, Manfred (Hrsg.), Warnstreiks und vorbeugender Rechtsschutz gegen Streiks, Köln 1983 (zit.: *Dorndorf,* in: Dorndorf/Weiss, Rechtsschutz)

Dörr, Oliver / Schmalenbach, Kerstin, (Hrsg.) Vienna Convention on the Law of Treaties. A Commentary, Heidelberg u. a. 2012 (zit.: *Bearbeiter,* in: Dörr/Schmalenbach)

Dreier, Horst, (Hrsg.) Grundgesetz. Kommentar. Band I. Präambel. Artikel 1-19, 2. Aufl. Tübingen 2004; Band II. Artikel 20-82, 2. Aufl. Tübingen 2006 (zit.: Bearbeiter, in: Dreier)

Dudenredaktion, Duden. Deutsches Universalwörterbuch, 7. Aufl. Mannheim, Zürich 2011 (zit.: Duden, Universalwörterbuch)

Duquesne, François, Droit du Travail. Le contrat de travail. La participation. Les droits des salariés dans l'entreprise, 4. Aufl. Paris 2007 (zit. *Duquesne,* Droit du Travail)

Dütz, Wilhelm, Rechtsstaatlicher Gerichtsschutz im Privatrecht. Zum sachlichen Umfang der Zivilgerichtsbarkeit, Bad Homburg v. d. H., Berlin, Zürich 1970 (zit.: *Dütz,* Gerichtsschutz)

Düwell, Franz Josef, Betriebsverfassungsgesetz. Handkommentar, 3. Aufl. Baden-Baden 2010 (zit.: *Bearbeiter,* in: HK-BetrVG)

Ebenroth, Carsten Thomas u. a., (Hrsg.) Handelsgesetzbuch. Band 1. §§ 1-342e, München 2008 (zit.: *Bearbeiter,* in: Ebenroth u. a.)

Eich, Rolf-Achim, Tarifverträge und Sozialpartnerbeziehungen am Beispiel der chemischen Industrie, NZA 1995, S. 149-155

Eitel, Martin, Die Ungleichbehandlung der repräsentativen und nicht repräsentativen Gewerkschaften durch den Staat, Berlin 1991 (zit.: *Eitel,* Ungleichbehandlung)

Engels, Andreas, Verfassung und Arbeitskampf. Verfassungsrechtliche Grenzen arbeitsgerichtlicher Arbeitskampfjudikatur, Berlin 2008 (zit.: *Engels,* Verfassung)

Engisch, Karl, Die Einheit der Rechtsordnung, Heidelberg 1935 (zit.: *Engisch,* Einheit)

ders., Einführung in das juristische Denken, 11. Aufl. Stuttgart, Berlin, Köln 2010 (zit.: *Engisch,* Einführung)

Enneccerus, Ludwig / Nipperdey, Carl, Allgemeiner Teil des Bürgerlichen Rechts. Ein Lehrbuch. Band 1. Erster Halbband: Allgemeine Lehren, Personen, Rechtsobjekte, 15. Aufl. Tübingen 1959 (zit.: *Enneccerus/Nipperdey,* BGB AT I/1); Band 1. Zweiter Halbband: Entstehung, Untergang und Veränderung der Rechte. Ansprüche und Einreden, Ausübung und Sicherung der Rechte, 15. Tübingen 1960 (zit.: *Enneccerus/Nipperdey,* BGB AT I/2)

Epping, Volker / Hillgruber, Christian, Grundgesetz. Kommentar, München 2009 (zit.: *Bearbeiter,* in: Epping/Hillgruber)

Erfurter Kommentar zum Arbeitsrecht, *Müller-Glöge, Rudi / Preis, Ulrich / Schmidt, Ingrid* (Hrsg.), 12. Aufl. München 2011 (zit.: *Bearbeiter,* in: ErfK)

Esser, Josef / Schmidt, Eike, Schuldrecht. Band I. Allgemeiner Teil. Teilband 2. Durchführungshindernisse und Vertragshaftung, Schadensausgleich und Mehrseitigkeit beim Schuldverhältnis, 8. Aufl. Heidelberg 2000 (zit.: *Esser/Schmidt,* Schuldrecht I/2)

Etzel, Gerhard u. a., Gemeinschaftskommentar zum Kündigungsschutzgesetz und zu sonstigen kündigungsschutzrechtlichen Vorschriften, 9. Aufl. Köln 2009 (zit.: *Bearbeiter,* in: Etzel u. a., GK-KR)

Europarat (Hrsg.), Digest of the case law of the European Committee of Social Rights, Stand: September 2008, online verfügbar unter http://www.coe.int/t/dghl/monitoring/socialcharter/Digest/DigestIndex_en.asp (zit.: Europarat, Digest 2008)

ders., European Social Charter. Collected texts, Stand: Juni 2008, online verfügbar unter http://www.coe.int/t/dghl/monitoring/socialcharter/Presentation/ESC CollectedTexts_en.pdf (zit.: Europarat, Collected texts)

ders., Die Europäische Sozialcharta. Ein Leitfaden, Berlin u. a. 2002 (zit.: Europarat, Leitfaden)

Evers, Hans-Ulrich, Arbeitskampffreiheit, Neutralität, Waffengleichheit und Aussperrung. Rechtsgutachten zum Aussperrungsverbot der hessischen Landesverfassung erstattet im Auftrag der Hessischen Landesregierung, Hamburg 1969 (zit.: *Evers,* Arbeitskampffreiheit)

Fabricius, Fritz, Streik und Aussperrung im internationalen Recht. Eine kritische Betrachtung auf der Grundlage der Europäischen Sozialcharta und allgemeiner Menschenrechte, Heidelberg 1988 (zit.: *Fabricius,* Streik)

ders., Die Prüfung der Vereinbarkeit nationaler Gesetzgebung mit der Europäischen Sozialcharta (ESCh), in: Volrad Deneke, J. F. / Roessler, Wilhelm / Swertz, Paul (Hrsg.), Aktuelle Fragen der Sozialmedizin. Festschrift zum 65. Geburtstag von Herbert Viefhues am 26. Januar 1985, Bochum 1985, S. 41-56 (zit.: *Fabricius,* FS Viefhues)

Fastenrath, Ulrich, Lücken im Völkerrecht. Zu Rechtscharakter, Quellen, Systemzusammenhang, Methodenlehre und Funktionen des Völkerrechts, Berlin 1991 (zit.: *Fastenrath,* Lücken)

Ferdinand, Gerd / Wolter, Henner, Der Arbeitskampf in der Bundesdruckerei aus Sicht der Gewerkschaften, ZTR 1988, S. 451-455

Fischer, Per, Die Willensbildung im Europarat dargestellt am Verhältnis zwischen der beratenden Versammlung und dem Ministerausschuß, in: Zellentin, Gerda (Hrsg.), Formen der Willensbildung in den europäischen Organisationen Frankfurt am Main, Bonn 1965, S. 1-30 (zit.: *P. Fischer,* in: Gerda, Willensbildung)

Fischer, Thomas, Strafgesetzbuch und Nebengesetze, 59. Aufl. München 2012 (zit.: *T. Fischer*)

Fischinger, Philipp, Zur Begrenzung des Streikrechts durch den Grundsatz der Verhältnismäßigkeit, RdA 2007, S. 99-103

Fitting, Karl u. a., Betriebsverfassungsgesetz. Handkommentar, 26. Aufl. München 2012

Floretta, Hans u. a., Arbeitsrecht. Band I. Individualarbeitsrecht (Arbeitsvertragsrecht), 4. Aufl. Wien 1998 (zit.: *Floretta/Spielbüchler/Strasser,* Individualarbeitsrecht); Arbeitsrecht. Band II. Kollektives Arbeitsrecht (Arbeitsverfassungsrecht), 4. Aufl. Wien 2001 (zit.: *Floretta/Spielbüchler/Strasser,* Kollektives Arbeitsrecht)

Forkel, Hans-Walter, Ein allgemeiner gesetzlicher Mindestlohn ist als Sonderabgabe der Arbeitgeber mit dem Grundgesetz nicht vereinbar, BB 2011, S. 1209-1212

Forsthoff, Ernst u. a., Studienkommission für die Reform des öffentlichen Dienstrechts, Band 5. Verfassungsrechtliche Grenzen einer Reform des öffentlichen Dienstrechts, Baden-Baden 1973 (*Bearbeiter,* in: Forsthoff u. a., Studienkommission 5)

Franke, Christian / Geraats, Herbert, Zulässigkeit von politisch motivierten Arbeitskampfmaßnahmen? DB 1986, S. 965-970

Franzen, Martin, Arbeitskampf und Europa, EuZA 2010, S. 435-456

ders., Zwingende Wirkung der Betriebsverfassung, NZA 2008, S. 250-255

ders., Die neuere Rechtsprechung des Ersten Senats des BAG zum Arbeitskampfrecht, ArbGeg 47 (2010), S. 119-137

Friauf, Karl Heinrich, Die verfassungsrechtlichen Vorgaben einer gesetzlichen oder tarifvertraglichen Arbeitskampfordnung, RdA 1986, S. 188-195

ders. / Höfling, Wolfram (Hrsg.), Berliner Kommentar zum Grundgesetz, Band 2. Loseblatt, 33. Ergänzungslieferung Berlin 2011 (zit.: *Bearbeiter,* in: Friauf/Höfling)

Fridman, Gerald Henry Louis, The modern Law of employment (Hauptband), London 1963 (zit.: *Fridman,* Law of employment)

Frotscher, Werner / Pieroth, Bodo, Verfassungsgeschichte, 11. Aufl. München 2012 (zit.: *Frotscher/Pieroth,* Verfassungsgeschichte)

Frowein, Jochen Abraham, Das Bundesverfassungsgericht und die Europäische Menschenrechtskonvention, in: Fürst, Walter / Herzog, Roman / Umbach, Dieter C. (Hrsg.), Festschrift für Wolfgang Zeidler. Band 2, Berlin, New York 1987, S. 1763-1774 (zit.: *Frowein,* FS Zeidler 2)

Fütterer, Patrick, Das Koalitions- und Streikrecht im EU-Recht nach dem Wandel der Rechtsprechung des EGMR zur Koalitionsfreiheit gemäß Art. 11 EMRK (Demir und Baykara und andere), EuZA 2011, S. 505-520

Gagel, Alexander / Bieback, Karl-Jürgen / Knickrehm, Sabine (Hrsg.), SGB II / SGB III. Grundsicherung und Arbeitsförderung. Kommentar, Loseblatt, Stand: 46. Ergänzungslieferung München 2012 (zit.: *Bearbeiter,* in: Gagel/Bieback/Knickrehm, SGB II/III)

Gamillscheg, Franz, Kollektives Arbeitsrecht. Ein Lehrbuch. Band I: Grundlagen / Koalitionsfreiheit / Tarifvertrag / Arbeitskampf und Schlichtung, München 1997 (zit.: *Gamillscheg,* Kollektives Arbeitsrecht I)

ders., Das deutsche Arbeitsrecht am Ende des Jahrhunderts, RdA 1998, S. 2-14

ders., Die Grundrechte im Arbeitsrecht, Berlin 1989 (zit.: *Gamillscheg,* Grundrechte)

ders., Internationales Arbeitsrecht (Arbeitsverweisungsrecht), Berlin, Tübingen 1959 (zit.: *Gamillscheg,* Internationales Arbeitsrecht)

Gaus, Nadja, Materiell-rechtliche Gewährleistungen und verfahrensrechtliche Durchsetzbarkeit völkerrechtlich garantierter Menschenrechte. Zur rechtlichen Stellung des Einzelnen im Völkerrecht, Frankfurt am Main u. a. 2011 (zit.: *Gaus,* Gewährleistungen)

Geibel, Stefan J., Folgeprobleme der Rechtsfähigkeit von Gesellschaften bürgerlichen Rechts, WM 2007, S. 1496-1502

Geiger, Rudolf, Grundgesetz und Völkerrecht mit Europarecht. Die Bezüge des Staatsrechts zum Völkerrecht und Europarecht. Ein Studienbuch, 5. Aufl. München 2010 (zit.: *Geiger,* Grundgesetz)

ders. / Khan, Daniel-Erasmus / Kotzur, Markus, EUV / AEUV. Vertrag über die Europäische Union und Vertrag über die Arbeitsweise der Europäischen Union, 5. Aufl. München 2010 (zit.: *Bearbeiter,* in: Geiger/Kahn/Kotzur)

Germelmann, Claas-Hinrich u. a., Arbeitsgerichtsgesetz, 7. Aufl. München 2009 (zit.: *Bearbeiter,* in: Germelmann)

Giegerich, Thomas, Die Verfassungsbeschwerde an der Schnittstelle von deutschem, internationalem und supranationalem Recht, in: Grabenwarter, Christoph u. a. (Hrsg.), Allgemeinheit der Grundrechte und Vielfalt der Gesellschaft. 34. Tagung der Wissenschaftlichen Mitarbeiterinnen und Mitarbeiter der Fachrichtung „Öffentliches Recht", Stuttgart u. a. 1994, S. 101-128 (zit.: *Giegerich,* in: Grabenwarter u. a., Grundrechte)

ders., Vorbehalte zu Menschenrechtsabkommen: Zulässigkeit, Gültigkeit und Prüfungskompetenzen von Vertragsgremien. Ein konstitutioneller Ansatz, ZaöRV 55 (1995), S. 713-782

ders., Treaties, Multilateral, Reservations to, in: Wolfrum, Rüdiger (Hrsg.), The Max Planck Excyclopedia of Public International Law. Volume IX, Oxford 2012, S. 1124-1135 (zit.: *Giegerich,* in: MPEPIL IX „Treaties, Multilateral, Reservations to")

Giesen, Richard, Tarifeinheit im Betrieb, NZA 2009, S. 11-18

Gitter, Wolfgang, Probleme des Arbeitskampfes in supranationaler, internationaler und international-privatrechtlicher Sicht, ZfA 1971, S. 127-150

Golsong, Heribert, Der Schutz der Grundrechte durch die Europäische Menschenrechtskonvention und seine Mängel, in: Mosler, Hermann / Bernhardt, Rudolf / Hilf, Meinhard (Hrsg.), Grundrechtsschutz in Europa. Europäische Menschenrechts-Konvention und Europäische Gemeinschaften, Berlin, Heidelberg, New York 1977 (zit.: *Golsong,* in: Mosler/Bernhardt/Hilf, Grundrechtsschutz)

Gomien, Donna / Harris, David / Zwack, Leo, Law and practice of the European Convention on Human Rights and the European Social Charter, Straßburg 1996 (zit.: *Gomien/Harris/Zwack,* Law)

Grabenwarter, Christoph / Pabel, Katharina, Europäische Menschenrechtskonvention, 5. Aufl. München 2012 (zit.: *Grabenwarter/Pabel,* Menschenrechtskonvention)

Graf, Jürgen Peter, Strafprozessordnung. Mit Gerichtsverfassungsgesetz und Nebengesetzen. Kommentar, München 2010 (zit.: *Bearbeiter,* in: Graf, StPO)

Grand Robert de la langue française, Dictionnaire alphabétique et analogique de la langue française. tome 2 (Bip-Cout), tome 3 (Couv-Ento), tome 4 (Entr-Gril), tome 6 (Lim-Oz), tome 8 (Raiso-Sub), deuxième édition, Paris, Montreal 1986 (zit.: Grand Robert)

Greiner, Stefan, Der Arbeitskampf der GDL. Überlegungen zur Parität im Sparten- und Spezialistenarbeitskampf, NZA 2007, S. 1023-1028

Griebeling, Jürgen, Die Zurechnung von Bevollmächtigtenverschulden im Kündigungsrecht, NZA 2002, S. 838-845

Grillberger, Konrad, Die Kollektivbeschwerde nach der Europäischen Sozialcharta, NLMR 2002, S. 121-125

ders., Die Kollektivbeschwerde nach der Europäischen Sozialcharta, in: Geppert, Walter (Hrsg.), Sozialpolitik ist Gesellschaftspolitik. Festschrift Josef Cerny zum 60. Geburtstag, Wien 2001, S. 79-86 (zit.: *Grillberger,* FS Cerny)

Grimm, Jacob / Grimm, Wilhelm, Berlin-Brandenburgische Akademie der Wissenschaften und der Akademie der Wissenschaften zu Göttingen (Hrsg.), Deutsches Wörterbuch. Neubearbeitung. 7. Band E – Empörer, Stuttgart, Leipzig 1993 (zit.: *Grimm/Grimm,* Wörterbuch)

Groß, Rolf, Aussperrung und Hessische Verfassung, GMH 17 (1966), S. 434-435

Grote, Rainer / Marauhn, Thilo (Hrsg.), EMRK / GG. Konkordanzkommentar zum europäischen und deutschen Grundrechtsschutz, Tübingen 2006 (zit.: *Bearbeiter,* in: Grote/Marauhn, Konkordanzkommentar)

Grube, Christian / Wahrendorf, Volker (Hrsg.), SGB XII. Sozialhilfe mit Asylberwerberleistungsgesetz, 4. Aufl. München 2012 (zit.: *Bearbeiter,* in: Grube/Wahrendorf, SGB XII)

Gumnior, Peter, Die Rechtmäßigkeit des Sympathiestreiks, Frankfurt am Main u. a. 2007 (zit.: *Gumnior,* Sympathiestreik)

Habersack, Mathias, Die Anerkennung der Rechts- und Parteifähigkeit der GbR und der akzessorischen Gesellschafterhaftung durch den BGH, BB 2001, S. 477-483

Hackstein, Günther, Streikrecht und Aussperrungsfreiheit nach der Regelung des Artikel 6 Nr. 4 der Europäischen Sozialcharta (zit.: *Hackstein,* Streikrecht)

Hadding, Walther, Zur Rechtsfähigkeit und Parteifähigkeit der (Außen-)Gesellschaft bürgerlichen Rechts sowie zur Haftung ihrer Gesellschafter für Gesellschaftsverbindlichkeiten, ZGR 2001, S. 712-743

Hanau, Hans, Der Grundsatz der Verhältnismäßigkeit als Schranke privater Gestaltungsmacht, Tübingen 2004 (zit.: *H. Hanau,* Verhältnismäßigkeit)

Hanau, Peter / Adomeit, Klaus, Arbeitsrecht, 14. Aufl. 2007 (zit.: *P. Hanau/ Adomeit,* Arbeitsrecht)

Hanau, Peter / Thüsing, Gregor, Neue Herausforderungen der Sozialpartner: Tarifverträge zurBeschäftigungssicherung, in: Thüsing, Gregor (Hrsg.), Tarifautonomie im Wandel. Beiträge zum Tarif-, Arbeitskampf- und Koalitionsrecht, Köln 2003, S. 7-34 (zit.: *P. Hanau/Thüsing,* in: Thüsing, Tarifautonomie)

Hannich, Rolf (Hrsg.), Karlsruher Kommentar zur Strafprozessordnung. Mit GVG, EGGVG und EMRK, 6. Aufl. München 2008 (zit.: *Bearbeiter,* in: Hannich, StPO)

Harris, David John / Darcy, John, The European Social Charter, 2. Aufl. Ardsley (New York) 2001 (zit.: *Harris/Darcy,* European Social Charter)

Haß, Solveig, Die Urteile des Europäischen Gerichtshofs für Menschenrechte. Charakter, Bindungswirkung und Durchsetzung, Frankfurt am Main u. a. 2006 (*Haß,* Urteile)

Häuser, Franz, Der „Außenseiter"-Arbeitgeber im Verbandsarbeitskampf, in: Heinze, Meinhard / Söllner, Alfred (Hrsg.),Arbeitsrecht in der Bewährung. Festschrift für Otto Rudolf Kissel zum 65. Geburtstag, München 1994, S. 297-325 (zit.: *Häuser,* FS Kissel)

Hayen, Ralf-Peter / Ebert, Franz Christian, Zulässigkeit von Unterstützungsstreiks. Aktuelle Rechtsprechung im Spiegel völkerrechtlicher und rechtsvergleichender Betrachtungen, AuR 2008, S. 19-31

Heinze, Meinhard, Streikrecht der deutschen Fluglotsen als Angestellte der privatisierten Flugsicherung, in: Oetker, Hartmut / Preis, Ulrich / Rieble, Volker (Hrsg.), Festschrift 50 Jahre Bundesarbeitsgericht, München 2004, S. 493-513 (zit.: *Heinze,* FS 50 Jahre BAG)

Heise, Bernt, Vor der Ratifizierung der Europäischen Sozialcharta durch die BRD, SozSich 1963, S. 329-332

Henkelmann, Walter, Die Europäische Sozialcharta, SozSich 1959, S. 91-93

ders., Die Europäische Sozialcharta, SozSich 1962, S. 11-13

Henneberger, Fred / Sudjana, Sarah, (Kollektiv)rechtliche Situation und politische Diskussion der Stellung der Beamten in der Bundesrepublik Deutschland, online verfügbar unter http://www.unisg.ch/~/~/media/Inter-net/Content/Dateien/InstituteUndCenters/FAA/Publikationen/Diskussionspapiere /2005/dp106.ashx (zit.: *Henneberger/Sudjana,* Stellung)

Henssler, Martin, Tarifautonomie und Gesetzgebung, ZfA 1998, S. 1-40

ders. / Braun, Axel (Hrsg.), Arbeitsrecht in Europa, 3. Aufl. Köln 2011 (zit.: *Bearbeiter*, in: Henssler/Braun, Arbeitsrecht in Europa)

Herdegen, Matthias, Völkerrecht, 11. Aufl. München 2012 (*Herdegen,* Völkerrecht)

Herzog, Roman, Das Bundesverfassungsgericht und die Anwendung des einfachen Gesetzesrechts, in: Maurer, Hartmut (Hrsg.), Das akzeptierte Grundgesetz. Festschrift für Günter Dürig zum 70. Geburtstag, München 1990, S. 431-445 (zit.: *Herzog,* FS Dürig)

ders., Die Rechtsprechung des Bundesgerichtshofs zu Art. 5 der Europäischen Menschenrechtskonvention, JZ 1966, S. 657-660

Hess, Harald u. a., Kommentar zum Betriebsverfassungsgesetz, 8. Aufl. Köln 2011 (zit.: *Bearbeiter,* in: Hess u. a.)

Heyde, Peter L., Die Europäische Sozialcharta, AuR 1962, S. 70-74

Hilf, Meinhard, Die Auslegung mehrsprachiger Verträge. Eine Untersuchung zum Völkerrecht und zum Staatsrecht der Bundesrepublik Deutschland, Berlin, Heidelberg, New York 1973 (zit.: *Hilf,* Auslegung)

Hobe, Stephan / Kimminich, Otto, Einführung in das Völkerrecht, 8. Aufl. Tübingen, Basel 2004 (zit.: *Hobe/Kimminich,* Völkerrecht)

Hoffmann, Reinhard, Beamtentum und Streik, AöR 91 (1966), S. 141-192

Hoffmeister, Frank, Die Europäische Menschenrechtskonvention als Grundrechtsverfassung und ihre Bedeutung in Deutschland, Der Staat 2001, S. 349-381

Höfling, Wolfram, Der verfassungsrechtliche Koalitionsbegriff, RdA 1999, S. 182-185

ders. / Engels, Andreas, Grundrechtsausübung unter richterlichem Gemeinwohlvorbehalt? Zur gesetzgeberischen Verantwortung im Arbeitskampfrecht, ZG 2008, S. 250-263

dies., Der „Bahnstreik" – oder: Offenbarungseid des Arbeitskampfrichterrechts? NJW 2007, S. 3102-3103

Höfling, Wolfram / Burkiczak, Christian, Die Garantie der hergebrachten Grundsätze des Berufsbeamtentums unter Fortentwicklungsvorbehalt. Erste Überlegungen zur Änderung von Art. 33 Abs. 5 GG, DÖV 2007, S. 328-334

Hohenstatt, Klaus-Stefan / Schaude, Rainer, Abschied vom ultima-ratio-Prinzip? – Anmerkung zum BAG-Urteil vom 21.6.1988, DB 1989, S. 1566-1571

Höpfner, Clemens, Die systemkonforme Auslegung. Zur Auflösung einfachgesetzlicher, verfassungsrechtlicher und europarechtlicher Widersprüche im Recht, Tübingen 2008 (*Höpfner,* Auslegung)

Hoyningen-Huene, Gerrick von, Betriebsverfassungsrecht, 6. Aufl. München 2007 (zit.: *v. Hoyningen-Huene,* Betriebsverfassungsrecht)

ders., Rechtmäßigkeitsvoraussetzungen aktueller Arbeitskampfmittel der Gewerkschaften, JuS 1987, S. 505-514

ders. / Linck, Rüdiger, Kündigungsschutzgesetz. Kommentar, 14. Aufl. München 2007 (zit.: *Bearbeiter,* in: v. Hoyningen-Huene/Linck)

Hromadka, Wolfgang, Tarifdispositives Recht und Tarifautonomie. „KAPOVAZ" per Tarifvertrag? in: Heinze, Meinhard / Söllner, Alfred (Hrsg.), Arbeitsrecht in der Bewährung. Festschrift für Otto Rudolf Kissel zum 65. Geburtstag, München 1994, S. 417-431 (zit.: *Hromadka,* FS Kissel)

ders. / Maschmann, Frank, Arbeitsrecht Band 1. Individualarbeitsrecht, 5. Aufl. Berlin, Heidelberg 2012 (§§1-10) (zit.: *Hromadka/Maschmann,* Arbeitsrecht 1); Arbeitsrecht Band 2. Kollektivarbeitsrecht + Arbeitsstreitigkeiten, 5. Aufl. Berlin, Heidelberg 2010 (§§ 11-21) (zit.: *Hromadka/Maschmann,* Arbeitsrecht 2)

Hueck, Alfred, Normenverträge, JherJb 73 (1923), S. 33-118 (= NF 37)

ders. / Nipperdey, Hans Carl, Lehrbuch des Arbeitsrechts, Zweiter Band, Kollektives Arbeitsrecht, Zweiter Halbband, 7. Aufl. Berlin, Frankfurt a. M. 1970 (zit.: *Hueck/Nipperdey,* Lehrbuch II/2)

Hüffer, Uwe / Koch, Jens, Gesellschaftsrecht, 8. Aufl. München 2011 (zit.: *Hüffer/Koch,* Gesellschaftsrecht)

Hüfner, Klaus / Sieberns, Anne / Weiß, Norman, Menschenrechtsverletzungen. Was kann ich dagegen tun? Menschenrechtsverfahren in der Praxis, 3. Aufl. Bonn 2012 (zit.: *Hüfner/Sieberns/Weiß,* Menschenrechtsverletzungen)

Hümmerich, Klaus / Boecken, Winfried / Düwell, Franz Josef, (Hrsg.) Anwaltkommentar Arbeitsrecht, Band 2, Bonn 2008 (zit.: *Bearbeiter,* in: Hümmerich/Boecken/Düwell, AnwK-ArbR)

Internationale Juristen-Kommission, Die Europäische Sozialcharta, in: Bulletin der Internationalen Juristen-Kommission Nr. 18 (März 1964), S. 1-8

Ipsen, Hans Peter, Europäisches Gemeinschaftsrecht, Tübingen 1972 (zit.: *H. P. Ipsen,* Gemeinschaftsrecht)

Ipsen, Jörn (Hrsg.), Völkerrecht. Ein Studienbuch, 5. Aufl. 2004 (zit.: J. Ipsen, Völkerrecht)

Isele, Hellmut Georg, Die Europäische Sozialcharta. Auf dem Wege von den allgemeinen Menschenrechten zu den sozialen Menschenrechten, Wiesbaden 1967 (zit.: *Isele,* Sozialcharta)

Isensee, Josef, Dienst nach Vorschrift als vorschriftswidriger Dienst. Verwaltungsrechtliche Betrachtung zu einem Streiksurrogat der Beamten, JZ 1971, S. 73-80 *ders.*, Beamtenstreik. Zur rechtlichen Zulässigkeit des Dienstkampfes, Bonn, Bad Godesberg 1971 (zit.: *Isensee,* Beamtenstreik)

ders. / Kirchhof, Paul (Hrsg.), Handbuch des Staatsrechts der Bundesrepublik Deutschland Band IV. Aufgaben des Staates, 3. Aufl. Heidelberg 2006 Band V. Rechtsquellen, Organisation, Finanzen, 3. Aufl. Heidelberg 2007 Band VIII. Grundrechte: Wirtschaft, Verfahren, Gleichheit, 3. Aufl. Heidelberg 2010 (zit.: *Bearbeiter,* in: Isensee/Kirchhof, HandbStaatsR)

Jachmann, Monika / Strauß, Thomas, Berufsbeamtentum, Funktionsvorbehalt und der „Kaperbrief für den Landeinsatz", ZBR 1999, S. 289-300

Jacobi, Erwin, Grundlehren des Arbeitsrechts, Leipzig 1927 (zit.: *Jacobi,* Grundlehren)

Jacobs, Matthias, Die Erkämpfbarkeit von firmenbezogenen Tarifverträgen mit verbandsangehörigen Arbeitgebern, ZTR 2001, S. 249-257

ders., Tarifeinheit und Tarifkonkurrenz, Berlin 1999 (zit.: *Jacobs,* Tarifeinheit)

ders. / Krause, Rüdiger / Oetker, Hartmut, Tarifvertragsrecht, München 2007 (zit.: *Bearbeiter,* in: Jacobs/Krause/Oetker, Tarifvertragsrecht)

Jahn, Joachim, Europarichter überziehen ihre Kompetenzen, NJW 2008, S. 1788-1789

Jarass, Hans Dieter, Die Erklärung von Vorbehalten zu völkerrechtlichen Verträgen. Zugleich ein Beitrag zu den Kernproblemen des Art. 59 GG, DÖV 1975, S. 117-124

ders. / Pieroth, Bodo, Grundgesetz für die Bundesrepublik Deutschland. Kommentar, 12. Aufl. München 2012 (zit.: *Bearbeiter,* in: Jarass/Pieroth)

Jellinek, Georg, System der subjektiven öffentlichen Rechte, Freiburg i. Br. 1892 (zit.: *Jellinek,* System)

ders., System der subjektiven öffentlichen Rechte, 2. Aufl. Tübingen 1905 (zit.: *Jellinek,* System^2)

Joachim, Hans Gustav, Ist der Grundsatz der Verhältnismäßigkeit ein geeignetes Kriterium für die rechtliche Erfassung des Phänomens „Arbeitskampf"? AuR 1973, S. 289-295

Jung, Heike, Die Empfehlungen des Ministerkomitees des Europarates – zugleich ein Beitrag zur europäischen Rechtsquellenlehre, in: Bröhmer, Jürgen u. a. (Hrsg.), Internationale Gemeinschaft und Menschenrechte, Festschrift für Georg Ress zum 70. Geburtstag am 21. Januar 2005, S. 519-526 (zit.: *Jung,* FS Ress)

Junker, Abbo, Grundkurs Arbeitsrecht, 11. Aufl. München 2012 (*Junker,* Arbeitsrecht) *ders.*, Anmerkung zu BAG v. 19.6.2007, JZ 2008, S. 102-104

Kahn-Freund, Otto, Das Streikrecht, sein Umfang und seine Grenzen, in: Agnelli, Giovanni u. a., Die Europäische Sozialcharta. Weg zu einer europäischen Sozialordnung? Straßburg 1978, S. 151-223 (zit.: *Kahn-Freund,* in: Agnelli, Arbeitskampf)

ders., Labour Relations and International Standards. Some Reflections on the European Social Charter, in: Miscellanea Walter Jean Ganshof van der Meersch. Studia ab discipulis amicisque in honorem egregii professoris edita, Band 1, Brüssel, Paris 1972, S. 131-155 (*Kahn-Freund,* FS Ganshof van der Meersch)

ders., Über einige charakteristische Grundsätze des britischen Arbeitsrechts (1. Teil), RdA 1952, S. 361-366

Kälin, Walter / Künzli, Jörg, Universeller Menschenrechtsschutz, 2. Aufl. Baden-Baden 2008 (zit.: *Kälin/Künzli,* Menschenrechtsschutz)

Kamanabrou, Sudabeh, Die Auslegung tarifvertraglicher Entgeltfortzahlungsklauseln – zugleich ein Beitrag zum Verhältnis der Tarifautonomie zu zwingenden Gesetzen, RdA 1997, S. 22-34

Karl, Beatrix, Europäische Sozialcharta, in: Hummer, Waldemar (Hrsg.), Österreich im Europarat 1956-2006. Bilanz einer 50-jährigen Mitgliedschaft. Teilband 2, Wien, Köln, Weimar 2008, S. 851-918 (zit.: *B. Karl,* in: Hummer, Österreich 2)

Karl, Wolfram, Vertrag und spätere Praxis im Völkerrecht. Zum Einfluß der Praxis auf Inhalt und Bestand völkerrechtlicher Verträge, Berlin u. a. 1983 (*W. Karl,* Vertrag)

Karsten, Timo, Schuldrechtliche Tarifverträge und außertarifliche Sozialpartner-Vereinbarungen. Eine Untersuchung am Beispiel von Vereinbarungen der Tarifparteien der Chemischen Industrie, Frankfurt am Main u. a. 2004 (zit.: *Karsten,* Tarifverträge)

Keil, Ulrich, Die Systematik privatrechtlicher Rechtsprechungsänderungen, Tübingen 2007 (zit.: *Keil,* Rechtsprechungsänderungen) *Kempen, Otto Ernst / Zachert, Ulrich* Tarifvertragsgesetz, 4. Aufl. Frankfurt am Main 2006 (zit.: *Bearbeiter,* in: Kempen/Zachert)

Kempen, Otto Ernst, „Form follows function". Zum Begriff der „Gewerkschaft" in der tarif- und arbeitskampfrechtlichen Rechtsprechung des Bundesarbeitsgerichts, in: Oetker, Harmut / Preis, Ulrich / Rieble, Volker (Hrsg.), 50 Jahre Bundesarbeitsgericht, München 2004, S. 733-751 (zit.: *Kempen,* FS 50 Jahre BAG) *ders.,* Warnstreik, Sympathiestreik und gewerkschaftliche Demonstration im grundgesetzlichen Arbeitsverfassungsrecht, AuR 1990, S. 237-245

Kerwer, Christof, Von Lokführern, solidarischen Druckern und Nürnberger Haushaltsgeräten. Neue Tendenzen im Arbeitskampfrecht, EuZA 2008, S. 335-354

Khaliq, Urfan / Churchill, Robin, Violations of Economic, Social, and Cultural Rights: The Current Use and Future Potential oft he Collective Complaints Mechanism of the European Social Charter, in: Baderin, Mashood A. / McCorquodale, Robert (Hrsg.), Economic, Social and Cultural Rights in Action, Oxford 2007, S. 195-240 (zit.: *Khaliq/Churchill.,* in: Baderin / McCorquodale, Rights in Action)

dies., The European Committee of Social Rights. Putting Flesh on the Bare Bones of the European Social Charter, in: Langford, Malcom (Hrsg.), Social Rights Jurisprudence. Emerging Trends in International and Comparative Law, Cambridge u. a. 2008, S. 428-452 (zit: *Kahliq/Churchill,* in: Langford, Social Rights Jurisprudence)

Khol, Andreas, Die europäische Sozial-Charta und die österreichische Rechtsordnung, JBl 1965, S. 75- 82

Kilian, Michael, Leiter und Leiterinnen von staatlichen Universitätskliniken in Sachsen-Anhalt als privatrechtliche Angestellte. Der Wegfall der Regel-Verbeamtung für künftige Professoren der Medizin an den medizinischen Fakultäten der Universitäten des Landes Sachsen-Anhalt, LKV 2007, S. 145-152

Kindhäuser, Urs / Neumann, Ulfrid / Paeffgen, Hans-Ullrich (Hrsg.), Strafgesetzbuch. Band 1. §§ 1-145d, 3. Aufl. Baden-Baden 2010 (zit.: *Bearbeiter,* in: Kindhäuser/Neumann/Paeffgen)

Kindler, Peter, Grundkurs Handels- und Gesellschaftsrecht, 6. Aufl. München 2012 (zit.: *Kindler,* Handels- und Gesellschaftsrecht)

Kirchhof, Paul, Verfassungsrechtlicher Schutz und internationaler Schutz der Menschenrechte: Konkurrenz oder Ergänzung? EuGRZ 1994, S. 16-36

Kissel, Otto Rudolf, Arbeitskampfrecht. Ein Leitfaden, München 2002 (*Kissel,* Arbeitskampfrecht)

ders., Arbeitsrecht und Staatsvertrag, NZA 1990, S. 545-552

Kitz, Heinz-Eberhard, Die Koalitionsfreiheit der Arbeitnehmer nach der Europäischen Menschenrechtskonvention und der Europäischen Sozialcharta, in: Mosler, Hermann / Bernhardt, Rudolf (Hrsg.), Die Koalitionsfreiheit des Arbeitnehmers. Rechtsvergleichung und Völkerrecht. Teil 2, Berlin, Heidelberg, New York 1980, S. 1073-1098 (zit.: *Kitz,* in: Mosler/Bernhardt, Koalitionsfreiheit)

Klabbers, Jan, Virtuous Interpretation, S. 17-37 in: Fitzmaurice, Malgosia / Olufemi, Elias / Merkouris, Panos (Hrsg.), Treaty Interpretation and the Vienna Convention on the Law of Treaties: 30 Years on, Leiden / Bosten 2010, S. 17-37 (zit.: *Klabbers,* in: Fitzmaurice/Olufemi/Merkouris, Treaty Interpretation)

Kleeberger, Wolfgang, Die Stellung der Rechte der Europäischen Menschenrechtskonventionin der Rechtsordnung der Bundesrepublik Deutschland. Versuch einer Neubestimmung, München 1992 (zit.: *Kleeberger,* Stellung)

Klein, Eckart, Anmerkung zu BVerfG v. 14.10.2004, JZ 2004, S. 1176-1178

ders., Vertragsauslegung und „spätere Praxis" Internationaler Organisationen, in: Bieber, Roland / Ress, Georg (Hrsg.), Die Dynamik des Europäischen Gemeinschaftsrechts / The dynamics of EC-law. Die Auslegung des Europäischen Gemeinschaftsrechts im Lichte nachfolgender Praxis der Mitgliedstaaten und der EG-Organe, Baden-Baden 1987, S. 101-112 (zit.: *Klein,* in: Bieber/Ress, Dynamik)

Klein, Harald, Koalitionsfreiheit im pluralistischen Sozialstaat. Eine verfassungsrechtliche Analyse der Rechtsprechung des Bundesarbeitsgerichts, Königstein im Taunus 1979 (zit.: *Klein,* Koalitionsfreiheit)

Kliemt, Michael / Vollstädt, Oliver, Unverschuldeter Rechtsirrtum – Wunderwaffe bei beharrlicher Arbeitsverweigerung? NZA 2003, S. 357-363

Kloepfer, Michael, Arbeitsgesetzgebung und Wesentlichkeitstheorie. Zur Verfassungspflicht einer Gesetzgebung insbesondere im Arbeitskampfrecht, NJW 1985, S. 2497-2505

Knopp, Anton, Die Europäische Sozialcharta, RdA 1965, S. 4-9

Köck, Heribert Franz, Vertragsinterpretation und Vertragsrechtskonvention. Zur Bedeutung der Artikel 31 und 32 der Wiener Vertragsrechtskonvention 1969, Berlin 1976 (zit.: *Köck,* Vertragsinterpretation)

Koch, Hans-Joachim / Rüßmann, Helmut, Juristische Begründungslehre. Eine Einführung in Grundprobleme der Rechtswissenschaft, München 1982 (zit.: *Koch/Rüßmann,* Begründungslehre)

Kohte, Wolfhard, Der Beitrag der ESC zum europäischen und deutschen Arbeitsschutz, in: Konzen, Horst u. a. (Hrsg.), Festschrift für Rolf Birk zum siebzigsten Geburtstag Tübingen 2008, S. 417-437 (zit.: *Kothe,* FS R. Birk)

ders. / Doll, Christine, Neues aus Erfurt zur Bedeutung der Europäischen Sozialcharta im Arbeitskampfrecht?! ZESAR 2003, S. 393-400

Koller, Arnold, Die unmittelbare Anwendbarkeit völkerrechtlicher Verträge und des EWG-Vertrages im innerstaatlichen Bereich, Berlin 1971 (*Koller,* Anwendbarkeit)

Konzen, Horst, Fünfzig Jahre richterliches Arbeitskampfrecht. Grundlagen, Bilanz, Weiterentwicklung, in: Oetker, Hartmut / Preis, Ulrich / Rieble, Volker (Hrsg.), 50 Jahre Bundesarbeitsgericht, München 2004, S. 515-555 (zit.: *Konzen,* FS 50 Jahre BAG)

ders., Europäische Sozialcharta und ultima ratio-Prinzip, JZ 1986, S. 157-163

ders., Die Besondere Entscheidung: Parität, Übermaßverbot und Aussperrungsquoten, Jura 1981, S. 585-589

ders. / Scholz, Rupert, Die begrenzte Aussperrung. Zur neuen Aussperrungsjudikatur des Bundesarbeitsgerichts, DB 1980, S. 1593-1600

Kotulla, Michael, Deutsche Verfassungsgeschichte. Vom Alten Reich bis Weimar (1495-1934), Berlin, Heidelberg 2008 (zit.: *Kotulla,* Deutsche Verfassungsgeschichte)

Kovács, Erika, The Right to Strike in the European Social Charter, CLLPJ 2006, S. 445-476

Kraft, H., Die Europäische Sozialcharta. Dokument des sozialen Fortschritts? ZSR 1960, S. 285-288

Krausnick, Daniel, Grundfälle zu Art. 19 III GG, JuS 2008, S. 869-874

Kreuz, Harald, Der Grundsatz der Verhältnismäßigkeit im Arbeitskampfrecht, Berlin 1988 (*Kreuz,* Verhältnismäßigkeit)

Krichel, Ulrich, Zur Rechtslage bei politischen Streiks, NZA 1987, S. 297-302

Krieger, Gabriel, Das französische Tarifvertragsrecht, Heidelberg 1991 (zit.: *G. Krieger,* Tarifvertragsrecht)

Krieger, Steffen / Günther, Jens, Streikrecht 2.0 – Erlaubt ist, was gefällt!? NZA 2010, S. 20-23

Kropholler, Jan, Internationales Einheitsrecht. Allgemeine Lehren, Tübingen 1975 (*Kropholler,* Einheitsrecht)

Krüger, Herbert, Allgemeine Staatslehre, 2. Aufl. Stuttgart u. a. 1966 (*Krüger,* Staatslehre)

Kühner, Rolf, Vorbehalte zu multilateralen völkerrechtlichen Verträgen, Berlin u. a. 1986 (zit.: *Kühner,* Vorbehalte)

Kunzmann, Karl Heinz, Die Abkommen der Europarat-Staaten, AVR 10 (1962/1963), S. 273-334

Kutzki, Jürgen, Beamte und Streikrecht – ein aktuelle Bestandsaufnahme, DöD 2011, S. 169-171

Langenscheidt-Redaktion (Hrsg.), Handwörterbuch Englisch. Englisch-Deutsch. Deutsch-Englisch, Berlin, München 2010 (zit.: Langenscheidt, Handwörterbuch Englisch)

dies. (Hrsg.), Handwörterbuch Französisch. Französisch-Deutsch. Deutsch-Französisch, Berlin, München 2001 (zit.: Langenscheidt, Handwörterbuch Französisch)

Larenz, Karl, Methodenlehre der Rechtswissenschaft, 6. Aufl. Berlin u. a. 1991 (*Larenz,* Methodenlehre)

ders., Richterliche Rechtsfortbildung als methodisches Problem, NJW 1965, S. 1-10

ders. / Wolf, Manfred, Allgemeiner Teil des Bürgerlichen Rechts, 9. Aufl. München 2004 (zit.: *Larenz/Wolf,* Allgemeiner Teil)

Larenz, Karl / Canaris, Claus-Wilhelm, Lehrbuch des Schuldrechts. Zweiter Band. Besonderer Teil. 2. Halbband, 13. Aufl. München 1993 (zit.: *Larenz/Canaris,* Lehrbuch II/2)

Lecheler, Helmut, Die Auswirkungen der Föderalismusreform auf die Statusrechte der Beamten, ZBR 2007, S. 18-23

Lembke, Martin, Die Arbeitskampfbeteiligung von Außenseitern, Berlin u. a. 2000 (zit.: *Lembke,* Arbeitskampfbeteiligung)

Lenz, Jürgen H., Die unmittelbare innerstaatliche Anwendbarkeit der Europaratskonventionen unter besonderer Berücksichtigung des deutschen Rechts, Diss. Würzburg 1971 (zit.: *Lenz,* Anwendbarkeit)

Leppek, Sabine, Beamtenrecht, 11. Aufl. Heidelberg 2011 (zit.: *Leppek,* Beamtenrecht)

Lerche, Peter, Verfassungsrechtliche Zentralfragen des Arbeitskampfes. Zum hessischen Aussperrungsverbot. Rechtsgutachten, Bad Homburg v. d. H., Berlin, Zürich 1968

Lieb, Manfred, Die Zulässigkeit von Demonstrations- und Sympathiearbeitskämpfen – zugleich ein Beitrag zur Rechtslage bei unklarem Kampfziel –, ZfA 1982, S. 113-173

ders., Zum Verhältnis von Rechtsordnung und Arbeitskampf. Kritische Bemerkungen zur sog. zweiten Warnstreikentscheidung des BAG, NZA 1985, S. 265-270

ders. / Jacobs, Matthias, Arbeitsrecht, 9. Aufl. Heidelberg 2006 (zit.: *Lieb/Jacobs,* Arbeitsrecht)

Looschelders, Dirk / Roth, Wolfgang, Juristische Methodik im Prozeß der Rechtsanwendung. Zugleich ein Beitrag zu den verfassungsrechtlichen

Grundlagen von Gesetzesauslegung und Rechtsfortbildung, Berlin 1996 (zit.: *Looschelders/Roth,* Methodik)

Lörcher, Klaus, Deutschland und die Europäische Sozialcharta, AuR 2011, S. 107-115

ders., Das Menschenrecht auf Kollektivverhandlungen und Streik – auch für Beamte, AuR 2009, S. 229-242

ders., Eine neue Etappe zum Schutz der sozialen Grundrechte: das Beschwerdeprotokoll zur Europäischen Sozialcharta, AuR 1996, S. 48-54

ders., Die Effektivierung des Kontrollsystems der „Europäischen Sozialcharta". Das Änderungsprotokoll von Turin 1991, in: Däubler, Wolfgang / Bobke, Manfred / Kehrmann, Karl (Hrsg.), Arbeit und Recht. Festschrift für Albert Gnade, Köln 1992, S. 689-698 (zit.: *Lörcher,* FS Gnade)

ders., Die Normen der Internationalen Arbeitsorganisation und des Europarats. Ihre Bedeutung für das Arbeitsrecht der Bundesrepublik, AuR 1991, S. 97-104

ders., Internationales Recht, öffentlicher Dienst und Beamtenstatus, PersR 1989, S. 34-41

Löwisch, Manfred, Besondere Grenzen der Streikfreiheit in der Luftfahrt? ZfA 1988, S. 137-155

ders., Probleme einer regionalen Arbeitskampfbegrenzung, ZfA 1980, S. 437-452

ders., Das Übermaßverbot im Arbeitskampfrecht. Bemerkungen zum Beschluß des Großen Senats des Bundesarbeitsgerichts vom 21.4.1971, ZfA 1971, S. 319-345

ders. / Rieble, Volker, Tarifvertragsgesetz, 3. Aufl. München 2012

Machacek, Rudolf, Über das Wesen der wirtschaftlichen und sozialen Grundrechte, in: Matscher, Franz (Hrsg.), Die Durchsetzung wirtschaftlicher und sozialer Grundrechte. Eine rechtsvergleichende Bestandsaufnahme, Kehl am Rhein, Straßburg, Arlington 1991, S. 21-74 (zit.: *Machacek,* in: Matscher, Grundrechte)

Martinek, Oswin, Die Weiterentwicklung der europäischen Sozialcharta in jüngster Zeit, in: Funk, Bernd-Christian u. a. (Hrsg.), Staatsrecht und Staatswissenschaften in Zeiten des Wandels. Festschrift für Ludwig Adamovich zum 60. Geburtstag, Wien, New York 1992, S. 388-404 (zit.: *Martinek,* in: FS Adamovich)

Matscher, Franz, Vertragsauslegung durch Vertragsrechtsvergleichung in der Judikatur internationaler Gerichte, vornehmlich vor den Organen des EMRK, in: Bernhardt, Rudolf u. a. (Hrsg.), Völkerrecht als Rechtsordnung, Internationale Gerichtsbarkeit, Menschenrechte, Festschrift für Hermann Mosler, Berlin, Heidelberg, New York 1983, S. 545-566 (zit.: *Matscher,* FS Mosler)

Matthey, Ferdinand, Zur Rechtsangleichung bei Beamten und Angestellten im öffentlichen Dienst, Hamburg 1971 (zit.: *Matthey,* Rechtsangleichung)

Maunz, Theodor / Dürig, Günter, Grundgesetz. Kommentar, Loseblatt
Stand: 65. Ergänzungslieferung, München 2012 (zit.: *Bearbeiter,* in: Maunz/ Dürig)
Stand: 5. Ergänzungslieferung, München 1966 (zit.: *Bearbeiter,* in: Maunz/ Dürig [1966])

Maunz, Theodor u. a., Bundesverfassungsgerichtsgesetz. Kommentar, Loseblatt, Stand: 37. Ergänzungslieferung München 2012 (zit.: *Bearbeiter,* in: Maunz u. a.)

Maydell, Bernd von, Arbeitskampf oder politischer Streik? Zur rechtlichen Wertung derfür den 19.1.1979 geplanten Arbeitsniederlegung bei Rundfunk und Fernsehen, JZ 1980, S. 431-436

Mayen, Thomas, Privatisierung öffentlicher Aufgaben. Rechtliche Grenzen und rechtliche Möglichkeiten, DÖV 2001, S. 110-119

Mayer, Franz, Möglichkeiten und Grenzen einer Neuregelung des Laufbahnsystems für den öffentlichen Dienst im Rahmen des Grundgesetzes, in: König, Klaus / Laubinger, Hans-Werner / Wagener, Frido (Hrsg.), Öffentlicher Dienst. Festschrift für Carl Hermann Ule zum 70. Geburtstag am 26. Februar 1977, Köln u. a. 1977, S. 335-348 (zit.: *Mayer,* FS Ule)

Mayer-Maly, Theo, Die Kriterien der Rechtmäßigkeit von Arbeitskämpfen, in: Annuß, Georg / Picker, Eduard / Wißmann, Hellmut (Hrsg.), Festschrift für Reinhard Richardi zum 70. Geburtstag, München 2007, S. 691-692 (zit.: *Mayer-Maly,* FS Richardi)

Medicus, Dieter, Der Grundsatz der Verhältnismäßigkeit im Privatrecht, AcP 192 (1992), S. 35-70

ders. / Petersen, Jens, Bürgerliches Recht. Eine nach Anspruchsgrundlagen geordnete Darstellung zur Examensvorbereitung, 23. Aufl. München 2011 (zit.: *Medicus/Petersen,* Bürgerliches Recht)

Menkens, Heinz, Zum Streikrecht der Arbeitnehmer der Deutschen Bundespost, RdA 1982, S. 101-104

Merkouris, Panos, 'Third Party' Considerations and 'Corrective Interpretation' in the Interpretative Use of Traveaux Préparatoires: Is it Fahrenheit 451 for Preparatory Work? in: Fitzmaurice, Malgosia / Olufemi, Elias / Merkouris, Panos (Hrsg.), Treaty Interpretation and the Vienna Convention on the Law of Treaties: 30 Years on, Leiden / Bosten 2010, S. 75-95 (zit.: *Merkouris,* in: Fitzmaurice/Olufemi/Merkouris, Treaty Interpretation)

Merten, Detlef, Alimentationsprinzip und Beamtengesetzgebung. Versorgungsbericht und Gesetzentwurf zur Begrenzung der Bezügefortzahlung bei Krankheit im Lichte des Beamtenverfassungsrechts, ZBR 1996, S. 353-379

ders. / Papier, Hans-Jürgen, Handbuch der Grundrechte in Deutschland und Europa. Band III. Grundrechte in Deutschland: Allgemeine Lehren II, Heidelberg 2009 (zit.: *Bearbeiter,* in: Merten/Papier, HandbGrRte III); Band VI/1. Europäische Grundrechte I, Heidelberg 2010 (zit.: *Bearbeiter,* in: Merten/Papier, HandbGrRte VI/1)

Metzler-Müller, Katrin u. a., Beamtenstatusgesetz. Kommentar, 2. Aufl. Wiesbaden 2012 (zit.: *Bearbeiter,* in: Metzler-Müller u. a.)

Meyer-Ladewig, Jens, Europäische Menschenrechtskonvention, 3. Aufl. Baden-Baden 2011

Miehsler, Herbert, The European Social Charter and the Civil Servants' Right to Strike, in: Miehsler, Herbert u. a. (Hrsg.), Ius humanitatis, Festschrift zum 90. Geburtstag von Alfred Verdross, Berlin 1980, S. 547-573 (zit.: FS Verdross)

Mitscherlich, Matthias, Das Arbeitskampfrecht der Bundesrepublik Deutschland und die Europäische Sozialcharta, Baden-Baden 1976 (zit.: *Mitscherlich,* Arbeitskampfrecht)

Molitor, Karl, Außertarifliche Sozialpartnervereinbarung, in: Farthmann, Friedhelm u. a. (Hrsg.), Arbeitsgesetzgebung und Arbeitsrechtsprechung. Festschrift zum 70. Geburtstag von Eugen Stahlhacke, Neuwied, Kriftel, Berlin 1995, S. 339-347 (zit.: *Molitor,* FS Stahlhacke)

Mösch, Reinhold, Gilt der Grundsatz der Verhältnismäßigkeit im Arbeitskampfrecht? Pfaffenweiler 1991 (zit.: *Mösch,* Verhältnismäßigkeit)

Mosler, Hermann, Das Völkerrecht in der Praxis der deutschen Gerichte, JSK 32/33 (1957), S. 1-48

Müller, Franz, Der Gewerkschaftsbegriff im Betriebsverfassungsgesetz, Frankfurt am Main u. a. 1988 (zit.: *Franz Müller,* Gewerkschaftsbegriff)

Müller, Friedrich, Die Positivität der Grundrechte. Fragen einer praktischen Grundrechtsdogmatik, Berlin 1969 (zit.: *Friedrich Müller,* Positivität)

ders., Die Positivität der Grundrechte. Fragen einer praktischen Grundrechtsdogmatik, 2. Aufl. Berlin 1990 (zit.: *Friedrich Müller,* Positivität^{2})

Müller, Gerhard, Gesetz zur Regelung kollektiver Arbeitskonflikte. Entwurf und Begründung, DB 1989, S. 42-47 (zit.: *G. Müller*) *ders.*, Überlegungen zum ultima-ratio-Prinzip im Blick auf die Europäische Sozialcharta, DB 1984, S. 2692-2695

ders., Der Einsatz von Beamten auf Arbeitnehmerplätzen bei einem legitimen Tarifstreik im öffentlichen Dienst, RdA 1982, S. 86-101

ders., Der Arbeitskampf als Rechtsinstitution – Gedanken zum Arbeitskampfrecht in der Bundesrepublik Deutschland, AuR 1972, S. 1-9

Münch, Ingo von / Kunig, Philip, Grundgesetz. Kommentar. Band 1. Präambel bis Art. 69, 6. Aufl. München 2012 (zit.: *Bearbeiter,* in: v. Münch/Kunig)

Münchener Handbuch des Gesellschaftsrechts, *Beuthien, Volker / Gummert, Hans* (Hrsg.), Band 5. Verein. Stiftung bürgerlichen Rechts, 3. Aufl. München 2009 (zit.: *Bearbeiter,* MünchGesR)

Münchener Kommentar zum Bürgerlichen Gesetzbuch, *Rebmann, Kurt / Säcker, Franz Jürgen / Rixecker, Roland* (Hrsg.), Band 1. Allgemeiner Teil. 1. Halbband.: §§ 1-240. ProstG, 5. Aufl. München 2006; Band 2. Schuldrecht. Allgemeiner Teil. §§ 241-432, 5. Aufl. München 2007; Band 4. Schuldrecht. Besonderer Teil II. §§ 611-704. EFZG. TzBfG. KSchG, 5. Aufl. München 2009; Band 5. Schuldrecht. Besonderer Teil III. §§ 705-853, Partnerschaftsgesellschaftsgesetz, Produkthaftungsgesetz, 5. Aufl. München 2009 (zit.: *Bearbeiter,* in: MünchKomm. BGB)

Münchener Handbuch zum Arbeitsrecht, *Richardi, Reinhard u. a.* (Hrsg.), Band 1. Individualarbeitsrecht, 3. Aufl. München 2009; Band 2. Kollektivarbeitsrecht/Sonderformen, 3. Aufl. München 2009 (zit.: *Bearbeiter*, MünchArbR); Band 1. Individualarbeitsrecht, 2. Aufl. München 2000 (zit.: *Bearbeiter,* MünchArbR^2)

Müssig, Ulrike, Geschichte des Richterrechts und der Präjudizienbindung auf dem europäischen Kontinent, ZNR 2006, S. 79-106

Mutschler, Bernd / Bartz, Ralf / Schmidt-De Caluwe, Reimund (Hrsg.), Sozialgesetzbuch III. Arbeitsförderung, 3. Aufl. Baden-Baden 2008 (zit.: *Bearbeiter,* in: Mutschler/Bartz/Schmidt-De Caluwe, GK-SGB III)

Neubeck, Xenia, Die Europäische Sozialcharta und deren Protokolle. Einfluß und Bedeutung der sozialrechtlichen Bestimmungen der Europäischen Sozialcharta auf das deutsche Recht und das Recht der Europäischen Union, Frankfurt am Main u. a. 2002 (zit.: *Neubeck,* Sozialcharta)

Neuner, Jörg, Die Rechtsfindung contra legem, 2. Aufl. München 2005 (zit.: *Neuner,* Rechtsfindung)

Nierhaus, Michael / Rademacher, Sonja, Die große Staatsreform als Ausweg aus der Föderalismusfalle? LKV 2006, S. 385-395

Niesel, Klaus / Brand, Jürgen (Hrsg.), Sozialgesetzbuch. Arbeitsförderung. SGB III. Kommentar, 5. Aufl. München 2010 (zit.: *Bearbeiter,* in: Niesel/Brand)

Nikisch, Arthur, Arbeitsrecht. Erster Band. Allgemeine Lehren und Arbeitsvertragsrecht, 3. Aufl. Tübingen 1961 (zit.: *Nikisch,* Arbeitsrecht I); Zweiter Band. Koalitionsrecht, Arbeitskampfrecht und Tarifvertragsrecht, 2. Aufl. Tübingen 1959 (zit.: *Nikisch,* Arbeitsrecht II)

Nipperdey, Hans Carl, Tatbestandsaufbau und Systematik der deliktischen Grundtatbestände. Zum „Referentenentwurf eines Gesetzes zur Änderung und Ergänzung schadensersatzrechtlicher Vorschriften", NJW 1967, S. 1985-1994

ders., Die Ersatzansprüche für Schäden, die durch den von den Gewerkschaften gegen das geplante Betriebsverfassungsgesetz geführten Zeitungsstreik vom 27.-29. Mai 1952 entstanden sind. Rechtsgutachten, Köln 1953 (zit.: *Nipperdey,* Ersatzansprüche)

Nußberger, Angelika, Sozialstandards im Völkerrecht. Eine Studie zu Entwicklung und Bedeutung der Normsetzung der Vereinten Nationen, der Internationalen Arbeitsorganisation und des Europarats zu Fragen des Sozialstandards, Berlin 2005 (zit.: *Nußberger,* Sozialstandards)

Oeter, Stefan, „Drittwirkung" der Grundrechte und Autonomie des Privatrechts. Ein Beitrag zu den funktionell-rechtlichen Dimensionen der Drittwirkungsdebatte, AöR 119 (1994), S. 529-563

Oetker, Hartmut, Die Durchführung von Not- und Erhaltungsmaßnahmen bei Arbeitskämpfen, Heidelberg 1984 (*Oetker,* Not- und Erhaltungsmaßnahmen)

Öhlinger, Theo, Die Europäische Sozialcharta, in: Matscher, Franz (Hrsg.), Die Durchsetzung wirtschaftlicher und sozialer Grundrechte. Eine rechtsvergleichende Bestandsaufnahme, Kehl am Rhein, Straßburg, Arlington 1991, S. 335-354 (zit.: *Öhlinger,* in: Matscher, Grundrechte)

Oppermann, Thomas / Classen, Claus Dieter / Nettesheim, Martin, Europarecht. Ein Studienbuch, 5. Aufl. München 2011 (zit.: *Oppermann/Classen/Nettesheim,* Europarecht)

Ossenbühl, Fritz / Richardi, Reinhard, Neutralität im Arbeitskampf. Zur Neufassung des §116 AFG, Köln u. a. 1987 (zit.: *Ossenbühl/Richardi,* Neutralität)

Otto, Hansjörg, Arbeitskampf- und Schlichtungsrecht, München 2006 (zit.: *Otto,* Arbeitskampf- und Schlichtungsrecht)

ders., Tarifzensur und Arbeitskampf, in: Dauner-Lieb, Barbara u. a., Festschrift für Horst Konzen zum siebzigsten Geburtstag, Tübingen 2006, S. 663-686 (zit.: *Otto,* FS Konzen)

Pache, Eckard, Die Europäische Menschenrechtskonvention und die deutsche Rechtsordnung, EuR 2004, S. 393-415

Pahlen, Ronald, Der Grundsatz der Verhältnismäßigkeit und die Erstattung von Schulungskosten nach dem BetrVG 72, Berlin 1979 (zit.: *Pahlen,* Verhältnismäßigkeit)

Palandt, Otto, Bürgerliches Gesetzbuch mit Nebengesetzen, 71. Aufl. München 2012 (zit.: *Bearbeiter,* in: Palandt)

Papadatos, Pierre, Die Europäische Sozialcharta, JIJK 7 (1966), S. 237-269

Partsch, Karl Josef, Die Anwendung des Völkerrechts im innerstaatlichen Bereich. Überprüfung der Transformationslehre, Karlsruhe 1964 (zit.: *Partsch,* Anwendung)

Paukner, Katharina, Streikrecht entsandter ausländischer Arbeitnehmer im inländischen Betrieb, Berlin 2009 (zit.: *Paukner,* Streikrecht)

Paul, Hermann, Deutsches Wörterbuch. Bedeutungsgeschichte und Aufbau unseres Wortschatzes, 10. Aufl. Tübingen 2002 (*Paul,* Wörterbuch)

Pechstein, Matthias, Wie können die Länder ihre neuen beamtenrechtlichen Kompetenzen nutzen? ZBR 2006, S. 285-288

Peifer, Karl-Nikolaus, Rechtsfähigkeit und Rechtssubjektivität der Gesamthand – die GbR als oHG? NZG 2001, S. 296-300

Peters, Harald, Das Scheitern der Tarifverhandlungen als Rechtmäßigkeitsvoraussetzung für Arbeitskampfmaßnahmen, Heidelberg 1997 (zit.: *Peters,* Scheitern)

Pfarr, Heide M. / Brandt, Hermann, Zur Geltung des Verhältnismäßigkeitsgrundsatzes bei Streik und Aussperrung, AuR 1981, S. 325-332

Picker, Eduard, Der Arbeitskampf in der Rechts- und Wirtschaftsordnung. Zu einer Dogmatik des Arbeitskampfrechts, ZfA 2010, S. 499-631

ders., Verhandlungsbegleitende Arbeitskämpfe. Ein Epilog zum Warnstreik, DB 1985, Beilage 7, S. 1-15

Pieroth, Bodo, Koalitionsfreiheit, Tarifautonomie, Mitbestimmung, in: Badura, Peter / Dreier, Horst (Hrsg.), Festschrift 50 Jahre Bundesverfassungsgericht. Zweiter Band. Klärung und Fortbildung des Verfassungsrechts, Tübingen 2001, S. 293-317 (zit.: *Pieroth,* FS 50 Jahre BVerfG 2)

ders. / Schlink, Bernhard, Grundrechte Staatsrecht II, 27. Aufl. Heidelberg 2011 (zit.: *Pieroth/Schlink,* Grundrechte)

Pischel, Klaus, Die Bedeutung der europäischen Sozialcharta für das Recht in der Bundesrepublik Deutschland, Diss. Würzburg 1966 (zit.: *Pischel,* Bedeutung)

Plander, Harro, Nichttarifliche Übereinkünfte zwischen Gewerkschaften und Trägern öffentlicher Gewalt, in: Engelen-Kefer, Ursula / Schoden, Michael / Zachert, Ulrich (Hrsg.), Arbeitsrecht in der Bewährung. Festschrift für Karl Kehrmann zum 65. Geburtstag, Köln 1997, S. 295-320 (zit.: *Plander,* FS Kehrmann)

ders., Die Zulässigkeit beamtenrechtlicher Vereinbarungen als Verfassungsproblem, PersR 1992, S. 81-89

ders., Die beamtenrechtliche Vereinbarungsautonomie. Die Reform der beamtenrechtlichen Beteiligung als Verfassungsproblem, Baden-Baden 1991 (zit.: *Plander,* Vereinbarungsautonomie)

ders., Der Sympathiestreik in der neueren Rechtsprechung des BAG, AuR 1986, S. 193-199

Pohlmann, Petra, Rechts- und Parteifähigkeit der Gesellschaftbürgerlichen Rechts. Folgen für Erkenntnisverfahren, Zwangsvollstreckung und freiwillige Gerichtsbarkeit, WM 2002, S. 1421-1432

Polakiewicz, Jörg, Die Verpflichtungen der Staaten aus den Urteilen des Europäischen Gerichtshofs für Menschenrechte, Berlin u. a. 1992 (zit.: *Polakiewicz,* Verpflichtungen)

Pottschmidt, Daniela, Arbeitnehmerähnliche Personen in Europa. Die Behandlung wirtschaftlich abhängiger Erwerbstätiger im Europäischen Arbeitsrecht sowie im (Arbeits-)Recht der EU-Mitgliedsstaaten, Baden-Ba-den 2006 (*Pottschmidt,* Arbeitnehmerähnliche Personen)

Preis, Ulrich, Arbeitsrecht. Kollektivarbeitsrecht. Lehrbuch für Studium und Praxis, 2. Aufl. Köln 2009 (*Preis,* Kollektivarbeitsrecht)

ders., Verhältnismäßigkeit und Privatrechtsordnung, in: Hanau, Peter / Heither, Friedrich / Kühling, Jürgen (Hrsg.), Richterliches Arbeitsrecht. Festschrift für Thomas Dieterich zum 65. Geburtstag, München 1999, S. 429-462 (zit.: *Preis,* FS Dieterich)

ders., Prinzipien des Kündigungsrechts bei Arbeitsverhältnissen. Eine Untersuchung zum Recht des materiellen Kündigungsschutzes, insbesondere zur Theorie der Kündigungsgründe, München 1987 (zit.: *Preis,* Prinzipien)

Promberger, Günter, Arbeitskampf und Einzelarbeitsvertrag. Eine vergleichende Untersuchung ihres Verhältnisses zueinander nach dem deutschen Recht und dem Recht der Vereinigten Staaten von Amerika, München 1967 (zit.: *Promberger,* Arbeitskampf)

Prütting, Hanns, Die Parteifähigkeit der Gesellschaft bürgerlichen Rechts als Methodenproblem, in: Wank, Rolf u. a. (Hrsg.), Festschrift für Herbert Wiedemann zum 70. Geburtstag, München 2002, S. 1177-1197 (zit.: *Prütting,* FS Wiedemann)

Ramm, Thilo, Der nichtgewerkschaftliche Streik (I. Teil). Zum Urteil des Bundesarbeitsgerichts vom 21. 10. 1969 – 1 AZR 93/68, AuR 1971, S. 65-78

ders., Das Koalitions- und Streikrecht der Beamten. Ein Rechtsgutachten, Köln 1970 (zit.: *Ramm*, Koalitions- und Streikrecht)

ders., Die Anerkennung des Streikrechts, AuR 1967, S. 97-110

ders., Die Parteien des Tarifvertrages. Kritik und Neubegründung der Lehre vom Tarifvertrag, Stuttgart 1961 (zit.: *Ramm,* Parteien)

Rasch, Harold, Sind Streiks und Streikandrohung noch zeitgemäß? ZRP 1976, S. 181-185

Reich, Andreas, Beamtenstatusgesetz. Kommentar, München 2009

Reichold, Hermann, Betriebsverfassung als Sozialprivatrecht. Historisch-dogmatische Grundlagen von 1848 bis zur Gegenwart, München 1995 (zit.: *Reichold,* Betriebsverfassung)

Reinecke, Gerhard, Neudefinition des Arbeitnehmerbegriffs durch Gesetz und Rechtsprechung, ZIP 1998, S. 581-588

Reuter, Dieter, Rechtsfähigkeit und Rechtspersönlichkeit. Rechtstheoretische und rechtspraktische Anmerkungen zu einem großen Thema, AcP 207 (2007), S. 673-717

ders., Persönliche Haftung für Schulden des nichtrechtsfähigen Idealvereins, NZG 2004, S. 217-220

ders., Für ein konsistentes Arbeitskampfrecht, in: Hanau, Peter / Lorenz, Egon / Matthes, Hans-Christoph (Hrsg.), Festschrift für Günther Wiese zum 70. Geburtstag, Neuwied, Kriftel 1998, S. 427-440 (zit.: *Reuter,* FS Wiese)

ders., Das Verhältnis von Individualautonomie, Betriebsautonomie und Tarifautonomie, RdA 1991, S. 193-204

ders., Die problematische Tarifeinheit – BAG, NZA 1991, 736, JuS 1992, S. 105-110

ders., Die Grenzen des Streikrechts, ZfA 1990, S. 545-561

ders., Die unfaßbare „Neue Beweglichkeit" – BAG, NJW 1985, 85, JuS 1986, S. 19-24

Richardi, Reinhard, Arbeitskampf und Deliktsschutz, in: Joost, Detlev / Oetker, Hartmut / Paschke, Marian (Hrsg.), Festschrift für Franz Jürgen Säcker zum 70. Geburtstag, München 2011, S. 285-298, (zit.: *Richardi,* FS Säcker) *ders.*, (Hrsg.) Betriebsverfassungsgesetz mit Wahlordnung, 13. Aufl. München 2012 (zit.: *Bearbeiter*, in: Richardi)

ders., Kollektives Arbeitsrecht, München 2007 (zit.: *Richardi,* Kollektives Arbeitsrecht)

ders., Die Verhältnismäßigkeit von Streik und Aussperrung, NJW 1978, S. 2057-2066

Richter, Lutz, Vereinigungsfreiheit, VerwArch 32 (1927), S. 1-24

Rieber, Heinrich, Europäische Sozial-Charta, in: Schriftenreihe zum Handbuch für Europäische Wirtschaft, Band 26. Baden-Baden, Bonn 1962 (zit.: *Rieber*, Europäische Sozial-Charta)

Rieble, Volker, Flash-Mob – ein neues Kampfmittel? NZA 2008, S. 796-799

ders., Arbeitsniederlegung zur Standorterhaltung, RdA 2005, S. 200-212

ders., Die Akteure im kollektiven Arbeitsrecht, RdA 2004, S. 78-86

ders., Die Betriebsverfassungsgesetz-Novelle 2001 in ordnungspolitischer Sicht, ZIP 2001, S. 133-143

Riegel, Reinhard, Überlegungen zum Arbeitnehmerbegriff und zum Streikrecht nach internationalem und europäischem Gemeinschaftsrecht, ZTR 1993, S. 223-228

Riesenhuber, Karl, Europäisches Arbeitsrecht. Eine systematische Darstellung, Heidelberg 2009 (*Riesenhuber,* Europäisches Arbeitsrecht)

Rolfs, Christian u. a., Arbeitsrecht. Schwerpunktkommentar, München 2008 (zit.: *Bearbeiter,* in: Rolfs u. a., Arbeitsrecht)

Rudkowski, Lena, Der Streik in der Daseinsvorsorge, München 2010 (zit.: *Rudkowski,* Daseinsvorsorge)

Ruth, Simone, The Right to Strike. A View on German Law from the Perspective of the European Social Charter, LL.M.-Paper, Gent 2004 (http://www.tu-chemnitz.de/phil/europastudien/euint/mitarbeiter/ruth/LLMfinal.pdf, zit.: *Ruth,* Right to Strike)

Rüthers, Bernd, Klartext zu den Grenzen des Richterrechts, NJW 2011, S. 1856-1858

ders., Die Zulässigkeit von Sympathiearbeitskämpfen im Medienbereich, BB 1990, Beilage 25

ders., Sonderprobleme der Rechtmäßigkeit von Arbeitskämpfen im Luftverkehr, ZfA 1987, S. 1-59

ders., Tarifautonomie und gerichtliche Zwangsschlichtung, Konstanz 1973 (zit.: *Rüthers,* Tarifautonomie) *ders.,* Die Spannung zwischen individualrechtlichen und kollektivrechtlichen Wertmaßstäben im Arbeitskampfrecht, AuR 1967, S. 129-138

ders. / Fischer, Christian / Birk, Axel, Rechtstheorie mit Juristischer Methodenlehre, 6. Aufl. München 2011 (zit.: *Rüthers/Fischer/A. Birk,* Rechtstheorie)

Ryssdal, Rolv, The protection of social and economic rights and the European Convention on Human Rights and Fundamental Freedoms, in: Matscher, Franz (Hrsg.), Die Durchsetzung wirtschaftlicher und sozialer Grundrechte. Eine rechtsvergleichende Bestandsaufnahme, Kehl am Rhein, Straßburg, Arlington 1991, S. 1-4 (zit.: *Ryssdal,* in: Matscher, Grundrechte)

Sachs, Michael (Hrsg.), Grundgesetz. Kommentar, 6. Aufl. München 2011 (zit.: *Bearbeiter,* in: Sachs)

Sack, Rolf, Die Subsidiarität des Rechts am Gewerbebetrieb, VersR 2006, S. 1001-1010

Säcker, Franz Jürgen, Die Institus- und Betätigungsgarantie der Koalitionen im Rahmen der Grundrechteordnung, ArbGeg 12 (1974), S. 17-67

ders., Zu den rechtspolitischen Grundlagen der Arbeitskampf-Entscheidungen des Bundesarbeitsgerichts vom 21. April und 26. Oktober 1971, GMH 23 (1972), S. 287-299

ders., Grundprobleme der kollektiven Koalitionsfreiheit. Rechtsquellen- und interpretationstheoretische Bemerkungen zur legislativen und judikativen Konkretisierung des Art. 9 Abs. 3 GG, Düsseldorf 1969 (zit.: *Säcker,* Grundprobleme)

ders. / Mohr, Jochen, Das neue Arbeitskampfrecht. Das Ende der Friedlichkeit und die Relativierungabsolut geschützter Rechte, JZ 2010, S. 440-450

Säcker, Franz Jürgen / Oetker, Hartmut, Grundlagen und Grenzen der Tarifautonomie, erläutert anhand aktueller tarifpolitischer Fragen, München 1992 (*Säcker/Oetker,* Grundlagen)

Saenger, Ingo, Gesellschaftsrecht, München 2010 (zit.: *Saenger,* Gesellschaftsrecht)

Samuel, Lenia, Fundamental social rights. Case law of the European Social Charter, Straßburg 1997 (zit.: *Samuel,* case law)

Schack, Axel, Gruppenarbeit in der chemischen Industrie: Gemeinsame Hinweise des Bundesarbeitgeberverbandes Chemie und der IG Chemie-Papier-Keramik, NZA 1996, S. 923-925

Schaub, Günter u. a., Arbeitsrechts-Handbuch. Systematische Darstellung und Nachschlagewerk für die Praxis, 14. Aufl. München 2011 (zit.: *Bearbeiter,* in: Schaub, ArbR-Handb)

Schellhorn, Walter / Schellhorn, Helmut / Hohm, Karl-Heinz, SGB XII. Sozialhilfe. Ein Kommentar für Ausbildung, Praxis und Wissenschaft, 18. Aufl. Köln 2010 (zit.: *Bearbeiter,* in: Schellhorn/Schellhorn/Hohm)

Scherer, Inge, Grenzen des Streikrechts in den Arbeitsbereichen der Daseinsvorsorge. Schutz Unbenannt der Bürger vor gezielter Schädigung durch Streiks, Berlin 2000 (zit.: *Scherer,* Daseinsvorsorge)

Schlachter, Monika, Beamtenstreik im Mehrebenensystem. Die Europäische Menschenrechtskonvention und ihre Wirkung auf das deutsche Recht, NZA 2011, S. 341-348

dies., Streikrecht außerhalb des Arbeitsverhältnisses? in: Dieterich, Thomas u. a. (Hrsg.), Individuelle und kollektive Freiheit im Arbeitsrecht. Gedächtnisschrift für Ulrich Zachert, Baden-Baden 2010, S. 634-644 (zit.: *Schlachter,* GS Zachert)

Schlaich, Klaus / Korioth, Stefan, Das Bundesverfassungsgericht. Stellung, Verfahren, Entscheidung. Ein Studienbuch, 9. Aufl. München 2012 (zit.: *Schlaich/Korioth,* Bundesverfassungsgericht)

Schlochauer, Bernd, Arbeitsrecht und Umweltschutz, Frankfurt am Main u. a. 1994 (zit.: *Schlochauer,* Arbeitsrecht)

Schlotfeldt, Walter, Die Europäische Sozialcharta. Der Arbeitgeber 1961, S. 682-684

Schmidt, Folke, The law of labour relations in Sweden, Stockholm 1962 (zit.: *F. Schmidt,* Sweden)

Schmidt, Karsten, Gesellschaftsrecht, 4. Aufl. Köln u. a. 2002 (zit.: *K. Schmidt,* Gesellschaftsrecht)

ders., Die BGB-Außengesellschaft: rechts- und parteifähig. Besprechung des Grundlagenurteils II ZR 331/00 vom 29. 1. 2001, NJW 2001, S. 993-1003

Schmidt-Aßmann, Eberhard / Schoch, Friedrich (Hrsg.), Besonderes Verwaltungsrecht, 14. Aufl. Berlin 2008 (zit.: *Bearbeiter,* in: Schmidt-Aßmann/Schoch, Besonderes Verwaltungsrecht)

Schmidt-Bleibtreu, Bruno / Hofmann, Hans / Hopfauf, Axel (Hrsg.), GG Kommentar zum Grundgesetz, 12. Aufl. Köln 2011 (zit.: *Bearbeiter,* in: Schmidt-Bleibtreu/Hofmann/Hopfauf)

Schneider, David / Sittard, Ulrich, Unverhältnismäßigkeit der Ärztestreiks? Eine Auseinandersetzung mit den Grenzen des Streikrechts, DöD 2006, S. 244-248

Schneider, Egbert, Die Vereinbarkeit des deutschen Arbeitskampfrechts mit den Übereinkommen Nr. 87 und 98 der Internationalen Arbeitsorganisation, Diss. Bonn 1998 (zit.: *E. Schneider,* Vereinbarkeit)

Schneider, Hans, Autonome Satzung und Rechtsverordnung. Unterschiede und Übergänge, in: Hefermehl, Wolfgang / Nipperdey Hans Carl (Hrsg.), Festschrift für Philipp Möhring Unbenannt zum 65. Geburtstag. 4. September 1965, München, Berlin 1965, S. 521-542 (zit.: *H. Schneider,* FS Möhring)

Schnellenbach, Helmut, Beamtenrecht in der Praxis, 7. Aufl. München 2011 (zit.: *Schnellenbach,* Beamtenrecht)

Schoch, Friedrich, Grundrechtsfähigkeit juristischer Personen, Jura 2001, S. 201-207

Scholz, Rupert, Koalitionsrecht und „Neue Beweglichkeit" im Arbeitskampf. Anmerkungen zum Warnstreikurteil des BAG vom 12.9.1984, SAE 1985, S. 33-42

ders., Das Grundrecht der freien Entfaltung der Persönlichkeit in der Rechtsprechung des Bundesverfassungsgerichts (1. Teil), AöR 100 (1975), S. 80-130

ders., Koalitionsfreiheit als Verfassungsproblem, München 1971 (zit.: *Scholz,* Koalitionsfreiheit)

Schönke, Adolf / Schröder, Horst, Strafgesetzbuch. Kommentar, 28. Aufl. München 2010 (zit.: *Bearbeiter,* in: Schönke/H. Schröder)

Schregle, Johannes, Die Straßburger Konvention zum Schutze der Menschenrechte und der Grundfreiheiten vom 26.8.1950 und das Arbeitsrecht, RdA 1950, S. 403-405

ders., Europäische Sozialpolitik. Erfolge und Möglichkeiten, Köln-Deutz 1954 (zit.: *Schregle,* Europäische Sozialpolitik)

ders., Straßburger Sozialpolitik, SF 1952, S. 221-223

Schröder, Meinhard, Gesetzesbindung des Richters und Rechtsweggarantie im Mehrebenensystem, Tübingen 2010 (zit.: *M. Schröder,* Gesetzesbindung)

Schubert, Claudia, Der Schutz der arbeitnehmerähnlichen Personen. Zugleich ein Beitrag zum Zusammenwirken von Arbeits- und Wirtschaftsrecht mit den zivilrechtlichen Generalklauseln, München 2004 (zit.: *Schubert,* Arbeitnehmerähnliche Personen)

dies., Das Streikverbot für Beamte und das Streikrecht aus Art. 11 EMRK im Konflikt, AöR 137 (2012), S. 92-117

Schubert, Jens Michael / Jerchel, Kerstin, Das europäische Arbeitsrecht (2009/2010), EuZW 2010, S. 687-694

Schuler, Rolf, Das Internationale Sozialrecht der Bundesrepublik Deutschland. Grundlagen und systematische Zusammenschau des für die Bundesrepublik Deutschland geltenden Internationalen Sozialrechts, Baden-Baden 1988 (zit.: *Schuler,* Internationales Sozialrecht)

Schulze, Reiner (Hrsg.), Bürgerliches Gesetzbuch. Handkommentar, 7 Aufl. Baden-Baden 2012 (zit.: *Bearbeiter,* in: Schulze u. a.)

Schumacher, Wilhelm-Josef, Die endgültige Fassung der Europäischen Sozialcharta, ASP 1962, S. 10-12

Schwab, Bernt (Hrsg.), Arbeitsrecht-Blattei. Systematische Darstellungen, 174. Ergänzungslieferung (Dezember 2007), Heidelberg 1992-2007 (zit.: *Bearbeiter*, in: AR-Blattei SD)

Schwabe, Jürgen, Probleme der Grundrechtsdogmatik, 2. Aufl. Buxtehude 1997 (zit.: *Schwabe,* Grundrechtsdogmatik)

Schwarze, Roland, Die verfassungsrechtliche Garantie des Arbeitskampfes – BVerfGE 84, 212, JuS 1994, S. 653-659

Schweitzer, Michael, Staatsrecht III. Staatsrecht, Völkerrecht, Europarecht, 10. Aufl. Heidelberg u. a. 2010 (zit.: *Schweitzer,* Staatsrecht III)

ders. / Hummer, Waldemar / Obwexer, Walter, Europarecht. Das Recht der Europäischen Union, Wien 2007 (*Schweitzer/Hummer/Obwexer,* Europarecht)

Seidl-Hohenveldern, Ignaz / Loibl, Gerhard, Das Recht der Internationalen Organisationen einschließlich der Supranationalen Gemeinschaften, 7. Aufl. Köln u. a. 2000 (zit.: *Seidl-Hohenveldern/Loibl,* Organisationen)

Seiter, Hugo, Streikrecht und Aussperrungsrecht. Ein Arbeitskampfrechtssystem auf der Grundlage subjektiv-privater Kampfrechte, Tübingen 1975 (zit.: *Seiter,* Streik- und Aussperrungsrecht)

ders., Kodifizierung des Arbeitskampfrechts? NJW 1976, S. 1369-1375

ders., Die neue Aussperrungsrechtsprechung des Bundesarbeitsgerichts. Zu den Urteilen des Bundesarbeitsgerichts vom 10. Juni 1980, RdA 1981, S. 65-93

ders., Zur Gestaltung der Arbeitskampfordnung durch den Gesetzgeber, RdA 1986, S. 165-188

ders., Arbeitskampfparität und Übermaßverbot unter besonderer Berücksichtigung des „Boykotts" in der deutschen Seeschiffahrt, Düsseldorf 1979 (zit.: *Seiter,* Arbeitskampfparität)

Selwyn, Norman, Selwyn's law of employment Law of Employment, 16. Aufl. Oxford u. a. 2011 (zit.: Selwyn, Law of employment)

Sendler, Horst, Grundrecht auf Widerspruchsfreiheit der Rechtsordnung? Eine Reise nach Absurdistan? NJW 1998, S. 2875-2877

Sims, Venessa, English Law and Terminology, 3. Aufl. Baden-Baden 2010 (zit.: *Sims,* English Law)

Sinay, Hélène / Javillier, Jean-Claude, La grève, Traité de droit du travail, Band 6, 2. Aufl. Paris 1984 (zit.: *Sinay/Javillier,* grève)

Söllner, Alfred, Grenzen des Tarifvertrags, NZA 1996, S. 897-906

ders., „Streikarbeit" von Beamten? Zum Einsatz von Beamten auf bestreikten Arbeitsplätzen von Arbeitnehmern des öffentlichen Dienstes, AuR 1982, S. 233-245

ders., Das Zurückbehaltungsrecht des Arbeitnehmers, ZfA 1973, S. 1-28

ders., „Ohne Arbeit kein Lohn", AcP 167 (1967), S. 132-147

ders. / Waltermann, Raimund, Arbeitsrecht, 15. Aufl. München 2009 (zit.: *Söllner/Waltermann,* Arbeitsrecht)

Sproedt, Bernd, Koalitionsfreiheit und Streikrecht in den universellen und europäischen Kollektivabkommen (Weltpakt für wirtschaftliche, soziale und kulturelle Rechte, IAO-Abkommen, Europäische Sozialcharta und Europäische Menschenrechtskonvention), Diss. Heidelberg, 1972 (zit.: *Sproedt,* Koalitionsfreiheit und Streikrecht)

Stahlhacke, Eugen, Aktuelle Probleme tariflicher Friedenspflicht, in: Gamillscheg, Franz / Rüthers, Bernd / Stahlhacke, Eugen (Hrsg.), Sozialpartnerschaft in der Bewährung. Festschrift für Karl Molitor zum 60. Geburtstag, München 1988, S. 350-363 (zit.: *Stahlhacke,* FS Molitor)

Stamer, Henrik, Die Pflichten der Beamten sowie der Angestellten und Arbeiter im öffentlichen Dienst im Vergleich, London, Göttingen 2000 (zit.: *Stamer,* Pflichten)

Starck, Christian (Hrsg.), Kommentar zum Grundgesetz. Band 2: Artikel 20 bis 82, 6. Aufl. München 2010 (zit.: *Bearbeiter,* in: v. Mangoldt/Klein/Starck)

Staudingers Kommentar zum Bürgerlichen Gesetzbuch mit Einführungsgesetzen und Nebengesetzen, *Habermann, Norbert / Weick, Günter,* Buch 1. Allgemeiner Teil. §§ 21-79 (Allgemeiner Teil 2), Berlin 2005 (zit.: *Bearbeiter,* in: Stau-
dinger-BGB [2005]); *Looschelders, Dirk / Olzen, Dirk / Schiemann, Gottfried,* Buch 2. Recht der Schuldverhältnisse. Einleitung zum Schuldrecht. §§ 241-243 (Treu und Glauben), Berlin 2009 (zit.: *Bearbeiter,* in: Staudinger-BGB [2009]); *Fischinger, Philipp S. / Richardi, Reinhard,* Buch 2. Recht der Schuldverhältnisse. §§ 611-613 (Dienstvertragsrecht 1), Berlin 2010 (zit.: *Bearbeiter,* in: Staudinger-BGB [2011]); *Habermeier, Stefan,* Buch 2. Recht der Schuldverhältnisse. §§ 705-740 (Gesellschaftsrecht), Berlin 2003 (zit.: *Bearbeiter,* in: Staudinger-BGB [2003])

Stein, Torsten / von Buttlar, Christian, Völkerrecht, 13. Aufl. München 2012 (zit.: *Stein/v. Buttlar,* Völkerrecht)

Steiner, Udo, Zum Entscheidungsausspruch und seinen Folgen bei der verfassungsgerichtlichen Normenkontrolle, in: Isensee, Josef / Lecheler, Helmut

(Hrsg.), Freiheit und Eigentum. Festschrift für Walter Leisner zum 70. Geburtstag, Berlin 1999, S. 569-581 (zit.: *Steiner,* FS Leisner)

Stelling, Rainer, Das Erfordernis der Überbetrieblichkeit – ein Anachronismus des modernen Gewerkschaftsbegriffs, NZA 1998, S. 920-925

Stern, Klaus, Das Staatsrecht der Bundesrepublik Deutschland. Band III/1. Allgemeine Lehren der Grundrechte. Grundlagen und Geschichte, nationaler und internationaler Grundrechtskonstitutionalismus, juristische Bedeutung der Grundrechte, Grundrechtsberechtigte, Grundrechtsverpflichtete, München 1988 (zit.: *Stern,* Staatsrecht III/1); Band IV/1. Die einzelnen Grundrechte. Der Schutz und die freiheitliche Entfaltung des Individuums, München 2006 (zit.: *Bearbeiter,* in: Stern, Staatsrecht IV/1)

ders. / Becker, Florian, Grundrechte-Kommentar. Die Grundrechte des Grundgesetzes mit ihren europäischen Bezügen, Köln 2010 (zit.: *Bearbeiter,* in: Stern/Becker)

Streinz, Rudolf, Europarecht, 9 Aufl. Heidelberg 2012 (zit.: *Streinz,* Europarecht)

Summer, Rudolf, Die hergebrachten Grundsätze des Berufsbeamtentums – ein Torso, ZBR 1992, S. 1-6

ders., Neue Facetten des Alimentationsprinzips, PersV 1998, S. 142-148

Sunnus, Michael, Arbeitskampfrecht in Bewegung? Alte Begriff und neue Rechtsprechung, AuR 2008, S. 1-12

Świątkowski, Andrzej Marian, Freiheit des Abschlusses von Gesamtarbeitsverträgen im Lichte der Internationalen Arbeitsorganisation (IAO), in: Konzen, Horst u. a., Festschrift für Rolf Birk zum siebzigsten Geburtstag Tübingen 2008, S. 839-857 (zit.: *Świątkowski,* FS R. Birk)

ders., Charter of Social Rights of the Council of Europe, Alphen aan den Rijn 2007 (zit.: *Świątkowski,* Charter of Social Rights)

Tennfjord, Finn, The European Social Charter. An instrument of social collaboration in Europe, AE IX (1961), S. 71-87

The Oxford English Dictionary, volume I (A-Bazouki), volume III (Cham-Creedy), volume X (Moul-Ovum), volume XIII (Quemadero-Roaver), volume XVI (Soot-Sryx), volume XVIII (Thro-Unelucidated) 2. Aufl. Oxford 1989 (reprinted 1991, zit.: Oxford English Dicitonary)

Thomas, Fritz, Zum Inkrafttreten der Europäischen Sozialcharta. Die Bundesrepublik ratifiziert als 5. Staat, BArbBl 1965, S. 223-224

Tomandl, Theodor, Streik und Aussperrung als Mittel des Arbeitskampfes, Wien, New York 1965 (zit.: *Tomandl,* Streik und Aussperrung)

Treviranus, Hans-Dietrich, Vorbehalte zu mehrseitigen Verträgen – Wohltat oder Plage? GYIL 25 (1982), S. 515-527

Ulmer, Peter, Die höchstrichterlich „enträtselte" Gesellschaft bürgerlichen Rechts, ZIP 2001, S. 585-599

Umbach, Dieter / Clemens, Thomas (Hrsg.), Grundgesetz. Mitarbeiterkommentar und Handbuch, Band I. Heidelberg 2002 (zit.: *Bearbeiter,* in: Umbach/ Clemens)

Verdross, Alfred, Die Quellen des universellen Völkerrechts. Eine Einführung, Freiburg 1973 (zit.: *Verdross,* Quellen)

ders. / Simma, Bruno, Universelles Völkerrecht. Theorie und Praxis, 3. Aufl. Berlin 1984 (zit.: *Verdross/Simma,* Völkerrecht)

Villiger, Mark Eugen, Commentary on the 1969 Vienna Convention on the Law of Treaties, Leiden, Bosten 2009

Viniol, Christa, Dienst nach Vorschrift als vorschriftswidriger Dienst, Diss. Tübingen 1975 (zit.: *Viniol,* Dienst)

Vitzthum, Wolfgang Graf (Hrsg.), Völkerrecht, 5. Aufl. Berlin, New York 2010 (zit.: *Bearbeiter,* in: Graf Vitzthum, Völkerrecht)

Vogel, Klaus, Keine Bindung an völkervertragswidrige Gesetze im offenen Verfassungsstaat. Europäisches Gemeinrecht in der Entwicklung, in: Blankenagel, Alexander / Pernice, Ingolf / Schulze-Fielitz u. a. (Hrsg.), Verfassung im Diskurs der Welt. Liber Amicorum für Peter Häberle zum siebzigsten Geburtstag, Tübingen 2004, S. 481-499 (zit.: *Vogel,* FS Häberle)

ders., Die Verfassungsentscheidung des Grundgesetzes für eine internationale Zusammenarbeit. Ein Diskussionsbeitrag zu einer Frage der Staatstheorie sowie des geltenden deutschen Staatsrechts, Tübingen 1964 (zit.: *Vogel,* Verfassungsentscheidung)

Vogenauer, Stefan, Zur Geschichte des Präjudizienrechts in England, ZNR 2006, S. 48-78

Volkmann, Uwe, Veränderungen der Grundrechtsdogmatik, JZ 2005, S. 261-271

Vormbaum, Moritz, Schutz der Rechtsgüter von EU-Staaten durch das deutsche Strafrecht. Zur europarechtskonformen Gestaltung und Auslegung von deutschen Straftatbeständen, Münster 2005 (zit.: *Vormbaum,* Schutz)

Wachter, Gustav, Arbeitnehmerähnliche Personen im österreichischen Arbeits- und Sozialrecht, ZIAS 2000, S. 250-265

Wagener, Frido, Der öffentliche Dienst im Staat der Gegenwart, VVDStRL 37 (1979), S. 215-260

Wagner, Niklas Dominik, Internationaler Schutz sozialer Rechte. Die Kontrolltätigkeit des Sachverständigenausschusses der IAO, Baden-Baden 2002 (zit.: *N. Wagner,* Internationaler Schutz)

Wahrig-Burfeind, Renate (Hrsg.), Deutsches Wörterbuch. Das universelle Standardwerk zur deutschen Gegenwartssprache, 8. Aufl. Gütersloh, München 2006 (zit.: *Wahrig,* Wörterbuch)

Walker, Wolf-Dietrich, Fehlentwicklungen bei der Abmahnung im Arbeitsrecht, NZA 1995, S. 601-608

ders., Zur Rechtmäßigkeit von Arbeitsniederlegungen wegen der Kündigung eines Tarifvertrages, NZA 1993, S. 769-775

Waltermann, Raimund, Mindestlohn oder Mindesteinkommen? NJW 2010, S. 801-807

ders., Zu den Grundlagen der Rechtsetzung durch Tarifvertrag, in: Köbler, Gerhard / Heinze, Meinhard / Hromadka, Wolfgang (Hrsg.), Europas universale rechtsordnungspolitische Aufgabe im Recht des dritten Jahrtausends. Festschrift für Alfred Söllner zum 70. Geburtstag, München 2000, S. 1251-1277 (zit.: *Waltermann,* FS Söllner)

Wank, Rolf, Aktuelle Probleme des Arbeitskampfrechts. Unterstützungsstreik, Streik um Tarifsozialplan, Schadensersatz und einstweilige Verfügung, RdA 2009, S. 1-13

ders., Die Auslegung von Gesetzen, 5. Aufl. Köln, München 2011 (zit.: *Wank,* Auslegung)

ders., Grundlagen des Arbeitskampfrechts, in: Heinze, Meinhard / Söllner, Alfred (Hrsg.), Arbeitsrecht in der Bewährung. Festschrift für Otto Rudolf Kissel zum 65. Geburtstag, München 1994, S. 1225-1252 (zit.: *Wank,* FS Kissel)

ders., Arbeiter und Angestellte. Zur Unterscheidung im Arbeits- und Sozialversicherungsrecht, Berlin, New York 1992 (zit.: *Wank,* Unterscheidung)

ders., Zum Vorschlag einer Kodifikation des Arbeitskampfrechts, RdA 1989, S. 263-270

Wedderburn of Charlton, Kenneth William, The Worker and the Law, 3. Aufl. London 1986 (zit.: *Wedderburn,* Worker)

Weiss, Manfred / Seifert, Achim, Der Streik im Recht der Internationalen Arbeitsorganisation, in: Dieterich, Thomas u. a. (Hrsg.), Individuelle und kollektive Freiheit im Arbeitsrecht. Gedächtnisschrift für Ulrich Zachert, Baden-Baden 2010, S. 130-146 (zit.: *Weiss/Seifert,* GS Zachert)

Weiß, Norman, Von Paukenschlägen und steten Tropfen – Anmerkungen zur Bedeutung und Wirkung von EGMR-Urteilen aus staats- und völkerrechtlicher Sicht, EuZA 2010, S. 457-468

Weitnauer, Hermann, Rechtmäßigkeit und rechtliche Folgen des „wilden Streiks" (Teil I), DB 1970, S. 1639-1644

Welzel, Hans, Das Deutsche Strafrecht. Eine systematische Darstellung, 11. Aufl. Berlin 1969 (zit.: *Welzel,* Strafrecht[11])

ders., Das Deutsche Strafrecht in seinen Grundzügen, Berlin 1947 (zit.: *Welzel,* Strafrecht[1])

Wengler, Wilhelm, Die Unanwendbarkeit der Europäischen Sozialcharta im Staat. Ein Beitrag zu der Frage des Verhältnisses zwischen Völkerrecht und staatlichem Recht, Bad Homburg v. d. H., Berlin, Zürich 1969 (zit.: *Wengler,* Unanwendbarkeit)

Wertenbruch, Johannes, Die Parteifähigkeit der GbR – die Änderungen für die Gerichts- und Vollstreckungspraxis, NJW 2002, S. 324-329

Wettzel, Christa, Die unternehmerische Entscheidungsfreiheit im Rahmen der betriebsbedingten Kündigung, Frankfurt am Main 2006 (zit.: *Wettzel,* Entscheidungsfreiheit)

Wiebringhaus, Hans, Jurisprudence du droit social européen, Rdde 1972, S. 169-201

Wiechec, Alfons, Verlauf und Ergebnis der dreigliedrigen Konferenz zur Prüfung des Entwurfs einer Europäischen Sozialcharta, RdA 1959, S. 179-180

ders., Dreigliedrige Konferenz zur Prüfung der Europäischen Sozialcharta, RdA 1958, S. 457

Wiedemann, Herbert (Hrsg.), Tarifvertragsgesetz mit Durchführungs- und Nebenvorschriften. Kommentar, 7. Aufl. München 2007 (zit.: *Bearbeiter,* in: Wiedemann)

ders., Gesellschaftsrecht. Ein Lehrbuch des Unternehmens- und Verbandsrechts. Band II. Recht der Personengesellschaften, München 2004 (zit.: *Wiedemann,* Gesellschaftsrecht II)

ders., Die Personengesellschaft – Vertrag oder Organisation? ZGR 1996, S. 286-299

Wiese, Günther u. a., Betriebsverfassungsgesetz. Band I: §§1-73b mit Wahlordnungen. Gemeinschaftskommentar, 9 Aufl. Köln 2010; Band II: §§ 74-132 mit Wahlordnungen. Gemeinschaftskommentar, 9. Aufl. Köln 2010 (zit.: *Bearbeiter,* in: GK-BetrVG)

Wiese, Walter, Die Europäische Sozialcharta, JfIR 16 (1973), S. 328-353

Wietfeld, Anne Christin, Die rechtliche Stellung von Arbeitnehmeraußenseitern im Spartenarbeitskampf, München 2009 (zit.: *Wietfeld,* Stellung)

Willoweit, Dietmar, Deutsche Verfassungsgeschichte. Vom Frankenreich bis zur

Wiedervereinigung Deutschlands. Ein Studienbuch. Mit einer Zeittafel und einem Kartenanhang, 6. Aufl. München 2009 (zit.: *Willoweit,* Verfassungsgeschichte)

Winkler, Agnes, Zulässigkeit und Rechtswirkungen von Vorbehalten nach der Wiener Vertragsrechtskonvention, Hamburg 2007 (zit.: *Winkler,* Vorbehalte)

Witter, Jan Michael, Europarechtliche Aspekte des Streikrechts, Hamburg 2008 (zit.: *Witter,* Aspekte)

Wittinger, Michaela, Der Europarat. Die Entwicklung seines Rechts und der „europäischen Verfassungswerte“, Baden-Baden 2005 (zit.: *Wittinger,* Europarat)

Wlotzke, Otfried / Preis, Ulrich / Kreft, Burghard, Betriebsverfassungsgesetz. Kommentar, 4. Aufl. München 2009 (zit.: *Bearbeiter,* in: Wlotzke/Preis/Kreft)

Wohlgemuth, Hans Hermann, Rechtsfragen des Solidaritätsstreiks, AuR 1980, S. 33-43

Wollenschläger, Michael, Arbeitsrecht, 3. Aufl. Köln 2010 (zit.: *Wollenschläger,* Arbeitsrecht)

ders., Das Streikrecht im öffentlichen Dienst in der BRD, ZAS 1979, S. 87-93

Zachert, Ulrich, „Jenseits des Tarivertrags?“ Sonstige Kollektivvereinbarungen der Koalitionen, NZA 2006, S. 10-14

ders., Sozialpartnervereinbarungen – ein Modell für die Zukunft, in: Isenhardt, Udo / Preis, Ulrich (Hrsg.), Arbeitsrecht und Sozialpartnerschaft. Festschrift für Peter Hanau, Köln 1999, S. 137-148 (zit.: *Zachert,* FS P. Hanau)

ders., Die unbehagliche Nähe eines Streikverbots und einer staatlichen Zwangsschlichtung zum autoritären Staat, ZRP 1976, S. 185-188

Zechlin, Lothar, Streik, Strafrecht, Polizei. Juristischer Leitfaden für Konflikte mit der Staatsgewalt, Köln 1986 (zit.: *Zechlin,* Streik)

Zeuner, Albrecht, Die Fluglotsenentscheidung des BGH und das allgemeine Arbeitskampfrecht, JZ 1979, S. 6-11

Zielke, Oliver, Welche Rechte hat der Arbeitgeber bei politisch motivierten Arbeitsniederlegungen? BB 2005, S. 1274-1279

Zippelius, Reinhold, Juristische Methodenlehre, 11. Aufl. München 2012 (zit.: *Zippelius,* Methodenlehre)

Zobel, Susanne, Beamtenrechtliche Folgeprobleme einer Privatisierung von Staatsunternehmen, Aachen 2007 (zit.: *Zobel,* Folgeprobleme)

Zöllner, Wolfgang, Die Rechtsprechung des Bundesverfassungsgerichts zu Artikel 9 Abs. 3 GG, AöR 98 (1973), S. 71-102 *ders.*, Über einige extreme Thesen zum Arbeitskampfrecht, ZfA 1973, S. 227-242

ders. / Loritz, Karl-Georg / Hergenröder, Curt Wolfgang, Arbeitsrecht. Ein Studienbuch, 6. Aufl. München 2008 (zit.: *Zöllner/Loritz/Hergenröder,* Arbeitsrecht)

Zuleeg, Manfred, Die innerstaatliche Anwendbarkeit völkerrechtlicher Verträge am Beispiel des GATT und der Europäischen Sozialcharta, ZaöRV 35 (1975), S. 341-363

Zweigert, Konrad, Rechtsvergleichung als universale Interpretationsmethode, RabelsZ 15 (1949/50), S. 5-21

ders. / Kötz, Hein, Einführung in die Rechtsvergleichung auf dem Gebiete des Privatrechts, 3. Aufl. Tübingen 1996 (zit.: *Zweigert/Kötz,* Rechtsvergleichung)

Zivilrechtliche Schriften
Beiträge zum Wirtschafts-, Bank- und Arbeitsrecht

Herausgegeben von Arnd Arnold und Hartmut Oetker
Begründet von Peter Kreutz und Dieter Reuter

Band 1 Sabine Koch: Eigenkapitalleistungen und eigenkapitalersetzende Leistungen des Kommanditisten in der gesetzestypischen Kommanditgesellschaft. 1992.

Band 2 Knut Weigle: Die leitenden Angestellten zwischen Sprecherausschuß und Betriebsrat. 1993.

Band 3 Stephan Worpenberg: Die konzerninterne Arbeitnehmerüberlassung. 1993.

Band 4 Carsten Führling: Sonstige Unternehmensverträge mit einer abhängigen GmbH. 1993.

Band 5 Heike Grote-Seifert: Das englische Arbeitskampfrecht unter besonderer Berücksichtigung der Entwicklung seit 1979. Zugleich: Vergleichende Analyse der Rechtslage in Deutschland und England. 1994.

Band 6 Uwe Theobald: Gesamthaftungsverhältnisse. Die Gesamtschuld als Ausgleichsmodell bei der mehrfachen Drittsicherung einer Forderung. 1994.

Band 7 Kay-Uwe Jacobs: Die Wahlvorstände für die Wahlen des Betriebsrats, des Sprecherausschusses und des Aufsichtsrats. 1995.

Band 8 Horst-Jürgen Michallek: Die Verteilung des wirtschaftlichen Risikos der Nothilfe. Eine rechtsvergleichende Studie. 1995.

Band 9 Sibylle Kessal-Wulf: Die Innenverbände. Am Beispiel Publikumsgesellschaft, Franchising, Mitarbeiterbeteiligung und Betriebsverband. 1995.

Band 10 Britta Holdorf-Habetha: Der Übergang von gewerblich genutztem Vermögen im Wege der Erbfolge im Einkommensteuerrecht. 1996.

Band 11 Sönke-Peter Nehlsen: Nutzungsausfallersatz. Ein notwendiges Übel? Versuch einer dogmatischen Begründung und Alternativlösungen. 1997.

Band 12 Sebastian Graf von Wallwitz: Tarifverträge und die Wettbewerbsordnung des EG-Vertrages. Wettbewerbsbeschränkende Tarifverträge und das Kartellverbot des Artikel 85 EGV. 1997.

Band 13 Hans-Joachim Arnold: Die Bilanzierung des Geschäfts- oder Firmenwertes in der Handels-, Steuer- und Ergänzungsbilanz. 1997.

Band 14 Volker Hoes: Die Überschuldung Privater als Problem von Ungleichgewichten. 1997.

Band 15 Dörte Christiansen: Betriebszugehörigkeit. Die Zuordnung von Arbeitnehmern aus betriebsverfassungsrechtlicher Sicht. 1998.

Band 16 Axel Boysen: Betriebsverband und Arbeitsverhältnis am Beispiel der Gruppenarbeit. Ein Beitrag zur Entwicklung der arbeitsrechtlichen Dogmatik im Wandel der Industriearbeit. 1998.

Band 17 Kristoffer Blydt-Hansen: Die Rechtsstellung der Destinatäre der rechtsfähigen Stiftung Bürgerlichen Rechts. 1998.

Band 18 Per Christiansen: Über die reale Seite der Verbände. Die Bedeutung der tatsächlichen Zweckverfolgung in einem Verband für dessen Legitimität, Existenz und Kontinuität. 1999.

Band 19 Annette Grotkamp: Die Bedeutung des Gesamtbetriebsrats und die Abgrenzung seiner Zuständigkeit zu den Einzelbetriebsräten im Rahmen des Strukturwandels in der deutschen Wirtschaft. 1999.

Band 20 Oliver Ebert: Die Kosten der Einigungsstelle gemäß § 76 a BetrVG 1972 unter besonderer Berücksichtigung der Honorierung von Einigungsstellenmitgliedern. 1999.

Band 21 Christoph Nawroth: Die steuerliche Anerkennung von Familienpersonengesellschaften bei fehlerhaftem Gesellschaftsvertrag. Zur Anwendung der Lehre von der fehlerhaften Gesellschaft im Steuerrecht. 1999.

Band 22 Kai Litschen: Die juristische Person im Spannungsfeld von Norm und Interesse. Am Beispiel der Gesellschafterhaftung in der GmbH. 1999.

Band 23 Eva Günther-Gräff: Kündigung und Kündigungsschutz von Absatzmittlungsverträgen. Dargestellt am Beispiel des Handelsvertreters, des Vertragshändlers und des Franchisenehmers. 1999.

Band 24 Martin Steiner: Entgelte der Kreditinstitute. Regelungen beim Girovertrag mit rechtsvergleichender Darstellung des anglo-amerikanischen Rechts. 2000.

Band 25 Sven Claussen: Grenzen der Insichgeschäfte im Gesellschaftsrecht. 2000.

Band 26 Sönke Peters: Der gesellschaftsrechtliche Grundsatz der Einheitlichkeit der Mitgliedschaft. 2000.

Band 27 Gabriele Komp: Die juristische Person als Geschäftsführungsorgan einer Kapitalgesellschaft. Betrachtungen zu §§ 76 Abs. 3 S. 1 AktG und 6 Abs. 2 S. 1 GmbHG. 2000.

Band 28 Gunnar Mayer: Das außerdienstliche Verhalten von Arbeitnehmern. Ein Beitrag zu Geschichte, Grundlagen und Erscheinungsformen außerdienstlicher Verhaltenspflichten. 2000.

Band 29 Michael Mönke: Die Sicherung der Bauunternehmer nach § 648 a BGB. Unter besonderer Berücksichtigung der Vereinbarkeit der Regelung mit den Prinzipien des Zivilrechts. 2000.

Band 30 Oliver May: Die Zulässigkeit der Regelung von Lohn und Arbeitszeit in Betriebsvereinbarungen. 2001.

Band 31 Robert Pape: Die tarifvertragliche Unkündbarkeit. Zugleich ein Beitrag zu den Grenzen der Tarifautonomie im Kündigungsschutzrecht und zum partiell zweiseitig-zwingenden Charakter des § 1 Abs. 2 und 3 KSchG. 2002.

Band 32 Wilm-Christian Jaekel: Die Bindung an formnichtige Grundstücksverträge nach Treu und Glauben. 2002.

Band 33 Susanne Müller: Die Gesellschafterklage als rechtsformübergreifendes Institut. 2002.

Band 34 Freia Peters: Treuhand und Unterbeteiligung an Gesellschaftsanteilen. Eine vergleichende Betrachtung für den Bereich des Gesellschafts- und des Steuerrechts. 2003.

Band 35 Mario Nahrwold: Die wirtschaftliche Betätigung von Idealvereinen am Beispiel der Ausgliederungsvorhaben der Fußballbundesligavereine. Eine Untersuchung zu Geltungsgrund und Grenzen des Nebentätigkeitsprivileges. 2003.

Band 36 Henning Plöger: Sonderarbeitsrechte im Pressebereich. Auswirkungen eines institutionellen Grundrechtsverständnisses auf das Arbeitskampf- und arbeitsrechtliche Statusrecht der Presse. 2003.

Band 37 Christian Springmann: Der Betriebsrat und die Betriebsbeauftragten. Ein Vergleich zweier betrieblicher Funktionsträger unter besonderer Berücksichtigung ihres Verhältnisses zueinander. 2004.

Band 38 Holger Meyer: Der Tatbestand des Betriebsübergangs nach der Rechtsprechung des Europäischen Gerichtshofs und des Bundesarbeitsgerichts. 2004.

Band 39 Philipp Christopher Brügge: Das Gesetz über Teilzeitarbeit. Eine Analyse unter arbeitsrechtlichen und beschäftigungspolitischen Gesichtspunkten. 2004.

Band 40 Sebastian Klausch: Unmöglichkeit und Unzumutbarkeit im System des allgemeinen Leistungsstörungsrechts nach der Schuldrechtsmodernisierung 2002. 2004.

Band 41 Felix Hütte: Die individualistische GbR als Mitglied anderer Vereinigungen. 2005.

Band 42 Tobias Schommer: Die Berücksichtigung und Gewichtung der Interessen der Arbeitsvertragsparteien im Rahmen des kollektiven und allgemeinen Weiterbeschäftigungsanspruchs des Arbeitnehmers. 2005.

Band 43 Christa Wettzel: Die unternehmerische Entscheidungsfreiheit im Rahmen der betriebsbedingten Kündigung. 2006.

Band 44 Andrea Scheibe: Die Mitbestimmung der Arbeitnehmer in der SE unter besonderer Berücksichtigung des monistischen Systems. 2006.

Band 45 Sebastian Ritz: Die Auswirkungen des Gesetzes zu Reformen am Arbeitsmarkt auf den Anwendungsbereich der dreiwöchigen Klagefrist gemäß den §§ 4 bis 7 KSchG. 2007.

Band 46 Anne Pfister: Die Übertragung von Aufgaben auf Arbeitsgruppen gemäß § 28a BetrVG unter besonderer Berücksichtigung der Förderungspflicht aus § 75 Abs. 2 Satz 2 BetrVG. 2007.

Band 47 Merve Ehlers: Personalkostenabbau durch betriebliche Bündnisse für Arbeit. Welche Gesetzesänderungen des geltenden Rechts sind zur Anpassung an die heutigen Wirtschafts- und Arbeitsbedingungen und zur Legalisierung der gängigen Rechtspraxis erforderlich? 2007

Band 48 Nicole Hasselmann: Die Lehre *Ulmers* zur Gesellschaft bürgerlichen Rechts im Wandel der Jahrzehnte. Das Rechts- und Haftungssystem der Gesellschaft bürgerlichen Rechts. 2007.

Band 49 Ina Maria Wiesner: Die Schriftform im Betriebsverfassungsgesetz. 2008.

Band 50 Christian Rebel: Grundprobleme des Nachteilsausgleichs gemäß § 113 Abs. 3 BetrVG. 2008.

Band 51 Benedikt von Wissel: Die Beeinflussung des eigenen Börsenkurses durch die Aktiengesellschaft. Erscheinungsform, Zulässigkeit und Grenzen im deutschen Kapitalmarktrecht. 2008.

Band 52 Malte Kriebitzsch: Die Inhaltskontrolle von Allgemeinen Arbeitsbedingungen anhand der §§ 305 ff. BGB. 2008.

Band 53 Torsten Volkholz: Geltung und Reichweite der Privatautonomie bei der Errichtung von Stiftungen. Die Weiterentwicklung des Stiftungsrechts nach Neufassung der §§ 80 bis 88 BGB durch das Gesetz zur Modernisierung des Stiftungsrechts zum 1. September 2002. 2008.

Band 54 Kirstin Trautvetter: Die Übernahme von Aktiengesellschaften und die Verhaltenspflichten von Vorstand und Aufsichtsrat der Zielgesellschaft. 2008.

Band 55 Petra Boldt: Ethikregeln als verbindlicher Verhaltensmaßstab für die Arbeitsverhältnisse in deutschen Unternehmen. 2008.

Band 56 Liv Heimbach: Das Verhältnis der außerordentlichen Kündigung des Arbeitgebers zur ordentlichen Kündigung nach dem KSchG. 2009.

Band 57 Entwicklungen im Arbeits- und Wirtschaftsrecht. Festgabe für Peter Kreutz zum 70. Geburtstag. Herausgegeben von Jakob Hoffmann und Claudia Schubert. 2009.

Band 58 Marlena Hütte: Gefahrverteilung und Schadensersatz im Rückabwicklungsschuldverhältnis nach gesetzlichem Rücktritt. Unter Berücksichtigung der Auswirkungen auf die Rückabwicklung nach Leistungskondiktion. 2010.

Band 59 Tim Ebert: Stille Gesellschaft, Genussrecht und partiarisches Darlehen als mezzanine Kapitaltitel zur Finanzierung einer GmbH. Eine Analyse der historischen Entwicklung und Abgrenzung dieser Finanzierungsinstrumente sowie der mit diesen verbundenen Kompetenz- und Eigenkapitalersatzfragen im GmbH-Recht. 2010.

Band 60 Ingo Krist: Grenzen des Tarifsozialplanes. 2010.

Band 61 Jakob Hoffmann: Zusammenlegung und Zulegung rechtsfähiger Stiftungen des bürgerlichen Rechts. 2011.

Band 62 Nils J. Herrmann: Verjährung, Verjährungsbeginn und Regress bei Bürgschaft und Gesamtschuld. 2012.

Band 63 Sarah Nitsche: Die Rechte der außenstehenden Aktionäre bei qualifizierten Nachteilszufügungen. 2013.

Band 64 Matthias Dumke: Streikrecht i. S. des Art. 6 Nr. 4 ESC und deutsches Arbeitskampfrecht. Vorgaben, Vereinbarkeit und Umsetzung. 2013.

www.peterlang.de

www.ingramcontent.com/pod-product-compliance
Ingram Content Group UK Ltd.
Pitfield, Milton Keynes, MK11 3LW, UK
UKHW021828290926
8980IPUK00004B/312

9 783631 628645